正宗敦夫編纂
谷口澄夫
宮崎道生監修

増訂 蕃山全集

第一冊

名著出版刊

監修

谷口　澄夫

宮崎　道生

増訂版刊行委員

朝森　要

今川　康男

神原　邦男

柴田　一

長谷川成一

広常　人世

藤原　暹

（五十音順）

集義和書巻第五

書簡之五

奉納　梅隠竹村氏

来書略　仕置法度ハ人情をよく知りて時処位に応ずるものと承りて候むかし義よりは昔の如く道を以て政をせんとお得し給へその志もおこし候へども志ありし時の学者唐流を以て日本にも行はんとせしにしかれども時処位に合ず候てやゝ語ひ候しかども其しるしもきこえ候は

返書略　道と法とは別なるものにて候を心得違へて法を道とし覚えて候ものや

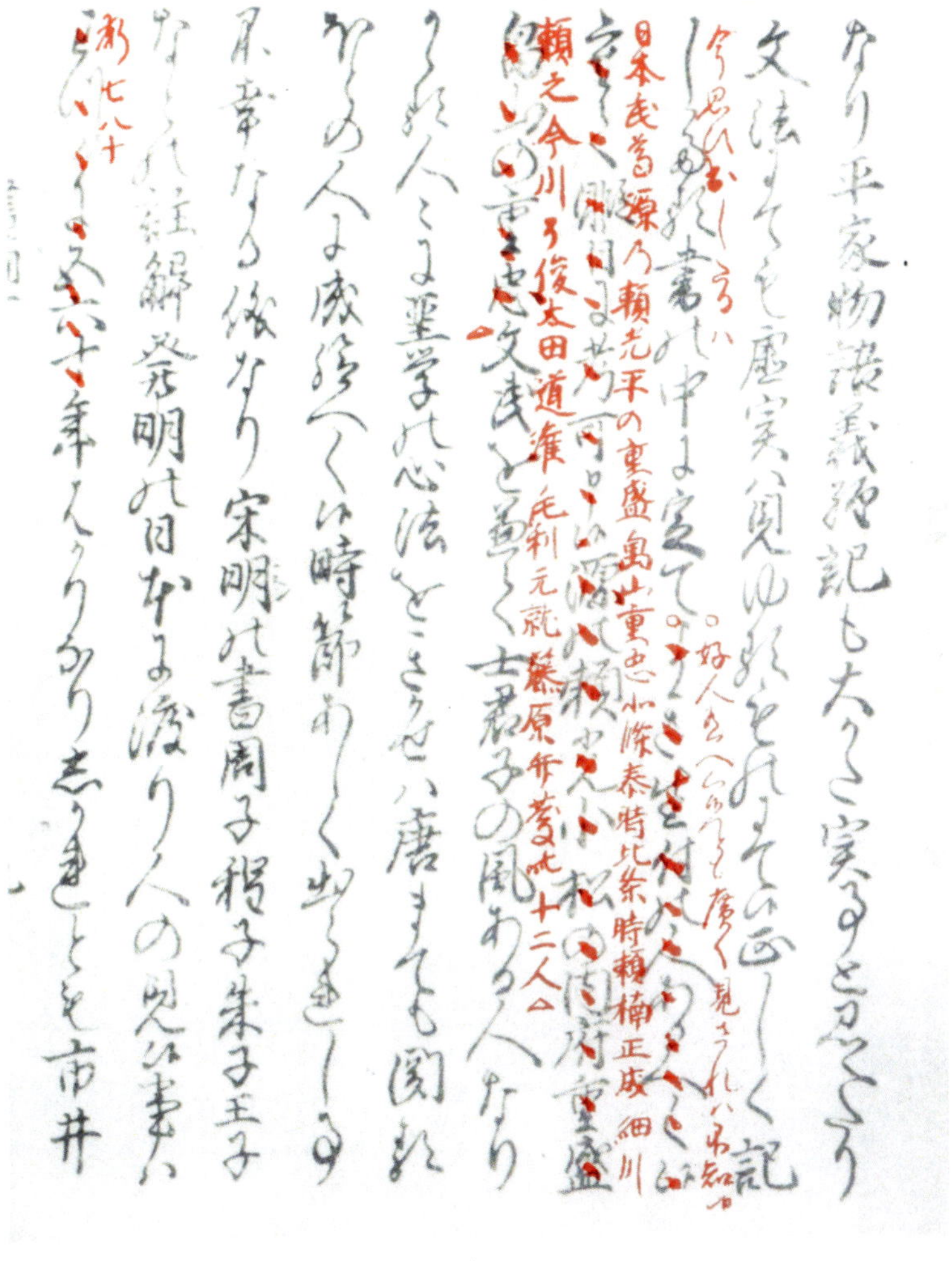

二　版本

（本文八頁下段参照）

各版題簽

（初版本）　（二版本）　（三版本）　（三版本ノ一種）

まえがき

一、本書は、昭和十五年から十八年にかけて刊行された『蕃山全集』全六巻（正宗敦夫編・蕃山全集刊行会発行）を覆刻したものである。

一、今回の覆刻にあたっては、旧版全集の伏字をすべて復元し、明かな誤植等を改めた。その際、本文中に漢数字で番号を付し、巻末に一括して訂正箇所を示した。

一、今回の覆刻にあたっては、正宗敦夫氏のご遺族、正宗甫一氏をはじめとする多くの方々のご厚意をうけた。

一、また、旧版の訂正に際しては、正宗文庫・静嘉堂文庫・岡山大学池田家文庫・国立国会図書館等の資料を参照させていただいた。深く謝意を表する。

一、旧版発行書肆文川堂主人小川鐵之助氏のご遺族のご好意により、旧版の紙型をそのまま使用させていただいた。但し、紙型の保存されていない部分については、写真整版により覆刻した。

昭和五十三年六月

株式会社　名著出版

蕃山全集第一册目次

卷頭玻璃版目錄　(一)集義和書初版本　(二)集義和書二版本　(三)集義和書初版・二版・三版兩種・各題簽(以上正宗文庫藏)

序文(井上通泰先生談)……………………一―五
達人熊澤蕃山(安岡正篤先生)……………一―三
解題……………………………………一―三
凡例……………………………………二四
集義和書初版本(上段)…………………一―四四一
集義和書二版本(下段)…………………一―四六五
集義和書對照表…………………………一―七
附錄
集義和書顯非……………………………一―二七

蕃山全集刊行について

井上通泰先生談

正宗敦夫君は人も知てゐる通り日本古典全集だけでも既に三百册近い本を出してをる。元來自分の努力を吹聽しない性質であるから、懇意な者でもどの位骨の折れたであらうかと云ふ事を、よく知らない人もあるであらうが、多くの書は自分が筆を執つて寫して、それを原稿としてをるやうであるが、校正さへも容易な事でないのに、自分で浩瀚な原稿、就中、中には餘り自分の趣味に叶はないものもあるであらうに、それを書上げる努力は容易な事であるまい。聞く所によると多少長嶋豊太郎君が手傳てをるさうであるけれども、何れにしても原稿を作るのは正宗君が自身でせねばならぬ事であるから、その勞力の容易でない事は度々人にも話してをる所である。近來健康も餘り宜しくない様子である上に、先頃から手に痙攣を起して醫者から字を書く事を禁められてをるさうであるが、これは永年の間筆を執つたせいであらう。眞に君は言葉通りに精力絶倫な人であると稱すべきである

然るに今回更に蕃山先生の全集を出さうと云ふ事である。定めて家族なども心配してをる事であらうから、自分としては寧ろこれを抑へ止めるのが至當であるけれども、實はどうしても同君を煩はさなければならない事情があるのである

本來蕃山先生自身には全集を出す事を好まれるか好まれぬか疑問であるが、我等後學にとつてはその著書を集める事が容易でないから、若し全集が出てゐたらどんなにか便利であらうと云ふ事は早くから考へた事である。實際自分が其任に當らうと云ふまでの決心はしてゐなかつたけれど、その編纂の資料となるべきものは永年蒐集して置いたのである。然るに彼の大正の大震災によつて、年久しく苦心して當時既に中稿まで出來てをつた「蕃山先生詳傳」三册を燒いてしまつた。しかも不注意な事には、その初稿も一册しか殘して居らぬ。その半分も一册も次々に書入れたものでないから、そのまゝ公にする事が出來ない

次には余ははやく蕃山先生書簡集一册を世に公にしたが、其後も諸國から鑑定を乞ひに來る先生の書簡で文書共に眞なるものは勿論の事、たとへ書は僞物であつても文が本當であつて、しかも其の原本の未だ世に現れてゐぬものは悉く寫しとつておいた、これも少くとも一册分位の分量があつたであらうが、やはり燒けて了つた

著書は寫本も多少集めて置いた上に、林釟藏と云ふ精神的な教育者があつたが、同時に蕃山先生の研究者であつて、先生の著書を大分集めてをつた、其中には確には覺えてをらぬが、何の小解であつたか非常に珍しいもの（孟子小解であつたらうか）も有り、集義和書の古板も一種有つた。林君は自分の歌道の門人であつたので、亡くなつた後にその蒐集してをつた蕃山先生の著書を、その息子の農學士某君から二《フタ》本箱自分の處へ寄贈された。此れも亦自分の見てゐる眼の前で火にあつてしまつた

これ等の本に火のついた時にはどうしても見てをられないで自分は心弱くも目を伏せた。左樣な大打擊を受けた後に、

自分は萬葉集新考を完成し、引續いて各種の風土記の新考の著作にかゝつたから、到底蕃山先生全集の編纂などの事は考へる精神的餘裕は無くなつた

正宗君が今回全集の編纂發行を企てたのはどう云ふ動機であるかは知らぬが、君は永年自分の門人として文學方面のみならず蕃山先生に關する事も熟知してをられた上に、聞く所によると近年二種の集義和書の古板を手に入れられたさうである。元來集義和書には三板有つたわけである、その事は自分の公にした北小路俊光日記の八十三頁以下に詳しく書いておいた。つまり流布本の外に少くとも古板が二種有るわけであるが、其中の一種は林君から貰つた書物の中に有つた筈であるが、今一種は誰も見た人が無いから、或は井上の研究の誤ではないかと疑つた人さへ有つたのである。それが前にも述べた通り近年二種とも正宗君の手に入つたさうである。正宗君が疲れきつた體をもつて更にこの大事業に精進しようと云ふ志を起したのには、少くとも右二種の古板の感得と云ふ事が動機となつたであらうと思ふ話が長くなるから以下は節略するが、かやうなわけであるから正宗君には氣の毒であるが、どうしても正宗君に更に努力して貰ふ外には方法が無いのである。少くとも自分は正宗君以外にこの大任に當り得る人を承知してをらぬ。今の自分の心境では願くは正宗君がこの大任を全くして、其後は清閑を樂まれる事の出來るのを希望してをるたゞ玆で一つ問題であるのは、蕃山先生の著書の範圍である。先生の生前既に先生に假托した僞書が出てをつた事は、集義外書にも見えてをる通りである。先生の緣故者の書いた物の中でも、例へば先生の甥の南條八郎、その又孫の某の如きは集義和書の他は皆僞書であるとさへ云つてをる。これは無論云ひ過しである事は、其後世に現れた、否余が世に

顯した北小路俊光日記と、自分が所藏してをる先生自筆の「孝經小解」等を見てもわかる。先生の著書の事を書いた物は、娘のさき女の書いたものと、先生の晩年に下總の古河で先生に親近した筒井某と云ふ者の覺書と二つの文書に出てゐるが、その二つの物を比較して見ても眞僞に就ては一致して居らぬ。大體に於てさき女の方は僞書とする物が多く、筒井某の覺書の方には比較的に眞とする物が多い。自分にしても到底徹底的の研究を遂げる事は出來ぬけれども、先生の著書に就てもこれまで人のした事より少々進んだ研究を遂げた事がある。それも彼の「蕃山先生詳傳」の中に收めておいたが、殘念ながら燒失して了つた

いま先生の著書と稱せられてをる物は大體その目次を諳記してをるが、その中には云ふまでも無く假托の僞書もある。これ等は今度の全集から省くのが當然であるが、其他の書物、例へばかの三輪物語の如き、自分もこれは先生の述作であると云ふ事は斷言し得ないが、世間では皆先生の著書と認めてをる。余の考ふる所によれば、此れらの物は其旨を斷つておいて、やはり收容しておくがよからうと思ふ

何分名が高くなれば、その人に就ての假托が行はれるのは免れぬ事であつて、例へば先生の肖像と稱せらるゝ物の中でも、大和の三輪神社に傳へられてをつた甲冑像の如きは無論斷じて僞物である。先生に緣故の深い某子爵の所藏である肖像も余は僞物と鑑定したが、後にその肖像がその子爵家へ入つた徑路まで明かになつて、只今では一通り先生の事を研究してをる者で此等を信ずる者は有るまい。其後伯耆の米子《ヨナゴ》から先生の儒服の肖像が現れたが、此れも斷じて僞物である。或る文學博士が偶然路傍のがらくた屋から發見した肖像は、容貌服裝などに就ては前三者より遙かに勝つてを

るが、紋所が違ふから、此れも「蕃山先生」と云ふ四字は後人の書入れた物と自分は鑑定した。しかも前三者の如き絕對的の僞物ですらも、種々の書物に轉載せられて世間の人の目に觸れる事が多い。これによつて見ても先生の著書の眞僞の鑑定といふ事は決して容易いもので無く、すべての事に對して三十年以前よりは多少見識の進んでゐる今日の余の眼を以て見ても、確かな答はし得ぬのが實情である（昭和十五年四月九日午後於南天莊　長嶋豐太郎筆記）

達人熊澤蕃山

安岡正篤

蕃山先生の全集を出版するにあたり、縣より安岡正篤先生に序文を書いて貰ひたいと云ふ希望を原學務部長が述べられて、私に其事をはこぶやうにとの事であつた。私が上京の序に、先生に御目に懸つて右の旨を御傳へして一文を投ぜられん事を乞うた。先生の云はれるに、蕃山先生の全集に何の序文の必要が有らう。我々が先生の全集に序を書くといふ事は先生に對してむしろ冒瀆であるとやうに、謙虚なる態度で斷られたが、余の懇請もだしがたしとして、「達人熊澤蕃山」の一冊を取り出されて、是れをどこか卷末にでも載する事を得、君が懇情にむくい、かつ余の務めの一分をはたす事が出來れば幸である、とて手授された。今序文の代りとして右「達人熊澤蕃山」を此處に掲ぐるに當り、其顚末を略記しておく　正宗敦夫

世故を經るにつれて欲しくなるのは「獨」の時間である。星空の下に、朝日の丘に、或は人無き室に獨り在る時、人は始めて眞の自己に返る。そして靜かに古人の書を讀む時ほど心の安けさ、滿足さを覺えることはない。

今宵も、靜かに冴ゆる燈の影に彼の集義和書を讀んでゐると、いかにも沈着いて容姿の整つた、そして何處か秀傑の氣の韜《つつ》み切れない立派な蕃山其の人の姿が髣髴と浮ぶ。彼は心の如く貌も美しい人であつた。美しい中に威の有る、所

謂威有つて猛からざる儒雅な人であつた。その聲にも人は一種の氣高い匂ひを感じたといふ。彼の生涯は私の心に幾多の深い印象を展開する。他の群童とは異つて、口數寡く、姿勢の正しい、いつも倦んだ氣色も見えず、主光政に侍して居る少年の姿、藤樹先生に敎を請うて許されず、庇の下に二夜も動かなかつたその求道心に燃ゆる青年の姿、百合粉雜炊に糠味噌甞めて、貧苦の生活の中に驚嘆の心を躍らせながら四書を讀み耽つて居る純な面目、新太郎少將の參政としてその哲學を實際政治の上にも活かし、江戸に出ては天下の侯伯から爭うて敬待せられた其の男盛りの威容、四十を過ぎたばかりで胸に溢るゝ經綸を懷きながら、京都のかたほとりに隱棲して、學問と音樂とを樂しんで居る處士の面影、紅葉色濃き秋の暮、深草の稱心菴に、京に名高い樂の名手小倉少將實起や、活如來と仰がれた上人元政等と打ち集うて、小倉少將琴を彈じ、上人和歌を詠じ、自ら濱庇と銘打つた琵琶を彈ぜる彼の風流、所司代から嫌疑を受け、低級な學者宗敎家輩から嫉妬排斥せられ、うき世を芳野の山に山人となつて花を見る其の隱逸、士江湖に在つて道益々尊く、江戸に招かれて天下の時事を論じ、却つて古河に幽閉された不運の學者、天を樂しんで晏如として體逝した稀代の達人、限りない風趣が脈々として私を薰ずる。彼は詠ふ——雲のかかるは月のため、風のちらすは花のため、雲と風とのありてこそ、月と花とはたふとけれと。彼は實に其の心術に於て、學問に於て、出處進退に於て、眞に罣礙の無い大自由人であり、誠に先生の風、山高く水長しと鑽仰せずには居れない樣な君子である。

彼の幼名は左七郎、元和五年京都稻荷の附近で、野尻一利の長男として生まれた。祖父重政は織田信長の臣であつたが、後浪人して慶長十九年尾張で沒くなつた。父一利は加藤嘉明・山崎家治・山口重政に歷仕したが、重政が卒去の後浪人してやはり京都に假住居した。世故に疎い純潔な君子氣質で言ふ迄も無く貧乏であつた。彼は八つの年母に伴はれて母(一)の里なる水戸藩熊澤守久の家に養子にやられることになり、十五迄傲骨な祖父に育てられた。其の時彼の遠い身内に當る板倉重昌と京極高通とが彼を岡山侯の池田光政に推薦して吳れて、十六の年始めて光政に仕へる樣になつた。十六七の頃の彼は肥滿し易い質で、肥え太つた不自由相な人を見るごとに、彼はこれでは武士の役にも立つまいと恐れて、頻りに瘦せる苦心をした。その爲に彼は十年程の間は帶を解いて安臥せず、美味も食はず、酒も飮まず、女とも絕ち、暇があれば槍を使ひ、太刀を振り、火事の用意に屋根の上を驅けたりして、天狗と間違はれたこともあつた。兎に角非常に身體を苦しめたもので、さういふ工夫はその後も四十近く迄忘れなかつた。その所爲で如何やら肥え太らなかつたと彼自ら書いて居る。嚴格な彼は小供の時から成人の風があつて、光政侯も彼は年少の時余の側に侍坐して居たが、其の嚴肅なことはまるで他の兒輩と異つて居たと後年人に語つたさうである。

寬永十五年の島原の亂は彼の緣者で恩人の板倉重昌が出征し、父も鍋島隊に屬して從軍したので、年少の彼も血を湧かしたが、遂に戰に參することは出來なかつた。この時彼は丁度二十歲であつたが、一旦辭職して、祖母(二)の里である近江の桐原に寄寓し、從軍から歸つて來た父に就いて專ら兵書を學んだ。

註一　母名は龜、尾張丹羽郡出身、熊澤守久の娘。
二　祖母は近江桐原の出。伊庭姓。

然るに二十二の年ある日始めて彼は四書集注に眼を觸れた。此れは彼の精神に一大轉機を與へた。四書とは言ふ迄も無く「大學」「中庸」「論語」「孟子」の四經で、儒教の基礎的學問である。此等の經はいづれも外にのみ向けられた俗人の眼を內に廻らして、深く自性を徹見せしめ、機械的な物の世界を變じて、自由な人格の世界を開かしめる人間の根本的學問であるから、今迄因習と欲望との世界に在つて、少年の客氣のままに武技や兵書を研究して居た彼は、之を讀んで始めて自己の嚴そかな神の聲に觸れる感が有つた。彼の前には新なる光明の世界が開けた。此の道を步めと彼の衷に聖賢の敎が聞える。けれども不幸にして彼の學力では折角の書も充分其の意を解することが出來なかつた。彼の胸には熱烈な學問求道の念が燃え上つた。

かくて其の翌年到頭彼は師を求めて京都に赴いた。けれども固より其の道に不案內な彼に容易に會心の師を得ることは出來よう筈も無い。空しく煩悶してゐるうち、或日宿で人の話に非常に感動させられた。それはその人が曾て主人の用件で二百兩の金子を持つて近江に來た時、宿まで乘つて來た馬にその大金をつけたまゝころりと忘れ、夜中に夢覺めて、ふとそれに氣がついて蒼くなつたがもう及ばない。今は死んでお詫びをするほかないと覺悟した時、思ひがけなくも晝間の馬子が深夜を引き返して、その金包を屆けて來て呉れた。夢かとばかり狂喜したその人が取敢ずいくらかの分前を出して厚く馬子を犒ふと、この馬子は忘れものを屆けただけだから、別段禮を受けるわけは無いとて如何しても受取らない。段々聽いて見ると、馬子は近江聖人で名高い中江與右衛門の在所小川村の者で、日頃深く與右衛門の德に懷き、敎に服して居る者であつたといふことで（先哲叢談に據る）末法の世に殆ど有るべからざる話である。馬子風情の者をさへこれほど薰化されるのである。餘程斯の中江といふ人は尊い人に相違無い。自分が就いて學ぶべきはまさに斯の人であらうと思つて、早速彼は江州高島郡小川村に藤樹を訪ねた。然るに人の師となることを好まなかつた藤樹は、彼の來意を聽いて固く謝絕した。彼はそのまゝ村人の家に宿して切に入門を請ひ、やうやう面會を許されたが、就いて敎を受けることだけは如何しても許さなかつた。

この時藤樹は年三十四。彼より十一年上である。俗情より見れば、かほどの切なる願であるから、之を許しても藤樹として別段差支も無い様であるが、さうせぬ所に愈々藤樹の誠を知ることが出來る。學者の中では、或は之を藤樹の謙遜に歸し、或はまた熊澤の志が藤樹に明らかでなかつたからであると說く者も多いが、私はもつと深く藤樹の心に立入つて考ふべきであると思ふ。

由來藤樹は彼の箇性にはぴつたり契《あ》はない主知的形式的な當時の朱子學的敎養を受けて居たところが、丁度熊澤が訪ねた前の年の冬、始めて王龍溪(陽明の弟子の中最も唯心的學者)語錄に接して、非常な悟道上の苦悶を懷いて居たのである。彼が夢に感ずる所あつて嘿(默に同じ)軒と號したのは、正に熊澤來訪の年で、其後藤樹が陽明全書を得て大悟したのは、それから三年たつた正保元年である。隨つて藤樹としては、かういふ轉機の時代に新に人の師と爲るのは餘計心苦しかつたであらうし、また求むる者の熱心であるだけ、それだけさういふ弟子を取るのはつらく感じたであらう。道の爲には仕をも棄てゝ奔つた彼である。

それで熊澤も止むなく一旦歸國した。けれども初志は日を經て愈々熱烈を加へ、遂に翌年七月重ねて藤樹の門を叩き、この度は庇の下を去らぬこと二夜であつた。さながら冷嚴な禪家の求法をしのばしめるではないか。彼の熱心には先づ藤樹の母が動かされた。そして其の取做しに依つて、到頭入門を許されることが出來た。願を叶へて心要を叩き一度家に歸つた彼は、其の秋九月三度師の家を叩いて孝經・大學・中庸を學んだ。藤樹は彼に於て眞に「學を好む」人を發見し、二人深く相許した。かくて親しく藤樹の教を受けること半歳餘、翌寛永二十年二十五才の四月また桐原に歸つた。父の一利が仕を求めて江戸に赴く爲、彼が殘つて母や弟妹(一)の面倒を見なければならなかつたのである。其の「東江州の人遠き城屋敷」に彼は「江州下民の食百合粉雜炊といふものを食し、糠味噌を菜にして、汁肴酒茶なく、淸水紙木棉布子にて寒を禦ぎ、衣食共に昔を忘れて」書を樂み、心を練つた。其の間の冷苦は實に傍目にも堪へられぬものであつたと見えて、このまゝで棄て置いては家族と餓死するかも知れぬと知人が心配した程である。けれども彼は牙關を咬定して動じなかつた。文字を讀むといふより、心法を練つた。それに非常な力を與へたのは師藤樹の陽明學に依る悟入である。陽明が失意と窮迫と蠻地との中に死を決して心を練り、遂に偉大な信念と人生觀の哲學とを打成したその工夫に深く動かされた藤樹は、やがてその感悟を熊澤にも傳ふるところがあつたものと見えて、「知れる人、母弟妹のあるを知り、饑饉の餓死に入りなんことを憐みて、仕を求めしむ。其の頃中江氏王子の書を見て良知の旨を喜び、予にも諭されき。是れより大いに心法の力を得たり。朝夕一所に居る傍輩にも學問したることを知られず、書を見ずして心法を練ること三年なり」と彼も自ら述懷して居る。

註一　彼には二弟三妹があつた。仲愛、玉、萬、一成、美津といふ。其の仲愛は彼と四つ違ひで、後これも亦藤樹に學び、同じく光政に仕へ閑谷黌の設立に與つた人物である。

そして遂に京極高通の媒介で、正保四年二十九の年（或は二十七との說もある）、二度光政公に出仕することになり、名も次郎八伯繼と改めて、光政の御側役に召し出され、祿三百石を給せられた。玆に於て多年貧苦と冷閑との中に練つて來た心法と見識とを今度は實際世間に於て新に試練すべき境遇になつたのである。藤樹は書を與へて大いに彼を激勵し、彼も亦愈ゝ切實にその敎を叩いて居る。彼の歸參は幸福であつた。何よりも主光政が見識に富む俊傑の士であつたからである。

註　光政は利隆の子、伯繼より長ずること十歲、慶長十四年四月岡山城に生れた。幼名新太郎、八歲父を失ひ封を襲ぎ、寬永三年左近衞權少將に進んだ。因つて新太郎少將と稱する。

人大千界に偶々相逢ふさへ、かりそめならぬ緣であるのに、まして道を以て相許す名君賢臣の契は世に尊いものである。光政と伯繼とはその幸福なる一組となつた。

彼を知つた光政はまことに得易からぬ名君である。光政が五つで始めて家康に目通りした時、家康は此の兒の眼光に逸早くその材幹を識認したと云はれて居る。果してこの若き公達は至誠にして嚴明、恭謙士に下り、道に厚く時務に明らかに、他の凡庸の大名と異り、有爲の君であつた。

この名君の下に仕ふること四年、彼の名聲は漸く隱れなきものになつた。それと共に深く心法の妙を極めて是非に執せず、善惡に拘らず、道德學問の形式を打破して、偏に純直な生命を重んじた彼の人物器量は、その韜み切れない英氣と共に、逸早く一派の者共から敬憚や誹謗を加へられるやうになつた。正保以來藤樹の陽明學に於ける大悟の影響を受けて、彼も亦良知の奥旨に深く參じた。陽明良知の學は醇乎として醇なる自己內面の至上命令に生きんとするものである。彼の依つて得たる信念と蘊蓄とは自ら僞善多き世の形式的儒者や、動機に奸曲を含み、苟合妥協を專とする俗士政治家に大いなる精神的畏怖を與へずには濟まなかつたであらう。由來道を聞いて、之を傷けようとするのは小人のはかない悶躁《もがき》である。小人は常に讒誣中傷を行うて、僅に自ら寬うする憐れむべき性癖を持つて居る。

其の中に在つて彼の眞價を知つたものは誰よりも藩主光政であつた。光政はやがて慶安三年江戶より歸ると、群議を排し、彼を拔擢して、三千石を與へ、藩の參政に加へた。此の時彼は次郞八を助右衞門に改めた。天下を思ふ彼の篤い志はおのづからその智慧を磨いて、時弊の存するところを徹見してゐた。彼の最も憂へたのは武士階級そのものの困窮である。幕府が參觀交替を始めとして、出來るだけ諸侯の勢力を弱めんとする傳統的搾取政策は、甚しく諸侯の財政を窘迫し、加ふるに內外に於ける鎖國政策は諸侯の商業的利益を消失せしめ、武士といふ不生產的常備軍を掩有することに依つて莫大なる經費を要し、生活費は次第に高まる、其の結果は當然に民衆負擔の過重となり、浪人の增加となる。武士はよし祿を放れぬまでも、俸米制度は著しくその生活を不安ならしめるものである。そして頻々として起る災害は屢々人間を脅威した。

そこで彼は先づ參覲交替制を寬にして、諸侯の休養を圖りたいと考へた。此のことは決して幕府に取つて危險な策ではない。鎌倉時代は器量ある大名あり、氣遣ひな大身も多かつたが、それでも人質も無く、三年に一度五十日の在府で何事も無かつた。此の制を採つて、德川幕府も宜しく諸侯の出府を三年に一度とし、それも在府期間を五十日乃至六十日にすべきである。そして貿易をいま少しく自由にし、產業の振興を謀り、特に頻々として起る天災地變に對して、林政及び治水の方面に大いに力を盡さねばならぬ。かくて彼は一面諸侯に浪人を救濟せしめ、武士階級の不生產的生活より來る不利益と不安とを除く爲、農兵制度を策し、農業政策に力を注いで、租稅や相續や家產等の制度を改良することに依つて農民の安定を圖り、更に宗敎界の肅淸、學校制度の樹立等、眞に經國濟民の意味に於て遠大なる經濟政策を懷抱して居たのである。

彼の懷抱は名主光政の知遇を得て、着々岡山藩政に實現された。先づ備播作三州の要路に當る和氣郡八塔寺村に自ら士卒を率ゐ、農兵制の實施を試みて成功した。次いで林政に、治水に、租法の改良に、風敎に、著しい政績を擧げて往つた。多年安逸の夢を貪つて居た僧侶神官階級も彼及び光政に依つて大いに脅威された。彼は切實に墮落僧徒神官の廓淸を考へ、寧ろ眞宗敎再興の爲に寺院神社の淘汰を策した。光政の如きは直に此れが實行に着手しようとしたが、賢明なる彼は其の機に非ざることを看取して却つて諫止したくらゐである。慶安に次いで承應二年、また彼が光政に侍して出府した時などは、その令名を聞いて、諸侯や士太夫の交を願ふ者、弟子の禮を執つて敎を請ふ者續々集まり、就中紀伊賴宣公を始め、松平信綱板倉重宗堀田正俊中川久淸等諸侯の禮遇最も厚かつた。紀州侯などは當時の階級的な時代に在つて、彼が歸る時は親しく玄關まで送つて出られ、下に居て挨拶されたさうである。これなどは實に諸侯も及ばぬ敬待である。隨つて彼の名聲と共に、彼を憎み彼を誣ふるものも亦多かつたことは言ふ迄も無い。とりわけ學者宗敎家から深く怨嫉された。いつの時世にも內心却つて頑冥固陋な者が彼等に多いからである。事實は疑はしいが、紀州侯のところで、彼と由比正雪と遇つた話は甚だ興が深い。或時彼が侯を訪れると、偶然容貌威儀凡ならぬ一人の士人の辭去する所に出遇つた。二人は礑《はた》と顔を見合せて、どちらも言葉は交さずに目禮して別れた。侯に見えた序に彼は尋ねた。「先刻かういふ人に出遇ひましたが、あれはどういふお方でありますか。」「由比正雪といふ處士である。」すると彼は色を正しうして言つた。「熟々其の容貌を觀て、其の意《こゝろ》をはかるに、復びお近づけにならぬが宜しうございませう。」それから間も無く正雪が侯に目通りした時、ふと正雪は尋ねた。「先日かういふ恰好の人を見かけましたが、どなたでございましたでせうか。」「あれは岡山の士熊澤伯繼である。」すると正雪はきつとなつて言つた。「熟々其の容貌を觀て其の意をはかるに、復びお近づけにならぬ方がよろしうございませう。」君子と梟雄と其處に淸濁の差こそあれ、人を射る眼光の冴えに思はず首肯せしめられるではないか。

彼を愛すること深き板倉重宗は餘りに彼の高名と天才に伴ふ獨裁的手腕とを心配して、竊に彼に忠告する所があつた。彼も亦我を忘れて調子に乘る樣な(一)淺薄の士では無かつた。偶々明暦二年獵の途中誤つて谷に落ち、右の臂を痛めて、弓も挽かれず、槍を使ふにも不自由になると、(二)それを機會に、武士の勤も最早これまでと斷然隱居を願つた。そして强ひての望に到頭翌年八月辭職を許されて、光政の第三子主税輝祿に家を讓り、彼は其の領地の寺口村に隱退した。彼はその村に源重之の「筑波山はやましげやましげけれど思ひ入るにはさはらざりけり」の歌意を取つて蕃山《しげやま》と名づけた。蕃山の先生といふ呼びならはしが終に其の雅號になる樣になつた。年はまだ三十九。彼は此處に兩親を迎へて靜かに孝養を樂しんだ。

註一　古來賢哲の士は皆自ち省みて歉然たるものであるが、蕃山も、自己を語つて、武士の勤心の儘ならで後、身をかへり見れば、居ながら人を下知すべき本よりの士大將にもあらず、昨日今日品を超えて上りたる者なれば、自ら川の瀬踏もし、山谷にも進までは事あるときも役儀達すべからず。人に信ぜらるべき德はなし、國家の用を爲すべき才はなし、たゞ無用の者と覺ゆと云つて居る。これは決して彼の心にもない謙遜ではない。眞實彼は心の奧底にから感じて居たのであらう。この反省は一面强大な自任と竝び存して敢て悖らぬのである。

二　蕃山退職の原因に就いては諸說紛々たるものがある。勿論裏面の複雜な事情は察せざるを得ぬが、そのうち備藩老臣伊木忠眞の言行を錄した久岡幸秀の「橘のかをり」の中に說いてゐるのは一入興味ある具體的問題である。それは蕃山が潛に光政公に、諸子世祿の法を改革(今日の相續稅法の樣なもの)する爲に、先づ彼等同席の家祿を三分の一に減ずることを獻策したのが、いつか二三の者に洩れ聞えて非常な怨みを受け、彼の身邊が危險になつたから、光政も心配して暫く休めさせたのだといふ。

かくて藩政を退いてから、彼の學問と人格とは愈々深く且つ自由になつた。やがて萬治二年四十一の年、彼は飄然と幼馴染の京都に來て蕃山了介《れうかい》と名のり、三十六峯の姿ものどかな御靈祠畔に隱棲した。此の頃彼の學問は次第に哲學的思索と其の證悟から、進んで宗教的信仰に近づいて行つた樣に思ふ。現に彼は陽明學そのものを透過して、神道に心を傾け出した。彼の京都隱棲はこの意味に於て皇典の研究と、それから彼の好める音樂を學ぶ爲と、隨つて多くの風流逸人に交ることなどがその誘因であつたに相違無い。音樂に關して彼は廣い趣味と勝れた才とを持つてゐた。凡て正しい樂音は自然と人生とを貫く「誠」の流露であることを味識して、彼は常に律呂に心耳を澄ました。

かくて隱棲の間に、彼は琵琶を小倉大納言實起に、箏を藪大納言嗣孝に學び、有名な深草の元政《せい》上人等と心を傾けて交はつた。桃李言はず下自ら蹊を成すと云ふ諺があるが、何よりもおのづからに人格の風韻が生み出す世界こそ、世に最も尊いものであらう。以前江戸に出て其の材幹が諸侯や士太夫を傾倒せしめた樣に、此處でも亦彼の悠々たる風懷は月卿雲客をして彼と交はらねば耻の樣に敬慕させた。たとへば左大臣一條教通・右大臣久我廣道・中院大納言通茂・野宮中納言定基・淸水谷大納言實業・油小路大納言隆貞・押小路公起等いづれも皆彼と學問風流の交深かつた人々である。殊に寛文二年霜月七日、深草の稱心菴に元政上人を訪れて、彼自ら愛する琵琶濱庇を彈じ小倉少將琴を調べ、伶人笛を吹いて、元政和歌を詠じた床しい雅會は、ひとり其の時に止まらず、長く心ある人をして限りなき幽興を催さしめる。或る時彼はまた微服して笛を吹いて居た。偶々通りかゝつた音樂の天才安倍飛彈守は、ふと之を聽いて思はず步みを止め、これ決して常人の笛では無い。何とも言へぬ性情の粹がその樂音に發して居ると感歎したといふ。

然るに幕府はこの尊い處士を忌み畏れた。なるほど彼の懷いてゐる進步した經綸は、幕府の利己的中央集權策に取つて危險とも考へられたのであらう。そこへ彼が朝廷側の顯榮に居る人々から尊信されては、幕府の爲に忌まれざるを得ない。先づ京都所司代牧野親成から始めて彼に猜疑の白眼を向ける樣に爲つた。これに加勢したものは當時の學者宗家等である。殊に彼の舊主池田光政が寛文六年大いに宗教改革を行ふと共に、その有力な黑幕として僧侶の怨嫉が彼に蝟集した。

其の上彼が漸く漢學の域を超えて神道に入り宗教的信仰に進むだ爲に、陽明學者からさへ樣々な批難を蒙る樣になつた。林家の弟子達の中になると、彼を正雪の殘類とし、熊澤は妖術を以て人を惑はし、次第に徒黨を集めて居る。その語る所も大抵耶蘇の變法であると云つた樣なあられもない流言を放つ始末であつた。其の實彼は耶蘇教のみには教育の上からも反對し、また日本は耶蘇教を入れる必要もないと斷じて居つたのである。山崎闇齋も保科正之に彼を彈劾したと傳へられてゐる（蕃山遺事）。そればかりでは無い。彼は同じ藤樹門下からも嫉み憎まれた。一體彼は何事にも少しもこだはらず、直に事物の眞を把握せねばやまぬ達識の士であつたから、師藤樹の學に對しても更に曲奉や盲從はしなかつた。師を評しても、「中江氏は生れ付いて氣質に君子の風あり。德業を備へたる所ある人なりき。學は未熟にて異學の弊もありき。五年命延びたらましかば學も至所に到るべき所ありしなり」と云つて居る。誠に僞らぬ、そして眞に藤樹を理解せる評である。藤樹は三十七歲陽明全書を得て大悟してから、幾何もなく四十一歲で沒くなつた。勿論その學に熟せぬ憾みは藤樹自身深く之を抱いて沒したであらう。若しいま五年も長生きしたならば、あの器量と努力とでどこまで到達したか實際恐るべきものがあらう。又彼は藤樹に學んで藤樹の學を守らぬといふ非難に對して、「諸子は極まり有る所を學び、愚は極まり無き所を學び候。其の時に大小差違無く候ても、今は大いにたがひ申すべく候。極まりたる所は其時の議論講明なり。極まり無き所は先生の志こゝに止まらず。德業上より進むなり。日新の學者は今日は昨日の非を知るといへり。愚は先生の志と德業とを見て、其時の學を常とせず。其時の學問を常とする者は先生の非を認めて是とするなり。先生の志はむなしからず。先生云へることあり、朱子後の君子を俟つの語を卑下の辭と講ずる者あり。卑下に非ず、眞實なり」と云つて居るなど、眞に能く師の學の精髓を得たる者ではないか。さればこそ彼は光政に藤樹を招聘さうとし、遂に光政をして正保四年參覲の途次小川邑に駕を枉げて藤樹を訪れさせ、翌年その沒するに及んで、二人の遺子や門弟を藩に迎へさせた程である。しかも彼の心事と學問とは却つて無理解も亦甚しい憎惡を以て報いられねばならなかつた。

彼と朝廷との關係も、幕府にして若し達識な人物が實力を持つて居たならば、寧ろ彼に依つて大いに朝幕の政治的關係を學問上から調和し得られたのである。實際彼の朝廷に對する考は、政治哲學の上から云つても頗る深いものであつて、彼は日本の天皇は建國以來超然的地位に立つて一切を大統し給ふ御方で、單なる政治的立場に立ち給ふべきもので無い。もつと超越的な、即ち政治と被政治とを等しく包容し、包容することに於て同時に之を超越せる絕對的な地位なのである。ゆゑに相對的な政治はこれを源氏に委ねられても、北條氏に託されても、德川氏に任されても好い。政治上の事は將軍が其の責に任ずべきであつて、天皇は一切の國家的生命の根源で御ありなさるべきである。隨つて武家の人が帝位に上らうとするのと、天皇をして天下を專制せしめようとするのとは共に無分別といふ外はないとして居る。

註　彼の思想を知るには、その著集義和書同外書（これは門人の編輯と思はる）大學或問が代表的なもので、特に政治思想に就いては外書と或問とが好い。然し前述の問題には夜會記四卷が尤も面白い。これは彼の著たることを疑ふ者もあるが、必ずしもさうとは限らぬ。

是れ實に最も傾聽すべき至言であつて、眞に國體の精華を穿つて居る言であり、到底半可通な勤王論者の夢想も出來ぬところである。彼の意思を深く用ふることの出來なかつた幕府も惜しいことであるが、いつの代の政治家も識見淺く、諸事皮相に流れ易いのは道の爲に國の爲に殘念なことである。蕃山の京都隱棲はかくて群小の爲に妨げられ、寛文七年春、八年の間親しんだ三十六峯や鴨川を後にして芳野の花に隱れた。彼を敬愛した人々はどんなに此の高人の數奇を悲しんだであらう。然しながら彼の胸中は「青山もと動かず。白雲おのづから去來」する趣があつた。大いなる人格は大いなる世界であることを俗士は遂に解しない。中士は之を知る。知つて未だ之を悟らない。之を悟つて始めて不惑と云ひ得るであらう。彼の歌に、「この春は吉野の山の山人となりてこそ知れ花の色香を」といふのがある。最早世のささやかな猜疑嫉妬や、人の運命の移り變りに心性の海の波だつことも無い靜かに和んだ高人の觀照がしつとりと浮き出て居る。

それから間も無く彼は木津川に沿つた相樂郡鹿背《かせ》山に移り住んだ。彼が此處で自然を樂しんで居た間に、牧野親成は止められて、蕃山を知をこと深き板倉重矩が代つて所司代になつた。小人の凋落を痛快に思つた彼の友人が早速にこの事を報じて氣味よきことととした時、彼の心はもはやそんな恩讐を越えて湛然たるものであつた。小人の凋落を見て喜ぶのはやはり女子小人と同じ心である。彼が勢に任せてあらぬことを言ひ立て、仇をなしたのは彼等の罪惡。その罪惡は憎むべきである。いま彼等はその積惡の報を受けて、人罪せざれば天罰する時が來た。さうなるとまたがつかりして敗亡するのは小人の常で、却つて憐まねばならぬ。その衰へに乘つて憎む樣では要するに彼等と同じ心といふべきであらうと彼は戒めて居る。

彼が京都を去つた前年秋九月、武士道學の權化として上下の尊崇を極めた處士の泰斗山鹿素行も亦一卷の聖敎要錄が當局の忌諱に觸れて赤穗に流された。吉人を忌み斥けることは古今東西權力政治の必ず陷る不祥である。新京都所司代板倉重矩は彼の不遇と小人の怨嫉とを憂へ、ひそかに彼の心を汲んで、風光も美しく父母の里にも近い明石の地を擇び、城主松平信之に書を遣つて、その領内に彼を置いて貰ふことを賴んだ。そこで彼は寛文九年（五十一）明石の城下中の莊に移り、程無く泰山（或は太山）寺の傍に居を占め、「拙者世を遁れ、常の氏名いらぬこと故」とて、ただ息遊軒とのみ稱し、備前の蕃山村に父母の起居を問ふか、江州小川村に赴いて先師の墓に詣でた外は漫に菴を出ることもなく、眞に琴書(一)を樂んで(二)優游自適した。

註一　京都以來音樂に遊ぶこと深い彼は此處でも始終琵琶・箏・笙・一絃琴を翫んだ。殊に一絃琴は足利義政が愛翫したもので、能阿彌が須磨寺に宿した際、寺僧から昔の關の板庇だとて贈られたものを珍しく思つて將軍に獻じたところが、將軍も大いに悅んで一絃琴に作つたのだといふ。

二　蕃山に接した人々は皆その風格に魅せられて彼を尊信した。その半面に彼を知らずして何となく彼を嫉み惡み、或は彼の思想に對する無理解や曲解から彼を讒誣する者も想像以上に多かつたらしいが、彼自身の人物も、婦人好女の樣に見えたと云はれて居る程の優しい姿の中に凛乎たる威嚴の近づき難いものがあり、日常絶えて怒つたり罵つたりする樣なことのない寛厚な風格の中に、澄み透つた睿知の何もかも見透す樣な所があり、調子が高くて濫に人に許さぬ、どちらかといへば狷介な性格であつたのと、出處進退に殆ど打込む隙がなかつた點などは親しむ人にも一種の畏れを感ぜしめ、知らぬ者には隨分分らない人物、底氣味惡い人物として惡く謂はれた樣である。

この隱棲中彼に取つて尤も會心の事であつたらうと思はれるのは、寛文九年の七月十五日、當時光政公の命で彼の弟泉仲愛や津田永忠に依つて工事を進められて居つた岡山藩の新學館に監督に招かれ、盛大な釋奠の式を擧行したことである。會する者國老以下百六十名、藤樹の筆に成る「至聖文宣王」の一軸を中室龕中に揭げ、巳の刻蕃山香案の前に詣り香を上つて俯伏、衆皆再拜、畢つて同聲に孝經を誦し、その後彼れ神前の熨斗を撤し、之を室の中央に置いて戶を閉ぢ、國老以下手づから之を拜受して復座し、儒士三宅可三經を講じて式を畢つた。十月開校されると彼自ら經を講じ、翌年正月五日には彼れ又歲首始業の式を擧げ、しばらくは滯留して頻に學校に盡瘁してゐたが、偶々四月十日母を失ひ、喪に服して六月明石に返つた。

然るに彼が身を寄せた明石藩主松平信之は延寶七年大和郡山に封を移されたので、彼も亦これに伴うて大和に移り城西の矢田山に居を定めた。かくして彼の生涯は餘りに早く寂寞無爲に入つた樣であるが、然しながら其の心の王國に至つては益々崇高と自由とを加へた。王者は九五の位に在り。彼の如き人はまさに上六に位する尊ぶべき處士であらう。ただ社會の形勢は此の處士をして全く平和に高臥することを許さなかつた。家光以後上下の生活は次第に泰平に伴ふ腐敗墮落を深めてゆく。延寶八年四代家綱薨去の後綱吉を擁立し、先づ幕府自身より始めて士風を刷新しようとした傲骨大老堀田正俊は、天和年間竊に彼を出府させて諮問する所があつたらしい。けれども貞享元年八月正俊は却つて恨を受けて殿中に刺された。岡山藩でも、彼が一代の知己であり得難い名君であつた光政公が天和二年五月に沒くなつた。後貞享二年八月彼が世嗣綱政侯に上つた藩政に關する陳述を點檢すれば、彼の失意と苦衷とがまざまざ窺はれる。それにまた彼は此の頃老父一利と長男繼明とを相前後して失つた。

其のうちいつか貞享四年六十九の春を迎へた。松平信之はその前々年古河に轉じたが後任の本多忠平が光政の女婿で、やはり彼をば敬待した。根九泉に到る巨樹の様な彼の學德は、遙かに綱吉將軍の心をも動かした。大方彼は堀田正俊の生前に於て、すでに蕃山の人物を聞いてゐたのであらう。同年八月、松平忠之（信之の子）に内意を含めて、はるばる蕃山を古河に招き寄せた。然しながら結果はまた思ひも寄らず彼をして浮世の外に空しく光を冴えしめねばならぬことになつた。

彼が古河に來ると、恰も幕府の大目付に任ぜられた彼の門人田中孫十郎友明が手紙を寄越して時務を問ふた。之に對して彼の與へた意見が頗る當局の弱點を突いたらしい。それを友明が程經て老中に報じたのが原因で、當局の間に物議が起り、友明は免職、彼は蟄居を命ぜられた（或は彼が秘して傳へるを欲しなかつた政策論たる大學或問一名經濟辨又は經濟拾遺を友明が私に傳へた爲であるといひ、或は又彼が幕府に上つた封事が忌諱に觸れたとも傳へられてゐる。）蕃山はこれよりまた人に向つて時務を說かなかつた。そしてただ香烟茶味淡然として日を過し、庵からは時に琵琶の音が靜かに洩れ、或時は床しい笛の音が庭の松風と調べを交して居た。浮世の外に澄む月の影とそ正に此頃の彼の姿ではなかつたか。その「予を方々よりそしりこめて、遠方より尋ぬる人にも、近里の同志にも、道德の物語することもならざる様になし、他出も不自由なる體に成候は、外より見て困厄の様にあるべく候へども、予が心には天の與ふる幸と覺え候。配所の月罪無くて見んことあらまほしといへり。世を脫れたる如くなる靜かなる月は、世にある人の見難きことなり。配所なればこそ浮世の外の月も見るにて候へ」と語るところ、何たる心憎い心境であらう。「朝に道を聞きては夕に死すとも思ひ殘すことは無く候へども、書の一章をこまごま見熟し候は又幸なり。たとひ命ありとも世に持囃されなば、生付篤實ならず、聰明を好む病根いよいよ長じて、德を知ること遠かるべし。困厄して内に顧み、德を知るに近きは幸甚なり」といふに至つて私は其の人を拜みたく思ふ。

元祿元年彼が古稀に達した年の夏八月二十二日、生涯彼と一つ心に默して一切の苦樂を分つて來た貞淑ないち子夫人が五十五(或は六)で先立つた。彼が臨終の枕邊に坐して心靜かに終られよと囁くと、夫人は答へた。平生の御言葉を心得て居りますから御氣遣下さいますな。やがて事切れた時、彼は能く終つたと獨語して神色を動かさなかつた。そして妻の遺骸を愛する琵琶の凾に納めて城外の鮭延寺に葬つた。

註 いち子夫人は矢部刑部左衛門といふ人の娘で寛永十一年(或は十二年)に姫路で生れたことぐらゐしか分つて居らない。蕃山との間に四男六女があつた。蕃山には他に二女あるが、京都隱棲時代の妾腹でもあるらしい。女子は暫く置き、男子は四人とも皆不肖で、夭死若しくは零落して終つてゐる。これも蕃山の爲にさびしく思はせられることである。

其の後彼は心を易に潛めて居たが、やがて元祿四年八月十七日七十三年の生涯を卒へてこの類稀な哲人も亦悠々として天地の大化に歸した。一藩は敬虔の念に滿ちて、この高士を鮭延寺に葬つた。彼の訃報に依つて、岡山藩でも藩主自ら痛悼して、蕃山村に祠堂を建てて彼を弔ふた。まことに大いなる人格は大いなる自然である。彼を思ふ毎に私は山高く水長き大自然を想ふ。

學者としての彼に就いては世に樣々な議論を聞く。門戸を樹つる漢學者の中には彼の學說がいづれにも忠實でない爲に、其の態度の曖昧を攻め、或は學問の未熟を誹る者がある。また彼の學說に少しも新意を發見しないと云つて失望する者もある。また學問の爲めの學問を得意とする人人から彼の實用主義に對する批難をも聞く。如何にも彼は自ら公言せる通り、藤樹の門を出ながら決して師說に拘らなかつた。其の學問はまた考證的訓詁的方面から見て別段深くも無かつたであらう。學說にしても、別段新意とては無い。そして修身齊家治國平天下を以て學問の大道と考へた最も實用主義的な一人である。然しながらそういふ紛々たる攻擊の聲が一向にとどかない雄大な天地を有した學者であることは確かである。否一度この天地に到る時先の紛紛たる攻擊は殆ど用を爲さないものなのである。

彼の學問は徒に概念を弄んだり、知識の屑を拾ふことと違ふ。生そのものに徹することである。「我」を通じて造化を參賛することである。隨つて物の世界から人格の世界へ、機械的生活から自由の生活への自覺發展が彼の實用の意味に外ならない。この道、この學問は萬古鮮かに永遠に新しい「無限」である。ゆゑに其の本質も行に在つて、聞見の知に在るのでは無い。不二の巓を窮めゆく人と、机上に地圖を擴げて漫然と話して居る者とを同日に論ずることは出來ぬ。

彼は頑然たる物的生活から造化の根柢に沈潜し、そこに確乎たる人生を樹立しようとして「學に志し」たのである。彼の志學は形の上から見れば、始めて四書集注を讀んだ二十二歲の頃に在らう。然し自覺的立場から嚴密に論ずれば、蕃山村隱退即ち三十九の頃から一層深刻になつて居ると云はねばならぬ。

一體晩學であるが、この意味からいふと、一生學に志さなかつた、或は志さない學者が如何に多いことであらう。また其の學の味ひは、一生學問とか宗教とかに身を委ねながら、物の空しい概念を摑み、形式に捕へられるより他に能の無い者に取つて到底味識されるものではない。大鹽中齊が「志」の解に就いて「心の之くなり」といふ說、即ち欲求說を斥けて士心說を取り、志とは欲求より進んで士志を立てることであると說いて居るが、全く「之心より士心」に移るところに學的生活が始まり、かくして「學んで以て位に居る」のが眞の政治家であると思ふ。之心より士心に移ることは、つまり個人的物欲的自我から、社會的人格的自我への發展である。そこに道德と政治とが成立つ。道德と政治とはかくて同一原理の二樣相に過ぎない。本來不二なものである。そしてそれ等の極致はいづれも宗敎的境地でなければならぬ。學問もいづれ宗敎的境地にまで進まねばならぬ。と云つて別段道德や政治を外にして宗敎が存在するのでは無い。道德や政治に即して宗敎が發展するのである。是の如き意味に於て、私は日本神道に深遠な價値があると思ふ。神道は最も現實的にして同時に超越的な偉大なる宗敎である。蕃山が學問を始めて、道德の世界から政治の世界に優游し、思索と體認とを積むにつれ、非常に神道に傾いて行つたことに深い意味を認めざるを得ない。醇乎として醇なる日本人はいかなる放浪を經ても、終には日本精神へ復歸せざるを得ないのである。

政治も前述の樣に人と心術との問題に歸する。法令や制度は末である。

司馬光は曾て史上の人物を才と德との二方面から觀察して、個人に在つては、才有つて德無き巧進の徒より、寧ろ德有つて才なき愚鈍を用ふべきことを明らかにした。けれども政治は大いに才を要することは明らかである。隨つて危險も亦大ならざるを得ない。そこで蕃山は爲政の根本問題として、人を取るに職と位との二つを分ち、位を主とする者に師保・諫議者・卿大夫等を置き、いづれも有德の人格者を擧げ、師保は一般に君德を涵養し、諫議者は君臣の道德的責任を論し、卿大夫には人格的に國民教養の任に當らせる。此等は國民の道徳的儀表たるべき責務であるから「位」を重くせねばならぬ。それと同時に「職」を主として吏務官（今の事務官）を置き、一藝一能の士を擧用して政務の澁滯を無からしめ、その上に執政者（宰相）を置いて、これも才を主とし、徳は識者の政論（昌言）を喜んで、よく是非を明らかにし、諫を容れ得る人を用ふる。是の如き才を彼は「本才」と謂つて居る。

かくて徳に基き才を伸ばすことが出來て、始めて仁政が可能である。

彼の此の意見は何時の世に於ても爲政者の深く慮るべき問題であらう。今の世は慾に文化に爛熟して自然に背馳し、人は徒に才智藝能の末に趨り、片々たる器械と化し、復た有徳の士、生きた自由の人物を見ぬ。かゝる時私は蕃山その人がしみじみ思はれて、敬慕の念の頓に彌增すを覺えるのである。

集義和書解題

集義和書が蕃山先生の眞著であり、かつ最も價値ある名著であることは世間周知の事で、今更私が喋々する必要は無いと信ずる。然し蕃山先生の著と云ふ事は此の本にはどこにも書いて無いのである。其處で蕃山先生の著と云ふ事から一應考證をして置く必要が無いでもない

先づ此の集義和書の版の種類から述べる

　初版（十一行本・十一冊）寛文十二年初秋版（五十四歳）

　二版（十行本・十六冊）延寶四年五月以前版（五十八歳）

　三版（十二行本・十六冊）井上先生ノ説ニヨレバ二種類アル

以上の三種（或は四種）に就いて先づ解説をする

○

初版（十一行・十一冊本）本全集第一冊の上段に掲げたるもの

本書は序跋ともになし。十一行にて十一冊である。奥に

寛文十二壬子年初秋吉辰

二條通二王門町

長尾平兵衞開刊

とある。蕃山先生書簡集（一三六頁）に

贈河村△春書

先度御返事に申入候和書出來候間一部十一册進之候。かき本のかはりにて候。世間うり本には出し不申候。同志中へ計遣候やくそくにて本屋預置候。……恐惶謹言。九月十二日。蕃山了介繼。河村△春樣人御中

勘　是和書初刊ノ時ノ書簡ナリ

とあり。此の書簡を井上先生は其當時まだ初版本が出現してゐず、從つて寛文十二年の初秋刊行の事も知れてゐなかつたから、年を定めかねられたが、年は其の刊行年の寛文十二年と定めてよいと思ふ。此の書狀に云へる如く一部十一册である。和書が出來て到來早々に本と共に送られた書簡であらう。「世間うり本には出し不申候」とあり。「同志中へ計遣候やくそくにて本屋預置候」とある、先生自費出版のやうな形と見える。此時先生は明石に移られてから四年目である。此の初刊本は極めて稀である。先年池田家で私が初刊本なる事を發見したのが最初であつたと思ふ。其の後私も一本を得た。是れは「酒折宮」の藏書印があり、梅隱竹村氏が奉納した事が毎卷々頭に墨記せられてゐる。內容は書簡一——五、義論六——十一であるが、書簡五の終に「心法圖解」が添つてゐる。始物解は無い。內容は大に二版本とは相違してゐる。二版本出版の際に削除せられたものが甚だ多い。而して其の削除せられたものはすべて外書に編入せられてゐるが、たゞ六二番（一一〇頁）の一條のみは見當らぬやうである。但文章は加除がある。（是等の出入の事

は巻末に添へた對照表で見らるれば分明する）巻第十三、義論之六よりは全く二版本の時の新增加である。又和書二版本と外書とは同じのは無い筈であるが重複せるがある事も表で明かである

〇

第二版（十行本・十六冊）本全集第一冊の下の段に載せたるもの

此の書又序跋なく、かつ刊行年月もなく、書肆の名もない。つまりさる方面の記事は少しもない本である。二版たる事もたゞ推察するに過ぎない。蕃山先生書簡集（八七頁）に

贈國枝平介書 延寶四年五月

（〇前略）

一ひつぱくに付道學の事いよ〳〵すたれ候よし。左様たるべく候。和書御らん候よし。さいぜんの板本よほどなをり申候。其上に四五冊もたし出來候。存候町人自分の力にて板行いたし志の方へ計可遣よし申候

勘　書簡十八ニヨレバ初版ハ十一巻ナリ。再版ノ時之ニ五巻ヲ加ヘテ今ノ如ク十六巻トセシナルベシ

此の狀によれば延寶四年（五十八歳）五月以前に再版本が出でし事は云ふまでもない。處で問題になるのは「贈北小路石見書 延寶三年十月」（八二頁）である。

尙々筆あしく本がらすぐれず候間かきなをし度事との義、これも內々左様に存候へども何ほど正しくかき、ぎんみ仕候てもうつし候者の得がたきにかき申候故又々あやまり出來申候。皆々はなをされず候故大分かんにん仕事に

候。上方にてかゝせ候はば本がらはよく候はんや。文字は今よりもあやまり可申候。しかれば其まゝをこさせ候方ましにて御ざ候。筆のあしきと本がらのよからぬはかんにん可仕候。二三年過候はゞ又々氣に入申間敷候へども先志有之人々の受用をたすけ可申ためにて候。今とても十分には不存候。十分よくと存候はゞ一生すみ申間敷候。何事も六七分にてかんにんよく御ざ候。以上

勘　集義和書ニハ三版アリ。初版ノ板行ノ了介時代ナル事ハ書簡十八ヲ見テ知ルベシ。此書簡及次ノ書簡ニ云ヘルハ第二版ニテ北小路俊光日記寶永七年六月二十一日ノ條ニ

一兩日以前中根流謙より市介使狀來集義和書直し本かりに來。合緘六冊かし遣。是は板行に成候寫本に成候故書入直しのを借度との事にて遣。三輪善藏本やへ入魂候てかし被申由に承候也○右之本にては板行の用に不立候とて六冊共返辨

トイヒ又正德四年九月六日ノ條ニ

本や野田彌兵衞より集義和書合冊七冊手代に持せ越。代十六匁五分

トイヘルハ第三版ナリ。而シテ世ニ流布セル本即

此集義和書は前に板行ありて世間に流布すといへども印板田舍に有之故 今又洛陽之書肆におひて古板のごとく重ねてゑりおこなへるものなり

トイフ序アリテ卷第十六ノ終ニ帝都書肆三條通烏丸東へ入る町森島吉兵衞トアル本ハ右ノ三版ノ外ニテ古版（第

三版）ノ摸版ナリ。初版及第二版ハ未見ズ。第三版ハ巻數內容全ク流布本ニ同ジク其異ナルハ題簽ノミ。而シテ其題簽ハ左ニ示スガ如クニテ余ノ鑑定ニヨレバ先生ノ自筆ナリ

（○コレハ巻頭ニ揭ゲタル寫眞ノ題簽第三ニアタル）

○刊本ノ集義和書ニハ集義ノ二字ヲ除カズ。此書簡ニ云ヘル所ト異ナリ○此書簡ハ息游軒ト署シタレバ延寶三年ノ春ヨリ後ノ者ナラザルベカラズ。然モ次ノ贈國枝平介書ヨリ前ノ者ナルコト明ナレバ延寶三年十月ノ書簡ト斷定ス○此石州ハ即北小路石見俊光ニテ先生ノ高弟ナリ

とある。此書簡に云へるは第二版の事と井上先生の考證もあり、然思はるゝが、「筆あしく、本がらよからぬ」が誤を生ずるから其のまゝおこさせる方がましだと云つてあるが、「筆あしく、本がらあしき」はむしろ第二版にて第一は本がらも筆もよいと思はれるが、其は主觀の問題で、今私が見てきめた處で何にもならぬが、其のまゝおこすがましだと云ふ點が問題になる。第二版本を見て、書き直してはと北小路石見等が云つたものではあるまいか。其のまゝ彫らせた方がよいと云はるゝに、第二版は初版を大改革をほどこしてゐる事である。然らば此北小路の云へるは、第二版が出來て本がらがよくない處と、田舍に版が有るを不便として京の本屋が改めて良い本を出さうと云ひ出したかなどして出來た問題ではあるまいか。然らずば「其のまゝ版におこさす方がましだ」と蕃山先生が云はれたのが解せられぬ。現に初版を大改革した本が出來てゐるし、蕃山先生も贈國枝平介書(延寶四年五月)に「さいぜんの板本よほどなをり申候。

其上に四五冊もたし出來ゆ」とあるから迷はざるを得ぬ。延寶三年十月廿二日に此書簡が發せられ、同四年五月に十六冊の本がさう早く出來やうとは思はれぬ。貞享三年の俊光日記に和書改正增補の事が見えてゐる。度々改正有之も如何、云々。今迄の通にて置ゆて可然、云々とある。此の前後の手簡ではあるまいか。又新村博士が「熊澤蕃山と吉利支丹禁制」（陽明學硏究所載）に

集義和書の編輯及び刊行年代は不明であるが、蓋し寬文年間の後期、即ち蕃山の五十前後の著述であらうと思ふ。北小路俊光日記抄に延寶四年（五十八）集義和書改版の企のあつた事が見え、その再刊本には十一年の後貞享四年（六十九）に至つて、南部草壽の序文がある云々

と見えてゐる。南部草壽の序文の有る本は私はまだ見る事が出來ないから、十行本か、十二行本かは不明であるが、前にかゝげた贈國枝平介書（延寶四年五月）に十六冊本が出來た事が云つて有るから、南部草壽が貞享四年に序を添へてゐるとすれば、二版本の後刷に加へたか、第三版に加へたかであらう。貞享二年の書目には集義和書十六冊の事が出てゐる。是れは南部草壽の序より前に十六冊本の賣本が有つたわけである。但し此貞享二年の書目に見えた本が十行本か、十二行本か不明なのは殘念である

○

第三版本　冊數は十六册、十五册（五・六合册）五册との三種ある

今世に流布してゐる十二行本であるが、蕃山先生書簡集（八三頁）に

勘　集義和書ニハ三版アリ。云々（前に全文を掲げたり）

と云はれた。其の我が師の考證に對する疑問も前に云つて置いた。第三版は序文によれば二種類ある筈である。「古板のごとく」と云つてあるのを、內容が「古板とひとしい」の意と見ずに、形まで同じくと云ふ意でありとすれば、第二版の十行本と今の流布十二行本とは云ふまでもなく別な形であるから「古板」と云へるを第二板を直に指して云つたとは見られぬ事となる。十行本の次に十二行の田舍版が有り、其を元として流布の本が出來たとせねばならぬ。とにかく書簡五は年代が少し下るのかも知れぬ。新村博士の南部草壽の序のある本、貞享四年のが或は第三版で十二行本で、其本の重刻が流布本かも知れぬ。而して題簽の問題であるが、題簽は寫眞版にして卷首に載せて置いたが、初版と二版とは全く相違するから一見まがはぬが、第二版のは井上先生の云はるゝ蕃山先生自筆の分であるが、此の題簽は二版（十行本）と十二行本とはほとんど同物と見えるが、これは二版本によつて同じやうに刻したと見えて微細の處を實物に就いて檢するに少しの差異があり、書簡集の寫眞のは十二行本にて現に世間によく見かけるのと同じい。其から全く別種の題簽の流布本が有るが、本文の版は同一である。其處で南部草壽の序のある本と、「此集義和書は」云々の序のある本と總てを一所に置いて見ねば確論は出來ぬ。正宗文庫にも十二行本も三種あり、題簽は二種は蕃山先生自筆の摸刻であり、一種は相違してゐる分であるが、何分題簽等では決定は出來ぬ。つまる處

南部草壽の序の有る本は何行本か、是れが十二行本の古版か、其とも十行の後刷か。其が十二行ならば京都本の序に云ふ古版は其を指せるなり。はたして然らば集義和書は世に四種の版がある事となる

以上の問題が今日直ちに解決がつかない

此の第三版はいつの出版か明らかでないが、外書は奥附は寶永六年己丑五月とあるが序には寶永庚寅初夏下旬とある。庚寅は七年である。或はいよ〳〵世に出たのは七年初夏かと思はれる。俊光日記抄寶永七年六月二十一日の條に和書直し本かりに來云々。三輪善藏本やへ入魂候て云々などあるは和書改版の事と思はれる。外書が出來て、引續き和書を京都で外書と同じやうな形で出版したものと考へられるから、和書の京都版は寶永七年以後あまり遠らぬほどに出來したかと思はれる。正德四年九月六日の俊光日記抄には本屋野田彌兵衛より和書合冊七冊手代に持せ越。代十六匁五分とあるは或は此時出來したのか

○

此の集義和書が蕃山の眞著たる事は、贈北小路石見書（書翰集八二頁）

　郷右衛門ゟ和書之中思召より申來候。集義は全部の時の名號にて候。……心友、學友、朋友は皆ゆへ△御座候

と云ひ、贈國枝平介書に（八六頁）

　和書御らん候よし。さいぜんの板本よほどな△をり申候。其上に四五冊もたし出來候

と云ひ、贈河村△春書（一三六頁）に

　先度御返事に申入候和書出來候間一部十一冊進之候

と云ひ、又北小路俊光日記抄、元祿四年八月十六日の條に

息遊軒自筆和書の內五枚仲三以丈より給。軸表紙卷物に申付、今日出來

とまで出てゐるから疑ふの餘地は無いと私は信じてゐる。我が師も蕃山考（四六頁）に贈國枝平介書を引いて、「集義和書ハ此書ニ依リテ先生眞正ノ著述タルノ鐵案ヲ下セリ」と云はれてゐる。井上哲次郎、蟹江義丸氏共編の「日本倫理彙編」卷之一（陽明學派の部上）の序說には

……伊東潜龍の餘姚學苑に玉手箱を引きて曰く

彼（〇蕃山）が門人岡島可祐集義和書、同外書、儒生雜記等をあらはし、熊澤が意志をしらせ侍る

是に由りて之を觀れば、集義和書、集義外書は蕃山の著書にして岡島氏の編纂に係るを知るべきなり

とある。此の記事によると見えて、友朋堂文庫本の解說には「門人岡嶋可祐の纂錄する所」と云ひ、藤樹先生全集第三冊、卷之二十一（補遺）六頁（通頁六一三頁）に

蕃山の門人岡島可祐が後に和書を綴輯する際云々

と云つて、集義和書を岡島可祐が編纂としてゐる。後にと云ふ詞は私には解する事が出來ないが、玉手箱と云ふ本も、餘姚學苑と云ふ本も私は見ないから此の本がどれ程信をおいてよい本か知らぬが、私は蕃山先生の自から著はされた本と信ずる。初版本が寬文十二年（先生五十四歲）に版になり、第二版が延寶四年五月以前に版になり、先生の書翰に前掲のごとく「和書出來ゆ間一部十一冊進之ゆ」と云ひ。又「和書御らんゆよし、さいぜんの板本よほどなをり申ゆ。其上に四五冊もたし出來ゆ」と云ひ、「集義は全部の時の名號にてゆ。全部出來ゆへば七八十冊にゆへども茂早氣力うす

く成ゆ間調申間敷ゆ。」と云へるより考ふれば先生の自著と定めて誤はないと信ずる。外書以下は他人が編輯したのでもあらう。友朋堂文庫本の解題などの如く「岡島可祐が纂錄する所」などゝ決定的な言葉を用ゐらるゝのは考ものである。かりに其當時岡島可祐が編纂したと云ふ事が傳はつてゐたとすれば、其は名義人か、或は出版出資者位の處であると考ふるのである。かりに百歩も千歩も讓つて岡島可祐が編纂したとした處で、先生（當時五十四）自身が一々見られた事はもとより、第二版の時（五十八歳以前）に十分なる削除もしてゐられる。此の著の責任は岡島可祐が負ふべきではない。したがつて先生の自著と云つて、又然信じて先生を評論して寸毫もさしつかへはない。猶先生自著と云つてよい理由の一に、二版本十二卷の最終に

一心友問、和書の前言多くけづりすて給へり。五三年過なば又けづり度思ひ給ふ章有べきか　云、殘る章今も半は心にみたず。しかれども人により迷ひをとくべきことあればけづらず。後世のそしりは眼前に見ゆれども、今人の迷ひをとくべき事は今日の天職なり。時文明の運に當て人心の闇昧をひらくは少し天恩に報ずるなり。是を以てよのそしりをかへりみず

と云つてゐられる。自著たるの責任は確かに持つてゐられるではないか

因に云。小島天樂と云ふ人の寓居雜記と云ふ本がある。此の人は津山の藩士で文政六年に岡山中之町の萬波甚太郎（醒廬）の家に寄寓中にしたゝめた隨筆で河本一夫君が發見せられた本である。其中に

森川助右衞門と云ふもの土藏の腰板をはづしたりしに櫻の木のいと美はしき板なり。其の裡を見れば熊澤了介の

著述集義和書の板木なりき。萬波甚太郎は此の板を以て書齋の額に製したるなり。意ふに集義和書は了介意に滿たざる所ありて此は仕たるならんか

と云ふ事が出てゐる。岡山市の森川氏と書いて無いから確かにとは云へぬが多分岡山市での事であらう。意に滿たざる所ありと云へるは推量なれば何とも云へぬが、蕃山先生自身が心に滿たぬ由を二版本で云つてゐられる通りであり、第一版は文章も條項も大に改められてゐるから、事實上然云つてもよいが、京都に版木があつたとすれば、其れを岡山へ下す筈がないやうな氣もする。（初版本も先生岡山での出版でなく明石にゐられた時である事は前述の通りである。）しかし岡島可祐が出版出資者ででも有つたのならば、或は岡山の方へ版木を引取つて置いたかも知れぬ。初版は出版直後直ちに改訂にかゝられたと見えるから、此の本はあまり世に流布はせなかつた。否、させられなかつたのかと考へられる。自然板木は廢棄したかも知れぬ

岡島可祐の事は俊光日記抄、元祿十三年十月の二十日に「岡島可祐片浦一流事夕方干かます十枚持參、久々にて來、備前學校に居、去年より大坂に療治にて居候由」勘、岡島可祐ハ美作ノ人。とあるが未だ其詳傳を知らぬ

○

本書改訂の事、初版は二版の時大改訂がほどこされた事は前にも云つた。又其に對する先生の考が二版本和書に出てゐる事も前に云つた。俊光日記抄貞享三年四月廿八日の條に

廿八日晴。中院公、淸水谷公へ寄、眞靜にて三以に出合。押小路公へ同道。中公にも御出。和書改正幷樂論、水土之

解入候て可有板行之由に付各相談。度々改正有之も如何、右兩册追加板行も時節不宜間先延引、今迄の通にて置候て可然、以來隱者百年の後は筆作之書物共同志中寄合候て成共板行可然、先只今は無用と中公初被申に付其通隱者へも申參筈也

勘　和書改版ノ事ハ延寶四年ニ息游ガ國枝平介ニ贈リシ書ニ見エタリ。一タビ版ヲ改メシ後、樂論、水土解ヲ加ヘナドシテ更ニ版ヲ改メムトセシナリ○樂論ハ即雅樂解ノ事ニヤ。雅樂解ト水土解トハ外書ニ入リタリ

と出てゐる。是れは第二版十行本を改正せんとせられたのである。此年は先生六十八歲、古河に移らるゝ前年である。京都の門人達へ先生が改正及び增補の意を漏らされたのであらう。先生は初版から四五年の間にも相當の改訂をして二版を發行せられてゐて、二版中にも既に削りたく思ふ節がある事は述べてゐられる位である。貞享四年十二月十五日の俊光日記抄に

集義書簡義論改正之所三以玄友△兩筆にて書入給幷一册三以自筆被惠

勘　玄友ハ磯山玄又ナルベシ

と見えてゐる。此の改正が今私が本全集を刊行するに用ゐた和書改訂の書入本の原本かと思はれる。書簡と義論とにはこゝかしこ書入れあり、心法圖解には一ヶ處しか無いが始物解にはかなり書入が有つて日記抄の記事と全くは合はぬ。此本はもと川田剛氏の舊藏本で有つて朱書にて改訂が加へられてゐる。奧書も何も無いから傳來は知る事が出來ないが、著者が改訂せる事は其直し方で推知するにかたくない（尤此書入は著者蕃山先生の自筆では無いと井上先生が鑑定

せられた)

○

心法圖解が藤樹の著で有るとして、昭和十五年版の藤樹先生全集に收められた。藤樹全集編纂者の加藤盛一氏は集義外書こそ蕃山の眞著のみと限らず、和書に至つては正眞のもの丶如く一般に認めらる丶が如し。然るに和書其の物に此の如き編纂上の粗漏あり。蕃山研究者果して此の説ありや

と云はれてゐる。私は蕃山研究者と云ふ程の自信も無いし、何れ世間の蕃山研究者から種々の考證どもが發表せられるのを待つものであるが、編纂上の粗漏とは思はぬ。集義和書に岡島可祐が誤つて心法圖解を編入したものでない事は、前に述べた通り蕃山先生生前に自ら二度も版にして、先生自身が初版も見、二版も見てゐられるのであるから、心法圖解が藤樹の眞著であつたとした處で、其は蕃山先生が何等かの考が有つて編入せられたものであつて、かりに岡島可祐が編纂したとした處で、其責任は蕃山先生にあつて岡島可祐にはない筈である。私は和書を岡島可祐の編纂と認むる事をも否とする方であるが、心法圖解が編纂上の粗漏より混入せるものとも思はぬ。しかし私は又澤太助氏の卷をも見たのでないから義論をする根據も無いが、志村氏編纂の全書に入つてゐるとか、入つてゐぬとかは問題でないが、藤樹眞筆本に藤樹著と同筆にて有るか無いかは重大な問題である。同筆で藤樹著と無い限り、其が藤樹の書であつても直ちに藤樹の著とは斷定出來ない。殊に藤樹と蕃山先生とは其筆蹟は或る時代のものは酷似せりとの事であるから、今日其を分つ事は難事であらう。又其の當時(即ち和書初版本の出でし寛文十二年)には藤樹門人の生存者も多い

事で有らうし、藤樹の長男も二男も、三男も岡山に來て仕へてゐた事で、若くて死んだ人もあるが、其頃生存してゐた人も有る筈である。蕃山先生が何のことわりも無く藤樹の著を其の著述の內へ編入すべしとは常識では思はれない。又西川季格が集義和書顯非に、さる事あらば第一番に非難すべき事と思ふが、季格は心法圖解を非難してゐるが、藤樹の著とは思はず、蕃山先生の著と信じて批評をしてゐるやうだ。又季格が知らなかつたとした處で、藤樹門下の誰かは知つてゐて注意するか、何とか其旨を明かにすべきであらうと思はれる。殊に池田光政が自筆にて寫してゐる「天命性道」と云ふ書(此の書名は便宜上の假名であるが、今之に從ふ)天命、性道、虛見、凡夫、聖學などの圖解は蕃山の心法圖解に甚だ類似してゐる。而して聖學の圖及解の文は儒生雜記に出てゐると同じい。而してこれは熊二の所說と記されてゐる。熊二は即ち熊澤二郎八伯繼の略稱である。然れば蕃山先生は自說として光政に御覽に入れたか、光政が蕃山先生の書かれたものを御覽になつて手記せられたかで有らう。此「天命性道」中には「五性分釋圖」など、先生として採錄せられてゐる。先生とは云ふまでもなく中江與右衞門惟命即ち藤樹を尊稱せられたのである。斯の如く藤樹のをも採錄してゐられるのである。主君光政に蕃山先生が著と認られてゐると云ふ事は(先生が御覽に入れたか、光政が見られたか、聞かれたかは別として)心法圖解は蕃山の眞著たる證據にはなりはすまいか。まさか蕃山先生が師の說を自說の如くよそほつて主君をあざむくと云ふ事の如き事が有らうとは我々には想像も出來ない。尤も光政がいつ頃此抄錄をせられたかと云ふ事は私はまだきはめてゐないから、光政の卒したのは天和元年で集義和書は初版も二版も出來てゐた時ではあるから、出版後の抄錄であると云ふ事になれば、此事は無用の事になるかも知れないが、光政は蕃山先生より十歳の年上であり、集義和書の初版の出來た寛文十二年は既に六十四歳のかなり老齢であるから、多分其よりは先の抄錄であらうと思はれる（本書に熊二と有る上から云へば蕃山了介以前。即ち明暦三年までの稱、岩八の略稱があるが是れは寛文五年に岩田仲愛（即ち蕃山先生の弟泉八右衞門仲愛）は養子七郎兵衞に二百石を分與して自らは泉氏に復した。されば此光政の「天命性道」は少なくも寛文五年以前の採錄だと一應は云ひ得る。然し殿さまであるから、昔ながらのを書いたのだと云ふ人がないとも限らぬ。とにかく常識的な推量で、もつと若い折の光政の採錄のやうな氣がする。つまり集義和書開板よりはよほど前のものと大ざつぱではあるが考へるのである）

以上は心法圖解は蕃山の著で藤樹のではあるまいと思はれる事に就て思ひ付いた點を述べたのであるが、かりに藤樹の說を載せられたとするならば、蕃山先生は此說が世道人心に有益なるものと認められて、一人にても廣く、多く、知らしめられたかつたと考へて見ても何等彼れ是れ騷ぐにもあたらない。集義和書其書が誰の著とも書いて無い位に、先生としては賣名の爲の著述でも、利益を得る爲の著述でもない。世人を敎育し世を救ふ以外には何にも無いのである。師藤樹の說が世に廣まつて世を益すれば、其は即ち日本國の爲で、師も滿足であらうし、蕃山先生も滿足であらう。私は心法圖解は蕃山先生の眞著として疑はないが、どちらの著としても此の心法圖解の人心に及ぼす力は同じであつたらうと思ふ。今日では其々の人の立場上、鰯の頭も信心からと云ふ諺の如く、受用者の氣分で影響の差はあるかも知れない。古人は師の說を其のまゝ何のことわりもなく引いた人も多い。私は思ふ。藤樹全書に蕃山先生の著の神道大義が混入してゐた事がある。其說が藤樹の說と合はないのならば、藤樹研究としては大に困る。藤樹といへども大に迷惑するわけである。しかし本人が生前に（よしや他人が編輯したとした處で）見て何等さしつかへの無い説で有ると思つたならば、其の事が國家に役立たば其でもよいのではあるまいか。殊に私の不思議に思ふのは某氏などが、蕃山は藤樹の文を剽竊せりなど論ずる事である。蕃山先生の著書を精讀して其の心を汲み得たとしたらば、斯かる言葉は出まいと思ふ。蕃山先生は、既に引用せる和書十二卷の最終の「和書の前言多くけづりすて給へり云々」の如き心持で先生の著述は出來てゐるのである。私どもは先生の徒らに聖人ぶらないで、闇昧なる者を敎へ導くといふ事を天恩に報ずるとせられた敬虔なる態度に甚深なる感謝を惜まないのである

又蕃山先生はともすれば江西の學派の人に敵視せられたやうだ、例せば西川氏の如きである。其れは集義和書初版（二版にもあり）に

朋友問て云、江西の學によつて天下皆道の行はるゝと云とをしれり。儒佛共に目を付かへたるは大なる功也。答て云、尤少は益もあるべけれども害もまたおほし。しかと經傳をもわきまへず、道の大意もしらで管見を是とし異見を立て聖學といひ、愚人をみちびくもの出來ぬ。江西以前には此弊なかりしが、天下の人の目をさましたりといへどもいまだ德を好の人をみず。粗學の自滿のついえは一二にあらず

など率直に云はれ、和書十三卷（二版本）

心友問、先生は先師中江氏の言を用ひずして自の見を立給へるは高慢也と申者あり。　云、予が先師に受てたがはざるものは實義也。學術言行の未熟なると時所位に應ずるとは日をかさねて熟し、時に當て變通すべし。予が後の

人も又予が學の未熟を補ひ予が言行の後の時に不叶をばあらたむべし。大道の實義にをいては先師と予と一毛もたがふ事あたはず。予が後の人も亦同じ。其變に通じて民人うむとなきの知もひとし。言行の跡の不同を見て同異を爭ふは道を知らざるなり

とも云はれた。是等の言は江西の學派の人々が心よからず思ふ原因であらうが、先生の言は神に近い言葉であると思つて聞けばよろしいと信ずる

○

和書の事が俊光日記抄に見えてゐる事が多い。色々な意味で參考にもなり、又後々研究する折の必要もあらうから抄錄しておくこととする

元祿二年

閏正月朔日――入夜三以、玄又、主税、元庵、同内義、おりん、清心、おかう、ちかう、樂、右衛門、日向、某、退歩、お照參集候て和書讀、義論。三以明辯甚感信、多益之事也

勘　おかうハ俊眞の後妻○右衛門ハ俊眞ノ子匡英○日向ハ俊光ノ子俊尙○退歩ハ龍野ノ家中池田長賴○おてるハソノ妻○所謂和書會ハ此後モ度々開カレキ

元祿四年

四月十一日――巨勢彥仙中江主水弟也晝より來話、初て引合。三以、某語、夕飯振舞。夕方被歸了。前方出家、道心堅

固、種々の荒業をも被勤、道心に志有之僧衆を尋、佛法奥義に合點不參事共聞候へ共不分明故に此道にても心理一大事は不埒明と存、儒を聞改申候。然共京都にて大儒衆に聞候へ共格により學になづみたる所有之候て不安所翁問答を見候て少々不審を開き共後に集義和書見候て得大益候。などとの物語也。珍敷學友也〔○編者云、中江主水は中井主水である。此人の事は南天莊次筆一七頁、蕃山實錄の著者を見らるべし〕

潤八月四日――○外書十三冊三以丈本にて日向と校合不殘今日濟○集義和書の校合は主馬丈として相濟候也

五日　外書五冊今朝主馬殿へ返辨。此方に一冊も無之也〔○編者云、元祿四年は先生の歿せられた年である。外書は先生のなくなられる頃は大體編纂できてゐたと想像せられる〕

九月朔日　集義外書改正出來○集義和書は去冬中改正之通校合

十月廿八日晴、巨勢彥仙來話。集義聞書見せ感信あり、日暮被歸〔○編者云、此和書聞書は未だ見る事を得ず〕

元祿五年

七月朔日　隱山殿より樂借候和書拔書日向寫出來〔○編者云、和書拔書と云ふ書は富岡鐵齋の舊藏本たりし福井衣笠の集めてゐた蕃山叢書とも云ふべき本の內に其とおぼしき本がある。一つは和書拔書問答とし漢文で書いた十枚斗のもの、終に

輒按、此書成於蕃山門人之手、故往々有稱先生曰之語、然不知纂述出何人乎

と朱書してある。次は「書簡一之卷末」と見出しをし、二十四枚ほどあり「義論之一初二」として

一心友問て云、不偏不倚、過不及なきを中といへり云々が出てゐる。次に和書拔として肩に朱書義二、同、義四とが二十五枚斗り有つて終は肩に義八、心友問、操ときは存すと云々で終つてゐる。是は十四の義論七の終の方にあるが、書き誤つたのであらう。猶外に空山軒撰として「和書蘊語」と云ふ書が同じ叢書中に一冊ある。八十枚斗の本である」

元祿六年

八月廿八日　進藤猪右衛門へ依所望削簡三冊借遣。他見無之、尤寫被申候事も先無用に候。若益にも成、大望にも候はゞ此方各へ内談候て其上にて筆耕に成とも寫させ可進間一覽候て先早々御戻可被成ゆ。……

元祿九年

三月四日晴。江南野水見廻對談。挨拶了て水土解同志中より入用にて取に來候故其元へ取り進候處何方へか被レ置レ爲レ見候とて取に被遣候由令承知候。借許之節是は別て秘書にて御座候間他見他借被成間敷由申入候に外人へ御借之事御人體には似合不申不信之事に候。か樣之秘書私に秘するにては毛頭無御座候。義論書簡は受用體之事、板にも出申候故不苦候。秘書の分は先事にて候へば道德眞志不定内に珍敷書を見候ては却て志實ならず候故人にたかぶり高慢の氣象も出候へば却て害に成申候故道德實志見屆候て秘書見せ候樣にと先學も申候故某の志も立不申候。先第一約信等一言之義も無相違樣に信義を極候事人道第一之事に候。と申候へば成程至極にて候。某あやまり申候。源氏見樣之書之事も卒忽に語申候て迷惑申候由被申、暫語被歸き

〔編者云、蕃山先生の書簡などに秘書御目にかけ云々などの事が見えてゐる。先生は隨分秘書に屬する著述があつたらしい。而して其秘する原因も其時世にさし障りの有る爲なのも有らうし、此俊光日記に見えるやうに「道德眞志不定內に珍數書を見候ては却て志實ならず」と云ふやうな心持で秘せられたのも有らう。先生の著書の眞疑不明なるも多く、又湮滅に屬したかと思はるゝのも多いのは又やむを得ぬ次第である。殊に其自筆本、又は原本と見なすべき傳本の出現の稀なるは遺憾のきはみである。私は先生はどこまでも不仕合せの方の人かと思うて感慨に堪へざる事がある。其の子孫が不仕合であり、したがつて遺著の如きも四散して今に行方不明である事。全集の如きも成るべくして中々に成らず、私のごとき者が乏しき知識と不足勝ちなる資力とを以つて其事に當るが如き、私としては實に先生に對してしのび難い點がある。然し其高著たる集義和書、外書の嚴存せるは、先生の爲にも國家の爲にも幸であつたと常に思ふ事である〕

元祿十一年

六月十七日――古本屋甚兵衞參――集議△顯非二冊戻す

勘　集義和書顯非二卷ハ元祿四年三月藤樹ノ門人西川季格ノ著シシ所

元祿十四年

正月十九日――潤石〔○郡山城主松平下野殿浪人村上友軒兄同潤石弟、俗名八郎太夫と日記にあり〕へ借候神道大意、和書抜要返辨。暮迄讀

二月二日――夕飯後より村上兄弟へ參語。夜食酒振廻。義談。中庸小解二天人圖一和書拔要一持參かし候

寶永三年

二月三日――生田道休來、外書所望之方有之由被申故秘することは無之候へ共前より志も存候仁は各別、無左には少遠慮の子細も有之候。其故は外書に志も不慥方へは遠慮も可然哉又は板行など若有之候てはいかゞ故にて候。と申。其段は能合點致させ可申候。黑田甲斐守家老渡部半左衞門と申人に候。支配の少にても助に成候へば人の爲にても候。と被申き

勘　黑田甲斐守ハ筑前秋月ノ城主。名ハ長重○寶永六年ニハ外書既ニ版行セラル

寶永七年

六月二十一日――一兩日以前中根流謙より市介使狀來。集義和書直し本かりに來。合綴六冊かし遣。是は板行に成候寫本に成候故書入直しのを借度との事にて遣。三輪善藏本やへ入魂候てかし被申由に承候也○右之本にては板行の用に不立候とて六冊共返辨

正德元年

八月二十日――中根流謙より集義聞書二冊返辨

正德四年

九月六日――本や野田彌兵衞より集義和書合冊七冊手代に持せ越。代十六匁五分

勘　第三版トオボユ。寶永七年六月二十一日ノ條ト合セ見ルベシ

○

以上で和書に就て知つた事、思ひついた事は一應は述べたつもりであるが、猶一つ和書と外書との關係である。次いで初板本と外書との關係を考へて見ねばならぬ事が殘つてゐるやうに思ふ

集義外書に序がある。其は書肆小山知常のであるが「和書はおほく學者日用の工夫を論ずればもとよりはやく世にめぐめり。外書にいたりては經世治教の事にわたりて頗る世の忌諱をおかせるとあればにや、その徒秘してこれをつたへず」と云つてゐる。是れは書肆の詞ではあるが實に近い詞で有らう。外書の秘書たる事は俊光日記抄に見えてゐる。「志も不憚方へは遠慮も可然哉」と云つてゐる。そこで問題になるのは從來誰も云つてはゐないが、初版の集義和書から拔き捨てたものはほとんど全部が外書へ編入せられてゐる事である。是れは門人どもが勝手に編纂したと見るか、先生の考かと云ふ問題である。先生は、既に引ける如く贈國枝平介書に、「さいぜんの板本よほどなをり申候」と云はれ二版本十二の最終「和書の前言多くけづりすて給へり、五三年過なば又けづり度思ひ給ふ章有べきか。云々。殘る章今も半は心にみたず」と云つてゐられる處からおせば、先生の捨て給ひしを門人が拾ひ集めて編入したと云ふやうにも思はれる事であるが、又飜つて是を考ふるに、外書の序にあるやうに「經世治教の事にわたりて頗る世の忌諱をおかせるとあれば」と云ふ點を考慮する必要有りとも思惟せられる。或は思ふ、和書の初版の出でしより滿三年位で二版が出

てゐるから、世の忌諱をおかせる云々の點があつて、其の爲に是を削られたのであるまいか。捨てた形で拾はれて外書の中に編纂せられて、秘書の一となつてゐたのではあるまいか。外書といふものが、先生生存中に形は出來上つてゐたと思はれる。（多分は古河へ移られる迄には出來てゐたらう）それは俊光日記抄に、元祿四年潤八月三日の條に「外書十三冊三以丈本にて日向と校合、不殘今日濟」と云ふ事が見えてゐる。蕃山先生は此年の八月十七日に歿せられたのであるから、生前に本の形が大體出來てゐたと考へて誤はあるまい。さうすると初版の改訂のあまりにも早いのは、何か多少障りが有つた爲かも知れない。右は推量ではあるが、後の研究を進めるのに右の事を考慮して進むのも徒事ではないかも知れぬ。

○第四冊の解題訂正

我が師井上先生より

小次郎（又は小四郞）は無論菅眞靜とは別人なり小次郎は市人（明石より以西の）眞靜は京の（又は京に住みし）人にて後に中院通茂の紹介にて源語學者として加賀に仕へき加賀の史料に往々この人の名見えたりの御教示ありたり

凡例

本全集の集義和書は、初版と二版本とを掲げた。初版は上段に、二版は下段とした。初版本は保存を第一目的とした。從つて濁點は原本に有る以外には加へない。讀切の點は原本には一切無いのであるから、校者が加へた。各章ごとに番號を附したのは初、二版對照の必要の爲である。もとより原本にあるのでは無い

第二版は濁點が原本にある處もあり無い處もあるが、是れは實用上、校者で多く加へた。讀切の點はもとより原本には無いから凡て校者が加へたが漢字、假字は凡て原本の通りである。少し讀み誤るおそれがあるとは思つたが此本も稀であり、かつ第三版は先生生存時の出版で無いから、先生の出版せられた姿のまゝにしておいたのである。流布本は大分傍訓を付したりなどして讀み安くなつてゐる點があるが、是れは世間に流布も多く明治以後の活版複刻本も凡て流布本によつてゐるから、參考せらるゝに事缺くまじとも考へたからである

朱の直しは先生の訂正で有るとは信ずるが證據は無いのであるから、本の形は本の形として、朱の加筆は加筆で現はして置いた。各章の番號は編者の附したる事初版本に同じ

集義和書巻第一

書簡之一

1 來書略、物を知て人にさへ孝弟忠信の道を敎られ候人の中に、不孝不忠なるも御座候はいか成事にて候や

返書略、武士の武藝に達したるは人に勝とを知にて候へ共、武功なきものあり。無藝にても武功ある人おほし。兵法者の無手のものにきられたるあり。學問の道も同前と可思召候。夫知仁勇は文武の德なり。禮樂弓馬書數は文武の藝なり。生付仁厚なる人は文學せざれ共孝行忠節なるものなり。生付勇强なる人は武藝をしらでも勝負の利よきもの也。しかれはとて文武の藝すたるへき道理なけれは、古の人は其身に道を行と全からぬ人にても、文才に器用なる者には

集義和書巻第一

書簡之一

1 一 來書略、博學にして人にさへ孝弟忠信の道を敎られ候人の中に、不孝不忠なるも候はいか成事にて候や

返書略、武士の武藝に達したるは、人に勝ことを知にて候へ共、武功なき者あり。無藝にても武功ある人おほし。兵法者の無手の者にきられたるあり。學問の道も同前に候。夫知仁勇は文武の德なり。禮樂弓馬書數は文武の藝なり。生付仁厚なる人は文學せざれ共孝行忠節なるものなり。生付勇强なる人は、武藝をしらでも勝負の利よきものなり。しかればとて文武の藝すたるべき道理なければ、古の人は其身に道を行ふ事全からぬ人にても、文才に器用なる者には學問せさせ、ひろく文道を敎へて、人民のまどひをとき、風俗をうるはしくし、其身に勇氣すくなき人にても、武藝に器用なる者には、弓馬をならはし、あまねく兵法を敎へて、人民の筋骨をすくや

學問せさせて、ひろく文道を敎て、人民のまよひをとき、風俗をうるはしくし、其身に勇氣すくなき人にても、武藝に器用なる者には弓馬をならはせ、あまねく兵法を敎て、人民の筋骨をすくやかにし能をとげしむ。國の武威をつよくせんとなり。これ主將の人をすてす、ひろく益を取給ふ道也。學問なくして孝行忠節なるは氣質の美也。道をしらさる武篇者をは血氣の勇ともいへり。人の德を達し、才を長することは文武にしくはなし。今うけたまはりし人は、文の末のみ知て本に達せす、武もまたかくのごとし、且天の物を生すること二なから全きことなし。四足の物には羽なく、角あるものには牙なし。形あるものは必すかくる所あり。大方文才に器用なる者は德行にうすく、德行によき人は文才拙き事あり。知聰明なる生付の者は行かけやすし。行篤實なる者は知に

かにし、能をとげしむ。國の武威をつよくせんと也。これ主將の人をすてず、ひろく益を取給ふ道也。學力なくして孝行忠節なるは氣質の美なり。道をしらざる勇者をば血氣の勇ともいへり。人の德を達し、才を長することは文武にしくはなし。今の給へる人は、文の末のみを知て、本に達せず。武も又かくのごとし。且天の物を生ずること、二ながら全きことなし。四足のものには羽なく、角あるものには牙なし。形あるものは必ずかくる所あり。大かた文才に器用なる者は德行にうすく、德行によき人は文才拙きことあり。知聰明なる生付の者は行かけやすし。行篤實なる者は知にたらざる所あり。君子は其善を取て備らん事を求めず。小人は人のみじかき所をあらはして、その美をおほへり。すべて世に才もなく德もなき人多し。才あらば稱すべし。德あらば好すべし

2
一　來書略、今の世に學問する人は、天下國家の政道にあづかり度思ふ者多く候。學者に仕置をさせ候はゞ、國やすく世靜かなるべく候や

返書略、いづれの學問にても利欲を本としてつとむる者は各別の事なり。實に道を求て學ぶ人は貴殿我等をはじめて、今の世の愚なる人と可被思召

たらさる所あり。君子は其善を取て備らむ事を求めす、小人は人のみしかき所をあらはして、其美をおほへり。すへて世に才もなく、徳もなき人多し。才あらは稱すへし。徳あらは好すへし

2 來書略、世に學問致候人は、天下國家の政道にあつかり度思ふ者おほく候。學者に仕置をさせ候はゝ國安世靜に御座あるへく候や

返書略、何の學問にても利欲を本としてつとむるものは各別の事なり。實に道を求て學ぶ人は貴殿我等をはしめて、今の世中の愚なる人と可被思召候。此世に生て神の知を開にしたがひて、此世に入人は利根なる故なり。世間の利害に染ぬれは道德には遠きものに候。然所に貴殿我等ことき此世に生れたれとも、此世に入へき知識もさとからす。しかも流俗には習なから中流にたゝ

候。此世に生れて、神の知を開くにしたがひて、世間に入人は利發なる故なり。世間の利害に染りぬれば、道德には遠きものに候。しかる所に貴殿我等ごとき此世に生れながら、世間に入べき知識もさとからず、しかも流俗には習ながら、中流にたゞよひ居候所に、幸に道を聞てよろこび候。其愚なる下地ゆへに、難き事をばしらずして、古の法を以て今を治めむと思へるなり。我せんと思ふ學者に仕置をさせ候はゞ、乱に及び候べし。たとひ古の人のごとき賢才ありとも、人力を以てなさば不可なり。況や古人に及ばざる事はるかなるをや。堯舜の御代には屋をならべて善人多かりしだに、政の才ある人は、五人ならではなかりしとなり。周の盛なりしにも九人ありといへり。學問して其まゝ仕置のなるとならば、古の聖代には五人九人などゝいふ事はあるまじき事也。古の才といひたるは、德知と才學とかねたる人の事と聞え候。博學有德にても、人情時變に達する才なき人は、政はなりがたく、世間知ありても、心ねぢけたる人は害おほく候。これはむかしの人のえらびなり。今の政にしたがふといふはしからず。其位に備りたる人か、衆の指ところか、いかさまに人情のゆるす所ある人の中にて、

よひ居候所に、幸に道を聞てよろこび候。其愚なる下地ゆへに、難き事をはしらすして、古の法を以て今を治むと思へるなり。我せんと思ふ學者に仕置をさせ候はゝ亂に及ひぬへし。たとへ古の人のごとき賢才ありとも、人力を以てなさは不可也。況や古人に及はさることはるかなるをや。堯舜の御代には屋をならべて善人多かりしたに、政の才ある人は五人ならてはなかりしときく。周の盛なりしも九人といへり。學問して其儘しをきなりなは、古の聖代には五人九人なとゝいふことはあるまじき事也。古の才といひたるは、德知と才學とかねたる人の事と聞え候。博學有德にても人情時變に達する才なき人は政はならず。世間知ありても心ねちけたる人はあしく候。これはむかしの人のえらひなり。今の政にしたかふと云はしからす。其位に備たる人か、衆の指所凶德なきをえらぶと見えたり。これなを無學なりとも、我政をせんといふ學者の、國政にはまさり候はんか

3 一 來書略、昨日下拙不善ありき。とげてかくし可申とは存ぜずながら、申は出ざる内に、先生すでに肺肝を御覽ぜらるゝと覺候き

返書略、愚拙いかで人の不善をさぐり申べき。何事の候つるやらん不存候。貴殿の心に明德あるによりて、肺肝を見らるゝ樣におぼえ給ひ候なり。貴殿と我等とにかぎらず、惣じて不善ある人の氣遣かくのごとくに候。大學の旨も、君子より人の肺肝を見にはあらず。小人みづから肺肝をみらるゝごとく、くるしきにて候。性善の理明白なる事に候

4 困二ノ末ニ入

一 來書略。楠正成は知仁勇ありし大將といへり。德もなき天子にたのまれ奉りたるは知とは申がたくや候はん。武家の世と成て此かた、よき人誰か候つるや

返書略、不知して天よりあるを氣質といひ、知て我物とするを德といへり。正成は氣質に知仁勇の備りたる人と聞え候。聖學をきかせ候はゞ、たぐひすくなき文武ある君子たるべく候。今の時ならば、天子にもたのまれ申ま

か、いかさまに人情のゆるす所ある人の中にて、凶德なきをえらふとみえたり。これなを無學なりとも我政をせんといふ學者の國政にはまさり可申候

3 來書略、昨日下拙不善ありき。とけてかくし可申とは存せすなから、申は出さる内に、先生すてに肺肝を御覽ぜらるゝと覺候き

返書略、愚拙いかて人の不善をさくり申へき。何事のおはしましつるやらん不存候。貴殿の心に明德あるによりて、肺肝を見らるゝ樣におほえ給ひ候なり。貴殿と我等とにかきらす、惣して不善ある人の氣遣かくのごとくに候。大學の旨も君子より人の肺肝を見るにはあらす。小人みつから肺肝をみらるゝごとくるしきにて候。性善の理明白なることに候

4 來書略、貴老は天下の眞儒《ジュ》と申候に、佛

じく候。正成の時分は、北條の代と後世よりは稱すれ共、京都より將軍を申くだし奉り、北條は諸大名と傍輩の禮儀にて交り、たゞ天下の權を握たるばかりに候。賴朝の子孫九州にもおはしましゝ事なれば、主君と成て諸士にのぞむ事は、人情のしたがはぬ所ありたると見え候。この故に正成も北條と君臣の禮はなく候。其上相模入道無道にして、亡ぶべき天命あらはれ、又將軍は京より申下して、かりなる事なれば、天子より外に主君なく候。主君よりの仰なれば、たのまれ申たるといふ事にてはなく候。臣下の權つよくて、一旦君をなやまし奉りし事は、平の清盛も同事なり。後白河院賴朝に天下をあづけ給ひてより武家の世といへり。しかれども王威過半殘りて、全く武家の天下ともいひがたし。されば後醍醐天皇までは、いにしへの王德をしたふ者も多かりき。しかる所に、北條の高時奢きはまり、天道にそむき、人民うとみたる時節、天下をとりかへし給ひしかば、公家に歸したり。しかれども天皇道をしろしめさず。賢良を用ひ給はず。昔と時勢のかはりたる事をしり給はざりし故に、うらみいきどをる者多出來て、武家の權をしたはしく思ふおりふし、高氏おこりて天下をとりてより此かた、

法を退け給ふ言をきかす、いかなるゆへにて御座ゆや。むかしの佛者たにあり、まして今の佛者は盜賊なり。書をあらはしてなりとも、此大賊の罪をあかしたく存ゆ如何

返書略、今時儒學する者は佛をそしるを以て役とす、みつからのと筋をはり、上氣したるが損にてゆ。佛者は一點もいたます、一歩を退ましくゆ。貴殿書作て明弁せしめ給ふとも、儒道も起間敷、佛者も退くましくゆへは、筆紙の勞無用の事にてゆか。拙者も同志のたつねによりて、其人のまとひを解へき事には、佛法の非をも申ゆ。かつて不申にはあらすゆへ共、其人にあらされは申さすゆ也。佛者によき人多て儒者の心行あしからは、何程そしりしりそくるとも、少もしるしあるましくゆ。却て佛者の威をましゆへし。儒者に好人あまた出來て、佛者の作法あしくは、あらそはすとも大陽出

一向武家の世とはなれり。是より天下の諸大名、大樹を主君とし奉りて、天子にはつかふまつらず。陪臣の國の君を主とすると同理なり。是を以て今ならばたのまれ申まじきと申事にゆ。扨士にては弁慶氣質に知仁勇ある人にゆ。かくれたる處ありて世人知事まれなり。勇にかさのあることたぐひすくなく、知謀は泉のわき出るがごとし。仁は士にて時にあはざるゆへに見えがたくゆ。勇知にならぶべき仁愛みえ申ゆ。義經の好色なるをば度々いさめゆき。しかるに奥州落の時、北の方をば弁慶すゝめて供いたしゆ。人の同心すまじき所をはかりて、先弁慶大に氣色をつくり、具し奉ることはなるまじきよしをいひて、後又氣色をやはらげ、さはいひつれども、まさしき北の方なり。身もたゞにましまさず、鎌倉殿はたのもしげなし。都に殘し奉るべき義にあらず。ゆかるゝ所まで行て、かなはざる時は、先北方をさし殺し奉り、各自害し給ふべきより外はあらじとて、ちごの形につくりて相具し、北陸道をへて落られしに、關所〳〵にて義經とは見しりたれども、うちとゞめて軍功にもならじ。實は兄弟にてましませば、恩賞を得ても心よからぬとなり。其上罪なき人の大功ありながら、讒にあひ給へ

て殘星光なきかことく成へし。今儒者はかくのことく微少に候へは、佛者の威勢にてはうち亡すとも手間は入ましく候。しかれとももろこし迄はふせかれ申ましく候へは、後世時有て渡らんをはいかむともする事なかるへし。秦の始皇儒をにくみ、其悪政を後世にいひつたへんことを恥て、天下の儒者學者をことことくめしあつめてうちころし、書をさかし求てやきしかとも、其悪名かくれなし。儒も佛も徳なくて、人力を以てなすことはあしく御座候。ある僧の云、今の佛者は盗賊なり、佛法はとく亡て、盗賊か佛法の名をかりて、大にをこり、さかんなるなり。此時釋迦達磨を出し、眞の佛法を起しなは、寺も千か一になり、僧も万か一に成へし、出家は樹下石上とて山居して世俗の事を不知ものなりといへり。まことにかくのことくならは、何そ人道にあらそはむや。佛

るもいたはしくて　すゝまざる心の氣色を、弁慶やがて見しりければ、關の人々のことはりのたつべき様にいひなして通りしを、平泉寺にては、鎌倉殿よりの討手にてもなきに、法師の身ながら、邪欲のあまりに、義經をうちとゞめて恩賞にあづからむとて、とりこめたれば、のがれざる所の第一なりき。しかる所に、うつくしき兒を具しける故に、坊主共目をうつして、時刻をふる間に、老僧など出て、管絃のもよほしあり。義經は笛の上手也。供奉の中に笙ひちりきの得たるあり。ちごは箏を弾じ給へば、老若共に邪心やはらぎ難をのがれたり。此時北方ましまさずばあやうかるべし。かくあしかるべきもよほしだに道にしたがへば吉なり。此一事を以ても弁慶仁厚の心は見え侍り。平生義理に感じやすく、泪もろなる者とみえたり。たはぶれごとなどいひたるは、患難に素《ソ》しては患難を行ふの氣象也。義經一代難儀の堺にしたがひしかば、諸人の氣屈する節なり。弁慶は仁にして勇なる故に、敵におそれざるのみならず、難に遇てもこゝろ屈せず、人をいさめたすくる所ある故に、たはぶれごとなどいひたるなり。君子を共地に置たらばかくあるべきと思はれ候なり。吉野河にて、跡にまぢかく大敵

法も古に歸たるにてあるべし。たゝ佛法をも起し、儒道も行はれは、道ならひ行れて、相害する事あるましく候。佛も實すたれ、儒も眞かくれ候故に、あらそひもあると也。かく申せは三教一致のやうに候へども、儒佛は大に別なるものにて候。別は別にて候へとも、佛法を退むよりは、よく致度候。たとへ佛者無道にして退けつべきものなりとも、人多ときは天に勝の勢あるべし。其上明君の仁政ならは、彼も同し人なり。むかし道なかりしによりて渡世のためにかくなりもてゆきたるものなれは、あはれひ給ふへし、にくみ給へからす。赤子の井に入とは赤子の罪にあらす。まして下に居者何そあつかるへきや。程子朱子は天吏也。吾人はたゝ點〔○獣外〕して已を成へきのみ也

5 來書略。楠正成は智仁勇ありし大將といへり。德もなき天子にたのまれ奉りたる

を受ながら、竹を切て雪中にさし、竹にむかひて、ものいひたるふるまひなどは、かりそめなる事のやうなれども、心の知仁勇あらはれ候。東鑑のみたしかなるやうに、世以て申候へ共、鎌倉中の事は委くして、遠國の事はをろそかなり。平家物語義經記も大かた實事と見えたり。文法にても虛實は見ゆるものにて候。正しく記したる書の中に定て。困好人有べく候へどよき生付の人あるも、廣く見ざれば不知候。今思ひ出したるは、日本武尊源の賴光平の重盛畠山重忠べく候。重て暇日に考可申候。源の賴光小松の內府重盛畠山の重忠△文武北條泰時北條時賴楠正成細川賴之今川了俊太田道灌毛利元就藤原弁慶此十二人△を兼て士君子の風ある人なり。かゝる人々に聖學の心法をきかせば、唐までも聞るほどの人に成給べく候。時節あしく出られし事不幸なる儀なり。宋明《ミン》の書、周子程子朱子王子などの註解發明の日本に渡り、人の見候事は困漸七八十わづかに五六十年ばかりなり。しかれども市井の中にとゞまりて士の學とならず。困○二三○十年このかた、武士の中にも志ある人はしく〳〵見え候間、後世には好人餘多出來候べし

5 一 來書略、万物一体といひ、草木國土悉皆成佛と云ときは、同じ道理の様に聞え候

は知《べ》とは申かたくや侍らん。武家の世と成てこのかたよき人誰か候つるや

返書略、不知して天よりあるを氣質といひ、知て我物とするを德といへり。正成は氣質に知仁勇を備たる人と聞え候。聖學をきゝたらましかは、たくひすくなき文武ある君子たるへし。今の時ならは天《セ》子にもたのまれ申ましく候。正成の時分は北條の代と後世よりいへども、京都より將軍を申くたし奉り、北條は諸大名と傍輩の禮義にて交られ候。たゝ天下の權をにぎりたるはかり也。賴朝の御子孫九州にもおはしましゝとなれは、主君と成て諸士にのぞむ事は人情のしたかはぬ所ありたると相見え候。こゝを以て正成も北條と君臣の禮はなく候。其上相摸入道無道にして亡ふへき天命あらはれ、又將軍は京よりのかりの御人なり。しかれは天子より外に主君なく候。主君よりの仰

返書略、万物一体とは、天地万物みな太虚の一氣より生じたるものなるゆへに、仁者は一草一木をも、其時なく其理なくてはきらず候。況や飛《ヒ》潛動《センドウ》走《ソウ》のものをや。草木にても、つよき日でりなどにしぼむを見ては、我心もしほるゝがごとし。雨露のめぐみを得て青やかにさかへぬるを見ては、我心もよろこばし。是一体のしるしなり。しかれども人は天地の德、万物の靈といひて、すぐれたる所あり。たとへば庭前の梅の根の土中にかくれたるは太虚のごとく、一本の木は天地のごとく、枝は國々のどく、葉は万物のごとく、花實は人のごとし。葉も花實も一本の木より生ずといへ共、葉には全体の木の用なし。數有て朽ぬるばかりなり。花實はすこしきなりといへども、一本の木の全体を備べし。故地に植ぬれば又大木となりぬ。かくのごとく万物も同じく、太虚の一氣より生ずといへども、太虚天地の全体を備ることなし。人は其形すこしきなれ共、太虚の全体ある故に、人の性にのみ明德の尊號あり。故に人は小体の天にして、天は大体の人といへり。人の一身を天地に合せて、少しもたがふ事なし。呼《コ》吸《キウ》の息は運《ウン》行《カウ》に合す。暦《レキ》數《スウ》醫《イ》術《ジユツ》もこゝに取ことあり。天地造化の神理主帥を元亨利《ゲンカウリ》貞《テイ》

なれは、たのまれ申たるの、たのまれ申さゝるのといふとにてはなく候。臣下の權つよくて、一旦なやまし奉候事は平の清盛も同事也。天下の主は頼朝尊氏秀吉御當家とつゞき申候。頼朝は後白河院より天下をたまはりて、以後武家の世となり候。これより天下の諸大名大樹を主君とし奉て、天子にはつかふまつらす、陪臣の國の君を主とすると同理なり。是を以て今ならはたのまれ申ましきと申事に候。士にては弁慶ぞ氣質に知仁勇ある人に候。かくれたる所ありて世人知とまれなり。勇にかさのあるとたくひすくなく、知謀は泉のわき出るかとし。仁は士にて時にあはさるゆへにみえかたく候。勇知にならふへき仁愛みえ申候。義經の好色なるをは度々いさめ候き。然るに奥州落のとき北の方をは弁慶すゝめて供いたし候。人の同心すましき所をはかりて、先

といひ、人に有ては仁義禮知といふ。故に木神は仁なり。金神は義也。火神は禮なり。水神は知なり。天地人を三極といふ。形は異なれども、其神は一貫周流へだてなし。理に大小なきが故に、方寸太虚本より同じ。是大舜の君五尺の身にしてよく其德を明かにし給ひしかば、天地位し万物育するに至れる所なり。万物一体とはいふべし、一性とは云べからず。万物は人のために生じたるものなり。我心則太虚なり。天地四海も我心中にあり。人鬼幽明うたがひなし。堯舜の道は人倫を明かにするにあり。故に他の道を學びむことをねがはず、佛法の事は我不識

6

一 來書略、聖人の書を說ことは朱子にしくはなし。是以朱學は則聖學なりといへり。小學近思錄等の諸書を學びて、かたのごとくつとめ行ひ候へども、心の微は本の凡情に候。又心學とて內よりつとむるといふもおもしろく候。陽明は文武かね備へたる名將なりといへり。されども近年心學を受用するといふ人を見侍るに、さとりの樣にて氣質變化の學とも覺えず候

返書略、拙者をも世間には心學者と申と承候。初學の時心得そこなひて、みづからまねきたる事に候へども、心學の名目しかるべからず存候。道な

弁慶大に氣色をつくり、ぐし奉るとはなるましきよしをいひて、後又氣色をやはらけ、さはいひつれとも、まさしき北の方にておはしまし、身もたゝにましまさす。鎌倉殿はたのもしけなし、都に殘し奉るへき義にあらす。ゆかるゝ所まて行て、かなはさる時は、一番に北方をさし殺し奉り、各自害し給ふへきはかりなりとて、ちこを形につくり、くし奉りぬ。扨北陸道をへて落られしに、關所〳〵にて義經とは見しりたれとも、うちとゝめて軍功にもならし、實は御兄弟なれば、恩賞を得てもくるしき事也。其上罪なき人の、大功ありなから、讒にあひ給へるもいたはしくて、すゝまさる心の氣色を、弁慶やかて見とりけれは、關の人々のいひわけの有へき樣にしかけて、通たるもの也。平泉寺にてこそ、鎌倉殿よりの討手にてもなきに、法師の身なから邪欲のあまりに、

らば道、學ならば學にてこそ有べく候へ。いづれと名を付かたよるはよからず候。漢《カン》儒の訓詁《キンコ》ありたればこそ、宋朝に理學もおこり候へ。宋朝の發明によりてこそ、明《ミン》朝に心法をも說候へ。明朝の論あればこそ數ならぬ我等ごときも入德の受用を心がけ候へ。論議は次第にくはしくなりても、德は古人に及がたし。後生の者心は本の凡情ながら、文學の力にてたよたま先賢未《ミ》發の解を得ては、古人の凡情なき有德をそしり申事勿体なき義なり。一の不義を行ひ、一の不辜をころして天下を得事もせざる所は、朱子王子かはりなく候。拙者世俗の習いまだまぬがれずといへども、此一事は天地神明にたゞしても古人に耻べからず。其外の事は我ながら我身の拙さを存候。如仰貴殿かたのごとく道を行ふと思召候へども、心中の微は同前に候。又學者ありてなりがたき事をつとむる所は候へども、無學の平人にをとりたる事も有之候。學は程朱の道にたがひもあるまじく候へども、立處の心志かはりある故と存候。學術の外にむかふによりて、みづから知との不明故にてもあるべく候。陽明の流の學者とて、心よりくはしくもちゆとは申候へども、其理を窮とは見解多く、自反愼獨《シンドク》の功も眞ならざる處

相見え候。尤よきもあるべく候。大かたは其愚を知と明かならず、其位をぬけ候事を知ざれば、名根利根の伏藏《フクザウ》は本の凡情たるべし。飯上の蠅《ハイ》ををふがごとくなれ共、心上の受用あるによりて、みづからもゆるすにてあるべく候。しかれども大なる事にあひてはみだれ候はんか。氣質變化の學は明白なる道理ながら、大なる志なければいたりがたく候。生付よき人の、世間の習によりて、うはべばかりあしく成たるなどは、道を聞候へば、一旦のまどひはすみやかにとけて、本のよき所あらはれ候。かゝる人を氣質變化と申者あるべく候へども、これも變化にはあらず候。大かたは先覺後覺共に本の人がらありと相見へ候。いざなふ人の人がらよければ、其國所のよき人類にふれてあつまり、いざなふ人の人がら平人なれば、平人あつまり候。王朱の學の異同にはよらで先學の德と不德によれり。悉くしかるにはあらず候へども、これ大略にて候。むかふ人を以て我身の鑑と致し候へば、みづからの人がらこそ耻かしく候へ。古の人は門前に人の往來多きを以てあるじの才ある事をしり、來る人の善不善を見て、主の德を知と承候

7

一　再書略、宋朝の理學、明朝の心術と承候へば、程子朱子は道統にあづ

義經をうちとゝめて、恩賞にあつからめとてとりこめたれは、のかれさる所の第一なりき。しかる所に、うつくしき皃を供し奉る故に、坊主ともみとれて、時刻うつりぬる間に、老僧なと出來て、管絃のもよほしあり。義經は笛の上手也。供の武士に笙ひちりきの得たるあり。ちこは箏をたんし給へは、老若ともに邪心やはらき難をのかれき。此時北方ましまさすはあやうかるへし、かくあしかるへきもよほしたに、道にしたかへば吉也。此一色を以ても弁慶仁厚の心はみえ侍り。平生義理に感しやすく、泪もろなる者とみえ候。おどけとなといひたるは、患難に素しては患難を行の氣象也。義經一代難儀の堺にしたかひしかは、諸人の氣屈するおりなり。弁慶は仁にして勇なる故に、敵にをそれさるのみならす、難に遇ても心屈せず、人をいさめたすくる所ある

故に、おとけとなとをいひたるなり。君子をその地に置なは、かくあるへきと思はれ候也。吉野河にて跡にまちかく大敵を受なから、竹を切て雪中にさし、竹にむかひてものいひたるふるまひなとは、かろき事のやうなれども、心の知仁勇あらはれ候。世に東鑑を證據に申候へ共、鎌倉中の事のみ委くして、遠國の事はおほやうなり。平家物語、義經記は大方實事とみえたり。文法にても虚實はみゆるものにて御座候。まひ本なとはうたひ本に同し作り物なり。正しく記したるもの丶中に、定てよき生付の人あるへく候。重ていとまの餘力に考可申候。畠山の重忠よき士にて、士君子の風ある人也。か丶る人々に聖學の心法をきかせましかは、唐まても聞るほとの人になり可被申候。時節あしく出られしと不幸なる義也。宋明の書、周子程子朱子王子なとの註解發

からざるがごとし、いかゞ

返書略、周子の通書などを見侍れば、聖人のはだへあり。明道には顏子の氣象あり。後の賢者のよくをよぶべきにあらず。伊川の器量朱子の志、みな聖人の一体あり。凡心なき處は同じ。聖門傳受の心法にあらずして何ぞや。我はたゞ其學術を論ずるとの多少をいふのみ。惑を解ことの多きを理學といひ、心をおさむることの多きを心術といふ。秦《シン》火に經そこねたり。故に漢儒の功は訓詁にあり。其後異端おこりて世にまどひ多し。故に宋儒の學は理學にあり。まどひとけては心にかへる。故に明朝の論は心法にあり

8
一　來書略、太公望を微賤よりあげて三公となし給ひし事不審多く候。周公召公のごとき中行の君子とも見えがたく候。軍旅の事に長じたる人ゆへにて候や

返書略、古人いへるとあり。老人なり、かつ微賤に居て下の情をしれり。知識ありて時變に達せり。生れながらの上﨟は、下の情をしり給ふ事くはしからず。困。諸役。人のいふにしたがひ、道理のまゝに下知し給ひては、下に至て

明の日本にわたり、人のよみ𛁈とは此比の事なり。しかれとも市井の中にと丶まりて、士の學とならす、十年このかた武士の中にも志ある人はし〱みえ𛁈間、後世には好人餘多御座有へく𛁈

6　來書略、萬物一体といひ、草木國土悉皆成佛といふときは、同し道理の樣に聞え申𛁈

返書略、萬物一躰とは天地萬物みな太虚の一氣より生したるもの成ゆへに、仁者一草一木にても其時なく、其理なくてはきり侍らす。况や飛潛動走の物をや。草木にてもつよき日てりなとにしほむを見ては、我心もしほる丶かとし。雨露のめくみを得て、青やかにさかえぬるをみては、我心もよろこはしきは、一体のしるし也。しかれども人は天地の德萬物の靈といひて、すくれたる所あり。貴宅庭前の梅を以てたとへ申へ可にあたらざる事あり。是以帝堯は諫《カン》鼓《コ》謗《ハウ》木《ボク》を置給へり。又賢才の人も下に居て上﨟の風俗を見ず。かつ政道の勢をしらざれば、下にてはかりたる事にはたがふとおほし《困あり》。太公も君子に交て上﨟の事をしり、本よりの大臣も太公によつて、下の情に通じ給へば、上下共に人情にたがふとなしとなり。軍旅に達せる事ははじめはしろしめさゞれども、天然と大將軍の器量ある人なる故用ひ給ひしなり。六韜《タウ》に記す處の文武太公の論は皆大なる僞也。後世事をこのむものこれを作れり。かつ聖賢をかりて軍者功利の術をかざりたるものなり。もしかれにいへるどきの心あらば、何を以てか聖人とは申べきや

9　一　來書略、中華の國聖代には武威つよく、末代に至て[三]よはくなりしと申事はいかなる故にて𛁈や

返書略、北狄の中夏を侵すと、をかさゞるにてしられ𛁈。聖賢の代には文明かに武備り𛁈故に、臣と稱して來朝せり。末代は文過て武をこたれり。文の過るといふは奢なり。士以上はをごればやはらかに成て武威よはし。上驕れば民かじけぬ。上下をこたりて武そなはらず。無事の時は民も女の

し。根の土中にかくれたるは太虚のごとく、一本の木は天地のごとく、枝は國々のことく、葉は萬物のごとく、花實は人のごとし。葉も花實も一本の木より生すといへとも、葉には全体の木の用なし、數有て朽ぬる計也。花實は小なりといへとも、一本の木の全体を備し故、地に植ぬれば又大木と成ぬ。かくのごとく萬物も同しく、太虚の一氣より生すといへども、太虚天地の全体を備ごとなし。人はその形すこしきなれとも、太虚の全体ある故に、人の性にのみ明徳の尊號あり。故に人は小体の天にして、天は大体の人といへり。人の一身を天地に合せて、少もたがふごとなし。呼吸の息は運行に合す、暦數醫術もこゝに取とあり。天地造化の神理主帥を元亨利貞といふ。人に有ては仁義禮知といふ。故に木神は仁なり。金神は義なり。火神は禮なり。水神は知なり。天地人を三

様にて心やすきは使ひよき様なれども、戰國にのぞみて、士の手足とするものは民也。手足はよはし、身はをごりてやはらかなれば、北狄のあなどりをかすもとはりなり。賢君の代には文武兼備りぬればをごらず、をこたらず。上﨟もやはらかならず、下らうもかじけず。身無病にして手足つよきがごとし。北狄をそれて臣となりぬる事尤なり。日本も神武帝より應神の御代其後までも王者の武威甚つよくおはしましゝかど、次第に文過て武おとろへたり。京家の人とて武家のあなどるは其故也。武家にても少しの間に強弱《キヤウジヤク》入かはれるとなり。平清盛は武功を以てへあがりしかども、一門榮《エイ》耀《ヨウ》にをごりぬれば、わづかに二十餘年のほどに武勇よはく成候。まして唐は三百年五百年治りて、其間に文武の業あやまり候へば、劔をも帯せざる風俗になりしも尤なり。其あやまりを以て聖代の繒をも劔を帯せずかき候はあしく候なり

10 一 來書略、文王を野心あらんかとうたがひながら、又征伐をゆるされたる事は心得がたく候

返書略、日本王代の征夷將軍といはんがごとし。西國の諸侯のつかさにて、

極といふ。形はヿなれとも、其神は一貫周流へたてなし。理に大小なきが故に、方寸太虚本より同し。是大舜の君五尺の身にして、よく其德を明にし給ひしかは、天地位し、万物育するに至れる所也。萬物一体とはいふへし、一性とは云へからす。萬物は人のために生したるもの也。我心則太虚なり。天地四海も我心中にあり。人鬼幽明うたかひなし。堯舜の道は人倫を明かにするにあり。故に他の道を學びんヿをねかはす、佛法の事は我不識

7 來書略。聖人の書を説ヿは朱子にしくはなし。是以朱學は則聖學なりといへり。小學近思錄等の諸書を學ひて、かたのヿくつとめ行ひ候へとも、心の徹は本の凡情に候。又心學とて內よりつとむるといふもおもしろく候。陽明は文武かね備へたる名將なりと承れり。乍去近年心術を受用すると

與國をひきいて北狄の中國ををかすをはらひ退けしむ。其時はわづかに周一國の諸侯にておはしましき。文王と申は贈號なり。そのかみは西伯と申たり。西伯の紂王に忠ありしことたぐひすくなし。天下の諸侯紂王が悪をにくみてそむける人三分が二なり。其二は皆西伯に志あり。此時西伯軍をおこし給はゞ、紂をほろぼさむとたなごゝろの內なり。しかるに西伯は紂王に無二の忠臣なりしかば、大半のそむける諸侯をひきゐて來朝し給へり。紂王は西伯の心をしらざれば、人の思ひつくをあやしみて羑里《イウリ》にとらへ奉りぬ。其後は來朝する諸侯もまれにして、北狄いよ〳〵さかひをかせり。其時紂王初て西伯の功を感じ、ゆるして國にかへすのみならず、西國をまかせ、狄人をふせがしめたり。殷の代の末に文武おとろへ、中夏むなしかりしかば、北狄來りをかしゝなり。これによりて周公を征夷將軍として征伐せしめたるなり。此時太公望をあげ給ひ、狄を征するがために軍法を論じ給ひしこともあるべく候。然れども六韜の言語のごとき事はあるべからず候

11 一 來書略、不幸にして壯《サウ》年の時文學せず、年已に五十に及候。小家中な

いふ人を見侍るに、さとりの様にて氣質變化の學とも不覺候

返書略、拙者をも世間には心學者と申と承候。初學の時心得そこなひて、みつからまねきたる事に候へ共、近年は心學の名同心に無之候。道ならは道、學ならは學にてこそ有へく候へ。いつれと名を付かたよるは非なり。漢儒の訓詁ありたれはこそ、宋朝に理學もあれ。宋朝の發明によりてこそ、明朝に心法をも說候へ。明朝の論あれはこそ數ならぬ我等ときも入德の受用を心かけ候へ。論議は後世ほとくはしくても、德は古人に及かたし。後生の者心はたくましき凡情ありなから、文學の力にてたま〳〵先賢未發の解を得ては、古人の凡情なき有德をそしり申事、勿体なき義也。一の不義を行、一の不辜をころして天下を得事もせさる所は、朱子王子かはりなく候。拙者世俗の

れども用人にて候へば、老學のいとまなく候。朝に道を聞て夕に死するの一語をねがひ申ばかりに候

返書略、家老たる人の道を好み、德を尊び給はんは、忠功の至にて候。たとひ其身にはつとめずとも、人に道藝をすゝむるは上に立人の役にて候。心は耳目手足の能なけれども、よく耳目手足を下知して尊きがごとくに候。心のおとなしき人を家老とするなれば、おとなともいひ、若けれども老人の公道ある故に老とも申候。老の字の道理にだにかなひ給はゞ幸甚たるべく候

12 一　來書略、先度被仰下候家老たる者、其身は無能無藝にても、人に道藝をなさしむるは、みづから藝能あるに同じ、との義尤至極に存候。誠に人の上に立候者、いか程多能多才にて學問ひろく候とも、人の賢をそねみ、人の能をそだて侍らずば、かへりて凶人たるべく候。弓馬文筆等の事は心得申候、道學はいづれの流がよく候や。今時朱學格法王學陸學心學などゝ色々にわかれて申候。皆古の儒道にて御座候や

返書略、學問の手筋の儀、いづれをよしともあししとも申がたし。惣じて

習いまたまぬかれすといへども、此一色は天地神明にたゝしても古人に耻へからす。其外の事は我なから我身を見かきり候。如仰貴殿かたのことく道を行と思召候へとも心中の徹は同前に候。又學者あり、ならぬ事をつとむる所はあれとも、無學の平人にもをとりたる様成事折々みえ申候。學は程朱の道にたかひもあるましく候へ共、立所の心志かはりある故と存候。學術の外に向てみつから知との不明故にてもあるべし。陽明の流の學者とて、心よりくはしくもちゆとはいへども、其理を究とは見解多く、自反愼獨の功も眞ならさる所相見候。尤よきも可有之候へ共、大方は其愚を知と明ならす、其位をぬけ候事を知されは、名根利根の伏藏は本の凡情たるへし。飯上の蠅ををふかとくなれとも、心上の受用有によりて、みつからもゆるすにて可有之候へ共、すこし學びて道だてする者は、人道の害に成事に候。身の愚なるたけをもしらず、至りもせぬ見を立て、とかくいへば、無事の人まで物にくるはせ候。一向に俗儒のへりくだり心得よき者を招きて經義をきゝ給べし。其身文武二道の士にてなきと申ばかりにて候。夫武士たる人學問して物の道理を知給ひ、其上に武道のつとめよく候はゞ、今の武士則古の士君子たるべく候

13 一　來書略、物よみ《困博文の人》に經義を聞候とも、心法はいかゞ受用可仕候や

返書略、聖經賢傳道理正しく候へば、誰よみても同じ事に候。たゞに理を論じ、跡を行ひたるばかりにては心のあかのぬけざる事尤に候。心術を受用すると申人も凡情の伏藏かはりなければ、共に功なき事は同じく候。有徳の人あれば其化によりてよき人餘多出來るものにて候。徳は人のためにするにあらず。已一人天理を存じ、人欲を去なり。人欲を去て天理を存ずるの工夫は、善をするより大なるはなく候。善といふは別に事をつくりてなすにあらず、人倫日用のなすべき事はみな善なり。君子は義理を主とし、小人は名利を主とす。心には義理を主として、よく心法を受用すると思ふ

大なる事にあひなはみたれ申へく候。氣質變化の學は明白なる道理なから、それほとの志なけれは、先以てかたき事と存候。生付よき人の世間の習によりて、うはべはかりあしく成たる人なとは、道を聞候へは、一旦のまとひは其まゝとけて、本のよき所あらはれ申候。かゝる人を氣質變化と申もの御座候へども、これも變化にはあらす、學問のしるしのすみやかなる人也。大方は先覺後覺共に俗生の人から有と相見え候。いさなふ人の人からよけれは、其國所のよき人類にふれてあつまると也。いさなふ人の人から平人なれは、平人あつまり申候。王朱の學の異同にはよらて、先學の德と不德によれり。悉くしかるにはあらす候へともこれ大略也。むかふ人を以て我身の鑑と致し候へは、みつからの人からこそ耻しく候へ。古の人は門前に人の往來多を以てある

人あれども、其人がらの全体、小人の位に居てみづからしらず、其位をぬけざるもの古今おほし。此所をよく得心し給ひて後、聖賢の書を見給ひ、人にも尋られ候はゞ、皆入德の功と成候べし。心法は大學中庸論語にしくはなく候へども、學者の心のむき様にて俗學となり跡となる事に候。心法を受用する人も、人がらの位をぬくることをしらざれば、一生心術の訓詁にて終るものなり。又學見も大に精く至ぬれば、大方の凡情はぬくるものにて候へ共、それほどに見解の成就する人はまれなる事なり。大方は水のごみをいさせたる様にて、すみたると思ふも眞にあらず候。又一等の人あり。生付欲うすく、心をろかにして、小理の悟を信じ、これによりて心をうごかさゞる者あり。聰明の人は小悟小信を以て小成の功なければ、理學にはさとく候へども、德をつむことはをそき様に見え候。いかさま學に志すほどの人は、昨日の我にはまさりぬべし。しかれども學流によりて、人品にはかへりて益なく、人にたかぶりにくまるゝばかりなるも有之体に候。よく學ぶ者は人の非をとがむるにいとまあらず、日々に已が非をかへりみることとくはしくなり候

しの才あることを知、來る人の善不善を見て主の德を知と承候

8 幷書略、宋朝の理學明朝の心術と承候へは、程子朱子は道統にあつからさるかとし

返書略、周子の通書なとを見侍れは聖人のはだへあり。明道には顏子の氣象あり。後の賢者のよくをよぶへきにあらす。伊川の器量朱子の志みな聖人の一体あり。凡心なき所は同し。聖門傳受の心法にあらすして何そや。我たゝその學術を論することの多少をいふのみ。惑を解ことの多を理學といひ、心をおさむることの多を心術と云。秦火に經そこねたり。故に漢儒の功は訓詁にあり。其後異端おこりて世にまとひ多し。故に宋儒の學は理學にあり、まとひとけては心にかへる故に、明朝の論は心法にあり

9 來書略、太公望を微賤よりあけ給ひ三

14 一 來書略、武王太公伯夷叔齊の是非を論ずる者古今多く候へども、其精義心得がたく候

返書略、古の事は不存候。只今武王太公伯夷叔齊御座候はゞ、拙者は伯夷にしたがつて首陽山に入申べし、論議に不及候。此兩道を明辨せずとも聰明のさはりにも成まじく候。聖賢にかはりはおはしまさねども、時の變によりて其跡たがひ、其心見がたく候。たゞ人道は堯舜を師とせばあやまることあるべからず。變にあひ給ふ聖人にては文王にしくはなく候。文王と伯夷は本傍輩なりしかど、出てつかへられ候。文王も客の禮を以て待給ひしとつたへうけたまはり候

15 一 來書略、よき儒者と佛者とをよせて論ぜさせて聞度心御座候。疑ひのある故か、邪心ある故にてあるべきと存候

返書略、法論や儒道佛の論などは氣力のつよきか、理のとりまはしとかしこき者勝と見え候。其人の勝負にて道の勝劣にあらず、聖人の道の諸道にこえてゆたかに高きことは、論議をまたずして分明なることなり。孝經にふかゝらざる故に、うたがひ出來候。天地の間に人のあるは、人の腹中に心

公となし給ひしこと不審多候。周公召公のとき中行の君子とも見かたく候。軍旅の事に長したる人ゆへにて候や

返書略、古人いへることあり、老人也、かつ微賤に居て下の情をしれり。知識ありて時變に達せり。生れながらの上﨟は下の情をしろしめさるゝことくはしからず、人のいふにしたがひ、道理のまゝに下知し給ひては、下に至て可にあたらぬ事あり。是以帝堯はかんこほうぼくを置給へり。又賢才の人も下に居て上﨟の風俗をみず、かつ政道の勢をしらされは、下にてはかりたる事にはたがふことおほし。太公も君子に交て上﨟の事をしり、本よりの大臣も太公によつて下の情に通し給へは、上下ともに人情にたかふことなしと也。軍旅に達せる事は、はしめはしろしめさゝれとも、天然と大将軍の器量ある人なる故用給ひし也。六韜に記す所のものあるがごとし。天地万物は人を以て主とし候へば、有形のもの人より尊きはなし。其人の道の外に何事のあるべく候や

16 一 來書略、七書の中聖賢の論と云は作ことにて、多くは功利の徒の言にて候はゞ、何れも用ゆべからず候か

返書略、仁義の心あり、仁義の名ありて後用べく候。大軍は正兵を本とし、威を以て敵を制し、小勢は奇兵を用ひ、はかりごとを好て敵をくじき候。しかれども正も奇を用る所あり、奇も正と成時あり。吾は義にして敵は不義なり。吾は善にして敵は不善なり。善人にしたがふ軍士は皆義士なり。不善人にしたがふ士卒は皆賊なり。惡人のために善人をそこなふべからず。謀を好て敵をあざむき、味方をそこなはずして敵を亡す事は明將の常なり。七書といふも其明將の行ひし跡をいひたるものなり。又は軍の才氣を生付たる者の、道をばしらざれども、大將と成たるが軍功を立たる者の言もあり。其軍の才は君子に似たる所あれども、其實は天地各別なる事にて候

17 一 來書略、佛をそしるは無用の事なり。たゞ己が明德を明かにする事をせよとうけたまはり候は尤至極に存候。爭なくて居候はゞ三教一致と申も

文武太公の論は皆大なる僞なり。後世の事このむ者これを作れり。かつ聖賢をかりて軍者功利の悪をかさりたるもの也。もしかれにいへるときの心あらは、何を以てか聖人とは申へき

10 來書略、中華の國聖代には武威つよくして、末代に至てよはくなりしと申とはいかなる故にて御座候や

返書略、北狄の中夏をおかすと、おかさゝるにてしられ侍り。聖賢の代には文明に武備候。故に臣と稱して來朝し侍り、[三]末代は文過て武をこたれり。文の過といふは奢なり。士以上はをこればやはらかに成て、武威よはし。上をこれは民かしけぬ。上下をこたりて武そなはらす。無事の時は民も女の様にて心やすきは使よき様なれとも、戰國にのぞみて、士の手足とするものは民なり。手足はよはし、身はをこりてやはらか

罪あるまじく候や

返書略、一致にてもなきものを一致と虚言可申様もなく候。其上一致は爭の端也。同じ佛道の中にてだに、各の異見を立て相爭ひ候。別は別にしてあらそはざれば、いつまでも難なく候。佛者も天地の子なり。我も天地の子なり。皆兄弟にて候へども、或はみる所の異により、或は世にひかるゝすぎはひによりて、さま〴〵にわかれ申候。儒といひ佛と云見を立ればこそ、たがひの是非もあれ。何れの見をも忘れて、たゞ兄弟たる親みばかりにて交り候へば、あらそふべき事もなく候。こゝに職人の子共兄弟ありて、一人は矢の根かぢとなり、一人は具足やとなりたるがごとし。矢をとゞむべき甲《ヨロヒ》をぬくべきの爭あらば、東西各別の他人なり。本の兄弟の親しみのみ見時は、職は各別にして、爭はあるまじく候。これはすぎはひ故とも可申候へども、食物にも兄弟各數奇《スキ》きらひある事なれば、味をあらそひ候とも、各の口のひく所は一致にはなるまじく候。たゞ其まゝにして我は我、人は人にてよく候。聖賢の御代ならでは、天下一同に德による事はなく候。しかれども猶堯の時に許由《キョユウ》あり、光武に嚴子陵《ゲンシリヤウ》あり、孔子に原壤《ゲンジヤウ》あり。聖

なれは、北狄のあなとりおかすもとはりなり。賢代には文武兼備りぬれは、をごらすをこたらす、上臈もやはらかならす、下らうもかしけす、身無病にして手足つよきかとし。北狄をそれて臣となりぬると尤也。日本も神武帝より應神の御代、其後までも王者の武威甚つよくおはしましゝかと、次第に文過て武おとろへぬ。京家の人とて武家の人のあなとるを以て御覧候へ。武家と武家にても少の間に强弱入かはれるとなり。平清盛は武功を以てへあかりしかとも、一門榮耀にをこりぬれは、わづか貳拾余年のほとに武勇よはくなり候。まして唐は三百年五百年治りて、其間に文武の業あやまり候へは、まるこしの風俗になり行も尤也。其あやまりをして聖代の繪をもまるこしにかき候はあしく候也

11 來書略、文王を野心あらんかとうたが

人これをしゐ給はず。天空して鳥の飛にまかせ、海廣して魚のをどるにしたがふがごとし

18 一 來書略、拙者文學は少し仕候へども、才德なくて儒者といはれ、かつ祿を受候と耻かしき事にて候

返書略、今時儒者といはるゝ人の中に、貴殿ほど德を尊び、道を思ふ人はすくなかるべく候。儒者の名は三皇五帝夏商の代まではなかりしなり。はじめて周官に出たり。鄉里にをいて六藝を敎ふる者を儒と云と候へば、一人の役者なり。今の儒者といふは史の官のごとし。博識を以て業とせり。素王曰、文勝スレハ質ニ史なりと。しかれば今の儒者の德なく、道を行はざるはさのみ罪にもあらず。聖人の道は五倫の人道なれば、天子諸侯卿大夫士庶人の五等の人學び給べき道なり。別に儒者といひて、道者あるべき樣なし。學問を敎て產業とすべき人あるべきにあらず。上より人をえらびて、士民の師を置給ふは各別の事なり。此外先覺の後覺をさとし、朋友相助、相敎るの義あり。人幼にして學び、壮にして行ひ、老て敎るの道あり。皆士農工商の業あり。乱世久しく戰國の士禮樂文學にいとまなく、武事にのみ

ひなから又征伐をゆるしたるとは心得かたく御座ゆ

返書略、日本王代の征夷將軍といはんかとし。西國の諸侯のつかさにて、與國をひきいて、北狄の中國をおかすをはらひ退けしむ。其時はわつかに周一國の諸侯にておはしましき。文王と申は贈號也。そのかみは西伯と申たり。西伯の紂王に忠ありしとたくひすくなし。天下の諸侯紂王が惡をにくみて、そむける人三分か二也。其二は皆西伯に志あり。此時西伯に名利の心有て、軍をおこし給はゝ、紂をほろほさんとたなこゝろの內なり。しかるに西伯は紂王に無二の忠臣なりしかは、大半のそむける諸侯をひきいて來朝し給へり。紂王は西伯の心をしらされは、人の思ひつくをあやしみて羑里にとらへ奉ぬ。其後は來朝する諸侯もまれにして、北狄いよ〳〵さかひをおかせり。

かゝり居て、野人に成たれば、只鄕里にして藝文を敎へたる者の末々のみわづかに古の事をも知たり。このゆへに聖人の道を說者を儒といひたり。そのかみの文學の稱なりといへり。しかれどもいまだ產業にはおちざりき。聖人の道學を名付て儒者の道といふべき道理はなき事なり。世のいひならはしと成て、さやうにいはざれば、それと人の心得ざる故に、我等を初て儒道と申なり。古の人のいへるもかくのごとくなるべし。今の儒學といふは史となるの博學を習ふがごとし。弓を稽古し、鉄炮をうち習ひて、奉公に出るがごとくなれば、產業とするも罪にはあらず。戰國よりこのかた學校の政久しくすたれぬれば、此史儒の文藝者に經傳の文義を聞べきより外の事なし。武藝者に弓馬兵法を習ひて、武勇を助け武功を立るは武士の事なり。史儒に文を學て道理を知り、道を行ひ、德に入べきは五等の人倫なり。故に今の史儒は其職ひきゝがごとくなれども、其事は諸藝の中にをいて第一重し。貴殿文學に器用にて、他の事にはより處なし。天の與ふる才なれば、文藝を以て祿を受らるゝこと何の害かあらむ。もし德を知たる人の、文才ある者、貧きがためのつかへを求めば、史儒にかくるゝ事もあるべし。

其時紂王初めて西伯の功を感しゆるして、國にかへすのみならす、西國をまかせ、狄人をふせかしめたり。殷の代の末に文武おとろへ、中夏むなしかりしかは、北狄來りおかしゝ也。これによりて周侯を征夷將軍として征伐させたるなり。此時太公望をあけ給ひ、狄を征するがために、軍法を論し給ひしともあるへし。然とも六韜の言語のとき事はあるべからず

12 來書略、不幸にして若き時文學不仕、年已に五十に及候。小家中なれとも用人にて候へは、老學のいとまたになく候。朝に道を聞て夕に死するの一語をねかひ申計に候

返書略、家老たる人の道を好み德を尊ひ給はんは、忠功の至にて候。たとひ其身にはつとめすしても、人に道藝をすゝむるは、上に立人の役なり。心は耳目手足の能なけ

晉の陶淵明は酒にかくれたりといへり。市隱の類みなしかり。其職よりも身をたかぶるものは心いやしければなり。其職よりも身をへりくだる者は、德たかきが故なり。今人德ありて儒者にかくれば、必ず其言ゆづり、其身へりくだりて、道をあらはすべし。故に云、たかぶれば心いやしく、へりくだれば德高しと。ねがはくは德を好て儒者にかくれ給へ。今の人久しきあやまりを不知して、佛家道家などいふごとく、儒者をも一流の道者なりとおもへり。大樹諸侯卿大夫士庶人の五等の人こそ道者にて候へ。儒者は一人の藝者なり。世人弓馬の藝者を以て武篇者とはせず。武士たる人みな武篇者なるべきがごとし。此あやまり漢の代よりこのかたならん。五等の人倫の外に別に道者あるを以て異端とすれば、儒者佛者共に異端なり。貴殿周官に出たるむかしの儒のごとく、一人の役者となりて異端の徒をまぬかれ給はゞ幸甚たるべく候

19 困二ノ末ニ入
一　來書略、拙者同役に利發にて作法もよき者候。道に志なき故何方やらん談合などあひがたく、氣のどくに存候。道理を得心すまじき者にてはなく候間、和解の書にても見せ可申候や

れとも、よく耳目手足を下知して尊かとし。心のおとなしき人を家老とするなれは、おとなともいひ、若けれとも老人の公道ある故に老ともいへり。老の字の道理にたにかなひ給はゝ幸甚たるへく候

13 來書略、先度被仰下候家老たる者、其身は無能無藝にても、人に道藝をなさしむるはみづから藝能あるに同しとの義、尤至極に存候。誠に人の上にたちたる者、いか程多能多才にて、學問ひろく候とも、人の賢をそねみ、人の能有をそたて侍らすは、かへりて凶人たるへく候。弓馬文筆等の事は心得申候。道學はいつれの流かよく候や。今時朱學、格法、王學、陸學、心學なとゝて色々にわかれて申候。皆古の儒道にて御座候哉

返書略、學問の手筋の義、いつれをよしともあしゝとも申かたし。惣してすこし學ひ

返書略、拙者も見及候。利發なる故に貴殿我等など同志の非をよく見られ候。又わきよりも學者の非をいふとは多く、少しにてもよきと有之分は、いひきかするものなく候。志ある者は默して居候より外の事なく候へば、日々ににくむ心はまさりて、中々志は出來申まじく候。道德の義を得心すまじき人にてはなく候へども、貴殿我等などよりは知慧おほく候。貴殿我等も學者の名あらずば、一向の凡夫よりはまさりたる所もあるべく候へば、したしまるゝ事も候はんづれども、學者の名ある故にへだてと成候。同志の友も世間の人の非をば見がちにて、同志の非は見ゆるし候。他人の非を見るは何の用にも不立して、却てさはりとなる事なり。同志の非をよく見て、互に相助たき事に候。御同役の人も貴殿の德次第にて、後には志も出來候べし。不行儀なる人はたのみなく候。此人は作法よく候へば、その身にさしはさむ事もあるまじく候。不行儀なる人は他人のよきほど我身の惡にさはりぬる故、いよ〳〵いみにくむものにて候。貴殿の御同役は學者といへども、我身の無學ほどもなきと思はれ候間、此方の德をつみ給ひなば、やはらぎ出來候なん。利發にて世情の心得よく候べければ、貴殿だ

て道たてする者は、人道の害に成事に候。いたりもせぬ見を立て、とかくいへは無事の人まてくるはせ申候。身の愚なるたけをもしらさる也。一向に俗儒のへりくたり、心得よき者を招きて經義をきゝ給へし。其身文武二道の士にてなきと申はかりにて候。武士たる人學問して、物の道理を知給ひ、なを武道のつとめよく候はゝ、今の武士則古の士君子たるへく候

14 來書略、物よみに經義を聞候とも、心法はいかゝ受用可仕候や

返書略、聖經賢傳道理正く御座候へは、誰よみても同し事に候。たゝに理を論し、跡を行たる斗にて、心のあかのぬけさるは尤なることなり。心術を受用するといふ人も、凡情の伏藏かはりなけれは、共に功なき事は同しく候。有德の人あれは其化によりて、よき人餘多出來るものにて御座候。德は人にへだてなく、同志と同じくもてなされ候はゞ、同志の人情を知らぬ人よりは、事の相談よろしかるべく候。內々あしく聞てにくむ心ある所へは、いかほどよき道理の書物を御見せ候共、甲斐有間敷候也

20 困二ノ末ニ入
一 來書略、十月の亥の日を亥の子と申て、餅を作りていはひ申候事は、何としたるいはれにて候や

返書略、和漢の故事候や未レ知候。愚-見を以て道理を辨へ候へば、十月は純-陰の月にて陽なく候。亥の月の亥の日は、いよ〳〵陰の極りなり。陰極りては陽を生ず、生ずるものは母なり。生ぜらるゝものは子なり。餅は陽-物なり。故に先人身の陽を調て、天地の氣を助けんとす。陰-陽相對する時は陽を凌げり。君臣とし夫婦としても、君をなみし夫をかろしめ、やゝもすれば陰の爲に陽を破ることあり。ことに微陽は純陰に敵しがたし。子とする時は養育して生長せしむ。故に陽を亥の子といへるか。日本は東方なれども小國なり。陽の稺なり。是故に別して陽をいはひそだてんとする心にて可有かと存候

21 困二ノ末ニ入
一 來書略、具足のあはせめは左を上にいたし候。具足屋に尋候へば、古

のためにするにあらす、己一人天理を存し、人欲を去也。人欲を去て天理を存するの工夫は、善をするより大なるはなく候。善といふは別に事をつくりてなすにあらす、人倫日用のなすへき事は皆善也。君子は義理を主とし、小人は名利を主とす。心には義理を主として、よく心法を受用すると思ふ人あれとも、其人からの全体小人の位に居てぬけす、みつから不知者古今おほし。此所をよく得心し給ひて後、聖賢の書を御覧し、人にも尋られ候はゞ、皆入德の功となり候へし。心法は大學中庸論語にしくはなく候へとも、學者の心のむき様にて、俗學となり、跡となり申事に候。心法を受用する人も、人からの位をぬくるとをしらされは、一生心術の訓詁にて終もの也。又學見も大に精く至ぬれは、大方の凡情はぬくるものにて候へとも、それほとに見解の成就來仕來り候へども、其故を不知と申候

返書略、一たび戎衣して天下大に定ると書經に見え候。甲冑は戎狄の衣服にかたどれり。南西北の人は衣服左まへにして袖なし。又戎は兵なり。戎衣はつはものゝ服といふ義にて候はんや。兵服の初は戎服にかたどりて戎衣と名付。是によりて戎字をつはものとよませたるにや。ゑびすの服、つはものゝ服、兩義の中左まへと袖なきとにより候へば、ゑびすの服の義初たるべく候や。中國の人も甲冑したる体は戎狄の形に似候。戎衣なるが故に左をうへにするにて可有と存候。むかし日本のよろいには袖といひて別にかたたに付候。是は矢をふせがんがため、たてに用ひたるものに候。近世は鉄炮わたりて袖のたて益うすく候故に、次第に不用候。異國の甲冑には本よりなきものに候なり

する人はまれなる事なり。大方は水のごみをいさせたる樣にて、すみたるやうに思ふも眞にあらす。又一等の人あり、生付欲うすく心をろかにして、小理の悟を信じ、これによりて心をうこかさゝる者あり。聰明の人は、小悟小信を以て、小成の功なければ、理學にはさとく候へ共、德をつむことはをそき樣にみえ申候。いかさま學に志すほとの人は、昨日の我にはまさりぬへし。しかれとも學流によりて、人品にはかへりて益なく、人にたかぶり、にくまるゝ計なるも有之躰に候。よく學ふ者は人の非をとかむるにいとまあらす、日々に己か非を見ることくはしくなり候

15 來書略、武王太公伯夷叔齊の是非を論する者古今多候へ共、其精義心得かたく候

返書略、古の事は不存候。只今武王太公伯夷叔齊御座候はゝ、拙者は伯夷にしたかつ

集義和書卷第二

書簡之二

22 一 來書略、武士たる者は事あれかし、高名して立身せんと思ふを以て常とおぼへ候。又事なきこそよけれ、兵乱をねがふは無用の事と申者候へば、武士の心にあらずなどいひてあざけり候。いづれか是にて候べき

返書略、いづれも非にて候。文盲にして道學のわきまへもなき武士は、せめて武道一偏の心がけを第一として、只今にも事あらばと油斷せず、高名せんとおもひ、疊の上にて病死するは無念なる事におもふも可也。しかれども浮氣にてさやうに思ふはひがごとなり。我高名せんと思へば、人も又同じ心あり。死生二に一なり。それまでもなく弓矢鉄炮の憂あれば、死は十にして生は一也。高名立身を望て、事あれかしとねがふは思慮すくなき事に候。十死一生をしらで理運に高名すべき樣に思ひなば、なりがたき勢を見ては、をくれを取事もあるべきか。其上天下の人妻子等のなげきくるし

て首陽山に入申へし。論義に不及候。此兩道を明辨せすとも聰明のさはりにも成ましく候。聖賢にかはりはおはしまさねとも、時の變によりて、其跡たかひ、其心見かたく候。たゝ人道は堯舜を師とせはあやまることあるへからず。變にあひ給ふ聖人にては文王にしくはなく候。文王と伯夷は本傍輩なりしかと出てつかへられ候。文王も客の禮を以て待給ひし也

16 來書略、よき儒者と佛者とをよせて論をせさせて聞度心御座候。うたかひのある故か、邪心ある故にて可在之と存候

返書略、法論や儒道佛の論なとは氣力のつよきかたか、理のとりまはしこかしこき者勝と申侍り。其人の勝負にて、道の勝劣にあらす。聖人の道の諸道にこえて、ゆたかに高き事は論議をまたすして分明なるとなり。孝經にふかゝらさる故にうたかひ御座

みをおもへば、たとひかならず命を全して、高名をきはむとも、一人の小知行のために、万人をくるしめ、人のなげきをあつめて、名聞利用とせん事、心にこゝろよからむか。仁人は國天下を得とても好ざる事なり。兵書に云、凡兵は過なきの城をせめず、罪なきの人を殺さず。人を殺して其國郡をとり、貨財を利するは盗なりといへり。悪人ありて乱もいできよかし、高名せんと思ふは不忠なり。其上富貴貧賤盛衰相かはれり。如此のわきまへありて、兵乱をいとふはよき心得なり。其わきまへもなく、武道武藝もきらひにて、やはらかにくらす便利のために、無事を好めるは、しなとそかはれ、うは氣に何事ぞとねがふ人に同前たるべく候。よき武士といふは、あくまで勇ありて、武道武藝のこゝろがけふかく、何事ありてもつまづく事なき様にたしなみ、さて主君を大切に思ひ奉り、自分の妻子より初めて、天下の老若を不便におもふ仁愛の心より、世中の無事を好み、其上に不慮の事出來る時は、身を忘れ家をわすれて、大なるはたらきをなし、軍功を立る人あらば、一文不通の無學といふとも、文武二道の士なるべし。世間に文藝をしり、武藝をしりたる者を、文武二道といふは至極にあらず。こ

候。天地の間に人のあるは、人の腹中に心のあるかヿし。天地萬物は人を以主とし候へは、有形の者人より尊はなし、其人の道の外に何事か可有之候や

17 來書略、七書の中聖賢の論と云は作ヿにて、多は功利の徒の言にて候はゝ、何れも用ゆへからず候か

返書略、仁義の心あり、仁義の名有て後可用候。大軍は正兵を本とし、威を以て敵を制し、小勢は奇兵を用ひ、はかりヿを好て敵をくじき候。然とも正も奇を用る所あり、奇も正と成時あり、吾は義にして敵は不義也。吾は善にして敵は不善也。善人にしたかふ軍士は皆義士也。不善人にしたかふ士卒は皆賊也。惡人のために善人をそこなふへからす。謀を好て敵をあさむき、身方をそこなはすして敵を亡す事は明將の常也。七書といふも其明將の行ひし跡をいひたるれは文武の二藝といふべし。藝ばかりにて知仁勇の德なくば、二道とは申がたかるべく候

23 一　來書略、哥鞠は武士のわざにあらず。賴朝卿の次は鞠をもてあそびて亡び給ひ、其次は哥を好みてたえ給へり。惣じて武家の弓馬にをごりて、哥鞠をもてあそぶは不吉なりと申候。さもあることにて候や

返書略、哥道は我國の風俗なれば、少しなりとも心得たき事にて候。されどもいにしへの哥人は、本ありての枝葉に哥をよみたるよしに候。本と云は學問の道なり。學問の道に文武あり。文武に德と藝との本末あり。文の德は仁なり。武の德は義なり。仁義の本立て後、弓馬書數禮樂詩哥のあそびあり。弓馬書數禮樂詩哥、又文武の德を助くるものなり。文武の道をよく心得て武士をみちびき、民を撫おさめ、其餘力を以て月花にも野ならず、哥をもてあそばれ候はゞ、花も實もある好人たるべく候。賴朝卿の末のおとろへは哥鞠の罪にあらず、其本の不立故なり。本たゝざれば武道の心がけに過て亡たる家も和漢共にあまたあれば、これも武道の罪と可申候や。本をすてゝ跡にて論ぜば、はてしあるべからず候。鞠は親王門跡などのれ

もの也。又は軍の才氣を生付たる者の、道をしらて大將と成たるか、軍功を立たる者の言もあり。其軍の才は君子に似たる所あれとも、其實は天地各別也

18 來書略、佛をそしるは無用のこと也。たゝ己か明德を明かにすることをせよ、とうけ給はり候は尤至極に存候。爭なくて居候はゝ、三教一致と申も罪あるましく候や

返書略、一致にてもなきものを一致と空言可申樣もなく候。其上一致は爭の端也。同し佛道の中にてたに名の異見を立て相爭ひ侍りぬ、別は別にして爭はされは、いつまても難なく候。佛者も天地の子也。我も天地の子也。皆兄弟にて候へとも、或はみる所の異により、或は世にひかるゝすきはひによりて、色々にわかれ候。儒と云佛と云見を立れはこそ、たかひの是非もあれ、何れの見をも忘れて、たゝ兄弟たる親みはが

き〳〵、武士のやうに鷹がり步行もなりがたく、輿車の御ありきも度々なりがたければ、門內にばかりおはしまして、氣血欝しとゞこほり給ふ欝散に、鞠など、御あいてだにあしからずば、くるしかるまじきか。それとても學問家業つとめ給ひし上に、御養生のためならばしかるべし。いづれにてもあそびを專として、本なきはあしき事にて候

24 一 來書略、勇は沈勇がよきと承候。されど刀もかねよきはうちみるよりきれぬべく存ぜられ候。人の武勇も强弱如此と存候。尤沈勇もあるべく候へ共、それは百人に一人にて、大かた見聞の及所たがはざるかと存候

返書略、まことに刀のきるゝときれざるとは、かねにて見ゆる事に候。むかしは今の樣にためしものと云事まれなる故に、たゞ自分の目にてかねよき刀を目利して求めさしたると申傳し也。我等もそれに心付て見習候へば大かたあたり候。かねのきたひよく精神あるがごとく、はきとしたるはきれ申候。かねかたくても精神なく、石のごとくなるや、鍊たるやうにても、やはらかににぶきはきれず候。此善惡は少し心づきぬれば見え申候。又大かたにては見えがたきかねあり。にぶきに似て、どみたるやうにて、さは

〔○此がノ字上ノはノ濁點ヲ下ニ誤レルカ〕りにて交りぬれば、あらそふへきこともなく候。こゝに町人の子とも兄弟ありて、一人は矢の根かちとなり、一人は具足屋となりたるかことし、矢をとゝむへき甲をぬくへきの爭あらは、東西各別の他人也。本の兄弟の親しみのみ見る時は、職は各別にして爭はあるましく候。これはすきはひ故とも可申候へとも、食物にも兄弟各すききらひある事なれは、味をあらそひ候とも、各の口のひく所は一致にはなるましく候。たゝ其まゝにして我は我、人は人にてよく候。聖賢の御代ならては、天下一同に德による事は無御座候。しかれども猶堯の時に許由あり、光武に原子陵あり、孔子に原壤有、聖人これをしゐ給はす、天空して鳥の飛にまかせ、海廣して魚のをとるにしたかふかことし

19 來書略、拙者文學は少仕候へ共、才德

なく、空の曇りたるがごとく、淵のふかきがどくにて、さへ／＼ときたひよきところは見えざるあり。是はすぐれたる大きれものにて候。沈勇も又如此し。此品々はさしおきて、武士たる者はみな武勇あるべきことはりのものにて候。刀はみなきるゝ能あるものなり。柄鞘して金銀糸を以てかざり、はやからずおそからず、そきほどにつめてさすものにて候。武は文を以てかざるべき理なれば、勇は仁を以ておさめて、平生は禮儀正しく、仁愛ふかきがよく候。刀脇指のはやきは自然の時の用までもなく、身のあやまち近きにあり。貴方の勇氣は小脇指のはやき様に候間、よきほどにつめて御さし可被成候。其上勇力にほこるものは損多く候。其善を有すればその善を失ひ、其能に矜《ホコ》れば其功を失ふ、とは古人の格言《カクゲン》なり。勇だてする者をば人にくみて、少々の手柄ありてもほめず、かへりていひけし候。扨何事ぞをかまへて、越度あらせんとし、又すぐれたる手柄ありても、大身になりがたきものと申候。されば常に敵多くてやすき心なく候。むかし三十年甲胄を枕とし、山野を家として、度々高名あるのみならず、武道の事功者なる者ありき。若きともがら打寄ては、此老人を請じまうけ、武道の物

なくて儒者とよはれ、かつ祿を受候事耻かしき事にて御座候

返書略、今時儒者とよはるゝ人の中に、貴殿ほと德を尊ひ、道を思ふ人はすくなかるへく候。儒者の名は三皇五帝夏商の代まてはなかりし也。初て周官に出たるか鄕里にをいて六藝を教者を儒と云と候へは、一人の役者なり。今の儒者といふは史の官のとし。博識を以て業とせり。素王曰、文勝すハレ質史なりと、しかれは今の儒者の德なく、道を行はさるは、さのみ罪にもあらす。聖人の道は五倫の人道なれは、天子諸侯卿大夫士庶人の五等の人學ひ行へき道なり。別に儒者と云て、道者あるへき樣なし。學問を教て產業とすへき人あるへきにあらす。上より人をえらむて士民の師を置給ふは各別の事也。此外先覺の後覺をさとし、朋友相助相教の義あり。人幼にして學ひ壯にし

25

語をきゝ候き。其人のいへるは、吾は人のいふほどの手柄もなし。わかき時より愛敬ありて人に愛せられたる者也。この故に世に高名あり。武篇の極意は愛敬なりといへり。何事も至極にいたれば道に近く候

〔〇一脫カ〕來書略、生は天の吾を勞するなり。死は造物者《ザウブツシヤ》の吾を安ずるなり。狂者《キヤウシヤ》の親の喪《モ》にあふてうたふ道理なり。みづからの死生をおもふ事尤同じと。しかれば生をにくみて死を好とも可申候や

返書略、勞安の義二つにあらず、晝夜を以て見給べし。夜はいねて安く、晝はおきて勞す。しかれども夜のやすみ極りぬれば、晝の勞をおもひ、晝の勞極りぬれば、夜の休をおもふ。死生勞安は時なり。たゞ造物者のなさむまゝなり。私意を立て好惡《カウヲ》すべからず。狂者は凡人の生をむさぼり、死をにくむの迷《マドヒ》をたむべきがために、過言あるものなり。其見所天人陰陽の外に出たり。聖人もとより此心なきにあらず。しかれども中行はくはしきが故に其見をわすれ、狂者はあらき所ありて見をわすれず。大知は愚なるがごとし。物あれば則《ノリ》あり。聖人は道と同体なり。天地万物の則なり。何ぞ見解《ケンゲ》を立て物理をやぶらんや。しかれども狂者の心も又よみすべし

て行ひ、老て敎るの道あり。皆士農工商の業あり。亂世久しく、戰國の士禮樂文學にいとまなく、武事にのみかゝりゐて、野人に成たれは、たゝ郷里にして藝文を敎たる者の末々のみ、わつかに古の事をも知たり。このゆへに聖人の道を說者を儒といひたり。そのかみの文學の稱也といへり。しかれともいまた產業にはおちさりき。聖人の道學を名付て、儒者の道といふへき道理はなき事也。世のいひならはしと成て、さいはされは、それと人の心得さる故に、一人〳〵に說きかすることもならされは、我等を初めて儒道と申也。古の人のいへるもかくのとくなるへし。今の儒學といふは、史となるの博學を習かとし。弓を稽古し、鐵炮をうち習ひて、奉公に出るかとくなれは、產業とするも罪にはあらす。戰國よりこのかた學校の政久しくすたれぬれは、此史儒

26　一　來書略、拙者在所に人相を見ものあり。何とぞ本ある事にて候や

返書略、本ある事にて候。相書ニ云ク、惡ハ乃チ禍ノ之兆《キサシ》善ハ乃チ福ノ之基ィとあり。これ相の極意にて候

27　一　來書略、拙者在所に氣逸《イチ》物《モツ》なる物あり。知行二百石の身上なりしが、死期にのぞみて、其子にいふやう、天下はまはり持なるぞ、油斷すなとて相果候。天下の武士たる者、此心なきはふがひなき樣に申者あり。然は無學の人は臣にしてもたのみがたく候。勢ひのをよばぬ故にこそしたがひつかゑ候へ。とりはづしてはみな主人をも失ひ可申候や

返書略、天下の武士の心はしらず候。惣じて天下は父祖より受來りしならば是非に及ばず、好てのぞましきものにあらず。國郡も又同じ。野拙はおそれながら大樹君を代官とし奉り、治世にゆる〳〵とすみ侍ると存候へば、かやうのありがたき事なく、万々歲といはひ奉り候。貧は士の常なれば、樂しみこれに過べからず。許由が耳を洗しこゝろも、堯帝を代官として、山水をたのしむは何の官位にかかふべき。我に天下をゆづらむとは、人の代官をせよとか。二度此事をきかじとて耳をあらひしものなり。何の

の文藝者に經傳の文義を聞へきより外の事なし。武藝者に弓馬兵法を習て、武勇を助け武功を立るは武士の事也。史儒に文を學て、道理を知、道を行ひ、德に入へきは五等の人倫也。故に今の史儒は其職ひきゝかことくなれとも、其事は諸藝の中にをひて第一重し。貴殿文學に器用にて他の事にはより所なし。天の與ふる才なれは、文藝を以て祿を受らるゝ事、何の害かあらん。もし德を知たる人の文才ある者、貧がためのつかへを求めは、史儒にかくるゝともあるへし。晉の陶淵明は酒にかくれたりといへり。市隱の類皆しかり。其職よりも身をたかふるものは心いやしければなり。其職よりも身をへりくたる者は、德たかきが故也。今人あり德有て儒者にかくれは必す其言ゆつり、其身へりくたりて道をあらはすべし。故に云、たかふれは心いやしく、へりくた

苦勞なくたまはるとも、國も天下も所望になく候。然ればとて受來りたる國天下をかろくおもひ、我身のためにすつるはひがどなり。聖人の大寶を位といひて、富貴なくては万民をすくひたすくる事なりがたし。受きたり候天下ならば、仁政を行ひ、天下を安靜ならしむるを樂しみとする儀にて候。義もなくてもとむると、我にあるものをかろくしてすつると同じく無道の至に候。利欲の人は天威のをす處にてかなはざればこそ、臣となりてかしこまり候へ。勢ひだにあらば大かた主君おもうしなひ申べく候。是以漢高祖《カンノカウソ》は我頸《クビ》をねらひたる者を知ながらたておかれ候。人情をしり、かつ天下の歸する所は人力にをよばざる事を得心ありたる故にて候

28 一 來書略、節分の夜大豆をいり、福は内へ鬼は外へといひ、鰯のかしらをやきて戸口にさしなど仕候事は、ゆへもなき世俗のならはしと存候。しかれども俗にしたがひ可申候や

返書略、秋冬は陰氣内に有て事を用ひ、陽氣外にある故に、立春の旦より陽氣内に入て事を用ひ、陰氣外に出るのかはりめなり。されども餘寒甚しき故に、大豆をいりて陽氣を助け、屋のすみ〲までも陰陽のかはりを慥

れは德高しと。貴殿文學のひろき事は予に百倍ならん。近所ならは常に師としたつね申へし。ねかはくは德を好て儒者にかくれ給へ。今の人久しきあやまりを不知、儒者はかざりて說さるか。佛家道家なといふことく、儒者をも一流の道者なりとおもへり。大樹諸侯卿大夫士庶の五等の人こそ道者にて候へ。儒者は一人の藝者なり、世人弓馬の藝者を以て武篇者とはせす。武士たる人みな武篇者成へきかとし。此あやまり漢の代よりこのかたならん。五等の人倫の外に別に道者あるを以て異端とすれは、儒者佛者共に異端也。貴殿周官に出たるむかしの儒のとく、一人の役者となりて、異端の徒をまぬかれ給はゝ幸甚たるへく候

20 來書略、拙者同役に利發にて作法もよき者御座候、道に志なき故何方やらん談合なとあひかたく、氣の毒に存候。道理の合

にしたるものたるべく候。鬼は陰なり。今宵より外に出るなり。神は陽なり。神は福をなす、今宵より內に入て万物を生ずるなり。鰯は衆を養ふ物にて仁魚なるに依て、邪氣其香におそるれば、邪氣をはらはむとなり。ひいら木をくはふる事は世俗鬼の理をしらでなしたる事か。鰯のごとき理あるか。いまだしらず候

29 一 來書略、今時なま學問する人は、ものをやぶる樣に被申候。世中のわけもなき事をやぶるは尤にて候へども、何をもかおも理屈にてをし候へば、神道も王道も立ざる樣に成行候。無の見と申あらき異學の風のごとし、いかゞ

返書略、古今異學の悟道者と申は、上古の愚夫愚婦なり。上古の凡民には狂病なし。其悟道者には此病あり。先地獄極樂とてなき事をつくりたるにまよひ、又さとりとて、やう〳〵地獄極樂のなきといふことをしりたるなり。無《ブ》懷《クワイ》氏の民には本より此まよひなし。是を以てさとり得て、はじめてむかしのたゞ人になると申事に候。たゞ人なればせめてにて候へども、其上に自滿出來て、人は地獄に迷ふを、我は迷はずとおもひぬれば、地獄

点まいるましき者にてはなく候間、和解の書にても見せ可申候哉

返書略、拙者も見及候、利發なる故に貴殿我等なと同志の非をよく見られ候。又わきよりも學者の非をいふとは多く、少にてもよきと有之分は、いひきかする者なく候。志有之者は默して居候より外の事なく候へは、日々ににくむ心はまさりて、中〳〵志は出來申ましく候。道德の義を合点せらるましき人にてはなく候へとも、貴殿我等なとよりは知慧おほく御座候。貴殿我等も學者の名あらすは、一向の凡夫よりはまさりたる所もあるへく候へは、したしまるゝ事も候はんつれとも、學者の名ある故にへたてと成候。同志の友も世間の人の非をは見かちにて、同志の非はみゆるし候。他人の非をみるは何の用にも不立して、却てさはりと成事也。同志の非をはよく見て、互に

のなきと云一事を以て、何おもかをもなしとて、いみはゞかる所なく候。儒佛共に世中に此無の見はやりものにて候

30 一 來書略、佛教を内典といひ、儒教を外典と申候事は、心を内といひ、形色を外と申侍れば、佛教は心法なり。儒教は外ざまのしをき法度なりと申儀にてあるべく候。又儒道佛の三教は有無中也。いづれにも靈妙なきにはあらざれども、つかさどる所儒は有相の上の道也。道は無相を至極とせり。佛は中道也。有無中かねて機によりて說といへども、畢竟は中道實相に歸着すといへり、いかゞ

返書略、形色あるものは皆無より生じ候へば、有無もと二にあらず。中と云は天理の別名なり。有無に對する中にはあらず。堯舜はじめて易の心法を發明し給ひて中と名付給へり。則天下國家の平治齊とても、中の外無レ二心無レ二道、天理の我にありて未發これを中と云。天理の我にありて已發、これを和と云。脩身齊家治國平天下は已發の和なり。則中なり。物の天理の至精を得て至易至簡なるを中と云、則和なり。佛氏といへども、もと有無を二にせず。色即是空これなり。聖學といへども有無中を別にせず。形

相助たき事にて候。御同役の人も貴殿(ノ)德次第にて後には志も出來候へし。不行儀の人はたのみなく候。此人は作法よく其身にさしはさむともあるましく候。不行儀の人は他人のよきほと我身の惡にさはりぬる故、いよ〳〵いみにくむものにて候。貴殿の御同役は學者といへとも、我等の無學ほともなきと思はれ候間、此方の德をつみ給ひなはやはらき出來候なん。利發にて世情の合点よく候へけれは、貴殿たにへたてなく同志と同しくもてなされ候はゝ、同志の人情をしらぬ人よりは事の相談よろしかるへく候。內々あしく聞てにくむ心御座候所へは、いかほとよき道理の書物を御見せ候とも甲斐あるましく候也

集義和書卷一終

と色とは天性なりと。佛氏といへども、有無の中にはとゞまらず。佛書ニ云ク、心性不動。假ニ立ツ中ノ名ヲ。亡泯三千。假《カリ》ニ立ツ空ノ稱ヲ。雖レ亡スト而モ存ス。假ニ立ツ假ノ號ヲ。道者といへども、無にかたよらず、後世の奢をとゞめ、僞をひらきて太古朴素淳厚の風をかへさんとおもへり。佛仙共に聖學の徒也。語も理もいづくより取來らんや。儒には聖學の傳來明言を失ひて、かへりて仙佛にのこりとゞまること多し。先天の圖を仙家に得たるにて得心あるべく候。本聖人の門より出たることをわきまへず。仙佛のいふ事なれば皆異端の語としていみさけぬ。彼も聖門のよきことならでは取用ひず。三代の禮樂も浮《フ》屠《ト》にのこれることあり。人道にはかへりて戰國の久しかりし間にとり失ひたること多し。されば聖學の至言はみな異端にあたへて儒は士《タ》苴《サ》を取ぬ。すべて道德の高下淺深を論じ、語の似たるをあはせて同異をいはゞ盡す期あるべからず。內典外典の名は佛者よりいふといへ共、實は儒者のまねく處なり。秦漢よりこのかた、士君子たる人、道統の傳を失ひて、執《シッ》中《チウ》の心法をしらず。道德はなはだくだれり。故に儒者の道はたゞ如斯ものと思へり。されば高明の人はおほく佛に入、仙に

集義和書卷第二

書簡之二

21 來書略、武士たる者は事あれかし、手柄をし、高名して、立身したきといふを以て常とおほえ候。又何事もなきそよき、兵乱をねかふはいらさる事と申者候へは、武士の心にあらす。ぬるきなといひてあさけり候。いつれか是にて御座候はんや

返書略、いつれも非にて候。文盲にして道學のわきまゑもなき武士は、せめて武道一偏のこゝろかけを第一として、明日にも事あらはと油斷せす、手柄をしたくおもひ、疊の上にて病死するは無念のヿに思ふもよく侍り。しかれども浮氣にてさやうにおもひもし、いひもするはひがヿなり。我てからをせんと思へは、人もまた同し心あり。死入、道家も後は天仙の旨を失て地仙に落たり。是も又心法を絶す。たゞ佛者のみ心法をいへり。これによりて佛法を內といひ、儒道を外といへり

31 一來書略、此ほどおもしろきむかし物語を承候。明慧《ミヤウエ》と解脫《ゲダツ》と同道して路次を過られ侍りしに、かたはらに金銀多くおとし置たり。解脫是を見て、こゝに大虵ありとてよけて通り、四五町行すぎて、又云、先の物は定て他人見つけたらば悅びて取べしと。明慧云、おもきにこゝまで持來給ふやと。解脫の心は鬼よ虵よなどいひて、人を害するものありとはいへども見たる者なし。金銀に命をとらるゝ者は眼前に數をしらず、誠の大虵なると云義なり。このたぐひの見解を以て世俗のまどひを出たるものなり。明慧は金銀も石もかはらも同じく見なして、とかくの見解なし。誠にはるかに高き心地にて候。聖賢の心位と申すともかはりあるまじきと存候

返書略、兩僧の內にては心位の淺深ありといへども、聖學よりみれば、いづれも見解にて候。心地自然にして物なしとは申がたかるべし。柳はみどり花は紅と、それ〴〵に物の輕重は輕重にして置て、我あづからざるぞよく候。金銀と土石と同じくみるといふも、見解を以て作りたるものなり。

生は二に一なり。先それまでもなく、鐵炮の憂あれは、死は十にして生は一なり。手柄立身を望て、事あれかしとねかふは思慮すくなき事に候。十死一生をしらて、理運に手柄をすへき様に思ひなは、ならぬ勢をみてはをくれを取事も候はんか。其上天下の人妻子等のなげきくるしみをおもへは、たとひ必す命を全して、高名をきはむとも、一人の小知行のために萬人をくるしめ、人のなけきをあつめて、名聞利用とせん事、心にこゝろよからんか。仁人は國天下を得とても好さる事也。如此のわきまゑありて、兵亂をいとふは一段とよき心得なり。其わきまゑもなく、武道武藝もきらひにて、やはらかにくらす便利のために、無事を好めるは、しなこそかはれ、うは氣に何事そと願ふ人に同前たるへく候。よき武士といふは、あくまてけなげにて、武道武藝のこゝろ

無-物自-然の心にて見侍らば、我こそ金銀はいらずとも、世間の人の寶とし、世をわたり人を養ふ物なれば、これをおとしたる者は、主人のものか、人の使か。其身の一跡か、人によりて身代をやぶり、命を亡すにいたるべきは不便なる事なり。大かたの人見付なば、悦び取て我物とすべし。我等の見たるこそ幸なれとて、ひろひて近里のしかるべき者に預置、おとし主にかへすべきはかり事あらんこそ天性の仁愛なるべけれ。明心の靈をふさぐ事品異なりといへども、其おほふ所は一なり。世俗は物欲の塵を以てふさぎ、學者は見識を以てふさぐもの也。其見至所に近きがごとくなるも、其傳來のよる所天に出ざるは終に正道をなす事なし。道の行はれざる事かなしむべし

32

一　來書略、陽氣に我-意《ガイ》なる者は、軍陣にてよからぬと申說候。又利害かしこき者は、武篇鈍きと申候。强弱の見-様ある事にて候や

返書略、加藤左馬助のの給へる由にて承候。諸士の武篇に目利あり。たゞ理直《リチヨク》なる者大かた武篇よきと心得べしと。又越後の景虎のの給ひしは、武篇のはたらきは武士の常なり。百姓の耕作に同じ。武士はたゞ平生の作法

かけつよく、明日にも何事そありても、つまつくとなき様にたしなみ、扨主君を大切に思ひ奉り、自分の妻子より初めて、天下のあしよはを不便におもふ仁愛の心より、世中の無事を好み、其上に不慮の事出來る時は、身を忘れ家をわすれて、大なるはたらきをなし、軍功を立る人あらは、一文不通の無學といふとも、文武二道の士なるへし。世間に文藝をしり、武藝をしりたる者を文武二道といふは至極にあらす。これは文武の二藝と申へし。藝はかりにて知仁勇の德なくは、二道とは申かたかるへく候

22　來書略、哥鞠は武士のわさにあらす、頼朝卿の次は鞠をもてあそひて亡給ひ、其次は哥を好みてたえ給へり。惣して武家の弓馬にをこたりて哥鞠をもてあそぶは不吉なりと申候。さもあることに御座候哉

返書略、哥道は我國の風俗なれは、少なり

よく義理正しきを以て上とす。武篇のはたらきばかりを以て、知行をおほくあたへ、人の頭とすべからずと。名將の下には弱兵なき事なれば、大形士は武篇よき者とをぼしめさるべく候。陽氣に我意なるものとても、臆病なる生付にてはなし。たゞ習にて、何心なく其身にはそれをよしとおぼえての事にて候。理直なる者にうは氣をしかけぬれば、常ならぬ事故、堪忍不仕候。其時におもひかけぬ事にて行あたり、躰見苦候。又分別だてにて利害おほき者は、常に義理を心がけざる故に、自然の時義理をかき候へば、臆病とも申候。陰極て陽を生じ、陽極て陰を生ずるなれば、平生陽氣なる者は、陣中にては腹立て、なすべき所にもあらず。弓矢鉄炮の音にて、うかびたる陽氣は皆けとられ、常々臍《ホゾ》の本にたくはへたる勇氣のたしなみもなければ、おもひの外常の我意出ざる故、なみ〳〵にても目に立申候。龍といふものは羽なくて天にのぼるほどの陽氣の至極を得たるものにて候へども、平生は至陰の水中にわだかまり居候。是を以て眞實に武勇の心がけある人は常々の養をよく仕事に候

33　一　來書略、儉約はよき事なれば、人々用たく存候へどもなりがたく、奢

とも心得たき事にて御座候。されともいにしへの哥人は本ありて枝葉に哥をよみたるよしなり。本と云は學問の道なり。學問の道に文武あり、文武に德と藝との本末あり。文の德は仁なり、武の德は義也。仁義の本立て後弓馬書數禮樂詩哥のあそひあり。弓馬書數禮樂詩哥、又文武の德を助くるものなり。文武の道をよく心得て武士をみちひき、民を撫ておさめ、其餘力のいとまをもつて、月花にも野人ならす、哥をもてあそはれ候は〻、花も實もある好人たるへく候。頼朝卿の末のおとろへは哥鞠の罪にあらす、其本の不立故也。本た〻されは武道の心かけに過て、亡たる家も和漢ともにいかほともあれは、これも武道の罪と可申候哉。本をすて〻跡にて論しなはてしあるへからす候。鞠は親王門跡なとのれき〳〵、武士の大名のやうに、鷹かり歩行もなりかたく、

はあしき事と思ひながらもやむるとあたはずして、日々におごり候事はいかゞ

返書略、儉約と吝嗇《リンショク》と器用と奢とのわきまへなき故にて候。儉約は我身に無欲にして、人にほどこし、吝嗇は我身に欲ふかくして、人にほどこさず。器用は物をもとめず、たくはへず。あれば人にほどこし、なければなき分に候。奢はたくはへをかず、器用なるやうに見え候へども、其用所はみな我身の欲のため、榮耀《エヨウ》のためにて候。奢て用たらざれば、尤人にもほどこさず。しかのみならず、家人をくるしめ、百姓をしぼり取、人の物を借てかへさず、商人の物を取て價《アタイ》をやらず。畢竟穿踰《センユ》に同じき理をしらで、奢は器用なる様におもひ、儉約といへば吝嗇と心得候。又吝嗇なる者の、儉約の名をかるもあるゆへにて候

34　一　來書略、同志の中に世擧《コゾリ》てほむる人御座候。流俗にあはせて然るにはあらず。しかれども本來はよき人にはよくいはれ、あしき人にはあしくいはる〻こそ、眞のよき人にてあるべく候へ、されどすぐれてよきをば、なべてよく申ことはりにてもあるべく候や

輿車の御ありきも度々なりかたけれは、門内にばかりおはしまして、氣血欝しとゞこほり給ふ。欝散のために鞠なと、御あいてたにあしからすは、くるしかるましきか。それとても學問家業御つとめの上に、御養生のためならは尤たるへし。いつれにてもあそひを専として、本なきはあしきとにて御座候

23 來書略、勇は沈勇がよきと承候。されと刀も金よきは、うちみるよりきれぬへく存しられ候。人の武勇も强弱如斯と存候。尤沈勇も御さあるへく候へ共、それは百人に一人にて、大方は見聞の及所たかはさるかと存しられ候

返書略、如仰刀のきれさるときるゝとは金にてみゆる事に候。むかし物語にも、金よき刀をかひ取てといへり。むかしは今の様にためしものと云ゝまれなる故に、たゝ自

返書略、此人の人がら十が八はよし、二とても惡きにはあらず。たゞ此人の疵《キズ》なり。其ノ疵ある故に、諸人ほめ申候。善人は其疵は見候へども、玉のきずにして大体よく候へば、其よき所ばかりほめて、疵をばあげず。こゝを以て世擧りてほむることはり尤に候。しかれども其疵は終に弊あるものなる故、諸人のためにもそしらるゝ事出來ものなり。はじめより其疵なければ、小人のためにはそしらるゝにて候。全く君子なれば、全く小人のためにはあはざる事多し。其謗は君子の美にして疵にあらず。其人にあらざれば此二の道を知べからず候

35 一　來書略、我等の國には江西の遺風をしたふ者餘多候へば、貴老御弟子の内一人申入度存候

返書略、拙者には弟子と申者は一人もなく候。師に成べき藝一としてなき故にて候。醫者の醫業《困術》をならひて一生の身をたつるか、物よみ《困儒者》の博學を學《困以》て物よみを《業とするか》産業として一生をおくるか。扨は出家などの其宗門をつぎて、寺を持などするは、をのづから師弟の契約なくて不叶事に候。拙者は麁學にて、人に文字讀にてもはか〴〵しくをしふべき覚悟なく候へば、何にて

分の目にて、金よき刀を目利して、求めさしたると申傳し也。我等もそれに心付て見習候へは、大方あたり候。金のきたひよく、精神あるがとくはきとしたるはきれ申候。金かたくても精神なく、石のとくなるや、錬たるやうにても、やはらかににぶきはきれず。此善悪は少心つきぬれは見え申候。にぶき又大かたにてはみえかたき金あり。にぶきに似てどみたるやうにてさはなく、空の曇りたるかことく、淵のふかきかとくにて、さえ〳〵ときたひよき所はみえさるあり。是はすくれたる大きれものにて候。沈勇も亦如此し。此品々はさしをきて武士たる者ハ皆武勇あるへきとはりの者にて候。刀はみなきるゝ能ある物なり。柄鞘して金銀糸を以かさり、はやからすをそからす、よきほとにつめてさし申ものにて候。武は文を以てかさるへき理なれは、勇は仁を以てお

も人の〔困家業の〕一生をおくるたよりになるべき事を不存候。少し文武の〔困道〕徳に志ありて、聖學の心法を心がけ候へども、自己の入徳の功さへおぼへなければ、まして人の徳をなし、道を達して門人あらんとはおもひもよらぬ事なり。世に愚がおよばざる才力あり、氣質の徳ある人々の、志の相叶たるはかたりてあそび申候。其人々愚が少し心がけたる心法をたづねられ候へば、ものがたりいたし候。高をする者の丘陵によるごとく、美質故に少し聞れても、愚が多年の功に勝り候へば、かた〴〵以て皆益友に候。武士の歴々弓馬の藝をおしへらるゝも同事に候。先へ學て功者なる人は、あとよりならふ人におしへられ候。武士は相たがひの事にて候へば、おしへて師ともならず、恩ともせず。國のため天下のため、武士道のためなれば、器用なる人にはいそぎおしへだてられ候。習ふ人も其恩を感じて忘ざるばかりなり。醫者出家などのごとくに、師弟の様子はなく候。たゞ本よりのまじはりにて、志の恩をよろこびおもふのみなり。我等道徳の議論をしてあそび候心友も又かくのごとし。心友なるが故にたがひに貴賤をば忘るゝ事に候。全く師と不存、弟子にてもなく候。我等學問仕らざる以前より常の武士にて

さめて、平生は禮儀正しく、仁愛ふかきかよく御座候。刀脇指のはやきは自然の時の用までもなく、身のあやまち近にあり、貴様の勇氣は小脇指のはやき様に御座候間、よきほとにつめて御さし可被成候。其上勇力にほこるものは損多候。其能にほこる者は其能を失ひ、其功に誇る者は、其功を失ふとは古人の格言なり。勇たて、うてたてする者をは人にくみて、少々の手柄ありてもほめす、かへりていひけしたがり候。扨何事そをかまへて越度あらせたかり、又すくれたる手柄ありても、大名になりかたき者と申候。されは常に敵多くて、やすき心なく候。むかし三十年甲冑を枕として山野を家とし、度々高名手柄あるのみならす、武道の事功者なる者ありき。若き人〳〵うち寄ては、此老人を請じまうけ、武道の物語をきゝ侍りき。其人の云、吾は人のいふ奉公いたし居申候故にこそ、右のごとく人々にものがたりも仕候へ。もし牢人にて學問いたし、學問の名を以て奉公によび出され候はゞ、罷出申まじく候。似合敷武士の役儀を勤《ツトム》る奉公ありて、其上にはくるしからず候。今時歴々の武士の奉公に出らるゝも同前に候。武藝のあるは其身の嗜にて、よのつねの奉公人にて、其上に志の相叶てかたり候人に、おぼへたる事をおしへらるゝはくるしからざる事なり。はじめより藝能をおもてにしては、歴々の武士は出られず候。一向に物讀と成て出るか、武藝者と成て出る事は、又一道にて候。心法は五等の人倫の内々に用る身のたしなみなり。武藝は武士の役儀の嗜にて、其嗜にする人の内にて、勝れたるは人の手本となるまでに候。手本とはならでも、功者なる者は器用なる人を取立候事も候

36

困外書ニ入

一來書略、道に志ある者の時として飲食男女の欲にうつるとあるは、志の實ならざる故ならんか。又道に志なくても行儀よき者あり。先生いづれをかとり給はむ

返書略、心は無聲無臭のものに候へば、見がたき事に候。志ありといふ

ほとの手柄もなし、わかき時より愛敬ありて、人に愛せたられたる者なり。こゝを以て世に高名あり、武篇の極意は愛敬なりといへり。何事も至極にいたるものは道に近く御座候

24 來書略、生は天の吾を勞する也。死は造物者の吾を安するなり。狂者の親の喪に遭てうたふ道理なり。みつからの死生をたもふと尤同しと。然は生を悪て死を好のこゝろか

返書略、勞安の義二にあらす。晝夜を以て御覧候へ、夜はいねて安く、晝はおきて勞す。しかれとも夜のやすみ極りぬれは、晝《ヒル》の勞をおもひ、晝の勞極りぬれは、夜の休を思ふ。死生勞安は時なり、たゝ造物者のなさむまゝなり。私意を立て好悪すへからす。狂者はなを人の生をむさほり、死をにくむの迷をためんかために、過言あるもの

人も、隠微の地の實不實不存候。又志なくて行儀よき人も、隠微の所しるべからず。去ながら父母兄弟妻子を古郷におきたる人は、一旦他國に遊び候へども、終には古郷に歸るがごとく、隠微の地とかく悪道にはゆくまじき人の、善に實なる所あらば、道に志ありて、一旦形氣の欲にひかるゝとも、終にはもとに歸るべく候。形氣衰るにしたがひて道より外にゆき所有まじく候。志の不實と申にてはなし。實はあれども明のしばし蔽はるゝ所ありてなり。唯今飲食男女の欲もうすく、行跡よくても心志の定所なき人は、父母兄弟妻子のあつまりたる古郷なくて、たゞひとり身のうきたるごとくなり。しからば往々何國にとゞまるべきやらんはかりがたし。今日のよきは精力強くして、愼みの苦にならざるか。名根の深くてなすわざか。もしは生れ付て形氣の欲うすき者もあれば、其たぐひなるべく候。形氣おとろへ行にしたがひて本の志たる道徳はなし、心は昧し、あぢきなくして後世《ゴセ》などに迷ふもあり。愼みおとろへて乱るゝもあり。行過て異風になるもあり。一旦のよきはたのみにならず、月夜のしばし曇たると、闇夜の晴とのごとし。雲ありともたのむべし。雲なしとも頼むべからず候

なり。其見所天人陰陽の外に出たり。聖人もとより此心なきにあらす、しかれとも中行はくはしきか故に、其見をわすれ、狂者はあらき處ありて、見をわすれす。大知は愚なるかとし、物あれは則あり、聖人は道と同体なり、天地萬物の則なり、何そ見解を立て物語をやぶらんや。しかれとも狂者の心もまたよみすへし

25 來書略、拙者の在所に人相を見るもの有之候。何とそ本ある事にて御さ候や

返書略、本ある事にて候。相書ニ云ク悪ハ乃チ禍ノ之兆《キサシ》、善ハ乃福ノ之基イとあり。これ相の極意にて候

26 來書略、拙者在所に氣逸物なる者有之候。知行貳百名の身上なりしか死期にのそみて、其子枕もとにより、何にても仰置るゝ事はなきかと申候へは、天下はまはり持なるそ、油斷すなといひて相果候。天下の武

37 一 來書略、此比爰元にて友の喧嘩仕出したる所へ行かゝり、見すぐしがたくてすけ太刀いたし候處に、先の者多勢故に、兩人ともにうたれ申候。本人は定業とも可申候。行かゝりたる者は無是非事に候。非業の死たるべく候や

返書略、定非の事は不存候。惣じて喧嘩はよき武士はせざることに候。大かた禮儀のたしなみなきか、また怒氣のためにをかされてし出す事に候。しかれば人爲の禍にて、命とは申されず候。行かゝりたる人は、何心もなく候へども、友の難を見てはすぎられぬ義理にて、すけ太刀したるにて候へば、うたれても其人のあやまちにあらず候。これこそ誠の命あることゝ可申候。死すべき義理なくて我あやまちにて作出したるは、喧嘩によらず、命にてはなく候。義ありて死するはみな命にて候。是を以て君子は巖墻《ガンセウ》のもとにたゝず候

38 一 來書略、祭ることはそれ〴〵の位にしたがふ事と承候。天地三光天下の名山大川は天子これを祭給ひ、其國の名山大川國に功ありし人をば、諸侯これを祭給ひ、聖賢をば其子孫をたてゝ祭しめ給ふ。大夫士庶人各品あ

士たる者、此心なきはふかひなき様に申者あり。然は無學の人は臣にしてもたのみかたく候。勢のおよはぬ故にこそしたかひつかへ候へ。とりはづしては皆主をもたをし可申候哉

返書略、天下の武士の心はしらす候。惣して天下は父祖より持きたりなは是非に不及、好てほしきものにあらす。國郡も亦同前なり、愚拙は乍恐將軍樣を代官とし奉り、治世にゆる〱とすみ侍ると存候へは、かやうのありかたき事は御座なく、萬〱歲といわゐ奉り候。貧は士の常なれは樂これに過へからす。許由か耳を洗しこゝろも、堯帝を代官として山水をたのしむは、何の官位にかかふへき。我に天下をゆつらむとは、人の代官をせよとか、二度此事をきかしとて、耳をあらひしものなり。何の苦身なくたまはるとも、國も天下も所望になく候。

り。しかるに日本にては上下男女ともに天照皇太神へ參り候。天子の外は國主とても成まじき事にて候ニ非禮なるかと存候。しかるに貴老其非禮にしたがひ給ふ事は心得ず候

返書略、もろこし人の禮あるの外には神を祭らざることは利心を以て神を汚《ケガ》すことを禁じ、且邪術をしりぞけたり。しかのみならず、罪を天に得ては祈るに所なき道理をあかし、情欲の親につかふるまどひを解て、人々の親すなはち至神至尊なり。尊神の子なれば我身則神の舍にして、我精神則天神と同じ。仁義禮智は天神の徳也。したがつて行は常に天につかへ奉るなり。其禮を用てまつれば福あり。其道にそむきてまつる時は禍至るの義なり。日本は神國なり。むかし禮儀いまだ備らざれ共、神明の徳威嚴《ゲン》-厲《レイ》なり。いますがごとくの敬を存じて、惡をなさず。神に詣でゝは利欲も亡び、邪術もおこらず。天道にも叶ひ親にも孝あり、君にも忠あり。たゞ時所位の異なるなり。それ天子に直にもの申奉る人は、公卿侍臣のともがらなり。それより下は次第のつかさ〱ありて、可レ奏《ソウス》ことは其つかさに達するなり。まして士民などは、其御門内の白砂をふむことをだにせざるに、

然はとて持きたりたる國天下をかろくおもひ、我身のためにすつるはひかとなり。聖人の大寶を位と一四いひて、富貴なくては萬民をすくひたすくるとなりかたし。持かゝりならは仁政を行、天下を安靜ならしむるを樂とする儀にて候。義もなくてもとむると我にあるものを、かろくしてすつると同しく、無道の至に候。利欲の人は天威のをす所にて、かなはねはこそ臣と成てかしこまり候へ。勢たにあらは、大方主君をもとりたをし申へく候。是以漢高祖は我頸をねらひたる者を知なからたておかれ候。人情を知、かつ天下の歸する所は、人力におよはぬとを得心ありたる故にて候

27 來書略、節分の夜大豆をいり、福は内へ鬼は外へ、といひ、鰯のかしらをやきて、戸口にさしなと仕候とは、あたなる世俗のならはしと存候。しかりと云とも、俗にし

帝堯は皷をかけおかせ給ひて、農工商によらず直に可申上子細あらば、此皷をうて、吾出て聞むと詔《ミコトノリ》あり。下にてことゆかず、いきどほりある者は、皆直にまいりて共いきどほりを散ぜしなり。民の心にたゞ父母にものいふごとくおもひたり。日本の太神宮御治世の其むかし、神聖の德あつく、よく天下を以て子とし給ひ、下民にちかくおはしましたること、堯舜のごとくなりし、其遺風なり。後世の手本として茅葺《カヤブキ》の宮殿の殘り給ふも同じ理にて候。其上神とならせ給ひては、和光同塵の德にて帝位の共時とは違ひ、國の風俗にて、誰もまいりよき道理にて候。野拙はたゞ其聖神の德をあふぎ奉るばかりなり。太神宮は其御治世のみならず、万歳の後までも生々不息の德明かにおはしまして、日月の照臨《セウリン》し給ふがごとし。參りても又おもひ出しても、聖師にむかひたるがごとく、神化のたすけすくなからず。古の聖王は君師と申て、尊きとは君なり、親しきとは師なり。たゞ困神聖王のみならず、靈山川のほとりに行ても道機に觸《フル》の益すくなからず。これ又山川の神靈の德に化する故なり。其上祈ると祭ると義ことなり。天をば天子ならでは祭給はね共禱るに至ては士庶人も苦しからず。其ためしも

たかひ可申候哉

返書略、秋冬は陰氣內に有て事を用ひ、陽氣外にある故に立春の旦より陽氣內に入て事を用ひ、陰氣外に出るのかはりめなり。されとも餘寒甚しき故に、大豆をいりて陽氣を助け、屋のすみ〳〵までも陰陽のかはりを愼に仕たるものにて候。陰のたましゐを鬼と云、今宵より外に出るなり。陽のたましゐを神と云、神は福をなす。今宵より內に入て萬物を生するなり。鰯は衆を養ふ物にて、仁魚なるによつて、邪氣其香におそるれは、邪氣をはらはむと也。ひいら木をくはふるとは、俗のあやまりか。鬼の理をあやまりてなしたるあたとか、鰯のとき理あるか、いまたしらす

28 來書略、今時儒學する人はものをやふる樣に被申候。世中のわけもなき事をやふるは尤に候へとも、何もかも理屈にてをしろこしにも多し

39 一 來書略、先度勸請《クハンジヤウ》の宮社を非禮なりとうけたまはり候へ共、神道の意はしからずと存候。鳥井を入より誠敬自然と立て心新なり。社前に至て拜する所に傳受あり。此心をだに存養いたし候へば、家ごとに孝子國皆忠臣と成て、天下平なり。所々に勸請なくて不叶義と存候はいかゞ

返書略、たとへば洛陽にては賀茂の御社一所にても、人の敬を立ることはたり候べし。むかしは數々の勸請なかりし證據ども候。其勸請の習おほく候はゞ、さしも天下の奢をきはめし平清盛、藝州の嚴嶋《イツクシマ》をばとく都のあたりに勸請して、おびたゞしく美を盡さるべく候へども、はる〳〵と西海までまうでられしこと、淸盛には奇特なり。いにしへも原廟を作るとて大にいみたる事なり。昔たまさかに原廟を作れるも、靈地を見たてゝ移し、卒尓にはせざるだに非禮おほく候。其後は靈地をも撰《エラ》ばず、みだりに多ければ、神を汚《ケガ》し威をおとし敬するとて大なる不敬に至り候ぬ。佛家を以ても御覽候へ。塔は佛舍利のある所を知て、禮拜の心を生ずべきがためなりと申候へども、むかし山林にある伽藍《ガラン》にたまさかにあるこそ、さもあるべく

候へは、神道も王道も立ぬ様に成行申候。無の見と申あらき異學の風のごとし。儒者といひて經傳をよみても、よる所なき故に、そしりなから無を極意と仕躰に候。又佛者も悟道者といふは大方狂妄なり。いかなる故にて御座候哉

返書略、古今異學の大悟道者と申ものは、上古の愚夫愚婦なり。上古の凡民には狂病なし。悟道のきどくに此病あり。先地獄極樂とてなきことつくりたるにまよひ、又さとりとてやう〳〵地獄極樂のなきといふことをしりたる也。無懷氏の民には本より此まよひなし。是を以て申候。さとり得て初てむかしのたゞ人になり候。たゞ人なれはせめてなれとも其上に自滿出來て人は地獄に迷ふに、我は迷はすともおもひぬれは、ぢごくのなきと云一色を以て、何もなし、かもなしといみはゞかる所なく候。儒佛共に世中に

候。今は町屋と爭ひ建ならべたる塔なれば、目なれて、むかしたま〳〵ありし僧法師の敬禮の心も絶はて候。其上聖人の教は、其親を祭て敬の本を立候。親の神すなはち天神と一体にて候。性命より見れば至尊の聖神なり。他に求むべきにあらず。むかし老ひがめる親もちたる者あり。ある時子に向ていひけるは、手足もたゝずして、かく養はるるはこの家の貧乏《ビンボウ》神なり。はやく死度おもへ共、つれなき命なりと。其時子跪き愼ていへるは、我家の福神は父君にておはしまし候。つかふまつること誠うすき故に、福いたらず。しかれどもかくおはします故にこそ、とかくして妻子おも養ひ候へ。たゞいつまでもおはしますやうにと願ひ候也。老親笑て云、用にはたゝずして、人をつかふのみならず、色々の好みごとをせり。我ほどの貧乏神はなきに、福神とは何としていふぞと。子の曰、むかしより今に至まで、色々の願《グハン》をたて、難行《ナンギヤウ》をして、神佛に祈るもの多く候へども、福を得たる者一人もなし。親に孝行にて神の福をたまはり、君のめぐみを得たる者は、倭《ワ》漢《カン》共に多く候。しかるに目の前にしるしある家内の福神には福を祈らずして、しるしもなく目にも見えぬ所にはいのり候。親に孝行をして福を得ず

此無の見はやりものにて候

29 來書略、佛敎を内典といひ、儒敎を外典と申候事は、心を内といひ、形色を外と申侍れは、佛敎は心法なり。儒敎は外さまのしをき法度なりと申義にて可有之候。人もゆるさぬに私なる事を申にて御座候。又儒道佛の三敎は有無中也。いつれにも靈妙なきにはあらされとも、つかさとる所、儒は有相の上の道なり。道は無相を至極とせり。佛は中道也。有無中かねて機によつて說といへとも、畢竟は中道實相に歸着すと申もあり。有無中共に天竺ゑひすいかてしり侍らんや。もろこしの人の佛者と成、佛をひいて、とかくよきやうに聖人のことをかりて名付たると見え候。ことわさに、しうとのものにて、あいむこもてなす、とやらん、あさきふかき内外ともに皆聖人に取てこそ申候へ。文盲なる者のかたらひやすきこと不

とも害あらじ。神佛に祈りて福を得ざるのみならず。其損多く候。今我福神にひがみ給ふ御心ある故、幸なきにやと顏色をやはらげて云ければ、其時老親うちうなづきて得心しぬ。それより後僻《ヒガミ》もやみ、いかり腹だつ事なし。家内のものもつかへよくなりぬ

40 一 來書略、庶人の父母には男女の侍坐してつかふる者なき故、子たる者夫婦みづから養を取候。たまたま一二人男女のめしつかふべきありといへども、農事を務め食事にかゝりなどすれば、近づきつかふべきいとまなし。其上定りたる祿なき故に、用を節し身をつゝしみて、父母を養ふを以て孝とすと御座候。士大夫より以上の人は定りたる祿あれば、養ふことはいふに及ばず。また卑妾あれば朝夕の給仕の心やすきこと子にかはる故に。囨○みづからつかふるにも及ばず。其身の位々に道を行ぬれば、父母の養ひも備り、父母の心安して氣遣もなし。且祭祀にをこたることなし。是故に職分を務るを以て孝行とすとうけたまはり候。まことにさやうになくて不叶事と存候。しかるに文王みづから父母につかへ給ふがごとくなるはいかゞ

返書略、囨文王世子たるの時也。世子とは今のかたすみといへるが如し。いまだこれも又時なり。いつもさやうにはあるべからず。たまたま事な

及是非けり

返書略、形色あるものは皆無より生しけりへは、有無もと二にあらす。中と云は天理の別名なり。或は有無の中といひ、或は非有非無中道にも非と云ときのあさきとにてはなくけり。堯舜初て易の心法を發明し給ひて、中と名付給へり。則天下國家の平治齊とても、中の外、無二心無二道、天理の我にありて未發これを中と云、天理の我にありて已發これを和と云。修身齊家治國平天下は已發の和也。則中也。物の天理の至精を得て至易至簡なるを中と云、又和なり。近來の三教は中にくはしからさるのみならす、有無にも亦たしかならす、佛者といへとももと有無を二にせす、色即是空これなり。聖學といへとも有無中を別にせす、形と色とは天性なり、と佛者といへ共くはしきは有無の中にはとゝまらす。佛書ニ云ク、心性

國政にあづかり給ふ事すくなくいとま多き時也
きの折ならん。天子は天下を順にし給ふが親の事なり。諸侯は其國をよく治るが親の事なり。大夫は政事を任して私なきが親の事なり。士は尊ニテ徳性ヲ道ニル問學ニが親の事なり。農は天時をあやまたず、地理を精して五穀生長するが親の事なり。工は職を上手《困よく》につとめ、商はよく財を通ずるが親の事なり。其事にあたつて、其事をつとむるは皆親につかふまつるの事なり。時としていとまあらば父母のあたりに侍らでも叶はず、吾身もと親の身なり。吾立レ身ヲ行フレ道ヲ。皆親の立身行道なり。千里を隔といへども父母にはなれず

41 一 來書略、論語の首章文理あらまし通ずといへども、心にみたざる所あるがごとし

返書略、說は自家の生意なり。境界の順逆によつて損益し、樂は物と春を同す。一体の義なり。不レ慍はたゞに吾德を人の不レ知といふのみにあらず。忠臣を不忠といひなし、直を不直といひ、信を不信といひ、しかのみならず、流《ル》罪《ザイ》、禁《キン》獄《ゴク》、死《シ》刑《ケイ》におよぶの逆も人不知の内にあり。泰然として人をも尤《トガ》めず、天をも怨《ウラ》みず。炎暑に霍乱して死するがごとく、極寒に吹雪

不動假ニ立ニツ中ノ名ヲ一。亡泯三千假《カリ》ニ立ニツ空ノ稱ヲ一雖レドモ亡ストモ而モ存ス假ニ立ツ假號ヲ一。これ大方聖學の旨をうつしいへり。近來の儒者は如此の佛にたに不及あり。たゞし中空假の三をいふと、其家の病ありて聖學の眞に不叶のみ。道者といへとも無にかたよらす、後世の奢をとゞめ、僞をひらきて大古朴素淳厚の風をかへさんとおもへり。佛仙共に聖學の徒なり、語も理もいつくより取來らんや。儒には聖學の傳來明言を失ひて、かへりて仙佛にのこりとゝまれると多し。先天の圖を仙家に得たるにて得心可被成候。本聖人の門より出たるとをわきまへす、仙佛のいふ事なれは皆異端の語としていみさけぬ。彼も聖門のよきとならては取用ひす、三代の禮樂も浮屠にのこれるとあり。人道にはかへりて戰國の久しかりし間にとり失ひたると多し。されは聖學の至言はみな異にあひたるがごとし。天道の陰陽、人道の順逆、其義一なり。悦樂は順也。人不知は逆なり。人生の境樣々ありといへども、順逆の二にもれず。小人は順にあふては奢り、逆にあふては悲しむ。春秋を常として夏冬なからんことをおもふがごとし。君子は順にあふては物をなし、逆にあふては己をなす。春夏にのびて秋冬にをさまるがごとし。富貴福澤は春夏の道なり。貧賤患難は秋冬の義なり。四時は天の禍福にして禍福は人の陰陽なり。屋の南面は夏涼しくて冬溫かなり。北面は夏熱くして冬寒し。人の南面は我北面となる。屋を並べ生をともにして世にすむものゝ自然の理なり。富貴福澤貧賤憂戚相ともなふ世の中なり。誰をかうらみ、たれをかとがめむ

端にあたへて、我儒は土苴を取ぬ。何そかくひかめるや。すへて道德の高下淺深を論し、語の似たるをあわせて、同異をいはゞ盡期あるへからす。內典外典の名は佛者の私言といへとも、實は儒者のまねく所なり。秦漢よりこのかた、士君子たる人、道統の傳を失ひて、執中の心法を不知。たゞに形色の上にをいて學をなし、道を行とおもへり。道德甚だひくし。しかる故儒者の道はたゞ如斯ものと見えたり。されは高明の人はおほく佛に入、仙に入、道家も天仙の旨を失て地仙に落たり。是もまた心法を絶す。たゝ佛者のみ心法をいへり。これによつて佛法を內といひ、儒道を外と云、そのより來る所ある事也

30 來書略、此ほとおもしろきむかし物語を承ゆ。明慧と解脱と同道して路次を過られ侍しに、かたはらに金銀多おとし置たり。

集義和書卷第二

書簡之三

42 一 來書略、性心氣いかゞ見侍るべきや

返書略、太虛は理氣のみなり、いへばたゞ一氣なり。理は氣の德なり。一氣屈伸して陰陽となり、陰陽八卦となり、八卦六十四となる。それよりをちつかた一理万殊いひ盡すべからず。天地萬物の理つくせり。理を主としていへば、氣は理の形なり。動靜は太極の時中なり。吾人の身にとりていへば、流行するものは氣なり。氣の靈明なる所を心といふ。靈明の中に仁義禮智の德あるを性といふ。靈明と云て氣中別にあるにあらず。たとへば爐中の火のごとし。虛中なる所に至てよく明かによく照せり。よく明かによく照す所に條理あり

43 一 來書略、身死して後此心はいかゞなりゆや

返書略、冬に至ては夏の帷子をおもふ心なし。夏に至ては冬の衣服を思ふ

解脱是を見て、こゝに大蚰あり、とてよけて通り、四五町行又云、先の物は定て他人見ゆはゝ悦ひ取申へしと。明慧云、おもきにこゝまて持來給ふやと、解脱の心は鬼よ蚰よなといひて、人を害するものありとはいへとも見たる者なし。金銀に命をとらるゝ者は、眼前に數をしらす、誠の大蚰なると云義なり。このたくひの見解を以て、世俗のまよひを出たるものなり。明慧は金銀も石もかはらも同しく見なして、とかくの見解なし。誠にはるかに尊き心地にてゆ。聖賢の心位と申すとも、かはりあるましきと存ゆ

返書略、兩僧の內にては心位の淺深有といへとも、聖學より見れは、いつれも見解にてゆ。心地自然にして物なしとは申かたかるへし。柳はみとり花は紅とそれ〳〵に物の輕重は輕重にして置て、我あつからざる心なし。此形あるが故に、形の心あり。此身死すればこの形の心なし

44 一 再書略、しからば顏子の死後も盜跖が死後も同じきか

返書略、此性此形を生じて、形のために生ぜられず。又形の死するがために死せず。悪人の心には今よりして性理をしらず。死後を待べからず。君子の心は今よりして、形色に役せられず。死生を以て二にせず。又死後をまたず

45 一 來書略、世間に人のほむる人にさしもなき道を信ずる人ゆはいかゞ

返書略、それはよきことずきといふものにてゆ。定見なき故に、本の邪正を深く考へず、心術をかり理をかりて、さもありぬべくいひなせば、はやよき事として信じゆ也。君子もよきことずきにてはゆへども、性命に本づきて善を好ゆなり。かり物は是に似たるの非なれば大に戒られゆ

46 一 來書略、愚兄御存知のごとく、作法正しく慈悲にもゆへども、子孫おとろへ仕合あしくゆはいか成故にてあるべくゆや

返書略、人見てよからざれども、天の見ことよきあり。人見てよけれども、天のみるとよからざるあり。貴兄を見申ゆに、愛情もありと見え、行儀は

かよく候。金銀と土石と同しくみるといふも、見解を以て作りたるもの也。無物自然の心にて見侍らは、我こそ金銀はいらすとも、世間の人の寶とし、世をわたり、人を養ふ物にて侍れは、これをおとしたる者は、主人のものか人の使か、其身の身代の一せきか、人によりて身代をやぶり、命を亡すにもいたらむは不便のことなり。大方の人見付なは悦ひ取て我物とすへし、我等の見たるこそ幸なれとて、ひろひて近里のしかるへき者に預置、おとし主にかへすへきはかりことあらんこそ、天性の仁愛なるへけれ。明心の靈をふさく事、品異なりといへども、其おほふ所は一なり。世俗は物欲のちりを以てふさき、學者は見識を以てふさくもの也。其見至所に近きかことくなるも、其傳來のよる所、天に出さるは終に正道をなすことなし。道の行はれさることかなしむへし

隨分正しく候へども、作法の正しきは生付にて學によらず、愛情も婦人の愛にて人民をめぐむに至らず候。すくはずしてもくるしからざる者にはほどこし、下々の難儀をば知たまはざるがごとくに候。百姓等をば水籠に入などして、病付たる者どもあり。罪なきのみにあらず、貴兄を養ものを却てくるしめられ候。其妻子の歎き不罪の人のいたみ、天地神明をうごかすべく候。しらずといはゞ其天職をわすれ、天威をつゝしまざるなり。知てせば不仁なり。大小によらず罪は上一人にかゝり候。今の世の習、下々をば難儀させ、百姓をばいたむるものと思ひて、とがむる人もなく候。たゞ行儀よきと、姑息の愛とをみて、人はよしと申候へども、天の鑑明らかに候。神明の罰にあたり、仕合あしきとはりにて候

47
一　再書略、愚兄事被仰下候通尤に存候。去ながら愚兄は姑息の愛なりとも御座候。作法あしく不仁無道にて、下をなやまし民をくるしめ候人に、子孫もさかへ仕合よきあり。又きはめてよき人も仕合惡く候はいかゞ返書略、人の氣質に、天地神明の福善禍淫をうくること、おそきありはやきあり。しかのみならず、先祖の造化の功を助たるあり、さまたげたるあ

31 來書略、陽氣にいかつなる者は軍陣にてよからぬと申說ゆ。又利害かしこき者は武篇にぶきと申ゆ。强弱の見様あることにて御座ゆ哉

返書略、加藤左馬殿ののたまへる由にて承ぬ、諸士の武篇に目利あり、たゞ理直なる者大かた武篇よきと心得へしと。又越後の景虎のゝたまひしは、武篇のはたらきは武士の常也。百姓の耕作に同し、武士はたゝ平生の作法よく、義理正しきを以て上とす、武篇のはたらきばかりを以て、高知行をあたへ、人の頭とすへからす、と名將の下には弱兵なき事なれは、大形士は武篇よき者とおほしめさるへくゆ。陽氣にいかつ成ものとても、臆病なる生付にてはなし、たゞ習にて何心なく其身には是かよきとおほえて、常の事にてゆ。理直なる者にうは氣をしかけぬれは常ならぬ事故堪忍不仕ゆ。其

り。運氣の勢ひ餘寒殘暑あるがごとし。先は聰明《困利根》の人には、善に福はやく、惡に禍すみやかなり。愚不肖には善惡に禍福おそし。平生物の合点の遲速にてもしられゆなり。先祖の造化の神工を助たる勢ひいまだやまざるには、子孫あしけれども仕合よし。先祖の造化を妨たるは、子孫よけれども其逆命の勢ひいまださけがたし。打身頭痛の病ある人は、土用八專雨氣を感ずるがごとし。これより下つかたさま〳〵のことはりゆ。をしてしらるべくゆ

48 一 舊友にあたへし書に曰、故者には其故たることを不失といへり。久しく音問を絕たる事は無情に似たり。傳聞貴老道德の勤にすさみ給ふと。道學をいとひて愚をうとみ給ふか、愚を見おとして道をおこたり給ふか。道學を益なしとして、道德を好む者までをしりぞけ給はゞ是非に及ばず、もし愚を不肖なりとして道學に遠ざかり給はゞあやまちなり。故者の至情をおもひ給はゞ、何ぞ愚が過をさとし給はざるや。さとしてしたがふまじくは、愚をすてゝ道德を尊信し給ふべきことは本のごくたるべし。何ぞ人によりて道の信不信あらん。聖人の門にあそぶ人み

時におもひかけぬ事にて、行あたりふり見苦候。又分別たてにて利害おほき者は、常に義理を心かけさる故に、自然の時義理をかき候へは臆病とも申候。陰極て陽を生し陽極て陰を生するなれは、平生陽氣なる者は、陣中にては腹立てなすへき所にもあらす。弓鐵炮の音にてうかひたる陽氣は皆けどられ侍ぬ。常々勝の本にたくはへたる勇氣のたしなみもなけれは、おもひの外常のいかつ出さる故、なみ〱にても目に立申候。龍といふものは羽なくて天にのほるほとの陽氣の至極を得たるものにて候へとも、平生は至陰の水中にわたかまり居候。是を以て眞實に武勇の心かけある人は常々の養をよく仕事に候

32 來書略。儉約はよき事に定り、人々用たく存候へ共なりかたく、奢はあしき事と思ひなからも、やむる事あたはすして、日

な惡人不正なりとも、吾聖學にをいてうたがひなかるべし。たゞ己が定見いかむとみるべきなり。人によりて信をまし、信をおとし給はむは、道をみるの人にあらず

49 一 來書略、世に判官贔屓と申候はいかなる事にて候や

返書略、君子に三のにくみあり、其功にほこり賞をうくることおほき者をにくみ、富貴にして驕る者をにくみ、上に居て下をめぐまざる者をにくむ。判官義經は其人がら道をしらず、勇氣によりて失ありといへども、大功ありて賞をうけず、人情のあはれむ所なり。頼朝卿福分ありて、天下をとるといへども、不仁にして寛宥の心なし。人情のにくむ所なり。頼朝判官にかぎるべからず。驕は天道の虧《カク》所、地道の亡す所、人道のにくむ所なり。謙は天道のます所、地道のめぐむ所、人道の好む所なり

50 一 來書略、我等の在所に蚫を神の使者なりと云て、手さすこともせず候。さま〲氣のどくなる事共に候。其上害も出來候。され共其通にしたがひ候はんか、やぶり候はんか、分別定がたく候

返書略、神慮にしたがひて非法を改めらるべく候。神は形なき故に、時に

々にをごり候事はいか丶

返書略、倹約としわきと器用と奢とのわきまゑなき故なり。倹約は我身に無欲にして人にほどこし、しはきは我身に欲にして、人にほどこさす、器用は物を求めずたくはへず、あれは人にほどこし、なければその分にて居申候。奢は今日はらひの様に器用なるやうに見え候へとも、其用所は皆我身の欲のため、榮耀のためにて候。奢て用たらされは尤人にもほどこさす、しかのみならす、家人をくるしめ百姓をしぼり取、人の物を借てかへさす。商人の物を取て價をやらす、畢竟穿踰に同しき理をしらて、奢は器用なる様に心得、倹約といへは、しわきと合點仕候。又しわき者の倹約の名をかるもあるゆへにて候

33 來書略、同志の中に世こぞつてほむる人御座候。流俗にあはせて然るにはあらす

あたりて何になりとものりうつり給ひ候。蛇を使者と定べきにあらず。且蛇は叢《クサムラ》にすむものなれば、人居にまじはるは非道にて候。神明は非道を戒給ふべく候。蛇のすむ深草に用心もなく行て害にあふは人の非なり。人のすむべきあたりに蛇のをるは蛇の非にて候へば、叢《クサムラ》にかりやり、行ざるをばうちころして可也。なをも愚民疑ひあらば、御くじをとりて神慮を御うかゞひあるべく候。訴詔〔訟〕は此方に道理あれば、幾度も申ものにて候間、もし一二度にて御同心なく候はゞ、神の御同心被成まで幾度も御くじをとりてうかゞはるべく候。かならず御同心あるべく候。其外かくのごときたぐひの神慮に叶はざる事を神慮として、人の尊きを以て禽獸にかふる様なる事多く候

51 一 來書略、無‐學ニメ行レハ政ヲ如ニ無レシ燈夜‐行ルガ一といへり。しかるに貴老學者の政は心得がたしとの給ひ、又其筋目ある人か、其備りある人よしとうけたまはり候は心得がたく候

返書略、政の才ある人を本才と申候。其人に學あれば國天下平治仕候。本才ありても學なければ、やみの夜にともし火なくして行がごとくにて候。

候。然とも本來はよき人にはよくいはれ、あしき人にはあしくいはるゝこそ、眞のよき人にてあるへく候へ。されとすくれてよきをは、なへてよく申ことはりにても可有之候や

返書略、此人の人から、十か八はよし、二とても惡きにはあらす、たゝ此人のきずなり、其きすある故に諸人ほめ申候。又君子は其疵は見候へとも、玉のきすにして、大躰よく侍れは、其よき所はかりほめて、疵をはあけす。こゝを以て世こそりてほむることわり尤に候。しかれとも其疵は終に弊あるものなる故、一度は諸人のためにもそしらるゝ事出來ものなり。初より其疵なけれは、小人のためにはそしらるゝにて御座候。全君子なれは、全小人のためにはあはぬこと多し。其謗は君子の美にして疵にあらす。其人にあらされは此二の道を知へからす候

しかれどもありきつけたる道なる故ありき候。されど前後左右を見ひらきて自由のはたらきはならず候。又才知なくして學ある人の政をするは、盲者の昼ありくがごとくにて候。聞たるまゝにありき候へども不分明候。時所位の至善をはかるべき樣なく候。不自由にてもみづから見てありくと、見ずしてありくとは、見てありくはまさり可申候。軍法をしらでも勇知ある大將は、をのづから勝負の利に通じ候故に、敵に逢て勝ことをいたし候。軍法しりても勝負の利くらき大將は、敵に逢て斗方なく候。勝負の利よき人、軍法を知候はゞ名將たるべく候。軍法しらでは名將とは成がたく候。才と學との道理同事に候。古今のためし明白なる事に候

52 一　來書略、經書をよみ候はでも學問なり候と承候。さ樣に候はゞつとめて見申度候。書をよまずして不叶事に候はゞ、老學といひとまなく候へば成がたき事に候

返書略、聖賢を直に師としては書をよまでも道を知、徳に入こと成申候。今の時聖賢の師なく候へば、中人より以下の人は書をまなび候はでは、道を知こと成がたく候。しかれどもよく心傳を得たる人に聞候はゞ、善人と

34 來書略、我等の國もとには江西の遺風をしたふ者餘多有之候。貴老御弟子の內一人申入たく存候

返書略、拙者には弟子と申者は一人もなく候。師に成へき藝一としてなき故にて候。醫者の醫業をならひて、一生の身をすぐるか、物よみの博學を學て、物よみを產業として、一生をおくるか、扨は出家なとの其宗門をつぎて寺を持なと仕るは、をのつから師弟の約束なくて不叶事に御座候。拙者は麁學にて、人に文字讀にてもはか〳〵しくをしゆへき覺悟なく候へは、何にても人の一生のかたつきに成るへきことを不存候。少はかり文武の德に志ありて、聖學の心法を心かけ候といへとも、自己の入德の功さへおほえなければ、まして人の德をなし道を達して門人あらん事はおもひもよらぬ事也。世中に愚かおよばぬ才力あり、氣質の

は成申べく候。扨はよき士と申ほどの人がらにはおよぶ事にて候。聖人の言語にはふくむ所多く候。無極の体なり。其含む所は言外に候へば、我と經書を見て聖人の心をくみ申候。則聖人に對し奉るがごとくなる事候。其心には深きあり淺きあり、其品いひつくしがたく候へども、いかさまに書をみる人は後までも學におこたりなく候。たゞに物語にて心術のみ聞候人は、一旦はすゝみ候へども、言外の理を不知候へば、心ならず年を經てたゆむものにて候。中人以上の人は少し心傳を聞てはやがて天地を師とし、造化にをいて學ぶ所あるは書にも及ばず、道を行ひ德に入候なり。中人以上にても書をよみたるばかりにて心傳を不聞人は、聖學に入がたく候。上知は心傳を不聞して書を見てもすぐに德を知候なり。故に攸《ユウ》-好《コウ》-德《トク》の幸福ある人は、次第を歷て德を知も御座候。尤此人は書によりて聖人に對面仕候。書をよみ給はでも、人の主人としては仁君といはれ、人の臣としては忠臣とよばれ、いづれによき士となりて、善人の品に入候ほどの事はなり申べく候。必ず名を後世にあぐべく候

53 一 來書略、三皇五帝三王周公孔子は同じく聖人と承候。伏義は文字も敎

德ある人々御座候。志の相叶たるはかたりあそひ申候。其人々愚か少心かけたる心法をたつねられ候へは、ものかたりいたし候。高をするものゝ丘陵によるとく、美質故少聞れても、愚か多年の功に勝りぬれは、かたく〳〵以て皆益友に候。武士の歷々弓馬の藝をしへらるゝも同事に候。先へ學て功者なる人は、あとより取つく人にをしへられ候。武士は相互の事にて侍れは、をしへて師ともならす、恩ともせす。國のため天下のため、武士道のためなれは、器用なる人にはいそきをしへたてられ候。習人も其恩を感して忘さるはかりなり。醫者出家なとのとくに師弟の樣子は無御座候。たゝ本よりのましはりにて、志の恩をよろこひおもふのみなり。我等の道德の義論をもしてあそひ候心友も又かくの如し。心友なるか故に、たかひに貴賤をは忘る事に候。全く師

54

學もなき時に出給ひて、初めて畫《クハク》をなし、天下後世道學の淵源をひらき給へり。しかるに孔子は末代に跡あることを學び給ひながら、韋の三度きるゝまで朝夕手をたゝずして、いまだ易を得たりとをもひ給はず。神農は草根をなめて初めて醫藥をつくり給ふ。しかるに孔子は末代醫術あまねき時に生れ給へども、藥に達せざるの語あり。かくのごとく大にちがひたる位を同じとはいか成事候や

返書略、時にて候。孔子を伏羲神農の時にをき候へば、易を作り、醫をはじめ給ひ候。伏羲神農を孔子の時に置候へば、又孔子のごとくにて候

一　再書略、しからば佛說に似たる所候。わざとまうけて神通方便をなすがごとくに候。空々として跡なき事をだに作りはじむる人の、又跡にしたがひて愚人とひとしく候や

返書略、少しも心はなく候。三皇の時にをいては、空々として跡なき事もおこり候。心の感ある道理候。孔子の時には迹あることをもたづね學ぶ心の理御座候。上世は大虚を祖とし、天地を父母とすること近し。聖人生れて其名殘らず。まどひなければ明者かくれ、不孝子なければ孝子をおどろか

と不存弟子にてもなく候。我等學問仕らさる以前より、常の武士にて奉公いたし居申候故にこそ、右のごとく人々にものがたりも仕候へ。もし牢人にて學問いたし、學問の名を以て奉公によひ出され候はゝ、飢寒にをよふとも罷出申ましく候。似合敷武士の役義を勤むる奉公ありて、其上にはくるしからす候。今時歴々の武士の奉公に出らるゝも同前に候。武藝のあるは其身の嗜にて、よのつねの奉公人にて、其上に志の相叶てかたり候人に、おほえたる事をしへらるゝは、くるしからさる事也。初より藝能を聞及れては、歴々の武士は出られす候。一向に物讀と成て出るか、武藝者と成て出る事は、又一道にて御座候。たゝまきれ者か、文武共に道の害に成申とにて御座候。心法は五等の人倫の内々に用る身のたしなみ也。武藝は武士の役義の嗜にて、其嗜にす

ず。不臣なければ忠臣しれず。政刑なくして大道行はれ、教學なくして人みな善なり。後世にいたりて性情わかれ物欲生じぬ。人初めてまどひあり。此時に當て伏羲氏出給へり。惻然として感《カン》-慨《ガイ》あり。教なきことあたはず。時に天道龍馬を命じて文を以て其志を助け給へり。書-畫《クハク》教-學のはじめなり。伏羲氏以前は物欲きざゝず、情性に合する故に、人に病疾なし。後世有欲多事のきざし出來てこのかた病人あり。醫藥の術、耕作の政なきことあたはず。天道靈草美-種を降して、神農氏の業を助け給へり。是皆神聖廣大の知の緒《シャ》-餘《ヤ》なり。時によりて發するのみ。伏羲神農は春のごとし。周公孔子は夏のごとし。其模《モ》-樣《ヤウ》はかはりあれども、同じく天理の神化なるがごとし。易は無極の理なれば孔子のみにかぎらず。伏羲といへども是のみとおもひ給ふことはなき道理にて候

一　再書略、釋迦はゑびすの聖人か。是も時によりて感ずる法なるか

返書略、神聖中行の道理にはあらず。中國に來て孔子に學びば、よく聖人となるべき分量あり。仁心廣く厚き所あり。知勇も氣質に備はりて見えたり。其生國はすぐれて愚痴に大に欲ふかく、至て不仁なり。極-熱の國な

る人の内にて勝れたるは、人の手本となるまでに候。手本とはならても、功者なる者は器用の人を取立候事も御座候

35 來書略、道に志ある者の、時として飲食男女の欲にうつり侍ることあるは、志の實ならさる故ならんか。扨又道に志なくても行義よきものあり、先生いつれをかとり給はむ

返書略、心は無聲無臭のものに侍れは見かたきことに候。志あるといふ人も隱微の地の實不實不存候。又志なくて行儀よき人も、隱微の所しるへからす候。去なから父母兄弟妻子を古郷にをきたる人は、一旦他國に遊ひ侍るとも、終には古鄕に歸るかごとく、隱微の地とかく惡道にはゆくましき人の善に實なる所あらは、道に志あつて一旦形氣の欲にたゝよふとも、とかく行廻りてはもとに歸るへく候。形氣衰るにしたかつて、

る故に、死せる肉を置がたし。いけながら持ありき、切てうることとなり。仁心深き者是を制する方をしらでは、殺生戒をなしたるもことはりなり。日本は仁國なり。此國に生れたらば佛法ををこすべきの感慨もあるまじく候。若又釋《シャ》迦《カ》達《タル》磨《マ》を只今出して、今の佛者などを見せば、何者とも心得がたかるべく候。佛祖の流と申候はゞ、大に歎きかなしびて、其破却かぎりあるまじく候。我等は佛者ならざる故に、遠慮おほくおもふ様にも申さず候。我子を教戒する者は至情をのべ、人の子を教戒する者は、風諫するがごとくにて候。釋迦達磨に我等の佛を難ずる語を聞せ候はゞ、いまだ世情をはなれず。道に専ならざる故に、遠慮おほきとて心にあひ申まじく候

56 一 來書略、俗に貧は世界の福の神と申候はいかなる道理にて候や

返書略、世の中の人残らず富候はゞ、天地も其まゝつき候なん。貧賤なればこそ五穀《コク》諸菜《サイ》を作り、衣服を織《ヲリ》出し、材木薪《ザイモクタキヾ》をきり、塩をやき魚をとり、諸物をあきなひ仕候へ。六月の炎暑をいとはず、極月の雪霜を蹈て塩薪野《ヤ》菜《サイ》などをうり候こと、富候はゞ仕べく候や。農工商も貧よりおこりて

道より外にゆき所侍らし。志の不實と申にてはなし。實はあれとも明のしはし蔽はるゝ所ありてなり。唯今飲食男女の欲もうすく、行跡よくても、心志の定所なき人は、父母兄弟妻子のあつまりたる古郷なくて、たゝ一人身のうきたるとくなり。しからは往々何國にとゝまるへきやらん、はかりかたし。今日のよきは精力強くして、愼みの苦にならぬか、名根の深くてなすわざか、もしは生れ付て形氣の欲うすき者あれは、其たぐひなるべし。形氣衰へ行にしたかつて、本の志たる道德はなし、心は昧し、あちきなくして後世なとに迷ふもあり。愼みおとろへて乱るゝもあり、行過て異風になるもあり。一旦のよきはたのみにならす、月夜のしはし曇たると、闇夜の晴とのとし。雲ありともたのむへし、雲なしとも頼むへからす

世の中たち申候。たゞ農工商のみしかるにあらず。士といへども貧を常として學問諸藝を厲《ハゲ》み、才德達し候なり。生れながら榮耀《エヨウ》なる者はおほくは不才不德にして、國家の用にたちがたく候。唯士農工商のみならず、國天下の大臣國郡の主といへども吉凶軍賓嘉《キツクウグンヒンカ》の禮用をそなへ、國土水旱《スイカン》の蓄《タクハヘ》をなし、君につかふまつるの役儀なれば、富足ことあるべからず。上は天下の主といへども來を薄《ウスク》して、往を厚《アツク》し、天下の人民の生を養ひ、死に喪して恨みなからしめ、且異國の不意に備へ、天運の凶年飢《キ》饉《キン》をあらかじめまち給へば、天下の財物のおほきも、天下の人のために御覽ずればあきたることなし。其上に天下の主の第一に乏しくおぼしめさるゝは賢才の人のすくなきなり。堯舜もこれを憂とし給へり。是以同じく聖人なれども、孔子は人の師なれば、知を明かにして先達し給ひ、堯舜は人の君なれば、知をくらまして天下の賢才をまねき給へり。寶《タカラ》は貧《ヒン》に生じ、知は謙に明かなる理をしらで、我知に自滿し、たれりとおもへば、天下の才知みなうづもるゝ事なり。空々として謙退なればこそ善政もおこり、美風も後世にのこる事なるに、下聞《カブン》を耻とし、天下の知を不用ときは、物の本体は虚靈なるの道理

36 來書略、我等ともつきあひ候内には儒者といふ者あり、町人にして學問するものあり、農を務てまなふものあり、何を見ても言と行と不相叶候。かやうに申我等を初て受用手にいらす候。何とそ受用の道あるへきとにて御座候や

返書略、各のまなひらるゝ所の書も、愚か見侍るも同し書に候。道理もおなし道理に候。學術の床道具になるとならさるとの所より、千里のあやまり出來候。たとへは我等せかれより京都にそたちて文學し、器用にて博學者と成侍らむに、あきなひせんも本なく、百姓とならんも田地なく、武士とならんも本より其家に生す侍らは、幸に文學の業を天よりあたへ給ひたると存、物よみとなりて奉公可仕候。外はものよみに身をくたり、人の用を達し、内は竊に理を究め、性を盡し家內を和睦し、朋友に交て信

にあらず、其耻にあらざるをはぢて耻心亡び、不善の名を得るものなり。それ天地の大なる万物を造化し出す所は、太虛無一物の理なり。目は五色を離れて五色を辨へ、口は五味なくしてよく五味をあぢはひ、耳は五聲なくして五音をしり、心《シン》鏡《キャウ》空々として万事に應ず。萬の物はみな無より生じ候へば、貧は世界の福神といふ俗語はまことに人心の靈にて候

57 一再書略、しからば堯舜の民も貧乏をまぬかれず候や

返書略、まづしくはあれども乏しき事はなく候。人々分を安して願なければ、身は勞して心は樂めり。堯舜の民は康寧《カウネイ》の福あるとは此理にて候。むかし田夫あり、每日北に向て禮拜し、清福を給ふといへり。其妻笑て曰、軒には草しげり、床には稿《ワラ》の席《ムシロ》をしき、身にはあらきぬのこを着て雜穀《ザコク》を食とす。夫は田畠に勞し、婦は食事にいとまなし。餘力あれば紡《ハウ》績《セキ》織《ショク》紝《ジン》す。春より冬に至り、旦より夜におよぶ。是を清福といはゞ誰か福なからむ。夫が曰、是皆賤男賤女の事なり。我身上らふのおちぶれにもあらず。本より賤の子にして、しづの家に居、賤の衣を着し、賤の食を食し、賤の業をいとなむは天理の常也。好事もなきにはしかず、おもひかけぬ幸は其願に

あり、禮譲あらんことをねかふへし。其言にいはむ道は天子諸侯大夫士の任し給ふへきものなり。庶人は其業を務て、よきこともなくあしきこともなかるへし。我又これに同し悪なくは可なりといふとも、人の見る所かならす實あらは、言葉は譲れりとも、聖賢の書をみる人は各別なりとて、人皆感すへし。道を任せすして道に益あらん。又町人の家に生れて家業ありなから、學を好侍らは、身は町人の風俗にてよき町人といふものに成て、學は竊に己か爲にし、人の目をくらまさす、大利をとらす、有へきほとの利をとりて、家職に精を出し、いたつら居せす、無用の遊ひをこりをせず。諸人に理直者と信せられ、或は職を上手に成て、百花のみつからそめ出したる色のごとく、人のゆるせる利あつて、財の有餘をなさば可なり。百姓の家に生れて、田地あるか、又は

あらず。身に病なく家に災なし。達者にして暇《イトマ》なきは清福にあらずやと人いへることあり。流水は常に生て、たまり水は程なく死ぬ。柱《ハシラ》には虫入、鋤《スキ》の柄には虫いらず。俗楽の遊は憂又したがふ。水くさり柱むしばむのくるしみほどなければ、美味あれども彼田夫の麁《ソ》-飯《ハン》にもをとり、軽《カロ》く暖《アタヽカ》なる衣あれども、寒をいたむこと賤のぬのこにをとれり。おほくは病苦にたえず、或は夭《ヨウ》-死す。よく思はゞ願ふべからず。人は動物なり。上天子より下士民に至まで無《ブ》-逸《イツ》をつとめとするは人の道なり。むかし許由は賢人なり。其身は農夫にして彼に同じ。堯の天下を辞して耳を洗しは、其心のたのしび、四海の富貴にこえたり。徳なきの富貴は浮べる雲のごとし。天-爵《シャク》は万歳尊し。又人いへる事あり。桀紂《ケッチウ》は中國の主なれば四海の尊位なり。其富天地の間にならびなし。顔子は無位無官にして衣やぶれ、食たえ〴〵なり。しかも三十餘にして天年かぎりあり。人生の福是よりうすきはなし。しかれどもこゝに人ありて桀紂に似たりといへば腹立せり。尊きこと天子たり。富四海の内をたもてり。かゝる至極の人に似たると云て、腹立せるものは人〳〵悪を恥、善を好むの良心あればなり。又顔子に似たりといへ

故ありて農に引籠るとも、農人の業に身を入て、心は堯舜の民たるおもひをなし、逍遙して田に水入畠に耘り、手足を土にし、耜の柄にすがりて立とも、其心のいさきよくして、万物の上にのひやかなるたのしみは、天地神明にも恥へからす。況や人にをいてをや。むかし見たりし者、肥たる馬に乘、人おほくつれて美々しき体にて過るは兒女のあはれみを得とも、其心根は妻妾に恥ることなからんか、いやしむへくともうらやむへからず。市井の俗と云ていやしきものにするとは、其心の利害にのみありて仁義なければなり。身は市井にして心は賢大夫士も恐るへき人ならは、居士とも隱者ともいふへし。昔より賢者のかくれ所は農商なり、何そ其職を恥へきや。門のゐひかきを抱き柝《タク》をうちてたにかくれ仕へし。況や物よみ醫師の業をや。今の人々の學によるば、中心悅ぶといへどもはぢをそれて謙退す。天子諸侯の富貴といへども、其言葉にあたりがたし。人爵は其世ばかりにして槿の露のごとし。天爵のとこしなへに尊きにはならぶべからず。人爵には命分あり、願ふべからず。天爵には分數なし。心の位なればふせぐものなし。心のたのしみは奪《ウバウ》ものなければ、人鬼共に安し。吾人たゞ顏子の徒とならんことをねがふべし。桀紂が徒たらんことをねがふべからず

58

一　來書略、無欲のよき事は誰も存ゆへども、出家道心者などは、無欲もたてられゆべし。世間に交居ゆてはさ様には成がたき事にてゆ。又嗇はあしきと存ながら、人のすることをせざれば、吝嗇《リンショク》といひてそしり申ゆ。人なみに仕ては、欲有てとりたくはへもつかまつらではかなはずゆ。いかゞ仕べきことにてゆや

返書略、貴殿無欲を何と心得られゆや。天理をとめて人欲とし、人欲をとめて天理とするのあやまりあるべきと存ゆ。物を蓄《タクハヘ》てつかはざるを欲とし、蓄へずして有次第につかひ、なくなれば何事をもせずして居を無欲と思ひ給ゆや。其ふたつは、しはきと正体なしとにてゆ。亦人のする事をせ

ものはしからす、儒者といふものは實は產業にして、外は道者のやうにいひなせり。高く淸かるへき內はいやしく、謙りかくるへき身は奢ぬれは、前にいふ所とは各別なり。言行のたかふこと尤なり。又產業にてはなく、學を好侍るものも、生れ付文才に器用にて、文學すきと云もの成へし。連哥すき鞠すきといふかとし。又は町人のいやしき職をいとひ、學問してよきものに交り、身をいたかに持へきためにこのむもあり。たゞたてとみえたれば、其市井の利心はかたくかたまりてうこかす。農によつて學ふものもこれに同し。賢者はわさともくたつて、かくるへき庶人にをり合たるこそ幸なれば、いよ〳〵卑下して己か爲にすへき學を、學によつて其位にもあらぬ身をたかふり、庶人にして武士のすかたを似せ候ものは、何として眞の道德に入侍らんや。道は

ざればあしく申との事は、數奇者《スキシヤ》には茶の湯をして見せ、謡《ウタイ》ずきにはうたひの會をし、馬ずきとは馬あつかひをして、傍輩の人々と一へんわたり給ふべく候や。さ様に仕候人はあるまじく候。若き內に藝を稽古《ケイコ》するには、其師の所へ行、此方へ招《マネ》きなどして、一藝づゝきはむるにて候。今はさ様にする人々もまれに候。たゞ我心に叶ひたる人々と五人七人うちより〳〵往來してかたられ候。其五七人の內、弓にすきて弓をもてあそばるゝもあり。鑓太刀鉄炮馬をもひ〳〵に候。扨は謡か茶の湯か酒か連哥か文學か人ごとか。それよりくだれるは、様々のいやしきことも又は奢もありと見え候。大身は大勢も寄合、小身は座敷もなく、つかふ人もなければ、五人七人に過べからず。其中間の人吝嗇とか、淸白なるとか名を付いへば、かけもかまはぬ世間の人も聞傳て申にて候。たがひに一かまへ〳〵に候へば、一へんにわたるといふことはなく候。こゝに三綱《カウ》五常の道を修て、其身の作法正しく、家內の男女をよくおさめ、人馬軍役に應じてたしなみ、知行の百姓をもつよからずゆるからず、末長く立べき様にし、ひろきことすぐれたる事はなくとも、文武の藝にもくらからず、世間の奢にひかれず。親類知

僻める道にしても、眞實に道に志あるものはこれに異なり。釋迦は王の子に生れてたに、學問修行のためには人間第一のいやしき者の人にあなとらるゝ乞食となり、天下の谿となりて上たらんと欲するの勝心滿心の火を滅し、身は人の下に居て、心は萬物の上にのびとす。まことに殊勝の事ならすや。日本の出家は人の上座敷になをるを以第一の滿足とす。それ學は人にくたることをこそ學ふものなれ、人の父たることは學ひすして子たることをまなひ、師たることを學ひすして、弟子たることをまなふ。よく人の子たるものは、よく人の父となる。よく人の弟子たるものはよく人の師となる。みつからひいてたかふるにあらす、人よりをして尊くす。今の學者は農に居て農を安せす、商にして商の身をしらす、僭して武士のまねをし、遊民の徒たらむことを欲す。たゝ外の音相番のかた〴〵と交りをかゝず。屋作をかろくし、衣服をつくろはず、諸道具をはぶき、飲食をうすくし、費《ツイヘ》をやめて有餘を存じ、親類知音のおちめをすくひ、家人百姓をあはれみ、晝夜文武の務《ツトメ》に暇《イトマ》なく、世上の品々のあそびは不知がごとく、忘れたるがごとくなる人あらば、世中には正人あり、類を以て來り友なふべし。用をも節せず、不時の備をもせず、わざとたくはへぬ樣にし、仁にも義にもあらずして、ゆへなくつかひ施すを無欲と申候はんや。それは名根より生じて、欲心のいひわけにこしらへたるものなり。欲心ある故に、人の吝嗇といふべきかとて、清白だてをするにて候。眞實無欲の人には、清白もなきものに候。眞實に無欲なれば、人が吝嗇なりといふべきかとの氣遣もなく候故に、心もつかず、家屋の美を好まざれば、をのづから儉約なり。衣服諸道具飲食の好なければ、自然と輕し。無欲無心の儉約なれば、我も勞せず、人もとがめず。淡清の好人といふべきなり。貴殿は、無欲ならば身代もつゞきがたく、世間の務もいかゞあるべき、と思はれ候へども、無欲なれば身代もつゞき、世間の務もよく成事に候。奢は陽の欲、しはきは陰の欲なり。無欲をつくるは名根の欲也。三よきことを貪りて、身を終るの義をしらす。ひそかに隱微の地にして心をく所の凡位をしらず、舊習の汚を覺えす。一旦見る所の書にたかふり、滿心高尙にして言語分に過るのみなり。いよ〳〵學ていよ〳〵道に遠し

37 來書略、此比爰元にて友の喧嘩仕出したる所へ行かゝり、見のかされすしてすけ太刀いたし、先の者多勢故兩人共にうたれ申候。本人は定業とも可申候。行かゝりたる者は無是非事に候。非業の死たるへく候や

返書略、定非の事は不存候。喧嘩はよき武士はせぬことに候。大方禮義のたしなみなきか、また怒氣のためにをかされてなし出すことに候。しかれは人爲の禍にて命とは申されす候。行かゝりたる人は何心もなく候へとも、友の難を見てはすきられぬ義理にて、

ともに大欲心にて候。君子の無欲といふは禮儀にしたがひて私なきことなり。如此の正人あらば、今の世とてもあしくは申間敷候。たとひ無心得なる者ありて、あしく申とも、あづからざる事に候。天道を我心の證據人とせらるべく候。此以前遠國の人語られ候。在所に奇《キ》特《ドク》成ものあり、知行五百石の身上に候。親類知音に申樣、我等は下手にて候やらん、公役軍役をつとめ、人馬をもち、奉公を仕候へば、やう〳〵事たり候。相番中おもてむきの交りはかゝれず候。其上に親類知音中折節の振舞をもしてあそび候へば、其分不足に候。さ候へば町人の物をかゝりてやらざる樣に成候。しかれば親類知音中寄合て、町人の物を取て飲食するにて候。親類知音の心安き中は、か樣のことをもうちとけいひて遠慮あるまじきことに候。各は上手にて有餘あらば振舞給べし、何方へも參べく候。此方にても來かゝりの常住が催《モヨヲ》して寄合候はゞ、なら茶などは可仕候。各も有餘なくは無用に候。我等の流にせらるべく候とて、親類知音中用ありて來るか、物がたりなどして、時分までゐかゝれば、平生の麁《ソ》飯《ハン》を振廻《フルマイ》催して、寄合時もなら茶粥、雜水《ザウスイ》の外は不仕候。奇特なる親類知音のまじはり也とて、心ある

すけ太刀したるにて候へは、うたれても其人のあやまちにあらす候。これこそ誠の命あるとゝ可申候。死すへき義理なくて、我あやまちにて作出したるは、喧嘩によらす命にてはなく候。義あつて死するは皆命にて御座候。是を以君子は巖墻のもとにたゝす

38 來書略、武道具の内、小太刀・中太刀・長太刀あり、す鑓・十文字・かぎ鑓・長刀あり。其利の爭ひまち〳〵に申候。何れかよく御座候や

返書略、何れもよく候。たゝ其身の得もの次第にて候。我得たるとて天下皆我に同しくしたくおもふは、獨夫の狹き心得にて候。大將たる人はよしあしを御かたつけなく、人々の心次第に被成たるかよく候。上手をなし自由をなして、利のすみやかなるものは小太刀なり。位をよく取て手近く賊を切るは中太刀なり。大わざに働は長太刀なり、者は感じ申とかたり候き

59 〔〇一脱カ〕來書略、拙者せがれ、御存知のごとくうつけにてはなく候へども、世間の習に入て、氣隨我まゝにして道德を好まず、諸藝も根に不入、かへりて父の非をかぞへ、諸同志の非をいひ、利口にして其身の行跡あしく、まことの奢れる子の不可用にて候。いかゞ仕てよく候はんや

返書略、一朝一夕のゆへにあらず候。貴殿の年來の養ゆへにて候へば、御子息の罪にあらず候。惣じて父と君とは心根に仁ありて、常は嚴《ゲン》なるがよく候。人生は水火の二にあらざれば一日もたちがたく候。水火の仁ほど大なる事はなく候へども、火は嚴なるものなれば、人をそれて用心仕候故に、心と火に近付て死する者はなく候。水は柔なるものゆへに、人々心やすく思ひ近付て、溺《ヲホレ》死する者おほく候。貴殿の病は柔和過たるにて候。柔和過たるは人のほむるものにて、よき樣に候へども、其門に不孝子いで、其國に不忠臣いで候。嚴なる主親は、無理をいひても子も臣も怨みざるものにて候。たま〳〵少しのなさけありても、天より降たる樣によろこび候。柔和なる主親は道理ありても、子も臣もうらみ申候。いか程なさけ恩賞あり

且夜の太刀によし。大事の仕者なとをたしかにするは小脇指なり。大脇指は輕きに利あり。中脇指は少おもきに利あり。しかれとも人々のおもひ入と劔のかねによることなり。これは大柢に候。一樣に定へからす、多勢たちならひて戰にはす鑓の長きかよし。且大わさの勝なり。船軍城のりにてかけひきの利をも得太刀長刀にあふて往來のわさをなし、自由なるものは十文字なり。入身よきものは長刀かぎ鑓なり。人により所によつて利あれは、何れをよしともあしとも定へからす。多勢の内には皆ありたるそよく候。惣して天下の萬事時を第一として用ることもあり。所を第一としてなすこともあり。時のはやりものに心を奪れて我本のよきを失ふ者もあり。今時江戸男は胸高帯をし、京女は帯を尻にかけてするなり。其本は男たるものは、恰好にあはせて胴短かめに足

ても、其當座ばかりにて過分なりともおもはざるものにて候。親の柔和なるは、其子のならひあしく、主君の柔和なるは、家中の風俗あしきものに候。水の仁は母のごとく、火の仁は父のごとし。貴殿は母の仁にして御子息あしく成給ひ候。今に至てはげしくせられ候はゞ、いよ〳〵戻《モトリ》てよきことはあるまじく候。國家の政道を取ても、貴殿のごとくなる奉行の下には、罪人おほくて人多く死するものに候。又君子なればいか程柔和にても、子も臣もをそるゝものに候。神武の德おはします故なり。水も大淵の青みかへりて底しれざるには、をそれてほとりに立がたく、やはらかなれども大に威ある事に候。貴殿今より火の仁は成まじく候間、水の仁にしていよ〳〵德を積給ふべく候

60 一　來書略、雷《カミナリ》は何方へおち候はんも難計候へば、誰もおそるゝは尤と存候。いかゞ

返書略、雷《ライ》‐聲《セイ》をおそるゝ者は、惡氣と惡人となり。貴殿惡人ならずして惡人の徒と成給ふことはまどひある故に候。雷聲は物の留《リウ》‐滯《タイ》を通ずるものなる故に、雷を聞ては氣血流行し、相當の灸をし、藥を服用したるよりも

のながめなるか、本の男の生れ付となり、女は恰好には胴のながめに足のみしかめなか、本の女の生れ付となり、この故に胴あいの長き男か生れ付よき胴間みじかき男を似せて帶を高くすれは、とかくのわきまゑもなく、當世と心得て生れ付よき胴あいみしかき男も、たかくすれは、帶胸にあるなり。生れ付よき男は常の腰に帶をしてこそ、刀のぬけもよからめ。又生れ付胴あい長めにて、恰好よき女を似せて、胴あいみしかき女か帶をさげてすれは、本のわきまへもなく、しりにさけたるかよきと心得て、生れ付よき女もさけてすれは、帶尻にかゝりさかり過て、胴あいなが過てあしゝ。加樣のとにさへ我身をしりたるものまれに御座候。武道具の用ひ樣にもその心得可被成候

39 來書略、出家を異端とは申侍れとも、人の難する飲食男女の欲をたちぬるとは、

心地よきものに候。いまだなることのつよからざるをおしみ候也。たとへば盗賊いましめのために夜廻りを出し、辻番をおかれ候こと[一五]は、常人のためには悦にて候。しかるに盗賊は共いましめを聞ては肝をけし候。たゞ平生心に惡ある故に雷聲を聞ておそるゝにて候

61 一 來書略、聖人に夢なしと申候へ共、孔聖周公を夢みるの語あり。兩楹の間に祭《マツラ》るゝの夢あり

返書略、たゞ世俗につきて夢といへり。これ夢にあらず。聖人の心には正思あり、前知あり。周公を夢み給ふは夜の正思なり。兩楹の間に祭らるゝは夜の前知なり。今日吾人といへ共聖人に同じく夢なきことあり。士たる者は常の産なけれども常の心あり。盗をせざるの心は死に至るまで變ぜず。學問せざれども幼少より共義を精く習來たる故なり。しかる故に盗をしたるといふ夢は終に見ず。一の一は聖人と同じ。間思もなく夢もなし。致知のしるし也。昔より物を格《タヾ》すの功なり。下々の盗をしてはあらはれんことを恐れてせざるばかりにて、耻の心うすき者は、時ならず欲する念慮もあるべし。しからば夢にも盗をしておはれなどし、又とらへられたるなどゝ

又奇特なり。其潔き心よりは、俗をいやしく見くたしぬるもとはりとおもはれ侍り
返書略、出家ならでも常のものに生れ付て、飲食に心なきものあり。男女の情欲うすきこと赤子のごとく成ものあり。たた人のみならす、蟲にもあり。蟬は常に樹頭に露を飲てたれり。飲食の清潔なるものこれにまさるものあらし。似我蜂は子をもたす、他蟲の子を取て已か子とす、出家の弟子を子とするかごとし。俗人にも何の心もなく、たゝ妻子嫌ひなるものあり。大名なとの美女に自由なるか男色にすきて子孫なきものあり。常の人にたにあれは、まして出家はそれに得たる者のなるとなれは珍らしからす候。奇特といふも蟬のごとく似我のごとし。幼少の時よりの出家か、或はみすぎのために成たるは、隠して魚肉女色あり。法を立るといふものも男色あり。もとより男色をもゆる

ある夢もみるべし。常におもはぬ事をも夢にはみるなれども、大かた其類に觸《フレ》たる事をみるなり。車に乘《ノリ》て鼠穴《ネズミアナ》を通たると云夢は見たる者なしとなり

62 一 來書略、人の身の心中にあるは、魚の水中にあるがごとし。此心より此身生れ、又身の主と成と承候。たとへば車をつくる者の、車を作てのるがごとし。しかるに人の天地の中にあるは、人の腹中に心のあるがごとしと仰られ候。心は内外なし。腹中に有《アル》と一偏に云べからざる歟

返書略、天地人《ヒト》を作りて又人を以て主とす。其天の作る所の理すなはち人の性命也。人性もと無極なり。天地を入て大なりとせず。故に人は天地の德神明の舍ともいへり。心の臟《ザウ》の虚中をのづから一太極あり。又腹中にありと云も害あらず、心に内外なきことは本よりの義なり

63 一 來書略、臨終《リンジウ》の一念とて命終る時の心持を大事とする事はさもあるべき事にて候や

返書略、細工は流々とやらん申候間、其理こそ候はめ。それも造化を輪廻《リンヱ》と見て、生れかはるの見より生じたることとたるべく候。緩々《ユル〱》と死なばこそ、

したるにはあらす、出家は不婬の法なれは、生れ付欲うすきものは男色もたち、酒五辛も絶ものあり、出家の至極なり。しかれとも氣化によつて生し、氣を服してすくる小蟲には及へからす。少き生れ付に自滿して大道をしらす、せはきの至なり。飲食男女の欲なきものは蜉蝣にしくはなし、しかれとも羽蟲の長とならす。雌雄正しき鳳凰を長とす。

40 來書略、當時ほと軍法者の多とは御座あるましく候。何事こ御座候はゝ色々花やかなるおもしろき合戦おほくあるへきと存候

返書略、天下無事なる故に軍法者おほく候。軍國に成なは今の軍法者百人か九十七八人まではなにと成たるやらん、行衛もあるましく候。太刀鑓はしあひをしてもしれ申候。軍法は無事なれはしあひもならす、たゝい

其一念も可存候へ。おもひがけぬ事にてふと死候はゞ、何としてさ様の事成候はんや。其上昼の心がけは夜の夢と成候。昼一日悪事をおもひ悪事をなして、寢《イネ》ざまに善事をおもひ候とも、其心にもなき作善念は、夜の夢とは成まじく候。只終日の實事のかげならでは見え申まじく候。誰も昼夜の理に惑ひうたがふ者はなく候。目さめてをき、ねぶたくて寢候。何の心もなく候。生死は終身の晝夜にして、晝夜は今日の生死にて候。生死の理も昼夜を思ふごとく、常に明かに候へば、臨終とても無別儀候。薪つきて火滅するがごとく、寢所に入て心よく寢候が如く、何の思念もなく、只明白なる心ばかりに候

64 一 再書略、昼夜の道に通じて知と候へば生涯《シヤウガイ》の心かげもまた鬼神の境《ケウ》界《ガイ》と可成候や

返書略、生て五倫の道ある者は、死て五行に配《ハイ》す。本死を以ていふべからず。明には五倫あり。幽には五行あり。明も造物者と友たり、幽も造物者と友たり。生には人心あり、死には人心なし。人の字に心を一〔○つノ誤也。初板三板共ニつニ作ル〕け候へば明白なる事に候

ひかちに候。勝負の利と大將の器量とは軍法の外なるものに候。大將の器ある人か、勝負の利よき人かにあひて軍法を出されなは、大まけ可被仕候。百に一二は流のよきも有之体に候間、下地のよき人存せられ候はゝ、たよりに成事もあるへく候。太刀といへとも常のしあひとちかひ、まことの時は心氣變し、眼に湯か入候故に、けなげなる方勝事に候。常の心にて太刀の流よきものか仕候はゝ大に手柄可仕候、常の心ならは、兵法はしらても大に利あるへく候。義經鏡の宿にて初て强盗五六人にとりこめられ給ふ時、我心のごとく人をも思はれ候故に、いかゝと被存候處に、人は心氣變し眼にゆ入て、おもひの外すきまおほくなり候。義經はすくれて勇故常の心にて被成候ほとに、心やすくしたかへ給へり。それより武勇の味をおほえ給ふと見え申候。天狗に兵法な

65 一 來書略、大舜の故事をのべ給ふこと、孟子の書に異なるはいかゞしたることにて候や

返書略、孟子の語勢を知給はざる故にて候。孟子の語勢は本の虚實をとはず、それにしても此道理と滞なく道德を發明し給ひたるものなり。いかに質素《シッソ》の時なればとて、天子の二女をつかはし、壻《ムコ》にし給ひし人に、藏《クラ》をぬらし井をほらしむることやあるべき。我とひとしく賤しき者を殺してだに助てをくといふことはなき理なり。たゞ類ををして義の精きに至り、若如此ありても如此と至極いひつめたる論なり。不告して娶《メト》るの論は若後世不心得なる親ありて、告て同心すまじき者あらば、子孫相續は孝の第一なれば、不告して娶りてもくるしからじ。告の禮を不用ことは小節なり。子孫をつぎ人の大倫を立るは大義なればなり。舜の本より情欲の父母につかへ給はずして、性命の父母につかへ給ひしこと孟子に至りて明かなり。瞽瞍《コソウ》の本心は告てかならず娶るの本心なり。天子の命なれば愚痴なる事をいはせらるべきにもあらねども、愚なるをしりながら、通ぜざることをいひきかせて、同心なき時をしてやぶるも舜のために心よからざれば、一向初め

らはれしとあるは僞に候。太刀をぬきて平家の誰か首〳〵といひて、かやのほをきり給ひしを、わきより見て、天狗のつきたるなと申たるよしに候。其身勇にして太刀はやに生れ付たる人に候。惣して太刀の上手と申もしろうとに病氣のなきものに候。しろうとの病氣なくすくみなく、太刀自由にのひて、空よりくたるかごとく、地より湧かごとく成ものには、大方の兵法者はならぬものに候。まして其上に勇氣すくれ候へは、まことの時はたれもならぬものに候

41 來書略、祭ることは段々に位にしたかふことく承候。天地三光天下の名山大川は天子これを祭給ふ。其國の名山大川國に功ありし人をは諸侯これを祭給ふ。聖賢をはその子孫をたてゝ祭しめ給ふ。大夫士庶人各品あり、しかるに日本にては上下男女をしなへて天照皇太神へ參宮仕候。天子の外は

より不告して娶れと詔《ミコトノリ》ありたるなるべし。大舜は如此の叡慮《エイリヨ》ありと竊《ヒソカ》に告給ふこともあるへし

66 一來書略、大王は仁人なり、しかるに貨を好み色を好といへるは如何

返書略、是も孟子の語勢なり。國に三年の蓄なければ、國其國にあらず、とて後世の人の己がために貨をたくはふるとはちがひて、國人のために積置ることにて候。一國の一年の藏入を四に分て、三を以て万事を達し、一を殘して兵事水旱の用に備へ候。天道の四時も、冬一時を不用して貯《タクハヘ》となるがごとし。三年積て一年の餘あり。九年積て三年の餘あり。籾《モミ》にてをき干飯にしておき、あまり久しきは段々に入かへなど仕候。如此なれば、異國の兵乱ありても、內堅固にして危きことなし。水旱の運に逢ても人をそこなはず。盜賊おこらず。國人のために貨を好て、みづからのために好にあらず。後世には貯れどもみづからのためのたくはへなれば、多くても飢饉の用には不立。大明《タイミン》の韃靼《タツタン》にとられしも、國に三年の蓄なかりし故、飢饉に逢て盜賊おこり、それよりやがて兵乱に成て、つゐにとられたり。國に三年の蓄なきは、國其國にあらざるの至言明かなり。又大王の色を好み給

國主とても成ましきことに御座候に、非禮なるかと存候。しかるに貴老其非禮にしたかひ給ふことは心得す候

返書略、もろこし人の禮あるの外には神を祭り侍らさることは、利心を以神をけかすことを禁し、且邪術をしりそけたり。しかのみならす、罪を天に得ては祈るに所なき道理をあかし、情欲の親につかふるまとひを解て、人々の親すなはち至神至尊なり。尊神の子なれは、我身則神の舍にして、我精神則天神と同し。仁義禮智は天神の德なり。したかつて行は常に天につかへ奉るなり。其禮を用てまつれは福あり。其道にそむいてまつれは禍至るの義也。日本のむかしは神國なり、禮義いまた備らされとも、神明の威德嚴勵なり。いますかことくの敬を存して悪をなさす、神に諂てゝ利欲も亡ひ邪術もおこらす、天道にも叶ひ親にも孝あり、君にも忠

ふにはあらず。もし好み給ふにしても、大王の時のごとく婚姻《コンイン》の禮を明かにし、事物を輕くして、男女時を不失。三十の男はかならず婦をむかへ、二十の女はかならず嫁する樣ならば、王道にをいて尤重き事なり。今齊王色を好まるゝとも、大王のごとくならば、王道にさまたげなしとなり

67 一 來書略、孝子は日を愛するの道理承度候

返書略、孝子は父母の命を愛せずといふことなく候。父母己をたのしましむる時はたのしみ、つとめしむる時はつとむ。今日の日は天命なり。天地は大父母なり。君子は父母天地へだてなく候。天道既に今日の日を命じて、或は勤勞せしめ、或は遊樂せしむ。故に日として愛せずといふ事なし。凡人は貧賤なる時は憂苦し、富貴なる時は逸樂す。共に日を空して愛することを不知。目前の利を心として千載の功をわする。君子は貧賤なる時は勤學し、富貴なる時は人を愛す。日月上に遊て形体下に衰ふ。忽然として万物と遷化す。尺璧を輕じて寸陰を重ずる者はすでに時に及ばざらむことを恐れてなり

68 一 來書略、天下をとるといへるは俗語にて候や。聞にくゝ候。有《タモツ》といへ

あり、たゞ時所位の異なる也。それ天子に直にまいりてもの申奉る人は三公納言の高官なり、それより下は次第〳〵の役者ありて、可奏とは其役人に達するなり。まして士民なとは其御門内の白砂をふむとをたにせさるに、帝堯は皷をかけをかせ給ひて、農工商によらす、直に可申上子細あらは此皷をうて、吾出て聞むと詔あり。下にてとゆかす、いきとほりあるものは、皆直にまいりて、其いきとほりを散せしなり。民の心にたゞ父母にものいふとくおもひ奉りたり。日本の大神宮御治世の其むかし、神聖の御德あつく、よゝ天下を以て子とし給ひ、下々にちかくおはしましたると、堯舜のとく御座ありし、其遺風なり。後世の手本として茅葺の宮殿の残り給ふも同し理にて御座候。其上神とならせ給ひては和光同塵の德にて、帝位の其時とは違ひ、國の風俗にてばおだやかに候は如何

返書略、德を以て天下を知を有《タモツ》といひ、力を以て天下に主たるを取と申候。王代は有ち武家は取にてあるべく候。しかれども兵書に云、無キレ取ル二於民一者ハ取ルレ民ヲ者也。無キレ取ル二於國一者ハ取ルレ國ヲ者也。無キレ取ル二於天下一者ハ取ル二天下一ヲ者也。無キレ取ルレ民ニ者ハ民利トスレ之ヲ。無キレ取ルレ國ニ者ハ國利トスレ之ヲ。無キレ取ルレ天下ニ者ハ天下利トスレ之ヲといへり。この意にて候へば、取の字もくるしからざるか

69

一　來書略、爰元に此方より禮すれ共禮せざる者有之候。今は心得て誰も禮不仕候。言葉ばかりをかくるか、彼がごとく笑て過候。か様の者にはいかゞ可仕候や

返書略、教なく禮式なき故に、さ様の人何方にもおほく候。介者は拜せずとて、軍中にて甲冑しては拜せざるを禮と仕候。古ハ者國ー容不レ入レ軍ニ。軍ー容不レ入レ國ニ。軍ー容入ルレハ國ニ。則民ノ德廢スと御座候。さ様の無禮人を拜せず、言葉ばかりをかけて過るがくせになりて、常の人にもたがひに其通に成候。しかれば國の禮儀みだれ候て、人の德すたれ候。治國に禮儀みだれ候へば、軍令は尙以行はれず候。亡國の基にて候。是故に治國は教て

誰もまいりよき道理御座候。愚拙はたゝ其聖神の徳をあふきしたひ奉るはかりなり。太神宮は其御治世のみならす、万歳の後までも生々不息の徳明におはしまして、日月の照臨し給ふかとし。まいりたてまつりても、またおもひ出し奉りても、聖師にむかひ奉りたるとく神化のたすけすくなからす。古の聖王は君師と申奉りて、尊きとは君なり、親しきとは師なり。たゝ聖王のみならす、靈山川のほとりに行ても、道機に觸るゝの益すくなからす。これ又山川の神靈の徳に化する故なり。其上祈ると祭と義となり、天をは天子ならて祭給はねとも、禱るに至ては士庶も苦しからす、其ためしもろこしにも多し

42 來書略、先度勸請の宮社を非禮なりと彼仰候へ共、神道の子細はしからすと存候。鳥井を人より誠敬自然と立て心新なり。社

禮儀あることを尊び候なり

70 〔〇一脱カ〕來書略、鬼門金神へ屋を出し屋うつりする事を忌候事は、道理有まじきことの樣に覺え候。世間にやぶる人も有之候へども、主人妻子などにたゝりたるも多く候。あしき方ならば家内不殘たゝるべきに、家主妻子をとがめ候は、鬼も心ある樣に御座候。この理分明ならず候

返書略、日本は福地なる故に、田畠多く人多し。山澤これに應じがたく候。人々欲するまゝに屋作し、木をきらば、山林ほどなくあれて、人民立がたく候はんか。この故にいにしへ神道の法として、三年ふさがり、金神鬼門を忌事出來候。此分の堪忍にても日本國の山林を養育し、家財をやぶらざる事大なり。むかしは人のいまざりし事も、法度出來て後は、これをいむなり。法をおかすは不義なれば、これを罰するものなり。いはんや、日本の水土によりて立られたる神道の法なれば、をかしては神罰有べく候。神道の本は義理なれば、義理有てはくるしからじ。たゞに欲するにまかせてやぶるべからず。此國に生れながら此國の神道をおし、或は年來惡心惡行など有し者、神罰いたるべき時節に、金神鬼門の方をおかして、災害に逢も

前に至て拜する所に傳受あり。此心をたに存養いたし候へは、家ヿに孝子國皆忠臣と成て天下平なり。所々に勸請なくて不叶義と存候はいかゝ

返書略、たとへは洛陽にては賀茂の御社一所にても人の敬を立るヿはたり侍りぬへし。むかしは數々の勸請なかりし證據多候。その勸請の習おほく候はゝ、さしも天下の奢をきはめし平清盛、藝州の嚴嶋をはとく都のあたりに勸請して、おひたゝしく美を盡さるへけれ共、はるく〵と西海まてまうてられしヿ清盛には奇特なり。伊勢太神宮は他の神よりは威高くおはしませは、勸請いたし候ヿ他の神社のやうにはなく候。自然にありとてもヿのほかすくなし。原廟を作るとて古にも大にいみたるヿなり。昔たまさかに原廟を作にも、靈地を見たてゝ移し、卒尓にはせざるたに非禮なるかおほく有べく候。年來不屈の者なれば、小過によりて罪に行はるゝ事人道にも有がごとし。人の罪すべき惡人を罰せざれば、鬼これを罰する者ありと古人も被申候

71 一　來書略す

返書略す

72 一　內に向と外に向との義理言語を以て申わけがたく候。たゞ心術のをもむきにて候。內に向ひたる師友と學問仕候へば、吾しらず心術內に向ひ候。外に向ひたる學者を師友といたし候へば、志は實にても心術は外に向ひ候。是を以《イ》ㇾ心傳《シンデン》ㇾ心《シン》とも可申候。書にむかひ議論講明の時はかはりなき樣に候へども、國家の事五倫の交り、世俗にまじはりては學び候處用に立がたく候。跡になづみて用ひ候へばそこなひ出來候。是みな外に向ひたる故にて候

73 一　さし當りなすべき事は義理にて候へば、善をするの一にて候。書を見るをのみ學問として、つとめをかくは本心を失ひたるにて候

74 一　板垣信形事、信形にしては奇特に候。是を道とは被申間敷候。なみの

候。まして其後は靈地をも撰はす、みたりに多侍れは神を汚し威をおとし、敬するとて大なる不敬に至り侍ぬ。佛家を以も御覧候へ、塔は佛舎利のある所を知て禮拜の心を生せんかためと申候へとも、むかし山林にある伽藍にたまさかにあるこそさもあるへく候へ。今は町屋と爭ひ建ならへたる塔なれは、目なるゝ故あさまに成て、むかしたま〳〵ありし僧法師の敬禮の心も絶はて侍りぬ。其上聖人の敎は其親を祭て、敬の本を立候。親の神すなはち天神と一体にて候。性命より見れは至尊の聖神なり、他に求へきにあらす。むかし老ひかめる親もちたるものあり、ある時子に向ていひけるは、手足もたゝてかく養はるゝは、これの家の貧乏神なり、はやく死度おもへとも、つれなき命にてうらめしと。其時子ひさまづき愼て答て曰、拙子の福神は父公にておはしま

武士にて一役つとめ候者は、其役だに仕候へば、君の善悪にはかまひ不申候。筋目ある臣は、或は諫め、或は其身を正しく行ひ、知をくらまして時を待かの二たるべく候

75 一 位牌も本は神主を似せて仕たる者に候。いける親の髪をそり法体と成たる同事に候。法体とて親を拜せざる事なく候。心の誠をだに存じ候はゞ神主も同事たるべく候。時の勢ひ次第に可被成候

76 一 人にたいして隔心ある事は一体流行の仁にあらず候。我を以て人を見候へば不相叶事のみにて、いよ〳〵へだゝり候。人を以て人を見候へば、此人は元來如此と思ひてとがめもなく候。一体の本然同じき親みをさへ不失候へば、五倫共にむつまじく候。天下我に同じき人のみならば、一家も立がたかるべく候。同じからぬ人寄合て万事調候。不相叶はみな我にまさる處なり。却て好すべく候

77 一 存養省察は同じ工夫にて候。存養は靜中の省察、省察は動中の存養に候。ともに愼獨の受用なり。天理の眞樂其中に御座候

78 一 我死体も親の遺体なれば、遺言してをろかにせざる道理との事、尤類

しこ。つかふまつること誠うすき故に福いたらす、しかれともかくおはします故にこそ、とかくして妻子をも養ひ侍れ。たゝいつまてもおはしますやうにと願ひ侍るなり。老親笑て云、用にはたゝて人つかふのみならす、色々好みことをせり、我ほとの貧乏神はなきに、福神とは何としていふそと。子の云、むかしより今に至まで色々の願をたて、難行をして神佛に祈るもの多候へとも、福を得たる者一人もなし。親に孝行にて神の福をたまはり、君のめくみを得たるものは、倭漢ともに多侍り。しかるに目の前にしるしある家内の福神には福を祈り侍らて、しるしもなく目にもみえぬ所にはいのり侍り。親に孝行をして福を得すとも害あらし。神佛に祈りて福を得さるのみならす、其損多く侍り。今我福神にひかみ給ふ御心ある故幸なきにや、と顔色をやはらけて云けれ

をおし、義のくはしきに至候へば、さ様にも被申候へども、少穿鑿に落入てくはし過候。太虚・天地・先祖・父母・己・子孫、生脉絡一貫にて候へば、子孫とても先祖の遺体なれば、己が私の子にあらず候。生脉つきて死体となりたる時は、土に合するを本理といたし候。上古の人は本理にまかせ候。後生の人は情によりて死体をおさめ候。父子夫婦等の死体をおさむるは、己が情をつくすにて候。己が身にをいては跡にのこる者の情と時處の勢にまかせ置候へば、遺言に不及事に候。又遺言せずして不叶事もあるべく候。

79 一 來書略、古今鬼神有無の說きはまりがたく候

返書略、聖人神明不測との給ひ候。明白なる道理にて候へども、不測の理に達せざればにや、愚者は有とし知者は無とす。言論の及所にあらず。よく知者は默識心通すべく候

は、其時老親うちうなつきぬ。それより後僻もやみ、いかり腹立ヿとなし、家内のものもつかへよく成ぬ。かりそめなるヿのやうなれとも實事也

43 來書略、今時古の聖賢の説にもよらす、佛説をましへなとして私なる天地の圖をなし候へとも、暦數は又委しきも候へはいよ〳〵人を迷し申候

返書略、其暦數は聖賢の傳を習て仕候へは、算數に得たるものは委しきヿにても、其圖と申ものは、道理にかなはすしても、人の見てさもあるヿかとおもふやうにたにいたし候へは信し候なり。本をしりたる人こそ是非をもしるヿにて候へ。數と圖とは別にしたるものに候。別と申は數は聖賢の傳ならてはあはさる故用ひて、圖をは佛説を用ひ、或は我利口をくはへなと仕候。圖は何とやうにしてもしらぬものゝ目には證據な

集義和書巻第四

書簡之四

80 一 來書略、いにしへは人に取て善をなし、人の知をあつめ用るを以て大知とす。今は人の善をとる者をば、人のまねをするとてそしり、人の知を用ればおろかなりとあなどり申候。又たま〳〵貴人の人の言を取用ひ給ふもありといへども、善なるさたもなく、却てあしき事共候。いにしへの道は今用ひがたきと見え申候。但何とぞ受用のいたし様もあること候や承度候

返書略、むかし今川の書をだに、病に利ある良薬として諸國にも取用たり。人々我といふものある故に、善なれども人のいひたる事は用ざるの爭ひあり。聖人には常の師なしとて善を師とし給へり。いにしへは人の善をえらんでこれを取用るを知とし、己を立て人の善をとらざるを愚と申候。善を積て德となり、善人の名をなす時は、人にとりたる事をいふ者なし。爭を

きとなれはいひかちなりゆ。是も人を惑はすの一色にてゆ。むかし聖人の天地の圖をなされしとも、四時の氣を伺ひ、民の時を授け給ふたよりはかりなり。その實事の用にもたらぬ人に見せて、めいよとおもふはかりのとはなされさる道理にてゆ。古の委しき圖書は秦火に亡ひたりといへとも、大かたは書經にのこりて御座ゆ。佛者の說に大明は天地の中にあらす、其證據は夏至に景あり。天竺は天地の中なり、故に夏至に景なしといへり。これほと目の前なる道理に昧きとはなし。人の兩眼も前にあるとく、日月も南によりてめくれは、大明は中國なる故に、夏至に景あり。天竺は西なれとも南によりたる國なれは、夏至に景なし。むかし周公地の中央をもとめて王城を營み給はむとて土圭を作り、八尺の標を立て日の長短をはかりて、四時の序を辨へ給ふに、

つみて不善の名をなす時は、己が損なり。人にとらざる事をほむる者なし。大舜は問ふことを好て人の知を用ひ、人の善をあげ給へり。天下古今の師とする所にして大聖人なり。桀紂は人の知を嫉《ネタミ》て用ひず、人の善をふせぎていれず、己一人才知ありと思へり。しかれども天下古今のそしる所にして大惡人なり。かくのごとく善惡の道理分明なれども、凡情の習にて、桀紂が行にならふ者は多く、大舜の德を學ぶ者はすくなし。思はざるの甚しきなり。又人の言を用てもよからずと申ゆは、己にしたがひ媚《コブ》る者の告しらする小知の理屈などにて、事はよきに似たれども、人情時勢にあはざる事どもなれば、用て却てあしき事となりゆ。賢知の者は己にしたがはず、こびず、まされる名のある故に、爭の心ありてふせげり。小人の言を取て賢知の言をふせがば、何を以てかよかるべき。燕《エン》王が堯舜の子にゆづらずして、賢にゆづり給ひし善名をうらやみて、子之《シ》に國をゆづりて乱れたるがごとし。子之は小人なれば、うけまじき人情時勢をしらでうけたり。故に乱に及べり。小人の言はいかで人情時勢に叶ゆはんや

81
一　來書略、貴老は道學を以て天下に名を得給ふ人なり。しかるに一向の

冬至の日景は一丈三尺、夏至の日景は一尺五寸ありき。惣して日月のめぐり、地より外星辰とゝもに升降するとは三万里なり。標の景一寸にて千里つゝ差ふものなれは、夏至の日景一尺五寸にては一万五千里なり。しかる故に地の中とす。冬至より日漸々に北の方をめぐり、夏至より漸々に南の方をめぐる。冬至には日の短きといたり、夏至には日の長きと至れり。故に夏至の日は北の方にめぐりて、標の景一尺五寸なり。其上天の東南はひきく、西北は高し。北極南極を天の中なりといへとも、北極は地を出ると三十六度にしてあらはれ、南極は地を入ると三十六度にして終に人の目にみえす。故に中國五岳の中山嵩高山を天の中にあたれりといへり。もとより天の中にはあらて地の中なれとも、中和の氣あつまれは、天の中と云理あり

初學の者の様に、博學の者に逢ては字をたづね、故事を問給ふとて人不審申候

返書略、予本より文學なく候。然れども字は字書にたづね、故事は史書などにたづね候はゞ事すみ可申候へども、さ様に勞して物知だてする事は、何の益なき事に候。幸に博識の人候はゞたづぬべき道理に候。世人予を以てをして道學の先覺とせられ候。予に先學と成べき德なく候。たゞよく人にくだりて不知事をたづぬる事のみ少し人の先學たるに足ぬべく候

82 一 來書略、先日たま〳〵參會仕候へども、何のたづね問可申たくはへもなくて別れ申たる事殘念に存候

返書略、疑ひなき故にて候。實に受用する者は行はれざる事あり。これをたづねて行はるべき道を知を問學と申候。人倫日用の上にをいてよく心を用ひ、手をくだし給はゞ、かならずうたがひ出來可申候

83 一 來書略、士は賢をこひねがふと承候間、いにしへの賢人の行跡を似せ候へども及がたく候。たま〳〵少し學び得たる様にても、心根は凡夫にて候。外君子にして內小人とや可申候。いかゞ受用可仕候や

44 來書略、庶人《ショジン》の父母には男女の侍坐してつかふるものなき故、子たるもの夫婦みつから養を取候。たま〳〵一二人の男女のめしつかふべきありといへとも、農事を務め食事にかゝりなとすれは近つきつ(か)ふへきいとまなし。其上定りたる祿なき故に用を節し身をつゝしみて、父母を養ふを以孝とすと御座候。士大夫より以上の人は定りたる祿あれは養ふことはいふに及はす。また卑妾の侍るあれは、朝夕の給仕の心やすきと子にかはれは、つかふるにも及はす。其身の位々に道を行ぬれは、父母の養ひも備り、父母の心安して氣遣もなし。且祭祀にをこたるとなし。是故に職分を務るを以孝行とすとうけ給り候。まとにさやうになくて不叶事と存候。しかるに文王はかりみつから父母につかへ給ふかとくなるはいかゝ

返書略、予近比いにしへの賢人君子の心を察し、自己に備れるところを見て、學舍のかべに書付をき、小人をはなれ君子となるべき一助にいたし候を、則うつし致進覽候

君子

84 一 仁者の心動なきこと大山のごとし。無欲なるが故によく靜なり

85 一 仁者は太虛を心とす。天地万物山水河海みな吾有なり。春夏秋冬・幽明・晝夜・風雷・雨露・霜雪、[一六]みなわが行なり。順逆は人生の陰陽なり。死生は晝夜の道なり。何をか好み何をかにくまむ。義と共にしたがひて安し

86 一 知者の心留滯なきこと流水のごとし。穴にみち、ひきゝにつきて終に四海に達す。意をおこし才覺をこのまず、万事不得已して應ず。無事を行て無爲なり

87 一 知者は物を以て物をみる。己にひとしからん事を欲せず。故に周して比せず。小人は我を以て物をみる。己にひとしからんことを欲す。故に比して周せず

返書略、これも又時なり、いつもさやうにはあるへからす、たま〳〵事なきの折ならん。天子は天下を順にし給ふが親の事なり。諸侯は其國をよく治るか親の事なり。大夫は政事を任して私なきか親の事なり。士は尊徳性道問學か親の事なり。農は天時をあやまたす地理を精して五穀生長するか親の事なり。工は職を上手につとめ商はよく財を通するか親の事なり。其事にあたつて其事をつとむるは皆親につかふまつるの事なり。時としていとまあらは、父母のあたりに侍らて叶はす。吾身もと親の身なり、吾立レ身ヲ行フハレ道皆親の立身行道也。千里を隔といへとも父母にはなれす

45 來書略、論語の首章文理あらまし通すといへとも、心にみたさる所あるかとし

返書略、悦は自家の生意なり、境界の順逆によつて損益なし。樂は物と春を同す、一

88 一 君子の意思は内に向ふ。己ひとり知ところを愼て、人にしられんことをもとめず。天地神明とまじはる。其人がら光風霽月のごとし

89 一 心地虚中なれば有することとなし。故に問ことを好めり。まされるを愛しおとれるをめぐむ。富貴をうらやまず、貧賤をあなどらず。富貴は人の役なり、上に居のみ。貧賤は易簡なり、下に居のみ。富貴にして役せざれば乱れ、貧賤にして易簡ならざればやぶる。貴富なるときは貴富を行ひ、貧賤なる時は貧賤を行ひ、すべて天命をたのしみて吾あづからず

90 一 志を持するには伯夷を師とすべし。衣を千仭の岡にふるひ、足を万里の流にあらふがごとくなるべし。衆をいることは柳下恵を學ぶべし。天空して鳥の飛にまかせ、海ひろくして魚のをどるにしたがふがごとくなるべし

91 一 人見てよしとすれども、神のみることよからざる事をばせず。人見てあしゝとすれども、天のみることよき事をばなすべし。一僕の罪かろきを殺して天下を得こともせず。何ぞ不義に與し乱にしたがはんや

小人

体の義なり。不慍はたゞに吾德を人の不知といふのみにあらず。忠臣を不忠といひなし、直を不直といひ、信を不信といひ、しかのみならず流罪禁獄死刑にをよふの逆も人不知の内にあり。泰然として人をも尤めず、天をも怨みず。炎暑に霍乱して死するかとく、極寒に吹雪にあひたるかとし。むかし范純仁といふ賢人あり、政道を執て德行はれ、化なかれ、大功ある忠臣なりき。しかるに章惇と云もの邪知深くて君に得られたり。范純仁をうしなひて己天下の權をとらむとおもへり。年月をへて樣々に讒を搆て人をかたらひ、終に流罪に處したり。妻子男女うらみて云、上不明にして讒臣の言を信し給ひ、かゝる大忠の人をくるしめ給ふと、しかれとも純仁一言のうらみなし。船にて配所に趣き給ひしに、風波あらくして舟覆り、衣と〳〵く波に浸す。その時從者

92 一　心利害に落入て暗昧なり。世事に出入して何となくいそがはし

93 一　心思外に向て人前を愼のみ。或は頑空或は忘慮

94 一　順を好み逆をいとひ、生を愛し死をにくみて、願のみ多し

順は富貴悅樂の類なり。逆は貧賤患難の類なり

95 一　愛しては生なんことを欲し、惡むでは死せんことを欲す。すべて命を不知

96 一　名聞深ければ誠すくなし。利欲厚ければ義を不知

97 一　己より富貴なるをうらやみ、或はそねみ、己より貧賤なるをあなどり、或はしのぎ、才知藝能の己にまされる者ありても益をとる事なく、己にしたがふ者を親む。人に問ことを耻て一生無知なり

98 一　物ごとに實義には叶はざれども、當世の人のほむる事なればこれをなし、實義に叶ぬる事も、人そしればこれをやむ。眼前の名を求むる者は利也。名利の人これを小人といふ。形の欲にしたがひて道をしらざればなり

99 一　人の己をほむるを聞ては、實に過たる事にても悅び、ほこり、己をそしるを聞ては、有ことなればおどろき、なきことなればいかる。あやまちを

を顧てこれもまた章悖かふかせたる風かといへり。天道の陰陽人道の順逆、其義一也。悦樂は順なり、人不知は逆なり。人生の境樣々ありといへとも、順逆の二にもれす。小人は順にあふては奢り、逆にあふては悲しむ。春秋を常として夏多なからんとおもふかとし。君子は順にあふては物をなし、逆にあふては己をなす。春夏にのびて秋多におさまるがとし。富貴福澤は春夏の道也。貧賤患難は秋多の義なり。四時は天の禍福にして、禍福は人の陰陽也。屋の南面は夏凉しくて多温かなり、北面は夏熱くして多寒し。人の南面は我北面となる。屋を並へ生をともにして世にすむものゝ自然の理也。富貴福澤貧賤憂戚相ともなふ世の中也。誰をかうらみ、たれをかとかめむ。

集義和書巻二終

かざり非をとげて改むることを不知。人みな其人がらを知、其心根の邪を知てとなふれども、己ひとりよくかくしてしられずと思へり。欲する所を必として諫をふせぎていれず

100 一 人の非をみるを以てをのれ知ありとおもへり。人々自滿せざる者なし

101 一 道にたがひてほまれを求め、義にそむきて利を求め、士は媚と手だてを以て祿をえんことを思ひ、庶人は人の目をくらまして利を得也。これを不義にして富かつ貴きは浮べる雲のごとしといへり。終に子孫を亡すにいたれども不察

102 一 小人は己あることを知て、人あることを不知。をのれに利あれば、人をそこなふ事をもかへりみず。近きは身を亡し、遠きは家を亡す。自滿して才覺なりと思へる所のものこれなり。愚これより甚しきはなし

103 一 來書略、志は退くとも不覺候。隨分つとめはげまし候へども、氣質柔弱なる故に進みがたく候。志の親切ならざる故とも被存候

返書略、つとめられ候處は氣の力のみをはげますにて候。たとひ强力ありて一旦つとめすくやかに進み候共、德の力ならざれば根に入て入德の益に

集義和書卷第三

書簡之三

46 來書略、人のまよひと民の困窮は何れの根より生し申候や

返書略、人のまよひは異端のすぎはひよりおこり、民の困窮は世の奢より生するとにて候

僧の殊勝なるを尊信する武士に告て曰、それ士の義は三綱五常の德を行ひ、弓馬禮樂の藝にあそひ、文武二道の士と成て名を後世に揚へし。天地神明の理人道より尊はなし。廣大に至て精微を盡し、高明を極めて中庸により幽明死生うたかひなし、何そ仙佛をたのまむや。一向に武士をやめ僧とならば是非に及はす、さもなからんには三綱五常をすてゝ大樹諸侯立給ふべきか。天下

はならず候。氣力は時ありておとろへ候。又根に不明なる所あればくじき易候。德の力は明かなる所より出候へば、氣質の强柔によらず候。知仁勇ある時は共にあり。德性を尊て問學によるはこれを明かにする受用にて候。知明かになりぬれば、やめんとすれども不已の勇力自然に生じ候。私欲の煩もくらき所にある事に候。明かなる時は天理流行して一体の仁あらはれ候。明かに知候へば則親切の志立候。これを明かなるより誠あると申候。誠より明かなるは聖人にて候。これを明かにする功を受用せずして、たゞに志の親切ならん事を願はれ候は、舟なくて海をわたらんとするがごとくにて候。故に大學の道は明德を明かにすることを先じ候。親民至善はみな明德の工夫受用にて候

104 一 來書略、よき學者に成申度と心懸候へ共、志のうすき故にや、をこたりがちにて、むなしく光陰を送り候事無念に存候

返書略、よき學者に成給候事は無用の事に候。本より武士にて候へば、よき士になり給ひ候樣に晝夜心がけられ尤に候。たゞ名字なしによき人と申がまことの人にて候。まことの人は、公家なればよき公家と見え、武家な

國家の政をこなはるべきか、士の道立べきか。たとへ仙佛大悟道をきはめ妙法をなすとも、人道を背て彼にしたかふ時世中いかむとみるべし

47 來書略、傳に曰、國無道時は五穀かはるゝみのらす、もし豐年あれば、却て妖といへり。豐年は常にあらすや

返書略、豐年は有道の常也。國道なければ天氣不順にして五穀全くみのることなし。民其すくなきに習て常とす。其間もし一年など豐年あれは、數歳の凶年に氣をつめて、たまたまの豐年を悦び、いつもかくあらんとの様に所帶をゆるくする故に、後のつまりとなれり、是を以妖といへるか

48 來書略、王法佛法車の兩輪と申候。佛法のわたらさる以前には、王法の片輪車にてめくり侍りきや

返書略、神代には神道といひ、王代には王

ればよき武士と見え、町人なればよき町人、百姓なればよき百姓と見え申候。よき學者と申候には風あり、くせあり。其類にをいてはほめ候ても、其法なく、其習なき所へ出候へば、却て人の目にたて、耳をおどろかし候。其ゆへは、よき學者と申には外のかざりおほく候。其かざりをのけて見候へば、實はかはる事なく候。たゞ實義ある人のみ、松栢のしぼめるにをくるゝたのもしき所御座候。とりわき武士たる人の肝要にて候

一 來書略、淨土宗日蓮宗申候は、大乘の學者は戒をたもつに及ばず、たとひ惡をなしても、彌陀を頼み、妙法をとなふれば、成佛うたがひなしといひ、善行をするをば雜行の人なり、地獄に落べしと說候。尤本願寺宗同前に候。法然坊日蓮法師などか様のすぢなき事をいひて、一宗をひろめ候を、よくひろめさせ給ひたる事に候。今は數百歳のならはし共可申候。初めにか様の事にておこりたるは不審に存候

返書略、法然坊制禁教示の書を見侍れば云、可レ停二止ス於テ二念佛門一ニ号スル一レ無シト二戒行一。專ラ勸メ二婬酒食肉一ヲ。適々守ル二律儀一ヲ者ハ。名ニ二雜行ノ人一ト。憑ム二彌陀ノ本願一ヲ者ハ。說ク二レ勿レト一レ恐ルヽ一レ造ルヲ一レ惡ヲ。事戒ハ是レ佛法ノ大地也。衆行

道といふ、其實は一なり。大道の世を行めくる兩輪は文武にて御座候。佛法の輪なき以前、天神地神の代人王の初には、大道行はれて人民至治の化をかうふり侍りき。佛法ひろまりてより後、王者は武の輪をかいて、佛の輪を入、奢やはらかにして亡たり。武家は文の輪を欠て、佛の輪を入、をごり無道にして長久ならず。佛法は出世の道にて、大に高しといへは、神道は神道にてをき、人道は人道にてをき、佛ひとり高上にかまへつへきを、また兩輪と云てわり入へつらひて、神人の道を亂れり。これ又佛法にもあらず、不可不察

49 來書略、貴老祭禮を重し給ひて、喪禮を輕くし給ふとは心得すと申ものも御座候由うけたまはり候

返書略、我等祭禮を重して喪禮を輕くするにはあらず、喪は哀戚を本とし、祭は誠敬

雖トモレ區ナリト同ク專ニスレ之ヲ。是ヲ以テ善導和尚ハ。擧《アケ》テレ目ヲ不レ見二女人ヲ一。此行狀ノ之赴キ。過キタリ二本律制ニ一。淨業ノ之類《タクヒ》。不ンハレ須セレ之ニ者。惣ノ失シ二如來ノ之遺教ヲ一。別ノハ背ク二祖師ノ之舊跡ニ一。旁く無レ據者歟。日蓮坊云。十七出家ノ後ハ不レ帶セ二妻子ヲ一。不レ食レ肉ニ。權宗ノ人尚可レ然ル。况ヤ正法ノ行人ヲヤ哉。

二祖如此に候へば末流の坊主とは大に異なり。法然坊は學力戒行共にまさりたる体に候。日蓮不帶妻子と書候所は尤奇特に候。特〔持ヵ〕ほとならば妻子とて可持候。かくれたる事は有間敷候。しかれども出家となり候うへは、戒なくては出家にあらず候との事に候。世間の坊主の說法は己が破《ハ》戒《カイ》無《ム》慙《ザン》のいひわけと見え申候。渡世の事に候へばとかく批判に不可及候

106 一 來書略、思《シ》索覺《サクカク》照《セウ》のたがひあるよし承候。くはしくうけたまはりたく候

返書略、古人心をくるしめ力をきはむるは鑿にいたり易しといへり。是思索の事にて候。心の本然ふさがりて至理てらさず候。藝は其術の功を積て後に成《ナリ》、世俗の分別は理屈より出たる分別と見え候。寛裕溫《クハンヨウヲン》厚《コウ》にしてひたし養ふときは、心本然を得て明《メイ》睿《エイ》の照す所あり。これを覺照と申候。

を本とす、天子の富貴より庶人の賤しきに至まて、誠敬哀戚の實は損益なし。禮は上下の品となり、且家の有無にしたかふものなり。又國の有無をはかることなからんや。日本は小國にして山澤ふかゝらす、地福よくして人多し、中華のとく死を送るの禮を備かたし。尤今日日本國中をかそへて廿人か卅人ならでなき儒者の道を行人の棺槨はいかほと美を盡したりとも害あるへからす。聖人の禮を知へきたよりにもよかるへし。然とも天下に道の行はるへき通法にはなりかたし。人死して魂氣はもとより虚中にあり、行すといふとなし。魄體は地にかくれて土に歸す、理の常なり。すみやかに朽ぬへきかまされり。しかれとも孝子の心に親の体を俄に土に近付しめ螻蟻にあたふるにしのひす、しはらくへたておほふものなり。我身の後にをいてはあけて谷にすつるとも

分別は自然に出て自得し、藝は從《セウ》容《ヨウ》として、其品たかしともいへり。詩哥に至までたくみなるは本意にあらずと承候。又世事は其事になれ、藝は其術をしらざれば、鏡前《キヤウゼン》に白布《フ》をはりたるがごとしといへり。不知をば不知とし、知をば知とす。眞知其中にあり。知者はまどはざるのみ成候

一　來書略、聖人の言は、何れの國何れの人にもよく相叶候と承候。しかれども喪祭の禮儀などは今の時處位に行ひがたき事多く候。三年の喪はとりわき成申間敷候。學者の我と思ひ立てつとめ候だに名實かはり申候。とぐる事は十に一二と見え候。それだに其人の得たる事か、境界のしからしむる様なる事ばかりに候。若上より法に定められ候はゞ僞の端となり、罪人多く出來可申候。往年聖人の法を少々國に行はれし人御座候へば、國人かなしびて、孔子といひし人はいかなる惡人にてか、かゝる迷惑なる事を作り置て、人をくるしめられ候と申たる由に候。今も儒道の法を立て、しゐてつとめさせ候はゞ、是にかはり申間敷候。まとに僞の初め乱の端共可成候

返書略、聖人の言は何れの時處位にもよく應じ候へども、採《トリ》用ひやうあし

可也。けふりとなすとも可なり。生て明德ある時の身たに、義に害なきとには風俗にしたかふとおほし、ましてもぬけのからに心をとゝむへきにあらす。人のとにをいては、しはらくおほふの義を取はかり也。我國神代よりの遺風けたし國の有無をはかるもの成へし。日本國中に道行はれて儒法のとくせば、富貴の人はよかるへし、貧賤のものは恨をいだき貧をかなしむべし。もろこしにても此あやまりあり、實亡て文過たり、万民喪祭の禮の重きに迷惑したる所へ、我國の佛法來り、喪祭の法はなはた易簡にて心やすかりしかは、これによりてしたかふものおほかりし也。愚拙か祭禮を重するといふも、國の財を盡にはいたらす。天下に及ほしてうらみなかるへきとをはかり、心の齊明は敬を盡し、身の盛服は分を盡し、年々に生するものをとりて禮を行也。世の

きによりて害になる事に候。喪の事は死を以て生をほろぼさずとある一言にて、行ひやすき道理明白に候。病者か無氣力か、情うすく習ひたるか、如此たぐひの人に、法のごとくつとめさせ候はゞ、たちまち親の死を以て子の生を亡し可申候。近世は人の生付氣根よはく、体やはらかに成來り候。たゞ人のみならず、竹木金石も又おなじ。無心の物だに運氣につれてはかくのごし。況や人にをいてをや。今の人の氣体よはく、情うすくなりたるには、世間の定法の五十日の忌精進にて相應に候。もし氣根つよく志學力共にありて、其上に心喪を加へむと思ふ人あらば、又五十日も祝言等の席《セキ》へ出ざるほどの事にて可なり。神前の服は日本の古法のごとくたるべし。これより上のつとめをしゐ候はゞ、學者といふともたへざる者多かるべし。其人の罪にあらず。人情時變を不知して、しゐる者の過なり。物極れば必ず變ずる道理なれば、百年の後は人の氣根もまし、形体つよくなり、世中質素の風にかへりて、情も少しあつく、道德の學も興起し、至治の澤をかうむる時いたりなば、予がいひ置し事をすくなしといひ、うすしとしてそしる者あらん。今だに誠を大事と思はざる學者は、法によりて非とする者

學者の喪祭共に禮を備るもよし、道學の微なる時には備すは道あらはれさらむか。我中花の禮を略し備さるもよし。後世天下に道の行はるへき事をかんかへて、後の君子を待もの也

50 來書略、生死は人の常の理なり、しかるに三年の悲哀は甚すきたるかとし。貴老は三年の喪をなし給はむや

返書略、古人の悲哀は死を哀にあらす、別を悲なり。こゝに行へき義理ありて奧劦に行人あらは、父兄共にすゝめて行しむへし。しかれとも旅立の朝は必涙をもよほすへし。これ其奥に行を歎くにあらす、しはしの別をおしむ也。死生は天地の理なり、何そ死をおしまむや。只一生の別をかなしむ也。古の人は利うすくして情厚し、父子別れ夫婦はなれて、五年も十年も歎くものあり、或は一生にをよふものあり、死を以生

あり。しかりといへども、道のおこらむとするめぐみの時に當りて、誠を亡し、僞をなさむ事は予が心にをいてしのびず。予いまだ凡情をまぬがれずといへども、狂見ありて大意を見故に、世のそしりにひかれずして獨立り。他の學者は狂見なければ、そしりをもやぶり得ず。氣体よはく情叶はざれば、法をも行こと不能。名聞ふかき者は身を亡し、あさき者は學共に廢《ハイ》せり。まことに惜むべし。故に世に器量あり實義ある人は多くは聖人の道を尊ぶといへども、大難あるによりさけてよらず。其人々の云、信ずるにはあらざれども、表むき佛法によりて宗旨とたて、常の武士なれば難なし。學者と成時は其法を行はざれば其流にそしられ、本なき惡名をかうぶれり。行ふ時は身くづをれ、武士のつとめもならざる樣なれば、實は不忠にも落入なり。道は五倫の道也。就中忠孝を學ぶといへども、忠孝の實はなきに似たり。道に志なきにはあらずといへり。是非なき事にや。今の時大に志ある人は、たとひ其身根氣つよく、愛情ふかくして、三年の喪をつとむべき者なりとも、人の師父兄となりて、子弟をみちびくべきならば、己ひとり高く行去て、人のつゞきがたき事はすべからず。くだりつきて衆と共に行

を亡すものあり。爰を以聖人其過る情をををさへて三年の喪を定給へり、しゐてなさしめ給ふにあらず。今の時道をおこさんとおもふものは、實義を以本として、禮法を以先とすへからす。かく孝弟忠信の敎なくして情うすくならひたる人に俄に三年の喪をせめば、必僞のはしと成侍へし。其人の罪にあらす、代をかさねて百千歲此かた習來し世の勢、かく成ぬるもの也。もし我等喪をつとめ侍とも、たゝ一人心につとめて、人にてらひ侍らし、我にをいて其可侍るへし

51 來書略、世中亂れ可申とては、人に狐のときもの出て奇特をなし候と承及候。いか成故にて御さ候はんや

返書略、上治の世には天下に邪神なく候。故に狐狸といへとも無事のけものにて候。中治の世には邪神けものにやとり候。亂世におよばむとては邪神人にやとり候。或はふべし。武將の道も同じ、一人ぬけがけして高名するは獨夫の勇なり。人に將たる者は、惣軍勢のかけひきすべき程をかんがへて進退す。己が馬のはやきがためにひとりゆかず。俗に異なる者は一流となりて俗をなさず。天地の化育を助くべからず。終に小道となれり。異端と是非を相爭へり。道の行はれざる事常にこゝにあり。俗にぬきんずべきは民の父母たるの德のみ

108 一 來書略、天子にあらざれば禮樂を不作といへば、儒法の喪祭をおこすも禮を作の類にてあるべく候や

返書略、古來日本に用ひらるゝ禮樂官位衣服の制に至るまで、そのかみ遣《ケン》唐《タウ》使《シ》もろこしより習ひ來りし聖代の遺法なれば、これすなはち儒法なり。喪祭の事は古は神道の法ありき。中比佛法に移《ウツ》りて神道絕たり。社家に少し殘れる事ありといへども、平人はとり用ひがたき樣にいひならはして、世人よるべき所をしらず。予は年來神道により行ふべき喪祭の法だにあらば用たく候へども、成がたきよしに候へば無是非候。扨は儒法と佛法と古より人々の心のより次第に用ひ來り候。佛法は釋迦より初て火葬にしたる

狐狸人と成て神通奇特をなしなといたし候。かくのときのはけもの出て、先人のこゝろを大にみたし申候。人の心大にみたれ候へは、様々くらき分別裁判出來ものにて候故、世亂候はむとては、先人心をまとはし候。邪神あらはれ候とさもあるへく候や。是以治國平天下の政は、人心を正しくするを本とす、人心を正しくすることは、學校の教より先なるはなく候

52 來書略、定て可被聞召候。儒書おほくよみ、人に講談まて仕候者、兩人まて異端におち候。喬木を下て幽谷に入の甚しきものにて候。いか成事にて御座候はんや

返書略、一人は本より心の微くらき所御座候き。書をよみ候とは文才の器用成はかりに候。まよひ候もよきなく候。また一人は心に異學を信するにてはあるまじく候。聖學にをいて終に眞をしらず、たゞに儒學す

事なれば、こと〴〵く火葬なるべく候へども、貴人と社家とは大方土葬にして髪をも不レ剃《ソラ》ル者あり。是又儒法なり。上代にも神儒佛まじへ用られ候故に、東照神君も神儒佛三ながら用ゆとの給ひ候。然れば上代武家共に用ひ來れり。何ぞ作と可申や。中絶して見なれざるゆへに、夏虫氷を疑にて候。古は日本にも盛なりし學校の教へ、釋奠《シャクテン》の祭なども、中興せば珍しかるべく候

109 一 來書略、主忠信の語、諸儒の説を聞候といへども、文義に依て理を云所はきこえたる様に候へども、今日の受用に取てはしかと得心仕がたく候

返書略、大學の傳に誠意といへるは則主忠信の工夫なり。主忠信は本体工夫なり。誠意は工夫本体なり。主忠信は未發の時に誠を養ふなり。誠意は已發の時に誠を存ずるなり。誠は天の道也。誠を思ふは人の道なり。誠を思ふ心眞實なれば、誠すなはち主となりて、思念をからずして存ぜり。是主忠信なり。又先儒の説に眞心に發するこれを忠といひ、實理を盡す、これを信といふといへり。此解おもしろく覺え候

110 一 來書略、親の喪をつとむるは、學者の大義と承候へども、行こと成が

きにて候き。次第に氣根おとろへ候故に、儒道に退屈ゆへたるへく候。儒學を致なから作法みたりかはしく候へは、人も何かとそしり申候。佛に入て作法あしき分はよのつねにて候へは、誰も目たて申さす候。其上悟道にかこつけて平人よりも我まゝなることはやりものにて候。彼是心やすさに佛に入にことよせて、我まゝをせんとのことたるへく候。又儒學する人をは人にくみ候へは、渡世のさまたげにも成へきかとて、佛にかはり候を、てにおはにしてさくるも御座候と人のかたり候。いつれにしてもおしからぬ人にて候。しらぬ人のうたかひ申ことはかり當分道學のさまたけにて候

53　來書略、性心氣いかゝ見侍るへきや

返書略、大虚はたゝ理氣のみあり、いへはたゝ一氣なり、理は氣の德也。一氣屈伸して陰陽となり、陰陽八卦となり、八卦六十

たく候。少し道を悦び候甲斐もなく、耻しく存候間、一向に學をやめ申べきと存候へども、これも又御恩をむなしくするにて候へば、何とも辨へがたく候

返書略、古人は欲薄く情厚く、世事すくなく、氣力つよく、無病なりし故に、三年の喪をつとめられ候。いまだ三年を不足と思ひし人あり。又少しはつとめて及たる人もあり。後世の人は世間多事にして、欲の爲に心を奪れ、情薄く氣力弱し。このゆへに勤てなりがたく、企ても及がたし。大國だにもしかり。況や日本は小國にて、人の魂魄の精うすく、堪忍の力弱し。聖人おこり給ふとも、日本の今の人にはしゐて三年の喪をなさしめ給はじ。世のならはしのくだれること千載に及ぬれば、今の世に生れては道を悦び、法を行はむと思ふ志ありとも、氣力叶がたかるべし。賢君繼起り給ひ、世事次第にすくなく、人の利欲年々に薄く、禮儀あつき風俗と成て豊かならば、風雨時をたがへず、寒暑節を不失して、物の生長かたく成なば、人の形体も健《スクヤカ》になりて、人情厚くなるべし。然らば喪のつとめのみならず、万事の行業厚くなりて、其世の一年は今の百日よりも勤めやすかるべし。

四となる。それよりおちつかた一理万殊いひ盡すへからす。天地万物の理盡せり。理を主としていへは氣は理の形也。動靜は大極の時中也。吾人の身にとりていへは、流行するものは氣也。氣の靈明なる所を心と云、靈明の中に仁義禮智の徳あるを性と云、靈明と云て氣中別にあるにあらす、爐中の火を見給へ、虚中なる所に至てよく明によく照せり、能明に能照す所に條理あり

54 來書略、身死て後此心はいか成ぞ

返書略、冬に至ては夏のうすき帷子をおもふ心なし。夏に至ては冬のわた入を思ふ心なし。此形あるか故に形の心あり、此身死すれは此形の心なし

55 再書略、しからは顔子の死後も盗跡か死後も同しきか

返書略、此性此形を生して形のために生せられす。又形の死するかために死せす。悪

今の世愛子に別れて、五年七年歎き暮し、病氣になる者も、平生の事は喪の体ならず。これ哀情餘ありといへども氣根弱く、堪忍の精なきゆへなり。況や哀情の薄き者、つとめてなすべきや。たとひ少しは哀情ありても、氣体弱く病時は、養生よりをのづから薄くなりゆくものなり。又人の氣質品々あり。生付の得たる方にはつとめも人に異なり、禮儀の法は得たれども、利心深き者あり。仁愛ありて人を惠み財をおしまぬ者も、禮法には疎かなるものあり。勇武あれども不仁なる者あり。才覺にして眞實薄き者あり。如此の人々、已が生付の得たる所に自滿して、たらざる所をわきまへず、互に相助る事あたはざるのみならず、却て相爭ひ、相敵とす。貴殿は勇なれども、仁を好て人を愛し給ひ、利心すくなし。仁と無欲と勇とは、道徳にをいて長ぜる所なり。禮の格法にたへざることは、流俗の習にして天下みなしかり。貴殿一人の罪にあらず。一の不足を以て三の徳を廢すべきことは、上世といふともあるべからず。況や末代にをいてをや。貴殿の徳を以て上代に生れ給はゞ、必ず禮にも厚かるべし。それ太古には禮の格法なし。只誠に專也。伏羲神農の代には三年の喪なく、哀情數なし。心地光明

人の心には今よりして性理を不知、死後を待へからす。君子の心は今よりして形色に役せられす、死生を以て二にせす、又死後をまたす

56 來書略、世間に人のほむる人にわけもなき道を信する人御座候はいかゝ

返書略、それはよきとすきと申ものにて候。定見なく候故に、本の邪正を深くかんかへす、心術をかり理をかりて、尤らしく申候へは、はやよき事として信し候也。君子もよきとすきにては侍れとも、性命に本つきて善を好候也。かり物は是に似たるの非なれは大に戒られ候

57 來書略、愚兄御存のごとく作法正しく慈悲にも候へとも、子孫おとろへ仕合あしく候は、いか成故にて御座あるへく候や

返書略、人みてよからされとも、天の見るとよきあり、人みてよけれとも、天の見るにして飾《カザリ》なかりき。仁勇無欲は伏義氏の時に生れて必ず尊びらるべし。禮の格法一事を以て儒者の道を盡せりとおもひ、凡情の名利伏藏するものは、堯の代にいれらるべからず。貴殿此格法者のそしりに逢て、天性の徳を廢せんと思ふは大に不可なり。それ喪は終を愼むなり。祭は遠を追なり。民の徳厚きに歸す、尤人道の重ずる所なり。然れ共喪祭ともに時處位をはかるべし。只心の誠を盡すのみ。格法に拘《カヽハリ》て不叶をしゐ、不能をかざらば、必ず共本をそこなふべし。格法の儒者の世に功ある事すくなからず。予がごときものも恩徳にかゝれり。しかれども心法にうときがゆへに、自己の凡情を不知、又行ふこと日本の水土に叶はず、人情にあたらず。儒法をおこすといへども、終に又儒法を破る事をしらず。貴殿三年の喪の法はあたはず共、心情の誠は盡し給ふべし。追遠の祭も又なるべきほどの事を行て、自己の誠を盡し給ふべし

111 一 來書略、喪の中魚鳥を食せざること、生類を忌の義ならば、佛家の流に似たり。祭禮に肉を用る時は、又生類を忌にてもなく候。拙者若く無病なりし時は、年中蔬《ソ》食《シ》水《スイ》飲《イン》しても何とも不存候き。近年は年寄病者に成

ことよからさるあり。貴兄を見申候に、仰のことく愛情もあるとみえ、行義は隨分正しく御座候へとも、作法の正しきは生付にて學によらす。愛情も婦人の愛にて、人民をめくむに至らす候。すくはすしてもかつへさる者にはほとこし、下々の難儀をは御存なきかことくに候。百姓等をは水籠に入なとして病付たるものともあり。罪なきのみにあらす、貴兄を養ものを却てくるしめられ候。其妻子の歎不罪の人のいたみ、天地神明をうこかすへく候。しらぬといはゝ其天職をわすれ天威をつゝしまさる也。知てせは不仁也。大小によらす罪は上一人にかゝり候。今時は下々をは難儀させ、百姓をはいたむるものと思ひて、とかむる人もなく候。たゝ行儀よきと姑息の愛とをみて、人はよしと申候へとも、天の鑑明也。神明の罪にあたり仕合あしきことはりにて候

候故か、五日生魚を食せざれば氣力乏しく、十日食せざれば腹中あしく成候。か様にては三年の喪はいふに及ばず、三月も成申まじく候。何とも辨へがたく候

返書略、喪に一の主意あり、憂の中なれば、すべて靜かにして事にあづからず、肉食の味を求るも樂びの類なれば食せず、蔬食して命を養ふのみなり。只酒肉を忌のみならず、五辛其外何にても相火を助け、精をますべき物を食せず、腎《ジン》水堅く閉て人道の感をいださじと也。蔬《ソ》食《シイ》味なければ腹にみたず。力なければ杖つきて起居す。喜怒ともに發することを不得。これ皆壯年の者、生樂をふせがむがためなり。故に老て小兒のごとくなる者は、肉を食し酒を飲、たゞ喪服の身にあるのみなり。病人も又しかり。これを食して樂とせず、只生を養ふばかりなり。氣血盛にして精神つよき者は、厚味を忌のみならず、蔬《ソ》食《シイ》といへども腹にみたしめず。夏涼しくせず、冬煖にせず。着て安からず、寢て安からず。これは古の人の氣血健に、筋骨つよく無病にして精神盛なりしかば、聖人其人の位に依て制し給へる法なり。今の世の人、此法のごとくつとめば、生を滅さむこと眼前也。生を養

58 再書略、先度被仰下候通尤に存候。去なから愚兄は姑息の愛なりとも御座候。作法あしく不仁無道にて下をなやまし民をくるしめ候人に、子孫もさかへ仕合よきあり。又きはめてよき人にも仕合あしき御座候はいかゝ

返書略、人の氣質に天地神明の福善禍淫をうくるヿをそきあり、はやきあり。しかのみならす、先祖の造化の功を助たるあり、さはりたるあり。めくる運氣の勢餘寒殘暑あるかとし。先は聰明の人には善に福はやく、惡に禍すみやか也。愚不肖には善惡に禍福をそし、平生物の合点の遲速にてもしられ侍るヿ也。先祖の造化の神工を助たる勢いまたやまさるには、子孫あしけれとも仕合よし。先祖の造化を妨たるは子孫よけれとも、其逆命の勢いまたさけかたし。これより下つかたさま〳〵のヿはり御座候。

ふ時は、喜怒の情發し易く、生樂の念動き易し。常の食を食し、常の衣を着し、常の居を安して、不怒不笑不樂事は、聖人大賢さては天質の美にあらずしてはいかで成べきや。このゆへに古の人喪には必ず法あり。法なくては勤るヿあたはず。今の人其法は身の位に不叶。又法を不立しては行るべからず。しかれば俗にしたがひ給はんより外は有まじく候。世俗定法の五旬の忌の間も、元氣をそこなはざるためならば、藥を服用するごとく思ひ、折々干魚などを用らるべし。貴殿年より給ふとても、いまだ五十にて候へば、七十の人のごとくにも成まじく、又壯年無病の人の様にも成まじく候。其間御料簡あるべく候

112 一 來書略、三年の喪は今の人の情には不叶と承候へども、律僧行人などを見候へば、又成まじき事とも不被存候。淨土宗日蓮宗などの中に居ては立られまじく候へ共、律とて別に立候へば、同じ凡僧ながら、戒をも持候間、喪も居處衣服飲食に至まで別に出て仕候はゞ、とかく三年はつとめ過し可申候。又心喪とて外むきはかはらずして、心に喪を勤ると申候へども、是は一向に急度立るよりも成がたかるべきかと存候

をしてしらるへく候

59 舊友にあたへし書に曰、故者には其古たることを不失といへり。久しく絶音問ことは似無情、傳聞貴老道徳の勤にすさみ給ふと。道をいとひ愚をうとむし給ふか、愚を見おとして道ををこたり給ふか、道徳を益なしとして道徳を好者までをしりぞけ給はゝ是非に不及、もし愚を不肖なりとして、道徳に遠さかり給はゝあやまち也。故者の至情を思ひ給はゝ何ぞ愚か過をさとし給はさるや。さとしてしたかふましくは愚をすてゝ道徳を尊信し給ふへきことは本のことくたるへし。何ぞ人によつて道の信不信おはしまし候はんや。聖人の門にあそぶ人ならは、天下に聖學する人皆悪人不正成とも、吾聖學にをひてうたかひなかるべし。たゝ己か定見いかむとみるへき也。人によりて信をまし信をおとし給はむは道をみるの人にあ

返書略、律僧行人などは喪の勤ほどなることもある体に候。しかれどもそれは後世に極楽《ゴクラク》へ生れんといふ迷ひに牽《ヒカ》れ、又は渡世のためなどにみな據《ヨル》所ありてなす事に候。今の百姓に律僧の一食と申物をあたへ候はゞよき振舞と可存候。坊主には大方貧しき者なり候へば、しゐて苦勞とは存まじく候。又不婬戒などは律僧ならでも、かせ奉公人などは、大方無是非つとめ申候。拙者も氣根よき時分は名聞まじりに三年の喪は可勤と存候き。いかにも貴殿の氣ざしにては成可申候。古の心喪と申は、身に服を着《チヤク》せざるばかりにて、作法はみな喪の掟《オキテ》と見え申候。今時心喪をなすと申され候は、尤志は殊勝にも候へ共、しかと仕たる事にてはなく候。大道を心とる者は、たとひ其身は喪をつとむべき道を得たりとも、時の人のなるまじきことなれば、光をやはらげ塵に同じくして、万歳を見こと一日のごとく、誠を立無事を行ひ、業を創め統《トウ》をたれ、衆と共に進むべし。己ひとり名譽をなすべからず。衆のなすまじきことを行ふ者は、天下の師たるべからず。法に落て一流となり、俗とはなれてはいづれの時か道をおこすべきや。後世人の氣体つよく情厚くなりたる時は、予が言を薄しとし、そしる者あるべし。

らす

60 來書略、世に判官ひいきと申候はいか成ことにて御座候や

返書略、君子に三のにくみあり、其功にほこり賞をうくるとおほきものをにくみ、富貴にして驕るものをにくみ、上に居て下をめくまさるものをにくむ、判官義經は其人から道を聞ず、勇氣によつて失ありといへとも、大功あつて賞をうけす、人情のあはれむ所也。頼朝卿福分あつて天下をとるといへとも、不仁にして寛宥の心なし、人情のにくむ所也。頼朝判官にかきるへからす、驕は天道の虧所、地道の亡す所、人道のにくむ所也。謙は天道のます所、地道のめくむ所、人道の好處也

61 來書略、我等の在所に蛇を神の使者なりと云て、手さすともいたさす候様々氣のとく成事とも御座候。其上害も出來仕候。

誠に願ふ所なり。たゞ一念獨知の所にをいて、天を師とし神を友とせば、法のごとく勤を以てすぐれたりとせず、やはらぐるを以て惰れりとせず。名をさけ氣勢をしづめて、誠をおもひ給はゞ、幸甚たるべし

113
一　來書略、今の世、多藝小術の者も師となれば、郡國の君と同座し、無禮至極なる者多く候。師となるうへは如此あるべき道理にて候や

返書略、天下に達尊三あり。徳と年と位となり。朝庭にをいて衣冠正しく貴賤の次第を分つべき所にては、位ある人を尊び、鄕里の常の交にて、孝弟を專らとすべき所にては年を尊び、世を助け民に長たるの徳を慕ひ、迷を辨へ心法を明かにする所にては徳を尊ぶなり。故に古は王公といへども、民間の賢者に降り給へり。しかるに彼一藝の師たる者、自己の分を辨へず、小藝をしらで、道徳仁義も同事の様に心得たるは昧き事なり。貴人も亦あやまり給へり。有徳は禮を以て來し、小藝は祿を以て招き給ふべくば、をのづからあらそふとあるべからず

114
一　來書略、世間にすへ物きりたる者の子孫は絶ると申候。罪ありてきらるゝ者なれば、我きらでも人これをきり候。昔物語に、竹の雪をふるはし

したかひ候はむか、やふり候はんか、分別定かたく候
返書略、神慮にしたかつて非法を改たるそよく候。神は形なき故に、時にあたりて何に成ともの りうつり給ひ候。虵を使者と定へきにあらす。且虵は叢にあるとはりのものなれは、人居にましはるは非道にて候。神明は非道を戒給ふへく候。虵の住深草に用心もなく行て害にあふは人の非也。人のすむへきあたりに蛇のをるは虵の非にて候へは叢にかりやり、不行をはうちころして可也。なをも愚民うたかひあらは御くじをとりて、神慮を御うかゝひ可被成候。訴詔は此方に道理あれは幾度も申ものにて候間、もし一二度にて御同心なく候はゝ、神の御同心被成まて幾度も御くしを御うかゝひ可被成候、かならす御同心あるへく候。其外かくのごときたくひの神慮に叶はさる事を神

めて、其下知したる者にはかゝらで、おとしたる者にかゝりたることなど申候へども、理屈にて候へば心得がたく候
返書略、世中にしわざこそ多かるべきに、人をきるを事と仕候は、不仁なる心にて候。其不仁の心に天罰當るにて候。我等もすへ物きりたる者の子孫絶たるを、二人まで見及び候。常の武士にて候へば、きらざるとても、誰しゆる人もなく候。好て上手をするゆへにこそ、主人も命ぜられ、朋友も賴み申事に候。しかのみならず、よくきる者あれば、罪の輕き者もきらるゝ様なるあやまりもある体に候。其上すへ物によりて、あらみの打やう昔にかはり、當分きるゝ様にばかり仕候故、後世まで用に立候はすくなかるべく候。古は今のやうに様物《タメシ》は不仕候へども、人々かねよき刀をさし、今に傳て古身は重寶と成候

一　來書略、下學上達の義下《シモ》人-事を學て上《カミ》天-理に達すと承りて、理通ずるがごとくに候へども、受用となりがたく候
返書略、易に形より上なる者を道といひ、形より下なる者を器といへり。此語にて上下のこゝろ分明に候。惣じて形色ある者は皆器也。故に五倫も

慮として、人の尊きを以禽獸のいやしきにかふる樣成事おほく御座候へ共、其時其位にあらされは申ても詮なき儀にて御座候

62 來書略、中夏の國世のかはりめには必衣服禮物あらたまり候とはいかゝ

返書略、初は聖賢の制作にてよく御座候へとも、世の末に成行候ほと、文武共におとろへて、其すかたいやしく成候故に、むかしにかへしたるにて、改めたるにてはなく候。時によつて制法にはかはり御座候へ共、其文武の道のおこり候とは同しく御座候。夏の代四百有餘歳にして亡たり、初は禹王の制作にて、文武禮樂備はり候へとも、王道おとろへて見にくゝなり候故に、湯王の改め給ひてむかしにかへし給ひたる也。又殷の世六百有餘歳にして亡たり、其人道の制おとろへ候故に、武王周公これをおこし給ひし也。其眞の同しきをしらて、時制の

器なり。父子君臣夫婦兄弟朋友の交は、形より下なるの器也。父は慈に、子は孝にして、父子親あるは、形より上なるの道なり。故に五倫の交りにをいて、道を行ひ德をなすは下學上達なり。理を窮め性を盡し、命に至こと其中にあり。五倫を本とせずして空に理を窮め性を見るは、異學の悟りといふものなり。高しといへども虛見なるが故に、德に入業を立ることあたはず。其悟と云ものも眞ならず。人道を明かにせざるがゆへに造化を不知。造化の神理を辨へざるがゆへに跡のみ見てまどへり。下學せずして上達をもとめ、上達も亦得ざるものなり

116 一　來書略、此比末書にて君子不重不威の章の說を得候。君子は學者の稱なり。學問は學て君子となるの道なれば、學者を指て君子といへり。在位君子といふも同理なるべし。古は人の上たる人はみな道德あり。故に在位の人を君子といへり。重と不重とは氣質にあり。生付靜にして輕々しからぬ人は、をのづから人のなれあなどらざる所あれば威あるがごとし。學ぶ所の道も能受用して堅固なり。氣質輕く浮氣なる者は、あなどりやすくして威あらず。學ぶ所の道も得心たしかならず。故に學者の人と品《ヒン》靜重にし

かはりのみ見てあらたまりたると申侍り。實は末の世のおとろへをすくひて、むかしにかへしたるにて候

63 來書略、無學ニメ行ハレ政ナ如シ二無メレ燈夜ル行クカ一と御座候に、學者の政は心得かたしと仰あり。又其筋目ある人か其備りある人よしと承候は心得かたく存候

返書略、政の才ある人を本才と申候。其人に學あれは國天下平治仕候、本才ありても學なけれは、やみの夜にともし火なくして行かごとくにて候。しかれともありきつけたる道故ありきは仕候。前後左右をみひらきて、自由のはたらきはならす候。又才知なくして學ある人の政をするは、盲者の晝ありくかごとくにて候。聞たるまゝにありき候へとも不分明候。時所位の至善をはかるへき様なく候。不自由にてもみつから見てありくと、見てありかさるとは、見てありくは

て威嚴《イゲン》なるは、たとへば田畠の地福よきがごとし。しかれどもよき種をうへざれば、地福の厚きも詮なし。主忠信は美種をうふるなり。己にしかざる者を友とせず。過ては速かに改めて輕からず、吝かならざるは耕作の道をよく勤るがごとし

返書略、此章の文義說得がたし。此發明聞えやすきのみ。予が見候は誠の心にあるを忠といひ、事に行ふを信と云、中心を忠とす。天理自然の誠心にありて、空々如たるもの也。所謂未發の中なり。人言を信とす。人の言はかならず實あるべきものなり。僞るものは私欲これを害すればなり。忠は德の本也。信は業の始なり。人身の主なり。故に忠信を主とすといへり。心友を友といひ、面友を朋と云。人を擇び捨るにあらず。己にしかざる者をも、面友として禮を以て交をなすべし。小人をしたしみ、心友として德をそこなふべからざるのみ。君子の過は日月の食のごとしといへり。速かに改るを尊としとす。善これより大なるはなし。平人より君子に至るの道路なり。たとひ氣質靜重なり共、內に德業の本たる誠なく、外過を改るに憚からば、一旦威重なるがごとくなりとも、終には恐るべきことなきの實

まさり申へく候。軍法しらても勇知ある大將は、をのつから勝負の利に通し候。故に敵によつて勝ヿをいたし候。軍法しりても勝負の利くらき大將は、敵にあふて計方なく候。勝負の利よき人に軍法御座候はゝ名將たるへく候。軍法しらては名將とは成かたく候。古今のためし明白成事にて御座候

64 來書略、經書をよみ候はても學問なり申と承候。さ樣に候はゝいたして見申度候。書をよまて不叶事に御座候はゝ、老學と申いとまなく候へは、成かたき事にて御さ候

返書略、聖學を師と致候へは、書をよまても道を知、德に入候ヿ成申候。今の時聖賢の師なく候へは、中人より以下の人は書をまなひ候はては、道をしるヿ成かたく候。然ともよく心傳を得たる人に聞候はゝ、善人とは成申へく候。扨はよき士と申ほとの人からにはをよひ申ヿにて御座候。聖人の

を人皆知べし。たとひ氣質輕々しくして、浮氣に近くとも、忠信を主とし過を改め、善にうつらば、浮氣の煩ひ除て、天然の清く明かなる本に歸るべし。人みなこれをよみして、其誠あるに恥おそるべし。威これより重きはなし。學これより堅はなし。君子の重を以て學をかたくし、威を以て外邪をふせぐことは、文武の道なり。恭敬にして禮儀正しきは重にあらずや。死生貧富の間、其心を動さず。其志を奪べからざるは威にあらずや。氣質の輕重によるべからず。己にしかざる者を友とし親み、今の凡位を安ずるは、平人の常也。賢を師とし、善を友として、過を改め、義に移るは日新成德の業なり。只學者の憂は不重にあり。不重者は内に主なきがゆへ也。生付の靜なると動とにはよるべからず。心に主あるを重しとす。主ある時はをのづから威あり。家に主人あると、主なき家とを見て分明なり

117 一　來書略、經書を見候に、始中終悉く解せんと仕候へば、心氣勞して却て塞る樣に覺え候。一經の中、肝要の所を見得て可なるべく候か

返書略、始より終まで句々皆解せんとするは、書を解するにて候へば、心を勞して受用の本意にあらず候。又要を得たりと思ひて、他を疎かにする

言語には言外にふくむ所多御座候。無極の理の体也。其含所は言語の及所にあらず候へは、我と經書を見て聖人の心をくみ申候。則聖人に御目にかゝるかとく成事御座候。其心には深きあり、淺きあり、其品いひ盡しかたく候へとも、如何樣に書をみる人は後までも學におこたりなく候。たゝに物語にて心術のみ聞候人は、一旦はすゝみ候へとも、言外の理を不知候へは、心ならす年を經てたゆむものにて御座候。中人以上の人は少心傳を聞ては、やかて天地を師とし、造化にをひて學所あるは書にも不及、道を行德に入候也。中人以上にても書をよみたるはかりにて、心傳を不聞人は、聖學に入かたく候。上知は心傳を不聞して書を見てもすくに德を知候也。故に攸好德の幸福ある人は、次第を歷て德を知も御座候。尤此人は書によつて聖人に對面仕候。書を御よ

も弊《ツイエ》あり。情性を吟《ギン》詠《エイ》し、道德を涵《カン》養《ヤウ》することは、詩のみにあらず候。道理本行は我心なり。經傳は我心の道理を解したるものなり。經傳をよみ得て悅ぶものは、我心の道理を見得たればなり。我心の道理は無窮なり。書中の一章を肝要として止るべからず。又甚解すべからず。甚解する時は書を本行として、我心を失ふの幣あり。吾心の位と學術のすゝむとにしたがひて、受用の要と思ふ所は、時によりかはりあるものに候。故に時に我心に受用の要を得ばよきなり。廣くわたりて道德を涵養し、日新の功を積て、氣質を變化し給ふべし

再書略、廣くわたり候とは、いか程の書を讀てよく候や

一〔○校云、此一字前の再書の上にあるべくや〕返書略、予が廣くと申候は、無極の理に体して、心をとれのみとゞめざるを申候。古へ書のすくなかりし時に、却て聖賢多し。經傳は貴殿の心次第に孝經大學中庸にてもたりぬべし。論語孟子にても足ぬべし。五經にてもたりぬべし。其中十が七八までも解し殘すとも妨なく候。要は書中にあらず。我心にあり。大意を得時は天下疑ひなし。何ぞ書の文義を事とし候はんや

みゆはても人の主人としては仁君といはれ、人の臣としては忠臣となり、いつれによき士といはれて善人の品に入ゆほとの事はなり申へくゆ。かならす名を後世にあくへくゆ

65 來書略、古の儒者と今の儒者と異成事御座ゆや

返書略、夫儒は古の官の名也。初て周官に出たるか鄕里にして人に教るに道藝を以てするものを儒といへり。其後儒官史官相通たるか、史儒ともいひしとみえたり。博識を以て業を立たり、道德なけれとも、博學なれは用を達す。論語に小人の儒君子の儒とある所を見れは、儒は文學する者の稱のことし。大体にしたかふ者を大人とすれは、文學して道德をたすくるものは君子の儒なり。小体にしたかふ者を小人とすれは、文學して產業とする者は小人の儒也。今時儒

119 一 來書略、道本大なり。何ぞ大道と稱しゆや

返書略、世の道をいふ者すこしきなり。故に大道の名あり。大道とは大同なり。俗と共に進むべし。獨拔《ヌキン》ずべからず。衆と共に行ふべし。獨異なるべからず。他人惡事をなさば、己のみせざるにてよし、人をとがめそしるべからず。善の行ふべきことゝあらば、己一人なすべし。人にせむべからず。三軍の將の士卒と共にかけひきして、獨夫の勇を用ひざるがごとし。衆のしたがふべき氣を見ては、さきだちてすゝむることあり。己氣力ありとも人のしたがひがたき事はなさず。世の道學の小道なることいはずしてしりぬべし

來書略す

返書略す

120 一 器に水を十分入て持するたとへの事、人心の危を知ていかりにうつらず、欲に落いらず。本心の靈明を不失事、右のごとくにゆはゞ、よき受用たるべくゆ。しかれども大事と思ふ念を常に存ずるにてはなくゆ。常に心とすれば善ながら本心の靈明をふさぎゆ。主意眞實に立ゆへば、常は無心

者といふものはおほくは小人の儒也。博學にして祿をうけ、國郡の主の用を達すれは又史のことし。是故に天性文學に器用成もの、史儒と成て祿をうくることはくるしからさる也。己を知ものは明也。今の儒者は己を不知か、しれとも勝心のためにおほはるゝか、君子小人の儒を明言せさるにや、儒者の行はかくいやしきかといへは、道德の罪人也。道藝とは何をかいふや、禮樂弓馬書數の六藝也。古は此六藝に長せる者を撰て、儒官にをいて人に敎しめ、士君子を助しめたり。曾子曰、籩豆のことは有司存せりと。日本の儒者といふものは六藝をもしらす、たゝ文學に長して故事をおほゆるのみ也。しかれとも此一色は重し、士君子の人情時變をかんかへて、國家の政道をとるへきとこゝにあり。みつからをるへき位にをり、受へき祿をうけ、己がために道をいひ、みたらす

にて、事あればかならず用られ候。天下生を好まぬ者はなく候。身を大事に存候主意まことに候故に、其念慮はとゞめず候へども、あやうき所にのぞみては、かならず愼み候

121　一　事物にうたがひある時、心を盡し工夫被成候へば、自得の悦御座候由、人の生付種々候へば、さ樣にて心の煩にもならず、氣のとゞこほりもなく、益を御覺え候はゞ不苦候。拙者若き時田舍に獨學いたし、聖言を空に覺え、山野歩行の時も心に思ひ、口に吟じ候へば、意味の通じがたきもふと道理うかみよろこばしく候き。左樣の事にて候や。たゞに事物の不審に心をつくさるゝ事はいかゞと存候

122　一　心上意欲の妄をはらひ候事、當然の工夫にては候へども、それはかりにて凡根の亡び候事はなく候。意欲の妄は皆凡心に付たるまどひにて候。凡心は意念私欲の泉源にて候。其本をたゝずして、末ばかりおさめては終に功なきと申事にて候。我を他人にして我人がらの位いかむと見候へば、心上の受用は大方よきも、全体の人がら小人なる者多く候。此凡位をまぬがれて、人がら君子の心地に近く候へば、凡根より出る意妄はわすれたる

して士君子の才をなし、道を達せは、古の師儒ならむ。むかし尾州の亜相公ある博學の儒者に向て、なんぢは儒者かと問給へは、ものよみ坊主にて候とこたへき。儒者と答ばいひつめむとおぼしたる氣色をみて、かしこくありていをのへしといへり。まことに妙壽院以後の儒者ははなはたくたれり。實はあき人のいやしき心根ありて、外には聖經の威をかりたかふれは、人のにくめるもことはり也。人のあしくいひなすにあらす、みつから己をいやしくせり。心たにいやしからすは、身はへりくたりて、ものよみ坊主にかくるゝともまた可也。日本にても近比まて儒者は公家にありて官につきたると聞えたり。才徳あれは高位にものほりたり、おほくはもろこしの師儒のことく史のことし。文之妙壽院出家よりすくに儒者と成たれは、公家にもなりかたく、武家にもなさゝれ

123

がごとく、ひとりなく成ものにて候。それより前は、身のあつ火をはらふと申ことわざのごとく、心上にうかみ候。意安は先しりぞくるにて候。惑とけ心の位のぼり、凡情をはなれ、君子の地位に至り候を入徳と申候

一　初學より徳の力は及がたからんとの事尤に存候。眞實よりおこりてなすことは、初學より徳の力にて候。眞實は明かなる所より生じ候。町人は武士よりは臆病なる者と申候へども、利を見こと明かに、好む心眞實に候へば、風波をしのぎ遠路をへて、危き難をかへりみず候事は、武士よりもまさり候。君子道を見こと明かに、徳を好むこと眞實に候へば如此に候。それより前はさし當りてはしゐてつとむる事もなくて不叶候

孔子十有五より七十までの次第の事、他の聖學をする人の受用にとりて申候はゞ、志學は道を學び徳に入むと志し、心内に向て獨を愼むにて候。三十にして立は、心志堅固に成て、文武の才徳成就したるにてあるべく候。四十にしてまどはざるは、守りつとむるの力いらずして、心を動かさゞるの位たるべく候。五十にして天命を知は、天道に順從し、運命に出入して、造化を助くる大賢の心地たるべく候。天をもうらみず、人をもとがめず。

は、かしらは其儘にて武家の入道のごとくして居られたり。儒者の髪をそることは是よりはしまりたるといへり。醫者のかみをそることも古道三なと二三人出家よりすくに醫師に成たるか、これも武家の入道のごとくにてありしよりこのかたはしまりたることゝいへり。髪を剃るも上よりの命にあらす、已となしたるもの也。あやまりを知人もはし〳〵ありとみえ侍れは、また已とむかしの樣にかみをそく樣にも成行なむ。今は刀さすましき商人たに、刀さして武士のごとくしてあり侍れは、ことに僧醫の上下著て刀さゝむは常にかへりたるにて御座候

66 來書略、三皇・五帝・三王・周公・孔子は同しく聖人と承候。伏羲は文字も教學もなき時に出給ひて、初て畫をなし、天下後世道學の淵源をなし給へり。しかるに孔子は末代跡あることを學ひ給ひなから、韋の

四時に應じて小袖かたびらを用るごとく、順逆に好悪なきこと其中にあり。六十にして耳したがふは、大にして化するなり。聖人に至りたるにて候。是よりは少の淺深未熟は候へども、生知の聖にかはりはなく候。孔子の志は、吾人にあらば大方三十にして立の心地たるべく候。石針の南北をさすごとく、義理より外に他念なきにて候。立は天地人とならび立にて候。不惑は學士の天地万物にまどはざるごとき事にてはなく候。賢人の心を不動をも越て、死生順逆一致に候へば、富貴貧賤夷狄患難、入として自得せずといふ事なきにて候。知天命は、知行するの知の意にて、天命を吾ものとするなり。陰陽五行も我なすなり。運氣もわれより進退すべき所御座候。他の死生有命富貴在天等の命を知にてはなく候。耳したがふは精微を盡す所たるべく候。五十知天命までは、廣大に至る處にて候へば、言語を以て解せられ候。六十耳順よりは言語文書の及ところに非ず候。從容として道にあたる形色は天性也。形をふむの位たるべく候。耳を以て口鼻眼四体をかね給ひ候。一身の中にて神明に通ずるものは先耳なり。五聲十二律の精微を盡すも耳にて候。七十にして心の欲するにしたがつてのりをこえざる

三度きるゝ迄朝夕手をたゝすして、いまた易を得たりとおもひ給はす。神農は草根をなめて初て醫藥をつくり給ふ。しかるに孔子は末代醫術あまねき時に生れ給へとも、藥に達せさるの語あり。このヿく大にちかひたる位を同しとはいかなる事候や

返書略、時にて候。孔子を伏羲神農の時にをき候へは、易を作り醫をはじめ給ひ候。伏羲神農を孔子の時に置候へは、また孔子のヿくにて候

67 再書略、しからは佛説に似たる所御座候。わさとまうけて神通方便をなすかヿくに候。空々として迹なきヿをたに作りはしむる人の、又人にしたかつて愚人とひとしく御座候や

返書略、少も心はなく候。三皇の時にをひては空々として迹なきヿもおこり候。心の感ある道理御座候。孔子の時には迹あるヿは、道器一貫、義欲一致、天道無心の動に同じきにてあるべく候。口をひらけば則となり、足をあぐれば法となること其中に御座候

124 一 曾子三省、初學の時の事たるべく候。如此人倫日用にをいて篤實に受用ありし故、やがて大賢に至り給へるとしらせたるものにてあるべく候。忠は己を盡すなり。我事には誰も心を盡し候。人のためには十分不盡候。人我へだてあるは仁ならず候故に、仁に至るの受用にて候。朋友は眞實無妄の天道を父母としたる兄弟なれば、其誠を思ひて相交るを信と申候。内外一なるや、一ならざるやと省るにて候。傳たる道理を受用せざるは學者の病にて候。師友に問學たる所を、日用にこゝろむるや、受用せざるやと省給ひ候

125 一 勿正はしるしをいそがざるなり。勿忘はおこたらざるなり。勿助長は才覺を用べからざるなり。百姓の農業をつとむるごとく、職人の職をつとむるごとく、いそがず、をこたらず、才覺を用ひず。常になすべき事をして、自得を待にて候。入德は善を行て積て德となる事に候。經傳を見、弓馬禮樂を學び、自己の非をよくしり、過を聞ことを悦び、五倫道ある等の

をもたつね學ふ心の理御座候。あがりたる世は大虚を祖とし、天地を父母とするヿ近し、聖人生れて其名殘らす。如何となれはまよひなけれは明者かくれ、不孝子なけれは孝子をおとろかす、不臣なけれは忠臣しられす。政刑なくして大道行はれ、教學なくして人皆德あり。後世にいたりて性情わかち物欲なりぬ、人初てまとひあり。此時に當て伏羲氏出給ふ。惻然として感慨あり、教なきヿあたはす。時に天道龍馬を命して文を以其志を助給へり。書畫教學のはじめ也。伏羲氏以前は物欲きさゝす、情性に合する故に、人に病疾なし。後世有欲多事のきさし出來てこのかた病人あり、醫藥の術、耕作の政なきヿあたはす。天道靈草美種を降して神農氏の業を助給へり。是皆神聖廣大の知の緒餘也。時によつて發するのみ。伏羲神農は春のヿし、周公孔子は夏のヿし。事みな善を行にて候。不義をにくみ、惡を恥るものゝ吾にあるを天眞と申候。これを主人公としてなす事は、皆善にて候。これをかならず事とするヿありと申候

126　一　克己復禮は天理人欲ならび不立候。禮は理也。己は私也。私に克たる所、則天理なり。則天下我心内にあり。尤平人の己、學者の己、賢人の己、高下淺深各別たるべく候。大方御書付のごとくにて候。三月不違仁の語は、克己の後たるべし。四時三月にてうつりぬれば、年中の事なり。年中たがふ事なしといへども、不違とは候へばいまだ力いり候。化して聖と成時は、不違の力もいらず、無心にして天理流行いたし候

其摸様はかはりあれとも、同しく天理の神化なるかとし。易は無極の理なれは、孔子のみにかぎらす、伏義といへとも得たりとおもひ給ふとはなき道理にて御座候

68 再書略、釋迦はゑひすの聖人か、是も時によつて感する法なるか

返書略、神聖中行の道理にはあらす、中國に來て孔子に學ひなば、よく聖人と成へき分量はあり、仁心の廣く厚き所あり、知勇も氣質に備てみえたり。其生國はすくれて愚痴に大に欲ふかく、至て不仁なり。極熱の國故死せる肉を置かたし。生きなからもちありきて、切うりにすると也。仁心深き者是を制する方をしらては殺生戒をなしたるもよぎなきとなり。日本は仁國也。此國に生れたらは、佛法をおこさむの感慨もあるまし候。若又釋迦達磨を只今出して、今の佛者ともを見せなは、何者とも合點せ

集義和書巻第五

書簡之五

127 一 來書略、同姓を不娶の法、いまだ日本にをいて掟なきことなれば、いとこよりは俗に隨て不苦とゆるし給候へども、近年同姓をいむの義を聞傳て、其禮を守る者少々出來候。これほどまでの禮儀をしることも又大義也。すこしひらけたる知覺をむなしくして、不苦とゆるし給はむことはほいなきこと也。且いとこをゆるさば、叔母姪にもをよびなん。それより後は禽獸に近くなるべし。只此勢にしたがひ儒法としてかたく同姓をいみ、禮儀の則を廣く仕度儀に候

返書略、まことにねがふ所なり。しかれども此禮を云者は、貴殿などしたしみ給ふ人十人か二十人か。扨は格法の學者二三十人の外には過べからず。わづかに相交る人を以て、天下の數かぎりなき世俗の人情をしらず、時勢をかんがへずして、時至り勢よしとおもへるは不知なり。今天下の人皆聖

られましく候。佛祖の流と申候はゝ、大に歎きかなしひて、其破却かぎりあるましく候。我等は佛者ならさるゆへに、遠慮おほくありやうにもおもふやうにも申さす候。我子を戒教する者は至情をのべ、人の子を教戒するものは風諫するかごとくにて候。釋迦達磨に我等の佛をなんずる語を聞せ候はゝ、いまた世情をはなれす。道に專ならさる故に、ヿのほか物をのこして、けつかうに申なしたるとて氣に入申ましく候

69 來書略、貧は世界の福の神と申候はいか成道理にて御座候や

返書略、世の中の人殘らず富候はゝ天地もそのまゝつき候なん。貧賤なればこそ五穀諸菜を作り、衣服を織出し、材木薪をきり、塩をやき、魚をとり、諸色をあきなひ仕候。六月の炎暑をもいとはす、極月の雪霜を踏て塩や菜をうり候とも富候はゝ仕へく候や。

人と同性同徳なれども、いまだ聖人の學を不聞、貴賤共に衰世の俗に習ふこと百千歳なり。何ぞ禮儀をならふにいとまあらんや。古の聖人伏羲氏よりこのかた相繼ておこり給ふ。其間近きあり遠きあり。伏羲より神農に至まで一万七千七百八十七年、神農より黄帝まで五百十九年、黄帝有熊氏在位百年なり。是までを三皇と号す。少昊金天氏在位八十四年、黄帝の子なり。顓頊高陽氏在位七十八年、黄帝の孫なり。帝嚳高辛氏少昊の孫なり。在位七十年にして崩ず。子摯位をつぎて不德なり。九年にして廢せらる。天下帝摯の弟放勳を尊て帝とす。此帝堯なり。帝堯陶唐氏、在位一百歳なり。帝舜有虞氏、在位四十八年なり。是までを五帝と号す。合せて三百八十九年なり。禹湯武を三王と号す。禹より湯に至るまで四百三十九年なり。湯より武王に至まで六百四十四年なり。伏羲氏起り給ひしよりはじめて學ありといへども、いまだ禮儀法度なし。神農氏繼をこり給へども、耕作醫術の民を養ふべき事をさきとす。黄帝の時禮樂の器あらはれ、文章略見えたりといへども、いまだ期數の定なし。五帝の時禮儀法度大槩ありといへども、易簡にして行ひ易し。人民の情にさかはず、徳化により善に勸て人の

農工商も貧よりおこりて世の中たち申候。たゝ農工商のみしかるにあらす、士といへとも貧を常として學問諸藝を勵み、才德達し候也。生なから榮耀なるものはおほくは不才不德にして、國家の用にたゝす候。唯士農工商のみならす、國天下の大臣國郡の主といへとも、吉凶軍賓嘉の禮用をえなへ、國土水旱の蓄をなし、君につかふまつるの役義なれは、富足とあるへからす。上は天下の主といへとも來を薄して往を厚し、天下の人民の生を養ひ、死に喪して恨みなからむことをおほしめし、且異國の不意に備、天運の凶年飢饉をあらかしめまち給へは、天下の財物のおほきも、天下の人のために御覽すれは、あきたることなし。其上に天下の主の第一に乏しくおほしめさるゝは、賢才の人のすくなき也。堯舜もこれを憂と被成候。是以同しく聖人なれとも、孔子は人

欲するに隨て制法出來ぬ。夏商を歷て周に及び、文明の運極り、器物飲食大にたり、無事至りてなすべきことなし。こゝにをいて人情を溢《アフ》れしめざらむがために、禮儀の防多く出來、數期こまやかにかたし。皆時所位に隨て行ふものなり。今の時器物多く人奢れることは、周の盛世のゆたかなるにもこえつべし。しかれども人民の心の禮儀に習はざることは、伏義の時のごとし。伏義の民は禮儀を不習といへども、質朴純厚にして情欲うすく利害なし。今の人情欲厚く利害深きこと共習十百年にあらず。根固く染深し。俄に世俗の人情を抑へ急に利害を妨げば、道行るべからず。今の世の民を教ることは、幼少の者を導くがごとし。童蒙は養て神知の開るを待べし。世俗は學を先にして禮儀を欲するを待べし。三四五歲の童は義の端すこしあらはれて、ものはぢよる心あり。知の端すこしひらけて美惡をわかつ心あり。然れどもいまだ義不義を辨へず、善惡是非をしるには及ばず。六七八歲に及て辭讓の心生ず。故に聖人八歲に至るを待て小學に入給ふ。しゆることなくて其固有と時とにしたがふなり。五六百歲このかたの世俗は、五六歲の童の時のごとし。先學校の政を以て是非善惡を辨ふる知をひらきて、

の師なれは、知を明にして先達し給ひ、堯舜は人の君なれは、知をくらまして天下の賢才をまねき給へり。實は貧に生し、知は謙に明なる理を知給はて、我知に自滿したれりとおもへは、天下の才知皆うつもれぬ。空々として謙退なれはこそ善政も起り、美風も後世にのこりぬるに、下聞を恥とし、天下の知を不用ときは、物の本は虚靈なるの道理にあらす、せばきヿの至也。其恥にあらさるをはちて恥心亡ひ、不善の名をながすもの也。それ天地の大なる万物を造化し出し給ふ所は、大虚無一物の理也。目は五色を離れて五色を辨へ、口は五味なくしてよく五味をあちはひ、耳は五聲なくして五音をしり、心鏡空々として万事に應す。なしはありのみとて萬の物は皆なきより生し候へは、貧は世界の福神といふ俗語は、まことに人心の靈にて御座候

恥をしるの義を勸むべし。數十年數百歳を歴て後の君子を俟て、禮儀をおこさしむべき也。伏犧神農の德の、周公孔子に劣れるにあらず。周公孔子の知の伏犧神農に優れるにあらず。時とともに行ふなり。只時に中せざるをとれりとし、時に中するをまされりとすべし。三皇五帝三王周公孔子共に時を知て、時に中するの知は同じかるべし。德は三皇五帝をすぐれたりといふべし。天地ひらけ、人道あらはれて、即時に行べき禮ならば、何ぞ三皇五帝同姓をめとらざるの法を立ずして周を待べきや。今の學者時にあらざるの禮をしゐつとめて、人情時勢に戻り、たま〳〵道のおこるべきめぐみあるに、實をつとめずして末をとり、つゐに本末共に失ひなば、後世かならず時をしらざるの笑はれあらむか。よく幼童を養育するものは、我童蒙に求るにあらず、童蒙我に求む。今十五以下の童子百餘人を聚め敎る者あらむ、其中の秀才一二人知覺はやくひらけたるありて、成人の法を立むことを望むとも、師たる者知あらば、一二人のために大勢のあたはざる事をなすべからず。知覺はやき者には、いよ〳〵內に省み、實をつとむることを示すべし。衆童の才長じ知ひらけて、もとめ催す志をむかへて、

70 再書略、しからは堯舜の民も貧乏をまぬかれ申さすゆや

返書略、まつしくはあり、乏しきとはなくゆ。人々分を安して願なけれは、身は勞して心は樂めり。堯舜の民は康寧の福あるとは此理にて御座ゆ。むかし田夫あり、毎日北に向て禮拜し、清福を給ふといへり。其妻笑て曰、軒には夕かほかゝり、床には稿の席をしき、身にはあらきぬのこを着て、ざこくを食とす。夫は田畠に勞し、婦は食事にいとまなし。餘力あれは紡績織紝す。春より多に至り、旦より夜にをよふ、是を清福といはゝ誰か福なからむ。夫か曰、是皆賤男賤女の事也。其身上らふのおちぶれにもあらす、本より賤の子にして、しつの家に居、賤の衣を着、賤の食を食し、賤の業をいとなむは天理の常也。好事もなきにはしかし、おもひかけぬ幸は其願にあらす。

大人の道を習はすべし。しからば秀才の者も才にひかれず、識に滯らずして、實の徳をなすべし。衆童はなを以て明かなるより誠あるべし。若秀才を好して、衆童のあたはざるとをしゐば、秀才は已が人に優れたるにほこり、才にはせ知識にひかれて、つゐに不祥人とならむ。衆童は學に倦み道を厭て、學校の政のやみなむことをねがふべし。其君師さり、其時過なば跡かたなくならんか。今我同志の人々と他家の格法者とは天下の秀才なり。此輩の聖人の法を行はむことを望むことは九牛が一毛なり。天下の世俗貴賤はいまだ聖學の道理をだにも不聞。況や法を行はむことはおもひもよらず。縱ひ其中すこし法に心ある者ありとも、彼百人の童蒙の中の一二人にもしかじ。たとひ世俗より學者にしゆるとも、學者知あらば許容すべからず。況や世俗の中より願ふ者なきをや。しかのみならず、世俗の人いまだ學を不聞、いまだ法を不行といへども、學者の道を任ずるとおもふものよりも人がらよき者あり。天性の徳のすぐれたるあり。今の學者は物知たるばかりにて、彼好人には及べからず。學者世俗のいまだしらざる道學を學び、いまだ行はざる禮を行ことありといへども、數代の習の汚をも不

身に病なく、家に災なし。達者にして暇なきは清福にあらすやと人いへるとあり、流水は常に生て、たまり水は程なく死ぬ。柱には虫入、鋤の柄には虫入らす。俗樂の遊は憂またしたかふ。水くさり柱むしくふの苦ほとなけれは、美味あれとも彼田夫の麁飯にもをとり、輕く暖なる衣あれとも、寒をいたむと賤のぬのこにをとれり。おほくは病苦にたへす、或は夭死す。よく思はゝ願へからす。人は動物也。上天子より下士民に至まて無逸をつとめとするは人の道也。むかし許由は賢人也。其身は農夫にして彼に同し。堯の天下を辭して耳を洗しは其心のたのしひ四海の富貴にこへたり。德なきの富貴は浮る雲のとし。天爵は万歳尊し。亦人いへる事あり、桀紂は中國の主なれば、四海の尊位也。其富天地の間にならびなし。顔子は無位無官にして衣やふれ食たえ〳〵

洗、利害をだにも免れざるあり。意氣甚高くして、世俗を見下すといへども、實は平人にも劣れることあり。毀譽利害根深ければ、格すべきことあれども至情を告がたし。世俗みな良知良能あれば、學者の非を見ことこまやかなり。心に竊に慢り輕しめらる。しかのみならず、時處位にあはざる法を持來て行はんとす。天下千百年のならはしにあらず、神道王法の敎にあらず、只唐風の學者の一流として、彼一派の者のごとくするのみなり。楨雄の僧は戒を持、禪宗は坐禪するがごとし。世俗と二になりて孤獨の道となりぬ。異端と相爭はむのみなり。何の時にか道を行はんや。それ慈父は幼童と共に戯れ、不知不識善を導き、知覺のひらくるに隨て、ともにおとなしく成がごとし。聖人は俗と共にあそぶ、魯人獵較すれば孔子も亦獵較す。衆とともに行ふを以て大道とす。善なるべき時は衆とともに善なり。時至らざる時は、衆と共に愚なり。故に學者俗を離れず、道衆を離れず。德至り化及び、行はるべき時は天下と共に行はる。衆勸て悖るものなし。昔堯舜の民はいまだ三百の禮儀を見ず、三千の威儀を行はずといへども、渾然として禮儀の本全し。比屋可レ封《キ》ス の善人なり。純厚朴素眞實なり、しかも三十にみたすして天年かきりあり。人生の福是よりうすきはなし、しかれともこゝに人あり、桀紂に似たるといへは腹立ぬ。尊きこと天子たり、富四海の内をたもてり。かゝる至極の人に似たると云て、腹立ものは、人々悪を恥善を好むの良心あれは也。こゝに人あり、顔子に似たるといへは、中心悦ぶといへとも、はぢをそれて謙退す。天子諸侯の富貴といへとも、其言葉にあたりがたし。人爵は其代はかりにして、槿の露のごとし。天爵のとこしなへに尊にはならふへからす。人爵には命分あり、願ふへからす。天爵には分數なし、心の位なれはふせく者なし。心のたのしひは奪ものなけれは、人鬼共に安し。吾人たゝ顔子の徒とならむことをねかふへし。桀紂か徒たらんことをねかふへからす

71 來書略、先度承候、山に草木蕃りぬれ

無妄の風俗なり。周の禮儀備りし時の士民よく及ぶことあたはず。周何ぞ上古の至治をねがはざらんや。時文明に徳衰へたればやむことを得ざるの義なり。堯舜周公共に大聖人なり。みな時なり。然れども今の人堯舜を學て不及とも、誠に近き風俗ならむ。周を學て不及は、輕薄無實の人となるべし。孟子曰、堯舜を師としてあやまてる者はあらじ。其うへ今の學者周の同姓を忌の法を行といへども、全く周の法にも叶はず。如何となれば、尊氏の代の末より織田家豐臣家に及て、百餘歲このかた天下の武士の姓氏紛れてしられず。たま／＼系圖をなすといへども、證據なく傳なくして、文字に依て彼は此ならんといへるばかりなり。戰國久しかりしより今に至て數代の間に大形系圖を失へり。又姓氏なき者は心々の氏を名のり、姓氏ある者も我好ましき氏にかへぬれば、同氏とても同姓にあらず。天下氏系傳て慥なるは千人の内纔に十人なるべし。それだに中間娘の孫を養子とし、妹の子を跡に立れば、いつのほどにか他姓となりぬ。十人の中にも七八人は慥ならず。公家は昔より動き給はで慥なる樣なれども、これも藤氏の家に源氏を養子にし給ふごとくなれば、また慥ならず。目のあたりしられたる同

は、にはか水の憂もなく、且草木に水をふくみて、十日も廿日もしたゝりあり。河水もとほしからすと仰られ候ことを老農にかたり候へは、似合しきたとへを申候。禿のかしらに水をかけたると、坊主のかしらに水をかけたるかことくにて御座候と、至極の儀と感申候。大河といふも方々の谷々のしたゝり落合積て末に大をなせり。芳野川その水上を尋れはむくらの雫萩の下露と承候。しかれは山澤氣を通して、神化のなす所ともさたかに存知られす候、いかゝ

返書略、我山賤にきけり。大和國芳野河、紀伊國熊野川、伊勢國宮川、此三河の水上を大臺か原と云。三國晴天白日の時は此原も晴天也。三國のうち少うす曇花くもりなと云ほとにても、此原の雲雨甚し。他より望見れは雲の山上をまくかことく、霧の深谷に篏るかことし。其上に登る時は、登つくさ

氏の中を以て、同姓と名付て忌ことをすれども、周以前の五服の忌にも及ばず。今の勢にては立がたし。立ざるを以て百が一二を用て、同姓めとらずと過言す。實は如何ともすることなくして、時所にしたがふなり。迚も全く用られずして、時所にしたがはんとならば、何ぞ時所位の中を擇ばざるや。何ぞ全からざるの法を以て、衆に悖り大同の道の行はれんとするめぐみを妨ぐるや。それ禮法は漸を以ておこるものなり。其間しゆるものあれば、かならず大道を害す。伏犧神農黃帝の大聖、忌給はざりしことを忌てなさしめず。三皇の神聖いまだ行給はざりしことを行ひ、これより後は此法に背くを以て不義無禮とすといへば、先聖を非とするがごとし。謹まざるべけんや。然れども人情時變によつて時のしからしむるなれば、古に違ふにあらず。今の時人情進まず、時變いまだ至らず。何を以てか伏犧神農黃帝堯舜禹を非として、周を是とせんや。先にいふごとく周法を行はむと欲すとも、迚も行はれざる所あり。是より後賢君相繼て出世し給はゞ、姓を賜り族を別ち給ふべし。數代をへて時至らば、五服の忌を定め、服のかゝる分は娶ざる様になるべし。これ則周以前の列聖の古法なり。それだに漸

ゝるに身のぬるゝと大雨にもまされり。國は天氣晴ても此原には雲雨の氣猶はれす、その廣さ方一里はかり也。雨ふらされとも西風には宮川の水をまし、北風には熊野川の水をまし、東風には吉野河の水をます、笠さしたる分にてはふせかれす。空より降にあらす、只神氣原上にみち、水氣風によこきれり。白日の時といへとも、其雫たゆるとなし。これその葎の雫、はぎの下露といふもの也。山澤氣を通するの至也。其外高山深澤名嶺には私雨と云ものあり、同し理也。谷洞より湧出る水も同し。醒井の水の出るも同し。神理なるを知すして迹によつて見るか故にうたがひおほし。水は高より出て下につく、人の口上にあつて、つの生するかことし。谷々の小水雨露のしたゝりおちそふとも勿論の儀也。しかれとも卅日ほとも旱時は、其小水はかはきぬ。たゝ

を以てしかり。初よりしかるにあらず。天地ひらけ氣化によりて生れし人は、天地を父母として兄弟なり、男女ありて後父子あり、兄弟あり。此時の人兄弟夫婦となるがごとし。しかるに万物は明德なく、人は明德あり。父子親あり、君臣義あり、夫婦別あり。故に父子稟を共にせず、相交はらず。鳥獸と異なるの條理を本として、野處穴居の內、男女別あるべき道理をしれり。上古の聖人此明覺の知に本づきて、兄弟夫婦となるべからざるの禮法出來ぬ。天下兄弟相恥るの知明かに、禮普くして後伯父姪叔母甥も快からざる萠あり。其次の聖人この靈明を本として、伯父《ヲヂ》姪《メイ》叔母《ヲバ》甥《ヲイ》、夫婦となるべからざるの禮法を立給へり。兄弟伯父甥は天倫の親み近く、長幼の禮深くしてかくのごとし。從昆弟《トコ》は他人の始のごとし。長幼の禮も朋友齒《ヨハイ》し相讓がごとし。故に上古には忌なし。後世の聖人五服を敍《ツイデ》て、君子小人の澤五世にして盡る所を見給へば、父方は再從昆弟《イヤイトコ》までに服あり。いよ〱一本の親を厚し、男女有別の禮を明にせんがために、服のあるまでは婚姻不通の禮を立給へり。母方はいとこの近きといへども、服なければ本のごとく婚姻をなせり。姉妹の子は同姓ならずといへども、親近けれ

かの水上のみあり。其小水といへとも神氣の生する所にあらすといふとなし。たゝ神氣うすけれは其流も小也。當時國に深山多もち給ふ大名は、山の運上多して一旦はよきやうなれとも、山をもち給ふとは大事のもの也。山川は天下の源也。山又川の本也。古人の心ありてたて置し山澤をきりあらし、一旦の利を貪るものは子孫亡ると也。國こそりてかくのとくなれは、天下の本源すてにたつに近し。かくて世中立かたし、天地はいまたやふるへき時にもあらされは、乘除の理にて必す乱世となると也。亂世と成ぬれは軍國の用兵粮に難儀するとなれは、家屋の結構、堂寺の奢をなすへき力なし。其間に山々本のとくしけり、川々昔のとくふかく成ぬ。國郡を持人事あるの時、忠節をと思召とはをそし。何事そあるに至てはもはや取かへすへからす。今日の治國

ば服あり。故に忌あり。再從昆弟の外は同姓たりといへども、服なければ婚姻の忌なし。是禮《コノレイ》や上古よりはこまやかにして義備れり。末世よりは易簡にして禮缺ず。日本にをいて後世聖主賢君繼おこり給はゞ、此禮を以て至極とし給ふべきか。今の時にをいては、聖賢の君起り給ふとも、いまだ此禮をもたて給はじ。同姓をゆるさば親《キ》に及ばむかとの遠慮はげにさもあるべき様に聞ゆれども、往古よりの次第を見ればしからず。日本神代のむかしは兄弟も夫婦となり給ひき。後世文明なるに隨て、誰法を立るともなく、鳥獸に遠ざかる道理をしりて、兄弟を忌、伯父姪叔母甥をいみ來れり。今利心深き者家財を他人にゆづらんことを惜みて、弟を聟とする者あるをば、人道にあらず、禽獸なりといみにくめり。法なく教なけれども、人心の靈にて文明の時至れば、漸々久してかくのごとし。先にもいふごとく、いとこは他人の交のごとし。法いまだをかれざれば、父方母方同じく相忌ず。世の中の風俗たること數千歳なり。義にをいて害あらず。上古の聖神だにも時ありては忌給はず。法に泥みて時をしらず、大道をしらざる者は、大古の兄弟伯父姪夫婦たりしを甚非なりとおもひて、其時の聖神をば信ぜ

において如此大忠ある事と承及候

72 再書略、古の人山川を治る政御座候哉

返書略、上古には地を諸侯に封すといへとも、名山大澤をは封せす。いかむとなれは、雲雨を起し材木を生し、流川を出し、天下の用を達する神靈あれは、一人の私すへき所にあらす。故に杣を入材木を出し、屋作をすること國天下の山澤をはかりて、つくすへからさるつもりをなせり。くはしきことは一旦の書簡の盡すへきにあらされは、別にしるし侍り

73 來書略、無欲のよきと申ことは誰も存候へとも、出家の道心者なとは無欲もたてられ候はんか。世の中に交居候ては、さやうには成かたき事にて御座候。亦嗇はあしきと存なから、人のすることをせねは、しわきとてしかり申候。世間なみに致候へは、欲有てとりたくはへもつかまつらてはかなはす

ざらんか。百世といへども同姓娶らざるの周人を是として、其時の聖賢をのみ信ぜんか。先聖の後聖に劣れるにあらず、太古の民の末世の民より愚なるにあらず、後聖の先聖に優れるにあらず、末世の民の太古の民より知あるにあらず。それ法は時を以て義ありておこれり。法をかれて後に背くは不義なり。日本神代王代武家の代つねに同姓を忌の法なし。法なければいとこをめとりて不義といふべき様なし。後世法をかれば再從昆弟を娶るも不義ならむ。法なけれどもいとこより近きは天理人情ともに忌出來るは無法の法なり。文明の時の人心に通じてしからしむるなり。上代は德厚して文いまだ開けず。末代は德おとろへて文明なり。此病あればこの德あるなり。上古の人は僞なく利害なし。君子たる人は至-誠純-厚なり。小人たる者は質-直朴-素也。後世の人の疑ふ所は法いまだなかりしばかりなり。其代の非にあらず、其民の罪にあらず。今の學者利害深く僞をだにもまぬがれず。古の常人にも及べからず。末代の君子たる人は驕奢利欲なり。小人たる者は姦しくして相凌《シノ》ぎ相諛《ヘツライ》て相僞れり。いまだ法を立るにいとまあらず。況や法は道より出るといへども道にあらざるをや。今の時に當て

候。如何仕へきとに御座候や

返書略、貴殿無欲を何と心得て被仰候や。天理をとめて人欲とし、人欲をとめて天理とするのあやまりあるへきと存候。物を蓄てつかはぬを欲とし、蓄へすして有次第につかひ、なけれは童幼の手きりたる様にして居るを無欲と思召候や。其ふたつはしはきとやくたいなしとにて候。亦人のするとをせねはあしく申と仰られ候。數奇者には茶の湯をして見せ、謡すきにはうたひの會をし、馬すきとは馬あつかひをして、御傍輩の人々と一へんわたり給ひ候や、さ様に仕候人はあるましく候。若き内に藝を稽古するには、其師の所へ行、此方へ招きなとして、一色つゝきはむるにて候。今時はさ様にする人々もまれに候。たゝ我あひ口とち五人七人うちより〳〵往來してかたられ候。其五七人の内、弓にすきて弓をもてあ

大道をおこさんものは學校の政を先にして、人々固有の道德をしらしめ、道理を辨へしむべし。法は望む人ありとも抑ていまだ出すべからず。誠に專にして無欲に至らしむべし。禮文法度はおこりやすきものなり。抑留とも後世必ず備るべし。立がたきものは誠なり。至りがたきものは無欲なり。たとひ周法大かた行はるゝといふとも、驕吝《ケウリン》相交て欲あり、多事博文にして誠なくば周公孔子何ぞこれに與し給はんや

そはるゝもあり、鑓太刀鐵炮馬、おもひ〳〵に候。扨は謠か茶の湯か酒か哥か禪學か人どか、それよりくだれるは様々のいやしきども奢もありとみえ申候。大身は大勢も寄合、小身は座敷もなく、人遣もなけれは、五人七人に過へからす候。其中間の人しはきとか、きようとか名を付いへは、かけかまはぬ世間の人も聞傳て申にて候。互に一かまへ〳〵に候へは、一へんにわたると云とはなく候。こゝに三綱五常の道を修て、其身の作法正しく、家内の男女をよくおさめ、人馬軍役に應してたしなみ、知行の百姓をも、つよからすゆるからす末長く立へき様にし、ひろきとすくれたるとはなくとも、文武の藝にもくらからす、世間の奢にをどりあはす、親類知音相番のかた〳〵と交りをかゝす。屋作を輕くし、衣服を儉約にし、諸道具をはぶき飲食をうすくし、費

集義和書卷第六

心法圖解

天道

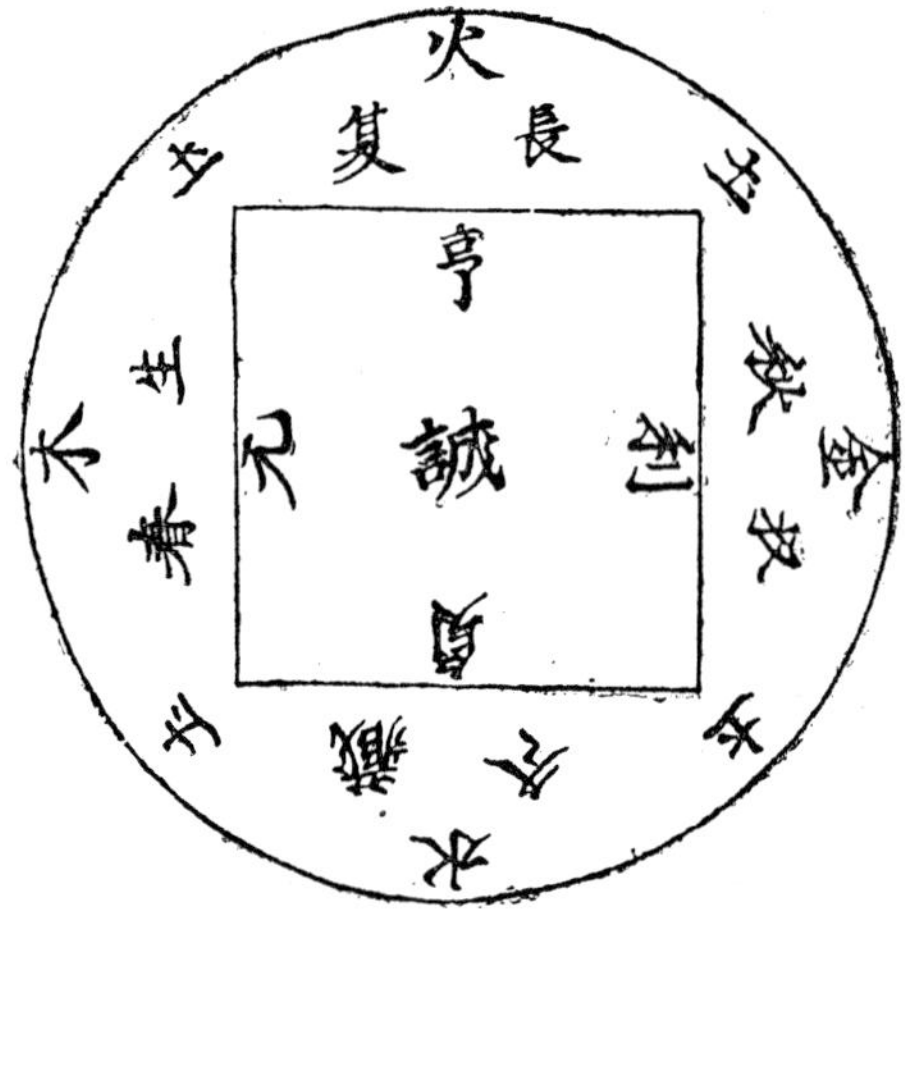

をやめて有餘を存し、親類知音のおちめをすくひ、家人百姓をあはれみ、晝夜文武の務に暇なく、世上の品々のあそひは不知かとく、忘れたるがとくなる人あらは、世中には正人あり、類を以來りともなふへし。用をも節せず、不時の備をもせす、わさとたくはへぬ様にし、仁にも義にもあらすして、つくりてむさとつかひ施すを無欲と申候はんや。それは名根より生して欲心のいひわけにこしらへたるもの也。欲心ある故に人のきたなきといはむかとて、きようだてをするにて候。眞實無欲の人には、きようもなきものに候。眞實に無欲なれば、人かしはきと云むかとの氣遣もなく候。故に心もつかす、家屋の美を好されは、をのつから儉約にして、衣服諸道具飲食の好なけれは、自然と輕し。無欲無心の儉約なれは、我も勞せす人もとかめす、淡淸の好人とい

□ハ寂然不動ノ象也○ハ流行活動ノ象也□ハ理ヲ圖シ○ハ氣ヲ圖ス。太虚ハ理氣ノミ。天道ハ至誠無息也。故ニ誠字ヲ中ニ書ス。誠ハ天之道ナレバ也。其中ヲノヅカラ元亨利貞ノ條理アリ。是ヲ天ノ四德ト云。四德モト一理ニシテ無方ノ神ナレ𪜈、天地開ケ形象アラハレテ後木ハ東方ニ位ス。木氣ノ神ヲ元トス。故ニ左ニ書ス。火ハ南方ニ位ス。火氣ノ神ヲ亨トス。故ニ前ニ書ス。金ハ西方ニ位ス。金氣ノ神ヲ利トス。故ニ右ニ書ス。水ハ北方ニ位ス。水氣ノ神ヲ貞トス。故ニ背ニ書ス。元理感ジ木氣流行シテ万物生ズルヲ春トス。亨理感ジ火氣流行シテ万物長ズルヲ夏トス。利理感ジ金氣流行シテ万物収マルヲ秋トス。貞理感ジ水氣流行シテ萬物藏ルヽヲ冬トス。土ハ中央ニ位ス。土氣ノ神ヲ誠トス。シカレドモ土用ハ四季ニ應ズルガ故ニ四隅ニ書ス。相生ズルノ序ハ木火土金水ナリ。火ハ土ノ母ナレバ、土ハ未申ヲ盛位トス。是天地鬼神ノ造化ヲナシテ無盡藏ナル道理ナリ

ふへき也。貴殿は無欲をたしなまば身上成まじ。しからは世中の務も如何と思召ゆへとも、無欲なれは身代もつゞき、世間の務もよく成事にゆ。奢は陽の欲、しはきは陰の欲也。無欲をつくるは名根の欲也。三ともに大欲心にてゆ。君子の無欲といふは、禮義にしたかひて私なきとなり。如此の正人あらは、今の世とてもあしくは申ましくゆ。たとひ無心得者かありて、あしく申せはとて、かまひなきと也。天道を我心の證據人と可被成ゆ。此まへ遠國の人愚に物かたりせられゆ。在所にきどく成もの御座ゆ。知行五百石の身上にゆ。親類知音に申様我等は下手故ゆやらむ、公役軍役をつとめ、人馬を持、奉公を仕ゆへは、漸事たりゆ。相番中外むきの交りはかゝれ申さすゆ。其上に親類知音中、折節の振舞をもしてあそひゆへは、其分不足にゆ。左ゆへは町人の

惟此無極ノ理ニ五ノ精妙合シテ人トナリ、明德ソナハル。是ヲ性ト云。性中ヲノヅカラ仁義禮智信ノ條理アリ。天ノ元ノ人ニアルヲ仁ト云。天ノ亨ノ人ニアルヲ禮ト云。天ノ利ノ人ニアルヲ義ト云。天ノ貞ノ人ニアルヲ智ト云。天ノ至誠無息ノ眞ノ人ニアルヲ信ト云。タトヘバ同ジ水ノ流ナレドモ、所ニヨリテ川ノ名ノカハルガ如シ。仁義禮智信ハ天理未發ノ中也。故ニ

物をかゝりてやらぬ様に成申候。しかれは親類知音中寄あひ、かたりをいひて、町人の物を取て飲食するにて候。熊坂かあてのみに近く候。親類知音の心安は、かやうのヿをもうちとけいひて、遠慮あるましきヿに候。各は上手にて有餘あらは振舞可被成候。何方へも參へく候。此事にても來かゝりの常住か催して寄合候はゝ、なら茶は可仕候。各も長半流ならは御無用に候。我等の流に可被成候とて、親類知音中用ありて來るか物かたりなとして、時分まてゐかゝれば、平生の麁食を振廻催して、寄合時もなら茶かゆ、ざうすいの外は不仕候。見事成親類知音のあひさつとて、心ある者は感申とかたり候き

74 來書略、拙者せかれ御存知のヿく、うつけにてはなく候へ共、世間の習に入て氣隨我まゝにして、道德を不好、諸藝も根に

□ニ書ス、喜《キ》怒《ド》哀《アイ》樂《ラク》ハ氣ノ靈《レイ》-覺《カク》ナリ。故ニ○ニ書ス。惻《ソク》-隱《イン》羞《シウ》-惡《ヲ》辭《シ》-讓《ジヤウ》是《シ》-非《ヒ》ハ仁義禮智ノ端ナリトイヘ𪜈、氣ニ感ジテ聲色ニアラハル、故ニ○ニ書ス。仁ハ天ノ元《ゲン》德《トク》ニシテ生理也。其本體ハ無《ブ》-聲《セイ》無《ブ》-臭《シウ》ナリトイヘ𪜈、感ジテ天下ノコトニ通ズルトキハ慈-愛惻-隱ノ心トナル。天下國家慈愛ナクテハ一日モ立ガタシ。是天ノ元德春ヲ以テ万物ヲ生ズルニ合ス。イカナル愚夫愚婦モ赤子ノ井ニ入ントスルヲ見テハ甚イタミカナシメル心生ジ、ハシリヨリテイダキスクフモノ也。此時ニアタリテハ其赤子ノ父ニウレシク思ハレントノ心モナク、スクハズハ不仁ナル者ト人ニアシクイハレント思フ心モナク、其父母ヲ知不知ノ辨ヘモナシ。此心ヲ人ニ習知タルニモアラズ、天機ニウゴイテ不レ能レ已ヿミヅカラモ不知處ナリ。故ニ是ヲ仁ノ端ト云也。禮ハ天理ノ亨《カウ》德ニシテ、盛-大流-行ノ至神ナリトイヘ𪜈、天下ノコトニ感ズル時ハ恭-敬辭-讓ノ心トナル。上下貴賤ノ分定リ、位品アリテ相爭ハズ。相シノガズシテ天下大平也。天下太平ナル時ハ物ソナハル。天ノ夏ヲ以テ万物盛長ナルニ合ス。神明ノ宮社ニ近付トキハ自然ニ恭敬ノ心ヲコリ、主君ノ位ヲスグル時ハ、君キマサズトイヘ𪜈敬心生ズ。一文不通ノ賤男賤女モ

不入。かへりて父の非をかそへ、諸同志の非を申、利口にして其身の行跡あしく、まことの奢れる子の不可用にて御座候。如何仕てよく候はんや

返書略、一朝一夕のゆへにあらす候。貴様の年來被成つけたることにて御座候。御子息の罪にあらす候。惣して父と君とは心根に仁ありて、常は嚴なるかよく候。人生は水火の二にあらされは一日もたちかたく候。水火の仁ほと大成事はなく候へとも、火は嚴なるものなれは、人をそれて用心仕候故に、心と火に近付て死するものはなく候。水は柔成ものに候故、人々心やすかり近付て溺死する者おほく候。貴様の病はけつかう過たるにて御座候。結構過たるは人のほむるものにてよきやうに御座候へ共、其門に不孝子いて、其國に不忠臣いて候。嚴なる主親は無理をいひても、子も臣も怨みぬ

客アレバ馳走シタキ心アリ。飲食菓子ニ至ルマデ多ヲアタヘ少キヲトリ、ヨキヲユヅリアシキヲ食スルノ事アラズト云コトナシ。故ニ是ヲ禮ノ端ト云。義ハ天理ノ利德ニシテ神武ノ勇アリ。天下ノコトニ感ジテハ善惡邪正ヲ斷《ダン》-制《セイ》ス。天ノ秋ヲ以テ實《ミ》ノル物ハ成-實シ、葉ヲツルモノハ黄《キ》バミヲチ、虛實ワカル、ニ合ス。羞-惡ノ心ハ我ニ惡アレバ耻カシク思ヒ、人ニ不義アルトキハニクム心生ズ。此耻ノ心深キ者ハヨク過ヲ改メ善ニウツリ、賢人君子ノ地位ニモ至リ易シ。無學ノ野人トイヘドモ死ベキ所ニテハ死シ、主君ノ難ニ當テハ命ヲカロンジ、名ヲ後世ニアグル者アルハ、此羞惡ノ心アル故也。故ニ義ノ端ト云。智ハ天理ノ貞《テイ》德ニシテ心ノ神明也。空々トシテ衆理ヲ妙ニス。天下ノコトニ感ジテハ是非善惡ノ鑑トナル。天ノ冬ヲ以テカクシ、天氣清明ニシテ來歲春夏秋ノ根トナルニ合ス。智ノ本体ニ是非善惡ト云モノアリテワカツニ非ズ。一物ナクシテ虛明神靈ナル故ニ、万事万物ノ形アラハレ情ワカル、也。鏡ノ虛明ニシテ一物ナキ故ニ、物ノ形ヲウツスガ如シ。鏡ハ虛明ナルノミニテ神靈ナキ故ニ物ヲウツスバカリ也。智ハ神明ナル故ニ能天下ノ事ヲツカサドリ物ヲ成也。然ドモ鏡ヨリ外ニハ智

ものにて御座候。たま〳〵少のなさけありても、天より降たるやうによろこひ候。けつから成主親は道理ありても、子も臣もうらみ申候。いか程なさけ恩賞ありても、其當座はかりにて忝ともおもはぬものにて御座候。親のけつから成は、その子のそたちあしく、主君のけつからなるは、家中の風俗あしきものに候。水の仁は母のとく、火の仁は父のとし。貴様母の仁にして御子息あしく成給ひ候。今に至てはけしく被成候はゝ、いよ〳〵戻てよきとあるましく候。國家の政道を取ても、貴様のとくけつから成奉行の下には、罪人おほくて人多死するものに候。又君子なれは如何程柔和にても子も臣もおそるゝものに候。神武の徳おはします故也。水も大淵の青みかへりて底しれさるには、をそれてほとりに立かたし。やはらかなれとも大に威御座候。貴様今よ

ノ象ニナスベキ物ナキ故ニ古今タトヘトスル也。惣ジテタトヘト云モノハ一端ノ形容也。全体不測ノ神靈ハタトフベキ様ナシ。鏡ニ扇ナリ𪜈一物ウツシ置テ、是ヲノケザル時ハ他ノ物ウツラズ。智モ空々トメ一物ナキ時ハ能万事ニ應ズ。知識ノタクハヘアルトキハ、眞知自然ノ照ニ非ズ。知者ハ無事ナル處ヲ行トテ、智者ノ國天下ノ政ヲナシ、事ヲトルハ易簡ニテ何ノムツカシキ事モナク、水ノ流ル、ガ如ク也。知ニ是非ハナケレ𪜈物ノ是非身ノ善悪ヲワカツモノハ知ナル故ニ、是非ノ心ヲ知ノ端ト云ナリ。信ハ至誠無息ノ天理ニシテ仁義禮知ミナ信アリ。故ニ四端ミナ眞實無妄ナリ。天道ニ元亨利貞ヲ云テ誠ヲ不レ言ガ如シ。四時皆土用アルガ如シ。誠ハ天ノ道ナリ。誠ヲ思フハ人ノ道ナリ。故ニ信ヲ中ニ書ス。仁義禮知モ無方ノ神理ナレ𪜈ヲナジク水火木金土ノ神ナル故ニ、天地ノ方位ニ配シテ書ス。四端モ又四時ニ配シテ書ス。喜怒哀樂ヲ四隅ニ書スルモノハ天ノ時ニカタドル。喜ハ春ノ色也。哀ハ秋ノ聲也。樂ハ夏ノ象也。怒ハ冬ノ氣也。喜ハ愛ヲカネ、哀ハ懼ヲカネ、怒ハ悪ヲカネ、樂ハ欲ヲカヌ。心正キ時ハ七情節ニアタル。故ニ聖人ノ喜怒哀樂ハ四時ニ配ス。文王一度《タビ》怒リ玉ヒテ、天下ノ民

り火の仁は成ましく候間、水の仁にしていよ／＼德を御積可被成候

75 來書略、雷はおそろしきものにて御座候。何方へおち候はむも難斗候。誰もおそるゝは尤にて候。是もわきまへなき故たるへく候や

返書略、雷聲をおそるゝ者は惡氣と惡人と也。貴殿惡人ならすして、惡人の徒と成給ふとは、まよひある故に候。雷聲は物の溜滯を通するものなる故に、雷を聞ては氣血流行し、相當の灸をし、藥を服用したるよりも心地よきものに候。いまたなるとのつよからさるをおしみ候也。たとへは盜賊をいましめのために夜廻りを出し、辻番ををかれ候とは、常人のためには悅にて候。然るに盜賊は其改を聞ては肝をけし候。たゝ平生心に惡ある故に、雷聲を聞ておそるゝにて候

安キモノハ、冬ノ寒氣ツヨクシテ、來歲豐年ナルガ如シ。亦天人合一ノ圖ニ五倫ノ五典十義ヲ書スルモノハ、天ニ五行アリテ人ニ五倫アリ。五行ノ神ハ元亨利貞誠也。五倫ノ眞ハ仁義禮智信也。故ニ父子ノ親ハ仁也。君臣ノ義ハ則義也。夫婦ノ別ハ知ナリ。長幼ノ序ハ禮也。朋友ノ信ハ則信也。父母ノ子ヲ愛シ養育シヒト、ナスヲ慈ト云、子ノ父母ヲ愛敬シ安ズルヲ孝ト云、君ノ臣ヲアハレミ各其利ヲ利トシ、其樂ヲ樂ミ、其生ヲトグル樣ニ政敎ヲナシ玉フヲ仁ト云、臣下ノ身命ヲ君ニ奉リ二心ナク眞實ヲ盡スヲ忠ト云、夫ノ婦ヲアハレミ、夫ノ家ニ心ヲ止テ安座スル樣ニシ、能敎ヘミチビクヲ義ト云、婦ノヨク夫ニシタガヒ、地ニ二ノ天ナキ如ク、我夫ノ外ニ天下ニ夫ナキ貞ノ道ヲ守リ、カリソメニモウシログラキ事ナキヲ聽ト云。兄弟ハ天倫ノ親ニテ同氣同親ナレバ連レル枝ノ如シ、大父母ノ次第ヲ以テ年長ゼルダニ位ヒトシキ時ハ長幼ノ序アリ。況ヤ小父母ノ兄第ハ骨肉ノ恩アレバ、兄ハ父ニカハリテ弟妹ヲ敎ヘミチビキ愛養スルヲ良ト云、第ハ兄ヲ父ノ如ク思テ能從ヒ仕ルヲ悌ト云。朋友ハ眞實無妄ノ天道ヲ父母トシテ、異親同氣ノ兄第ナレバ、眞實ノ心ヲ以テ相交ヲ信ノ道ト云也。天ノ元亨利

76 來書略、聖人に夢なしと申ゆへ共、孔聖周公を夢みるの語あり。兩楹の間に祭らるゝの夢あり

返書略、たゝ世俗にとりて夢といへり、これ夢にあらす。聖人の心には正思あり、前知あり。周公を夢み給ふは夜の正思也。兩楹に祭らるゝは夜の前知也。今日吾人といへとも聖人に同しく夢なきことあり。士たる者は常の産なけれとも常の心あり。盗をせざるの心は死に至まて變せす。學問せされとも、幼少より其義を精く習來たる故也。然る故に盗をしたると云とも、盗をしてをはれたるなとゝある夢も終に見す。是一は聖人と同し、間思もなく夢もなし、致知のしるし也。昔より物を格すの功也。下々の盗をしてはあらはれんことを恐れてせさるはかりにて、恥の心うすきものは時ならすほしき念慮もあるへし。しからはゆめにも盗

貞ト人ノ仁義禮知ト八同体異名也。天ノ五行ト人ノ五倫ト八同氣異形也。天地ハ元亨利貞ノ理ニ隨ヒテ四時行ハル、時ハ、天地位シ万物育ス。人ハ仁義禮智ノ性ニシタガツテ五倫明カナル時ハ、家齊リ〔齊初〕國治天下平也。父母ノ子ヲウメルハ春生ズルガ如シ。故ニ左ニ書ス。兄第長幼相ツラナルハ夏長ズルガ如シ。故ニ前ニ書ス。君臣ハ極ヲ立ルノ大義ナリ。君臣相カナツテ國治リ天下平也。天地ノ化育ヲ助テ物ヲナセリ。秋實《ミ》ノルガ如シ。故ニ右ニ書ス。夫婦ハ人倫ノ初ナリ。天地開テ後《チ》男女アリ。男女アリテ後夫婦アリ。夫婦アリテ後父子アリ。兄第アリ。朋友アリ。君臣アリ。故ニ五倫皆夫婦ノ内ニコモレリ。天ノ冬ヲ以テカクスガ如シ。故ニ背ニ書ス。朋友ハ五行ニ配シテハ土ナリ。土ハ定位ナシ。故ニ外ニ書スルノミ

をしてをはれなとし、又とらへられたるなことある夢もみるへし。常におもはぬことをもみるなれとも、大方其類に觸れたることをみる也。車に乘て鼠穴を通たるといふ夢はみたるものなしとや

77 來書略、人の身の心中にあるは、魚の水中にあるかことし。此心より此身生れ、亦身の主と成と承候。たとへは車をつくる者の、車を作てのるかことし。然るに人の天地の中にあるは、人の腹中に心のあるかことしと仰られ候。心は內外なし、腹中にあると一偏にいふへからす候

返書略、天地人を作りて亦人を以主とす、其天の作所の理すなはち人の性命也。人性もと無極也。天地を入て大なりとせす。故に人は天地の德神明の舍ともいへり。心の臟の虛中をのつから一大極あり。又腹中といふも害あらす、心に內外なきことは本より

心法

心法ノ圖ニ□ノ內ニ中字ヲ書スルモノハ、中ハ天下ノ大本ナレバナリ。上ニ無形無色無聲無臭ヲ書スルモノハ未發ノ本然ヲ云ナリ。靜虛無欲ハ中ノ德ナリ。寂然不動ニシテ感ズルモノハ中ノ神理ナリ。故ニ皆□ノ內ニ書ス。神明ヲ◫ノ間ニ書スルモノハ知ハ心ノ神明ナリ。モト寂然不動ノ理ナリトイヘドモ、五德ノ中ニ先感ズルモノナリ。天下ノ万事ヲツカサド

の義也

78 來書略、臨終の一念とて、命終る時の心持を大事と仕候は、さもあることに御座候哉

返書略、細工は流々とやらん申候間、其理こそ御座候はめ。それも造化を輪廻と見て、生れかはるの見より生したることたるへく候。緩々と死なはこそ、其一念も可存候へ。ふとおもひかけぬことにて、何のいとまもなく死候はヽ、何として成申へく候や。其上昼の心のかけは夜の夢と成候。昼一日悪事をおもひ、悪事をしてねいりさまに、善事をおもひ候とも、其心にもなき作善念は、夜の夢とは成申ましく候。只終日の實事のかげならてはさし申ましく候。誰も晝夜の理に惑ひうたかふものはなく候。目さめておき、ねふたくてねいり候。何の心もなく候。生死は終身の晝夜にして、昼夜は今日の生死

リテ、照サズト云事ナシ。動テアラハレズ、有無ノ間ナルガ故ナリ。無聲無臭ノ本然ニヲイテハ手ヲ下スベキ様ナシ。聖人ノ敎ヲマウケタマヒ、學者ノ問學ヲ好テ理ヲ窮メ德ニ入ノ門ナリ。故ニ心ノ神明ヲ⊖ノ間ニ書シ、愼獨ヲ以テ心法ノ要トス○ノ内ニ和字及ビ動直無爲遂《ツイ》通スル天下之故ヲ書スルモノハ發シテ節ニアタルノ義ナリ。寂然不動感ズルノ本立テ遂通天下之故也。靜虚ナルガ故ニ動直ナリ。無欲ナルガ故ニ無爲ナリ。無爲ト云テ何事ヲモナサヾルニハアラズ。人欲ノ私ナク、天理ニシタガツテ不得已シテ應ズル時ハ、終日爲コトアリテモ無爲ナリ。同ジ文字ニテモ利貞ノ利ト利欲ノ利ト黑白ノカハリアルガ如シ。天德ニアリテハ物ヲ利スル故ニ道ナリ、凡人ハ己ヲ利スル故ニ欲ナリ。夏《カ》ノ禹《ウ》ノ洪水ノ時ニアタツテ外ニ八年三度其門ヲスギテ入タマハザルモ無爲ノ至ナリ○ノ下ニ視善聽善言善行善ヲ書スルモノハ、人ハ動物ナリ、行ヲ以テ性トスルノ義ナリ。善ヲナサヾレバ德ヲ積コトナシ。善ト云テ善ヲ作爲スルニハアラズ。六藝ニアソブモ善ヲスルナリ。今日マサニナスベキ事ヲスルハミナ善ナリ

にて候。生死の理も昼夜を思ふごとく常に明に御座候へは、臨終とても無別儀候。薪つきて火滅するかごとく、寝所に入てねいるごを心よくするかごとく、何の思念もなく、たゝ明白成心はかりに候

79 再書略、晝夜の道に通して知と御座候へは、生涯の心のかげもまた鬼神の境界と可成候や

返書略、生て五倫の道ある者は、死て五行に配す、本死を以いふへからす。明には五倫といひ、幽には五行と云、生も造物者と友たり、死も造物者と友たり。生には人心あり、死には人心なし。人の字に心をつけ候へは明白成事に候

80 来書略、大舜の故事をのへ給ふと、孟子の書に異なるは何としたるとにて御座候や

返書略、孟子の語勢を知給はさる故にて候。

凡心

凡心ノ圖モヲナシテ神明ヲ書スル事君子ノ圖ニ同キモノハ、人ト生レタル者ハ聖人凡夫共ニ天性ニヲイテカハリナシ。善ヲ知悪ヲ知ルノ神明アラズト云コトナシ。人々不義ヲニクミ悪ヲハヅルノ良知是也。タヾ愼獨ト自欺ノタガヒヨリ千里ノアヤマリト成テ、君子小人ノ名アリ。然ドモ一念自反シテ惑ヲ辨ヘ、獨ヲ愼ミ過ヲ改メテ善ニウツル時ハ、凡夫モ君子トナ

孟子の語勢は本の虚實をとはす、それにしても此道理と滞なく道徳を發明し給ひたるもの也。いかに質素の時なればとて、天子の姫君をつかはされ壻にし給ひし人を、藏をぬれ井をほれと云とはならぬと也。象か所務わけしたるとて手に入ものにて候はんや。我とわれとの賤しき者を殺してたに、助てをくと云とはなき法也。たゝ類ををして義の精きに至り、若如此ありても如此と至極いひつめたる論也。不告して娶るの論は、若後世不合点成親ありて、告て同心すましき者あらは、子孫相續は孝の第一なれは、不告して娶りても不苦候、告の禮を不用とは小節也。子孫を續人の大倫を立るは大義なれは也。舜のむかしより情欲の父母につかへ給はすして、性命の父母につかへ給ひしと、孟子に至て明也。瞽瞍の本心は告てかならす娶るの本心也。天子の命なれ

ルベシ。故ニ神明ノミ同ク書スルモノ也。小人ハ自欺テ氣ニ隨フ。故ニ心ノ体空ナル時モ眞空ナラズ。故ニ□中ニ頑空ヲ書ス。念慮動ク時ハ妄也。故ニ意必固我間思雜慮ヲ◯中ニ書ス。左右ノ十二字ハ凡心ノ常ヲ書ス。重キモノヲアグルノミ。驕モノハ吝ナル者ヲソシリ、吝カナル者ハ驕ル者ヲソシルトイヘドモ、共ニ凡心ノ惑ナル事ヲ不知。甚シキ者ハ欲惡ノ二ニ落入、故ニ下ニ書ス

悟道

□ノ◯ヲハナレテ高キヲ悟道トスルモノハ見所ノミニシテ用ヲナサヾル

は愚痴成ことをいはせ給ふへきにもあらねとも、愚なるものをしりつゝ、通せぬことをいひきかせて、わけもなきことを云時、をしてやぶるも舜のために心よからねは、一向初より不告して娶れと詔ありたる也。大舜は如此の叡慮ありとひそかに告給ふへく候

81 來書略、大王は仁人也、しかるに貨を好み、色を好と御座候は如何

返書略、是も孟子の語勢也。國に三年の蓄なければ、國其國にあらすとて、後世の人の己がために貨をもつとはちかひて、國人のために積置ることにて御座候。一國の一年の藏入を四に分て三を以万事を仕舞、一を残して兵事水旱の用に備候。天道の四時も多一時を不用して貯とし給ふかとし。三年積て一年の餘あり、九年積て三年の餘あり。籾にてをき、干飯にしてをき、あまり久しきは段々に入かへなと仕候。如此なれ

コトヲ示ス□○ハ理氣也。理氣ハアルトキハ共ニアリ、ハナルベカラズ。ハナル、時ハ□モ實理ナラズ○モ眞氣ナラズ□中ニ見性ヲ書スルモノハ異端トイヘ𪜈寂然不動無欲無爲ノ性ヲ見タル事ハ一也□ハ無ノ至極ナリ。聖學ニハ其無ヲヨク窮タル故ニ惑ナシ。異學ニハ無ヲイヘ𪜈、無ヲ窮メツクサヾル故ニ、サトリタル所ニ則惑アリ。造化ノ神理ヲ見ソコナヒテ、天地ヲモ輪廻ト見タリ。故ニ曰、儒學ニハ天道ト云テ大ナル事ニスレ𪜈、天地ノ道トモニ惑ナリ。故ニ佛氏ハ太虚ヲ出、陰陽ヲハナル、ト云リ。太虚外ナシ、コヱ出ベキ所ナシ。亦輪廻ナシ、ハナルベキモノナシ。タヾ□ノ寂然不動無欲無爲ニシテアラハレズ。アトナキノ眞ヲ見テ佛性トシ、コ、ニ至テ不生不滅ナルヲ成佛トシ、陰陽生々ノ氣ヲハナレテ二度生レズ。子孫ナキヲ以テ出離生死トスルナルベシ。造化ハ無盡藏ニシテ無中ヨリ生ズ。生ズル者ハ消ス。行モノハカヘラズ。輪廻ト云事ナシ。無始無終トハ云ベシ。不生不滅トハ云ベカラズ□ノ前後アラハレズ。形象聲臭ダニナケレバ亦滅スルト云事モナキヲ不生不滅トイヘルナルベシ

は異國の兵亂ありても內堅固にして危きとなし。水旱の運にあひても人をそこなはす、盜賊おこらす。國人のために貨を好てみつからのために好にあらす。後世には貯れとも、みつからのためのたくはへなれは、多ても飢饉の用には不立。大明の韃靼にとられしも、國に三年の蓄なかりし故、飢饉にあふて盜賊おこり、それよりすぐに兵亂に成てとられたれは、國に三年の蓄なきは、國其國にあらさるの至言明か也。また大王の色を好み給ふにはあらす。もし好み給ふにしても、大王の時のごとく婚姻の禮を明にし、事物を輕くして男女時を不失。三十の男は必す婦をむかへ、二十の女はかならす嫁するやうならは、王道にをいて尤重き事也。今齊王色を好とも大王のごとくせは王道に妨けなしと也

集義和書巻三終

禽獣

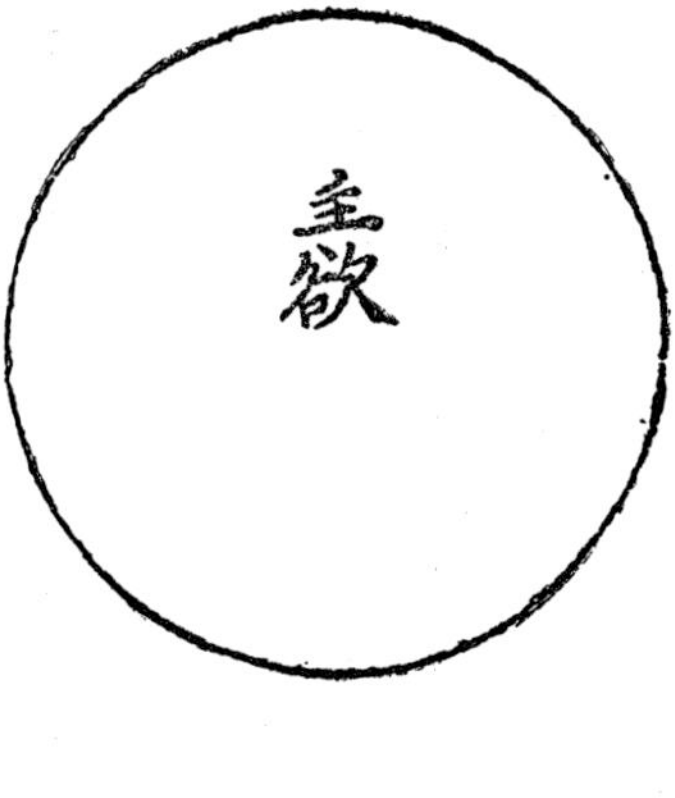

○ノミニシテ□ナキヲ禽獣トスルモノハ、禽獣ハ形氣ノ欲ノミヲ以テ心トス。故ニ○中ニ主欲ノ二字ヲ書ス。理ノ知覺ナケレバ虚生浪死トテ、生ルモワキマヘナク、死スルモ腐《クチ》ウセヌルバカリナリ。禽獣トテモ□○ヲハナル、事ハナラザレドモ、ニゴリテクラキ故ニ理ノ靈覺ハ見エズ、故ニナキガ如シ

或問、雁ノ長幼ノ序アリテ、行ヲミダラザルハ□照シアルニ似タリ。曰、陽鳥ニテ火氣ヲ多ク受テ生レタルモノナリ。火氣ノ神ハ禮ナリ。故ニ自然

集義和書卷第四

書簡之四

82 來書略、いにしへは人に取て善をなし、人の知をあつめ用るを以て大知とす。今は人の善をとる者をはまねをするとてそしり、人の知を用れはおろかなりとあなとり申候。又たま〱貴人の人の言を取用ひ給ふも御座候へとも、善なるさたもなく、却てあしき事は有之躰に候。いにしへの道は今行かたきとみえ申候。但何とぞ受用のいたし樣も御座候哉承度候

返書略、むかし今川の書をたに良藥の病に利ある事をは諸國にも取用たり。吾人我といふもの有之候故に、善なれとも人のいひたるとは用さるの爭御さ候。聖人には常の師なしとて、善を師とし給へり。いにしへ

ニシカリ。禮ヲ知テナスニ非ズ。故ニ其他ノ事ハ皆鳥ナリ。人ハ禮ヲ知ナガラ無禮ナルハ禽獸ニモヲトレリ。サレバ詩人モ人トシテ禮ナクハ何ゾハヤク死ザルトイヘリ。人タル者ハ無欲ノ性ヲ固-有シテ、無欲ノ理ヲ知ナガラ、欲ノミヲ心トスルハ禽獸ニ異ナラズ。禽獸ハ禽獸ト生タルモノナレバ罪ナシ。人ハ人ノ性アリテ禽獸ニ近キハ大ナル耻ナリ

或問、心ハ靈覺ノ名ナリ。人物トモニ靈覺アリ。心ノ虛靈知覺ハ一ナリ。理氣ノ知覺二アルガ如クキコユルハ如何　曰、靈覺ノ本ハ理也。理ノ靈覺ハ至テ明ニ、至テスミヤカナリ。故ニ感トノミイヒテ知覺トハ云ガタシ。至テ神靈ナルガ故ナリ。聖人ハ人ノ神明ナリ。平人ハ聖人ノイマダヒラケザルナリ。禽獸魚蟲草木ハ氣ニゴリテ質偏ナル故ニ靈覺ニブシ。故ニ末ニナリテ氣質ノ靈覺ノミナリ。本理ノ照ハヲヨバズ。人ハ靈覺全シ。故ニ生ヲ知リ死ヲ知ル。死生二ニアラズ、獸ハ生ヲ不レ知、死ヲ不レ知。死ト共ニ亡ブ。獸ハ氣質ノ知覺アツキ故ニ死ヲカナシム事ヲ知ノミ。鳥ハ獸ヨリモ知覺ウスシ。イタミテ哀鳴スレドモ、死ヲ恐ル丶心ハナシ。大鳥ハ獸ニ近キモアリ。魚ハ感ノミアリテ知覺ナシ。其中大魚ハ鳥獸ノ知覺ノ如クナルモ有べ

は人の善をゑらんて、これを取用るを知とし、己を立て人の善をとらさるを愚と申候。善を積て德となり善人の名をなす時は、人にとりたる事をいふ者なし。爭をつみて不善の名をなす時は己か損也。人にとらさる事をほむる者なし。大舜は問ことを好て人の知を用ひ、人の善をあけ給へり。天下古今の師とする處にして大聖人なり。桀紂は人の知をねたんて用ひす、人の善をふせいていれす。己一人才知ありと思へり。しかれとも天下古今のそしる處にして大惡人也。かくのことく善惡の道理分明なれとも、凡情の習にて桀紂か行にならふ者は多く、大舜の德を學ふ者はすくなし、思はさるの甚き也。又人の言を用てもよからすと申候は、己にしたかひこふる者の、告しらする小知の理屈なとにて、事はよきに似たれとも、人情時勢にあはさる事ともにて候へは、用て却

困魚 シコ、、ノ感ハ氣ノ感ナリ。理ノ感ニ異ナリ。草木ハ感モナシ。質ノ生ノミナリ。次第ニ知覺ノウスキヲ以テ不二ノ二ヲ見ベシ

てあしき事となり候。賢知の者は己にしたかはすこびす、まされる名の有故に、爭の心ありてふせけり。小人の言を取て賢知の言をふせかは、何を以かよかるへきや。燕王か堯舜の子にゆつらすして賢にゆつり給ひし善名をうらやみて、子之に國をゆつりて乱れたるかとし。子之か賢ならはうけましき也。うくるほとならは國ゆたかなるへし。子之は小人なれは、うけましき人情時勢をしらてうけたり、故に乱に及へり。小人の言はいかてか人情時變に叶申候はん哉

83 來書略、貴老には敵多有之候。佛者の佛敵と申候は實を不存候へは尤に候。朱學の者の中にも大にそねみいきとをり、貴老をなき者にも仕度存候者有之由に候。王學の流と申者の中にも御座候躰に候。其外人の存たる惡人共方々いたし虛說造言を取あつめて讒言仕候間御用心可被成候

集義和書卷第七　（困十五）

始物解

129 一　易ニ云ク。古者《イニシヘ》包一犧一氏ノ之王二タリシナ天下一也。仰テハ則チ觀《ミ》二象ヲ於天一。俯〆ハ則チ觀ル二法ヲ於地一。觀ル三鳥一獸ノ之文ト與《ト》二地ノ之宜一。近クハ取リ二諸身一。遠クハ取ル二諸物一。於テレ是ニ始テ作テ二八一卦一ヲ以通ス二神明ノ之德一ニ。以テ類ス二萬一物ノ之情一ニ

伏犧ハ天地ヲ父母トシ、天地ノ造化ヲ助テ、天ニツイデ天下ニ王タリシ神聖ナリ。天地ヒラケテ聖人ト云名ノ傳ハリシハ伏犧ヲ始トス。伏犧以前ニモ聖德ノ人ハ多カルベケレ𪜈、人ニ敎ント思フ心ハヲコラザルナリ。イカントナレバ人ニマドヒナケレバ、明知モアラハレズ。不孝子ナケレバ孝子ノ名ナク、不忠臣ナケレバ忠臣ノ名モナカリシ也。是故ニ伏犧ヨリサキノ聖人ハ渾然トシテシラレザルコトハリナリ。。伏犧ノ時ハ天地開闢ヨリホド久シク、人モ次第ニ多ナリ、物欲モ少ヅヽキザシテ、人心ニマドヒ出來シカバ、伏犧コレヲカナシミタマヒテ敎ント思給フ心アリ。ヨツテミヅカ

返書略、人はいか様にも候へ、此方には學者をそしり給ふましく候。非ありともかくして其非をあけらる間敷候。予同志の義論に當て不得已して他の學流のついゑを申事候へ共、名をたにかくして不申候。たゝ其義論の道理たにすみ候へはよく候。たとひ留書なとありとも、學者の非をいひたる處は除き給ふへし。たとひ予か學見に非あり、他の學者の過ありとも、世をまとはし民をしゆるの左道には同しかるましく候。たま〱雨夜の星の光はとかゝやき出て、佛者と多少をくらふれは、万分か二三にも及はす。すくなき學者の中にてたかいにそしりなみし、聖學の身方うちするは是非は外にして、あさましき凡情たるへく候。亦予を方々よりそしりこめて、遠方よりたつぬる人にも、近里の同志にも、道德の物語するともならぬ様にいたし、他出も不自由なる

ラ天地ヲ師トシ。天ノ日月星辰ノ象、地ノ風雷水火ノ時ニヨロシキ處ヲ見
困。仰て天象ヲ觀タマヘバ、陰陽ニヨッテ兩儀ノ友ヲナシ、日月星辰ニヨッテ大陽大陰少陽少陰ノ友ヲナシ、乾坤ニヨッテ純陽純陰ノ三畫卦ヲナシ、乾坤六子ヲ生シテ八卦備レリ。俯シテ法ヲ地ニ觀玉ヘバ天ノ陰陽五行ノ施ヲ受テ風雷雨露ニタガハズ。
タマヒ、春夏秋冬ノ時ニタガハズ。山澤氣ヲ通ズルノ神ヲシリ變ヲ察シ、天理自然ノ文章鳥獸ノ羽毛ノアヤニモアラハレテ、至誠無息ノ感ズル處ヲ知玉フ。近クハ我身ニモトリ、遠クハ万物ニモ。困トリタマフ トッテ始テ八卦ヲ作タマフ。此八卦ノ象ヲミル人、フカクミレバ天地神明ノ德ニ通ジ、精ク察スレバ、万物ノコトハリ皆此中ニアリ。此時マデハ文字モ書物モナカリシ也。此八卦文字經書ノ始ナリ。カサヌルニ八ヲ以シテ六十四卦トナル。コヽニヲイテ天地万物ノ理コト〲ク備レリ。古者ハ此六十四卦ヲ見テ、心ヲミガキ身ヲ脩メ家ヲトヽノヘ國ヲ治メ天下ヲ平ニス。治乱共ニ通ゼズト云コトナシ

130

一　作テ二結‐繩一ヲ而メ爲シ二網‐罟一ト。以テ佃シ以テ漁ス。蓋シ取レルナリ二諸リ離ニ一。

葛カヅラノヤウナル物ヲトツテ糸トシ、繩トシ、ムスビテ綱ヲナシ、山野ニシテハ鳥獸ヲトリ、河海ニシテハ魚ヲト。困。リ肉食ス ルコトヲ敎玉ヘリ。是☲《リ》卦ノ象ヲ以作リ玉ヒヌ。離ハ麗ナリ。離ヲ目トシ、其德ヲ麗トス。コレアミ

躰に成ゆは、外より見ては困厄の様に可有之ゆへとも、予か心には天の與ふる幸とおほえゆ。配所の月つみなくてみむとあらまほしといへり。世をのかれたるとくなる靜なる月は、世にある人の見かたき事也。配所なれはこそうき世の外の月もみるにてゆ。たとひ富貴にして世間ひろくとも、我心に實に罪過のおほえあらは、心の困厄の地なるへし。たとひ外には罪のとなへありとも、我心に恥る事なくは、心は廣大高明の本然を失ふへからす。和漢ともに昔の賢人君子名ある人々の、流罪にしつみ給へるも、罪の至極したる様にいひなし取なしての事にゆへは、其時にはいひわけもなく、世人實に罪ありと思ふへくゆ。しからは賢人好人とも申間敷ゆ。たゝ自己の心にくもりなき故に、日月の食のはるゝとくいひわけなしに、後世に至てひとりあらはれゆへは、其

ノ兩目相ツヾキテ物ノ此ニツクノ義ナリ〔○編云、此ノ所ノ訂正ノ文長ケレバ一字下ゲニテ次ニカヽグ〕

肉食ハ天地乳養ノ理也。其上人倫ニ交ラハシメズ、害ヲ去ノ義也。田畠草ヲヌクガ如シ。☲ハ二陽一陰間ニ麗《ツク》。故ニ離ハ麗也ト云ヘリ。重而六卦ヲナス時ハ兩目相承ハ虚中相ツヽク綱ノ象也。鳥魚ノ綱罟ハ麗佃漁ノ理也。其時ハイマダ衣服ノヲリモノナシ。結繩ハヲリ物ノ軒也。緒布ノヲリモノモ兩目シケク相ツヾキ、ヒシト打込タルモノ也。古哥ニ曰、ナレユクハウキヨナレバヤスマノアマノシホヤキコロモマトヲナルラン。賤ノ衣ノヨミアラキハ今モ虚中アリ。人ノ身ニ麗テ風寒暑濕ヲフセクモ☲卦ノ理也

131

一　包-犧-氏沒ノ神-農-氏作ル。斲《ケツリテ》レ木ヲ爲《ナシ》レ耜《スキ》ト揉《タハメテ》レ木ヲ爲スレ耒ト。耒《ライ》-耨《ダウ》ノ之-利以テ教ユ二天下一ニ。蓋シ取レルナリ二諸益一ニ

伏犧ト神農トノ間一万七千七百八十七年也。ソノ間女媧氏ヨリ無懐氏マデ十五代ハ知テ、其外ハシラレズ。有德ノ君ノミイ、傳ヘタルカ。神農氏木ヲケヅリ其サキヲトクシテ耜トナシ、木ヲタハメテ耒トシ柄ヲナシ、是ヲ

流罪等の事、ほまれと成てきすとはならす候。北野の天神も讒によりてなかされ給はすは、かくのことくのほまれはおはすまし。いにしへの人の數にはあらね共、予も心にかへり見て、おほえなきのみならす、世間よりも何を罪とことはりてうつされたるにもあらす、たゝ造言の多か爲にうたかはるゝのみ也。これほとのふさかりにて、かゝる靜なる月を見候事は、何の幸か是にしかんや。其上予病氣になりて後、甚た氣力乏しく候、ふせきなくして人とましはらは、とく死すへし。造言の惡名は予かことふきを少のふるもの也。朝に道を聞て夕に死すとも思ひのこす事はなけれ共、書の一章をもますく〳〵見熟し候は又幸也。たとひ命ありとも、世にもてはやされなは生付篤實ならす、聰明を好の病根いよ〳〵長して德を知こと遠かるへし。困厄して内にかへりみ、德を知

以テクサキリテ土ヲオコシ、タネマキウフル事ヲ敎タマヘリ。是䷩《エキ》卦ノ象ヲ見テ作タマヒヌ。震巽ノ二体ミナ木ナリ。益ノ象ニトル。風雷ハ相助ケテハケマスモノナリ。耒耜ノ二木相助テ土ヲ起ス是ナリ。耜上ヨリ入テ下土ヲウゴカシヲコス。風ハイリ雷ハウゴク。上入下動クハ益ノ德ニトレリ。故ニ雷風ヲコリテ雲ユキ雨ホドコス處ヲ見タマヒテ、農具ヲ作テ耕作ヲ敎タマフニ耒耜ヲ始トス。天下ノ益ハ耕作ノ事ヨリ大ナルハナシ。耒耜ヲ本トス、益ノ義ナリ。故ニ天施シ地生ス。與時偕行トイヘリ。天地人ナラビ益アルモノハ耕作ノ業ナリ。故ニ民ハ國ノ本ナリト云。古者ハ木ヲケヅリテ耜鍬ニ作リシカドモ、後世ハ人ノ力モヲトリ、木ノ性ヨハクナリタル故ニ、柄バカリ木ニテ作リ、金鉄ヲキタヒテ作カヘタリ。國天下ヲ平治シテ長久ノ政ヲナス道理モ此䷩《エキ》ノ卦ニテ明ニ見タリ。☰《ケン》ノ三陽ヲ一陽損ジテ☴《ソン》ノ卦トナリ☷《コン》ノ三陰ヲ一陽益テ☳《シン》ノ卦トナル。此風雷ノ二卦ヲカサネテ天下國家ヲ利益スル仁政ノ象ヲ見タリ。イカントナレバ上ヲ損ジテ下ヲ益ガユヘナリ。或問、上ヲ損ジテ下ヲ益ヲ益トスルハ何ゾヤ　云、上ヲゴリ下クルシム時ハ乱レ亡ブ、損コレヨリ大ナルハナシ。上質素ニ下豐

に近きは幸甚

84 來書略、此比東より來り候學者の申候は、世間に儒學をする人は、佛者をそしらすといふヿなし。市井の中にても聲をあけて甚退れとも、佛者も是を敵とせす、佛を退るの名もなし。先生はむかし東にをゐて度々講明義論し給ふを聞しにも、佛をそしり給ふヿなし、人のそしるをもとゝめられし也。しかるに天下の佛者を退るの罪をは先生一人に歸する事は何ぞやと、拙夫申候は、儒者佛者ともに天下の學者の眼を付かへたる事は先生によれり。儒者も佛者も心ある者はかくいへり、かくれなき事也。是を以て天下の儒宗のヿし。此ほまれあれは此そしりあり。たとへは海は水の宗なり。天下の下流の歸する處なり。天下の儒學する者の、佛を退るヿの先生一人に歸するは、儒宗の地に立る故なるへし。學者云、本へ

カナル時ハ、國治天下平ナリ。益コレヨリ大ナルハナシ　問、上ハ一人ニシテ下ハ衆多ナリ。上ノ財用普クホトコシスクフニ不足。又儉約ノヲキテハ何ノ世ニモ下シタガハズト見タリ。聖代ニハイカンシテ能ホドコシイカンシテ儉約ノ法立玉ヘルヤ　云、仁者ハ不富トテ、聖賢ノ君ハナヲ以テ財用豐ナラズ、ホドコシスクフコトアタハズ。只ホドコサズシテ上ヲ損シ、下ヲ益ノ政アリ。上無欲ニシテ物ヲ蓄ヘアツメタマハザレバ、財用ヲノヅカラ下ニ散ジテ、下ノ心上ニアツマリ服スルモノナリ。人心ノ歸服スルハ益是ヨリ大ナルハナシ。是ホドコサズシテ上ヲ損シ、下ヲ益ニアラズヤ。無欲ニシテカザリナキヲ質素ト云。上古ノ風俗ナリ。如此ナレバ治ザルニ平カナリ。此時ニハ天氣順ニシテ五穀ノ多コト水火ノゴトシ。故ニ民不仁ナル者ナク、ウヱニ及ブ者ナシ。人々無欲ニシテ足コトヲ知レリ。乱イヅクヨリシテ起リ、盜賊イヅレノ所ニカ出ンヤ。心法治道トモニ無欲ヨリ先ナルハナシ。無欲ナルトキハ心靜ニシテ靈明生ズ。仁義禮知信ノ性自然ニ照スモノナリ。此心法ヲ知テ用ル人ハスクナシ。民ノ如キハアマネク教テ知シムルコト不能。タヾ政ヲ以テ不知不識無欲ニナルコトアリ。後世ハ

罪を歸せは孔子の罪なる事を不知と云て一笑仕候

返書略、不德にして虚名をかうふりたる故に候。佛者の事のみならす、ゆめにも不知事ともをもとりあつめて、拙夫に歸し申候。人のあしく仕なしたる事をもおふせ候。當世に申わけはならす候。後世には虚實おのつからしられ可申候。後世の名も望なく候へとも、當世の名を好は利に近く候。百歳の後はほむる者そしる者ともに不殘候へは、公論になりて虚說造言は跡なく消失、仁義忠信の誠ならてはとゝまり不申候。武士の心の位三段御座候。德を好を上とし、名を好を中とし、利を好を下と仕候。利を好者は義理をも恥をもかへりみす、逆心をしても國郡を得立身する事にはおもむき候。臣下にしても朋友にしてもたのまれす候。名を好者は不義無道の悪事をは不仕候。去乍

文明ノ運ニテ文章アラハル。文章ハカザリニ近シ。器物ニ至ルマデ多ナリヌ。カザリ過ル時ハ欲生ジ奢長ズ。コヽニヲイテ禮儀ノ則アツテ不過不奢欲ヲフサグモノナリ。是ヲ名ヅケテ式ト云。此式ヤ時處位アリ。其人ニアラザレバ語ガタシ。後世ハ禮儀ノ則時處位ニ不叶、奢欲ノ源ヲフサガズ。當然ノ式ナクシテ奢ヲオサヘ、儉ヲナサシメントス。大海ヲ手ニテフセグタトヘノ如シ　　問、其禮儀ノ則ノ當然ナル式ハイカヾ　　云、予其位ニアラズ、亦時ニアラズ。知ト云モ云ベカラズ　　問、今質朴無欲ノ風俗トナラバ、農人ハヨカルベシ。然モ數十年ノ奢トカザリニヨリテ職ヲ立タル工商ハ幾万人ト云數ヲ不知。男女妻子共ニウエニ及ベシ。タトヒ古者ノ美風ナリトモ、數多ノ者困窮ニ及ビナバ、仁政トハ云ガタカルベキカ　　云、是以時處位ノ至善アリ、一人モ困窮ニ及者ハナキヤウアリ　　問、左様ノ事ニハ上ノタクハヘ多カラデハナリガタカルベキカ　　云、仁者ハ上ヲ損シ下ニ益ス。故ニ不富ト云ハ身ノ爲ノ財用ナキヲ云。益ノ時ハ天下ニ財用ミチ〳〵テ多モノナリ。財用ト云ハ、金銀錢等ノ事ニハアラズ。金銀多トキハ却テ天下困窮スルモノナリ。眞ノ財用ト云ハ、五穀ノ多ト薪材木麻綿等

あやまりて當世の名を好候へは、本の邪正をかんかへす、人のほむる事にしたかひ候。當世の人のほむる事を書に記して見候へは、後世のそしりとなる事有之ものに候。當世には其時のならはしにて道にたかいたる事をもほめ、にくければ、よきをもあしきと申なし候。此餘多のあやまりにしたかひ候へは、名を好て不義に入とも有之候。畢竟生前の名は利に便ある事に候。死後の名は利心なく候。孝子忠臣貞女友愛約信仁勇無欲なとの事ならては、後世の名とはならさる也

85 來書略、此間江州へ罷越龜泉庵老僧と參會申候へは御うはさ被申出候。内々承及候は佛法そしりの高慢人にてよりつかれもすましき様に思ひしが、扨々無我の人かな。學者ふり少もなし。かたのとくよき人なるに、何とて世間にはあしくいふやらん。乍

民生日用ノ物ヲ云ナリ。畜ノ道十年ニ及テ行ハル、時ハ五穀アマリアリ。是ニヲイテ四時ノ理ニ配シテ、大身小身共ニ我一年ノ財用ヲ四ニシ、三分ヲ以テ其年ノ用ヲ達シ、一分ヲタクハヘトス。是天ノ春生ジ、夏長ジ、秋ミノリ、冬一時ノ造化ハカクシヲサメ、來歳ノ陽生ヲタクハユルニ合ス。如此スル時ハ、九年ニシテ三年ノ用アマリ、三十年ニシテ十年ノタクハヘアリ。是ヲ以不時ノ用ニソナフルナリ。タトヒイカナル大旱大風洪水火災ノ變ニアイテモ民不餒。夷狄ノ難アリトテモ軍用乏キコトナシ。天下ノ爲ノタクハヘナレバ、多トイヘドモ一人ノ富トイハズ。君子ハ心ヲ洗ヒ、小人ハ其樂ミヲ樂テ外ノ願ヒナシ。畜ノ道至レリ　問、むかし天下の奉行職諸侯より金銀多とりたる時代は、天下もゆたかに、不取時代はかへりて天下困窮せし事あり。しかれば上無欲にして財散じ、有欲にて財あつまるともいひがたきか　云、道なき代の風俗は、奉行職の欲と無欲と取と不取とは、欲ありて取たるかたはまされり。いかむとなれば、其人にさゝぐるは莫大なる事にあらず。奉行の取ざるは事の外むつかしき事也。何をか馳走にとて振舞音信、奉行の用にもたゝざる事に金銀をつかひて、とりた

去儒學せられすはいまたよからんと被申候。一笑いたし罷歸候

返書略、此物語被仰聞候にて益を得候。世間を見申候に、公家には公家意知あり、武士には武士習あり、儒者には儒者かたきあり。予も儒者意知ならひたる事をさとり候。聖人の學は人倫を明らかにせんとなり。よく學ぶ人は平かなる好人となりて、何のかたきも有間敷道理にて御座候

86 來書略、貴老は道學を以て天下に名を得給ふ人也。然るに一向の初學の者の樣に博學の者に逢ては字をたつね、故事を問給ふとて人不審申候

返書略、予本より文學なく候。然とも字は字書にたつね、故事は史書なとにたつね候はゝ事すみ可申候へ共、左樣に勞して物知ふり仕候は、何の益なき事に候。幸に博識の人候はゝたつぬへき道理に候。世人予を

るよりも十倍百倍の費出來る者なり。又其奉行へ出入の者に、こと〳〵くまいなひすれば、一人取たる十倍百倍ついゆることはり也。是によりて奢日々に長ずれば、諸國の士民の膏澤一所につきて、天下困窮する者なり。吾京にて大原八瀬の薪を賣にてこれをさとれり。八瀬大原の山內の恰好には民家すくなし。この故にうる所も今出川のあたり、西はむろ町邊まで少の間をうる也。それも此薪ばかりをたのむにあらず。伏見よりたかせにて上る木をも買をきてたく上なれば多事にあらず。この故にむかしより今に至て、八瀬大原の柴薪つゞく事なり。もし八瀬大原の在所を多くして、京へうる所ひろくば、山つき、木うりなくならむ事數十年の內なるべし。上無欲なれども、天下のはやく衰微し亡る事は、天下の主の都ひろくして奢長じ、諸國の潤澤をはやくかはかす故なり。これ益にはあらで䷖《ハク》也。天下の潤澤をも剝盡し、みづからの潤澤をもはぎ盡しぬるは四海困窮なり。無欲にてよき樣なれども、道を知ざれば有欲にしてしまりたるにはかへりておとれり。都せばく通路自由ならずば、たとひ欲ありて財用をあつむるとも、剛惡だになくば、奢て無欲なるよりは久しかるべし

以ておして道學の先覺と仕ゝ。予に先覺と成へき德なくゝ。たゝよく人にくたりて、不知事をたつぬる事のみ、少人の先覺たるにたり可申ゝ也

87 來書略、先日たま〳〵參會仕ゝへ共、何のたつね問可申たくはへもなくて別れ申ゝ。殘念の至に御座ゝ

返書略、うたかひなき故にてゝ。實に受用する者は行はれさる事有之ゝ。これをたつねて行はるへき道を知を問學と申ゝ。人倫日用の上にをゐてよく心を用ひ、手をくたし給はゝ必うたかひ出來可申ゝ

88 來書略、士は賢をこいねかふと承ゝ間、いにしへの賢人の行跡をにせゝへとも及かたくゝ。たま〳〵少計學ひ得たる樣にても心根は凡夫にてゝ。外君子にして內小人とや可申ゝ。いかゝ受用可仕ゝ哉

返書略、予近比いにしへの賢人君子の心を

---

132 一日中ニ爲レシ市ヲ。致ニシ天下ノ之民一ヲ。聚《アツメ》ニ天下之貨一ヲ。交ー易メ而メ退各得ニタリ其ノ所一ヲ。蓋シ取ニレルナリ諸噬嗑《ゼイカウ》一ニ。

聖人天下ノ民ヲ見タマフニ有餘アリ、不足アリ、生ヲ養ノ道全カラズ䷔《ゼイカウ》ノ象ヲ見玉フニ、口中ニ物アリ、クイアハスルトキハ味アリテ生ノ養トナル。又卦ノ德ヲ見タマヘバ、上明ニ下動ク。是ニヨリテ日中ニ市ヲナシ、天下國々所々ニヲイテ人ヲアツメ、有トコロノ物ヲ以テ、無トコロノ物ニカヘテ、各其生ヲ養コトヲ得セシメ給フ。五穀アル者ハ魚ナシ。魚アル者ハ五穀ナシ。交易スル時ハタガヒニ用ヲ達ス。農業ノ事トスル者ハ鍬カマヲ造ルニイトマナシ。鍬鎌ヲ造ル者ハ耕作ヲカヌル事アタハズ。故ニ農人ハ易ルニ五穀ヲ以テシ、鍛冶ハ農具ヲ造リテタガヒニ交易シテ各其所ヲ得タリ。万物皆如此。又農人職人自來テ易ルニイトマナシ。商人コレヲ買取テ相通ズ䷔《セイカウ》ハ上ヲ離ニシ下ヲ震ニス。離ハ明ナリ。日中ニトル。震ハ動ナリ。市ニトレリ。上明ニ下動クハ噬嗑ノ義ナリ。又上明ニ下動ハ有道ノ世ノ象ナリ。上道アリテ明カナレバ進メザレ𪜈、天下善ヲナシ、戒メザレ𪜈惡ヲナサズ。上ノ好タマフハ仁義禮智信ノ德也。惡ミタマフハ不仁不義不

察し、自己に備れるところを見て、學舍のかへに書付置、小人をはなれ、君子となるへき一助にいたし候を則うつし致進覧候

君子

89 一仁者の心動なきこと大山のごとし、無欲なるか故によく靜なり

90 一仁者は太虚を心とす、天地万物出泉河海みな吾有也。春夏秋冬幽明昼夜風雷雨露霜雪皆わか行也。順逆は人生の陰陽なり、死生は昼夜の道也。何をか好み何をかにくまん、義と共にしたかひて安し

91 一知者の心留滞なきこと流水のごとし。穴にみちひきゝにつゐて終に四海に達す。意をおこし才覺をこのます、萬事不得已して應す、無事を行て無爲也

92 一知者は物を以物を見る、己にひとしからん事を欲せず。故に周して比せ

禮不智不信ノ凶徳ナリ、ト人皆心ニ通ジ知故ナリ。其上闇キ處ナラデハ惡ヲナサズ。盗賊モ夜ヲ好ミ不義ヲナス。人モ夜ヲ悦ビ、狐狸蚊鼠ノ類マデ夜ヲ得テ出ルガ如シ。天下道クラケレバ種々ノ小人惡人出ルモノナリ。聖主賢君ノ政ハ何ノ勞スル事モナシ。タヾ道明ニシテ上ニ位シタマフバカリ也。日月ノ天ニカヽリテ、天下ノ人其處ヲ得テ用ヲナスガ如シ。下動ハ人々其所作ヲツトメテ動ナリ。イソガハシキ動ニハアラズ。人ハ動物トイヘルモ此心ナリ。上明ナレバ天下ノ人皆眞實ニシテ、カザリナクヘツライナシ。名利ナク便利ナシ。故ニ夙ニヲキ夜ハニイネテ善ヲナシテ不已。無用ノ世事ナキ故ニ靜ニシテ樂メリ。善ヲ爲ト云ハ、人々ナスベキ事ヲナシテ名利ノマジハリナキヲ云。如此ナレバ天下ハ治メザレドモ平カナリ。噬嗑ノ道至レリ

133 一　神農氏沒ス。黄帝堯舜氏作ル。通ニ其ノ變一ヲ。使ニメ民ヲ不一レラ倦《ウマ》。神ニシテ而化スレ之ヲ。使ニメ民ヲ宜一レクセ之。易窮スル時ハ則チ變ズ。變ズル時ハ則チ通ズ。通ズル時ハ則チ久シ。是ヲ以テ自レリ天祐レク之。吉ニシテ无レシ不レト云一利アラ。黄帝堯舜。垂《タレ》ニテ衣裳一ヲ而天下治ル。蓋シ取ニレルナリ諸乾坤一ニ

す。小人は我を以て物を見る、己にひとしからんことを欲す。故に比して周せず

93
一君子の意思は内に向ふ、己ひとり知ところを愼て、人にしられん事をもとめず、天地神明とましはる。其人から光風霽月のごとし

94
一心地虚中なれは有することなし、故に問ことを好めり。まされるを愛し、おとれるをめくむ。富貴をうらやます、貧賤をあなとらす。富貴は人の役なり、上に居のみ。貧賤は易簡なり。下に居のみ。富貴にして役せされは乱れ、貧賤にして易簡ならされはやふる。貴富なる時は貴富を行ひ、貧賤なる時は貧賤を行ひ、すへて天命を樂て吾あつからす

95
一志を持するには伯夷を師とすへし、

神農ヨリ黄帝マテノ間五百餘歳。又黄帝ヨリ堯舜マデ三百餘歳ナリ。天下古今ノ体ヲ見レバ大方五百年ニハ大變シ、五十年ニハ小變ス。其變ニ通ジテ時ニヨロシカラザレバ、人民退屈シ、ヲコタルモノナリ。ソレヨリ色々ノ悪事モ生ジ、風俗ノ乱トナルモノナリ。黄帝堯舜ノ時ハ、伏犧神農ノ時ト天下ノ人情時變大ニカハレリ。故ニ其變ニ通ジテ時位ノ宜キヲナサシメタマヘバ、人民善ヲ爲ニ進テ退屈セザリシナリ。天地人ヲ一貫ニシテ万古一日ナルモノハ誠ノミ。古今カハリナキモノハ五典十義ナリ。禮式法度ハ時處位ニヨツテ變通シテ定マラズ。神而化之トハ聖人ハ過化存神ノ妙アリ。神明ノ徳アル故ニ、ヲドサヾレドモ天下ヲソレ、賞セザレドモ人民ス、ム。日月ノ照臨シ流行スルガ如ク、恐テ愛シ日々善ニ化シテ不知。易ノ理ヲ以テ見レバ、万事キハマリテ行ヒガタク、爲ガタクナル時ハ必ズ變ズ。明王賢君ハ其時運ト共ニ變通シテ可レ行可レ爲易レ知易キレ從政教アリ。世ノ中キハマル時ハ多事多物ニシテ煩シクナルモノナリ。此ヲ變通シ宜クスルハ易簡ノ善也。易簡ナル時ハ長久ナリ。易簡ハ即天地ノ徳也。民ノ父母タルノ道ナリ。故ニ天ノ福アリテ吉ナリ。民ミナ其利ヲ利トス。

○多事多物ヲ易簡ニス

○黄帝堯舜ノ三聖ハ

衣を千仞の岡にふるひ、足を万里の
流にあらふかとくなるへし。衆をい
るゝことは柳下惠を學へし。天空し
て鳥の飛にまかせ、海ひろくして魚
のおとるにしたかふかとくなるへし
96 一人見てよしとすれとも神のみるとよ
からさる事はせず、人見てあしゝと
すれとも、天のみるとよき事をはこ
れをなすへし。一僕の罪かろきを殺
して天下を得こともせす、何そ不義
に與して乱にしたかはんや

小人

97 一心利害に落入て暗昧也。世事に出入
して何となくいそかはし
98 一心思外に向て人前を愼のみ、或は頑
空、或は妄慮
99 一順を好み逆をいとひ、生を愛し死を
にくみて願のみ多し

ルニハ其カヘシヤウ大事也。タヽニ易簡倹約ニスレバ飢寒ニ及ブ者數万人出來ルモ
頭ニ冠ヲ着シ、身ニ十二章ノ衣裳ヲ服シ、日々南面ノ位ニマシ〱テ、琴
ノ　也。天性本オアル者ハ其時ニ當テ一人モ難義セザルカヘシヤウヲ知ベシ
瑟ヲ調《シラベ》樂ミタマフバカリ也。シカレ𪜈君子ハ其心ヲツクシテ下ヲメグミ、
小人ハ其力ヲ盡テ上ニシタガヒ、君ハ首ノ如ク臣ハ手足ノ如シ。諸侯ハ弟
ノ如ク、民ハ子ノ如シ。無事ヲ行ヒ無爲ニシテ成、コレ德治ノ至ナリ。天
不ㇾス言《モノイハ》而四時行ㇾ百物生《ナル》。天氣クダリ地氣ノボリテ和スルノミ。天氣クダ
ラズ地氣ノボラザル時ハ、四時不ㇾ行、万物不ㇾ生、上ノ心下ニクダリ、人
情時變ヲクハシク知テ、惠ミノアマネキハ天氣ノクダルニ取、乾ノ道ナリ。
下ノ心上ニ歸服シテタガハザレバ、天下ノ事ナラズト云コトナキハ、地氣
ノノボルニ取、坤ノ道也。臨ムニㇾ下ニ以テシㇾ簡ヲ、御スルニㇾ衆ヲ以テスㇾ寛ヲ。コレ乾坤易
簡ノ德ニトル也。日本ニテモ王代ノ昔ハ易簡ナリ。仲哀天皇應神天皇ミヅ
カラ大將トナリテ九州マデクダリタマヒ、甲冑ヲ枕トシ、山野ヲ家トシタ
マヒタルニテ易簡ナル事知レタリ。遠國ノ山賤マデモ天子ヲ大切ニ思奉リ
テ、何ニテモヨキ物アレバ、王ニサヽゲントテ都ヘ上レリ。日南北向《ヒナタホクカウ》ノ喧
ヲ王ニサヽゲント思ヒシ昔物語ヲオロカナル事ニ云テ笑ヘドモ、王化ノ至
リ感ズルニ堪タリ。天氣クダリクダル事、名モナキ一草一木モ造化ノメグ

順は富貴悦樂の類也。逆は貧賤患難の類也

100 一愛しては生んとを欲し、悪んては死なむとを欲す、すへて命を不知

101 一名聞深けれは誠すくなし。利欲厚けれは義を不知

102 一己より富貴なるをうらやみ、或はそねみ、己より貧賤なるをあなとり、或はしのぎ、才知藝能の己にまされる者ありても益をとる事なく、己にしたかふ者を親む。人に問とを恥て一生無知也

103 一物毎實義には叶はされ共、當世の人のほむる事なれはこれをなし、實義に叶ぬる事も、人そしれはこれをやむ。眼前の名を求る者は利也。名利の人これを小人といふ。形の欲にしたかつて道をしらされはなり

ミニモル、事ナキガ如ク、奥山ノ賤男賤女マデモ王徳ノ仁政ニアヅカラズト云事ナシ。上ノ下ヲ見タマフ事子ノ如クナル故ニ、下ノ上ヲ見奉ル事父母ノ如シ。仁政トテ人ゴトニ物ヲタマハルニハ非ズ。井ヲホリテ水ノミ、田ヲタガヘシテ食ス。帝徳ノ恩ハ何カアルヤトイヘル信ノ仁政ナリ。無道ノ代ニハ、タカヘセドモ食ヲ得ズ。婦ハ織ドモ衣ヲ得ズ、却テタカヘサズ、ヲラズ、民ヲメグマザル者、衣食ニ飽満セリ。天下ミナ耕シテ食シ織テ着、工商ハカヘテ食ス。イトマナケレ𪜈セハ〳〵シキ事ナク、貧ナレ𪜈衣食乏シカラザルハ政道ノ大ナル徳ナリ。上一人ヨク民ヲ子ノ如クスルノ仁心厚ク、無欲ニシテ恭倹ナラデハナラザルコトナリ。帝堯四海ノ主ニシテ、茅茨キラズ、桷柱丹ヌラズ。黒木作リカヤブキナルハヨキ教ナリ。日本ニテモイニシヘハカクノ如クナリト見エテ、天照皇ノ御宮殿ハカヤブキナリ。シカルニ後世モロコシ秦ノ始皇ガ悪政ナリシ咸陽宮ノ一殿ヲウツシテ、大一九内裏ヲ作ラレタルハ大ナルアヤマリナリ。王威ノヲトロエタル事尤ナリ

問、天下ノ廣ヲ子トシ恵ミタマハヾ、琴瑟ヲモテアソビタマヲ〔フミ〕ノイトマハアルマジキカ　云、時ナリ。禹ノ水ヲ治タマヒシ時ハ婦ヲメトリ

104
一人の己をほむるを聞ては、實に過たる事にても悦ひほこり、己をそしるを聞ては、有ことなれはおとろき、なきことなれはいかる。あやまちをかざり、非をとげて、改むることを不知。人みな其人からを知、その心根の邪を知てとなふれとも、己ひとりよくかくしてしられすと思えり。欲する所を必として諫をふせいでいれす

105
一人の非を見るを以て己知ありと思へり。人々自満せさる者なし。これを木の葉天狗と云

106
一道にたかひてほまれを求め、義にそむいて利を求め、士は媚と手だてを以て祿を得、庶人は手くろを以て利を得也。これを不義にして富かつ貴きは浮める雲のことしといへり。終に子孫を亡すにいたれとも不察

給ヒテ僅ニ四日ナリシニ、帝ノミコトノリヲウケテ出タマヒ、天下ヲメグリテ外ニ八年居タマヘリ。八年ノ間ニ三度マデ我門ヲ通リテモ門内ヘ入タマハズ。御子生レテナキタマフヲ聞タマヒテモ門ニ入テ見タマハズ。子トモシタマハザルガ如シ。八年ノ程久シキコト也。タトヒ一二年程カヽル事ナリトモ、我家ヲ過ルトキハ、内ニ入テ五三日ノ休息ハアルベキコトナリ。ソレマデコソアラズトモ、入テ妻子家内ノ安否ヲ見タマフホドノ事ハアルベキ事ナレドモ、天下ニ水アフレテ、人ノ居所不定コトヲ憂タマフ事、我子ドモノ多ク流浪スル如ク思ヒ給ヒテ、シバラクモ御心ニイトマナカリシ故ナリ。八年ノ間冬トナク夏トナク水ヲワタリタマヒシ故ニ、御手足ニハ胼《ヒビ》アカヾリアリト云リ。其時何ノイトマアリテカ琴瑟ヲ調ンヤ。其後水ミナ海ニ切ヲトシ、人民居ヲ安シ、五穀ミノリシ時ハ、天下ミナ樂ヲ得タリ。此時又イマダ心モトナキトテ、國ヲメグリ代官ヲ下シ、諸役人ヲ召ヨセ、朝夕念ヲ入スグルトキハ、人民其事ニツカハレテ耕作ノイトマナク、事忙シクシテ父母妻子ユル〳〵ト養フ事モナラザル様ニナルベシ。然ル時ハ色々ノ悪事モ出來、僞モ生ジ、風俗アシクナリテ洪水ノ難ニハ越ヌベシ。洪水ハ

107 一小人は己あるとを知て人あるとを不知、をのれに利あれは人をそこなふ事をもかへりみす。近きは身を亡し、遠きは家を亡す。自滿して才覺なりと思える處のものこれなり。愚これより甚きはなし

108 來書略、志は退とも不覺ゟ。隨分つとめはけます樣には仕ゟへ共、氣質柔弱故に進みかたくゟ。志の親切になき故共被存ゟ

返書略、被仰越ゟ處は氣の力のみをはけますにてゟ。たとひ强力ありて一旦つとめすくやかに進ゟ共、德の力ならされは根に入て、入德の益にはならすゟ。氣力は時ありておとろえゟ。又根に不明なる處有之ゟへはくじき易ゟ。德の力は明かなる處より出ゟへは、氣質の强柔によらすゟ。知仁勇ある時は共にあり、德性を尊て問學によるはこれを明にする受用にてゟ。知明かになりゟ

人身ノ憂ナリ。風俗ノヨカラザルハ心ノ憂ナリ。人民ノ難ノゾイテユタカナル時ハ、肝要ノ事バカリヲヨクシテ、ソレ〳〵ノ役々ニヨキ人ヲソナヘ、ヨキ敎ヲナシテ後、上タル人ハ無爲ニシテ琴瑟ヲ樂ミタマヒ、小事ハ無事ニナリ、大事ハ小事トナルヤウニ、下知法度ユル〳〵トシテ位シタマヘバ、天下大平ニシテ貴賤上下共ニユタカナルモノナリ。天ヲ見レバ日月星辰ノ四象バカリニテ、晝夜四時行ハレ万物生ズ。地ヲミレバ水火土石ノ四靈バカリニテ、雨露霜雪風雷時ニイタリテ万物育ス。上ニ日月星辰カヽリ、下ニ水火土石ツラナル。衣裳ヲタレタル象ナリ。黄帝堯舜、衣裳ヲタレテ無爲ニシテ天下治マリシハ、天地ト德ヲ合セタマフ故ナリ。夫生《イキ》トシ生《イケ》ルモノニハ必ズ生樂アリ。正キコトニ樂マザレバ、邪ナル樂ミ出來モノナリ。無道ノ時凡夫ノ樂トスルコトハ、或ハ心ヲ乱リ、或ハ身命ヲ縮メ病ヲ生ジ、或ハ氣隨ニナリ、或ハ家財ヲ失ヒ、或ハ奢或ハ吝リ、或ハ家ヲ亡シ、或ハ人ヲ損ジ、下ヲ虐スルニ及ブノ樂ミ多シ。コレヲ俗樂ト云ナリ。欲ノコノムコトナル故ニ、樂ノ樣ナレ𪜈流レ蕩ケテ心クラクナリ、或ハサカダチモトリナドシテ、却テ大ナル苦トナレリ。聖人ハ此人情ヲ知タマフニヨリ國

へはやめむとすれとも不已の勇力自然に生し候。私欲の煩もくらき處に有之候。明なる時は天理流行して一体の仁あらはれ候。明に知候へは則親切の志立候。これを明より誠あると申候。誠より明なるは聖人にて御さ候。これを明にする功を受用せずして、たゝに志の親切ならん事を御願候は、舟なくて海をわたらんとするかとくにて候。故に大學の道は明徳を明かにするヿを先し候。親民至善はみな明徳の功夫受用にて御座候

109 來書略、國々に道に志す者出來て、貴老をたつね來り候へ共、御對談なき故に、江西の手筋とたつねより候へは、むかしは聞も及候はさりし者、其學流とて敎候。志は實に候へ共、文盲故に陽儒陰佛なといふやうなる不正の學を信して、江西の學術と思へり。あたら志あたら人をすて申候。又國處へもよびなと仕候。本より右之師をい

天下治リ、無事ニシテ人民生樂ヲナスベキノ時ニ至テハ、天地ノ律呂ヲウツシテ雅樂ヲ作リ、正キ處ニヲイテ樂ミタマヘバ、下ミナコレニ化シテ雅樂ヲ好メリ。或ハ糸竹ノ調ヲモテアソビ、或ハウタイマイナドスレ𪜈、雅樂ノ風ハ淡ニシテ甚面白キコトモナク、又アク事モナシ。是ニ深キ者ハ道徳ヲ助ケ、淺キ者モ不知不識眞樂ニ遊テ風俗美ナリ。惣ジテ君子ナラデハ眞ノ樂ミハシラザルモノナリ。樂マズシテハ國天下ヲユタカニ治ルコトハナラザルナリ。故ニ樂メル君子ハ民ノ父母ナリトイヘリ。亦古人云、有レバレ德則チ樂ム。樂ムトキハ則チ能ク久シ。詩ニ云ク。樂メル只君子邦-家ノ之基《モトヒ》ナリト云リ。天下ノ人上ノ樂ヲ以テ人々ノ樂トシテヨロコベリ。後世ハ上タル人ノ樂ハミナ下々ノ困窮トナレリ。道德ヨリ出ルト人欲ヨリ出ルトノタガイナリ。

困世間

天下ノ人心正樂《セイガク》ナキ時ハ、必ズ淫樂《インガク》ヲコルモノナリ。天子諸侯、公卿大夫、婬樂ヲ好ム時ハ、人欲日々ニ盛ニナリテ奢生ジ、士貧ク民困窮ス。天下ミナ婬樂ヲ好テ人心邪ニナリ、風俗ミダル。終ニ乱世トナル。生付正キ君ハ是ヲ忌テ婬樂ヲセズ。シラザレバ正樂ヲモセズ。行義高ク和ナク、万事法度强ク、俗語ノ石ニテ手ヲツメタル樣ナレバ、諸人氣ヲツメテ、或ハ病者煩

たし候者は、外には中江氏の學の名高をかり、內には渡世の爲に仕候へは、文學さへしかとなく、何のとりしめなく候故に、むさとしたる風俗になりゆき、或は徒黨かましきいひとなとも出來候。貴老かつて御存知なき事に候。右之者共は猶以貴老をむしかしき人に思ひてそしり申候へとも、世人は其實を不存して、學友とかつてん仕候へは、あしき事の罪は中江氏、扨は貴老へかゝり申候。今よりは志ありてたつね參候人に御あひ被成候へかしと存候

返書略、內々承及たる事に候。拙夫事病者にて人と久敷かたり候事不成候。二三度もつゝけて人と出合候へは其跡大に草臥候。學者をあつめ教候事なとは中々成不申候。去乍氣色もよき時分、遠方よりたつねられ候人にはせめて一兩度つゝ對面仕て、教る事こそ不罷成候共、道學の大筋と今日問學

人多シ。士民𪜈ニウトミテ其代ノカハリニハ必ズ氣ヲノベンコトヲマチ、世繼ノ君モ先代ノカタキニコリ、諸人モウトミテイサムル事ナレバ、上下𪜈ニ鬱氣ヲハラシテ、大ニユルムコトアリ。其正キト云モカタキバカリニテ和ナキハ、禮樂カネザル故ナリ。正樂ハ淸風和氣アリ。上タル人是ヲ好トキハ心ユタカニシテ、下タル者是ヲナス時ハ欲スクナシ。君臣父子夫婦兄弟朋友和‐樂《ラク》ス。或ハ時ノ興ニ乘ジテ糸竹ヲ奏シ、或ハ一人シラベテ靜ニ樂ムモノナレバ、恭儉ニシテ驕奢ナシ。五倫和睦スルノミ。コレ黃帝堯舜ノ衣裳ヲタレテ天下治マルナリ。禮モ亦後世ノゴトク煩シキ事ニハアラズ。說命ニモ禮煩則乱トイヘリ。禮ハ恭儉ニシテ事スクナク、和アルヲ以テ吉トス。無道ノ世ニハ禮ナキ故ニ、貴賤𪜈ニ苦勞スル事ヲ不知。マタ學者ハ跡ノミ見テ眞ノ禮ヲ知ザルユヘニ、格法ヲトメテ禮ナリトイヘリ。故ニ世俗ヨリ儒道ノ禮ハナリガタキ事也ト思ヘリ。今ノ世ニモ時處位ニ叶タル眞ノ禮行ハレバ、上下貴賤𪜈ニ安堵シテ、心ヒロク体ユルヤカナル樣ニ思ベシ。儉約ノ戒ナクシテ□〔モ主〕厚キ風俗トナリ長久ナルベシ

一　刳《エリ》テレ木ヲ爲《ナ》シレ舟ト。剡《ケヅ》リテレ木ヲ爲《ス》レ楫《カヂ》ト。舟‐楫ノ之‐利。以テ濟《スク》フ二不通ヲ一。致シレ遠ヲ

いたされ候次第と心持計は語て返し度存候義度々有之候へ共、世間の勢にて身を心にまかせす候へは不及是非候。如仰わき〳〵にてあしき事の有之罪はしらぬ此方の身にかうふり候。一生無實の造言虚說を負て終へき者と存候。天地神明の照覧たかふましく御座候へは、なき跡にはおのつからしられ可申候。本より名利に心なく候へは、無實の罪はうかめる雲のことくに候

110 來書略、よき學者に罷成度と心懸候へ共、志のうすき故にやおこたりかちにて、むなしく光陰を送候事無念に存候

返書略、よき學者に御成候事は御無用に可被成候。貴様は武士にて御座候間、よき士に御なり候様に昼夜御心かけ可被成候。たゝ名字なしによき人と申候かまとの人と可被思召候。まとの人は公家なれはよき公家とみえ、武家なれはよき武士とみえ、町人なれ

以テ利ス二天下ヲ一。蓋シ取レルナリ二諸渙《クワン》ニ一

䷺《クワン》ノ卦巽ノ木坎水ノ上ニアリ。又巽ハ風ナリ。木水上ニウカンデ風フク時ハ行ベシ。車馬ノ不及處ニ至ル。聖人是ニヨツテ木ノ中ヲヱリ、虚ニシテ舟トナシ、楫ヲ作テ舟ヲユカシム。帆ト櫓ト其中ニアリ。日中ニ市ヲナシテ交易ストイヘドモ、歩行ナリガタク、車馬ノ及ガタキ不通ノ所ニハ舟ヲ作テ川澤湖水海岸ヲ渡シ、物ヲノセテ有無ヲ通ゼシム。第一ハ如此ノ不通ノ地ニモ、教化ノ及テ道ヲ知シムベキタメナリ

服《ツカイ》レ牛ヲ乗レリ馬。引キ重キヲ致シ遠キヲ。以テ利ス二天下ヲ一。蓋シ取レルナリ二諸隨《ツイ》ニ一

上古ニハ牛イマダ鼻ヲトヲサズ、馬イマダ覊靮轡ヲツケザル故ニ用ヲナサズ。是ニ至テ始テ牛ヲツカヒテ重ヲヒカセ、馬ニノリテ遠キニ行。ミナ其天然ニヨツテ其性ヲ遂シムルナリ。䷐《スイ》卦ノ象上ヨロコビ下ウゴク。人牛馬ニノル時ハ物勞シテ人安ズ。是下動テ上悦フナリ。又☳《シン》ハ剛也。☱《ダ》ハ柔ナリ。剛來リテ柔ニクダル時ハ䷐《スイ》トナル。牛馬ハ力ツヨシ。然レドモ人ニシタガヒツカハヽル〔〇二字ル、三〕ハ是剛ノ柔ニクダルノ義也。後世ノ聖人隨卦ノ象ト義トヲ見テ天下ヲ利シタマフ。ソレ人ハ万物ノ靈ニシテ知アル故

はよき町人、百姓なれはよき百姓と見え申候。よき學者と申候には風あり、くせあり。其類にをゐてはほめ候ても其法なく、其習なき所へ出候へは、却て人の目をさし耳をおとろかし候。其ゆへはよき學者と申候には外の付物多候。其付物をのけて見候へは、實はかはる事なく候。たゝ實義ある人のみ松柏のしほめるにおくるゝたのもしき所御座候。取分武士たる人の肝要にて御座候

111　來書略、淨土日蓮宗申候は大乘の學者は戒をたもつに及はす、たとひ惡をなしても彌陀を頼み妙法をとなふれは、成佛うたかひなしといひ、善行をするをは雜行の人なり、地獄に落へしと說候。尤本願寺宗同前に候。法然坊日蓮法師なとか樣のわけもなきことをいひて、一宗をひろめ候を、よくひろめさせ給ひたる事に候。今は數百歳のならはしとも可申候。初にか樣の事にてお

ニ人ヨリモ剛ナルモノミナシタガフナリ。舟楫ヲ作ハ植物ノ材ニ隨テ河海通ズ。服牛乘馬ハ動物ノ性ニ隨テ道路通ズ。牛ノ性ハ順ナリ。故ニ是ヲツカフ。馬ノ性ハ徤ナリ。故ニ是ニノル。牛ニモノリ、馬ヲモツカフコトアリトイヘ𪜈、第一ノ處ニヨツテ云リ。トモニ遠ヲイタシテ天下ヲ利スルナリ

135　一　重‐門擊《ウツ》レテ柝《タク》ヲ。以テ待ニツ暴‐客一ヲ。蓋シ取ニレルナリ諸豫《ヨ》一ニ

豫ハアラカジメ備ルノ義ナリ。舟車馬牛ノ利出來テ天下ミチヒラケ通ズ。故ニ人民ミナ其處ヲ得。其宜キヲ得テ悅ブ。豫ハ喜悅豫樂ノ時ナリ。人悅豫スル時ハ怠惰ノツイエアリ。怠《タイ》‐惰《ダ》シテ備ナキ時ハ必ズ難生ズ。其上四方道路ヒラケテハ邊境ノ禮儀ヲ不知者、或ハ暴人ナドモ至ルコトアランカ。故ニカネテ門ヲカサネ柝ヲウツテ備ヲナス時ハ憂ナシ。門ハ外ノ暴‐客ヲフセギ、柝ハ內ノ怠惰ヲ戒ム。上世ハ門戶ハ風雨ヲフセグバカリニテ戶ザス事ハナカリシナリ。此時ニ至テ始テ屋ノ戶ヲ閉、外ニ門ヲマフケタリ。䷁《コン》ノ卦中ノトヲリアキタルハ大路ノ如シ䷏《ヨ》ノ卦ノ內卦ノ外ニ一陽フサガリタルハ門ヲマフケテ、內安ク靜ナルノ象アリ。又外卦ノ二陰ヲ重門ノ象ニトリ、下ノ一陽ヲ擊柝ニトリタルトモ云リ。外卦ハ震ナリ。震ハ動ナ

こりたるは不審に存候

返書略、法然坊制禁敎示の書を見侍れは、云、可シ停止ス。於テ念佛門號スル無シト戒行。專ラ勸メ婬酒食肉ヲ適〻守ル律儀ヲ者ハ。名ニ雜行ノ人ト。憑ム彌陀ノ本願ヲ者ハ。說ク勿レト恐ルヽヿ造ナスヿ惡ヲ。事戒ハ是レ佛法ノ大地也。衆行雖トモ區ナリト同ク專ニス之ヲ。是ヲ以テ善導和尚ハ擧《アケ》テ目ヲ不見女人ヲ。此ノ行狀ノ之赴キ過キタリ本律制ニ。淨業ノ之類《タクヒ》不ンハ順セ之ニ者。惣ノ失シ如來ノ之遺敎ヲ。別メハ背ク祖師ノ之舊跡ニ旁〻無據者歟

日蓮坊云、十七出家ノ後ハ不帶セ妻子ヲ不食セ肉ヲ。權宗ノ人尙可シ然ル。况や正法ノ行人哉

二祖如此にㇵへは、末流の坊主とは大に異なり、法然坊は學力戒行共にまさりたる躰にㇵ。日蓮不帶妻子と書ㇵ處は尤きとくにㇵ。持ほとならは妻子とて可持ㇵ。かくれ

リ。一陽內外ノ間ニヲイテ動クハ柝ヲ擊テ戒ムルノ義ナリ。雷出テ地ヲフルフハ、天ノ春夏悅豫ノ時ニヲイテ戒ムルノ理ナリ。君子治世ノ時ニヲイテ武備ヲゴソカニマフケタマフモ此義ナリ

一　斷《キ》リテ木ヲ爲《ナ》シ杵《キネ》ト。掘リテ地ヲ爲《ナ》ス臼《ウス》ト。臼杵ノ之利。萬民以テ濟《ナ》《スクフ》ス。蓋シ取レルナリ諸小過ニ

上世ハ人稀ニシテ五穀ヲ作リ出スコト少シ。多ハ木ノ實《コ》魚ナド食トセシカドモ、次第ニ人多クナリ、五穀ヲ作ルコトモ多カリシ故ニ、ソレ〳〵ノ器ナクテハ民用多ク費テ、養生ノ道全カラズ。五穀ノ皮粃ヲトルニヤスカルベキ器ヲ作ントト思ヒ給ヒ䷽《セウクワ》卦ノ象ヲ見タマヘバ、上ウゴキ下トヾマル。上動クノ震ハ木ナリ。下止ルノ艮ハ土ナリ。農木上ニウゴキ艮土下ニトヾマルハ杵臼米ヲ治ルノ象ナリ。是ニヨツテ地ヲホリカタクシテ五穀ヲ入、木ヲケヅリ土ニ入トコロヲフトクシテウスヅカシムレバ、皮ヌケ正味アラハレテ、万民養生ノ利ヲ得タリ。耒耜ハ耕稼ノ始ナリ。臼杵ハ脫粟ノ始ナリ。後世ニ至テ木ヲエリクボメテ臼トシ、又土ヲネリナドシテ作レリ。又米ハモミヲ脫スルスリ臼ヲ作タリ。次第ニ五穀多ナリ、人多ナルガ故ニ、

（困不多）

たる事は有間敷候。しかれとも出家となり候うへは、戒なくては出家にあらす候との事に候。世間の坊主の説法は己か破戒無作法のいひわけとみえ申候。身すきの事に候へは、とかくのひはんに不可及候

112 來書略、思に思索覺照のたかひ御さ候由承候。くはしく承度候

返書略、古人心をくるしめ力をきはむるは鑿にいたり易しといへり。是思索の事にて候。心の本然ふさかりて至理てらさす候。鑿は其術の功を積てのちなり、世俗の分別はりくつのかんかへと見え候。寛裕温厚にしてひたし養ふときは、心本然を得て明睿の照すところあり。これを覺照と申候。分別は自然に出て自得し、鑿は從容として其品たかしともいへり。詩哥に至まてたくみなるは本意に非と承候。又世事は其事になれ、鑿は其術をしらされは、鏡前に白布を

人用ノ速カナルヤウヲモトメタル也。今モヤキ米、ムシ米ナドハ、粟《モミ》ヲトルモ、ヌカヲ取モ異ルコトナシ。臼ニテツキハヤク食トナス。是上古臼杵ノ模樣ナルベシ。軍中ニテカリ田トテ、田ヨリイネヲカリ來テ其マヽ食トスルモ同ジ。ムシロヲキセ水ヲカケ、其上ニ土ヲカケ火ヲタキテ、ムシテ食トス。是上古鍋釜ナキ時ノ模樣ナルベシ。又小過ハスコシキナルモノスグルナリ。小ハ陰ニトル。中ニ二陽バカリ有テ、上下ミナ陰ナリ。陰ノ多ヲ以テ小キナルモノ過ルト云。陰ハ小人ニトル。陽ハ君子ニトル。食道ハ小人多カラデハナリガタシ。小人内外ニミチテ食ヲ作テ君子ヲ養フノ理ナリ。此小人ハ庶人ヲサス。君子ハ在位有德カネテ云ナリ

弦《ツルハメ》テレ木ニ爲《シ》レ弧《ユミ》ト。剡《ケツ》リテレ木ヲ爲《ス》レ矢ト。弧矢ノ之利。以テ威《ヲド》ス二天下一ヲ。蓋シ取レルナリ二諸睽《ケイ》一ニ

睽ハソムクナリ。乖ク者ヲバ威ヲ以テ服スベシ。弓ハ武器ノ始ナリ。䷥《ケイ》卦ノ象、上ハ離火、下ハ澤水ナリ。火ハ動テノボリ、水ハ動テ下ル。是ソムイテ和セザルノ象ナリ。然レドモ睽テ用ヲナスノ道理アリ。コヽニヲイテ弓矢ヲ作タマフ。木ヲタハメ弦ヲカケテ弓トシ、木ヲケヅリテ其サキヲ

はりたるかとしといへり。不知をは不知とし、知をは知とす、眞知其中にあり。知者はまとはさるのみ

113 來書略、聖人の仰られたる事は何れの國、何れの人にもよく相叶候と承候。しかれとも喪祭の禮儀なとは、今の時所位に行かたき事多御さ候。三年の喪は取分なり申間敷候。學者の我と思ひ立てつとめ候たに名實かはり申候。とくる事は十に一二とみえ候。それたに其人の得たる事か、境界のしからしむる様なる事斗に候。もし上より法に御定候はゝ僞の端となり、罪人多出來可申と存候。むかし聖人の法を少計國に行はれし人御座候へは、國人かなしひて、孔子といひし人はいかなる惡人哉覧、かゝる迷惑なる事を作置て、人をくるしめられ候と申たる由に候。今も儒道の法を立てしいつとめさせ申候はゝ是にかはり申間敷候。ま

トクシ、ハヅヲツケテ矢トス。コレ曲レルヲ体トシ、直キヲ用トス。体用相乖クノ理ナリ。又先ヘヤラントテ吾前ヘヒク。是又ソムキテ用ヲナスナリ。木ハマガリテ弦ハスグナリ。弓ハ立矢ハ横ナリ。マガリタル方ヘ不張シテ、ソリタルカタヨリ引カヘシテ張。ミナソムイテ用ヲナスノ義ナリ。重門撃柝ハ小盗暴人ナドノ防ナリ。大賊或ハ東夷南蠻西戎北狄ナドノ中國ヲミダラン爲ニ來リ、又ハ諸侯ノ叛逆ナドニハ弓矢ノ備ナクテハ防ギガタシ。弓矢ノ武具アリテモ威ナキ時ハ恐ル、コトナシ。武具ヲ備ヘ武事ヲナラハシ、武備嚴重ニシテ威アル時ハ、四方是ヲノゾンデ恐レ、ヲカスベキノ心ヲコラズ。文事アルモノハ必ズ武備アリ。文事ハ仁政ヲ行テ士民ヲナデ安ズルノ事ナリ。禮樂制度其中ニアリ。武備ハ文事ノ美ヲトゲン爲ニ、國天下ノ警固ナリ。今神事ノ大祭ニハ辻ガタメノアルガ如シ。聖人ハ德仁愛ニシテ神武ノ威アリ。其上ニ文武ノ業車ノ兩輪ノ如ク備リテヲコタリナシ。故ニ天下ノ人恐テ愛ス。夷蠻戎狄モ仁政ヲシタヒ、威武ヲ恐テ來服ス。是ヲ四海一家ノ如ク、中國一人ノ如シト云。又禽獸ニハ人ヨリモタケク力ツヨキ物多シ。兵器ナキ時ハ禽獸人家ニマジハリ害スルコトアリ。禽獸ヲ

ことに僞の初め乱の端とも可成候
返書略、聖人の言は何れの時處位にもよく應し候へ共、取用樣あしきによりて害に成申事に候。喪の事も死を以て生をほろほさすと御座候。一言にて行ひやすき道理明白に候。病者か無氣力か惰うすく習たるか、如此たくいの人に、法のことくいたさせ候はゝ、忽親の死を以子の生を亡し可申候。近世は人の生付氣根よはく、体やはらかに成來り候。たゝ人のみならす草木も同し。近年木の性のよはくなりたる事は諸人の知ところ也。糸竹金石も又しかり。無心の物たに運氣につれては如此。况や人にをゐてをや。今の人の氣躰よはく惰うすくなりたるには、世間の定法の五十日の忌精進にて相應に候。もし氣根つよく志學力共にありて、其上に心喪を加へんと思ふ人あらは、又五十日も祝言等の座敷へ不出ほとの事にて可

137

トヲザケ惡ヲオドスニハ弓矢ノ德ニシクハナシ。作リ初ニハ弓モ木ニテ作リ、矢モ木ヲケヅリテ作レルハ、弓矢ニタヨリヨキ木アリタルナルベシ。万事物ノ始ハ質素ナル物ナリ。夫ソムイテ用ヲナスコトハ弓矢ノミニアラズ。睽ハ乖異ノ義ナリ。天地睽《ソムイテ》而其ノ事同シ也。男女睽テ而其ノ志通ス也ト云リ。亦上ニシレ火ヲ下ニスレバレ澤ヲ睽ナリ。君子以テ同メ而異ト云リ。君子ノ俗ニ交ルコト形同ク心異ナリ。是睽ノ卦ノ火澤体ヲ合セテ性同ジカラザルガ如シ

一　上古ニハ穴居而野處ス。後世ノ聖人易ルニレ之以ス二宮室ヲ一。上ケレ棟《ムネ》ヲ下ロシレ宇《ノキ》ヲ以テ待ツ二風雨ヲ一。蓋シ取ルナリ二諸大壯《タイソウ》ニ一。

上世ハ人ノ家屋ナシ。冬ハ穴ニスメリ。今山ノ南日向ヨキ所ニ石ヲタヽミアゲ、外ニ土ヲヲキ、ツカノヤウニシテ、中虛ナルモノアリ。是日本上古ノ穴居ナルベシ。上世ハ人ノ氣血健ニシテ力ツヨカリシト見ヘタリ。俗ニハ昔シ氷ノ雨フリタル時、此ツカ穴ニ入タルナドイヘドモ、其始タシカナラズ。只穴居トミエタリ。夏ハ野處スト云リ。シバ土ノ上ニカヤナドヲシキテ居タルナルベシ。柴木ノ長キヲ四方ヨリヒキヨセテ上ヲユイ、中ヲ虛ニシ、中ノ柴ヲカリヌキ、上ニハカヤナドヲカケ、今ノイナグロ雉子ドヤナド

也。神前の服は日本の古法のごとくたるへし。これより上のつとめをしゐ候はゝ、學者といふともたへさる者多かるへし。其人の罪にあらす。人情時變を不知してしゆる者の過なり。物極れは必す變する道理にて候間、百年の後は人の氣根まし、形躰つよくなり、世中質素の風にかへりて、情も少あつく道德の學も興起し、至治の澤をかうむる時いたりなは、予かいひ置し事をすくなしといひ、うすしとしてそしる者あらん。今たに誠を大事と思はさる學者は、法によつて非とする者あり。しかりといへとも道のおこらんとするめくみの時に當て、誠を亡し僞をなさん事は予か心にをゐてしのびす。予いまた凡情をまぬかれすといへとも、狂見ありて大意をみる故に、世のそしりにひかれすして獨立り。他の學者は狂見なけれは、そしりをもやふり得す、氣躰よはく情叶は

ノ様ニシテ、居タルトキコヘタリ。上古ノ柴ノイホリ是ナリ。ヒキヨセテムスベバ柴ノイホリニテトクレバ本ノ野原ナリケリ。トヨミシモムカシヲ聞傳テイヘルカ。亦山中ニ住居スル者ハ冬ハ岩ノホラナド、岸カゲニカタヨリテ今ノ岩屋ナドノ様ニシテ住、夏ハ木ノ枝ノヨキ處ニ叉木竹ヲナラベ、ユカノゴトクシテ、上ヲヲ、イ、鳥ノ巣ノヤウニシテ、木ノ上ニ住タリ。上古ノ人ハ無病ナリシ故ニ、穴居シテモ濕氣ニアタラズ、野處巣居シテモ風雨ニモイタマザレ𪜈、次第ニ世ノ中自由ニナリ、氣血ヨハク、病氣生ジテ、穴居シテハ濕氣ヲイタミ、野處シテハ風雨ニヲカサル。故ニ其時ノ聖人民居ヲナサント思ヒ給ヒ䷡《タイソウ》卦ノ象ヲ見タマヘバ、雷雨ウゴイテミチミツレ𪜈、乾ハ下ニ安ジ、上ノ二陰變ヘワカレテ、クダル時ハ下ノ一陽コレヲタモツ。是ニヲイテ一陽ヲ棟ニカタドリテサシアゲ、上ノ二陰ヲヤネニカタドリテ双ベフキタシ、乾ノ三陽ノ下ニスクヤカニ立タルヲ柱ニカタドリ、始テ宮室ノ制ヲ作リタマフ。是ニヲイテ人居大ニ壯ニシテ、禽獸ト異ルコト遠シ。亦大壯ノ義ナリ

一　古《へ》ノ之葬《ホウム》ル者ノハ。厚ク衣《キス》ルニ之以レ薪ヲ。葬ニル之ヲ中野ニ。不レ封ゼ不レ樹セ。喪期无シ

されは法をも行と不能。名聞ふかき者は身を亡し、あさきは學共に廢せり、まとに惜むへし。故に世に器量あり、實義ある人は多は聖人の道を尊ふといへとも、大難あるによりてさけてよらす。其人々いへり、信するにはあらされ共、表むき佛法にたより、宗旨を立て常の武士なれは難なし、學者となる時は、其法を行はされは、其流にそしられ、本なき悪名をかうふりぬ。行時は身くづをれ、武士のつとめもならぬ様なれは、實は不忠にも落入也。道は五倫の道也。就中忠孝を學といへとも、忠孝の實はなきに似たり。道はきゝたくもあれともむつかしといへり。よきなき事にゆ。今の時大に志ある人は、たとひ其身上根氣深愛情ありて、三年の喪をつとむへき者なりとも、人の師父兄となりて子弟をみちひくへきならは、己ひとり高く行去て人のつゞきかたき事は

レ數。後—世ノ聖—人。易ルニレ之ニ以ス二棺椁ヲ一。蓋シ取レルナリ二諸大—過一

上世ハ棺椁モナク、ツカヲツキ、木ヲウヱ石ヲ立ルコトナク、亦喪ニ居コトモナシ。人死スレバ廣野ノ人ナキ處ニヲクリ、其上ニ薪ヲ積テ覆《ヲ、イ》タルバカリナリ。ホドナク朽《クチ》失テ跡ナシ。精氣物トナリ遊—魂變ヲナスコトハリニテ、人死スレバ魂氣ハモトヨリ天ニユキ、魄体ハ土ニ歸スル常ノ理ニシタガヘルノミ。別ヲナゲク事モ哀情ノカギリホドナゲクノミナリ。生死ハ陰陽晝夜ノ道ニシテ、天理ノ自然ナレバ、ニクムベカラズ。タヾ別ヲカナシメルノミ。其哀情ハ人ニヨリテ厚薄多少アリ。上世ノ人ハカザル心ナキ故ニ、我心ノ誠ホドニツクセリ。故ニ喪期數ナカリシナリ。夫死ニ事ルコト生ニ事ルガ如クスル本意ハ、ムナシキカラヲ云ニ非ズ。吾モ精神コソ吾ナレ、親モ精神コソ親ナレ、精神去トキハ形ハ住アラシタル古屋ノ如シ。コノ精神ヲ明ニハ人トイヽ、幽ニハ鬼神ト云。君子ノ心ハ人鬼幽明一貫ニシテヘダテナシ。是故ニ死ニ事ルコト生ニ事ルガ如クスルナリ。我身ノ死タルカラハ谷淵ニ投ステントモ可ナリ。莊子我死ナハ野ニステヨ、天地ヲ以テ棺椁トセント云シモ此心ナリ。然レドモ上古ニハ生ル時モ屋ナカリシカバ、死

せし。くたりついて衆と共に行ふへし。武將の道も同し。一人ぬけかけして高名するは獨夫の勇也。人に將たる者は惣軍勢のかけひきすへき程をかんかへて進退す。已か馬のはやきかためにひとりゆかす。大道は俗と共に進退す、はなるへからす。俗をぬきんする者は一流となりて俗をなさす。天地の化育を助へからす、終に小道となれり。異端と是非を相爭へり。道の行はれさる事常にこゝにあり。俗にぬきんすへきは民の父母たるの德のみ

集義和書卷四終

シテモ棺ナシ。後世ハ生ル時屋アリ。シカルユヘニ死シテ則土ニ入ルコト、理ノ常トハ云ナガラ、孝子ノ心ニヲイテ不忍トコロアリ。空キカラトイヘドモ、今マデ父母トシツカヘタル人ノ形ナレバ、ヲロソカニハモテナシガタシ。生テ屋室アレバ、死シテモ棺アルベキ義ナリ。是又生ニ事ルガ如ノ心也。ムナシキカラマデヲモ衣服セシメ、棺椁ヲ作テ厚クスルハ、孝子ノ心ノ厚キニ過ル大過ノ義ナリ。又䷛《タイクワ》ノ象ヲ見タマヘバ、澤ヲ上ニシ木ヲ下ニス。☴《ソン》ハ木ナリ。又入ナリ。澤ハ土也。木ヲ土ニイル、ノ義ナリ。是ニヨリテ棺椁ノ制ハジマリヌ。又☱《ダ》ハ悅也。親ノカラマデヲ木ニイレテ土ニキス、孝子ノ心安堵スルハ悅ノ義ナリ　或問、南軒張氏ノ曰ク。君子ハ不三以レ天一下ヲ儉二其ノ親一ニ。於テレ此ニ而メ過テ无レシ害也。丹一陽都氏ノ曰ク。臼杵棺椁ハ。所三以ナリ使《シ》ムル二民ノ養レヒ生ヲ送レテ死ヲ无一レカラ憾。所三以シノ依二於人一ニ者。過レク厚ニ也。然𪜈養ハレ生ヲ不レ足三以テ當ルニ二大事一ニ。故ニ取ル二小一過ノ之義一ニ而一已《ノミ》。送レテ死ヲ足レリ三以テ當ルニ二大事一ニ。故ニ取二大一過ノ之義一ニ焉。カクノ如クナレバ不及トコロヲモト、ノヘテ、葬ヲアツクスベキ義ナリ。董永ガ身ヲウリテ、一生人ノヤツコトナリテ、親ヲ厚ク葬タルハ、マコトニ天下ヲ以テ其親ニ儉セザルナリ。大

集義和書卷第五

書簡之五

114 來書略、仕置法度は人情をよく知て時處位に應ずるものと承れり。尤の義に候。昔たま〳〵道を以政をせんとおほしめしたる君もおはしましゝかと、時の學者唐流を以て日本に行はんとせしかは、とゞこほりつかゆる處多てやみ給ひぬと申候。おしきことにて候

返書略、道と法とは別なるものにて候を心得違て、法を道と覺えたるあやまり多候。法は中國の聖人といへとも代〳〵に替り候。況や日本へ移しては行ひかたき事多候。道は三綱五常是なり。天地人に配し五行に配す。いまた道德の名なく聖人の敎なかりし時も、此道は既に行はれたり。いまた人な

事ニ當ルニ足ベキカ　　云、書ニハ主意アリ、時アリ、爲ニスルコトアリ。言ノミヲ信ズル者ハツイエアリテ益スクナシ。コト〳〵クニ書ヲ信ゼバ書ナキニハシカジト云リ。其上言ニハ聖賢トイヘ𪜈不同モノアリ。ナヅムトキハ相難シ。相爭ニ至ルベシ。同キモノハ仁義ナリ。夫葬祭ハ家ノ有無ニカナフト云リ。生ル時モ飲食衣服宮室器物ミナ有無ニシタガフ者ナリ。何ゾ死ノミ有無ニカナハシメザルベキヤ。小過大過ハ卦ノカサナリヲ見テ象ヲトレリ。小大ノ文字ニカヽハルニアラズ。故ニ孔子モ禮ノ法ニカヽハリテ、誠ノウスクナラン事ヲカナシミタマヒ、禮ハヲゴリテ備ヘンヨリハ、儉ニシテ敬ノアルヲヨシトス。喪ハ事物ヲヲサメトヽノヘンヨリハ、哀戚ノ情アルヲヨシトストノタマヘリ。君子ノ天下ヲ以テ其親ニ儉セザルコトハ、大舜ノ父モシ無道ヲナシタル時、コレヲ助ンガ爲ナラバ、天下ヲ捨タマフ事、ヤブレタルワラグツヲスツルガ如クカロクシタマヒテ、負テノガレタマハントノ主意ナリ。天下ヲダニ親ノ爲ニスツルコト易シ。況ヤ其外ノ物ヲヤ。然レ𪜈親ノ養ノ爲葬ノ爲トテ、家ノ有無ヲハカラズ、産業ヲヤブリ、家人ヲクルシメ、祭祀ヲ絶ヲモカヘリミズト云ニハ非ズ。古人性命

かりし時も天地に行はれ、いまた天地なかりし時も太虚に行はる。人絶天地無に歸すといへとも亡るとなし。況や後世をや。法は聖人時處位に應して事の宜きを制作したまへり。故に其代にありては道に配す、時去人位かはりぬれは聖法といへとも用ひかたきものあり。不合を行時は却て道に害あり、今の學者の道とし行ふは多は法なり。時處位の至善に叶はされは道にはあらす。しかのみならす、今の法に泥みたる學者は仁義をしらす、爭心利害等の凡情逞く、只己か氣質の近きか爲に事を勸め、法を用ひ、經學の文理をいふを以道者なりとおもへり。世中の人此德あれは此病あり、寬仁なる生付の者は行事に非なるとあり、大意を見る者は細行を不顧、篤實なる者は才知不足なり。作法よくつとめて爭心我滿なるものあり、人にたかふるを悦て學を好む者あり。

ノ父母ニ事タル者アリ。情欲ノ父母ニ事ル者アリ。夫董永ガ至孝ハマコトニ凡情ノ及ガタキ處ナリ。凡夫ハ幼少ナル時バカリ父母ヲシタフ。成人ニシタガイテ妻子ヲ愛シ、財寶ヲ求メ、君ニ事テ位祿ヲ願ヒ、朋友ニ外聞ヲ思ヨリ、種々ノ名利胸中ニヨコタハリテ、父母ヲ思フ心日々ニウスシ。生ヲ養モ死ヲ送モ、愛敬ト外聞ト共ニ相交レリ。然ルニ董永ハ親ノ養ヲユタカニセンガ爲ニ妻ヲ迎ヘズ、一家ノ產ヲ盡シテ生ル間ノ養トシ、死セル時ハ我身ヲウリテ葬ヲナセリ。全体ノ精神親ニ奉ジテ私ノ願ナシ。人ノナリガタキ孝ナリ。故ニ至誠神ヲ感ゼシメテ、天道神女ヲアタヘ身ヲウケシム。コレ其志ヲ好シタマヘバナリ。然レドモ其行ニヲイテハ、情欲ノ父母ニ事ニ近シ。貧ナラバ貧ホドニ葬ヲナサバコソ、親ノ心モコヽロヨカルベケレ。身ヲウリテ葬ルハ分ノ義ニ過タリ。葬ニ身ヲウリタルニテ、先祖ヨリノ田地家財等ヲコト〴〵ク平生親ノ養ノ爲ニウリツクシタル處ミエタリ。是又親ノ性命明ナラバ大ニイタマシキ事也。タヾ今日情欲ノ父母ヲ樂マシメルノミナリ。コレ厚ニ過ト云ノ、主意ト時トヲワキマヘザレバナリ。古者始テ棺ヲ作タル時ハ、山林多カリシカバ、目前ノ木ヲ伐テウチワリ箱ニサシ、死

初の三は德に付ての病なり、後の二は凡心を根として外をよくする者なり。然れとも其生付文理にさときか、事を勤るに得たるかの處あれはなり。雁の行に長幼の序の正しきとは格法者といふとも及へからす。鴛鴦の夫婦よく和き、他夫他妻に通せす、雄鳥死しても雌鳥ひとつたてるとは人といへともよく及ふものすくなし。これ鴈は陽鳥にて火氣を多く得たり。火氣の神は禮なり、この故に不知不識かくのとし。鴛鴦は水鳥にて水氣を得たり。水氣の神は知なり、故に夫婦有別の道不知してあり。只これのみにて他の事は皆水鳥なり。今の學者孟子に纔て道を任すといふ者あれとも、只其みつからたかふる所の者は文義を講談し、格法をいふのみなり。或は師とし學ひたる者を毀ては己を是とし、或は他の學者の非を揚るを以てみつから賢なりとす。心に利欲逞

者ヲ入タルバカリナリ。何ノ造作モナキ事ナリキ。ソレヲダニ厚キニ過ルト云シハ、其時マデハ質直ニシテ道理ノマヽナリシカバ、死者ハ土ニ歸スルコトバカリニテ、其マヽ地ニ葬シニ、箱ニ入ハ厚ニ過ルトノ義ナリ。親ノ親タルハ鬼神ナリ。空シキカラハ今マデ住タル古屋ナレバ、ウチステヽモ可ナリ。親ノ住タル跡トテ、其上ニカクノ如クス。是ヲ以テ其時ニハ厚キニ過タルト云リ。後世ハ其本ノ心ト時トヲ考ヘズ、次第ニ念ヲ入スギ、カザリヲ加ヘテ分限ニ過テナリガタキ事ヲツクスヲ以テ、厚ニ過ルト心得タリ。大ナルアヤマリナリ。又生ヲ養ハ大事ニ當ルニ不足。死ヲ送テ大事ニ當ルニ足ト云モ、葬ノ厚ヲ云ニハアラズ。凡夫ノ心ハ眼前バカリニテ、無聲無臭ノ理ヲ不知ユヘニ、何モ無トコロニ怠惰スル者ナリ。生ル親ヲ目ノ前ニテ踈ニスル者ハマレナリ。大方ハヨク養フモノナレバ、其生付ヨクテ少シキ人ニ過タルトテモ大事ニハ當ガタシ。其至誠ノ德ハイマダ見エザルナリ。親死シテ其鬼神ニ事ルコト誠アリ。敬アリ。幽明一貫ナル人ナラバ君子ト云モノ也。シカラバ國家天下ノ大事ヲ賴ミアヅケテモタシカナラントナリ。三日三月期三年ナドノ作法ハ皆鬼神ニ事ル次第ナリ。親ノ精神

く當世の名を求めて、毀譽に動くことは市井の凡俗に違ふことなし。況や其他は只朱王の贔負をいふはかりなり。佛氏の日蓮一向に似たり。たとへは能をするかごとし。公家或は武將の裝束して、是は房崎の大臣義經なとゝ名乘とも、其實は猿樂なるかごとし。凡心を不免して朱陸王學なとゝいふとも其實は凡夫なり。たとへ格法の學者心志殊勝なる者ありて、行はんとする事善なりとも、人情に委しからては遂られましく候。又今の人情に從ふと申ものはしからす。義のまさになすへき道理をも、人情あしゝとて不行者有之、此は人の利欲をそたてゝ義をそこなふ者にて候。善事と義理と又分別あり。事は善なりとも人情に戻りなは遠慮あるへし。義の大なることには人情を憚るへきにあらす候

115 來書略、他姓の子を養子とするは僻事

体ヲハナレテ氣色ミエズ、音聲キコヘザル故ニ、別ヲカナシメドモ、實ハ死生不二也。故ニ生時ハ人ニ事ル禮ヲナシ、死時ハ鬼ニ事ル禮ヲナスナリ。時處位ノ至善ヲ不知シテ、有益ノ分ニ過テ葬ヲナスヲ以テ厚ニ過ルト心得タルハ愚ナリ。愚者ハ何ゾ大事ニ當ルニ足ベキヤ。夫禮ハ繼ベキコトヲナシ、傳ベキコトヲナスト孔子モノタマヘリ。今ノ學者ノ厚キニ過ルト云モノハ、後世ニ傳ベカラズ、子孫繼ベカラズ。變ニ通ゼサレバ民人禮法ニ退屈ス。少キノ哀情ノ誠マデモ事ノ調ガタキニ失シテウスクナルナリ。孔子喪ハヲサメンヨリハ戚トノタマヒシ聖言ニハ大ニタガヘリ。其本ヲ不知シテ、末ニカヽハルガ故ナリ。終ニハ西戎ノ佛法ヲヒキ入テ、中國ノ道ヲトロヘタルモ此ナヅミニヨツテ也

139 一 上‐古ハ結テレ縄《ナハ》ヲ而治ム。後世ノ聖人易ルニレ之ニ以スニ書‐契ヲ一。百官以テ治リ。万民以テ察カニス。蓋シ取レルナリニ諸夬《クハイ》ニ一

上世ハ人淳ニ事簡ナリシカバ、國家天下ノ政事ニヲイテ、大ナル事ニハ大縄ヲ結テヲキテトシ、小キナル事ニハ小縄ヲ結テ定ヲナシタリ。是ニテ事タリヌ。後世ハ風俗次第ニ薄ク事繁クナリテ、欺キ詐ルコト興リタル故ニ、

なり、養子となるも不義なりと今時の學者被申由にて、儒道の立派のやうに承ゆ。ケ樣の事にて少シ道を面白思ひ候者も退き申ゆ。如何樣の道理にてゆ哉

返書略、生民の始は天地を父母とし、氣化に依て生れゆへは、人皆天地の子孫にてゆ。いつれを養てか子とならさるへくゆや。古の人の同姓を擇て養子とせしとは故御座ゆ。世に功ありて天子より姓を給り、德ありて家を起したるの子孫、代々祭を奉しゆへは、其有德有功の子孫あるを不立して、無功德の子孫を立るとをいみてなり。絕てなき時はいつれをなりとも養はて不叶事にゆ。又たとひ有功の人の同姓の遠きか有之ても、天下國家の任重き家か、人を多く扶持する家にて、不德不才の同姓を立かたし。たとひ立ても無程失ふへきやうならは、才德ある人に讓るへし。有唐氏は有虞氏を

繩ノ政事ニテハ事ト、ノイガタシ。䷪《クハイ》ノ卦ヲ見タマヘバ、君子ノ道長シ。小人ノ道亡ビナントス。明决ノ意アリ。是ニヲイテ文字ヲ作テ善惡邪正ヲ明ニシ、符節ヲ作テ眞僞ヲタヾシタマヒシカバ、小人ノ邪曲カクル、處ナクシテ決シ去。書ハ文字ヲ云、契《ケイ》ハヲシデナドノ類ナリ。是文明ノ始ナリ。上君子澤ノ天ニノボル象ヲ見タマヒテ、祿ヲホドコシ、下ニ及サントス。上ニ恩澤アル時ハ必ズ下ミナ是ニウルヲフモノナリ。恩澤ノ下ニクダルコトハ、仁者ヲ富シメテ國郡ノ上ニ置ニアリ。澤ノ天ニノボルハ、民ノ父母タルベキ仁者ノ君位ニアガリ、恩澤ノ下ニクダル象也。水ハ下ルモノナレバ、天ニノボル時ハ必ズ下ニクダル義ナリ。此時必ズ小人ノサマタゲアリ。故ニ明决ノ義アリテ明カニ邪曲ヲタヾシ決去ナリ

立て祭を奉せしめ給ふかことし。主君よりも祭をも奉せしめ、家をも嗣しめらるへきやう可有事ニ候。又同姓の子孫あらはいつれの國、何の處にても小身なりとも祭は奉すへし。祿は官職に依て賜る天祿なれは、天下國家大小のかはりはありとも、有德有才に讓るへきの義なり。同姓の子孫も今は小身ともこの陰德に依て、いつれの時にか家をおこすへきやはかるへからす。或は子とし或は讓りこの二の間は時の勢にしたかふへし。今の格法の學者家語の故事を以て申候へども、家語にはましはりあり、聖人の語には有ましきと覺ゆる事とも候

116 來書略、今時格法の學者の言に養子として我氏を名のらせなから、我娘とあはするは兄弟夫婦となるなり。甚非なりと申候。然れとも天下おしなへて如斯なれは、その言は立かたく候。諸人の道學をうとむ一端

集義和書卷第八 困九

義論之一 困四

140 一　心友問、論語の敎は仁を主とし、大學の敎は知を主とすることは何ぞや　答云、論語は聖人いまして直にをしへ給ふ。故に仁を主とし給ふ。仁は德の本なればなり。大學は聖人すでに去給ひ、後聖世に出給ふことありがたかるべき前知あるによりて、知を主とし給へり。智は德の神明にして性の先見するものなり。天下の惑をわきまへて、人倫を明かにする書なれば、知を主宰として自反愼獨の實体とす。聖人いまさゞる時、問學する人は、大學を入德の門とし、論語を入德の室とす

141 一　心友問、貴老易と孝經とをならべ給へり。易は玄妙深遠廣大高明なる書なり。孝經は童子の始てならひまなぶ書の樣にいへり。さればうたがひなきことあたはず　答て云、言近くして旨遠きものは善言なりとは孝經のたぐひなり。易は天地によつて道德を發明し給ふ故に、其語勢幽遠なり。

にて候。道理の至極したる事にて候哉

返書略、聖人の法にも人の妻となる者は夫の父母を父母とすとあり。本生の父母の喪は輕くなり、夫の父母の喪は三年になると御座候。夫の家に往ては我兄弟父母の服皆そかれ申候。これをも兄弟夫婦となると可申候や。理窟にては如何樣にも被申候へとも、又つかへ塞ること出來候。たとひ少は道に不叶事有之候共、世俗おしなへてあることならは毀るへからす。其國に入ては大夫をもそしらすと候。況や天下のならはしたるをや。あらたまるへき事ならは天下文明の時至て改り可申候。たとひ事は改て善なりとも、心の德聖賢に不叶候はゝ、何の益か可有之や。つとめて改へきは我心の凡習なり。今の學者已か心の凡習をは不洗して、世俗をそしり法を立むとす。その心は俗にもおとれる者あり、人これを知て指さし笑へ

孝經は人倫にをいて道德を教給ふ。故に其語勢親切なり。爰を以てよく易をみる者は、近く身に取て親切に受用し、幽遠の事となさず。よく孝經を學ぶものは、詞の近きによつて幽深玄遠の旨をうしなはず。中和をいたして天地位し、万物育するの極功、神聖の能事こゝにある事をしれり。孝經は句ごとに心をとゞむべからず。尤とゞむべき所もあれども、先は大抵に見樣あり。易は勿論大意あれども、句ごとに窮りなき道理あり。畢竟易をば近く見、孝經をば高く見を習とす。いかんとなれば、易は天道なり。近く人道に合すべし。孝經は人道なり。遠く天道に合すべし。程子ノ云ク。易ハ因テ爻象ニ論ジ變化ヲ。因テ變化ニ論ジ神ヲ。因テ神ニ論ジ人ヲ。因テ人ニ論ズ德行ヲ。大體通ジ論ジ易道ヲ。而シテ終フ於黙シテ而成シ之ヲ。不シテ言而信セル存スト乎德行ニ。この故に易は畢竟人の德行を成に歸するなり。人の德行は孝より大なるはなし

142

一　心友問孝之心法　　答云、孝は天地未畫の前にあり。大虚の神道なり。天地人万物みな孝より生ぜり。春夏秋冬、風雷雨露、孝にあらざるはなし。仁義禮智は孝の條理なり。五典十義は孝の時なり。神理の含蓄《カンチク》のところを孝とす。言語を以て名付いふべからず。しゐて象《シヤウ》を取て孝といふ。

り。道とする所の法は時勢にもとり、實義は世俗にも慢れは、いつの時にか道學をおこすへく候や。吾人眞志あらはあしゝと思ふとは、我のみせすして可也。人を毀るへからす

117 來書略、天子にあらされは禮樂を不作と候へは、儒法の喪祭をおこすも禮を作の類にて可有候や

返書略、王代に遣唐使あり、禮樂官位衣冠の品々までも受來て用ひ給ふは皆儒法なり。喪祭の事は古は神道の法ありき。中比佛法に移りて神道絶たり、社家に少殘れる事ありといへとも、平人は取用かたきやうにいひならはして、世人よるへき所をしらす。予は內々神道により行へき喪祭の法たにあらは用たて候へ共成かたきよしに候へは、無是非打過候。扨は儒法と佛法と古より人々の心のより次第に用來候。佛法は釋

孝の字老子の二を合て作れり。文字の傍偏となす時には畫《クハク》をはぶきしなり。天地いまだひらけざる大虛の時には、理を老とし氣を子とす。天地すでにひらけては、天を老とし地を子とす。乾坤を老とし六子を子とす。日を老とし月を子とす。易の字日月を合て作れり。日月老子其義一なり。易と孝經とへだてなき道理なり。山を老とし川を子とす。中國を老とし、東夷南蠻西戎北狄を子とす。君を老とし臣を子とす。夫を老とし婦を子とす。德性の感通にをいても仁は老なり。愛は子なり。此理を以て万事万物にをしてみれば、孝の理なくして生ずるものなし。此神理の我が心に有するものを取て受用とすれば愛敬なり。上より見くだせば老夫の幼子を携《タヅサヘ》たる体にして愛の象なり。下より見あぐれば、子の老を戴《イタヾ》きたる体にして、敬の象なり。其親を愛するの心は、天下にをいてにくむべき者なし。其親を敬するの心は、天下にをいて慢《アナド》りかろしむべき者なし。愛敬親につかふる一心の上に盡して、天地同根万物一体の性命明かなり。よく一日も私欲亡て天理存ずる時は、其大をたづぬるに外なく、其小をみるに內なし。纔に初て仁をいふべし。義は孝の勇なり。禮は孝の品節なり。智は孝の神明也。信

迦より初て火葬にしたる事なれは、皆火葬たるへく候へとも、貴人と社家とは大方土葬にして、髮をも不剃者候。是又儒法也。王代にも神儒佛ましへ用られ候故に東照神君も神儒佛三なから用と仰られ候。然れは王代武家共に用ひ來れり、何ぞ作と可申候や。近年中絶して見なれぬことゆへに夏虫氷を疑にて候。古は日本にも盛なりし學校の設け、孔子祭なとも中興せは珍しかるへく候

118 來書略、近年假名書のめつらしきか出候へは、大方貴老の御作と申候。拙夫なと見してはかつての僞と存書多く候。又とりまかふほとよく似たるも御座候。貴老御書物の內を取て書たるもみえ候。然とも語勢嶮しく火氣ましはり、實は各別違候へとも、しらぬ人は皆貴老の被遊たると存由に候。實の御書物の益まて淺くなり候事氣の毒に

は孝の實也。赤子孩提《ガイテイ》の時孝の理初て親を愛するに發出す、花の纔にほころびむとするがごとし。其長ずるに及て子の心に親を尊ぶの敬生ず、花の清香のごとし。此愛敬の德親に初めてあらはるゝ故に、本分の名をあらためず。親につかふる道を孝と云、母につかへては愛あらはれ敬存ず。父につかへては愛敬ならびあらはれならび存ず。子にをいては愛事を用て敬內に伏す。是を父の慈と云。父の慈と子の孝とを合て、父子有親といふ。此孝德君につかへては敬外にして愛內なり。臣にをいては愛敬ならび伏して威嚴備り、仁政行はる。君の仁と臣の忠とを合て、君臣有義といふ。妻にをいては愛みちびき敬存す。夫にをいては敬ことを用ひて愛存す。夫の和義と妻の貞順を合て夫婦有別といふ。心ありて如此するにあらず。心の妙にて自然とかく變化するなり。其中をのづから本末淺深の天則あり。兄につかふること父につかふるがごとし。弟をめぐむこと子を愛するがごとし。兄の惠と弟の悌とを合て長幼有序といふ。朋友は眞實無妄の天道を父母としたる兄弟なれば、實なきものは朋友にあらず。是を以て朋友有信といふなり。一人の人あり、子に逢ては父とよばれ、父にをいては子といひ、君の前に

存候
返書略、仰のごとくに候。五倫書なとは正しく作者有之候。我等の生れぬ前に出たる書にて、七十餘の人は五十年前に見たると申者御座候。我等の書に極り、此間批判の書まて出申候。其外我等の名もしらぬ書に、我等の作と申か多きよし承候。又我等の作と申候も無余義と存候ほとよく似たるも有之候。我等の書物を朝夕見て取用たることたるへく候。我等不德にて道に入こと淺く、世間の習深く候ゆへに、世間の人によくあひたる所ありて、取用られ候かと存候。されとも愚か志す所はしからす、全く當世の名利を不求候。百歳の後は正邪明白にしられ可申候。一旦譏にあひ、難にあひ、悪名を得候とても、浮る雲のごとくにて候へは、何とも不存候。當世は大勢の人の好む所に從ひ、悪む所に兎れ候へは、毀譽共に眞僞正

143

は臣と名付、家臣は又君と稱するがごとし。畢竟一人の人なれども、逢にしたがつて名かはれり。本心の一德なれ共、位によりて神通變化して其義極りなし

一 學士ありて問て云、顏子のごとくあやまちをふたゝびせざる事は、大賢の心地ならではなるまじきとなり。何とぞ受用の道も侍るべきや。答云、まことに甲にあやまつ事を乙にまたせざる事は、後世の學者の及がたき所なり。亞《ア》聖の地位にては事々さ様にもあるべき事なり。吾人といへども外ざまに心得ちがひたる過は大に悔さとりて、其非を知たる以後は二度せざる事あり。自己今日の受用にをいて、過を二度せざるの工夫は、ひそかに人に聞侍り。心なくして道にはなるゝを過といひ、心ありて過をとぐるを悪といふ。思はずしらず心上に一念道をはなれぬるを過とす。既《スデ》にこれをしれば、少も心思にとゞめをかず、速にかちさること、たとへば大なる爐《ロ》-火の中へ一-點《テン》の雪をちらすがごとし。火の上までおとしつけず、火氣を以て消しさるなり。少しにても道をはなるゝの念慮をしりて不去は、過をふたゝびするなり。二度すれば悪に近し。吾人いまだ氣質を變化せず、

邪さたかならす候。百歳の後は今の譽る人、毀る人共にとゝまらす、好悪移り易り候へは、万歳不朽の公論に罷成候。其時ならては君子の名も定り不申候。程子と東坡とは君子と小人にて黒白違たる人品にて候つれとも、其時には程子派、東坡派とて天下の學術二に分れて相爭候。後世には東坡は一人の詩人となり、程子は万歳道德の師と仰かれ給ひ候。愚これに比するにてはなく候へ共、當世の毀をよけす、譽を不求、只後世にはつかしからぬ實を存候。後世にはつることなきは、我等の心の神明に正してせさる所あるなり

119　來書略、十月の亥の日を亥の子と申て餅を作ていわゐ申候事は何としたるいはれにて候や

返書略、和漢の故事候や未知候。愚見を以道理を辨へ候へは、十月は純陰の月にて陽

其平人の位をぬけざる間は、其心地の位ほどなる間《カン》思《シ》雜《ザツ》慮《リヨ》は晝夜に幾度もきざす事なり。たとひ百度萌《キザ》すとも、よく一念獨知の上におぼえさとりて、速かにかちさり、知て後暫くも滯留なきを受用とす。これを遠からずして復すともいふべし　問、聖學の心法此外はあるべからず。如此間斷なく受用せば終に君子の地位にも企及なんか　答云、これは尊德性の工夫也。こゝにばかりとゞまり居て、惑をわきまふる學問なくしては、今日の常人の位をぬけがたし。しかるゆへに右の工夫もすゝまずして、後々には退屈せり。惑を辨へて眞智照ぬれば、今日の凡位をぬけぬる故に、只今晝夜にをとづるゝ間思雜慮の妄は、一度に十も二十も亡失す。色々の妄はみな昧き所にあつまることなり。大陽東に出給へば夜中に出ありきつる狐狸蚊虫のたぐひまで、皆何方へ行やらむ、なきがごとし。こゝに歩士あらんに、歩行の者にて其風の卑俗なるを悟り、神妙にせんと思はゞ、苦勞にしてやゝもせば舊習出ぬべし。馬に乘ほどの身上に成ては、本の歩行の者の風俗は思はずしらずなくならむ。我身の人がらいかむと省て、よくみづからの凡位をしり、時々にまどひをわきまへ、心法の受用間斷なければ、

なく候。亥の月の亥の日はいよ〳〵陰の極なり。陰極ては陽を生す、生する者は母なり、生せらるゝ者は子なり。餅は陽物なり。故に先人身の陽を調て天地の氣を助けんとす。陰陽相對する時は陽を淩り、君臣とし、夫婦としても君をなみし、夫を輕しめ、やゝもすれは陰の爲に陽を破ることあり。ことに微陽は純陰に敵しかたし。子とする時は養育して生長せしむ。故に陽を亥の子といへるか、日本は東方なれとも小國なり。陽の穉《ワカキ》なり。是故に別して陽をいわゐそたてむとする心にて可有かと存候

120　來書略、具足のあわせめは、左を上にいたし候。具足屋に問申候へとも、古來よりの仕來なり。其故を不知と申候。其外老兵軍者なとに尋申候へともしれ不申候

返書略、一たひ戎衣して天下をたもつと書經に見え申候。戎の服は左まへなり。其上

段々に其位をぬけて、終に德に入君子の地位に及ぶ者なり。これを氣質變化ともいへり

問云、怒を遷さずとは、こゝの者にいかれども、其氣かしこのものにくはへず。平人は一人にいかりては終日其氣とけず。顔子のいかりは其不義其惡逆にありて、人にあらざるゆへに、其怒の氣うつさず、鑑の美を照し惡を照すごとく、去て跡なきにて侍るや

答、尤其とをりにては侍れども、其分にては今日の受用と成がたくして、たゞ聖賢の噂ばかりなり。今日吾人にありても、聖人の怒に同じきことあり。むかし物語をきゝても、長田が義朝をたばかり、鎌田を殺したる所にては、誰もにくき心生じ、いかり發して其時に居ましかば、一刀切たくおもふなり。又今の時にても他に不義無道なるものあれば、いかりにくむ心生じぬ。しかれども此怒は、性命の正に本づきて、私欲のまじはりなき故に、たゞ氣の廣大剛强になりたるばかりにて、相火のたかぶりなく、内心常よりも淸明なり。これ一は各我等ごときといへども、聖人の心地に近く侍るなり。是を怒にうつらずと云。聖人は今日の交《カウ》‐接《セツ》といへども私欲のまじはりなく、万事みな性命の上より發する故に如此し。吾人は他人の上には如此く明か

南西北の人はみな衣服に袖なく候。中國の人も甲冑したる時は戎狄の形に似たり。このゆへに戎衣と申候。戎衣なるかゆへに左をうへにするにて可有候

121 來書略、主忠信の語諸儒の説を聞候といへとも、文義に依て理を云所は聞へたるやうに御座候へとも、今日の受用に取てはしかと合点不參候

返書略、大學の傳に誠意といへるは則主忠信の工夫なり。主忠信は本体工夫なり。誠意は工夫本体なり。主忠信は未發の時に誠を養ふ也。誠意は已發の時に誠を存するなり。誠は天の道なり、誠を思ふは人の道なり。誠をおもふ心眞實なれは、誠すなはち主となりて、思念をからすして存せり。是主忠信なり。又先儒の説に眞心に發するこれを忠といひ、實理を盡す、これを信とい ふといへり。此解面白覺え候

なれども、身の交-接する所にをいては私欲まじはる故に、其怒る所は道理にても、相火たかぶり内心ふすぼりくらく成故に、氣いれてしどまり、言語つゐでをあやまり、平復の時後悔おほし。これを怒にうつるといへり。文王一たびいかり給ひて、天下の民安し。聖人はいかり給ふとなし。もしいかり給へば、天理存じ人欲亡び、善人あらはれ惡人退き、雷雨の動がごとく、惡人をそれて其逆心の肝を消なり。いかりのみにもあらず、悲哀といへ共吾人にありて聖人に近きことあり。五百歳千歳むかしの事、漢大倭《カラヤマト》となく、物の哀なる事をきゝ、又は道理の至極を聞ては、涙しきりにしてとゞむべからず。一体の心眞實惻《ソク》-怛《タツ》の情にをこるといへども、本心の靈-臺にをいて少しも損益なし。平人の心はかへりて常よりも惡念妄思いたらずして、善に近きことあり。私欲のましはりなきが故也。

144 困外書ニ入

一學友問、格物致知の心法は、古昔の經にもなく、孔聖の語にも見え侍らず。子思初て發明し給たるか　　答云、易の六十四卦、其位に應じて格致の心法あらずと云ことなし。易簡明白にいづれへも通へる様に、初てかゝげ出し給ひしとは、堯の舜に傳給ふ執中の心法也。孔子の顏子に傳給ふ

122 來書略、親の喪をつとむるは學者の大義と承候へとも行と成かたく候。少シ道を悦候甲斐もなく恥しく存候間一向に學をやめ可申と存候得とも、これも又御恩をむなしく仕にて候へは、何とも辨へかたく候

返書略、古人は欲薄く情厚く世事すくなく氣力つよく無病にもありしゆへに、三年の喪をつとめられ候。いまた三年を不足と思ひし人あり。又少はつとめて及たる人もあり。後世の人は世間多事にして欲の爲に心を奪れ、情薄く氣力弱し。このゆへに勤てなりかたく企ても及かたし。大國たにもしかり、況や日本は小國にて人の魂魄の精うすく堪忍の力弱し。聖人起給ふとも日本の今の人にはしゐて三年の喪をなさしめ給はし。世のならはしのくたれると千載に及ぬれは、今の世に生れては道を悦ひ法を行はむと思ふ志ありとも氣力叶かたかるへし。

非禮視聽言動することなかれと、これ皆格物致知の義なり。曾子の一貫を忠恕とやはらげ給ふごとく、子思又孔曾の傳の心を述て、經一章とし給ふ時、格物致知といへり　問、視聽言動を云て肝要の思を殘し給ふことはいかゞ　答、四時と云て土用をいはず。元亨利貞と云て誠をいはず。仁義禮智と云て信をいはず。四に應じてはなれざるものは、いはずして其内にあり。視聽言動の四のもの思を主とせずと云となし。其上顏子には思の格は不用とあり。中人以下の學は、善を思ひ善を行て、惡を思ひ惡をなすにかふるなり。心思躬行ともに善のみにして惡なきを善人と云。凡俗を出るの初なり。是より信美大聖神にすゝむべし。顏子は既に大人なり。惡念の靈臺に往來せざるのみならず、善念も亦往來せず。何の思の格あらんや。しかれども三月仁に違はざるの語あり。春夏秋冬みな三月にして相易るものなれば、三月といへば一年中の事なり。年月日時をへて、終に仁にたがふとなし。然れども三月違はずといふものは、たまさかに暫の間善念のきざしあるとあり。おもふこともなく、するともなく、寂然不動にして感じて通ずる聖人の心地にはすこしおよばざるとあり。しかれどもたゞ一片の浮

賢君繼起給ひ、世事次第にすくなく、人の利欲年々に薄く、禮義あつき風俗となりて豐ならは、風雨時をたかへす、寒暑節を不失して物の生長かたく成なは、人の形體も健になりて、人情厚くなるへし。然らは喪のつとめのみならす、萬事の行業厚くなりて、其世の一年は今の百日よりも勤やすかるへし。今時愛子別れて五年七年歎き暮し病氣になる者も、平生の事は喪の体ならす、これ哀情餘ありといへとも氣根弱く堪忍の精なきゆへなり。況や哀情の薄き者つとめてなすへきや。たとへ少は哀情ありても氣体弱く病時は、養生よりおのつから薄くなりゆくものなり。又人の氣質品々あり、生付の得たる方にはつとめも人に異なり、禮義の法は得たれとも、利心深き者あり。仁愛ありて人を惠み、財をおしまぬ者も禮法には疎かなる者あり。勇武あれとも不仁な

雲の大虚を過るがごとし。それだに平人にありては擧べきほどの善なれども、顏子においては自然の体にあらざる故に、其善念を須臾もとゞめず。遠からずして復するなり　問、心上だに如此ならば、視聽言動の末の事を告給ふとはいかゞ　答、顏子高明廣遠の事にをいては聖人に同じ、今さら告給ふべきにあらず。平人より聖人に至るものは、本を務《ツト》るに急なり。末の事には心もつかず、殘りあることあり。仁は天地万物を以て一体とす。殘すべきものなし。これによつて末の事を告給へり。顏子治國の論にをいて輅冕《ロベン》等を以こたへ給ふ所にて知べし　問、先生の論は陽明子の傳に似たり。朱子王子格致にをいては黑白のたがひあるとはいかゞ　答、愚は朱子にもとらず、陽明にもとらず、たゞ古の聖人に取て用ひ侍るなり。道統《トウ》の傳のより來ること朱王共に同じ。其言は時によつて發する成べし。其眞にをいては符節《フセツ》を合せたるがごとし。又朱王とても各別にあらず。朱子は時の弊《ソイエ》をたむべきがために、理を窮め惑を辨るの上に重し。自反愼獨の功なきにあらず。王子も時の弊によつて自反愼獨の功に重し。窮理の學なきにあらず。愚拙自反愼獨の功の、内に向て受用と成事は、陽明の良智の

る者あり、才覺にして眞實薄き者あり。如此の人々己か生付の得たる所に自滿して不足所を不辨、互に相助る事あたはさるのみならす、却て相爭ひ相敵とす。貴殿は勇なれとも仁を好て人を愛し給ひ、利心すくなし。仁と無欲と勇とは道德におゐて長せる所なり。禮の格法にたへさるとは流俗の習にして、天下皆しかり、貴殿一人の罪にあらす。一の不足を以三の德を廢すへきとは、上世といふともあるへからす、況や末代におゐてをや。貴殿の德を以上代に生れ給はゝ必す禮にも厚かるへし。それ太古には禮の格法なし、只誠に專なり。伏羲神農の代には三年の喪なく、哀情數なし。心地光明にして飾なかりき。仁勇無欲は伏羲氏の時に生れて、必す尊ひらるへし。禮の格法一色を以て儒者の道を盡せりとおもひ、凡情の名利伏藏するものは堯の代にいれらるへ

發起に取、惑を辨るの事は朱子窮理の學により侍り。朱王の世學者のまどひ異なり。地を易《カヘ》ば同じかるべし。窮理とて事々物々の理と空にいひては人のうたがひあり。たゞ學者の心のまどひある所の事物によつて、其理を窮るなり。されば是は初學の時の事なり。大意心に知得すれば、いまだ不辨不知の事、千万の事物前に來るといへどもまどふべきとなし。異學の一代心を盡す悟といふものは、聖學にをいては力おもいれず、心をも勞せずして遊びながら得となり

一　學友問云、同じく聖賢にて侍れば、何れも孝行ならざるとはあるまじきに、大舜文王曾子閔子の數人ばかり孝子の數に入侍るとはいかゞ　答云、歲寒して松栢の凋《シボメル》におくるゝことをしり侍りぬ。平生無事の時には聖賢の善行とにめづらしくいふべき樣なし。聖賢の道を行ひ給ふは、人の無病の時と同じ理にて常なり。其時は凡夫もうち見たる所はわかちがたし。明者の目には黑白のごとくわかるべき事なれども、大不孝か大惡人にてだにあらねば、夏山の綠は夏木冬木のわかちしらぬ目には、たゞ青山とばかりみるなり。大難にあひ大變に逢ては、凡人と君子とのわかち大にちがひ

からす。貴殿この格法者のそしりに逢て、天性の德を癈せむと思ふは大に不可なり。それ喪は終を愼むなり、祭は遠を追なり。民の德厚きに歸す、尤人道の重する所なり。然れとも喪祭共に時處位をはかるへし。只心の誠を盡すのみ。格法に拘て不叶をしゐ、不能をかさらは必す其本をそこなふへし。格法の儒者の世に功ある事すくなからす、予かことき者も恩德にかゝれり。然れとも心法にうときかゆへに、自己の凡情を不知、又行ふと日本の水土に不叶、人情にあたらす、儒法をおこすといへとも、終に又儒法を破る事をしらす。貴殿三年の喪の法はあたはすとも、心のたけ誠は盡し給ふへし。追遠の祭も又なるへきほとのことを行て、自己の誠を盡し給ふへし

123 來書略、喪の中魚鳥を食せさると生類を忌の義ならは、佛家の流に似たり。祭禮

あり。孝子の數にいへる聖賢は、いづれもあふ所の境界常ならぬ所ありし故にて侍り　問、人の行は孝より大なるはなしといへり。しかるに孝行は聖賢にもをとらずして、聖賢の品にはもれたる人侍るはいかゞ　曰、それは氣質の美にて侍り。いまだ大道を見ずして入德の學はしらざれども、氣質に木氣の精を多くうけて生れぬれば、木氣の神は仁なるが故に、慈-孝懇《コン》-切《セツ》にして俗に小心ともいふものにて孝行なるものなり。其方の氣質にあつきほど、又他の靈明うすければ、孝行なるほどにとて、學用ひては國家の政道などには不才なるが多く侍り。此人賢聖の師に逢て、心法を受用せらるれば、それは又常の人にちがひ、各別入德の功はやく、他の不足なる所もますとやすく侍り。曾子のごとき是なり。むかし曾子父のために瓜をくさきれり。あやまりて瓜《ウリ》の根をたつ。曾晳怒て大杖をあげて曾子をうつ。曾子たえて地に伏たり。狂《キャウ》-者《シャ》なればすてゝ家に入ぬ。しばらく有て曾子よみがへれり。父の心もとなく思ひ給はむことをはかりて、曾晳の前に跪《ヒザマヅキ》き、さきに不敬の罪あり。大人力を用ひて教給ふと云て我方に歸り、琴《キン》を彈《ダン》じ詩を詠じて、父に痛みなきことをしらしめたり。聞人涙を流し感

に肉を用る時は又生類を忌にても無候。拙者若く無病なりし時は、年中蔬食水飲しても何とも不存候き。近年は年寄病者に成候故か、五日生魚を食せされは氣力乏かことく、十日食せされは腹中あしく成候、か樣にては三年の喪は不及申に、三月も成申ましく候。加〔○如カ〕何とも辨へかたく候

返書略、喪に一の主意あり、憂の中なれはすへて何事も靜にして事にあつからす。肉食の味を求るも樂ひの類なれは食せす、蔬食して命を養ふのみなり。只酒肉を忌のみならす、五辛其外何にても相火を助け、精をますへき物を食せす。腎水堅く閉て人道の感をいたさしとなり。蔬食味なけれは腹にみたす、力なけれは杖つきて起居す、喜怒共に發することを不得、これ皆壯年の者生樂をふせかむかためなり。故に老て小兒のことくなる者は、肉を食し酒を飲、たた喪服

じあへり。門人悦て夫子に告たり。孔子聞召て、吾道の學者にあらず、門にいたることなかれと。侍者驚《ヲドロキ》て其故をとふ。孔子曰、われ人に孝を敎るに大舜を師とせずと云ことなし。舜は父の小杖を持てうつ時は、うたれて退き給ふ。大杖を持て追時は、其あたりに近付給はず。父をして人を殺すの罪にいたらしめじとなり。今曾子幸によみがへりたればこそあれ、もし其まゝに死たらば、曾晳は孝子を殺の罪をまぬがれじ。何ぞ大杖を見てはやく退かざるや、心を用ざるの甚しきなりと。門人曾子に告たり。曾子趨りて其罪を謝す。曾子は生得孝行なり、しかれども氣質魯《ロ》‐鈍《ドン》木訥《ボクトツ》なる所ありき。聖師につかへて大學の心法を受用給へば、愚なるも明かに柔なるも剛く、此身ながら神化變通して大賢の位に至り給へば、天下の事におひて何事も聖人にたがふ事なし

146 一　心友問孝經之大綱

答云、孝經の心法は正レ心修レ身天‐命の分を安じて、人々處《ヲル》所の位に随て道を行なり。天の人を生ずると、物あれば則《ノリ》あり。天子の富貴にはをのづから天子の則あり。公侯伯子男をの〳〵則あり。卿大夫士其道あり。農工商其務あり。其行ふ所の大小は各別なれども、

の身にあるのみなり。病人も又しかり。これを食して樂とせす、只生をやしなふはかりなり。氣血盛に精神つよき者は、厚味を忌のみならす、蔬食といへとも腹にみたしめす、夏涼しくせす、多煖にせす、著て安からす、寢て安からす。これは古の人氣血健に筋骨つよく、無病にして精神盛なりしかは、聖人其人の位に依て制し給へる法なり。今時の人を如此せは、生を滅さむヿ目前なり。生を養ふ時は喜怒の情發し易く、生樂の念動易し。常の食を食し、常の衣を著し、常の居を安して、不怒不笑不樂事は、聖人大賢さては天質の美にあらすしてはいかてか叶へきや。このゆへに古の人喪には必す法あり、法なけれは勤るヿあたはす。今の人法は身の位に不叶、又法を不立しては行るへからす。しかれは俗に隨ひ給はんより外は有ましく候。俗忌の間も元氣をそこな

孝の心法はかはりなし。大河の水のながれて所に隨て象《シヤウ》をなすがごとし。方々にて田地のために井手をつくれば、其井手ほどに流るゝがごとし。ひきゝに就《ツイ》て晝夜をとゞめず。外ヵ溫《ヲン》にして內明かなるの性はかはりなし。君子の象なり。小人の心法は外をてらして內昏し。人の非をかぞへて己が不善を改めず、燈《トウ》臺《ダイ》のもとくらきがごとし。天下の人みな內明かにして己が不足をしり、外溫にして人の非をとがめず。天下の人みな我にまさる所あるヿを知は孝の象のごとく、相たすけて天下平なるべし。孔子の時すでに異端のをこるべき萠《キザシ》あり。孔門の學者は皆人々の本產あり。多くは日本の地士と云がごとくにて、古風の田地の家督あり。學は正心修身の志にてまなぶものなり。出てつかふる人も國用のつとめあり。役儀なく本產なくして、道を說て人にやしなはるゝ者はなかりしかども、堯舜三王の盛なりし時とはかはりて、何となく五等の人倫ばかりの樣にはなき勢あり。孔子の時を得給はずして、天下を周流し給ふも古になき風なり。聖人にして時の變を行ひ給へども、後世の人これを似せて一二變する時は、五等の人倫の外に道学を以て家を建《タテ》て產業とする者出來る勢なり。孔子は方々にて小

はさるやうに、みつからはかりて藥を服用する心持にて、折〳〵魚を用らるへし。貴殿年被寄候とてもいまた五十にて候へは、七十の人のやうにも成まし。又若き時無病の人のやうにも成ましく候。其間御料簡あるへく候

124 來書略、内々の仰に三年の喪は今の人の情には不叶と承候へとも、律僧行人なとを見申せは又成ましき事かとも不被存候。淨土宗日蓮宗なとの中に居ては立られましく候へとも、律とて別に立きり候へは、同し凡僧なから戒をも持候間、喪も居處衣服飮食に至まて別に於て仕候はゝとかく三年はつとめ過し可申候。又心喪とて外むきはかはらねとも、心に喪を勤ると申候へとも、是は一向に急度立るよりも成かたかるへきかと存候

返書略、仰のことく律僧行人なとは喪の勤ほ

官をも辭せずして役儀をつとめ給ひき。孟子に至てははや師とあがめられて、方々の馳走あり。官祿なく產業なし。德のおとろへたるなり。しかれども孟子は大賢にて孔子に繼立て天運の變を行ひし人なれば、其身にをいひ〔〇ひ衍カ三版本いナシ〕てはいふべき樣なし。後世に至て孟子の德なき人、孟子の風にならふ時は、まさしく道學を說て產業とするになれり。たとひ其人私欲のけがれなく、道を行とても、五等の人倫を離れて道者と云もの出來る時は、はや五等の人は道を離るゝ所あり。終には道學はそなへ物と成て、天下國家の用をなさず。其後道者佛者とて人倫の外に道を說て渡世とする者多く、爭ひをとりたるは尤なり。孔子此萠を見給ひし故に、五等の孝を發明し給ふなり。万歲道學の鑑也。此鑑に違ふ人は堯舜の徒にあらざる事明らけし。　問、五等は數すくなき事にて侍れば、古とても五等ばかりにては用達すまじきことゝ思はれ侍り。　曰、大綱は五等なれども、其一等〳〵に類ひ多し。天子ばかり只一人にておはします。日本の今にては又大樹一人也。諸侯一等といへ共、公侯伯子男の五品あり。外に又附庸の國あり。日本にても名こそ違ひたれ、此品あり。四五十万石の以上は公侯

となるとも有之体に候。然れともそれは後世に極樂へ行むといふ迷ひに牽れてか、又身すきのためにか、據所ありての事に候。今時の百姓に律僧の一食と申物を與へ候はゝよき振舞と可存候。坊主には大方貧き者なり候へは、是以苦勞とは存ましく候。又不婬戒なとは律僧にてなくとも、かせ奉公人なとは大方無是非つとめ申候。拙者も氣根よき時分は名聞ましりに三年の喪は可勤と存候き。如何にも貴殿の御氣さしにては成可申候。古の心喪と申は、身に服を著せぬはかりにて、作法は皆喪の掟と見え申候。今時心喪をなすと申され候は尤志は殊勝にも候へとも、しかと仕たる事にてはなく候。大道を心とする者は、たとひ其身は喪をつとむへき道を得たりとも、時の人なるましきとなれは、光を和け塵に同しくして、万歳を見ると一日のことく、誠を立、無事を

のごとく、三十万石の少し上下は伯のごとく、十五万石の上下は子男のごとく、十万石以下は附庸のごとし。これ諸侯一等の內に品なり。卿大夫一等とは、其德行役儀の道理同じき故に、大小高下をしなべて一等といへり。其內の品をいへば、天子の公卿大夫は、公卿は公侯になぞらへ、大夫は伯になぞらへ、元士は子男になぞらふ。諸侯の卿大夫は小身なれども、人の臣として君の命をつたへ、國政にあづかる。故に天子の老諸侯の老共に大臣とも老臣共いふは行事のかはりなきゆへなり。一國にても諸侯は其國に君として、役儀なければ人君の行あり。臣なれども天子も客の禮を以て待給へり。今日本にても諸大名の參府の送迎には、老中を御使としておもくもてなさるゝと同前なり。日本王代のむかし、上代と中世と時勢のかはりしを考へられず、此禮を行れざりし故に、天下を失ひ給ひしなり。聖人の掟に少もたがふとあれば、長久ならざるものなり。士一等とは其內ことにしな〴〵おほしといへども、德行のおなじき故なり。番頭幷一人立の歷々を上士と云べし。物頭與頭組付にても、千石以上の人は中士の品なるべし。千石以下の平士は下士なるべし。所司代は武官なり。中夏の士師なり。代

行ひ、業を創め統をたれ、衆と共に進むへし。己ひとり名譽をなすへからす、衆のなすましきヿを行ふ者は天下の師たるへからす。法に落て一流となり、俗とはなれなは、いつれの時か道を起すへきや。後世の人の氣体つよく情厚くなりたる時は、予か言を薄しとしそしる者あらむか、誠に願ふ所なり。一念獨知の所におゐて天を師とし神を友とせは、法のヿく勤るを以すくれたりとせす、やはらくるを以惰れりとせす。名をさけ氣勢をしつめて誠をおもひ給はゝ幸甚

125 來書略、人あり貴老の和書を見申て、名高き人なるか文學拙きと見えて甚あさまなり。かほとにおろかならむとは思はさりしと嘲り被申候。我等なとは益を得候へとも、かやうにそしる人候へは、御書物の世間にちらさるやうに仕度候

返書略、人の申さるゝ處少も違事なし。夫

官は農に兵ありしむかしは上士の役儀たるべし。日本の今は兵が農をはなれし故に、下士の役となれり。或は庶人の官にあるものゝ役とも成ぬ。江戸大坂の町奉行は中士の位にて、威勢は今の上士よりもをもきものなり。國々の町奉行は大かた下士より出ぬ。中士にして兼るもあり。少づゝの物奉行はおほくは下士より出るもあり。それよりもひきゝは庶人の官にあるのたぐひもあり。中小姓と云には、大身の子も小身の子もあれば下士の内なり。歩士は庶人の官にあるたぐひなり。物よみ醫者などは、町よりおこりたるは、庶人の官にあるたぐひとも云べし。町醫者は庶人の内工商のたぐひたるべし。禰宜《ネギ》などは庶人の官にあるたぐひなり。又神職に高官もあり。天文道樂道醫業などは代々其家ありてなすもよし。心を用ひてくはしきが故なり。しかればとて、家と成て人のするをふせぐはひがごとなり。尤たゞ人にても其道に得たる人出來れば、其家へ教ることもあり。たゞ道學のことばかり史官物よみの外には、それ者といふもの、其家と云ものはなき理なり。其ゆへは五等の人倫のあまねく學て、人々の業にをいて受用することなり。人幼年には學び、壯年には行ひ、老て教るは古今の常なり。

道理の深遠にして見れとも〳〵あかぬものは聖經なり。高明にして親切なるものは賢傳にあり。今時の人文筆達者にて精を出しゆ共、古の聖經賢傳にはよもをよひゆまし。愚か和書の主意は直にして近きにあり。直に近くて無學の心にも通し易く、文章の美なきものは淺かとし。然れとも近と淺とは似て大に異なり、世の學者の書に向ていふとはきゝとなるも、書を離れ平生の交になりては、無學の凡俗にもおとれることあり。又實に道を尊て少は行といへとも、聖賢の跡のみ見て、其故をしらす、時處位の至善を辨へす、人情時變に通せす、一流とはなるへきか、大同の基本ならす、これをなん淺とはいふへからむ。予聖語を工夫受用して得とあるを人の間にこたへ、或は遠方の同志の求に應す。聖經賢傳を心に得て日用に行はんとす。道德の政令に通し學術の人

誰道者とあることはなく、親は子の師たるがごとし。其同じき人の內を以て、上より大學小學のつかさを命じ給ふとなれば、初より人にをしへむとて、學問する人もなく、人に敎る家とてもなき道理なり。士といふものは小身にて德行のひろきものなれば、上下通用の位にて、上は天子諸侯卿大夫の師と成、下は農工商を敎へ治るものにて秀《ヒイヅ》れば諸侯公卿ともなり、くだれば庶人ともなり、才德ありながら隱居して庶人と同じく居《ヲル》を處士《ショシ》といへり。大道を任じて志大なるものは士なり。公卿諸侯の本地なる故に、賢なれば公卿諸侯もくだつて士を敬し給ぬ。德と年と位との三を天下の達尊といふ。朝廷にして上下の禮のある所にては位を尊び、常の交には年を尊び、世をたすけ人に長たるの道にをいては德を尊ぶ。公侯は士の賢をうやまひ給ひ、士は公侯の位をうやまひ、たがひに相敬するの義なり。志同して心を友とする時は、双方の尊卑相忘る義もあり。道をしらざる人は我本地を忘て一旦のうかべる富貴に奢て士を慢れり。然れば才德あるものは隱れて不出、中人以下の者はいやめになり、心から下輩に成て天下によき士出來ざるものなり。扨庶人一等と云は、農が本にて工商は農をたすくるも

倫に行るへき一助ともなりなんか。予か和書は人情時變をしるに便あらんか。道德の學の政令に合一する益ともならは、淺にはあらで近きなるへし。世間の文學の政令に用られさること久し、人倫と學問と二になりて床道具となりたることを歎きてなり。實に用て見る人はかならず疑あり、疑あらは予か主意しらるへし。然らは今に益あることあらむ、古に及へきにあらす、後世に傳へからす。予も又一人の天民なり、天の靈あり、いはさるは罪あることに候

126 來書略、今時武藝に術の者も、師となれは郡國の君と同座し、無禮至極なるもの有之候。師と申うへは如斯あるへき道理にて候や

返書略、天下に達尊三あり、德と年と位となり。朝廷の衣冠を著し貴賤の次第を分つへき所にては、位ある人を尊ふなり。郷里

のなり。工とは工匠ばかりにあらず。鍛冶《カヂ》白がね屋塗師《ヌシ》屋小細工師、すべて何にても職をする者を云。商はあき人にて、居ながらあきなひするも、金銀を以て國々ありきて有所の物をなき所へ通ずるも、手に所作なくて、世を渡る分はをしなべて商なり。まづ人の初は農なり。農の秀たる者に、たれとりたつるとなくすべて物の談合をし、指圖をうくれば事調りぬる故に、其人の農事をば寄合てつとめ、惣の裁判《サイバン》のために撰《エラ》びのけたるが士の初なり。在々所々ありて後又秀たる者に、惣の士が談合しひきまはされて諸侯出來ぬ。又諸侯の內にて大に秀たるあり。其德四方へきこへ、をの〳〵不及所は此人より道理出る故に、寄合てつがねとし、天子とあふぎたるものなり。扨士の中より公卿大夫と云ものを立、農のうちより工商を出して、天下の万事備り、天地の五行に配して五倫五等出來たるなり

147 一　學友問、孝を以天下を治といへり。しからば孟宗の至孝なるも、天子とせば堯舜の御代たるべきか　曰、孟宗ごときの數子はたゞ天質の美なり。いまだ性命の學に委しからず。爰を以て其親に事る所も又情欲の父母也。雪中に笋を求るは性命の父母につかふるの心にあらず。舜はもとめ給

の常の交にて孝弟を專とすへき所にては年を尊ふなり。世を助け民に長たるの德を慕ひ、迷を辨へ心法を明にする所にては德を尊ふなり。故に古は王公といへとも民間の賢者に降り給へり。しかるに彼一の藝師たる者、自己の分を辨へす、小藝をしらて道德仁義も同事のやうに心得たる成へし、甚昧き事なり、是又貴人もあやまり給へり。有德は禮を以來し、小藝は祿を以招き給ふへくはおのつから爭ヿあるへからす

127 來書略、世間にすへ物きりたる者の子孫は絕ると申ゆ。罪ありてきらるゝ者なれは、我きらても人これをきり申ゆ。昔物語に竹の雪をふるはしめて、其下知したる者にはかゝらて、おとしたる者にかゝりたるヿなと申ゆへとも理窟にて申ゆへは心得かたくゆ

返書略、世中にしわさこそ多に、人をきるはじ。たゞ性命の父母に事て後、孝を以て天下を治べし。みづからの心を盡し、性命明かなる時初て父母の性命に事ることを得べし。愛-敬盡ニ於事ルニ一レ親ニ。而德-教加テニ於百-姓一ニ。刑《ノツトル》ニ於四-海一ニといふもの也。如此なれば天下皆正人となる。天下正人となる時は、天下の人の悅心を得て、其父母につかへ給ふなり。先祖天地大虛ともに其悅心をうけ給ふ。此時に至て天地の氣初て至極の和あり。鳳《ハウ》-凰《ワウ》麒《キ》-麟《リン》も此大和の氣中に生じ、神-龍靈《レイ》-龜《キ》も海中に生ず。風雨民の願ひに應じ五穀大にみのり、草木生長して留滯なし。鳥獸魚蟲みな其生を逐《トグ》。山-鬼の魑《チ》魅魍魎皆吉神に化し、蛇蝎《ジヤカツ》みな龍に隨ひ、虎狼深山に遁《ノガ》れかくる。出ればかならず弓矢にあたる。天下の沉《チン》-魂《コン》滯《タイ》-魄《ハク》一時に消て跡なし。惡鬼邪氣よるべき所なければ、こと〴〵く亡て殘《ノコリ》なし。天災地妖生ずべき所なし。人爲の禍乱何によつておこらんや。外に邪氣のをかすなく、内に七情の相勝なし。疾病いづくよりならんや。大舜の孝を以て天下を知給ふ至德の化如此し。中國の民の其風を望むはいふにをよばず。東夷西戎南蠻北狄の耳にもきかず、通路なき國々までも、此時に至て無事をたのしまずといふヿなし。堯舜は人倫の至りといふこれな

を事と仕候は不仁の心ある故なり。其心に天罰當るにて候。吾等見候にもすへ物きりたる者の子孫絶たるか二人まて有之候。常の武士にて候へは、きらぬとても誰しゆる人もなく候。好て上手をするゆへにこそ主人も被仰付朋友も頼み申事に候。しかのみならすよくきる者あれは罪の輕き者もきらるゝやうなるあやまりも有之体に候。其上すへ物によりて、あらみの打やう昔にかはり、當分きるゝやうにはかり仕候故、後世まて用に立候は少かるへく候。古は今時のやうに様《タメシ》物は不仕候へ共、人々かねよき刀をさし、今に傳て古身は重寳と成候

128 來書略、下學上達の義下人事を學て上天理に達すと承て理通するかことくなれとも、受用となして手に不入候

返書略、易に形にして上なる者を道といひ、形にして下なる者を器と云の上下を見て分

り。如此の至治は孝を以てせずして何を以てかせん。堯舜の道の豐《ユタカ》に高きこと、明辨せずして明か也。彼異端の諸家は大《タイ》鵬《ハウ》の側《カタハラ》の蟬《セミ》と鷦鷯《セウレウ》のごとし。日を同して語るべからず。孝經に四段の教あり。天に四時のあるがごとし。第一段は條理也。第二段は極功也。春夏の道に配す。第三段は反《ハン》覆《フク》して心法を發明し給ふ。第四段は變を說給ふ、秋冬の義に配す

148 一　或問、他の國にては誰にても天下を取ては王となる事なるに、日本にてはかく天子の御筋一統にして、天下を取人も臣と稱し、將軍にして天下を知給ふはいかなるいはれにてをはしますや

云、中夏は天地の中國にして四海の中にあり、南に六の國あり、西に七の國あり、北に八の國あり、東に九の國あり。是を四海といふ。南を蠻と云、虫にかたどれり。西を戎と云、いぬにかたどれり。北を狄と云、けものにかたどれり。東を夷と云、人にかたどれり。四海のうちにてすぐれたり。九夷の内にて朝鮮琉球日本をすぐれたりとす。三國の内にては又日本をすぐれたりとす。然ば中夏の外四海の内には日本に及べき國なし。是天照皇神武帝の御德によれり。大荒の時日本の地生の人は禽獸に近し。しかる所に天照皇の神聖の德を以て、

明にり。惣して形色ある者は皆器なり。故に五倫も器なり。父子君臣夫婦兄弟朋友の交は形にして下なるの器なれとも、父は慈に子は孝にして父子親あるは形にして上なるの道なり。故に五倫の交におゐて道を行ひ徳をなすは下學上達なり。理を究め性を盡し命に至と其中にあり。五倫を本とせすして空に理を究め性を見るは異學の流なり。高しといへとも虚見なるかゆへに德に入業を立るとあたはす、なぞをとくかとくのさとりなり。其悟と云ものも眞ならす、人道を明かにせさるかゆへに造化を不知、造化の神理を辨へさるかゆへに迹のみ見てまとへり。下學せすして上達を求め、上達も又得さるものなり

129 來書略、此比末書を見て君子不重不威の章の說を得り。君子は學者の稱なり。學問は學て君子となるの道なれは、學者を指

此國の人の靈質によりて教をなし給ひてより、初て人道明かなり。天照皇は地生にをはしまさず。神武帝其御子孫にじて天統をつぎ給へり。氏系圖を云事も、王孫のたゞ人となりて、國土の姓に異なるが故なり。然れども一度たゞ人となりぬれば、天統をつがず地生にひとしきゆへに、天下をとりても帝王の號を得事不叶、三種の神器を身にそへ奉りて、天津ひつぎをふまん事は、天照皇の恐多く、且天威のゆるさぬ所あり。日本のあらんかぎりはかくの如くなるべし。他の國にはなき例なれ共、日本にては必然の理也

問、かくのどくゆへある[二三]帝王の天下の何として武家にはわたり侍りきや

云、[二四]謙德を失ひ給ひし故に、天下の權威を失ひ給へるなり。むかしは日本國中一國のごとくにて、今の樣なる國郡の大名なかりしなり。都より代官として受領をつかはし給ふ國々は農兵也。其後[二五]王德をとろへ國々に我まゝなる者出來て、王命を用ひざれば、征伐につかはされし人、則其國を治め、子孫はをのづから國主のごとくなれり。國々にては歷々大名なる者を官位なければ、凡人と稱し、官位卑ければ地下といひて輕しめあなどらるれば、其心に[二六]王城をものうき事に思ひうとめり。故に[二七]王臣たらん

て君子といへり。在位の君子といふも同理なるへし。古は人の上たる人は皆道德あり、故に在位の人を君子といへり。重と不重とは氣質にあり、生付靜にして輕々しからぬ人はおのつから人のなれあなとらぬ所あれは威あるかとし。學所の道も能受用して堅固なり。氣質輕く浮氣なる者はあなとりやすくして威あらす、學所の道も得心慥ならす。故に學者の人品靜重にして威嚴なるは、たとへは田畠の地ふくよきかとし。しかれともよき種をうゑされは地ふくの厚も詮なし。主忠信は美種をうゆるなり。己にしかさる者を友とせす。過ては速に改て憚す。吝ならさるは耕作の道をよく勤るかとし

返書略、此章の文義説得かたし、此發明聞へやすきのみ。予か見ゆは誠の心にあるを忠といひ、事に行を信と云、中心を忠とす。天理自然の誠心にありて空々如たる者な

ことを願はず、其折節武臣の大家棟梁を取ぬる人あれば、則したがひて主君とし、士の禮儀有事をよろこびぬ。是[二八]王者の武臣に威をうば丶れ給ひし根本なり。もと武家公家とわかる丶はひがごと也。むかしはなき事也。是も奢りゆへ出來たる事也　問、[二九]武家の天下と成てよりこのかた五百餘年の間に天道命を改め給ふ事六七度なり。代のみじかかりしとは何ぞや

云、それも[三〇]謙德を失ひ給ひし故也。かはりたる代の初には傍輩たる事近し。よつて士の禮儀正し。富貴年々にまさり、奢り長じぬれば將軍の士はむかしの公家のごとく、國々の士は地下よりもくだれり。大名も我家來程の人にをされ、家中の諸士は頭のあがるべき樣なし。是いきどおりの本也。將軍家の諸士は御威光なりと不禮をつくすを以て眉目と思へり。勢にをさる丶程こそあれ。天道はみてるをかくなれば、少ほころびたちぬれば、諸士のいきどおり時を得て、臣たらんと思ふ者すくなし。前車のくつがへるいはれを知者まれなり。。　困　足利家十四代と申侍れども、七八代以後は公方と申名ばかりにて、今の[三一]公家の如くに成て絕たり。其亡びたる第一は士の禮儀ヲ失ひたるより　問、[三二]今時公家は小身にて官位高く、人に無禮をなし給へり。むかしの名殘あらため給はず、其非をさとらざるにておはしま

り。所謂未發の中なり。人言を信とす、人の言はかならす實あるへきものなり。僞るものは私欲これを害すれはなり。忠は德の本なり。信は業の始なり。人身の主なり。故に忠信を主とすといへり。心友を友といひ、面友を朋と云。人を擇ひ捨るにあらす。己にしかさる者をも面友として禮を以交をなすへし。小人を親て心友とし、德を害ふへからさるのみ。君子の過は日月の食のとしといへり。速に改るを尊しとす。善これより大なるはなし。平人より君子に至るの道路なり。たとへ氣質靜重なりとも、內に德業の本たる誠なく外過を改るに憚は一且威重なるかヿくなりとも、終には恐るへきヿなきの實を人皆知へし。たとへ氣質輕々しくして浮氣に近くとも、忠信を主とし過を改め善にうつらは、浮氣の煩除て天然の淸くさへたる本に歸るへし。人皆これを

人心離れそめたるもの也。天下の人心は集りがたし。たま〳〵集りたるもはなれ易すや　云、しからず。むかしは奢りによつて權威を失ひ給へれども、そし。既はなれそめては取かへし成がたきもの也。一且の勢ひにのりて人心のはなるれは其時の事なり。今は位ばかりにて[三三]持たる公家にておはしませば、わざゝ事をしらず。是頼朝より此かた武家の天下の長久ならざる所也ともいたかなるがよく候。今にして人にくだり給はゞ、[三四]公家は絶侍べし。むかし權威ありし時ならば謙り給ふがよし。今は少しもくだらぬがよく候。武家よりも隨分敬たまふが禮儀にて候。問、時有て[三五]公家の天下にかへる事も可有か。　云、中〳〵かへるまじく候。[三六]此方よりあたへたまふ共末つゞき申まじく候。昔は武家より御氣遣も有べき事なるが、今は何の御用心もなき御事也。是を以いよ〳〵位を位に立て尊敬し給ふが、日本の爲にて又將軍家御冥加のため也　問、日本の國の爲とは如何なる道理候や。御冥加の儀は尤に候　云、もろこしよりも日本をば君子國とほめたり。其故はもろこしの外には日本程禮樂の道正しく、風流なる國は東西南北になき事也。それは禁中をはします故にて候。淸盛頼朝よりこのかたは武人[三七]大君と成て、武勇のつよき人天下をとれり。武は野人に近き程達者に成申候。武家といへども久しく治りぬれば、次第に上らふになり、おごり生じ、や

よみしで其誠あるに恥おそるへし。威これよりよきはなし、學これより堅きはなし。君子の重を以學を堅くし、威を以外邪をふせくとは文武の道なり。恭敬にして禮義正しきは重にあらすや。死生貧富の間其心を動さす、其志を奪へからさるは威にあらすや。氣質の輕重によるへからす、己にしかさる者を友とし親み、今の凡位を安するは平人の常なり。賢を師とし善を友として過を改め義に移るは日新成德の業なり。只學者の憂は不重にあり、不重者は内に主なきかゆへなり。生付の靜なると動とにはよらす候。心に主あるを重しとす。主ある時はおのつから威あり。家に主人あると、あき家なるとを以て見て分明也

130 來書略、經書を見候に始中終悉く解せむと仕候へは、心氣勞して却て塞るやうに覺へ候。一經の中肝要の所を見得て可なる

はらかになりて、心ばかりはたけゝれども、武勇の達者はおとれり。大方は心もつれ申事にて候。其おとろへざまには野人出て、天下を取れり。この故に國主といへ共、田夫をさる事いくばくもなく候。公家なくて幾度もかはりなば、一二三百年の内には天竺南蠻にかはらぬあらゑびすと成侍べし。禁中をはします故に、天下治て後にはかならず將軍家參内をとげられ、諸大名皆あつまり給ひ、束帶衣冠の禮儀を見て、初て人の則ある事を知、御遊の体管絃のゆたか成を聞て、初て太平の思ひをなせり。彼といひ是といひ、己が身をかへりみるにまことのゑびすなり。此無道にしては國天下のしりがたき事をしれり。野人よりおとり給へども、天下を知ほどの人なる故、必古禮をあふぎ古樂をしたひ、禁中をあがめて君臣の義を天下に敎給ひ候。天下の人是を見て兲威も力もなき人を日本の主筋とし、かくのごとくあがめ奉り、主君となしてかしこまり給へるは、誠に道ある君なり、我等いかで國郡を給はりながら、忠を存ぜざらむやと、むかし賊心ありし者も、たちまちひるがへして、普代の思ひをなせり。こゝを以世の太平すみやかなり。禁中をはしまさではいかで此德あらんや。こゝを以て日本國のためとは申

へきか

返書略、始より終まて句々皆解せむとするは、心を勞して書を解するにてゆへは、受用の本意にあらすゆ。又要を得たりと思ふて、他を疎にするも弊あり。情性を吟詠し道德を涵養するとは詩のみにあらすゆ。道理本行は我心なり、經傳は我心の道理を解したる者なり。經傳をよみ得て悦ふものは、我心の道理を見得たれはなり。我心の道理は無窮なり。書中の一章を肝要として止るへからす。又甚解すへからす。甚解する時は書を本行として我心を失ふの弊あり。吾心の位と學術の次第とを以受用の要と思ふ所は時によりかはり有之ものにゆ。故に時に我心に受用の要を得はよきなり。廣くわたりて道德を涵養し、日新の功を積て氣質を變化し給ふへし

131 再書略、廣くわたりゆとは經傳はなになり。今川良俊云、文道をしらでは武道終になるべからずと、此良俊は武家の世となりて此かたの文武二道の人也。世の兵乱は人の病氣のごとし。邪氣甚しき時は其邪をせむるの藥なくて不叶。邪氣さりて其跡虚したる時は、人參白朮等の靈藥なくてはひたちかたし。戰國には武勇のはかりごとにて、國を取といへ共、すでに敵なくなり、國虚して戰國のつぐのひ今日の養生なければ、永久なりがたし。敵去て後の養生は文武の道也。病後の人參のごとし。病邪といへ共人參を主として攻擊藥をも用ゐるごとく、戰國といへども大將は仁義の德なくて不叶事也。太田道灌は其初あら武者にて、馬をはせ劔をとゝろむる外無他事。有時鷹狩に出て鳥によらん爲に、民の家に立寄てみのをかり給ふに、夫は野に出て妻のみあり、山吹の枝をひとつ折來て御前にさし置て、とかくの言葉もなくて入ぬ。道灌他の家に至りてみのをかり給ひき。歸りて其夜人々と物語し給ふ時、今日のかりばにて事を語給ふ。其中に京の客歌道にたづさはる人のこたへしは、其女はゆへある者の落ぶれたるならむか。夫のみのをきて出て内になかりしを、賤の女として大守に言葉をかはし奉らむ事恐れありと思ひて、山吹の枝を以

〳〵を讀てよく候や

返書略、予か廣くと申候は、無極の理に体して心をこれのみとゝめさるを申候。古へ書のすくなかりし時に却て聖賢多し、經傳は貴殿の御心寄次第に孝經大學中庸にてもたりぬへし。論語孟子にても足ぬへし。五經にてもたりぬへし。其中十か七八までも解し殘すとも妨なく候。要は書中にあらす、我心にあり。大意を得時は天下疑なし、何そ書の文義を事とし候はんや

132　來書略、天下の佛者貴老を佛敵なりと申候。佛者には我慢邪心の者多候間、貴老を害ありとして失はむ事を願ふ者可有之候間御用心可被成候

返書略、天下の佛者多きと千万を以かそふへからす、根を堅くせしと千歳に餘れり。天下佛者の有ならさるはなし。予か如き不德の獨夫五尺にたらぬ一身を以て、天下の

て御いらへ申たるなるべし。古哥に七重八重花はさけども山吹のみのひとつだになきぞあやしき。其時道灌廿ばかりにてをはしき。手をうちをどろきさて〳〵耻しき事也。國郡の上に居ながら賤女にもをとれり。むかしより士は文武二道とこそ云なれ。我等しゝおふ狩人によききぬきせて上に置たるがごとし、とてそれより學問をつとめ給ひて、其比の武將にはまれなる文筆の達者にて、詩歌は云に及ばず、經傳をも學び給ひき。其學問の事は世にしる人多し

問、かならず王者に[三九]天下のかへるまじきとは如何なる道理侍るにや。もと[四〇]日本の主なれば、本に[四一]かへりぬべきことにて候

云、代をかさねて天下をたもつは天の廢する所なりといへり。しかれ共王者は天神の御子孫にして地生にあらず。ことに日本にをいて廣大の功德をはします故、天下の權勢をばさり給ひて、やはらかにして上におはしませば、いつまでも日本の主にてをはします道理にて侍り。武家もたとひ天威のゆるし有とも、みづから[四二]王と成てはむつかしき事也。臣として攝政などの心にて天下を知給ふは心易き事也。何たる無分別の人有て王とは成給ふべからん。又此方より[四三]かへし奉られても末つゞき申まじきと申事は、[四四]後醍醐の

佛者の敵となり、佛法を滅すへきか。つら〳〵おもむみるに、今の佛者人間世におゐてはいまた盛勢を不失といへとも、天命はすてに滅亡におもむけり。如何となれは物皆盛衰あり、たとへ佛者あしからすとも、盛なると極らは、なと衰る時なからむや。然るに今の佛者不仁無道なると凡俗に越たり。奢も又極りぬ。これ天命の絶たる所也。故に予か如き不德の小身も彼みつから敵とするなるへし。みつから敵を生せは予を失ふ共絶ることあらし。予か命天にあり、用心すとも失はるへし、用心せすとも失はるへからす

133 來書略、道本大なり、何そ大道の名を申候や

返書略、世の道をいふ者すこしきなり、故に大道の名あり。大道とは大同なり、俗と共に進むへし。獨拔すへからす、衆と共に

[四五]帝の時さへ、[四六]公家は日本の人情時變うとく成給ひて、かへりたる天下を失ひ給へり。今はなを〳〵うとくなり給へば、たとひかへし奉り給ふとも、やがて乱逆出來て本までもあやうかるべく候。武家の人の[四七]帝位に上り給はんと、王の天下をとり給はんとは、共に無分別たるべき也。然れども一ツの道あり。將軍家に賢君出をはしまして、三十年も用意あり、家を作るごとく地形よりくみ立、末代までの法をまうけて奉り給はゞ、人じちも何もいらで、又五百年も風波なく世中ゆたかなるべし。後世にはかくのごときの人出給ふべきもはかりがたく候

問、永祿天正の比禁中公家にが〳〵敷衰微し給へる處に、秀吉の御馳走にて結構に被爲成たるはきとくの御事なり

云、戰國にて誰心をつけ奉る人もなかりし間、朝夕の御つゞきもなりがたき樣子と承れば、誰にても御馳走不仕して不叶事也。秀吉の御馳走はきとくながらも、道を知給はざるゆへ、禁中の御ため、日本のための御馳走ならざれば、一旦くつろぎたまふばかりにて、[四八]却ては公家のをとろふべきはしをはじめ給ひ候。今天下の御政道あづかり給はず。宮殿の結構はいらざるものなり。實なくして事物過る時は火災度々至ものなり。然は

行ふへし。獨異るへからす、他人惡事をなさは己のみせぬにてよし、人をとかめそしるへからす。善の行へきことあらは、己一人なすへし、人にせむへからす。三軍の將の士卒と共にかけひきして獨夫の勇を用ひさるかとし。衆の從へき氣を見ては、さきたつてすゝむるとあり。己氣力あり共、人のしたかひかたきとはなさす、世の道學の小道なるといはすしてしりぬへし
遠方の同志の所望によりて心法の圖解を與ふ

134　心法圖解

終には禁中の靈物も亡ぬべし。道ある人の御馳走ならば、禁中の御位を尊くあふぎ奉り、いにしへの禮樂の絶ぬ樣に、御神樂には御神樂の領をつけ、節會御遊等にも、それ〳〵に領をつけ奉り、其事のかならず行はるゝ樣にし、宮殿諸道具等は質素にして、禮儀の叶べきばかりならば、禁中の正實立て、をどりのをこたりもなく、火災の憂も有まじき也。公家中も衣冠束帶の時は、禮儀うや〳〵しく、平常は[四九]知行の分に應じてをどりなき樣に、[五〇]公家の立給ふほどの領を付まいらせば、公家の公家たる所乱れずして長久なるべし。大名緣など[五一]公家の衰べきはしと成事也。內緣によつて奢り生じ、禮樂をもつとめられず。其子は父方の家督は小身なれば、母方の人の多き方へよりならひ給へり。母方は野人にして褻禮を好み、俗にして婬樂ならではしらざる故に、ほどなく婬樂をこのみ被出事也。是ぞ[五二]公家亡衰の初に候。風を移し俗をかふるには、樂よりよきはなし。公家の風俗やがてうつりかはりて、いやしく成給はん事、目前たるべく候。公家中かくのごとくなれば、[五三]帝王へもをのづからをしへ奉るなり。王者のをはしまして、國に益有事は、いにしへの禮樂をこたらずして、俗とことなる故なれば、其

□ハ寂然不動ノ象也○ハ流行活動ノ象也□ハ理ヲ圖シ○ハ氣ヲ圖セリ。太虚ハ理氣ノミ、天道ハ至誠無息也。故ニ誠字ヲ中ニ書ス。誠ハ天ノ道ナレハ也。其中ヲノツカラ元亨利貞ノ條理アリ、是ヲ天ノ四德ト云。四德モト一理ニシテ無方ノ神ナレトモ、天地開ケ形象アラハレテ後、木ハ東方ニ位ス。木氣ノ神ヲ元トス、故ニ左ニ書ス。火ハ南方ニ位ス。火氣ノ神ヲ亨トス、故ニ前ニ書ス。金ハ西方ニ位ス。金氣ノ神ヲ利トス、故ニ右ニ書ス。水ハ北方ニ位ス。水氣ノ神ヲ貞トス、故ニ背ニ書ス。元理感シ木氣流行シテ万物生スルヲ春トス。亨理感シ火氣流行シテ万物長スルヲ夏トス。利理感シ金氣流行シテ万物収マルヲ秋トス。貞理感シ水氣流行シテ萬物藏ル、ヲ冬トス。土ハ中央ニ位ス、土氣ノ神ヲ誠トス。シカレトモ土用ハ四季ニ應スルカ故ニ四隅ニ書ス。相生スル

實たえてみる所なく、俗とひとしからば、終には神統[五四]あやうくおはしまさむか。是ひとへに秀吉の無道の御馳走より初れり。あらためたまはん帝[五五]大樹出をはしまさずば、日本[五六]の國も又あやうかるべきか。神統[五七]絶給はゞ神國共いひがたし。戰國の後人道いづくにもとめ給はんや。人道に禮樂なくば禽獸に近からん。しからば合戰やむ時なかるべし。たとひしばらく治世あり共、道なく、人心くらくば、終には吉利支丹にとらるべきか。しからば天地すでに破れたる也。天運いまだ午の會の初にあり。天道は至善なり。無好人の三字は有道の人の言にあらず。たのみ思ふばかりなり

ノ序ハ木火土金水也。火ハ土ノ母ナレハ土ハ未申ヲ盛位トス。是天地鬼神ノ造化ヲナシテ無盡藏ナル道理也

道

父慈 子孝
君仁 臣忠
夫義 婦聽
兄良 弟悌
朋友 交信

惟此無極《キヨク》ノ理ニ五ノ精妙合シテ人トナリ明德ソナハル、是ヲ性ト云。性中ヲノヅカラ仁義禮智信ノ條理アリ。天ノ元ノ人ニアルヲ仁ト云、天ノ亨ノ人ニアルヲ禮ト云、天ノ利ノ人ニアルヲ義ト云、天ノ貞ノ人ニアルヲ智ト云、天ノ至誠無息ノ眞ノ人ニアルヲ信ト云。タトヘハ同シ水ノ流ナレモ所ニヨリテ川ノ名ノカハルカ如シ。仁義禮智信ハ天理未發ノ中也。故ニ□ニ書ス。喜怒哀

149

集義和書巻第九 困七

義論之二

一 心友云、我常に夜寢《イネ》られず、さるによつて心氣つかれ、食の味ひもこゝろよからず。或は風邪にをかされ、種々の病も虚に乘じて入ぬ。心術のつたなき故なるべけれども、其故をしらず　答云、夜寢られざること疾病のなす所といへども、大方は思慮多くして精神を銷《ケス》よりおこるものなり。天下何をかおもひ、何をか慮らむ。義に隨ひ理に應ぜんのみ。知者は無事なる所を行といへり。万事私よりなすべからず、天を以てうごくべし。好むこともなくにくむこともなく、やむことを得ずして應ずるを、天を以てうごくと云。平人は私の願ひあり。時を待ざるのうごきをなさむとす、是故に思慮多し。天下我にあらざるものなし、何をか願ひ何をか求めむ。心ほど大事なるものはなし。聖人凡夫(困平人)同じき所なり。天下をあたへんと云とも命には換《カフ》べからず。されば天下よりも重きものは我身なり。いきては義

樂ハ氣ノ靈覺ナリ。故ニ○ニ書ス。惻隱羞惡辭讓是非ハ仁義禮智ノ端ナリトイヘ圧、氣ニ感シテ聲色ニアラハル、故ニ○ニ書ス。仁ハ生理也。其本体ハ無聲無臭ナリトイヘトモ、感シテ天下ノコトニ通スルトキハ慈愛惻隱ノ心トナル。天下國家慈愛ナクテハ一日モ立カタシ、是天ノ元德春ヲ以テ万物ヲ生スルニ合ス。イカナル愚夫愚婦モ赤子ノ井ニ入ラントスルヲ見テハ甚イタミカナシメル心生シ、ハシリヨリテイタキスクフモノ也。此時ニアタリテハ其赤子ノ父ニウレシク思ハレントノ心モナシ、スクハズハ不仁ナル者トテ、人ニアシクイハレント思フ心モナシ。其父母ヲ知不知ノ辨ヘモナシ。此心ヲ人ニ習知タルニモアラス、天機ニウコイテ不能已、ミツカラモ不知處ナリ。故ニ是ヲ仁ノ端ト云也。禮ハ天理ノ亨德ニメ盛大流行ノ至神ナリトイヘ圧、天下

理を失ひ、死しては名を全くすることにはかならず死す。しかれば命よりも義は重し　問、後悔の心切なる故に精力を勞し忘るゝことあたはざることあり。後悔なくては先非を改むべき様もなし、いかゞ受用し侍るべきや

云、悔は凶なり吉にをもむくの道なり。しかれどもつよく悔るはかへりて先非の病ぬけざる根なり。公も我もむかしありたる過失の、今は跡かたもなくなりて、心氣かはりたることは、おもひ出ても悔はなし。たゞよそのとのごとし。おもひ出してかしらをかき汗出るは、いまだ其過失の根伏藏して、またも其境あらばなすべきが故也。其上精神をたもつの道をしらで、氣を養と至寶を保つがごとくの〔困収斂することをよくせず、洪然の氣を養ふの受用〕受用なき故也。何ぞすこしのほめそしりを以て、此靈寶〔困こゝろ〕を煩すべきや。義に當ては國天下〔困郡〕といへども、やぶれたるわらぐつをすつるがごとし。是故に君子は覺《カク》照《セウ》あつて思《シ》索《サク》なし。平人の分別思慮といへども、ふと覺照にいたりたる時、道理うかぶ〔困通ずる〕ものなり。たとひ人しらずとも、我心に不善あらば德に耻べし。人先非を知てそしるとも、吾心に淸く改去て、今すでになきこととならば、何の後悔かあるべき

ノコトニ感スルトキハ恭敬辞讓ノ心トナル。上下貴賤ノ分定リ、位品アリテ相爭ハズ、相シノガスシテ天下太平也。天下太平ナル時ハ物ソナハル、天ノ夏ヲ以万物盛長ナルニ合ス。神明ノ宮社ニ近付トキハ自然ニ恭敬ノ心ヲコリ、主君ノ位ヲスクル時ハ君キマサストイヘトモ敬心生ス。一文字ヲシラヌ賤男賤女モ容アレハ馳走シタキ心アリ。飲食菓子ニ至ルマテ多ヲアタヘ少キヲトリ、能ヲユツリアシキヲ食スルノ事アラスト云ヿナシ。故ニ是ヲ禮ノ端ト云。義ハ天理ノ利德ニメ神武ノ勇アリ、天下ノコトニ感シテハ善惡邪正ヲ斷製ス。天ノ秋ヲ以テ實ノル物ハ成實シ、葉ヲツルモノハ黄ハミヲチ、虛實ワカル、ニ合ス。羞惡ノ心ハ我ニ惡アレハ恥カシク思ヒ、人ニ不義アルトキハニクム心生ス。此恥ノ心深キ者ハヨク過ヲ改メ善ニウツリ、賢人君子ノ地位ニモ至

悔は非を改るの筌蹄《センテイ》なり。改て後心上にとゞむればかへりて煩をなすなり

150

一　心友問て云、志の主本は何とか立侍るべきや　答云、仁義身にあり。これを用てつきず。不義をにくみ惡をはづるもの丶心にあるを主本とす。磨《トケ》ども磷《ウスロ》がず、涅《クリ》にすれども緇《クロ》まず。心みにうしなはんと思ふとも忘るべからず。たゞ此靈明天を根として朽ず。然れども心法の受用をしらざる人は、我にありながら我物ならず　問、外により人によるは志の實ならざる故か。己がためにするの工夫はいかゞ受用し侍るべきや　云、天地の間に已一人生てありと思ふべし。天を師とし、神明を友として《困すれば》見時、外人によるの心なし。かくのごくなれば、内固して奪ふべからず。外和してとがむべからず

151

一　心友問て云、今の時にして德を好み道を行ふ者は、伏犧の時のごとしと承りぬ。されども我等は放逸《ハウイツ》なる中に習來ぬれば、威儀《イギ》を愼む所より、心を用ずしては心氣も存じがたくをぼえ侍り。あやまりにて侍るべきや

答云、方はなんたちの身にあることとなれば、あやまりにてはなし。威儀の愼み事のつとめなどは、氣力のなす事なれば、老年病衰の人は叶がたし。

リ易シ。無學ノ野人トイヘトモ死ヘキ處ニテ死シ、主君ノ難ニ當テハ命ヲカロンシ、名ヲ後世ニアクル者アルハ此羞悪ノ心アル故也。故ニ義ノ端ト云。智ハ天理ノ貞德ニメ心ノ神明也。空々トメ衆理ヲ妙ニス。天下ノコトニ感シテハ是非善悪ノ鑑トナル。天ノ冬ヲ以テカクシ天氣清明ニメ來歳春夏秋ノ根トナルニ合ス。智ノ本体ニ是非善悪ト云モノアリテワカツニ非ス、一物ナクシテ虚明神靈ナル故ニ、万事万物ノ形アラハレ情ワカル、ナリ。鏡ノ虚明ニメ一物ナキ故ニ物ノ形ヲウツスカ如シ。鏡ハ虚明ナルノミニテ神靈ナキ故ニ物ヲウツスハカリ也。智ハ神明ナル故ニ能天下ノ事ヲツカサトリ物ヲ成ス也。然𪜈鏡ヨリ外ニハ智ノ象ニナスヘキ物ナキ故ニ古今タトヘトスル也。惣シテタトヘハ一端ノ形容也。全体不測ノ神靈ハタトユヘキ様ナシ。鏡ニ扇子成共一物

152

然れどもつとめば一念獨知の地にあり。寢つ起つをこたりある様に見へても、病者か老体かにて、氣つかれてはやすみ、氣力付てはおきてつとめ、獨知に暫くの間斷なき人あるべし。人めには夙《ツト》にをき夜半に寢て、たとひ及がたき行ありとも、獨知にをこたる人あるべし。それ心を正し身を修るより、家を齊へ國を治るに至るまで、誠を立るより先なるはなし。貴殿氣力強くての勉は過るにあらず。我氣力衰ての勉も亦不及にあらず。誠を立て時處位にしたがはゞ、ともに伏犧の民たるべし

一　心友問て云、禮は大なる所より始るべきに、飲食に始るといへるはいかゞ

答云、天尊く地卑きは禮の始なり。無言の教なり。男女これにのつとり、父子君臣これをのりとす。性命の正に本づくものなり。しかれども衆人の氣質の濁りかたよるものは、其神靈のてらしうすくして失ひやすし。飲食男女は人の大欲存ずれば、禮なくしては相爭ふに及ぶが故なり。其禮は人々固有の天理に本づきて教給ふが故に、飲食は義ありてもとめ、時ありて食す。且多きを讓《ユヅ》り少きをとる。男女は媒の言をまち婚姻《コンイン》の禮を備て後相交はる。且夫婦となりても賓主のごとき別道あり。先王まづみづ

ウッシ置テ是ヲノケサルトキハ他ノ物ウッラス。智モ空々トメ一物ナキ時ハ能萬事ニ應ス、智識ノタクハヘアルトキハ眞知自然ノ照ニ非ス。知者ハ無事ナル處ヲ行トテ知者ノ國天下ノ政ヲナシ事ヲトルハ易簡ニテ何ノムツカシキ事モナク、水ノ流ル、カ如ク也。知ニ是非ハナケレ𪜈物ノ是非身ノ善惡ヲワカツモノハ知ナル故ニ、是非ノ心ヲ知ノ端ト云ナリ。信ハ至誠無息ノ天理ニメ仁義禮知ミナ信アリ、故ニ四端ミナ眞實無妄ナリ。天道ニ元亨利貞ヲ云テ誠ヲ不言カ如シ。四時皆土用アルカ如シ。誠ハ天ノ道ナリ。誠ヲ思フハ人ノ道ナリ。故ニ信ヲ中ニ書ス。仁義禮知モ無方ノ神理ナレ𪜈、ヲナシク水火木金土ノ神ナル故ニ、天地ノ方位ニ配シテ書ス。四端モ又四時ニ配シテ書ス。喜怒哀樂ヲ四隅ニ書スル者ハ天ノ時ニカタトル。喜ハ春ノ色ナリ。哀ハ秋ノ聲ナ

153

からの德を明かにして先じ給ひ、且禮を以てとゝのへ給へば、人々固有の天眞感《カン》激《ケキ》皷《ク》舞《ブ》せられ耻ることありて格《イタ》るものなり

一　學者問て云、即《ツイテ》ㇾ物ニ窮ニ其ノ理ヲとは事々物々について、事々物々の道理を窮め知と云儀か　　云、しかり。其事々物々の理と云もの、いかゞ心得給ふ、其意をしらず。愚が見侍るは、物は事也。事は物の用にして、物は事の体なり。二にあらず。五倫の物あれば五倫の事あり。五倫の物は君臣父子夫婦兄弟朋友なり。五倫の事は五典十義なり。五倫の物に即て五典十義の理をくはしく窮て、心に得身に行を格《カク》物《ブツ》致《チ》知《チ》と云。知は理なり。今の理を窮と云は、書の上にて、文に即て講明し、或は空談に議論す。これ物に即て理を窮るにあらず、文を以て友を會するといふものにて、友を以て仁を輔《タスク》るにはいたらず。仁を輔ると云は、父子の親、君臣の義、夫婦の別、長幼の序、朋友の信にをいて、過るを磨《マ》し不足を補ひ、互に過ちを告て相輔るものなるに、今の學者は過を聞ことをいとひ、至情を云者をにくめば、即テㇾ物ニ窮ルニ其ノ理ヲの實を失へり。しからば天下の事々物々の理を窮、博《ハク》識《シキ》多《タ》聞《ブン》なりと云とも何の益かあらむ　　問、天下の物莫シㇾ不トㇾ云コト有ㇾラ理。唯於テ

リ。樂ハ夏ノ象ナリ。怒ハ多ノ氣也。喜ハ愛ヲカネ、哀ハ懼ヲカネ、怒ハ惡ヲカネ、樂ハ欲ヲカヌ。心正キ時ハ七情節ニアタル。五八
故ニ聖人　喜怒哀樂ハ四時ニ配ス。文王一度イカリ玉ヒテ天下ノ民安キモノハ多ノ寒氣ツヨクシテ來歲豐年ナルカ如シ。又天人合一ノ圖ニ五倫ノ五典十義ヲ書スル者ハ、天ニ五行アリテ人ニ五倫アリ。五行ノ神ハ元亨利貞誠ナリ。五倫ノ眞ハ仁義禮知信也。故ニ父子ノ親ハ仁ナリ。君臣ノ義ハ則義也。夫婦ノ別ハ知ナリ。長幼ノ序ハ禮ナリ。朋友ノ信ハ則信ナリ。父母ノ子ヲ愛シ養育シ長ナスヲ慈ト云。子ノ父母ヲ愛敬シ、安スルヲ孝ト云。君ノ臣民ヲアハレミ、各其利ヲ利トシ、其樂ヲタノシミ、其生ヲトクル樣ニ政教ヲナシ玉フヲ仁ト云。臣下ノ身命ヲ君ニ奉リ、二心ナク眞實ヲ盡ヲ忠ト云。夫ノ婦ヲアハレミ、夫ノ家ニ心ヲ止テ安座

理ニ有レ未レダ窮メ。故ニ其ノ知有リ不ルレ盡サ也。天下の物とあれば、必しも五倫に極るべからず。公の說のごとくにては、文理不分明がごとし　云、天下の理の重きものは齊家治國平天下なり。其中の一事〳〵は天の與《アタヘ》たる才知あり。君も其質の得たる所を察し給ひて、其職を命し給ひ、臣もみづからの天を盡すものなり。身を修るにとく、人を責《セム》るにゆるやかに、知さとく行篤き人を選《エラミ》て、教を掌《ツカサド》らしめ給ふ。日本のむかし淳和《シユンワ》院弉學院《インシヤウカクイン》の師困。いにしへは是を國師といへり。人倫を明らかにする國師官なるをあるがごとし。△山川地理に得たる才あれば、山川池澤をつかさどらしめ給儒者に與へたるは道なき代の誤也△ふ。物の生長の道にさとき人をば農事を掌らしめ給ふ。今の郡代のごとし。よく賞罰をことはるべき人をば士師の職に置《ヲキ》給ふ。今の所司代のごとし。律呂の理に明かなる人をば樂《ガク》を掌らしめ給ふ。善惡の道理分明にして直言する人をば諫《カン》議《ギ》大夫とす。進で忠を盡し、退て過を補ひ、天下政道の損益を知べき人をば納言《ナウゴン》として、君言を出し納《イレ》しむ。陰陽鬼神の理に通じ、人情時變に達せる人をば冢宰《チヨウサイ》として百官を總《スベ》主らしむ。天下の事は多し、理は窮なし。右は只大事の二三をあげたり。一人して極めしるべからず。力を合せ謀をあつめて、天下の知を用て天下の事を盡すべし。其不知をば

スル様ニシ、能教ミチヒクヲ義ト云。婦ノヨク夫ニシタカヒ、地ニ二ノ天ナキ如ク、我夫ノ外ニ天下ニ夫ナキ貞ノ道ヲ守リ、カリソメニモ後クラキ事ナキヲ聽ト云。兄弟ハ天倫ノ親ニテ同氣同親ナレハ、連レル枝ノ如シ。大父母ノ次第ヲ以テ年長セルタニ、位ヒトシキ時ハ長幼ノ序アリ。況ヤ小父母ノ兄弟ハ骨肉ノ恩アレハ、兄ハ父ニカハリテ弟妹ヲ教ミチヒキ、愛養スルヲ良ト云。弟ハ兄ヲ父ノ如ク思テ能シタカヒツカユルヲ悌ト云。朋友ハ眞實無妄ノ天道ヲ父母トシテ、異親同氣ノ兄弟ナレハ、眞實ノ心ヲ以テ相交ヲ信ノ道ト云ナリ。天ノ元亨利貞ト人ノ仁義禮知トハ同体異名ナリ。天ノ五行ト人ノ五倫トハ同氣異形ナリ。天地ハ元亨利貞ノ理ニシタカヒテ四時ヲコナハル、時ハ、天地位シ萬物育ス。人ハ仁義禮知ノ性ニシタカッテ五倫明カナル時ハ家齊國治天下

不知とし、知をば知とし、われ事を不知ともまどはず。人の知をもうらやまず。吾事に達すれども滿りとせず。功成てほこらず。耳目手足の各其用を盡して、一心の妙に歸するがごとし。天は生じ地は育す。日月のかはる〴〵明らかに、四時のたがひに行はるゝがごとし。其物をなすに至ては一なり。又天下の事にをいて心の感ずる所、身の交はる所、初學は疑ひある事あれども、正心修身の緒《ショ》餘《ヨ》土《ト》苴《シャ》なれば、好學の人は勞せずして明辨すべし。天下の理を盡すといへば大なる樣なれども、本末先後をしれば難き事にあらず

一　學友問、阮嗣《グンシ》宗《ソウ》は口に人の過失を論ぜずといへり。まことに好人なり。大舜はこれより大なる事あり。善を人と共にし、人の惡をかくして善をあげ給へば、惡はをのづからきえうせ、善は大に成ぬ。人の善をゆるし給へばなり。しかるに孟子はよくものいひて楊墨《ヤウボク》をふせぐ者は聖人の徒なりといへり。凡人をだに惡を隱《カク》して善を揚《アゲ》給ふに、楊墨は少し見所に過不及ありといへ共、凡人をぬけ出たる人なり。何ぞ其善を好して其惡をかくさゞるや　云、性は聖凡一体なれども命に分量あり。よく己が分量を知て命

平也。父母ノ子ヲウメルハ春生スルカ如シ。故ニ左ニ書ス。兄弟長幼相ツラナルハ夏長スルカ如シ。故ニ前ニ書ス。君臣ハ極ヲ立ルノ大義ナリ。君臣相カナツテ國治リ天下平也。天地ノ化育ヲ助テ物ヲナセリ。秋實ノルカ如シ。故ニ右ニ書ス。夫婦ハ人倫ノハシメナリ。天地開テ後男女アリ、男女アリテ後夫婦アリ、夫婦アリテ後、父子アリ、兄弟アリ、朋友アリ、君臣アリ。故ニ五倫皆夫婦ノ內ニコモレリ。天ノ冬ヲ以テカクスカ如シ。故ニ背ニ書ス。朋友ハ五行ニ配シテハ土ナリ。土ハ定位ナシ。故ニ外ニ書スルノミ

心法

にしたがふものは聖人の徒《と》なり。天命に天吏の任なき者は、よく默しよく拙くて、阮嗣宗が人の過失をいはざるを師とすべし。其上に心術明かにして、金の鍊《ねり》得てまじはりなく、至精の正色なるがごとく、心思の存ずる所、天理に專ならば、人欲の煩なからむ。是を聖人と云とも可なり。聖人の聖人たる骨髓《コツズイ》こゝにあればなり。天質の分量廣きものには天吏たるの天命あり。邪正をわかち、善惡を明かにするには、或は筆紙をかり、或は言論にわたるとあり。小人の好て人の過をいひ、益なくして是非を論ずるの凡心にはあらず。いはざれば世を救ふとあたはざるがためなり。孟子の時は上に堯の聖主なく、下に舜の神德なし。これ又分を知の義なり

155 一　舊友問、貴老は天下に名を得給ふ人なり。道學にをいては、儒佛みな貴老によりて目をさましたり。しかるに貴老は人に尋問給ふ事のみにして、いまだ人に敎給ふ事をきかず。何ぞ神道者俗儒歌道者筆道者出家までを招きよせ、或は彼にも行て師とし學び給ふや、道德の大本にをいて窮めざる所ありとや謗《ソシ》り侍らむ　云、愚が名は虛なり、何ぞ其虛名をいだきて、物しりがほに人の師たる任をになひ侍らむや。一文は無文の師といへば、

心法ノ圖ニ□ノ内ニ中字ヲ書スル者ハ、中ハ天下ノ大本ナレハ也。上ニ無形無色無聲無臭ヲ書スル者ハ、未發ノ本然ヲ云ナリ。靜虛無欲ハ中ノ德ナリ。寂然不動ニメ感スル者ハ中ノ神理也。故ニ皆□ノ内ニ書ス。神明ヲ⊖ノ間ニ書スル者ハ知ハ心ノ神明ナリ。モト寂然不動ノ理ナリトイヘ𪜈五德中先感スル者也。天下ノ萬事ヲツカサトリテ照サズト云ヿナシ。動テアラハレス、有無ノ間ナルカ故ナリ。無聲無臭ノ本然ニヲイテハ手ヲ下スヘキ様ナシ。聖人ノ敎ヲマウケ玉ヒ、學者ノ問學ヲ好テ理ヲキハメ德ニ入ノ門ナリ。故ニ心ノ神明ヲ⊖ノ間ニ書シ、愼獨ヲ以テ心法ノ要トス。○ノ内ニ和字及ヒ動直無爲遂通天下之故、ヲ書スル者ハ、發シテ節ニアタルノ義也。寂然不動感スルノ本立テ遂通天下之故ナリ。靜虛ナルカ故ニ動直ナリ。無欲ナルカ故ニ無爲ナ

愚がごとき者も、虛名に居て、人の師とならばなりもこそし侍らめど、師たるには損多し。たゞいつまでも人の弟子にて居こそ益ある事にて侍れ。言は道德にをよべども、師たる時は虛中の本然存じがたし。言は詩哥のあそびにいたれども、弟子たる時は溫恭自虛の眞を失はず、愚が學未熟なるが故なり。孺子の歌にもとることとあり。況や神儒佛歌筆の人にをいてをや。愚が人にことなる事はなし。たゞ人のくだる大本を知てまどはざるのみ。自滿して人の師たる事を好まず、よく人にくだりて弟子たるに終る所のみ少し古人に及ぶべきか。それ千金の裘《カハゴロモ》は一狐の腋にあらず、大廈《カ》の材は一丘の木にあらず、太平の功は一人の略《ハカリゴト》にあらず。古人云、天下をたもつ人の、天下の諸事諸物の我有たることをばしれども、天下の人の知の我物なる事をしらずして問ことを好まず、人の知を用ひざるは古今いやしとする所なり。夫耳目口鼻手足の能を用て事をなすものは心なり。天下みな我に異るものある道理を知て、よく賢知をあげ、才能を用て治國平天下をなすは、明君良相の德なり。万物は生を遂《トグ》むことをねがふ。あつめて春をなすものは天也。聖人の聖人たる所の能事は、よくあつめて大成するなり。

り。無爲ト云テ何モナサヽルニハアラス。人欲ノ私ナク、天理ニシタカツテ不得已シテ應スル時ハ、終日爲コトアリテモ無爲ナリ。同シ文字ニテモ利貞ノ利ト利欲ノ利ト黑白ノカハリアリ。天德ニアリテハ物ヲ利スル故ニ道ナリ。凡人ハ已ヲ利スル故ニ欲ナリ。夏ノ禹ノ洪水ノ時ニアタツテ、外ニ八年、三度其門ヲスキテ入玉ハサルモ無爲ノ至也。◯ノ下ニ視善聽善言善行善ヲ書スル者ハ、人ハ動物ナリ。行ヲ以テ性トスルノ義也。善ヲナサヽレハ德ヲ積ヿナシ。善ト云テ事ヲ作爲スルニハアラズ。六藝ニアソフモ善ヲスルナリ。今日マサニナスヘキ事ヲスルハ皆善也

古今才なきにあらず、あつむる人なければ乏し。あつむると云はよく問ことを好て、人の知を用るにあり。天下の知を先立るものは天下の知に師たり。已が知を先立る者は人の下なることを辨ふべし

156 〔〇一脫カ〕心友問、文いまだひらけざる故に、昔は美質の人々も聖學に入給はざりしと承侍れども、四書五經すでに渡りて、たれもよく讀たるとなり。かく明かなる書を置ながら辨へなかりし事なれば、聰明とも申がたくや侍らむ　云、今は既に百千年を經て數人の手にわたり講明もかさなり、其上に近年は宋朝明朝の書渡りて、明かなる時節に生れ出て、勞せずして知たるとなれば、心やすき樣にをもへり。唐にては其國の書なり。其上文字も達者なるだに、孔孟の後千歳不傳して宋明をまちて、わづかに世にしられたり。五穀は種の美なるものなれど、熟せざれば荑稗《ティハイ》にもしかざるなれば、聖人の道學も熟せざれば、佛學にもしかざりしと尤なり。聖學の日本にて東しらみほどの時分は、佛學のさかんなる事日中のごとし

157 一　心友問、大學先后の主はいづれの所にて侍るや　曰、正心也。心を正せんと思へば意を誠にす。誠意の工夫は致知格物也。國天下を平治せむ

凡心

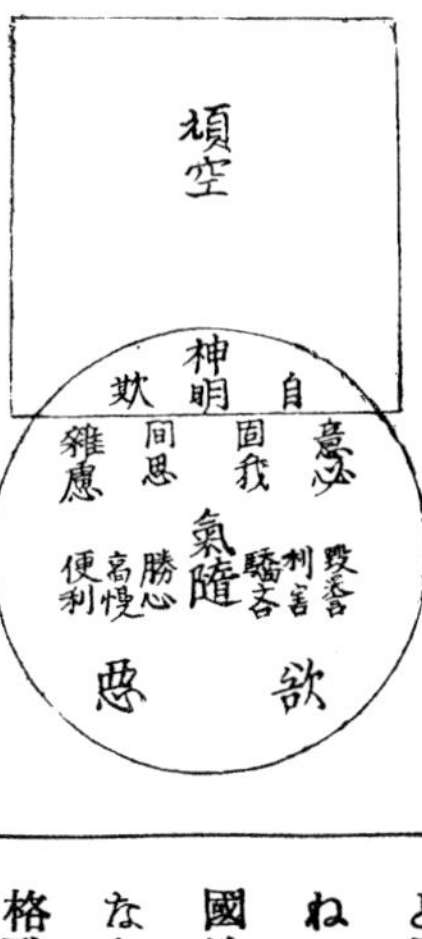

凡心ノ圖モヲナシテ神明ヲ書スルヿ君子ノ圖ニ同キ者ハ、人ト生レタル者ハ聖人凡夫共ニ天性ニヲイテカハリナシ。善ヲ知惡ヲ知ノ神明アラスト云ヿナシ。人々不義ヲニクミ惡ヲハヅルノ良知是ナリ。タヾ愼獨ト自欺ノタガヒヨリ千里ノアヤマリト成テ、君子小人ノ名アルナリ。然𪜈一念自反シテ惑ヲワキマヘ獨ヲ愼ミ過ヲ改メテ善ニウツル時ハ、凡夫モ君子トナルヘシ。故ニ神明ノミ同シク書スルモノ也。小人ハ自欺テ氣ニ隨ユヘニ、心ノ体空ナル時モ眞空ナラス。故ニ□中ニ頑空ヲ書ス。念慮ウコク

と思へば、家を齊、一家齊て天下平なり。家をかさねて國とす、國をかさねて天下とす。其齊家の本は身なり。身の主は心也。一度心正して家齊り、國治り天下平かなり　問、大學工夫の實地はいづれの所ぞ　曰、誠意なり。是以傳の初は誠意を首とす。致知格物は誠意の工夫なり。何ぞ別に格致の傳あらんや。所謂の二字を以て分明なる事なり

158
一　心友問、孔子絶四毋意とあり。しかるに誠意と云は何ぞや　曰、毋意と云は聖人のこと也。意は不常往來の念なり。間思雜慮とも云。聖人には初よりなし。學者たゞに意なからんとせば、異學の流となるべきか。心は本空なり。しかるに空と觀ずるは圖上に圖を按ずるがごとし。心本意なし。たゞに其本來のごとくならんとせんは非なり。誠にするは意をなくするの工夫なり。誠にする時はをのづから毋意に至るなり。意念の不常往來して自欺ものは心の靈臺くもり有て、神明てらさゞる所あればなり。こゝを以て其知の靈照不昧の全体をいたさむとす。然れ共空々に明かにすべからず、不常往來の念をうちはらひ、生ずる欲をたち去て、善惡ともに心鏡にとゞめず、空の本体をいたすことは其功すみやかなれ共、瘧《ヲコリ》の間日《マヒ》のご

時ハ妄ナリ。故ニ意必固我間思雜慮ヲ○中ニ書ス。左右ノ十二字ハ凡心ノ常ヲ書ス。重キモノヲアクルノミ。驕モノハ吝ナルモノヲソシリ、吝カナル者ハ驕ル者ヲソシルトイヘモ、共ニ凡心ノマヨヒナルヿヲ不知。甚シキ者ハ欲惡ノ二ニヲチ入ル。故ニ下ニ書ス

悟道

見性

□ノ○ヲハナレテ高キヲ悟道トスルモノハ、見所ノミニメ用ヲナサヽルヿヲ示ス□○ハ理氣ナリ。理氣ハアルトキハ共ニアリ、ハナルヽ時ハ□モ實理ナラス○モ眞氣ナラス。□中ニ見性

とく、水のごみをねさせたるがごとし。されば氣質變化の期なし。たゞ天下の事物にをいて吾心の明不明を覺て、實々に功を用べし。天下國家も物也。五倫も物なり。天下の事物にをいて、我心のまどふ所あるは、知の不明なり。尤知善知惡の良知あれども、善を知ながらせず。惡を知ながら不去は、眞知にあらず。又其知良知にあらずともいひがたし。いまだ窮理の功いたらずして、精義入神の實地なければなり。士たる者の盜をなさゞる事は、窮理のいたりて精義神に入たればなり。如此のたぐひ又人々の上にあるべし。知明かなれば間思雜慮もなし。此一ばかりは聖人の毋意に同じ

問、如此なれば、朱子の説に近し。陽明物を以て五事とするの說、易《イ》簡《カン》ならずや　曰、五事も又物也。天下《困宇宙》の事物を離れて天下《困宇宙》なし。五事の非禮といふも我知のくらき所よりをこれり。我心神明なる時、何ぞ五事の非禮あらんや。五事の非禮を當下にたゞしをさむるを自反愼獨と云。五事の非禮を終におさむるを窮理と云。其實は一なり

問、致知は愼獨の工夫にあらずや　曰、愼獨の工夫は誠意なり。自欺ことなきものは獨を愼にあらずや。致知はたゞ聖人に至るの的なり。工夫

ヲ書スルモノハ異端トイヘトモ寂然不動無欲無爲ノ性ヲ見タルヿハ一ナリ□ハ無ノ至極ナリ。聖學ニハ其無ヲヨクキハメタル故ニ惑ナシ。異學ニハ無ヲイヘトモ無ヲキハムルヿイタラズ。故ニサトリタル所ニ則惑アリ。造化ノ神理ヲ見ソコナヒテ、天地ヲモ輪廻ト見タリ。故ニ曰、儒學ニハ天道ト云テ大ナル事ニスレトモ、天地ノ道トモニ惑ナリ。シカル故ニ太虚ヲ出テ陰陽ヲハナル、ト云リ。太虚外ナシ、コエ出ヘキ所ナシ。又輪廻ナシ。ハナルヘキモノナシ。タヽ□ノ寂然不動無欲無爲ニシテアラハレズ。アトナキノ眞ヲ見テ、佛性トシ、コヽニ至テ不生不滅ナルヲ成佛トシ、陰陽生々ノ氣ヲハナレテ二度生レズ。子孫ナキヲ以テ出離生死トスルナルヘシ。造化ハ無盡藏ニシテ無中ヨリ生ズ。生スル者ハ消ス、行モノハカヘラス、輪廻ト云ヿナシ。無始无終

は全く格物にあり。格物は下學なり。致知は上達なり。道の大意を知時は、天下いまだ窮めざるの理、いまだしらざるの事に逢ても心のまどふことなし。鏡のいまだうつさざるかげ、うつしたるかげのへだてなきがごとし。大なるやうなれども、聖學にをいてはさのみかたき事にあらず。精-義不レバレ入レラ神ニ用をなすことなし。大意を見も學知の精義入レリ神ニたる也。入德の功あつからでは、聖學の至善にあらず

一　心友問、一旦豁然貫通の語は異學悟道の習ひあるに似たり　云、大かたに見れば悟道の見に似たれども、意を以てむかへて己が受用のいたるに對應してみればさもなし。予天下の事物の理を窮めんとも心がけず、修身のあまりのいとまを以て文を學び、心の通ぜざる所まどひある事を辨へぬる間に、道の大意心にうかびぬ。それより後天下の理にをいて疑ひなし。儒佛によらず、天下の學者來てもいかゞとおもふ心もなし。聖學にをいて困の至善にあらざれはあさきことなれ共大意をみれば貫通ともいふべきか　問、しからば貴老は程朱にもをとり給ふまじきか　云、しからず。程朱剛强仁厚明敏の質にして此大意をしり給へば則賢人なり。愚が質柔弱輕薄魯鈍なり。たま

トハ云ヘシ、不生不滅トハ云ヘカラス。□ノ前後アラハレズ、形象聲臭タニナケレハ、又滅スルト云ヿモアルヘキ様ナキヲ、不生不滅トイヘルナルヘシ

禽獸

○ノミニメ□ナキヲ禽獸トスルモノハ、禽獸ハ形氣ノ欲ノミヲ以テ心トス。故ニ○中ニ主欲ノ二字ヲ書ス。理ノ知覺ナケレハ虚生浪死トテ生ルモワキマヘナク、死スルモクチウセヌルバカリ也。禽獸トテモ□○ハナルヽヿハナラネトモ、ニゴリテクラキ故ニ、理ノ靈覺ハ見エズ。故ニナキカ如シ

160

く大意をしるといへども、氣質の害をなすことすくなからず。入德の功を勉て日久しからざれば、凡を離るゝことかたし。人は一度によくすれば、己は百度にするのかはりなり。剛强明敏の人といふとも、大意をしるの後こゝにとゞまるべからず　問、曾點の大意をみると貴老の大意を得と同じきや　曰、又高下淺深あり。見は大かた相似ても質を以て大にちがひあるとなり。たゞ德に入の後氣質の煩なし

一　心友問、今の時にして先王の道を用ひば、忠質文のうちいづれを用ひ給ふべきや　云、愚がしらざる所なり。賢君をとり給はゞ忠を用ひ給ふべきか　問、今は文過ぬれば質により度思ひ侍り　云、今は奢りといふものにて、文にもあらず、質も亦文の下地なり。たゞ忠は誠のみなり。誠立ば僞去べし。奢と飾とは多は僞也。此ならひ除て後質にゆくべし。世をへて文あらはれんか　問、賢君をとり給はゞ、善惡邪正のあらはなるは改め給ふべきか　云、理屈によつては改め給ふべからず。人情に應じ時處に隨て改め給ふべし。初て大道をおこさんと思ふ者は、法を先にすべからず。伏犧氏はかうぶりなく衣裳なし。宮殿なく禮度品節なし。其神聖

或問、鴈ノ長幼ノ序アリテ、行ヲミタラサルハ□ノ照シアルニ似タリ。曰、陽鳥ニテ火氣ヲ多ク受テ生シタル物ナリ。火氣ノ神ハ禮ナリ。故ニ自然ニシカリ。禮ヲ知テナスニ非ス。故ニ其他ノ事ハ皆鳥ナリ。人ハ禮ヲ知ナカラ無禮ナルハ禽獸ニモヲトレリ。サレハ詩人モ人トメ禮ナクハ何ソハヤク死ザルトイヘリ。人タル者ハ無欲ノ性ヲ固有シテ、無欲ノ理ヲ知ナカラ、欲ノミヲ心トスルハ禽獸ニ異ナラズ。禽獸ハキンシウト生タル物ナレハ罪ナシ。人ハ人ノ性アリテ禽獸ニ近キハ大ナル耻也。或問、心ハ靈覺ノ名ナリ。人物トモニ靈覺アリ。心ノ虚靈知覺ハ一ナリ。理氣ノ知覺ニアルカ如クキコユルハ如何。曰、靈覺ノ本ハ理也。理ノ靈覺ハ至テ明ニ至テスミヤカナリ。故ニ感トノミイハレテ知覺ハ云カタシ。至テ神靈ナルカ故ナリ。聖人ハ人ノ神明ナリ。

たるに疵あらず

161

一　心友問て云、聖賢も又靜坐ありや　答て云、靜坐あり。孔子閑居し給ふ時は申々如たり。夭々如たり。（困是自然の靜坐也）。心主なき時は必ず散ず。故に忠信を主とす。これを意を誠にすとも云。人欲の妄は間思雜慮と成ぬ僞なり。其意を誠にする時は、忠信主と成て天理流行す、空々如たり。故に呼吸の息はいたゞきよりくびすに至り、体ゆるやかに色溫なり。是靜坐の至なり。心に妄ある時は息喉よりかへる。心誠なる時は臍の本より出。養生の術も亦こゝにあり。（困是ニよれり）是故に養生家には呼吸の息をかぞふることあり。内に主を立れば心ちらず。精神内に守て氣血順流するの初學とす

162

一　朋友問て云、雨ごひとてわけもなきをどりなどしても自然に雨降ことは降合せたる物か　答云、しかり。世間の雨ごひは神の納受し給ふべき事にてはなけれ共、其しわざの善惡にはよらで、たゞ民の心根に感じて雨降せ給ふことあるなり。たかへすよりかりおさめ、米とするまでの民の辛苦万事の費、あげてかぞへがたし。しかのみならず、日でりといへば雨ごひをもよほせり。三輪の大明神へひでりに雨ごひのをどりをかけ奉るに、

平人ハ聖人ノイマタヒラケサル也。禽獸魚蟲草木ハ氣ニコリテ質ヘンナル故ニ靈覺ニブシ。故ニ末ニナリテ氣質ノ靈覺ノミナリ。本理ノ照ハヲヨバス。人ハ靈覺全シ。故ニ生ヲ知リ死ヲ知リ、死〆不亡モノ存ス。獸ハ生ヲ不知、死ヲ不知、死〆亡ブ氣質ノ知覺アツキ故ニ、死ヲカナシムヿヲ知ノミ。鳥ハ獸ヨリモ知覺ウスシ、イタンテ哀鳴スレトモ死ヲ恐ル、心ハナシ。大鳥ハ獸ニ近キモアリ。魚ハ感ノミアリテ知覺ナシ。草木ハ感モナシ、質ノ生ノミナリ。次第ニ知覺ノウスキヲ以テ不二ノ二ヲ見ルヘシ

集義和書卷五終

三十餘鄉の入用は金二千兩にも及びたると云物語をきゝぬ。何國にも年々の苦勞をかへりみざるのみならず、日でりの雨ごひにだに給人より少のたすけありたることをきかず。扨かりをさむれば、しへたげしぼりとれり。勢大にちがひてものいはねばこそあれ、何ほどかうらめしく、なさけなきことならん。むかしは晴を祈り、雨を祈ることは、其所の奉行代官國郡の主の任なりき。今は百姓共の心ばかりなれば、雨を祈ることのみ知て、晴を祈る義をばしらず。長雨にて田畠の作物くさりぬれども、いたづらに日をおくるなり

問、明者ありて雨ごひせば如何あらむ

云、雨ごひして雨降べき道理あるものは音樂にしくはなし。天正の比大に日でりす。諸寺諸社のいのりを盡しても雨ふらず。其時勅定に樂は五行の精神をうつして五音をそなへ、年の十二月に配して十二律を有せり。四時土用の調《シラベ》あり。天地神明に感ずると正しくすみやかなり。盤涉調《バンシキデウ》は冬のしらべにて水の調《テウ》子《シ》なり。此調子を吹たてば天地の水氣をもよほすべし。しかれ共かくてりつゞきたる時、水の聲をなすとも、火氣の大なるにをされて水氣生ずる事得がたし。盤涉調の青海波を双調《ソウデウ》にうつして奏《ソウ》せよ。双調は春のしらべな

集義和書卷第六

義論之一

135 心友問、論語の教は仁を主とし、大學の教は知を主とするとは何ぞや

答云、論語は聖人おはしまして直にをしへ給ふ。故に仁を主とし給ふ。仁は德の本なれは也。大學は聖人すでに去給ひ、後聖世に出給ふへきとありかたかるへき前知あるによりて、知を主とし給へり。智は德の神明にして性の先見するもの也。天下の惑をわきまゐて人倫を明にする書なれは、知を主宰として自反愼獨の實体とす。聖人いまさゝる時問學する人は大學を入德の門とし、論語を入德の室とす

136 心友問、貴老易と孝經とをならへ給へり。易は玄妙深遠廣大高明なる書なり。孝

り。木氣の音也。木は火の母なり。水の子なり。水火は尅すれ共木のためには子なり。母なり。木に水をふくまば火氣をのづからやはらぎて、雨降べし。大原野の神前にて樂を奏せよとをほせあり。はたして大に雨ふれり

問、しからば神前にあらずとも、いろ〱にても同じとならんか　云、しからず。これを天にすゝむる神なくてはふらず。又双調の青海波は以前にうつしたるともいへり。それはいづれにてもあれ、雨ごひに用ひ給ふ道理にをいては同じ事なり。中夏にても雨ごひには樂を用たり

一　心友弓を一僕に持せて野を行けるに逢ぬ。告て云、夫武士の別名をば弓取といへり。しかるに何ぞみづから持給はざるや。一僕は草履をも持なるに、弓とひとつにもたする事は敬なきなり。武具には弓矢より尊きはなし。弓立にたてゝはもたしむる共、直には持すべからず。古は大將軍だに弓を人にはもたせ給はず。公家の大將中少將も武官なれば弓矢は身をはなち給はず。其上さし矢、的前等の間相しれ、こぶしの定たるには射手なる人も、山野にして行あひに射る時は、ことのほかなるちがひあり。弓矢取の恥辱にあらずや。不心懸のいたす所なり。古の人は隣ありきにも弓矢を手

經は童子の始てならひまなふ書のやうにいへり。されはうたかひなきことあたはす

答て云、言近くして旨遠きものは善言也とは孝經のこときことなり。易は天地によつて道德を發明し給ふ。故に其語勢幽遠なり。孝經は人倫にをひて道德を敎給ふ。故に其語勢親切なり。爰を以てよく易を見るものは近く身に取て親切に受用し、幽遠の事となさす。よく孝經を學ふものは言葉の近きによつて幽深玄遠の旨をうしなはす。中和をいたして天地位し萬物育するの極功、神聖の能事こゝにある事をしれり。孝經は句ことに心をとゞむへからす。尤とゞむへき所もあれとも、先は大秖に見様あり。易は勿論大意あれとも、句ことに究りなき道理あり。畢竟易を近く見、孝經をは高く見るそ習なる。いかむとなれは易は天道なり、近く人道に合すへし。孝經は人道也、遠く天道

に持、木の葉にても見かけて、間を積り、矢をはなち、其はづれあたりを見て、間をふみ、度かさなれば、間をもつもりそこなはず。矢のちらざる事も的前にひとし。武士と生れて弓馬をならはざるは武士にあらず。ならふといへども用をなさゞるは本意にあらず

云、弓を射ず馬によくのらざれども皆武士は立侍り。さ様にむつかしき事ならば、誰か嗜侍らむ。昔も弁慶などは、打物取て武勇の譽れをあらはし侍りき

曰、弁慶弓をしらぬにはあらず。たゞ打物に得たる故なり。武士たる者は武藝には一遍わたり侍れ共得たる事を先とす。今は鑓をにぎり武偏だにすればよしと思へ共、それは理運の事なり。そればかりにては武士の野人といふものなり。知行を給はりて優々としてをる事なれば、多藝をも心がけてこそ、せめて御恩をも報ずべけれ。しからば懇みの様にせずとも用をなすべきことなり。武官に居て、其所作にをこたるは貴殿の良知には心よきかこゝろよからざるか。內に向て心に尋給へ。一心だによくばと人ごとにいふとなれ共、死すべき所にては女も身をなげ、長袖も身を果し侍り。射手一人にては所により敵百人はふせぐべし。天下の武士たゞ一心よ鑓よとばかりいはゞ、日本

に合すへし

137 心友問孝之心法　　答曰、孝は天地未畫の前にあり。大虚の神道也。天地人萬物皆孝より生せり。春夏秋冬風雷雨露孝にあらさるはなし。仁義禮智は孝の條理也。五典十義は孝の時也。神理の含蓄のところを孝とす。言語を以名付いふへからす、しゐて象を取て孝といふ。孝の字老子の二を合て作れり。文字の傍偏となす時は畫《クハク》をはふくなり。天地いまたひらけす、大虚の時には理を老とし、氣を子とす。天地すてにひらけては、天を老とし地を子とす。乾坤を老とし六子を子とす。日を老とし月を子とす。易の字日月を合て作れり。日月老子其義一なり。易と孝經とへたてなき道理也。山を老とし川を子とす。中國を老とし東夷南蠻西戎北狄を子とす。君を老とし臣を子とす。夫を老とし婦を子とす。此理を

の弓矢よはくなるべし。大平記の時分にも此きざしありし故にや、楠正成も射手を褒美して、弓をすゝめられしこと見えたり。今も志あらん士は名将を憂しむべからず

164 一 心友問、先度弓を小者に持せたる者を戒給ひしこと道理至極ながら、今時は武士の他行に手づから持がたし。一僕の小身者は弓立もこと〴〵し。しかれば弓の稽古もやむに近し。如何し侍らんや　　曰、先度は武士の弓矢を尊ぶの大義と心がけの道を申侍り。まことに今の門をならべ、いらかたちつゞきたる隣ありきには、手づから持侍るとも何のやくもなく、かへりて人の目に立ことあらん。小者一人に弓立も過侍らん。か樣の事にも時處位あり、弓矢を尊ブ心の誠だにあらば、はきかへのざうり木履もたせず。みづからはきたるばかりにて出ざまに手をあらはしむるか、弓矢を紙にまきてもたしむるか、いかやうにもなるべきことなり。弓矢は八幡太神宮ののりうつりをはします神器ともいへり。武神の舍なり。尊信の誠明かならば、今の時所なりとも、みづから持ても目にたゝぬとあるべし。世界は我心の誠よりなりて、我世界となるものなり

以萬事萬物にをしてみれは、孝の理なくして生するものなし。此神理の我か心にあるものを取て受用とすれは愛敬也。上より見くたせは老夫の幼子を携たる躰にして愛の象也。下より見あくれは子の老を戴きたる躰にして敬の象なり。其親を愛するの心は天下をへてもにくむへき者なし。其親を敬するの心は天下をへても慢りかろしむへき者なし。愛敬親に事る一心の上に書して天地同根萬物一体の性命明也。よく一日も私欲亡て天理存する時は、其大をたつぬるに外なく、其小をみるに内なし。纔に初て仁をいふへし。義は孝の勇なり。禮は孝の品節也。智は孝の神明也。信は孝の實なり。赤子孩提の時、孝の理初て親を愛するに發出す。花の纔にほころひんとするかことし。其長するに及て子の心に親を尊ふの敬生す。花の淸香のことし。此愛敬の徳親に初て

165　一心友問て云、秀吉公無道にして天下すみやかに、手に入たる事はいかゞ。

答て云、秀吉公もはじめのほどはあしからざりし也。濃州宇留馬の城主大澤次郎左衛門尉を信長公の味方となして同道ありしに、信長公大澤が剛なるに恐れて、又心を變じなばむつかしからん。此度ころすべしとの給へり。秀吉しゐてなだめ給へども許容なし。其時秀吉宿所に歸給ひて、大澤をよびよせ、貴殿の身の上に心もとなきことあり、我を人質に取て急ぎ退れよとて、大澤に身をまかせられたり。大澤心は剛なりしかども、なさけなかりしかば、心得たりとて、よのつねの人質のごとくに脇指を抜、秀吉公の心もとにをしあて、其夜退たり。是より後敵味方のあつかひにも、秀吉といへば誰も信じてゆるしたりときく。己が人を味方になびけつる信をたがへじとて、俄かなる時に一命をかろんじ、みづから人質と成とは成がたき行なり。かく仁義共にありし人なる故に、天下すみやかに手に入たり。後に不行儀無道に成給ひしとは凡心にて道を知給はざる故に、天下太平に成て愼みの心もをこたり、且凡情のたのしみ思ふまゝに得たれば乱たるなるべし。玄宗も初は堯舜の治をもかへさんと思ひ給ひて、孝經の序ま

困武士の義理

あらはるゝ故に本分の名をあらためす。親につかふる道を孝と云。母につかへては愛あらはれ敬存す。父につかへては愛敬ならひあらはれ、ならひ存す。子にをひては愛事を用て敬内に伏す。是を父の慈と云。父の慈と子の孝とを合て、父子有親といふ。此孝德君に事ては敬外にして愛内也。臣にをひては愛敬ならひ伏して威嚴備り、仁政行はる。君の仁と臣の忠とを合て君臣有義といふ。妻にをひては愛みちひき敬存す。夫にをひては敬とを用ひて愛存す。夫の和義と妻の貞順を合て夫婦有別と云。心ありて如此するにあらす。心の妙にて自然とかく變化する也。其中をのつから本末淺深の天則あり。兄につかふると父につかふるかとし。弟をめくむと子を愛するかとし。兄の惠と弟の悌とを合て長幼有序といふ。朋友は眞實无妄の天道を父母としたる兄弟な

166

でも書給ひしほどの事なれ共、後は情欲に乱れ給へり。是故に聖人も人心惟危との給ひし也

一　學者問、北野を聖廟と申侍れ共、聖賢に怨怒《ヱンド》の心はあるまじき事なるに、怨靈《ヲンレウ》となり祟《タヽリ》をなし、火氣甚しく執着《シフチャク》ふかき人を、いかでか神としあがめ申事にて侍るや　曰、これ世の傳あやまり也。菅公の怨靈となり、祟をなし給ひたるにはあらず。配所《ハイシヨ》の詩に云、去年今夜侍リ清涼ニ。秋思詩篇獨リ斷レ腸ヲ。恩賜ノ御衣ハ今在リ此ニ。五九 捧持《サヽケモテ》每日拜ス餘香ヲ。此詩を吟じ給へ。誠に忠心ふかく感慨《カンガイ》多きこと、其人を見奉るがごとし。怨怒の心は少もなし。然れ共孝子の怨忠臣の怨と云ことあり。平人の不知所也。小弁《セウベン》の詩は孝子の怨なり。孝子の心ならではしられぬ義ありと古人もいへり。菅公の怨も忠臣の怨あるべし。忠臣ならではしられぬ心あり。雷となり祟《タヽリ》をなし給ひたると云とは、菅公の靈にあらず。天道其忠臣の誠を感じ給ひてとがめ給ひしものなり。周公の忠をあらはさんとて、大風吹し類なり

問、叡山にいたりて文學の師なりし人をたのみ給へるに承引なかりしかば、怨て柘榴《サクロ》を口に含み吐《ハキ》かけ給ひしかば、燃《モヘ》あがりて妻戸焼たり。

れは、實なきものは朋友にあらす。是を以朋友有信といふ也。一人の人あり、子に逢ては父とよはれ、父にをいては子といひ、君の前には臣と名付、家臣は又君と稱するかとし。畢竟一人の人なれとも逢にしたかつて名かはれり。本心の一德なれとも、位によりて神通變化して其義極りなし

138 學士あり、問て云、顏子のとくあやまちをふたゝひせさる事は大賢の心地ならてはなるましき事なり。何とぞ受用のみちも侍るへきや　　答云、まとに甲にあやまつとを乙にまたせさる事は後世の學者の及かたき所也。亜聖の地位にては事々左樣になるものにて候や不心得候。吾人といへとも外さまに心得ちかひたる過は、大に悔さとりて、其非を知たる以後は二度せぬ事あり。自己今日の受用にをひて、過を二度せさるの工夫は、ひそかに人に聞侍り。心な

其妻戸後まで有たると申侍れば、公のの給ふごとくにてはあるまじきと覺え侍り　　云、これ空海と守敏との古事の類也。空海と守敏と威勢を爭ひて、守敏天下の龍神を捕てわづかなる水瓶の內にをしこめ置て大旱させしに、空海北天竺無熱地の龍神獨守敏にしたがはざりしを請じて雨ふらせしといへるたぐひなり。夫春雨五月雨は氣化を以てふる雨なり。六七月は氣化の雨まれなり。夕立を以て田畠草木を養ふものなり。夕立といふは山澤氣を通じて雲雨をおこす故に、郡をさかひ村をよぎて山神の氣のいたる所かぎりあり。龍雨は雨の變にてたまさかなる事なり。是なをかぎりありて遠くゆかず。龍雨の變をしらで、雨はみな龍のわざと思へるは理をしらざればなり。是を以て兩僧の術いつはりなると知べし。自然に旱し又雨ふりたるを兩僧の行力ゆへといひて、つけましたる說也。民間のをどりにさへ日でりに雨ふる事あれば、空海いのりてふりたる事も有べし。又守敏と空海とたがひに調伏していのりけるに、雙方の佛神のいる矢空中になりやまずといへり。空海の書をける書をみれば、佛學のみならず、儒學もあり、さほどの我慢邪心は有べからず。其上佛神といふもの邪知我慢の者にくみ

くして道にはなるゝを過といひ、心ありて過をとぐるを惡といふ。思はすしらす心上に一念道をはなれぬるを過とす。已にこれをしれは少も心思にとゝめをかす、速にかちさるヿたとへは大なる爐火の中へ一点の雪をちらすかヿし。火の上までおとしつけす、火氣を以消しさる也。少にても道をはなるゝの念慮をしりて不去は過をふたゝひするなり。二度すれは惡に近し。我人いまた氣質を變化せす。其平人の位をぬけさる間は、其心地の位ほとなる間思雜慮は、昼夜に幾度もきさす事也。たとへ百度萠ともよく一念獨知の上におほえさとりて速にかちさり、知て後聊も滯留なきを受用とす。これを遠からすして復すともいへり

問、聖學の心法此外はあるへからす。如此間斷なく用ひなは、終に君子の地位にも企及ひ侍なんか　答云、これは尊德性の工

し、たてわかれて合戰する事有べきや。空海を餘りほむるとて、大惡人とする事をしらず。菅公をほむるとてあたら忠臣に疵ヲ付る事を不知。其時坊主の夢にみたる事共いへり。やけ妻戸を證據とせば、何故やけたるやらん知べからず。みさかりに出て深き川水を左右へわけて通りたるといへる、これひとつにて他の信ずるにたらざる事を知べし。幻術を以て水なき所に水の出たる樣に、人の目に見する事はあり。まことの水にはあらず。まヿの深き水を舟なく車にてわたるといふ道理はなき事なり。されば空海も正法に奇特なしといへり。正法と云は道理也。道理にもれたる事はみな邪法なり。少出たる水のにごりてふかく見えたるが、しねてわたるべきほどの事ゆへわたりたるなるべし。天のいかりにて雷の甚しきを菅公のたゝりとて、ゑい山の僧を召ていのらせられたる事はあるべし　問、天神の御手跡とて佛經世に多し。佛學を博くし給へば又聖廟とは申がたからむか　云、其時はいまだ聖佛のわかちもなき世にて侍り。いづれとなく只博く物をしるを以て學問とせり。たゞ其人の德業を見て聖者としり、佛者としるばかり也。菅公は五倫の道正しく其取行ひ給ひしとは皆天下太平の政道なり。

夫也。こゝにはかりとゝまり居て惑をわきまふるの學問なくしては、今日の常人の位をぬけかたし。かるが故に右の工夫もすゝますして、後々には退屈せり。惑を弁へて眞智照ぬれは、今日の凡位をぬけぬる故に、只今昼夜にをとつるゝ間思雜慮の妄は一度に十も廿も亡失す。色々の妄は皆昧き所にあつまる事なり。大陽東に出給へは、夜中に出ありきつる狐狸蚊虫のたくひ迄、皆何かたへ行やらむなきかとし。こゝに歩士あらんに歩行の者にて、其風の卑俗なるを悟り、神妙にせんと思はゝ、苦身にしてやゝもせは舊習出侍るへし。馬に乘るほとの身上になりなは、本の歩行の者の風俗は思はすしらすなくなりぬへし。我身の人からいかむと省て、よくみつからの凡位をしり、時々にまとひをわきまへ、扨心法の受用間斷なけれは、段々に其位をぬけて終に德に

167

困聰明にて人の成しがたき事をなし
されば聖廟といはんに疑ひあるべからず。よみがたき書の点までも菅公付給へり。困。されば。に付て聖廟といへり 聰明。の人にておはしましき。天神の御手跡と云にはにせ多く侍り。空海の經と申にさへ誰ともしれぬ筆多し。困きといへり むかし一犬虚を吠れば今は万犬聲を吠、聲を吠るものは理をしらねば實なりとおもへり

一學友問、子路はやぶれたる衣服を着し、美服を着したる者と立ならびても不耻を以て名を得たり。しかるに五六十年以前までも内所貧乏なる者も、おもてむきをばつとめ、借銀有てもなき体をし、めいらぬ顔をするを以て男氣とし武士とし侍りき。今は勝手よろしき者も不自由成体をし、借銀なき者もありといふ。内所にては美服を着すれ共、公界へはふるき物を着する樣なり。子路のほまれ用るにたらず。古今風俗のうつりかはれるなり。今借銀ある者には益多し。なき者には損多し。予が友に有餘はなけれ共、借銀はなし。此者すこしたくはへたらば富有にも成べき者なれども、人の難儀をすくひ、下々をめぐみ、惣じてほどこすことを好み侍れば、有餘あるべき樣なし。しかれども借銀なきが故に、世俗よりをしてしはきと名

入君子の地位に及ひ侍り。これを氣質變化ともいへり　　問、曰、怒を遷さすとはこゝのものにいかれ共、其氣かしこのものにくはへす。平人は一人にいかりては其氣ほとけすして一日も機嫌あしゝ。顏子のいかりは其不義其惡逆にありて人にあらす。こゝを以其怒の氣うつさす、鑑の美を照し、惡を照すことく去て跡なきにて侍るや

答、尤さやうにては侍れとも、其とく心得たる分にては、今日の受用と成かたくして、たゝ聖賢の噂はかりなり。今日我人にありても聖人の怒に同しきとあり。むかし物語をきゝても、長田か義朝をたはかり鎌田を殺したる所にては、誰もにくき心生し、いかり發して、其時に居たらましかは、一刀切たくおもふ也。又今の時にても他に不義無道なるものあれは、にくきいかり生しぬ。しかれとも此怒は性命の正に本つきて

付、たくはへも有やうに申侍り。此者をごらず不作法ならず。ついえなき所よりしはきといへるか。又しれる者に借銀ある者あり。此者無欲よりすりきりたるにもあらず、人をすくひて不足にもあらず。借銀なきむかしより人の患難をもめぐまず。下々の困窮をもかへりみず。百姓の飢寒をもすくはず。親類知音のをちめをも見過し、無理なることにも下人に物をわきまへさせ、様々きたなく不仁なるしわざのみ有て、禮儀のつとめはし侍らね共、借銀あるばかりにて、をして器用人の數に入、外人のそしりうらみを得ざるがごとし。如此なれば、右の借銀なく、よくほどとしめぐみ、禮儀のつとめいたし侍りし者も退屈して、年來のつゝしみもゆるくなり、人なみに借銀出來侍り。借銀すればそしり恨み共にまぬかれて心やすし。たゞ此かたに益多しと人毎に思ひ侍れば、かく世中にすりきり多く成行侍るなるべし　　對て云、この故にかの勇を尊ぶなり。大勇力の人ならでは世俗非道のそしりにひかれずして、獨立しがたく、仁善をとぐる事成がたきものなり。吾子柿山伏の狂言を見ずや。鳴べき理なけれども人なかんといへばなき、飛べき様なけれ共人とばんといへばとぶ。只人のほめそしりにの

私欲のましはりなき故に、たゞ氣の廣大剛强になりたるはかりにて、相火のたかふりなく、内心常よりも淸明也。これ一は各我等ときといへとも聖人の心地に近く侍るなり。是を怒にうつらすといふ。聖人は今日の交接といへとも私欲のましりなく、萬事皆性命上より發する故に皆如此。吾人は他人の上には如此明かなれとも、身の交接する處にをひては、私欲ましはる故に、其怒る所は道理にても、相火たかふり、内心ふすほりくらく成故に、氣いれてしゝまり、言語つゐてをあやまり、平復の時後悔おほし。これを怒にうつるといへり。文王一たひいかり給ひて、天下の民安し。聖人はいかり給ふとなし。若いかり給へは天理存し、人欲亡ひ善人あらはれ、悪人退き、雷雨の動かとく、悪人をそれて其逆心の肝を消也。只いかりのみにあらす、悲哀といへとも吾

み心ありて、定見なき者如此し

一　心友問、貴老六藝を解して、御は馬術なりとかき給へるをそしる者あり。御は車を御する術なり。日本の乘馬の術にあらずといへり　云、初學の人とても御の車法たる事を不知者なし。日本にて六藝を云時は御は乘馬に當れり。其上易經にも服ㇾ牛ニ乘ㇾ馬ニとあり。馬術の始は乘馬なり。車は後世文備りたる時の制なり。もろこしといへども五胡乱ㇾ華ヲ以來《コノカタ》。惟《タヾ》知ニ鞍馬ノ爲ルコトヲ便利一。雖ニ萬乘ノ之尊一ト。猶執ㇾ鞭ヲ上ㇾ馬ニといへる時は、今は乘馬なり。物必盛衰あり、車御は盛なる時の法なり。古人乘ㇾ車ニ。中不ニ内顧一ミ。不ニ親指《サヽ》一。不ニ遠視一。行クすハ則鳴《ナラ》シニ環佩一ヲ。在ルすハ車ニ則聞ニ和鸞一ヲ。式スルすハ則視ニル馬尾一ヲ。自然ニ有ニリ箇ノ君子大人ノ氣象一といへり。禮の盛なる時に生れたる君子のことなり。もし如此にして必ず大人とすといはゞ、舜の野人たる時は聖人とすべからざるか。伊尹有華の野に耕し、傳說傭夫のわざをせし時、何ぞ此体あらん。それ物の始は質素なり。盛なる時は文備れり。衰に及て事略す。始と衰と其事業各別なれ共、物盛なれば、かならずをとろふ。をとろへては始に近し。いにしへの車戰の法後世復

人にあつて聖人に近きことあり。五百歳千歳昔のこと、漢太俀〔倭カ〕となく物の哀なることゝ、道理の至極を聞ては、涙しきりにしてとゝむへからす。一体の心眞實惻怛の情におこるといへとも、本心の靈臺にをいて少も損益なし。平人の心はかへりて常よりも惡念妄思いたらすして善に近きことあり。私欲のましはりなきか故也

139 學友問、格物致知の心法は古昔の經にもみえす。孔聖の語にも見へ侍らす。子思初て發明し給ふか　　答云、易の六十四卦其位に應して格致の心法あらすと云ことなし。易簡明白にいつれへも通るやうに、初てかゝけ出し給ひしとは堯の舜に傳給ふ執中の心法也。孔子の顏子に傳給ふ非禮視聽言動することなかれ、とこれ皆格物致知の義也。曾子の一貫を忠恕とやはらけ給ふごとく、子思また孔曾の傳の心を述て經一章と

しがたし。上古の服牛乘馬といへる所に歸たるものなり。故に今の六藝をいふ時は、御は乘馬なり。日本にて義經義貞正成までの馬戰はもろこし上代の車戰のごとし。車戰は上手なれば大に利あり。中野などにて俄かなる時には城廓ともなり、陣屋共成なり、下手なれば騎馬にをとれり。日本の馬戰も上手なれば勝利あり。下手にてはなりがたし。この故に近代はをり立たる鎗軍になりて、馬軍はまれなり。義經は打物の達者つよ馬の手きゝを十二人すぐりて、前後左右に立て數万の敵をかけなびけ、かたきをくだく事をなせり。義貞正成これを學で義貞は十六人正成は二十一人ありしとなり。殘る所の兵も相つゞきたる達者多し。二將共に數千の敵にかけあひ、中をわりかけやぶり、必死に入て一生を全くせり。源平の戰に平家方より惡七兵衛景清、越中の次郎兵衛などいふ一人當千の大勇力の兵二十一騎まで木戸を開て出しかども、熊谷父子がよき馬にのりて、達者のきこえありければ、かけ合することあたはずして、皆あてたをされん事を恐れしなり。日本の武道にも盛衰あり。今はいにしへに及がたし

169 一心友問、至理を書といへどもかな書なれば、世人かろく思ひ侍り。文

し給ふ時格物致知といへり

問、視聽見動を云て干要の思を殘し給ふとはいかゝ　　答、四時と云て土用をいはす。元亨利貞と云て誠をいはす、仁義禮智と云て信をいはす。四に應してはなれさるものは、いはすして其內にあり。視聽言動の四のもの思を主とせすといふとなし。其上顏子には思の格は不用とあり。中人以下の學は、善を思ひ善を行て、惡をおもひ惡をなすにかふるなり。心思躬行ともに善のみにして惡なきを善人といふ。凡俗を出るの初なり。是より信美大聖神にすゝむへし。顏子は旣に大人なり。惡念の靈臺に往來せさるのみならす、善念も又往來せす、何の思の格あらんや。然とも三月仁に違はさるの語あり。春夏秋冬皆三月にして相易るものなれは、三月といへは一年中のとなり。年月日時をへて終に仁にたかふとなし。し

字ある人は猶以見にたらずとす。其かな書を漢字の文になをせば、唐の書にことなる事なし。しかれ共道德をしれる人のかきたる假名書を、道德を知ざる人なをし侍れば、かな書よりはこゝろをとれり。をとりてもまさるかな書よりは、人の思ひ入よく侍る《困り》べきか　　答云、それ道は聲もなく臭もなくして存ぜり。思に及がたし。思は言にのべがたし。言は書に盡しがたし。漢字の文章にふくめる深理は和字の假名書にうつしがたし。しかりといへ共、學者聖經賢傳の吾心の註釋なる道理を失ひ、心を外にして經傳を見時は經傳本となり、吾心末と成ぬ。故に經傳の文の高く深きをもてあそび、其理を口にのぶるばかりにて心を失へり。文の奧義も口耳の學となりて齊家治國の用をなさゞる事久し。是正心脩身の實學にあらざればなり。假名書の直に理を發明して、人心のまどひを解、人情時變に通じて心思を內に向はしめ、齊家治國の用にたよりあらんは時にとりて益すくなからず。此心を得て後聖經を見時は、聖經の文理皆內に向て、心法始て得べし。眞に聖人にまみゆるごとくの餘情あり。聖經にあらざれば賢傳といへども及がたし。況や假名書は奧義を述べからず。文をふみとよむもふくむの義な

かれとも三月違はすといふものは、たまさかに暫の間善念のきさしあることあり。おもふこともなく、することもなく、寂然不動にして感して通する聖人の心地には、少およはさること、三月の後なきことあたはす。然共たゝ一片の浮雲の大虚を過るかことし。それたに平人にありては譽へきほとの善なれとも、顔子にをひては自然の体にあらさる故に、その善念を須臾もとゝめす。遠からすして復するなり　　問、心にたに如此ならは、視聽言動の末のことを告給ふとはいかゝ　　答、顔子高明廣遠のことにをひては聖人に同し、今さら告給ふへきにあらす。平人より聖人に至るものは本を務るに急々なり。末のことには心もつかす、殘りあることあり。仁は天地萬物を以一体とす、殘すへきものなし。これによつて末のことを告給へり。顔子治國の論にをひて輅冕等を以こた

り。中のくを略してふみと云。みむは五音通ず。和の言葉には此例多し。和字の書には道理を述べし。道理をふくみがたし。故に三十一字の詠哥につらねて心をふくめり。これ吾國の風の妙なり。たとひやまとことばの假名書も此心を得たらんには、などかふくむ道理なかるべき。初より漢書をば深く取て見、和書をばあさくおもひて見故に、漢文にかはらぬ和書あるも、其心むなしくうづもれぬ。漢土の人といへ共、經傳の文理をもてあそびて、道をしらざる者多し。書中のふくむところ心法〔困道德〕に益なし。又眞を悅て修身の學をすると思へるも、法に落て心法を不知人多し。如此たぐひの人のかきたる書は、漢文の書も見にたらず。たとひ和字のかな書にして含む神妙なしといふとも、德を知て文にはせず、道を見て法に落ず。いふ所實學ならば、信じてみる人みな實におもむくべし。天下古今の文學する人あげてかぞへがたしといへ共、實をふみ行ふ人まれなり。心は實なるも心法を不知故に、道學の日用に便なき事久し。和書たりといふとも人生日用の受用に益あり。齊家治國の情に便あらばあなどるべからず。此心を得て後經傳を見ば、書みな我心の註解となりて、先后する所を知べし

へ給ふ所にて知へし　問、先生の論は陽明子の傳に似たり。朱子王子格致にをいては黒白のたかひある事はいかゝ　答、愚《グ》は朱子にもとらす、陽明にもとらす、たゝ古の聖人に取て用ひ侍るなり。道統の傳のより來ると朱王共に同し。其言は時によつて發する成へし。其眞にをひては符節を合せたるかとし。又朱王とても各別にあらす。朱子は時の弊をためんかために理を究め、惑を弁るの上に重し。自反愼獨の功なきにあらす。王子も時の弊によつて自反愼獨の功に重し。究理の學なきにあらす。愚拙自反愼獨の功の內に向て受用と成事は、陽明の良智の發起に取、惑を弁るの事は朱子究理の學により侍り。朱王の世に人のまとひ異なり。地を易へは同しかるへし。究理とて事々物々の理と空にいひては人のうたかひあり。たゝ學者の心のまとひある所

170 一心友問、柳下恵の和にも淸ありや　答云、淸あり。たゞ天質のつとめずしてなす所和にあり。無作法不行儀の中に居て、汝は汝をせよ、我は我をせん。汝安ぞよく我をけがさんや。是涅《クリ》にすれば緇《クロ》まざるの聖なり。淸これよりよきはなし　問、しからば伯夷叔齋〔三版本も齋に作れど齊の誤也〕にも又和ありや　云、和あり。たゞ天質淸に多のみ。無欲無我にして人と爭となきは和にあらずや。孟子に惡をにくむの心をおすといへる所をあしく見て、伯夷を淸に過たる人の樣に思へり。孟子は其心根の淸を察しきはめていへるなり。常の行跡にあるにあらず

171 一心友問、天下國家事なきとあたはず。上に居人無爲にして治こと有がたかるべし。人世みな爲事あり、いかなるをか無爲といふべき　答云、世人馬の人次第なるを無爲なる馬也といへり。此言暗に理にあたれり。それ馬を使ものは人なり。人をつかふものは天なり。人の理にしたがつて動き、私意をまじへざるは是無爲なり。事の多少動靜にかゝはらず、出て勞すべき時に勞せずして閑居するは、無爲にあらず。隱居してひとり其身をよくすべき時に當て、出て世間を渡るも無爲にあらず。皆名利を主として

の、事物によつて其理を究るなり。されは是は初學の時のヿなり。大意心に知得すれは、いまた不レ辨のヿ、本不知の事、千萬の事物前に來るといへともまとふへき事なし。異學の一代心を盡す悟といふものは、聖學にをひては骨をもおらす、心をも勞せすして遊ひなから得るヿなり

140 學友問、云、同しく聖賢にて侍れは、何れも孝行ならすといふヿはあるましきに、大舜文王曾子閔子の數人はかり孝子の數に入侍るヿはいかゝ　答云、歳寒して松栢の紅葉にをくるゝヿをしり侍りぬ。平生無事の時には、聖賢の善行ヿにめつらしくいふへき樣なし。聖賢の道を行ひ給ふは、人の無病の時と同し理にて常也。其時は凡夫もうちみたる所はわかちかたし。明者の目には黑白のヿくわかたれ侍らんつれとも、大不孝か大惡人にてたにあらねは、夏

私意にをこるものなり。馬の馬屋を出す時は轡ずまひをして不出。又馬屋へ引こむ時はをどりはねて不入がごとし。是をくせ馬といふ。無爲にあらず。人も天理の自然にしたがつて、或は勞し或は休す。其間に私心を入ざるは無爲なり。君たる人の時所位にしたがつて無事を行ひ給ひ、天下國家淨清なるを無爲にして治と云

172 一 心友問、議論講明甚親切に、道理くはしけれども、其心術躬行に名利の交りあるは何ぞや　答云、心法は問學のあらき、くはしきにはよらず。たゞ心のむかふところ異なり。心內にむかふ時は、一言にしても精微を盡すべし。心外に向ものは千言万語の親切なる講習をなすとも、たゞ說話のみにして精微に入ヿあたはず。心は本の凡心なり、何ぞ名利をまぬかれんや　問、心いかゞして內にむかふべきや　云、とれいひがたし。吾子の心初より內にむかへり。他の學者の心を見て分明なるべし。內に向たる人に學時は、學者の心自然に內にむかふ。外に向たる人に學時は學者の心自然に外にむかひ去。親切の心術ともに外にむかふ事を不知。是意を以意を傳ふ、言語の及ぶ所にあらず

山の青は、夏木冬木のわかちしらぬ目には、たゞ青山とはかり見るなり。大難にあひ大變にあひては、凡人と君子とのわかち大にちかひあり。孝子の數にいふ聖賢は、何もあふ所の境界常ならぬ所ありし故にて侍り

　問、人の行は孝より大なるはなしといへり。然るに孝行は聖賢にもおとらすして、聖賢の品にはもれたる人侍るはいかゝ

　曰、それは氣質の美にて侍り。いまた大道を見すして入德の學はしらされとも、氣質に木氣の精を多くうけて生れぬれは、木氣の神は仁なるか故に、慈孝懇切にして、俗に小心ともいふものにて孝行なるものなり。其方の氣質にあつきほと、又他の靈明うすけれは、孝行なるほとにとて擧用ひては、國家の政道なとには不才なるかおほく侍り。此人賢聖の師にあひて、心法を受用せらるれは、それは又常の人にちかひ各別

集義和書卷第十

義論之三

173　一　心友歎て云、後世道は行はれざらむか　答云、此遠方の小國に生れながら、聖神の道德を學びて異端におちず、死生一貫貧富一致の理をきはめ、困幽明人鬼天地万物うたがひなき事は、人生の幸何事か是にしかん。理に大小なし。困極あり我も亦一大虛なり。我にをいて天地位し、萬物育せり。心善のみにして惡なくば、今の世に生れても堯舜の民也。万物一体の情は人のうへをなげかでもかなはず。しかれどもしゐてなげくは非也。命を不知也

174　一　舊友問、日本は武國なり。しかるに仁國と云は何ぞや　云、仁國なるが故に武なり。仁者は必ず勇あるの理明かならずや。北狄は勇國也。然れ共不仁にして禽獸に近し。勇者は必しも仁あらずの至言まことならずや。夫仁は人也。心の德なり。慈愛惻隱は人の情なり。無欲無爲は人の本也。天は其心万物にあまねきが故に無心なり。仁は万物を以て一体とする故に

入德の功はやく他の不足なる所もますことやすく侍り。曾子のごとき是也。むかし曾子父のために瓜をくさきれり。あやまりて瓜の根をたつ。曾晳怒て大杖をあけて曾子をうつ。曾子たえて地に伏たりしかとも、狂者なれはすてゝ家に入ぬ。しはらく有て曾子よみかへれり。父の心もとなく思ひ給はんことをはかりて、曾晳の前に跪き、さきに不敬の罪あり、大人力を用ひて教給ふと云て、我方に歸り、琴を彈し詩を詠して、父に痛みなきことをしらしめたり。遠近となく朋友となく聞人涙を流し感しあへり。門人悦て夫子に告たり。孔子聞召て、吾道の學者にあらす。門にいたることなかれと、侍者驚て其故をとふ。孔子曰、われ人に孝を教るに大舜を師とせすといふことなし。舜は父の小杖を持てうつ時はうたれて退き給ふ。大杖を持てをふ時は其あたりにちかつき給は

無欲なり。動に公を以てす。故に無爲なり。仁者の樂は山也とは、仁者の心をかたどるに山のごとし。無欲なるが故に靜なり。知者の樂は水なりとは、知者の心をかたどるに水のごとし。源ふかきものは流遠し。ふかきとは神化のあつきを云。知者は無事なる所を行ふ。流水の物たる、内明かにして外順なり。大知は愚なるがごとし。泥土のためにしばし濁るも行ては終にすめり。誠のおほふべからざるなり。知者はまどはず、勇者はをそれず、仁者はうれへず。知は明の至なり。勇は義の德なり。仁は生の精なり。此故に仁者はいのちながし

一　心友問、むかし漢に黄老の道を好て清靜の化行はれたりと。しからば異端も亦用るに益あるか　答云、陰陽を和調することは、實は儉節にあり。孔子曰、以約失之者すくなしと。愚もまた黄老の學者なり。清靜にして欲すくなからんことをねがふ。本より榮利をしたはず、皆聖人の一端なり。老子云、學道日損すと。道は天理なり。學は習て明にするの義なり。天理にしたがひ習て人倫を明かにする時は、人欲日々に損亡す。よく道を學ぶ者は大事化して小事となり、小事は無事となる。多は日々に約に歸し、奢は

す。父をして人を殺すの罪にいたらしめしと也。今曾子幸によみかへりたれはこそあれ、所あしくて其まゝに死なは、曾皙は孝子を殺の罪をまぬかれし。何ぞ大杖を見てはやく退かさるや、心を用さるの甚しき也と。門人曾子に告たり。曾子趨りて其罪を謝す。曾子は生れ付て孝行にはおはしけれとも、氣質魯鈍木訥なる所ありき。然れとも大學の心法を受用し給へは、愚なるも明に、柔なるも剛く、いきなから神化變通して、大賢の位に至り給へは、天下の事にをいて何事も聖人にたかひ給ふとなし

141 心友間孝經之大綱　　答云、孝經の心法は正ㇾ心修ㇾ身天命の分を安して人々處るところの位に隨て道を行也。天の人を生すると、物あれは則あり。天子の富貴にはをのつから天子の則あり。公侯伯子男をの〳〵則あり。卿大夫士その道あり。農

日々に倹に歸す。これ皆日損するの義也。損じ盡すの至は我心大虚と成て一物なし。是故に思ふ事もなく、するともなし。思ふとみな文理なるを思ふとなしといふ。なす事みな禮儀なるを、するとなしといふ。たゞ人欲いまだつきざるが故に、思ひは文理を失て妄念となり、わざは禮儀にたがひて驕吝となる　　問、倹約《困節》の一事いかにしてか陰陽を調和するに至べきや。陰陽調和せば雨風も民の願にしたがはんか　　云、倹約《困節》の本は無欲なり。上無欲なれば事すくなし。無事をたのしむ者は財をたつとびず。財をたつとびざればあつむるとなし。財をのづから天下に散じて民もたからとせず。たからとせざれば相爭となし。井をほりて水のみ、田を耕して食す。五穀のみ年々に多く生じて水火のごとし。人に不仁の者あるとなし。戸さゝざれども盗なし。それ如此なる時は刑政用る所なし。衣裳をたれて天下治れり。これ禮樂の質《困をしへ》也。こゝに初て學校の政、孝弟忠信の教《風俗》をなすべし。倹約《節》の義至れり盡せり

176 一 朋友曰、吾しれる人文學を好めり。常の武士のやうに剛毅《カウキ》にもなく、文書のみを事とし、靜なる体なり。學者のしるしと奇特におもひ侍り

工商その務あり。其行處の大小は名別なれとも、孝の心法はかはりなし。大河の水のなかれて處に隨て象をなすかヿし。方々にて田地のために井手をつくれは、其井手ほとに流るゝかヿし。ひきゝに就て昼夜をとゝめず。外温にして內明なるの性はかはりなし。君子の象なり。小人の心法は外をてらして內昏し。人の非をかぞへて、己か不善を改す。燈臺のもと昧かヿし。天下の人みな內明にして己か不足をしる。外温にして人の非をとかめす。天下の人みな我にまさる所あるヿを知は老子の象のヿく、相たすけて天下平なるへし。孔子の時すてに異端の起るへき萠しあり。孔門の學者は皆人々の本産あり、多くは日本の地士と云かヿく にて、古風の田地の家督あり。學は正心修身の志にてまなぶもの也。出てつかふる人も國家の一役のつとめあり。口に道を說て

答云、剛毅ならず靜かなるは尤よき事なり。しかれども文書のみ事とすと聞所はいかゞあらん。公家か、史儒か、出家などにしてはよかるべし。武士たるうへはをのづから其つとめあり。孔子も書をのみ事とはし給はざりき。士大夫なりし故に文武共にかねて射御の道をも得給へり。文道をばすきて武藝は不得手なるか、きらひならば其不得手もきらひも天性の生付なれば不苦なり。公家には筋なくてはかなふまじければ、文學者か右筆か、又は武家にても、武藝のいらざる奉公もあれば、其中を撰ぶか。扨は農工商になりともくだるべきことなり。文武をかねずして不叶。平さぶらひの位に居ながら、一向つとめざるは其良知にもこゝろよからざるヿなり。しかれば其業にゐて其つとめなき者をよしとはいひがたし。たゞ天性の我分ほどの所に身をおくべきヿなり。我友によき人がらなる人あり。いつも此人をわけて士の手本とす。勇力ありて武藝に達し、武士の中にもまれなる士なり。又納言大臣として《困すと》もそなはれる所あり。心いさぎよく、風けだかく、諸士の上にをかでかなはざる人也。道を好み德をしたひてをこたるヿなし。無事にしてしづかなる人なり

役義なく、本產なくして道を說て人にやしなはるゝものはなかりしかとも、堯舜三王の盛なりし時とはちかひ、何となくいろめきて、五等の人倫はかりの樣にはなき勢あり。孔子の時を得給はすして、天下を周流し給ふも古になき風也。聖人にして時の變を行ひ給へとも、後世の人これを似せて一二變する時は、五等の人倫の外に道學を以家を建て、產業とするもの出來る勢なり。孔子は方々にて小官をも辭せすして役義をつとめ給ひき。孟子に至てははや師とあがめられて、方々の馳走あり。官祿なく產業なし。德のおとろへたる也。しかれとも孟子は大賢にて孔子に繼立て天運の變を行ひし人なれは、其身にをゐてはいふへきやうなし。後世に至て孟子の德なき人孟子の風にならふ時は、まさしく道學を說て產業とするになれり。たとへ其人私欲のけかれな

177 一心友問、敬を不失とすれ共、何の心もなく居と多し　云、何心もなきは人心の常也。敬といひ戒愼恐懼といふは主意なり。常に心にこれを持するにあらず。敬は心の德也。須臾も離べからず。只主意のむかふ所異なるを以て君子といひ、小人といふ。外に向て人の見聞する所のみを愼み、內心に耻ざるを離ると云。則凡夫也。君子は主意とする所內にあり。天地神明を師友として、人の見聞及ばざる地一念獨知の所にをいて戒懼す。是を愼獨と云。己が心に耻てひとりしるところを愼みなば、いづれの時にか不善をなし、不義をなさんや。義と共に隨て好惡の欲なき時は、天理常に存す。敬これより大なるはなし。只敬は一のみ、外にむかひ內にむかふの別あり。君子小人のわかるゝ所なり

178 一心友問、夫レ仁ー者ハ。己レ欲レメ立ント而立レツ人ヲ。己レ欲レメ達セント而達レス人ヲとは何といふとぞや　云、仁者は己あるとなし。凡夫の立身と云は、己一人の爲にして人の害あるとを察せず。己が欲心を達するのみ也。己あることのみ知て、人あるとをしらず。この故に幸を得ても民望を失へり。君子は万物一体道器一貫の身を立、道を達す。故に時に逢て志を得時は、兼て天

く、道を行とても、五等の人倫を離れて、道者と云もの出來る時は、はや五等の人は道を離るゝ所あり。終には道學は床道具と成て、天下國家の用をなさす。其後道者佛者とて、人倫の外に道を說てすきはひとするものおほく、爭ひ起りたるは尤也。孔子此萠を御覽ありし故に、五等の孝を發明し給ふなり。萬歲道學の鑑也。此鑑に違ふ人は堯舜の徒にあらさると明らけし

問、五等は數すくなきとにて侍れは、古とても五等はかりにては用達すましき事と思ひ侍り　　曰、大綱は五等より外なけれとも、其一等〳〵に類ひ多し。天子はかり只一人にておはします、日本の今にては又大樹御一人なり。諸侯一等といへとも公侯伯子男の五品あり。外にいまた附庸の國あり。日本にても名こそ違たれ、此品あり。四五十万石以上は公侯のとく、三拾万石の

下をよくす。時に不逢して志を得ざる時は、獨其身をよくす。然れども人を立、人を達するの道德は、渾然として備れり。それ國天下《困世間》の困窮するとは、君子先困窮して達せざればなり

問、能ク近ク取ルレ譬ヲとは如何　　曰、中庸ニ曰、子ノ曰。道ハ不レ遠レ人ニ。人ノ之爲レ道ヲ而遠レキ人ニ。不レ可ニ以テ爲一レ道ト。詩ニ曰、伐《キ》レリ柯《カラ》ヲ伐レル柯ヲ。其ノ則《ノリ》不レ遠カラ。執テレ柯ヲ以テ伐レル柯ヲ。睨《ゲイノ》而視レル之ヲ猶以爲レ遠ト。故ニ君子ハ以テレ人ヲ治レム人ヲ。改テ而ノ止ル。忠ー恕ハ違ルレコト道ヲ不レ遠カラ。施シテ二諸己一ニ而不ルハレ願ハ亦勿レ施スコト二於人一ニ。これ能近く譬をとる也。斧《ヲノ》の柄《エ》をきるに、則手に持たる柄を手本とするとなれば甚近し。然れども人作にて二物なれば猶遠し。忠恕の道は是よりも近きとあり。人を以て人を治るは二人のやうなれども、心の天理は天下一貫なり。己が好む所の義理は人も好み、惡む所の不義は人もにくむ故なり。中心を忠とす。中は天下の大本也。天理自然の眞を中と云、如心を恕とす。天理自然の眞心の如く受用して違はざるを云。故に天理一源の眞を推て人に及す時は、中國本朝といへども違となし。後來の習心私心私欲を以て交ときは、兄弟といへども墻《カキ》に鬩《セメ》ぐの憂あり。此ゆへに能近く譬を取て忠恕

すこし上下は伯のとく、十五万石の上下は子男のとく、十万石以下は附庸のとし。これ諸侯一等の內の品なり。卿大夫一等とは、其德行役義の道理同しき故に、大小高下をしなへて一等といへり。其內の品をいへは、天子の公卿大夫は、公卿は公侯になそらへ、大夫は伯になそらへ、元士は子男になそらふ。諸侯の卿大夫は小身なれとも、人の臣として君の命を傳へ、國天下の政道をとる。故に天子の老、諸侯の老ともに大臣とも老臣共いふは、行事のかはりなき故也。日本にては犬臣とにこりてよむ時は官に定り、大臣とすみていふ時は、國々にても其家の家老をいへり。官位のかまひなく、道理の實はかりにて云也。大將とにこりていふ時は官となり、大將とすみていふ時は武士の上に居者の通稱にて、官位のかまひなし。大師とすみていふ時は大政大臣の事なれとも、

の道を受用する時は、仁の方是より切なるはなし

179 一心友問、攻《ヲサム》ルハ乎異端ヲ斯レ害ノ也已ミ。孔聖の時いまだ道家佛家の學者なし。何をか異端との給へるや　答云、六藝も亦異端なり。藝にあそぶ時はよし、一藝に專よる時は害あり。一藝といへども道のおもかげなきとはあらず。道德をおさめて藝に遊ぶ者は君子なり。大道をしらで藝によつて道を見者はこれを至極とおもへり。聖賢傳受の心法をきゝても、我道の外にあらずと思ふなり。追フ術ヲ者ハ以テ小道ヲ自ラ溺《サボル》といへり。外にむかひ空をわしりて、心裡に入となし。いづれの藝も上手に至ては道の一端に合同せずと云となければなり。小人の藝者にしては可なり。士君子の事にしては大に害あり。文學に達して經傳の上にをいて道を見者も亦同じ。夫大道は五典十義を明かにし、心を正し身を修め、五等の人倫の外に出ざるもの也。佛者は五倫を離れ、道者は五等を出たり。いづれも道のおもかげをばいへり。是故にこれを異端といふ。孔孟以後の儒者と云ものも又異端多し。五等の外に出たるがどし

180 一心友問、君子は天をもうらみず、人をもとがめずといへり。しかるに

犬師とにこりていへは出家の官となるもあり。公とはかりいひては三公の爵となれとも、誰公何公といへは、常に人を敬する通稱たるかとし。小身にても諸侯は其國に君として役義なければ、人君の行ある也。臣なれとも天子も客の禮を以待給へり。今日本にても諸大名の參府の送迎には、御老中を御使として結搆にもてなさるゝと同前なり。日本王代のむかし上代と中世と時變ちかひし所を考へられす、此禮を行はれさりし故に、天下を失ひ給日し也。聖人のさためにも少ももるゝことあれは、長久ならさるものなり。士一等とは其内とにしなく〳〵おほしといへとも、德行のおなしき故也。番頭幷組はつれの歷々を上士といふへし。物頭與頭組付にても、千石已上の人は中士の品なるへし。千石已下の平士は下士なるへし。所司代は武官也。中夏の士師也。むかしの

又詩はうらみつべしといへるはいかゞ　答云、天をもうらみず、人をもとがめざるものは、富貴貧賤悅樂憂患すべて人生の順逆みな命あり。已にあらずといふとなし。是故に其位に素《ソ》して行ふ。其外を願はず。みづからかへりみ、獨を愼むのみなり。詩はうらみつべしとは和光同塵の心を以て、奥よりはしへ出たるがごとし。人は人と友なふべし。禽獸木石と友たるべからず。うらみずとがめずとて、見所をたて、心をはげしくする時は和を失へり。衆人愛敬の德によつて詩を作り哥をよむ。うらむべきことをうらみ、風すべきことを風す。たゞ言葉にていへば、事がましく和をさまたぐるとあり。詩哥にのぶれば、いふ者罪なく、きく者戒むるにたれるの德あり。高明獨立の地位あれども、くだつて俗に同じくす。淸淨明白の心思をやはらげて世と共に進退す。とがむれ共いからず、うらむれ共もとらず。おさなき子を愛してはわらはべの害をなすがごとし。これを奥よりはしへいでゝ詩をつくり、哥をよむと云。凡人のうらみにことなり、無心溫和の至はたゞにうらむるも親みとなるべし。作てなすにあらず。心は神明不測也。所にしたがつて變化す。自然の妙なり

犬將にも征夷將軍の任にもあたり侍るへし。代官は農に兵ありしむかしは上士の役義たるへし。日本の今は兵か農をはなれし故に下士の役となれり。或は庶人の官にあるものゝ役とも成ぬ。江戸大坂の町奉行は中士の位にて、威勢は今の上士よりもおもきものなり。國々の町奉行は大かた下士より出ぬ。中士にして兼るもあり。少つゝの物奉行は多は下士より出るもあり。それよりもひくきは庶人の官にあるのたくひもあり。中小姓と云には大身の子も、小身の子もあれは、下士の內也。步士は庶人の官にあるたくひ也。物よみ醫者なとは、町よりおとりたるは庶人の官にあるたくひともいふへし。町醫者は庶人の內、工商のたくひたるへし。禰宜なとは庶人の官にあるたくひ也。又神職に高官もあり。天文道樂道醫業なとは代々其家ありてなすもよし。心を

181

一　朋友問て云、江西の學者、感應篇をよみ、又誦經の威儀をつとめたりときく。世人これを笑ふ者あり。まとなるか　答云、まとなり。細工のしならひには、けづりそこなひおほく、馬の乘ならひには度々落るがごとし。聖賢傳受の心法の師なくて、中江氏初てさまぐ〜に心をねりて試られき。心法の受用にたよりあるべきとは、まづ取て受用してたすけとせり。ふたつのと全くよしとはおもはれざりしかど、志のきとくなる所あるは、誦經の威儀なり。凡習の過惡をこまかに記したるものは感應篇なり。こゝを以てしばらく用られたり。紙捻して一日の過をむすび、善をなしたるともありき。皆細工初にて事はよからざりしかども、志はよかりしかば悔べからず。されど人倫にをいて如此の事あるべからず。志は殊勝なれども異端の流にまがふ故に、我は不用なり。故に三經の初に威儀ありしをもこれをけづりたり。聖賢の神を祭祀すると義あり、禮あり

一　心友問、敬ノ二鬼一神ヲ二而遠カルレ之ニとは何と云とぞ　答云、鬼神の德を知ときは、敬禮の心厚し。身の潔齋《ケツサイ》心の純一、よくとゝのほらざれば、つかふまつるとかなはず。其上神は非禮をうけず、義禮を待て祭祀すべし。又

182

用ひてくはしきかためなり。しかれはとて家となりて人のするをふせくはひかと也。尤たゝ人にても其道に得たる人出來れは、其家へ敎るともあり。たゝ道學のとはかり、史官物よみの外には、それ者といふもの其家と云ものはなき理也。いかむとなれは五等の人倫のあまねく學て、人々の業にをいて受用するとなり。人幼年には學ひ、壯年には行ひ、老て敎るは古今の常也。誰道者とあるとはなく、親は子の師たるかとし。其同しき人の內を以、上より大學小學のつかさを命し給ふとなれは、初より人にをしへんとて學問する人も、人に敎る家とてもなき道理なり。ひとり士といふものは小身にて德行のひろきものなれは、上下通用の位にて、上は天子諸侯卿大夫の師となり、下は農工商ををしへ治るものにて、秀れは諸侯公卿ともなり、くたれは庶人とも

正直の心眞實の情ありて後禱るべし。故に心ありて遠ざくるにはあらず。鬼神の鬼神たる所をしる者は誠敬の至てをのづから遠ざかる也。遠ざかると云て、一向につかへざるにはあらず。凡人は鬼神の名をのみ知て德を不知。是故に身の盛服心の潔齋をもとゝのへずして、みだりになれ近付ものなり

問、其鬼にあらずして祭るは諂《ヘツラヘ》るなりとは、何といふとぞ　云、義もなくてみだりに勸請の宮社多は皆其鬼にあらざるなり。眞實正直の心也。神明の德を尊びしたひ奉るにてはなく、欲心僞巧《キカウ》の者ども、神明の奇怪《キクハイ》をいひて、みだりに取たてたる所へ參りて、福を祈るは皆諂る也

問、庶人は其親ならでは不祭と承るに、伊勢參宮し、其外至尊の神々へ參侍るとはいかゞ　云、天をば天子ならでは祭給はず。しかれどももろこしにても平人の天にいのりて其感ありしとあり。祭どは其人ならでは成がたきと也。或は德をしたひて參り、或は親のため君のためなどにて、誠の心より禱ると云とは、祭とはちがひたるとなれば、誰にてもくるしからず

問、神明の罰利生と申事はたしかなる道理おはしますや　云、たしかなる事にて侍り。しかれども正神の罰利生と、邪神の罰利生とのか

なり、才德ありなから隱居して庶人と同しく居を處士といへり。大道を任して志大なるものは士なり。公卿諸侯の本地なる故に、賢なれは公卿諸侯もくたつて士を敬し給ぬ。德と年と位との三を天下の達尊といふ。朝廷にして上下の禮のある所にては位を尊ひ、在所にて常の交には年を尊ひ、世をたすけ、人に長たるの道にをいては德を尊ふ。公侯は士の賢をうやまひ給ひ、士は公侯の位をうやまひ、たかひに相敬するの義也。志同して心を友とする時は、双方の尊卑相忘る義もあり。道をしらぬ人は我本地を忘て、一旦のうかめる富貴に奢て士を慢れり。然れは才德あるものは隱れて不出。中人以下のものはいやめになり、心から下輩に成て天下によき士出來す。扨庶人一等といふは農が本にて、工商は農をたすくるもの也。工とは工匠ばかりにあらす。鍛治白かねや

はりあり。神明の德は不測也。故に約束のごとく目に見ゆることはなし。伊勢太神宮は靈神にておはします故に、人々の心におぼゆる利生おはします《困ある》と なれば、かくのごとく諸人參り侍ることなれども、これぞあらたなることゝて、約束のやうに目に見ゆることはなし。又なきにもあらざれども、正神の奇特には跡なし。天道の感應も又かくのごとし。孔子匡《キヤウ》と云所にて人たがへにて殺されんとし給ひし時、大風起《オコリ》て取まはしたるものどもを吹たをしたりしかば、驚きてよく見ければ、心かくる者にてはなし。其時匡の者ども辭して退きたり。これ天道の助也。又陳蔡兩國の間に圍《カコマ》れ給ひて、七日食をたち給ひぬ。此時は米もふらず。凡人の神の神たる理をしらざる者は、此時にも米やふらんと思ふべし。ふらざる所がまことの天道神明の理なり。異端の神通力はかやうの時にも米をふらするごときことおほし。多は方便說なり。もしありても邪神の幻術《ゲンジュツ》なり。正神の常にはあらず

183

一　學者あり問て云、我國の同志夜な／＼會をなして靜坐し、議論す。益を得と不可過之　答云、君子は無欲を以て靜とす。行住坐臥共に靜坐なり。何ぞ別に靜と云ものをなさんや。心思義理を專にする時は、いふと皆

塗師や木地引、すへて何にても職をする者をいふ。商はあき人にて居なからあきなひするも、國々ありきて、有所の物を、なき所へ通するも、手に所作なくて、金銀を元にして世を渡る分はをしなへて商なり。先人々初は農なり。農の秀たる者にたれとり立るとなく、惣が物の談合をし、指圖をうくれは事調りぬる故に、其方の農事は寄合てつとめんほとに、惣の裁判をして給はれとて撰ひのけたるが士の初なり。在々所々ありて後、又秀たる者に惣の士か談合しひきまはされて諸侯出來ぬ。又諸侯の內にて大に秀たるあり。をの／＼不及所は此人より道理出る故に寄合てつかねとし、天子とあふきたるなり。扨士の中より公卿大夫と云ものを立、農のうちより工商を出して、天下の萬事備り、天地の五行に配して五倫五等出來たる也

義論なり。何ぞ別に議論と云ものを作らんや。其上夜な／＼の會合には其亭主の家內の者共の勞するのみならず、客の家內の者も亦主人の歸を待て不寢。夏は蚊虫にくらはれ、冬は寒氣にいたむ。十人よれば十家の者を苦勞せしむ。凡男女百人の難儀なり。陰陽晝夜の動息をあやまるのみならず、晝は常の飮食あり、夜は不時の飮食あり。人の産をやぶるに至べし。人の産をやぶる時は、くるしむ者數をしらず。つねには民の迷惑と成ぬ。下男下女等には臨時の食をもあたへざれば、學者の下人と成ては無學者の者よりもくるしむべし。佛氏の徒五倫を離れ、五等を出て學にのみかゝり居者は、それを常とすれば各別の事也。五倫に居て五等を行ものは、をの／＼つとめあり。晝は動て夜は休すべし。天下の敎なきと久し。晩におどろきて道を尋れば、古には准らへがたし。先學につきて惑をわきまへ、心術を求べし。しかるとも朝飯後、日中、晩炊の後、或は夜ならば春夏冬は初昏まで、秋は四ツ時までもくるしかるまじきか。毎日毎夜と云とはあるべからず。きける所をばこれを習ひ、これを行べし。我近比會のしげくして益なき事をおぼゆる故に、文才ある人には書をよましむ。文才なき人には書簡

問、遊民とは何〱をかいふへきや　云、びくびくに山伏は遊民の大なるもの也。其外色々の遊民多し。本民の中にも遊民あり。世のそこなひになるあきなひ所作をする者は工商の遊民也。たゝ工商のみならす、武士の中にも遊民あり。人民を教へ治る役者にて、何の弁へもなく、かへりて下をしへたけ、しほり取て己か奢とし、武道武藝も心かけす、事有ても何の役にも立ましき者は、國の警固にもならされは、是又遊民也。男女の目しゐはむかしは遊民にあらさりき。いつの代よりか遊民となりたり。くはしき事は一旦の義論の盡すへき處にあらす。他日記し置たる書あり

142　學友問、孝を以天下を治といへり。しからは孟宗の至孝なるも天子とせは堯舜の御代たるへきか　云、孟宗ときの數子はたゝ天質の美也。いまた性命の學に委しか

議論の集をあたへ、惑をわきまへ心法に本づくの便とす。其に折々の會は困△此末ニ數言有、別ニ增益ノ卷ニ記ス益あるべし△

184　一　學者の云、先日我友格致の心法をきく、甚親切也と、是故に來たり　答云、先日愚が心法の受用格致に發したるならん。今日は吾心空々たり、いはむ所を不知。人のたゝくに應じ、我心の時により感ずる所異なるとあり。或は至善の語によつて發する時もあり。愼獨の義に發する時もあり。皆自然也。今作爲していはゞ親切の請あるべからず。記憶の學にあらざれば定ていはん所をおぼえず

185　一　學者問て云、靜坐しても事をなしても間思雜慮多して、溫和慈愛恭敬惺々の本心存じがたし。此妄念去とも跡より來て退治成がたし　答云、溫和慈愛恭敬惺々も亦氣象也。發して節にあたる時は和といふべし。此八字の名付べき所もなき大本を中と云。おもふともなく爲ともなく、寂然不動にして、感じて通ずるもの也。先學の此八字を下すとは、初學の受用すべき樣を不知者のためにしばらくいへるなり。其氣象をとめて本心とせば、かげをとめて形とする也。又伏犧氏より孔孟に至ても、靜坐をいへるとを

らす。爰を以其親に事る所も又情欲の父母なり。雪中に笋を求るは性命の父母に事るの心にあらす。舜はもとめ給はし。たゞ性命の父母に事て後孝を以天下を治へし。みつからの心を盡し、性命明なる時初て父母の性命に事ることを得へし。愛敬盡於事親、而德教加於百姓、刑於四海といふものなり。如此なれは天下皆正人となる。天下正人となる時は、天下の人悦心を得て、其父母に事給ふ也。先祖天地大虚ともに其悦心をうけ給ふ。此時に至て天地の氣初て至極の和あり。鳳凰麒麟も此太和の氣中に生し、神龍靈龜も海中に生す。風雨民の願ひに應し、五穀大にみのり、草木の生長留滯なし。鳥獸魚蟲皆其生を遂、山鬼の魑魅魍魎皆吉神に化し、蛇蝎みな龍に隨ひ、虎狼深山に遁れかくる。出れはかならす弓矢にあたる。天下の沈魂滯魄一時に消て跡なし。悪鬼邪

きかず。君子は有事無事共に靜ならざる時なし。心無欲なるが故に常に靜也。靜坐すべきの心なくして、時あつて坐することあり。心ありて靜坐するは自然の無爲にあらず。先學の浮氣躁念の者のために、しばらく靜坐をいへることもありしなり。主意をしらでなべて用るならば、病なき者に藥をあたへて、病を發するがごとき事あらん。閒思雜慮を去ことは、主意にありて工夫にあらず。今の學者の主をたてゝ去むとするは、其主と思ふも眞の主にあらず。氣によつて作せるなり。闇夜に狐狸をかり退けんとて、松明をとぼすがごとし。狐狸はくらきを味方とすれば、追跡より來れり。閒思雜慮もまたかくのごとし。たゞ眞の主意不立心裏に小人の根あるが故に、飯上の蠅をおふに似たり。小人の根は閒思雜慮をわかし出すの泉源なり。天理人欲ならびたゝず、忠信を主とし天理存ずるの主意たゝば、小人の根去て天根かたかるべし。しからば閒思雜慮何ぞ憂にたらんや。たとひしばらく來るとも、わらはべの時のあそびを夢みるがごとし。心にとゞまらざるのかげなれば、工夫を用ひずといへどもとげず。退治せんとおもはずとも、心源をすましをるべし。たとへば大陽東に出給へば、狐狸かくれ失て跡なきがご

氣よるへき所なけれはと〱く亡て殘なし。天災《サイ》地夭生すへき所なし。人ゐの禍乱何によつておこらむや。外に邪氣のをかすなく、內に七情の相勝なし。疾病いつくよりならんや。大舜の孝を以天下を知給ふ至德の化如此。中國の民の其氣を望むはいふにおよはす、東夷西戎南蠻北狄の耳にもきかす、通路なき國々までも此時に至て無事をたのしますといふとなし。堯舜は人倫の至りとはこれ也。如此の至治は孝を以せすして何を以かせん。堯舜の道の豐に高きと明辨せすして明也。彼異端の諸家は大鵬の側の蟬と鷦鷯のことし。日を同して語るへからす。孝經に四段の敎あり、天に四時のあるかとし。第一段は條理なり。第二段は極功なり。春夏の道に配す。第三段は反覆して心法を發明し給ふ。第四段は變を說給ふ。秋冬の義に配す

186

し。明德は心の太陽[六]なり。明德明かなる時は百戒千愼用べき所なし。たゞ天然無心の敬のみ存じて暫くもはなるべからず

一　學者問て云、父なる者學術を大に嫌ひ侍り。一人の友の云、父の心にさかふはひがどなり。學問も孝弟を行はむがためなれば、父にそむきて學問すべき樣なし。心に義不義の道理だに明かならば、外學問によるとよらざるとは、時の宜にしたがふべし。學友の會に出るとなかれと。又一人の友のいへるは、父の學術をきらへるは愚痴なり。性命の父母につかふるを大孝ときく。たとひ父命にさかふとも無是非となり。道を學て好人と成より大なる孝はあるべからず。たとひ父は勘當するとも我に非義なきうへは、くるしからざることなり。人と生れて此時節をむなしく過さん事はあさましき事なりと。此兩儀にまどひ侍り。十が六は後の義を耳よりに思ひ侍れども、何とやらんねざめにはこゝろよからぬ折々も侍り　答云、我は始の義にしたがひ侍らん。大舜の性命の父母につかへ給ひて、父母の心にかなひ給はぬといふとは、父母大惡人にして惡をすればなり。今貴殿の親父には惡人の名なし。其人がら平人也。貴殿の實を見に、學問のかざりをの

集義和書巻六終

ぞきて見れば、實の人がら平人也。其上親父には人情時變の知識あり。貴殿には此知識なし。貴殿は學術を以て親父にまされりと思ひ給ふべけれど、學術にをいても害あることは見れども、益あることを見ず。尤小人の不作法悪事をなすにくらべては益ありともいふべきか。君子の學は心と行と二あらず。心正しければ行正し。心和すれば行もやはらげり。貴殿の心術は心と行と二になるがごとし。學友の交には和あれ共、世間の交には和なし。右のしたしきもうとくなれり。親類知音みな離れて同志とのみ晝夜の會をなせり。わきより見て徒黨《トタウ》と云共いひわけしがたからん。其年中の所作をみれば、武士の家に生れながら、武藝をもつとめず。弓馬《圏兵法》合戰の道の心がけもなし。先以君に不忠なり。一門したしまず、朋友信あらず。父の嫌へる所至極なり。貴殿には道理なく、親父には道理ありて、勘當ならば親にも不孝なり。何を以てか人倫とし、何を以てか聖學とせん。後の異見は棄恩入無爲。眞實報恩者に似たり。名は聖學にして實は異學なり。異學は人倫を離れて別にたてたる法なり。人道をひくしとし、聖人を非としたるものなれば、各別のこと也。人道に居て聖學をする者の、實を異學に合する事は

集義和書巻第七

義論之二

143 心友問て云、我常に夜寢られす、是によつて心氣つかれ食の味ひもこゝろよからす。或は風邪におかされ、種々の病もよはみより入ぬ。心術のよからさる故なるへけれとも、其故をしらす　　答て云、夜寢られさる事疾病のなす所といへとも、大方は思慮多して精神を銷よりなすもの也。天下何をかおもひ何をか慮らん。義に隨ひ理に應せんのみ。知者は無事なる所を行とく。萬事私よりなすへからす、天を以うこくへし。好むともなくにくむともなく、やむとを得すして應するを天を以うこくと云。平人は私の願ひあり、時を待さるのうときをなさむとす。是故に思慮多し。天下

似て非なるものなり。聖門の罪人ならずや。一向に五倫を離れ五等を出たる者ならば、貴殿などの行も可ならんか。五倫に居て五典十義を學び、武士にして五等を行はんとならば、すみやかに虛をすてゝ實をとり、父命にしたがつて會合議論をやめ、武藝をつとめて家業にうとからぬやうにし給へ。學文の名を去て、作法正しくば、親類知音もみな貴殿に化し給はん。親父も初て學術の益を見知給ふべし。宿にて一人書を見給ふばかりは誰かとがむる人あらん。親類知音の交もみな問學會合の座と成べし。其間暇を以て文を學び、文を以友を會し給はゞ、親父もさまたげ給はじ。學友も多は武士なれば、共に武藝を學び、武藝の間に議論講明し給へ。武士の所作をすて五倫の親を離れて、年月を空しくし給はゞ可ならんや。他人は嘲《アザケ》り笑べし。父の淺からぬ慈愛なればこそ、勘當し給ふなるべし

187 一　心友問て云、いとまなくして心術の受用すゝみがたし。祿を辭し官を去て、靜に成て志をはげまさば、上達の功もしるしあるべきか　　答云、聖賢の學いとまありて後修るとをきかず。たとひ初めいとまある身にて學たりとも、出て仕て學所を試み行はんとこそおもふべきに、官祿を去退て

我にあらさるものなし。何をか願ひ何をか求めん。心ほとなる大事の物はなし。聖人凡夫同しき所也。天下をあたへむといふとも命には換へからす。しかれは天下よりも重きものは我か身なり。いきては義理を失ひ、死しては名を全くするとあれはかならす死す。しかれは命よりも義は重し　問、後悔の心切なる故に精力を勞し忘るゝとあたはさるとあり。後悔なくては先非を改むへきやうもなし。いかゝ受用し侍るへきや

云、悔は凶より吉におもむくの道なればよきなり。しかれともつよく悔るはかへりて先非の病ぬけさる根なり。いかむとなれは公も我もむかしありたる過失の、今は跡も形もなくなりて、心氣かはりたるとにはおもひ出ても悔はなし。たゝよその事のとし。おもひ出てかしらかき、汗出るはいまた其時の過失の根伏藏して、またも其境あ

受用すべきとは何事ぞや。遊民をねがふか。今の學者の風をきけば、會合をしげくして議論を好み、氣方のあひたる人々と打寄て、晝夜となくあそぶを以て學問の事とす。主人なくて如此ならば彌安樂ならんとおもへり。此人々ねがひをとげて一二變せば、心身共に異端と成者あらん。或は壯年、或は無病の者は事業なくして居がたし。或は老人、或は病者なれば、妻子のあたりならでは居がたし。近比江州に士民あり、富有にして田地多し。しかるに氏筋なきことを憂て名ある地士に名字をもらひ、村中を招《マネ》きよせ、其由を披露せり。今までは朝夕に鋤鍬《スキクハ》を取て田畠に出、やどにては縄俵までも手かけ、色々いとまなかりしに、士に成てはかゝる賤しきわざをばせざることなりと思ひ、座にあがり、半日ばかり默然としてをり、大あくびして云けるは、扨々成まじきものを士に成たり。朦々たん〳〵として士はあしきもの也といへり。我は今の學者の便利を好み、志をとげて後、此田夫の悔あらんことをなげく也。年わかき人の用もなき奉公せんよりは、退て氣力ある間に文武の道藝にも達せんなどおもへるは又さもあるべき事なり。古の八歳より三十歳まで道藝にのみかゝり居たる風にもかよふべきか。佛

らはなすへきか故也。其上精神の天下第一の大事の物なることを明に辨へしらすして、氣を養と至寳を保つかとくの受用なき故なり。何そすこしのほめそしりを以、此靈寳を煩すへきや。義に當ては國天下といへとも、やふれたるわらくつをすつるかとし。故に君子は覺照あつて思索なし、平人の分別思慮といへ共、ふと覺照にゆきたる時道理うかふものなり。たとひ人かつてしらすとも、我心に不善あらは、德に恥へし。人先非を知てそしるとも、吾心に清く改去て、今すてになき事ならは、何の後悔かあるへきや。悔は非を改るの筌蹄なり。改て後心上にとゝむれはかへりて煩をなす也

144 心友問て云、志の主本は何とか立侍るへきや　答云、仁義身にあり、これを用てつきす。不義をにくみて惡をはつるものゝ心にあるを主本とす。磨とも磷かす、涅

者といへども學問修行のなすべきわざあれば、一日も身のやすきとはなし。況や人道にをいてをや

188 一 朋友問、むかしはかはりたる人ありしときく。今はなきとは何ぞや　云、人も万物も常なるものゝすぐれたるはよし。かはりたるはあしゝ。今は人々何にてもかはりたる事のみ好み侍るゆへに、人にも万物にもかはりたるもの多し。かはりものは天下國家の害になるばかり也。人心は靈なるもの故に、人心に好むとは今までなき物も生ずるなり。むかしは椿もひとへの紅白二色ならではなかりしに、人の好みもてあつかひてより百花も出來たり。近年又五月つゝじを好めば、色々の花出來ぬ。人道に德を好みなば、善人賢者餘多出來なん。貴殿のかはりものとの給ふは、古のすぐれたる人の事なるべし

189 一 朋友問、人のにくむ者は命ながく、人のおしむ者は命みじかきとは何ぞや　曰、よき人にはあかざる故に長命なる者あれ共しらず、たま〳〵短命なる人あればおしく思へり。あしき者にはあく故に、短命なる者あれどもしらず。たま〳〵長命なればうとみ心にかくる也。又好人は神氣靈な

にすれとも緇ます。こゝろみにうしなはむと思ふとも忘るへからす。たゝ此靈明天を根として朽す。然れとも心法の受用をしらさる人は、我にありなから我か物ならす。ほけ／＼しき人のうつゝなきかとし

問、外により人によるは志の實ならさる故なるか、己かためにするの工夫はいかゝ受用し侍るへきや　云、天地の間に己一人生てあるとおもふへし。天を師とし、神明を友として見る時、外人によるの心なし。かくのとくなれは內固して奪ふへからす、外和してとかむへからす

145 心友問て云、今の時にして德を好み道を行ものは伏義の時のとしと仰をうけ給り侍れとも、我等は放逸なる中に習來ぬれは、威儀を愼む所より心を用すしては心氣も存しかたく覺侍り。あやまりにて侍るや
答云、方はなんだちの身にあるとなれは、

り。靈なる人は病者にも成やすく、命みぢかき理もあり。靈草名木の植がたきがごとし。惡人は神氣不靈なり。不靈なる者は無病にもあり、命ながき理もあり。名もなき雜木野草はすてゝも生長しやすし。質しぶときが故なり。惡をなせどもいまだ惡人の地位に入はまらずしてなせば、名も立やすく、身も亡やすし。惡人の地位に入きりて、みづからも恥ざる者は、大方の惡行ありても人しらず。公儀の大法をだにをかさゞれば　乱行のみにても一生をくるもの也。如此者には神罰もをそし。利根なる人には神罰もはやし。內虛なるものはひゞきはやくして、鳴ことすみやか也。內みてる物はたゝきてもひゞかざるがごとし。吉凶の應も亦かくのごとし

190 一 心友問、隨分の悟道修行の僧といへども、佛法をそしれば忿戾の氣あらはれ、かたのごくの心學者といへども、儒をそしれば不平の色見え侍り。をかせどもはからざるの心位は高きことにて侍り。云、何道何學といひて、又其者にかたぎあり。かたぎのあるは大道にあらず。佛學のことはしらず、聖學は人道也。一人の私すべきにあらず、そしる人はみづから己をそしる也。何ぞ道に私して不平の氣あらんや。己が非をそしらば省察すべし。道

あやまりにてはなし。威儀の愼み事のつとめ等は、氣力のなす事なれは、老年病衰の人は叶かたし。然れとも一念獨知の地にあり。人めには夙におき夜半に寢て、及かたきつとめありとも、獨知におこたりある人あるへし。人目には寢つ起つおこたりあるやうにみゆる人ありとも、病者か老人かにて、氣つかれてはやすみ、氣力出來てはおきてつとめ、獨知に惰くの間斷なき人あるへし。それ心を正し身を修るより、家を齊へ國を治るに至まて、誠を立るより先なるはなし。貴殿氣力強くての勉は過るにあらす。我氣力衰ての勉も又不及にあらす。誠を立て時所位にしたかはゝ、共に伏羲の民たるへし

146 心友問て云、禮は飲食より始ると申せ共、大なる所よりこそ始るへきものと思はれ侍り　　答云、天尊く地卑きは禮の始

をそしらば黙すべし。黙すべくして黙せざるは其心の正にあらず。君子は已に益なく人に益なきの言は發せず

191
一　心友問、書をよまざる者も、志あらば善人までには至べしと承はれり。年より侍れば今より文學すべきやうもなし。殘念なる事也　　曰、壯年なる人の善信美大聖神に志ざゝず。これにてたれりとせんは至誠無息の天眞にあらず。年老たる人の殘多と云も亦あやまり也。人の人たる道を知て、神人死生疑ひなきは大なる悦ならずや。これをあしたに道を聞て夕に死すとも可也といへり。これより後一日も進み給はんは幸なり。貴殿もすでに善人の數也。信美の位に至らずとも不息の性存せば何の恨むる事かあらん

192
一　心友問、異端には空と云、無と云。聖學はたゞ實のみか　　答、空則實なり。形色あるものは常なし。常なき物は眞の實にあらず。形色なきものは常なり。常なる物を實といふ。異學はいまだ無をきはめえず。聖學は無を盡したるものなり。上天のとは聲もなく臭もなし。至れり。是故に好人は心靜にして色見えず。福來ても甚よろこびず。禍來ても甚憂ず。呼吸の息いたゞきより踵《クビス》に至れり。綿々《メンく》とながくつゞけるのみ也。泥-愬《ディソ》人と

也。無言の教なり。男女これにのつとり、父子君臣これをのりとす。性命の正に本つくもの也。しかれとも衆人の氣質の濁りかたよるものは、其神靈のてらしうすくして失ひやすし。飲食男女は人の大欲存すれは、禮なくしては相爭ふに及ふか故也。其禮は人々固有の天理に本ついて教給ふか故に、飲食は義ありてもとめ、時ありて食す。且多きを讓り少きをとる。男女は媒の言をまち、婚姻の禮を備て後相交る。且夫婦となりても賓主のごとき別道あり。先王まつ自らの德を明にして先し給ひ、且禮を以とゝのへ給へは、人々固有の天眞感激鼓舞せられ、恥るヿありて格るもの也

147　舊友問、世に贔負たをしといふヿあり。大切なる人のヿをはひいきもせすしては不叶儀なり。然ともあしくすれは其人の害になるヿあり。しからは贔負にも道侍るや

も云べし。槁木死灰と云とも害あらじ。異學の有といふも眞の有にあらず。無と云も眞の無にあらざるものあり。義理のみにして欲なき者は、生れぬ先も同じ。欲のみ知て義理をしらざる者は禽獸なり。欲と云は此形の心の生樂《セイラク》なり。欲の義にしたがつてうごくを道と云。琵琶箏《コト》を以たとへむ。其形は有なり。其虚中は無なり。糸をかけて用をなすは道なり。天地万物有無不離して道存せり。故に有形はみな無に歸す。無中の神を性命と云。性命にしたがふを道と云。有無は自然の形体也。君子はたゞに無といはず、無形無色無聲無臭とはいふべし

193　一　心友問、書簡に先王の制し給ふ喪服の數は過るをさへて立給ひし法也とある所心得がたく侍り。むかし閔子三年の喪をはりて孔子に見られしに、夫子琴をさづけ給へば、少しらべて聲をなすヿあたはず、涙をさへて申されけるは、哀情いまだつきざれども、先王の禮あれば、あへてすごさずといひてしりぞけり。子夏三年の喪終て孔子に見られしに、夫子琴を授け給へば、しらべて聲を發してたのしめり。哀情はやくつきたれ共、先王の禮あれば、つとめて及たりといひて退けり。かくのごとくなれば、孔聖

云、世の中の人の贔負たをしといへるは甚しき事のみをいへり。我らはひいきして人をたをさぬものはつゐに見侍らす。若贔負をせんとならは其人の本心に叶様にすへき事也。こゝに愚に道を聞人侍らん、愚かいふ所は其人の惑をとき、其人の過不及を格し、其人の心術を自反せしめて、聖人の道の高に登るへき梯子の下の一級とせんとす。其惑とけ、其過不及、ひとしく其放心をおさめはやむへし。始終の鏡とすへきは孝經四書にしくはなし。もしその人我等の和解の書等を信してそこに止り、贔負して他の學者をそしりなとし給はゝ、愚か本心にあらす。愚をたをしぬる人なり。其人自己の惑を解て、一人悦ひす。自己の放心をおさめて獨知を愼むにあらすして、たゝ我心にかなひたるものゝひいきをする也。其人から本の凡心ならは、愚か學術世にをい

も或はすゝめ、或はをさへ給ひき。過るをさへてとばかりは中がたかるべきか　答云、愚は上古のはじまりをいひし也。それ先王の天に繼て極を立給ふと、誠を本とし給ふべきか。つとめを本とし給ふべきか。自然にしたがひ給ふべきか。制作を先にし給ふべきか。たゞ誠を本とし給ふべし。誠を本として自然に應じ、時にしたがつてつとめをなし、制作おはしますべし。過るをさゆるは誠を立る也。自然に應じて作爲なきなり。これ法のはじめ也。後世に生れて情うすき者、古の人はをさへてだに三年の喪ありしに、せめてつとめて成とも三年には及ばでかなはざる義也と思ひて、くはだてなしたり。中古のうすきは今のあつきにもまされり。世中事すくなく欲うすきが故也。後世は多事にして心うばゝれ、多欲にして情うすし。孔子の時にも平人に三年の喪をつとむる者はまれなりき。孔門にも七十二賢の外には多は有べからず。三年の喪に朝に祥祭の禮を行て、夕に歌うたひし者を、子路の笑はれしを、孔子聞召て、由が人を責るとやます、三年の喪は久しとの給へり。世中のならはし、人情のくだりたる勢を見給ひて、餘義なき所を知給へばなり。成がたきとをつとめしむるを以て聖作のはじ

て何の益かあらん。かへりて一の流を結ひ、一の爭の端をたつるなり。たゝに益なきのみにあらす、道は聖人の大道なれとも、其實は一人の日蓮法然等を作出すなり。愚をして天下の罪人となせり。贔負たをしこれより大なるはあらし。若愚か本心をひいきせは愚か書を持して、愚かいふ所の惑ある人あらは解へし。惑なくはやむへし。愚か說を以其放心をおさむへき人ならは敎へし。其人にあらすはやむへし。其人外にむきたる心を內にせは、はやく愚か說を棄て聖經に本つかしむへし。世中に愚か名の亡て跡なからん事は、愚か本心なり。悅ひこれに過へからす。愚か本心を悅はしめてこそ贔負するの實ならめ。愚か本心を憂しめてひいきとおもはむは、毒魚の肉を以親を養ふものゝとし。それ天下に名のあらはれて益あるへきものは孝子忠臣貞女友弟眞實の人

めとせば、これ僞を敎る也。何ぞ天に繼て極を立給ひ、忠質を本とし、禮は後なるかの主意ならんや。今の人情精力にては日本王代の服期の法可ならんか。それも少し道行はれずしては立がたかるべし。今の俗にまし加へん事は、人々の氣質と學力とにあるべし。たとひ道行はるゝとも、もろこしの法のどくには成べからず、日本の水土によるの制あるべきか　問、閔子の三年の喪終ても哀情やまざるを、君子なるかなとの給ひしは尤なり。子夏のやう〳〵つとめてたのしめるをも、君子なるかなとありしとを、子貢のうたがひとはれしに、孔聖のこたへ給ひしは、大方通じ侍れども、上下淺深の位ははるかなるやうにおぼえ侍り　云、閔子は氣質美にして文學力ふかし。つとめずしてなし給へる也。子夏は天質をよばず、學力ばかりを以てつとめていたれり。しからば閔子の質あらば閔子には及とあらん。子夏の質にして子夏にはおよびがたからん。世中の人を見るに、聰明の質は篤行に不足也。篤實の質は才知に不足なり。顏子閔子は二ながらかねたる氣質なり。其上に聖學あれば大賢人なり。知もくらく行もよからずして又學を不知者を愚不肖といふなり。此愚不肖も聖主賢君の德化をかうぶれ

なり。徳大なるへきものは聖人の業なり。聖人の常道ならすして別に道をたて教をなして、人をそこなはさるものはいまたあらし。愚か淺學のみにあらす。古の大儒といへともしかり。朱學の贔負をするものは晦菴をたをし、王學のひいきをするものは陽明をたをす。朱子王子共に名をこのむの中人にあらす、徳をおもふの君子なり。たゝ時の弊を除て聖人の道を明にせんとおもへり。然に朱學と云て一流とし、王學と云て一流とす。其學者を見れは徳を好す業をなさす。たゝに同異の爭のみありて聖學起らす。朱王の本心は聖人の道をあらはさんとせり。しかるにかへりて聖人の道を塞くなり。朱王の本心をたかへて、朱王をかなしましむるは贔負たをしにあらすや。若兩子の本心に叶て兩子をひかは、古今聖經を註して人をして文義に耽入しむるは朱子にし

ばみな善人となるもの也。これを民をばよらしむべし、しらしむるとあたはずといふなり

くはなし。それより後は後學の力にも及ひなん。聖語を得はやむへし。聖語といへとも我心の註なり。心を得はやむへし。文武の二道を兼て其功をあらはし、且學者の心を內にむけたるは王子にしくはなし。其內にむきたる心にて聖經をみる時は、其理も其語も昔の物なれとも我かものとなること各別なり。王子の聖學に益ある所なり。近年學は長袖のものとして、武士の業なることをしらさるもの多し。陽明によつて學は文武の德業をなすことを知へし。此二の益を得はやむへし。二子の學ともに聖學に助あること少からす。しかれともひとへに取用る時は又害あり。大賢以下の學は熟せさる所あり。其所には弊生するものなり。然とも二子の本心を學ふものは益のみ取て弊をなさす

問、聖人に至らさる前は鏡とする聖經なくては叶へからす。心を得てやむとはすこ

集義和書卷第十一 圏六

義論之四 圏一

一 心友問て云、敬を立るの受用手に不入が故に、やゝもすれば離れやすし。敬存する時は心氣健《スクヤカ》なるがごとし。しかれ共或時は一物あるがごとく、心氣すくみたるがごとし。或は頑空《グハンクウ》となり、或は間思雜慮〔○十二行本慮ニ作ル〕あり。皆これを放心と云べきか。おぼゆることをそくして歸ることとすみやかならず　答云、敬は天地人三極の要道なり。天の流行してやまず、日月のかはるぐ〵明かに、寒暑來往して物を生ずること間斷なき所は敬なり。地の山澤氣を通じて流水不レ舍《ヤマ》、風雷雲雨を起して物をなすことをこたらざるものは敬なり。天地は無欲也。故に敬やむ時なし。瞬の程なりとも敬なくば天地も崩れつべし。是故に敬は本然固有の德也。外より附たるものにあらず。堯の德を稱美して欽明文思と云。欽は敬なり。易云、天ー行健《ケン》ナリ。君子以テ自《ヒ》ー強《ツトメ》テ不レ息《ヤマ》。敬の受用これより深切なるはなし。敬は心の本躰に

し心におちさるかとし　云、しかり、しはらく本に力をつけんかためにいへり。朱註によつて聖語のあらましを得て後多聖語にわたりぬれは經を以經を解て聖人の語意に通すへし。聖人の語には含蓄の味ひ窮りなし。直に聖人に對し奉るかときとあり。心を得て後いよ〳〵親切なる事をおほえぬへし

148 學者問て云、即レ物窮ニ其理一とは事々物々につゐて事々物々の道理を究め知と云儀か。云、しかり。其事々物々の理と云ものいかゝ心得給ふ、其意をしらす。愚か見侍るは物は事也。事は物の用にして、物は事の体なり。二にあらす。五倫の物あれは五倫の事あり。五倫の物は君臣父子夫婦兄弟朋友なり。五倫の事は五典十義也。五倫の物に即て五典十義の理を委く究て、心に得身に行を格物致知と云。知は理なり。今あり、性の德なり。故に聖人は無心にして敬存せり。誠より明かなるの性也。この故に欽明と云。おもひみなあやありて閒思雜慮なし。無事の時は空々として幽深玄遠なり。昭々として神明不測なり。寢る時は靜專なり。よくをこりたる火を灰中に埋むがごく、冬陽氣を地中に包み蓄るがごとし。常人の寢て尸のごとくなるとなし。晦《クワイ》に嚮《ムカイテ》て入て宴息《エンソク》するなり。故に時として敬せずと云ことなし。天地の大德を生と云。人の本然を仁と云。天地に法ッてみづから強メてやまず。生々の流行に合してをくれざるは敬也。夫孝天之經也。地之義也。人之行也。經義行は一貫也。其やまざる所の景象を敬と云。即本体即工夫なり　問、手を下す所はいかゞ　云、自反愼獨これ敬の手を下す工夫なり。常人は昧によつて敬をしらず。明かなれば自然に敬あり。深淵に臨み薄氷を履ム時、身の落入道理明かなる故に、必ず愼む也。多欲利害の天眞をそこなひ、長生不死の眞身をおとしいるゝこと、深淵薄氷に過たり。視聽言動思ともに天理にしたがふ時は、心廣く体胖《ユルヤ》かなり。人欲に陷《ヲチイ》る時は心いたみ身くるしめり。學テ而シテ時ニ習フ之ヲ。天理人欲の苦樂をよくおぼえ、戒愼恐懼を以て心の生意を發出し、天眞の

の理を究と云は、書の上にて文に即て講明し、或は空談に議論す。これ物に即て理を窮るにあらす。されは文を以友を會するまてはあれとも、友を以仁を輔るにはいたらす。仁を輔ると云は、父子の親、君臣の義、夫婦の別、長幼の序、朋友の信にをいて過るを磨し、不足を補ひ、互に過ちを告て相輔るものなるに、今の學者は過を聞とをいとひ、至情を云ものをにくめは、即物究其理の實を失へり。しからは天下の事々物々の理を究、博識多聞なりと云とも何の益あらん　問、天下の物莫不有理唯於理有未窮故其知有不盡也。天下の物とあれは必しも五倫に極るへからす。公の說のとくにては文理不分明かとし　云、天下の理の重きものは齊家治國平天下也。其中の一事〳〵は天の與たる才知あり。君も其質の得たる所を察し給ひて、其職を命し給ひ、臣

悅を得を明かなるより誠ありと云。有事無事共に存養省察して放心せず、これを敬と云。何ぞ氣象に泥《ナツ》まむ。何ぞ陽氣の健なるをたのまむ。間思雜慮は意必固我の欲より生じ、頑空は其はじめ物を逐《チフ》の念より發て、其跡茫《バウ》然たり。存養省察の功踈《ヲロソ》かにて、念の起る所を不知。旣に物を逐《テイ》放心して後におぼゆ。相ー火燃《モエ》て滅《キエ》がたく、空々の本体に歸りがたし。如此ものを敬せずと云なり。敬を立むとおもはゞ、よく惑を辨へてみづから明かにし、心法精《クワシク》して念慮の微をさとるにあり

一　心友問て云、當世學者の論に養子といふとはなき義なりといへり。しかればとてたちまち家たえ、家內の者共を流浪させんも不便なる事也。これにつきても世中の人、學問をきらへるもの多し。聖人の法といへども、心にをいてしのびざるがごとし　答云、大君の國郡を封じ給ふも同じ理也。一人を以て國郡を治めしむ。國郡を以て一人にあたへ、其身をたのしましむるにあらず。先君の其國に養ひをきたる者は一人として退去ことあたはず。用ニ立も不立もをしなべて治養ふは國郡の主の任なり。國郡主なけれは相乱て生をたもたざるが故なり。今家も亦しかり。子孫なくしてた

もみつからの天を盡すもの也。身を修るにとく人を責るにゆるやかに、知さとく行篤き人を選て教を掌らしめ給ふ。日本のむかし淳和院弉學院の師あるかとし。山川地理に得たる才あれは、山川池澤をつかさとらしめ給ふ。物の生長の道にさとき人をは農事を掌らしめ給ふ。今の郡代のとくよく賞罰をとはるへき人をは、士師の職に置給ふ、今の所司代のとし。律呂の理に明かなる人をは樂を掌らしめ給ふ。善悪の道理分明にして直言する人をは諫議太夫とす。進て忠を盡し、退て過を補ひ、天下政道の損益を知へき人をは納言として君言を出し納しむ。陰陽鬼神の理に通し、人情時變に達せる人をは冢宰として百官を總主らしむ。天下の事は多し、理は究りなし。右は只大事の二三をあけたり、一人して極めしるへからす。力を合せ謀をあつめて天下の知を用ゑたるは、誰にても兄弟おほき者の、いまだいゑなく、其役儀をつとむべき者を撰て、位祿をあたへ、其家內の男女をやしなはしむべし。諸侯と成て其國の位祿をうくれば、其國の老若を養ふがごとし。其者同姓ならばすぐに祭祀をつぐべし。他姓ならば往々同姓を求て我後の役者とせむ。同姓其器なくば我力を以て祭祀をたゝざるはかり事をなすべし。源平藤橘等の姓はひろし。くはしく尋ねば同姓のなきことあらじ。同姓を養子とするは古の法也。周人の百世といへども婚姻不通の法も同姓の親みをひろめて、人の後をたゝじとなり。もし同姓なくば他姓と云とも可也。人は皆天地の孫なり。同姓にあらざるはなし。しばらく末をわかつものは人倫を明かにし、禮を尊て禽獸をさること遠からしめんと也。其上大節を守は君子の義なり。小節をとるは小人の事なり。小人は小節を取て禽獸に遠かり、君子は大節を守て小人にことなり。政は小人の人情風俗を本とす、俄にして人情を憂しむる時は大道とげず。故に聖人も三年にして成ことあらん世にして、仁あらむとの給へり。養子入聟等は今日本の風俗と成て、人情の安する所也。君子たる者は人の非をそしらず、天を以てひとり立べし。天下の

て、天下の事を盡すへし。其不知をは不知とし、知をは知とし、己事を不知ともまとはす、人の知をもうらやます。己事に達すれとも滿りとせす。功成てほこらす。耳目手足の各其用を盡して一心の妙に歸するかヿし。天は生し地は育す。日月のかはる〲明に、四時のたかひに行かヿし。其物をなすに至ては一なり。又天下の事にをいて心の感する所、身の交はる物にあつて、初學は疑ひある事あれとも、正心修身の緒餘土苴なれは、好學の人は勞せすして明辨すへし。天下の理を盡すといへは、大なるやうなれとも、本末先後をしれは難き事にあらす

149 學者問、北野を聖廟と申侍れとも、聖賢に怨怒の心はなきと承るに、怨靈となり崇をなすやうなる甚しき火氣執着ある人を、いかてか今に神としあかめ申事にてお

風俗と習とは下にある者の任にあらず。たとひ明君上に出給ふとも、俄に法を立給ふべからず。德化のひろまるにしたがつて、漸を以てうつりかはるべし。問、子路孔子の命によつて射をみる者を退けられし時も、人の後たる者を耻しめられし事は如何　曰。これ聖賢のしわざにあらじ。孟子曰、仲尼は甚しき事をし給はざる人なりと。道理は道理にても、大場にて人に耻辱をあたふる樣なる不仁なるヿは、今日本にてだに少しこゝろある者はせず。況や孔門にをいてをや。家語には後人の附會のことあり、こと〲く信ずべからず。當世道だてする學者は、凡情の勝心をもまぬかれず。利欲の根をだにたゝず。不仁を以て力量にまがひ、古人の跡を見て變通をしらず。得かたには禮法を守り、又得かたには美風《困國》をみだる《そむく》。常人の君子の大義をとらざることをそしり、凡女にも貞女の節を守らしめんとす。羊に虎の皮をきするを以て、道をおこさんとす。これに遠き時はをそれ、これに近き時はあなどる。大道の罪人なり。たとひ虎の質ありとも羊の皮を着て群をみだるべからず。たとひ光ありともやはらげて塵に同じかるべし。これに遠ければ望ことあり。これに近ければ耻ることあり。君子の學は忠

はしますや　　云、これ世の傳あやまりなり。菅公の怨靈となり祟をなし給ひたるにはあらす。配所の詩に云、去年今夜侍淸涼、秋憶詩篇獨斷腸、恩賜御衣今在此、捧將〔〇持ヵ〕毎日拜餘香。此詩を吟し給へ。誠に忠心のふかく感慨の多と、其人を見奉るかとし。怨怒の心は少もなし。然とも孝子の怨忠臣の怨と云とあり。平人の不知所なり。小弁の詩は孝子の怨なり。孝子の心ならではしられぬ義ありと古人もいへり。菅公の怨も、忠臣の怨あるへし。忠臣ならてはしられぬ心あり。雷となり祟をなし給ひたるといふとは、菅公の靈にあらす。天道其忠臣の誠を感し給ひてとかめ給ひしものなり。周公の忠をあらはさむとて、大風吹し類なり　　問、叡山にいたりて文學の師なりし人をたのみ給へるに、承引なかりしかは怒て、柘榴を口に含み吐かけ給ひしに、燃

信を主とす。文は時に中すべし

196 一　朋友問て云、江西の學によつて天下皆道の行はると云ことをしれり。儒佛共に目を付かへたるは大なる功なり　　答て云、尤少しは益もあるべけれども害《困弊》も亦おほし《あり》。しかと經傳をも辨へず、道の大意をもしらで、管見を是とし、異見を立て聖學といひ、愚人をみちびく者出來ぬ。江西以前には此弊なかりし《をきかず》なり。天下《世間の學者》の人目をさましたりといへども、いまだ德を好の《む》人を見ず《まれなり》。粗學の自滿のついえは一二にあらず

197 一　學者問て云、或人のいへるには、有無の見の有にはあらず。道体に有無中道あり。儒は道体の有なり。今の有体ををしへ行ふが故也。尤自然の妙なきにはあらず。無と中道をうらとせるなり。老子は無を本とし、有中をうらとせり。釋氏は有ととき、無とときゝ、中道と說。又中にもあらずと說は、畢竟中を本として無有をうらとせりといかむ　　曰、儒は尤今日形色の上にありといへども、形色の主たるものは無なり。頑無にはあらず。形色なきの道也。其無は神明不測にして、其大外なく、其小内なし。東西南北上下中央

あかり妻戸燒たり。其妻戸後まで有たると申侍れは、公のたまふことくにてはあるましきと覺え侍り　云、これ作り言にて侍り。我か山の威勢にせんとて、あたら忠臣に疵をつけたるもの也。其時坊主の夢に見たる事ともいひ、狐のしわさなりともいへり。定家かつらなとゝて作り言をして、謠にうたひ、定家に難をつけたる類世に多し

問、天神の御手跡とて佛經世に多し。佛學を博くし給へは又聖庿とは申かたからむか　云、其時はいまた聖佛のわかちもなき世にて侍り。いつれとなく只博く物をしるを以學問とせり。たゝ其人の德業を見て聖者としり、佛者としるはかり也。菅公は五倫の道正しく取行ひ給ひしとは、皆天下太平の政道也。されは聖廟といはむにうたかひあるへからす。よみかたき書の點までも菅公付給へり。聽明の人にておは

なし。虛靈不昧なるものなり。是道体なり。故に中といふ。形色の主は無なり。無の德は中也。物あれば則あり。形色は天性也。惟聖人にして可レシ踐レ形ヲ

又問云、或人のいへるには三千大千世界と云て、此天地の外無量の世界あり。わづかに天地人を以て道を立、敎をなす。狹きに似たり　云、これいまだ形色の見を離れず。物の大を以て目をおどろかすものなり。道に大小なし。天地の外天地の內、異なる事なし。且大虛と云は三千大千世界といふよりも大なり。大虛といふも道体なり。道の外大虛あるにあらず

一心友問云、君子と小人とにむかふ時、心と行と二になり、人前獨居又內外あり。これを一にせんとすれば心すくみ、氣鬱《ウツ》するがごとし。又親しき友といへども隔《キャク》心をなす樣なり。隔心あれば善を告ても聞入侍らず。和して一体のおもひをなせば、我をもいさめ、人もきゝいれ侍り。しかれども我心にをいて流するがごとく取しめなきがごとし、いかゞ受用し侍るべきや　答云、君子と小人と、人前と獨居との境界を立ていふことも、時により事により、人によりて有やうあれども、受用の端的にはあらず。其四の境界をたてす、たゞ自己一念獨知に向て愼み給ふべし。大學の愼獨の

しましき。天神の御手跡と云には、にせ多侍れは、これも信しかたし。其外天神の佛學の事とも皆佛者よりいへり。佛者には方便說とて樣々作り言をいひ侍れは、一として實なき事也。むかし一犬虛を吠れは今は万犬聲を吠、聲を吠るものは理をしらねは實なりとおもへり。仁義の道をしらねは、菅公の仁義をあしさまにいひなして、菅公を謗ると思へり

150　學友問、阮嗣宗は口に人の過失を論せすといへり。まとに好人也。大舜はこれより大成事あり、善を人と共にし給ふ。人の惡をかくして善をあけ給ふ。惡は默してきえうせ、善は大に成ぬ。人の善をゆるし給へはなり。しかるに孟子はよくものいひて、楊墨をふせくものは聖人の徒なりといへり。凡人をたに惡を隱して善を揚給ふに、楊墨は少し見所に過不及ありとても、凡人

獨の字の下に、知の字を付て見給へ。古は言語易簡《イカン》也。獨と云てをのづから獨知の心あり。ひとりとよめば人前の事はいふに及ばざれども、身のひとりと心得侍れば、愼みの格法に成て、窮屈《キウクツ》にして心は主なきがごとし。獨とよみて知のこゝろをふくむべし

199　一　朋友問、君と親とはいづれか重き　答、時中を重しとす。君子は主と親との輕重をいはず。たとへば君にしたがつて軍陣におもむかんに、父母妻子を敵にとらはれたりとて、日比の君臣の義を變じて、敵の臣とは成べからず。此時は父母妻子一族よりも君一人を重しといはんか、さにはあらず、たゞ義を重しとする也。父母の本心も又亡るを安して、生るを耻とす。父母の形は亡といへ共、性命亡びず。又父たる者不慮の難にあひて、ころされんとせば、たとひ子たる者、重位重祿をうけて君につかふるとも、すてゝ父を引つれてのがれかくるべし。此時は君よりも親を重しといはんか。さにはあらず。仁を重とする也。たゞ君親のみしかるにあらず。五常の性といへども、仁を主として義禮智信を賓とすることあり。信を主として仁義禮智を賓とすることあり。孝經には孝を主とし敎給へば仁義も賓と

をぬけ出たる人也。何そ其善を好して其悪をかくさゝるや　　云、性は聖凡一体なれとも命に分量あり、よく己か分量を知て、命にしたかふものは聖人の徒なり。天命に天吏の任なきものはよく默し、よく拙くて、阮嗣宗か人の過失をいはさるを師とすへし。其上に心術明にして金の錬得てましはりなく、至精の正色なるかとく、心思の存する所天理に専ならは、人欲の煩なからん。是を聖人と云とも可也。聖人の聖人たる骨髓こゝにあれはなり。天質の分量廣きものには天吏たるの天命あり。邪正をわかち善悪を明にするには、或は筆紙をかり、或は言論にわたるとあり。小人の好て人の過をいひ、益なくして是非を論するの凡心にはあらす。いはされは世を救ふとあたはさるかためなり。孟子の時は上に堯の聖主なく、下に舜の神德なし。これ又分を知の義也

成ぬ。論語には仁を主とし給へば孝弟は賓となりぬ。官祿をすてゝ親をたすくる時にあたつて、親を助るは君の本心よろこべり。家をかへりみずして君につかふまつるべき時にあたつて、君に事るは親の本心の悦なり。一方うらみばこそ輕重ともいふべけれ。道にしたがふ時は雙方の悦なり。まよひの君とまよひの親は、酒氣の常の心を失ふがごとし。論ずるにたらず

一或問、たえなんとする家には善人生れ、おとろへんとする國には賢臣出ると申こととあり。いかなるゆへにてはんべるや　　答云、この理あり。天道の仁なり。家のたえなんとするは積惡のゆへなり。末にあたりて善人の生るゝとは、道德を修て其積惡を消し、子孫を再興せしめんとの命也。しかるに善は善なれども、惡に勝べき道德なければ、終にたゆるものなり。又衰へんとする國に賢臣のあげらるゝ事は、運命すでにあやうききざしあり。これによりて賢を思ふの心有。天道其おとろへをひるがへさしめんがために、賢才をあたへ給へども、たゞに善をえらび、善を令したるばかりにて、天命に應ずべき道德を立ざる故に、終に亡びに至るものなり。これを大學にも賢を見てもあぐることあたはず、あげても用ることあたはずと

151 學者問、凰鳥は神聖の御代にあらはるゝといへり。然るに後世には賢にたにも及はさる時代にも度々出たりといへり。世の學者清義を失ひて禮をまたすして動故に、鳳も又德輝を見すして下れるか　云、これ眞の鳳にあらす。上たる人道をしらすしてたゝに虚名を求め、或は愚なるに諂ひ者ともの、目出度御代なり、かくしつかなる事はいにしへとてもあらし、なといへは、まとかとおもひて、天地に符瑞もあるかと望まるゝ故に、又諂て虚瑞をいへり。たとひ眞に鳳凰の形ある鳥出るとも、上の德神聖ならす、人倫明ならすは鳳の妖怪成へし。卿愿の君子にはけたるかとし。これ妖物なれは、かへりて愼みあるへし。然るに鳳をみたると云所の民には役をゆるし祿を給へは、見たると云ものある理りなり　問、符瑞いたれとも德うすしといひて、あへて

いへり

201 一　朋友云、我國に先生の名を聞て、道に志し來りてしたがひ學びんことを願ふ者あり。いかゞ申つかはすべきや　答云、古哥にすめばまたうき世なりけりよそながらおもひしまゝの山里もがな。其人の心に、そこに行て學問せばとやあらん、かくやあらむとおもしろかるべきことを心にむかへて、したはるゝなるべし。來りて見給はゞ、一として其ごとくなるとはあらじ。學術も其心に好まるゝ所いかやうのすぢなるをもしらず、愚が學たゞ今のごとくならば、人にもしられじ、むかしあやまりて名を得たり。其ひがどを人は好む者あり。人道は珍らしきとなし。かならず來學をとゞめらるべし

202 一　心友問、貴老の御事を知て、ほむる人はすくなく、不知してそしる人は多し。聖人の道を學ぶは名を求るにはあらざれども、令名の質ならずや。しかるにかへりてそしらるゝとは何ぞや　答云、人のほむるは我を勞するなり。そしるは我を安ずるなり。我病者にして体氣乏し、勞せんことかなひがたし。安ずることあたれり。故にそしりは我を助るなり。知てほむ

うけ給はさりしはまことに賢なり。しからは周のをどれる魚航に落入たるを悦ひよみして、燎給ひしはいやしといへることはりなり、いかゝ　　云、諂て符瑞を告れともみつからの徳の薄きを省て應せさるはまことに奇特也。それ周の魚は自然の天應也。王も無心にして其天の賜をうけ給ふ也。後世の福を求るに汲々なる者の、はじかみのくひあわせを見ても悦とは天地隔別のこゝろなり。虚名を好み福を祈るの心なけれは、人のいはん所をはかりよくるの氣遣もなし。人をみるには徳と功とを目あてとす。ほめそしりによるへからす。この故に聖人は人倫明かならす、政刑道なき世に豐年のあるをは却てあやしき事として書給へり。しかれはまつりこと道なき世には、天災地妖たえす。五穀かはる〳〵じゆくせす、まことの豐年といふ事はなかるへし。佛氏はこれより甚し

ると云も、愚に徳ありてしたしまるゝにあらず。氣象のあひかなひたる人ならん。万人に一人の知人だに、我を勞すること甚し。そしる人は我にかはりて我病氣をことはるなり。其そしるあまたの人にほめられなば、今までながらへてもあらじ。且徳をもそこなはれんか。そしりは愚が過を格し浮氣をしづめ、身の養生をなさしむるなり。きくことをいとはず。ほむるは愚が過をまし、浮氣を生じ氣力をへらさしむ。きかん事をねがはず　　問、それはさもあれ貴老の名をかりて不善をなし、且貴老におほせ申事多し。おもひよらざる惡名をとり給ふことは、道徳の疵ともなるべきか　　云、尤しらぬ惡をおほせられて名をけがさるゝは、無實の難題なり。たとへをとるはをそれあれども、聖人をだに陽虎にまがひたり。大徳の人は難も大にして、又はるゝこともすみやかなり。愚がごとき不德の者はわづかに惡名など様の難あり。本より凡人の品をまぬがれざる故に、はるゝこともをそし。しかれども我心になきことならば、いふといふともあづからず

困此章發端ト成

一心友問て云、不偏不倚過不及なきを中といへり。帝堯の執中の心法かくのごときのみか　　答云、不偏不倚は未發の中をいへり。其未發に當て

きものあり。世中のよからす災害のあるをは末代濁世の常とゆるし、國君世主の恥とも戒ともせす、かくのときものとおもはせ奉りぬ。儒者のたま〳〵直言するものあれは、そしると名付て罪にあはせんとす。小人に悪人のゆるしを出すのみならす、君子にも無道のゆるしを出すもの也。古の賢君は時の運によつて水旱の憂あるをも、己か不徳の罪なりとしてなけき給へり。大君は天地の萬物を生育し給ふこゝろを用ひて王となり上といはれ給へり。國君は主上の德により、山川のよく雲雨を起す功用にたかはすして諸侯となり給へり。故に豐年しきりにいたりて災害生せす、禍乱おこらす、これを天地人三才一貫といふ。聖人の禘の祭の義を知もの〻天下を治ると、其掌を指かとしと仰られしもこゝにあり。天地日月星も堯舜の時の天地三光なり。春秋も堯舜の

は此心至虚にして偏倚する所なし。故に中といふ、無過不及は已發の中をいへり。此心を以て万物の變に應ず、往として中にあらずと云ことなし。故に過不及なきなり。中世者天下之大本也といへり。中は天地人の根本と云義也。他に求べからず。これにまさりたる中の解はなし。中をうちとよむ。うちは物の主なり。禁中をうちと申奉るも此義なり。心をもうちと云困。心は身の主なれば也。しかれば中は心の別名なり。心といへば空にして手をくだしがたし。心の德をかゝげ出して中と名付給へり。夫中は思ふこともなく、するともなし。寂然不動にして感じて天下の故に通ずるものなり　困此末數言有。別ニ増益ニ記ス

204

一　心友問云、今の世の幼少の子は大方才知藝能あるがごとし。むかしはきかざりし秀たる様なる者おほし。しかるに世間の人は次第にをとりゆく事は心得がたき事にて侍り　答云、しかり。田にうふる稲《イネ》も晩稲《ヲクテ》ほど取實おほし。今時の子共の利根なるは、稲の早稲のごとし。おとなになるほど知慧の取實すくなし。其上平人の利發と云ものは大方鈍なるものなり。わらはべの爪くはへして赤面し、人前にてものいひかぬるは、知あきらか

代の春秋也。萬物皆かはらす、人の形もつとも同し、何そ心ひとつかはるへきや、おもはさるの甚しき也

152 舊友問、貴老は天下に名を得給ふ人なり。道學にをいては儒佛みな貴老によりて目をさましたり。或和尚云、心學者に一盃飲てさゝれたり、飲てかへさん者なしと。しかるに貴老は人に尋問給ふ事のみ見る。いまた人に教給ふ事をきかす。何をし給はても天下のゆるせる所也。何そ神道者俗儒歌道者筆道者出家までを招きあつめ、或は彼にも行て師とし學ひ給ふや。道徳の大本にをいて究めさる所ありとや謗り侍らん　云、愚か名は虚也。何そ其虚名をいたきて物しりかほに人の師たる任をになひ侍らむや。一文は無文の師といへは、愚かときものも虚名に居て人の師とならは、なりもこそし侍らめと、師たるには損多し。たゝいつ

にして恥の心ある故なり。人に存するものは恥心よりよきはなし。恥の心明かなる者は學問しては君子の地位にもいたり、たとひ無學にても、平生は人がらよく、軍陣にては武勇のはたらきあるものなり。むかしのわらはべ共には爪くはへする者多かりし故に、成人にしたがひて一役の用に立ものありき。今のわらはべは人おめせず、人前にても利發にものいひ、立ゐふるまひよし。この故に成人するほど用人に選ぶべき人すくなし。人の親たる者徳をしらざれば、恥心ある子をばしかりをどして恥心を亡し、恥心なき子をばほめ愛していよ〳〵ほこらしむ。賢才は日々におとろへ、驕吝《ケウリン》は日々に長ずる所也。かなしむべし

205 一　心友問て云、人いへることあり。大國を治るは小魚を煮《ニ》るがごとし。いろはざるがよきなり。かきまぜとやかくすれば、くだけてあしく、何事も其まゝにてをけば無事にてよきを、しゐてよくせんとする故に、かへりて悪事出來るなり。うちまかするに世こそおさまれ。と云前句に、よきにのみなさむとするやあしからん。と付たるを古來名句とするなり。おもしろく思ひ侍り　答云、しかり。小鮮《セン》をいろはずして煮るがごとく、政

まても人の弟子にて居こそ益ある事にて侍れ。言は道德にをよへとも師たる時は虛中の本然存しかたし。言は詩哥のあそひにいたれとも、弟子たる時は溫恭自虛の質をうしなはす。愚か學未熟なるか故也。孺子の歌にもとるとあり。況や神儒佛歌筆の人にをゐてをや。愚か人にとなる事はなし。たゝ人の人たる大本を知てまとはさるのみ。自滿して人の師たる事を好ます、よく人にくたつて弟子たるに終所のみ少古人に及ふへきか。それ千金の裘は一狐の腋にあらす。大厦の材は一丘の木にあらす。太平の功は一人の略にあらす。古人云、天下を持人の天下の諸事諸物の我有たるとをはしれとも、天下の人の、知の我物なる事をしらすして問とを好ます。人の知を用ひさるは古今いやしとする所也。夫耳目口鼻手足の能を用て事をなすものは心也。天下皆我に異なる

刑のこざかしき事なく、德をおさめていつともなく、人心を正しくし風俗を美《ウルハ》しくするは上知の事也。（困時所位ニ通ずるの才）德なくてよき事のみ好み行へば、人情にさかり時所位にあはずしてその善事の一倍もあしきことになるものなり。藥を不用して日をへぬれば、をのづからいゆる病に、下手醫者の藥を用ひて大煩となすがごとし。しかれどもさ様に一偏にもいはれず。いろはずしてをきて、國天下の治まるものならばそれほどやすき事はなし。誰も天下國家をばおさむべし。はやく藥を用ひ灸をすればいゆる病人に、藥を用ひたるはあしきとてうちすてをき、日をへて病おもれば死する外のことなし。其ごとく國家天下も乱のきざし惡の源を見て、はやく備をまうけ、其源をたち、其きざしを轉《テン》ずれば、眞の無事に成て長久なるもの也。夫主將は仁と威と（困。知よく人情事變ニ通じて可ニあたる時は）を身におさめて德とす。故に紀綱《キカウ》ゆるまらず。儉と禮と時を以てうごきて吝《ヤブサ》かならず、奢ラず、故に人心正しく成て風俗美なり

206 一心友問、敬以テ直ㇾシ内ヲ義以テ方ニスㇾ外ヲと見え侍れば、聖人も敬の工夫を用ひ給ひたるか　云、獨を愼ときは仰《アフイ》て天に愧《ハヂ》ず、俯《フシ》て人に怍《ハヂ》ず。これ内の直きなり。事物にをいて好むともなく、惡むともなく、義と共に從ふ

ものある道理を知て賢知をあけ、才能を用て治國平天下をなすは明君良相の德也。万物は生を遂むことをねかふ。あつめて春をなすものは天也。聖人の聖人たる所の能事はよくあつめて大成するなり。古今才なきにあらす、あつむる人なけれは乏し。あつむるといふはよく問ことを好て人の知を用るにあり。天下の知を先たつるものは天下の知に將たり。己か知を先たつるものは人の下なることを辨ふへし

153 心友問、文いまたひらけさる故に、昔の美質の人々も聖學に入給はさりしと承侍れとも、四書五經すてに渡りてたれもよくよみたる事なり。かほと明かなる書を置なから、弁へなかりし事なれは、聰明とも申かたくや侍らん　云、今は既に百千年を經て數人の手にわたり、講明もかさなり、其上に近年は宋朝明朝の書わたりて、日の出は外の方《ケタ》なるや

207 一 心友問、䷪《クハイ》は上六の一陰、位なく權勢なし。九五は剛にして位あり、權勢あり。決シ去ルにをいて何の危きことかあらむ。しかるに不レ利レ即ニ戎ニ。利アリレ有ルニレ攸レ往と、まことに功利の徒のまはり遠きと云もことはり也。德を知者にあらずば處することあたはじ　云、しかり。剛にして剛を用ひば、一柔の微なる、決去こと易かるべし。然れ共剛にして剛を用るは既に過たり。寛仁にあらず。故に決去て後治化大ならじ。天地位し万物育するに至らず。是故に堯舜の神武にして天下の兵を擧《アゲ》て三苗《ヘウ》を誅し給ふは何の危きことかあらん。剛にして剛を用ひば、決去うちほろぼすことやすからむ。しかるに悠々として心服を待給ひ、來服せざるがために軍をかへし、文德を修メて終に來し給へり。兵を以し力を用て服することを欲し給はず。是夬の剛にして柔を決すること健にして説び、決去て和ぐ所なり。君子の小人を退去こと、かれを斷《タチ》亡すにあらず、和して導き敎て其非を改めしむべし

208 一 小人の道消する時は決シ去ずしてなきがごとし。心友問、許由《キヨユウ》は帝堯の召に從はず、子陵《シレウ》は三公を辭す。古今これを賢なりとす。天下道なき時

のごとくなる時節に生れ出て、勞せすして知たるとなれは、心やすきやうにおもへり。唐にては其國の書なり。其上文字も達者なるたに孔孟の後千歳不傳して、宋朝をまちてわつかに世にしられたり。五穀は種の美なるものなれとも、熟せされは荑稗にもしかさるなれは、聖人の道學も熟せされは、佛學にもしかさりし事尤なり。聖學の日本にて東しらみほとの時分は、佛學のさかんなりし事日中なりし也

154　心友なりし人、弓を一僕にもたせて野を行けるに逢ぬ。告て云、夫武士の別名をは弓取と云り。しかるに何そみつから持給はさるや。一僕は草履をも持なるに、弓とひとつにもたする事は敬なきなり。武具には弓矢より尊きはなし。弓立にたてゝはもたしむるとも直にはもたすへからす。古は大將軍たに弓を人にはもたせ給はす。公家

に隱るゝは常の事なり。帝堯は聖人なり。光武は賢君なり。何ぞ召に應ぜざるや。又世の賢なりとする所は、富貴を辭し山水を樂むの清心を尊ぶなり。大舜の辞せずして出給ふは何ぞや。聖賢中狂の分とのみ聞て其理をしらず

答云、大舜の堯の召に應じて、出て天祿を受給ふは易に所謂大畜ハ不ㇾ家食吉也の義なり。道德學術を內に積て聖王賢君の時にあひ、禮有て召給ふには出て天祿を受べし。故に不家食して吉也といへり。吉とは俗の禍福吉凶の吉にはあらず。吉善の義なり。內に積たくはふる所の學術道德を以て時に施し、天下の艱險を救ふは天下の吉善なり。道体は其大外なく其小內なし。天地の大なるも道德の中の一物なり。かくの如くなる道理を人の心中にたくはふるは大畜なり。聖主賢相の政には天下みな其利を利とし、其樂をたのしめり。故に利と云も利欲の利にあらず。利欲の利は己を利するに心あるが故に吉と云べからず。聖賢の利は物を利するなれば天德なり。聖人の心は四海一家のごとく、中國一人のごとし。我身に天下を利するの道德有て、時至り進むる人あるは、雨露のめぐみによりて生ずべきものゝ開發するがごとし。何の心かあらんや。許由子陵は衆人をぬけ

の大將中將少將といへとも、弓矢は身をはなち給はす。其上さし矢的前等の間相しれこぶしの定たるには射手なる人も、山野にして行あひに射る時は、そのほかなるちかひあり。弓矢取の恥辱にあらすや。無心掛のいたす所也。古の人は隣ありきにも弓矢を手に持、木の葉にてもみかけて、何間あらんかと積り、矢をはなち、そのはつれあたりを見て、間をふみ、度かさなれは間をもつもりそこなはす。矢のちらさる事も的さし矢にひとし。武士と生れて弓馬をならはぬは武士にあらす。ならへとも用をなさゝるは人これをだてといへり。云、たてとはおもひ侍らねと、たゝ慰に致侍り。弓を射す、馬によく乘らても皆武士は立侍り。さ樣にむつかしき事ならは、誰か嗜侍らん。むかしも弁慶なとは打物取て武勇の譽れはあらはし侍りき。曰、弁慶弓をしらぬには

出てゆたかに凡心をはなれ、淸明なる所は聖人と違ことなし。許由子陵みづから我を見たるとき、朝に立て用らるべき才なき故に、庶人と成て獨り道をたのしまむがために、狂見《キヤウケン》によりて辭したるものか。たとひ才知器量ありとも狂者《キヤウシヤ》は大意を見て廣大高明に過たり。堯を以て代官とし、天下を平治せしめ、山水田舍の間に遊ぶこと何の樂か是にしかんや。人の代官をせじとおもへるか。二子の心此二の内なるべし　問、䷙《タイチク》天は至大なり、如何してか山中に包みたくはふるや　云、道は天よりも大なり。人の身の中におさめかくすは又山天の象なり

一　學友問、進て賢をかくさずと聞侍れば、其心に利欲だになくば、禮備らずとも貴人に說べき事なるか　云、咸《カン》は男下にして女上なり。男上に女下にしてこそ男女尊卑の禮儀も正しかるべきに、尊卑違て取《メトリ》レ女ヲ吉といへるは、男の女に下るは陽の陰に先だつの義也。親迎《シンゲイ》の道理なり。君の先だつて賢にくだる時は天下治り、男先だつて夫婦和す。賢人は下にありといへども、臣より先だつて道を以て上に得らるべき義なし。女は男にしたがふものといへども、男の禮儀を以て求ざるには往てしたがふ道なし。咸

あらす。たゝ打物に得たる故也。武士たる者は武藝には一へんわたり侍れとも、得たる事を上より被仰付なり。今は鑓をにぎり武偏たにすれは別儀なきとみえ侍れとも、それは理運の事也。それはかりにては武士の野人といふもの也。知行を給りて優々としてをる事なれは、多藝をも心かけてこそ、せめて御恩をも報すへけれ。しからは慰み一へんならすとも用かたをなすへき事也。武官に居て其所作にをこたるは、貴殿の良知には心よきか、こゝろよからさるか、内に向て心に尋給へ。一心たによくはと人とにいふとなれとも、死へき所にては、女も身をなけ、長袖も身を果し侍り。射手一人にては所により敵百人はふせぐへし。天下の武士たゝ一心よ鑓よとはかりいはゝ、日本の弓矢よはくなるへし。大平記の時分にも此きさしありし故にや、楠正成も射手を

210

はいまだ夫婦とならざるの初なり。故に男下女上なり。恒《コウ》はすでに夫婦と成たる故に、男上にして女下なり。古は天子といへども賢士を賓とす。賓の初は君先だつて禮を以てこれを招く、いまだ臣とせざるなり。其才德を見て天位を共にし給ひ、士も亦共に天祿を受る時は君臣となるなり。易の卦爻五を君の位として五の上に九六を置は、賢士を賓とするの象也。蠱《コ》の上九ニ曰ク。不レ事ヘ二王侯ニ一高ニ尙ニス其事ヲ一。觀の六四ニ云。觀ニ國ノ之光ヲ一利アリレ用ルニレ賓タルニ二于王ニ一。古は賢德の人あれば人君これを賓とし敬し給ふ。故に士の王朝に仕進するを賓と云といへり。如此ならざればともになすことあるにたらず

一心友問、遯ノ九五ニ云。嘉《カ》遯《トン》貞ニシテ吉也と九五は君の位也。遯は君のことにあらず。如何

云、大舜は天下を有てども與《アツカ》らず。これ遯の至れるなり

問、好遯ス。君子ハ吉也。小人ハ否とは何といふことぞや

云、君子は義を見て遯《ノガ》る。義の遯るべき時は好遯す。伯夷兄弟國を讓て海に遯れ、又君臣の義を行て首陽に飢たる類也。小人は世間むつかしきとて、便利によつて遯を好み、或は仁愛の心うすく、人を非に見、己に慢して遯を

褒美して、弓をすゝめられしと見えたり。今も志あらん士は名将を憂しむへからす

155 心友問、大學先后の主はいつれの所にて侍や　曰、正心也。心を正せんと思へは意を誠にす。誠意の工夫は致知格物也。國天下を平治せんと思へは家を齊、一家齊て天下平なり。家をかさねて國とす、國をかさねて天下とす。其齊家の本は身なり。身の主は心也。一度心正して家齊り、國治り、天下平也　問、大學工夫の實地はいつれの所そ　曰、誠意也。是以傳の初は誠意を首とす。致知格物は誠意の工夫也。何そ別に格致の傳あらんや。所謂の二字を以分明なるヿ也

156 心友問、孔子絕四毋意とあり。しかるに誠意と云は何そや　曰、毋意と云は聖人のヿ也。意は不常往來の念なり。閒思雜慮とも云。聖人には初よりなし。學者たゝ

好むもあり。是を以て小人は否也　問、道不行天下乱世ならば、何國にか遯去べきや　云、知をくらまし德を隱し、凡人の業をなして市井の中に遯去あり。これも又遯尾して災なきものなるべし。晉の淵明は酒に隱れたりといへり。實は酒に溺れず、只一生外見を酒のみの用にたゝずと成て終れり。遯るゝ所なくしてのがるゝものは多くは貧賤をかくれ家とす

211 一 心友問、古人の語に謀《ゴト》従《フハ》レ衆《ニ》則合《フ》二天一心《ニ》と云り。世俗の心は流俗の弊後來の習多し。これに従ては天心に合べしともおぼえず　云、衆のしたがふ所のものはかならず至當あり。謀と云時は理もなき流俗の習にしたがふにあらざること明かなり

212 一 朋友問、仁者は必ず勇あり。勇者は必しも仁あらずときく。寔に勇武の譽ありて不仁なる者あり。北狄の弓馬を得て死をおそれざるも、人倫にとをき所あり。又仁愛にして勇なき人あり。必勇ありときく時は疑なきことあたはず　云、驕奢なる者は仁心仁鬪ありて憶病にもなけれども、終には不仁に流れやすし。且勇をも失ふ者あり。それ日本は仁國也。故に古より勇者多し。日本の弓矢神とあがめ奉る八幡宮は慶神天皇なり。此御代

に意なからんとせは、異學の流となるへきか。心は本空也。しかるに空と觀するは圖上に圖を按するかとし。心本意なし、たゝに其本來のとくならんとせは、坐禪入定に至るへし。誠にするは意をなくするの工夫也。誠にする時はをのつから毋意に至る也。意念の不常往來して自欺ものは心の靈臺くもり有て、神明てらさゝる所あれはなり。こゝを以其知の靈照不昧の全体をいたさんとす。然れとも空々に明にすへからす、不常往來の念をうちはらひ、生する欲をたち去て、善悪ともに心鏡にとゝめす。空の本体をいたすとは、其功すみやかなれとも、瘧の間日のとく、水のごみをいさせたるかとし。氣質變化の期なし。たゝ天下の事物にをいて吾心の明不明を覺て實々に功を用へし。天下國家も物也。五倫も物也。天下の事物にをいて我か心のまとふ所あるは知

には近世いづれも武勇すぐれたり。しかるに其君臣の子孫たる人々も武衰へて、事あれば地下に命ぜられしなり。是故に平清盛受領の五位より武功を以て進み、太相國に至り、終に天下の權威を取たり。如此武偏勝れたる平氏も、わづかに二十年の間に武勇おとろへて、木曾義仲源義經にたやすく亡されたり。源氏關東より起て京都の平氏を討亡してより後は、北條家に至るまで、關東武者は剛强にして、上方武者は柔かなる様に慢《アナド》り輕しめたれ共、楠正成は上方の柔なる中より出て、しかも小勢なれども關東の大勢を挫《クダ》き、世人みな鬼神の様に思へり。しかれば王代武家始終人のかはりあるにあらず、東西强弱違ふにあらず。其始は質素の風有て人民を愛しつる故に武勇の譽あり。これ仁者は必ず勇あるにあらずや。其終は奢て用たらざれば、人民を愛することあたはず。後々は習と成て民をばせめはたり、しへたぐるものとのみ思ひて、一向愛すべきものともしらず。奢りやはらかになり、武勇を失て滅さるゝに至ては手間もいらず　　問、義經正成軍法いづれか勝り侍るや　　云、正成も義經に習といへり。是心を義經に取て時處位に應ぜし人なり。楠の時と今とは世中の時勢大にかはれり。正成の

の不明也。尤知善知悪の良知あれとも、知善なからせす。知悪なから不去は眞知にあらす。又其知良知にあらすともいひかたし。いまた窮理の功いたらすして精義入神の實地なけれはなり。士たる者の盜をなさゝる事は、究理のいたりて精義神に入たれは也。如此のたくひいまた人々の上にあるへし。知明なれは間思雑慮もなし。此一はかりは聖人の毋意におなし。　問、如斯なれは朱子の説に近し。陽明物を以五事とするの説易簡ならすや　曰、五事も又物なり。天下の事物を離れて五事なし、五事を離れて天下なし。五事の非禮といふも我か知のくらき所よりおこれり。我か心神明なる時、何そ五事の非禮あらんや。五事の非禮を當下にたくしおさむるを自反愼獨と云。五事の非禮を終におさむるを究理と云。其實は一也　問、致知は愼獨の工夫にあ

上手をはたらきし跡を似せて、將の器量もなく勝負の利もしらずば大負をすべし　問、甲州流越後流信州流などゝ申侍るは如何　云、三家の中にて將のすぐれたるは景虎なり。功者は信州甲州にありと見えたり。しかれ共近代の軍法はせり合の手行なり。小事を知にはよるべし。義經正成義貞の後は實の合戰はなし。武道の衰へたる故也　問、何をか今の時處位とせんや　云、將の器量ありて勝負の利をしる人、古今の時變を考へて當るべき所也。兼て云べからず

一　朋友問、君子は大受すべくして小受すべからずとは何ぞや　云、大体にしたがふものを大人とし、小体にしたがふ者を小人とす。君子は大人なり。天下國家道ありて德を尊ぶ時は用らるべし。國家天下道なくて事物の末による時は用らるべからず。才にもまた大小あり。小目の網をくゞる小魚は、盆《ボ》山の水に養ふべし。鯉《リ》魚は出泉の池に放ち、呑《ドン》舟の大魚は大海の不測にあそぶべし。鯉魚を盆中に入るときは躍りいでゝ生を遂《トゲ》ず。呑舟の魚を池に放たば、却て螻蟻のために制せられん。故に廣才の人には國家の大難をはらはしめ、天下の大患を解治《カイヂ》せしむべし。廣才を小事に用る時

らすや　曰、愼獨の工夫は誠意なり。自欺ことなきものは獨を愼にあらすや。致知はたゝ聖人に至るの的なり。工夫は全く格物にあり。格物は下學也。致知は上達なり。道の大意を知時は天下いまた究めさるの理、いまた不知の事にあひても心のまとふとなし。鏡のいまたうつさゝるかけ、うつしたるかけの、へたてなきかとし。大なるやうなれとも聖學にをゐてはさのみかたき事にあらす。精義不入神用をなすとなし。大意を知も見る所の精義入神たるなり。入德の功あつからすは、聖學の至善にあらす

157 心友問、一旦豁然貫通の語は異學悟道の習ひあるに似たり　云、大方に見れは悟道の見に似たれ共、意を以てむかへて己か受用の往にくらへて見侍れはさもなし。予天下の事物の理を究めんとも心かけす。修身のあまりのいとまを以文を學ひ、心の

は、小人のために妨げられ、小才を大事に用る時は、鼎《カナヘノ》足を折のみならず、乱のはしとも成ぬべし

214 一心友問、非禮視聽言動することなかれの義いかゞ　答て云、禮は天理也。人欲の私きよく盡て天理流行するを非禮視聽言動せずと云　問、言と動とは己より發することとなればさも侍るべし。視聽は人よりむかふもの也。惡人の朝に不立、惡人と不言のはげしき行なくてはまぬがれがたからんか　云、鹿を逐者は山をみずといへり。鹿に心の專なれば、山をば見ても見ざるがごとし。己が心天理に專なれば、非禮を見聞といへども不見不聞がごとし。堯舜は天下を有てもあづかり給はず。況や外より來るものをや

215 一學友問、俗に心學といへば替りたることにて、常の學にあらずとおもへり。又心學の心まづ字を新の字とおもへる者もあり。聖人の學は心學也ともいひ、日新盛德ともいへば、いづれにても義理はよく通ずるを、あしくいひなし侍り。云、學ならば學、道ならば道なるべし。儒道といひ、心學といひ、上に名をくはふれば病あり。道は天地神明の道也。大虚天地唐

通せさる所まとひあるの事をわきまへぬる間に、道の大意心にうかひぬ。それより後天下の理にをゐてうたかひなし。儒佛によらす、天下の學者來てもいかゝとおもふ心もなし。聖學にをゐてはあさきよなれとも、大意を見れは貫通ともいふへきか　　問、しからは貴老は程朱にもをとり給ふまし　　云、しからす。程朱剛强仁厚明敏の質にして此大意をしり給へは則賢人なり。愚か質柔弱輕薄魯鈍なり。たまく大意をしるといへとも、氣質の害をなすとすくなからす。入德の功を勉て日久しからされは、凡を離るゝとかたし。人は一度によくすれは己は百度にするのかはり也。剛强明敏の人といふとも、大意をしるの後、こゝにとゝまるへからす　　問、曾點の大意を見ると、貴老の大意を得ると同しきや　　云、又高下淺深あり。見は大かた相似ても質を以大

日本共に一貫にして二あらず。學は是を學ぶのみなり。心を離て學有べき様なけれども、世の學者見所違ひて心を外にする者ある故に、心の字を加へぬれば、道理なきにあらざれども、徳の衰へたるが故なり

一　心友問、獨を愼とは獨居の時も、人前のごとく作法正しくする事にて侍るや。一たびは張、一度は弛《ハツ》すは文武の道と聞侍り。人前と獨居と同じ様にては甚窮屈《キウクツ》にして遂がたかるべし　　云、人前には人前の則あり。獨居には獨居の則あり。何ぞ事を一にせんや。其上獨を愼は獨知を愼むの心なり。古は文法易簡なり。一字を以て二字の心を兼たる例おほし。中と云て庸其中にあり。獨と云て知其中にあり。獨しる所は人前獨居のへだてなし。人前といへども我心の獨思ふ事は、人更に知となし。吾心の獨知所を愼む時は、外の窮屈なることなし。思無邪。無自欺、誠意、これみな愼獨の義なり。心上に一念發すれば、善も必自知、惡も必自知は知なり。知は心の神明にして本善惡なし。故によく善惡を照す。口に五味なくしてよく五味を辨へ、目に五色なくして五色を分ち、耳に五聲なくしてよく五音を聽がごとし。この故に獨知を以主人公としてこれを愼むは尊德性の義なり。

にちかひあるとなり。たゞ德に入の後氣質の煩なし

158 心友問、今の時にして先王の道を用ひは、忠質文のうちいつれを用給ふへきや　云、愚かしらさる所なり。賢君起り給はゞ忠を用ひ給ふへし　問、今は文過て侍れは質により度思ひ侍り　云、今は奢りといふものにて、文にもあらす、質もまた文の下地也。たゞ忠はまことのみ也。誠立は僞去へし。おごりとかさりとは多は僞也。此習のそひて後質にゆくへし。世を歷て文あらはれんか　問、賢君おこり給はゞ善惡邪正のあらはなるは改め給はんか　云、理屈によつては改め給ふへからす。人情に應し、時處に隨て改めたまふへし。初て大道をおこさんと思ふものは法を先にすへからす。伏羲氏はかうふりなく衣裳なし。宮殿なく禮度品節なし。其神聖たるに瑕あ

夫思は心の官なり。しかれども天理自然の心より出たる思ならずして、人欲の私に依て發する思は邪也。此兩端を獨知に照して私欲の思なきを無邪と云。是又愼獨の意なり。獨知を愼て不自欺時は意誠なり。如此なる時は心廣く躰胖なり。浩然の氣天地の間に塞る。万物皆我身に備れり。天地太虛己にあらずといふとなし

217 一 心友問、箕子周に臣だらじとて、又浩範《コフハン》を武王に傳るとは何ぞや　云、洪範は天の禹王にあたへ給へるなり。殷の紂罪窮て獨夫となる。故に天又天下を以て武王にあたふ。洪範は聖主の天下を治る大法なり。天の天下をあたふる人につたふべし。何ぞ私の遺恨を以てこれを廢せんや。平氏三種の神器を抱きて海に入しごときの無道をよしといふべきや。天下古今のいたむ所なり。箕子周に臣たらずして、朝鮮にいたるとは周を非とするにあらず。殷の世臣なれば其身一人の義を立るなり　問、王訪《トフ》二于箕子一とある時は、武王みづから屈して箕子に就《ツキ》てたづね給ふ也。箕子を召ども箕子志を屈して至らさらんことを知給へばなり。朝鮮に封して賓とし給ふも臣たらじの志を遂しめ給ふ也。是實に忠恕の道なるか　云、しかり。

らす

159 心友問て云、佛者には輪廻をいひ儒道にはいはす。目の前に毛虫の蝶と成て飛行を見れは生かはると云ともありなむか

答て云、むかし我友禪者に說て云、坐禪する事は何のためそ。即心即佛何の益かある。禪者云、衆生皆輪廻をまぬかれす、悟て成佛する時は二度生をうけす。我か友云、たね只ひとつにてめくると見たるな花は根にかへるとおもへるか、造化の眞理をしらすしてまとへるもの也。たね一粒うへて千にも万にもなれり。たゞ造化の無盡藏よりわかし出すなり。ひとつたねと云事なし。又物の化生する事は、造化の氣のむしたつるによつて變化する也。ぬかわらも朽ぬれは虫と成て出生す。ぬかわらに何の輪廻の心あらん、自然の變化の理をしらす。汝寂滅を眞空とす。聖人は寂感と仰られたり。こ

武王箕子の志に隨て違給はざるも、みづから其道を伸るなり。屈するにあらず。平人よりいはゞ、みづから高ぶるの私心を屈して、賢を尊ぶの天理を伸るとやいはん。箕子も獨夫の奴となりて、天子に臣たらず。天子を來すも天理を伸る也。武王も天子となりて、獨夫のとらはれ人に禮を厚くし給ふも、みづからの天理を樂む也。其實は一なり

218 一 心友問、湯桀を放て德に耻るの言あり。臣として君をうつの名は、湯の聖德の疵なれば耻ることありや　云、しからず。湯の聖德堯舜のごとくならば、桀耻て惡をなすこと甚しからじ。しからば放にいたるべからず。困湯の。德堯舜に及ばずして ざる故に 耻ることうすく、惡をなす事甚して、天命つき獨夫となりて天の罰をいたせるは、湯の德に耻る所なり　問、武王も同じ事なるに、德に恥るの言なきは何ぞや　云、武王德に耻るの心ありといへども、湯の鑑遠からざれば其言なし。文王いまさば紂をうつにいたるべからず。武王の德の文王に及ばずして、紂が惡甚しく成たるは、德に耻る所也

219 一 心友問、むかしより名を得たる博學の儒ありといへども、道を興すに

れはかりにても得心すへき事なれとも、かたふきたる我慢にて其非をしらす。汝寂滅といへとも帷子のまゝにて多まては得居す。寒き感あれは綿入を重ぬ。飢ては飯を食す。かほと感する道理をしりなから、無理に滅せんとす。心の活物たる事を不知也

160 心友問て云、聖賢も又靜坐ありや

答て云、靜坐あり。孔子閑居し給ふ時は申々如たり、夭々如たり。心主なき時は必す散す。故に忠信を主とす。これを意を誠にすとも云。人欲の妄は間思雜慮と成ぬ、僞なり。其意を誠にする時は、忠信主と成て天理流行す。空々如たり。故に呼吸の息はいたゝきよりくびすに至る。躰ゆるやかに色溫なり。是靜坐の至也。心に妄ある時は息のとよりかへる。心誠なる時は臍の本より出す。養生の術もまたこゝにあり。是故に養生家には呼吸の息をかそふるとあり。

たらず。藤樹先生は博學の聞なけれ共、聖學興起の端をひらけるは何ぞや

　云、万里の海は一夫に飲しむることあたはず。三尺の泉は三軍の渇をやむるにたれるといへるものなり

220 一　朋友問、人皆外聞を專とす。君子も此心ありや

　云、あり。君子の外聞は義理をかゝざる是なり。小人の外聞は義理をかく事を耻とせず、たゞ外ざまの樣子よきを好めり。これ童女の外聞なり。たとへば貧賤の中に親類あるを外聞あしゝと思ひて、かへりみざるは、我身本より高家にていやしからぬとの外聞なるべし。君子よりこれを見れば、仁なく義なし。外聞あしきことなり。富貴の家をば鬼常ににく「○校云底本らノ如クナレバ朱ニテくヲ傍書ス」むといへるも、加樣のたのもしげなき事にて、人のうらみを得ればなり。先祖の積善の餘慶にて富貴になるとなり。親類はみな先祖の子孫なり。貧賤の者を先すくふべし。取あぐることならざる者ならば、常に念比に音信すべし。貧賤の者は少しの助にて大に益を得て悦ぶものなり。人感じ鬼神助く。君子は外聞を思ふ人にあらざれども、外聞是よりよきはなし

221 一　學友問、程子云、人安重なる時は學堅固也と。然ば我等ごとき重から

心に主を立れは心ちらす、精神内に守て氣血順流するの初學とす

161 心友問て云、無道なる秀吉公、何として天下すみやかに手に入たるや　　答て云、はしめつかたはよかりし也。濃州宇留馬の城主大澤次良左衛門尉を信長公の味方となし、御禮に同道ありしに、信長公大澤か剛なるを恐れて、又心を變しなはむつかしからん、此度ころすへしとのたまへり。秀吉達てなため給へとも許容し給はす。その時秀吉宿に歸給ひて大澤をよひよせ、貴殿の身の上に心もとなきことあり。我を人質に取て急き退れよとて、大小を拔すて丸腰に成て大澤に身をまかせられたり。大澤心は剛なりしかとも道を不知者にて、なさけなかりしかは、心得たるといひて、よのつねの人質のごとくに脇指を拔、秀吉公の心もとにをしあて、其夜退たり。これより後敵味

ぬ生付にては入德有ましきか　　云、形の靜なるを以て安重をいふは非なり。心は活潑流行の体也。水の流てやまざるがごとし。やまざる處常なり。安重其中にあり。山は其体靜也といへども、草木を生じてやまず。山澤氣を通じて出泉あり。流行靜中にあり。故に安重は動靜によらず。心定りて無欲なる時は自然に安重也

222 一　學友問、學で志を立むことといかん　　云、志は義理に志すなり。人の不知を以て義をやぶることなき、これ學の始なり

223 一　心友問、先日人詩聯句をばすべきやととひ侍れば、可なりとの給へり。昨日は五七字の上に一生の精神をついやす。連城の玉を持て雀になげうつがごとしとの給ふは何ぞや　　云、世間善をすることを不知者は、碁なりともうつは、惡事を思はんにはまされり、況や詩聯句をや。昨日の人は善をなすべき人也。しかるに一人の聯句者詩作と成て志を失はんとおしからずや

224 一　舊友問、世間知うとく事に逢て赤面多し。何とぞ處する道侍るべきや　　云、周子云、巧なるは凶なり。拙は吉也と。世間知は巧に近し、これ

方のあつかひにも、秀吉かく申さるゝといへは誰も信してゆるしたりときく。已か人を味方になひけつる信をたかへしとて、俄なる時に一命をかろんし、みつから人質となる事は成かたき行也。かく仁義共にありし人なる故に、天下はやく手に入たり。後に不行儀無道に成給ひしとは、凡心にて道を知たまはさる故に、天下おもふまゝに成て愼みの心もおこたり、且凡情のたのしみ思ふまゝに得たれは、みたれたるなるへし。玄宗も初は堯舜の治をもかへさんとおもひ給ひて、孝經の序まて書給ひしかとも、後は情欲にみたれて、とわさにいへるわさくれふしに成たり。是故に聖人も人心惟危と仰られし也

162 朋友云、眞言坊主のいひしは佛法はよけれはこそ如此繁昌して次第に多なり、儒道はよからねはこそ尊信する者まれ也。今凶也。吾子これに拙きは吉也。又云、巧なるは賊也。拙きは徳也と。世間知なきは自然に徳に近し。吾子徳をすてゝ賊をうらやめるはまどひなり

問、有徳の人の時に不逢して愚を守り、性命を乱世に全くする事はさも有べし。いにしへの聖賢人情時變に達し給へるは、拙きとはいひがたからんか　云、人情時變に達せるは有徳の才なり。生付才ありて道をしらざれば名聞利害に入て世間知と成なり。世間知は眞知くらければ、人情時變はしらざるものなり。有徳の人みな才あるにはあらず。才なけれ共有徳は眞知明か也。已をしり人を知、人の才も已が才のごとし。天にしたがひて無事なり。無欲にして靜也　問、しからば今の世間知は有道の代には用べからざるか　云、徳治の代には子路の勇、子貢辨も用る所なしといへり。況や今の世間知をや

225 一舊友に告て云、貴殿常に巖牆《ガンセウ》の本に立り。正命にしたがはずして身を亡さんか　云、何と云とぞや　云、貴殿人に對して無禮也。又怒《ド》火《クハ》の氣あり。これ身を亡すべき嚴〔○巖ノ誤ナルベシ　但十二行本モ嚴ニ作ル〕墻にあらずや。今までは幸にしてまぬがれたり。此後無禮をとがむる人あらば、兵刃に及ことあらん。

佛者にあはせなは儒者の少き事は大海の一粒のごとし。何と申さるゝとも佛者にはなるましきとの事也。これにはまけ侍り　答云、それ則儒道のすくれたる故なり。日本の眞言の祖師空海か書にも賢知は優曇花のごとく、愚痴は鄧幹のごとし。善をあふく類は麒麟の角よりもまれに、悪に耽る流は龍の鱗よりは多しとかけり。儒道はよき故に尊信する人まれに、佛法はあしき故にしたかふもの多し

163　むかし我か友禪者に問て云、今の淨土日蓮本願寺宗はいかゝ。禪答て云、釋家の糟糠佛を願の瓦礫也。眞言はいかゝ。仙をましへ神をましへて佛者の形あるのみなり。陰陽師の愚痴なるもの也。天台はいかゝ。經説になつみくりはまなるとのみにして、雪中の兎の足跡をあとへとむるかごとし。又眞言にも似たり。其餘はいふにたらす。

勝ても負ても犬死なり　云、喧嘩《ケンクハ》といへどもけなげに人をきりて切腹せむは犬死にあらじ　云、貴殿いまだ犬死の理をしらず。怒火のためにおかされ、犬のかみあふどくなれば、これを犬死と云なり。かみかちたるとても犬にあらずといひがたし。古人も喧嘩は其中にて道理なる方勝者多しといへり。貴殿無禮にして火氣あるは、常に無理をたくはへたり。勝ことを必とすべからず。夫武士は君の干城《カンセイ》なり。自然の用に備られたり。其祿を受て私欲の火氣にをかされて死するは不義なり。常に無禮なるは人道にあらず。戰場にて死する者何ぞ火氣あらん。たゞ死すべき義ある故に死する也。君子の義死は理を盡し禮を盡して義の必然に死するなり

226　一　舊友に告て云、貴殿外に好人のとなへあり、身の分際よりはへりくだりて禮儀うや／＼し。音信往來等のなすべき事をかゝず、人あひよく侍れば好人といへるも尤也。しかるに家人族人は凶人也と思へり。此凶徳數年をへて外人も知べし。一の心病ある故に、百善變じて凶徳となれり。貴殿の故者は表裡せり。外人ほめざれども、家人族人吉人也と思へり。此人外相はあしけれども、一の徳ある故に、百惡變じて吉となれり。外よりみる

禪は如何。我か宗は佛心宗とて悟りを以て至極とす。我か友の云、人の上にをゐては明か也。身の上には何としてくらきや。天台眞言禪共にむかしはよくもこそありつらめ、今は人民の賊也。禹湯の子孫なれとも桀紂か悪はうたねはならす。糟糠瓦礫は事の害にならす。今の佛者は天下の害になる事甚し。米問屋の心行は稲のはらみて花のある時分には大風吹かなとねかふ。夏は旱りをまちてよろこへり。天下の萬民をいためくるしめ餓死させて、已一人の利を得むとおもへり。如此の者とも一向日蓮の弟子にて寺参すれは、其悪心をは露もさとさすして、念佛の功德を以て欲悪なから成佛すと言、日蓮寺へ参れは法華をそしりたる者たに、久しくしては成佛す。その故はそしるもきゝたる故也。況や一聲にても南無妙法蓮華經と唱る時は、主親をころしたる悪人

227

は行也。内よりみるは心なり。行よからねども心のよきは天道鬼神の福する所也。故者は日々に吉におもむき、貴殿は日々に凶に入べし

一　學友問、儒佛の辨に至て佛學にくはしからざる故に、彼レ佛を不知といへり。吾道を明さんがためなれば、佛をも學ぶべしや　云、彼と争はんがために學びば非なり。其上儒佛の辨を好むは道を見こと大ならざる故也。江漢以テ濯ヒレ之ヲ。秋陽以テ暴スレ之ヲ。皜々乎トシテ不レ可レ尙フといへり。玉の寶たることをしらば、石を以て是を乱るべからずともいへり。たとひ佛學すること佛者にまさるとも、彼を非とせば彼佛を不知といはん。彼佛を知といはゞ則吾子佛者ならむ。佛者に儒學ひろくしたる者あれども、其道にあらざれば心を用ることくはしからずして、理を見ことあらじ。今儒者佛學を盡すことも又同じかるべし。自己だにまどはずば可也。人に說べからず。我佛學せざれ共、形容行跡を見て其心をしれり。しばらく吾子がためにこれをいはん。佛學流多しといへども、天台と禪とすぐれたり。天台は高妙なり。佛學のくはしき事禪にまされり。しかれども心に惑あり。禪は學あらけれども、近く心法に本付て要を得たり。惑なきがごとくなれど

にても成佛疑ひなしと云。これにましたる世界の悪魔はあるへからす。糟糠といふはいまた贔負也。禪はこれより甚しきとあり。むかしの禪は悟道の機あるものならねはあへしらひもせさりしときく。今の禪は大名金持にてたにあれは、如何様の悪人にても悟道をゆるしなてこめり。むかしの禪は後生のまとひをはらしき。今の禪はまとはぬ者をもまとはす也。さとりたにすれは何をしても苦しからすといひて、歴々大身の心を乱ぬれは婬乱になかれ、奢を樂て百姓をしほり取、諸士をせはめぬ。文武の家業を忘れ人君の心行なし。これ亡國の相也。如此のあしき敎ならては、禪者のかくのとく多して、時を得と云とはなき事也。いひわけせよといへは禪者面をあかくして不言

164 佛者問て云、耕也餒在其中學也祿在其中何そかくいやしきや　答云、義の取や

も、實はまどへり　問、まどふ所はいかん　云、佛氏の學は死を畏るゝによれり。故にこれを云てやまず。禪さとれりといへども、死を畏るゝより悟を求む。聖學の徒死生を晝夜とす、常なれば畏べき所なし。故に死をいとはず　問、形跡いかゞ見べきや　云、心迹は形と影とのごとし、わかつべからず。佛氏剃リレ髪ヲ人倫を棄るは輪廻を恐るれば也。天道輪廻なし。しかるを輪廻といへるはまどへり。むかし鬼物を見たるといふ者あり。これ眼病なり。其後見たる者なけれ共、傳て恐るゝは眼病を傳るなり。白石夜衣を見てばけものとし、氣たえたる者あるは此傳なり。其惑に狐狸の乘ずるもあり。むかし釋迦輪廻を見たるは心眼病なり。後世の佛者此心病を傳て輪廻ありと思へり。又白石夜衣の狐狸ありて、其信をます事あり。故に出家してまぬがれんことを願へり。眞實道心の出家もし輪廻なき理をしらば、一日も出家に住すべからず。たま〳〵儒學して輪廻にまどはざる坊主ありといへども、或は渡世のため、或は其家の名聞などにひかれて、學力すくなければ、こゝろならず終もありと見えたり

228 一　學者問、心學おこりてより儒學實におもむき、諸儒の思ひ入かはりた

うとなり、たゝ義を行て食を求るとなかれとなり。天命と云ものあり。耕は食を求んがためなれとも、かへりてうへて死する者あり。學は道德を求むかためなれとも、自然に天祿ありてうへをまぬかる。利は求て得へきものにあらすと也。むかしよき佛者の言に云、寺領を求め物を蓄ふるは大に佛道にそむけり。よく心法を修め佛道を行すれは、法力にて其日はわたすもの也と。汝はしめより法力の食を求て佛道を修行するか

165 朋友問て云、雨こひとてわけもなきおどりをおとらせなとしても自然には雨降ことあるは降あわせたるものか　答云、しかり。世間の雨こひは神の納受し給ふへきとにてはなけれとも、其しわざの善悪にはあらで、たゝ民の心根の不便さに雨降せ給ふとある也。たかへすよりかりおさめ、米り。たゞ儒のみならず、近年禪學のはやり侍るとも、心學に目をさまし教やうよく成たる故なり。扨儒學は日々おとろへ、禪學はいよ／＼ひろごり侍り。しかれば心學は禪のさきがけとなれり。遠き慮なしとそしり侍る者あり。いかん　云、しかるにあらず。世は次第に文明になれり。唐にても初は佛流わかれてひろまり、しかも他は次第におとろへて、たゞ禪學のみのこれり。日本も後はさ様に成行なん。それ人は易簡なる事により易し。一向宗ほど易簡なる立法なければ、これに歸する者多し。淨土日蓮も後は一向の易簡に習てひろく成ぬ。近年文明にしたがつて、地獄極樂等の説を信ずる事うすし。これより後はいよ／＼さあるべし。禪宗はむつかしき事なく、易簡に敎てしかも悟りとて、さのみ後生の地獄にかゝはらず。これ文明の時にあへり。今の禪は愚夫愚婦のよらん事を欲して妙を云、これ利心なり。祖師の傳來にそむけり。この事なくばいよ／＼盛になりて、他宗は皆をされつべし　問、貴老の學はゞかりなくして人の志に應じ給はゞ、今は天下にひろまり侍らむに、なげかしき事也　云、しからず。すみやかに成ものは堅固ならず。俄にひろまるものは長久ならず。民九十月に麥

とするまでの民の辛苦、入用のそうさ、あけてかぞへかたし。しかのみならす、日てりといへは雨こひをもよほせり。三輪の大明神へひてりに雨こひのおどりをかけ奉たるに、三十餘郷の入用は金二千兩にも及ひたると云物語をきゝぬ。何國にも年々の苦身をかへりみさるのみならす、日てりのあまこひにたに給人より少のたすけありたる事をきかす。扨かりおさむれは、しへたけしほりとれり。勢大にちかひて、ものをいはねはこそあれ、何ほとかうらめしくなさけなきとならん。むかしは晴を祈り、雨をいのるとは、其所の奉行代官、扨は國郡の主の任なりき。今は百姓ともの心はかりなれは、雨を祈る事のみ知て、晴を祈る義はしらす。長雨にて田畠の作物くさりぬれとも、うつら〳〵と日をおくる也　　問、百姓は神明の納受あるとやらん、なきとやら

をまきて、わづかに生ずれば甚寒にをさへられ、雪霜にうづまれ、これによりて根をふかくすれば、春雨に長じ、卯月の日に實をむすびて豐熟するもの也。予が學《困道》もをさへあるは麥の寒氣雪霜なれば、後世おこるとあらんか。たゞ其徳なき事を耻る也。達磨の佛心宗世にひろまる事をにくみて、毒害せられしも其身死して道は後世ひとり盛なり。異學といへ共其徳あればなり

一　心友問、儒道おこらば佛法はほろび侍らむか　　云、道を興す人は君子ならん。君子は力を以て物の興廢《ハイ》をなすべからず。我道おこらば佛法もむかしにかへりてよくなり、坊主すくなく成べし。なげかしき事は佛者無道にして盛なれば、天道乘除の理にて、乱世に逢て《困時ありて》大半亡ぶべきか。すくなく成て又久しかるべし。乱世の亡びはいたましき事多かるべし。しかれども法は今よりはよかるべし　　問、儒法には年に一度忌日の精進あり。毎月精進といふ事は佛法より出たるにや　　云、佛法にも本はなき事也といへり。昔は出家の作法よかりし故に、坊主に成者すくなくて、年に一度の精進にて僧のとき米たれり。後世は佛法渡世に成て法すたれ、戒やぶれ、

んしらす。たとへは客はきらひても亭主のすき成ものを料理するかとし。もし明者ありて雨こひせは如何あらん　云、雨こひして雨降へき道理あるものは音樂にしくはなし。後陽成院の御時大にひでりす。諸寺の經諸社のいのりをつくしても雨降す。其時後陽成院のみとのりに、樂は五行の精神をうつして五音をそなへ、年の十二月に配して、十二律を有せり。四時土用の調あり。天地神明に感すると正しくすみやか也。盤渉調は多のしらへにて水の調子也。此調子を吹たては、天地の水氣をもよほすへし。しかれともかくてりにてりたる時、水の聲をなすとも火氣の大なるにおされて、水氣生するとを得じ。盤渉調の青海波を双調にうつして奏せよ。双調は春のしらへなり。木氣の音也。木は火の母なり。水の子也。水火はこくすれとも、木のためには子なり

難行なき故に、坊主澤山に成て時米たらず。親の事なれば毎月思ひ出してよかるべしなどゝいひて、かくなりたるといへり。其死せる時の月日こそ終身の喪有べけれ。其時にてもなきに、毎月精進すべき理なし。故に君子は不用。しかれども祭をせざる人は俗にしたがつて《囷ふも》可也　問、一年に一度はおろそかなりといへる者ありいかむ　云、忌日は終身の喪とて、親死したる其時月の其日は、終にあへるがごとくおもふなり。四時の祭は吉禮なり。孝子の心に親を死せりとせず、いける時もてなすがごとし。しかれども神としてまつれば、潔齋して我身をも神明にする道理なり。神はしば〳〵すればけがるゝ事あれば、むかしは潔齋して祭る事は春秋と忌日と三度なり。後世四時に成て五度となれり。其外五節句、朔望の拜は備て不祭とて潔齋はせず。たゞ生る時親の所へ禮に行に同じ。或は君のたま物、或は遠來の珍物、或は初物等を備へ、他行のいとまごひ、歸て又告るごとき事は、子の心入次第にて數なかるべし。年に一度の忌日の外は皆吉禮也。是神道の義也。毎月忌日なれば時ならず、吉凶相まじはりて、神道をけがすに近し、禮にあらず。故に君子は不用。生るにはつかふるに禮を以てし、

母なり。木に水をふくまは、火氣をのつからやはらきて雨降へし。大原野の神前にをゐて樂せよとおほせあり。はたして大に雨ふれり。問、しからは神前にてなくとも、やと／＼にてもおなし事ならんか　云、しからす。これを天にすゝめたすくる神なくてはかなはす。又双調の靑海波は、以前にうつしたるともいへり。それはいつれにてもあれ、雨こひに用ひ給ふ道理にをひては同し事也。中夏にても雨こひには樂を用たり

166 心友問、先度弓を小者にもたせたる者を戒給ひし事道理至極なから、今時は武士の他行に手つからもちかたし。一僕の小身者は弓たてもと／＼し。しかれは弓の稽古もやむにちかし。いかゝし侍らんや　曰、先度は武士の弓矢を辱ふの大義を申侍り。まとに今の門をならへ、いらかたちつゝき

死せるにもつかふるに禮を以する義也　問、貴老出家にとき米つかはし給ふ事は何ぞや　云、坊主は在家を賴て居者なり。家々より養はずしては何とすべきや

230 一心友問、今の武士のよきと申は、弓馬兵法をたしなみ、晝夜これにかゝり居れり。武藝も世中の用に立ことはなし。事ある時の心がけといふばかり也。兵器は凶器也。しかれば武士も遊民ならずや　云、日本は小國にて金銀多し。異國よりのぞむといへども、武國故に取得ず。武士の武藝をたしなむは國の警固なれば、遊民とはいひがたし。武士ながら武道武藝のたしなみなきは遊民なるべし　問、吉利支丹あらためも異國の敵をふせぎ給ふ事と承れり。弓刀もいらず、人心をなびけてとるべき謀と申侍ればむつかしからんか　云、しかり。北狄は外邪なれば治し易し。吉利支丹は內病なれば治しがたし。此內病の生ずる根本は、人心のまよひと庶人の困窮によれり。迷とけ困窮やまば根を絶べし。佛法の後生のすゝめにたよりて《より所》、それよりまさる法を作てみちびくなれば、畢竟《困後生のすゝめ》佛法は吉利支丹の先達也。中夏は制禁なけれ共、すゝむることあたはず。聖賢の國にてまよ

たるとなりありきには、手つから持侍るとも何のやくもなく、歸て人の目に立とあらん。小者一人に弓立も過侍らん。かやうの事にも時所位あり。弓矢を尊ふ心の誠たにあらは、はきかへのざうり木履もたせす、みつからはきたるはかりにて、出さまに手をあらはしむるか、弓矢を紙にまきてもたしむるか、いかやうにもなるへきと也。弓矢は八幡大神宮ののりうつりおはします神器ともいへり。武神の舍なり。尊信の誠明かならは、今の時所なりともみつから持ても目にたゝぬとあるへし。世界は我心の誠よりなりて、我世界となるもの也

集義和書卷七終

困。なく、又農兵にて民の困窮もひ。うすければ也　問、しからば日本にも儒道廣くならば吉利支丹亡びんか　云、尤其理にて侍れ共、今の儒道《學》には儒宗なし。各異見を立、流を立ていひがちの樣也。いづれの儒學も此國の水土にあひがたく、今の時に叶がたし。吉利支丹の亡びざるさきに、まづ他の害あるべきか

集義和書巻第八

義論之三

167 心友なけゝいて云、日本にて道は行はれさらむか　答云、此遠方の小國に生れなから聖神の道徳を學て異端におちず、死生一貫貧富一致の理をきはめ、天地萬物うたかひなき事は、人生の幸何事か是にしかん。ことわさに本ひきをして心やすしといへることく、吾人の本ひきこれより大なるはなし。理に大小なし。我もまた一大虚なり。我にをひて天地位し、萬物育しぬ。心善のみにして悪なくは、後の世に生れても堯舜の民なり。萬物一体の情はなけかぬといふ事もならず。しかれともしゐてなけくは非也。命を不知なり

168 舊友問、日本は武國也。然るに仁國と

集義和書巻第十二

義論之五

231 一心友問、孟子は大賢なり。徳いまだ聖人に及ばざる所ありといへども、學は已に至處にいたりぬ。故に道徳仁義をいへるとは万歳の師たり。聖人またおこり給ふ共かへざる所なり。しかるに貴老孟子の言にしたがひ給はざる所あるがごとし。伯夷は隘《アイ》なり。柳下恵は不恭《フケウ》なり。隘と不恭とには君子は不由といへり。貴老はやゝもすれば伯夷を師とし、柳下恵を學び給へり。孔子の聖の時なるをば師とし鑑とし給はざるは何ぞや　云、孟子は天下万歳の師也。故に中道をかゝげ出して人に的をしめし給へり。清といひ和と云、其人にありては可なり。師としよる時はついえあり。故に君子は不由といへり。予も中道の的を願はざるにはあらず。是は終に歸着すべき所の地なり。しかれども予いまだ凡情をだにもまぬがれずして、學のみ至極を云は、我心にをいて不忍。予又後世の師たるべき者にあらず。一日

云は何ぞや　　云、仁國なるか故に勇あり、仁者は必す勇あるのことはり明かならすや。北狄は勇國也。然とも不仁にして禽獸に近し。勇者は必しも仁あらすの至言まことならすや。夫仁は人なり。心の德なり。慈愛惻隱は人の情なり。無欲無爲は人の本なり。天はその心萬物にあまねきか故に無心なり。仁は萬物を以一体とする故に無欲なり。動に公を以す、故に無爲也。仁者の樂は山なりとは、仁者の心のもようをかたとるに山のごとし。無欲なるか故に靜なり。知者の樂は水なりとは、知者の心の景象をかたとるに水のごとし。源ふかきものは流遠し。ふかきとは神化のあつきを云。知者は無事なる所を行ふ。流水の物たる內明にして外にくらし。大知は愚なるかごとし。泥土のためにしはし濁るも行ては終にすめり。誠のおほふへからさるなり。知者はまどはず、勇も凡情をまぬがれて君子の心を得《エン》事は、終身の悅なり。君子の心地に進まんには、予が實にうらやみしたふ人を師とし、友とせんにはしかじ。予が實にうらやみしたひて、其人を心とせまほしきは伯夷なり。故に常に心の師とす。人は人と交るべし。木石禽獸とをるべからず。故にひろく衆と遊て包荒《ハウクワウ》なるべきは柳下惠を學ぶにしくはなし。孟子は後世の爲に中行不易の則をいへり。予は自己の德をなさんが爲に益を取のみ。古人も方は汝の身にありといへり。心をみがゝむが爲に師をとる事は、已が位によつてみづからえらぶべき所なり。先覺は醫師のごとし。已が病を治するに便ある人を求るのみ。いまだ時と淸和とを思ふにいとまあらず

一心友問、子路は曾子もをそれし人也。又万歲の師なりといへり。しかるに衛の難に死す。死せるは可なり。事へたるは不可なり。孔門の賢者には不足なるがごとし　　云、子路の過ある時にこれを告しらする人あれば、中心より實によろこべり。自己の非を知てこれを改むることをたのしめり。これ万歲の師たる所なり。人情の大にかたき所なり。予を始て仁義の學に志あり、一人の不辜を殺して天下を得こともせじとおもへることは實なり。

者はをそれす。仁者はうれへす、知は明の至なり。勇は義の德なり。仁は生の精なり。是故に仁者はいのちなかし

169 心友問、何をか君子の儒といひ、何をか小人の儒といふ　答云、儒といふは學者の稱なり。道家佛家なといふ者の如く、五等の人倫の外にあるへきにあらす。小躰にしたかふものを小人とするなれは、學問を名利のためにする者を小人の儒と云。大体にしたかふ者を君子といふなれは、學問して性命にいたり、產業は別に在て學にかゝはらぬ者を君子の儒といふ也　問、しからは今時儒者と云て、文學に長して祿を受る者は非なるか　云、心ある者は非也。心なき者は非ならす。天性文才に長すれは、文藝によつて祿を受る者は天職を食也。古はこれを史ともいひ、儒とも云、其實は一也。この故に文才のみ有て德すくなき儒者

義に當ては一命をもかろんぜむと思へども、自己の過を聞ことを願ふこと、病て藥を求るがごとくなるの心なし。過を告しらする人あれば過分なりと口にはいへども、中心より發る悅にあらず。故に人も告ることをたのしまず、多くは知ざるのみ。天下の通病なり。甚しき者は過を云を聞てはいかり、あだとし、或はかざれり。德を好こと色を好がごとくならざるの證據也。子路は賢を賢として色にかへたる人なり。後世道學に名を得たる人多しといへ共、子路の過を聞て喜べる心には及がたかるべし。衛につかへたるごときの過はかろき事なり。つかへざるほどの事は、予がごとき者もつとめ行べし。其難を見てのがるゝ心なく、大なる武勇のほまれありて、後死を安くせし事は又かたし。後世の勇者といへ共、義をかねざる者は及べからず。子路の行ひし叓はみなかたき事なり。過といへるは少き事也

233 一　心友問、大舜は善與レ人同ス。舍レテ己ヲ從レフ人ニといへり。大舜は神聖なり。人は平人多し、賢なり共舜の德には十か一小も及べからず。善も又舜の善は大にして、人の善は小きなるべし。大德小德にくだり、大善をすてゝ小善をとるものは何ぞや　云、大舜の心は空々如たり。天の蒼《サウ》々昭《セウ》々たる

はくたつて文筆の用をつとめ、道德ある儒者はのほつて高官大祿をも受たり。かたちは小人の儒に似たれとも、無心にして天命に隨ふか故に、小人の儒にあらす。心あると云は實は利のために學ながら、色をはけしくし言をたくみにして己か非をかさらんかために正道をあかさす。君子の儒をまきらはすもの也　問、理學實學なとゝて人に教へ、それによつて世をわたるは、出家の法力によつて一生をくるかとし。これを非といはむとすれは、人を治る者は人に養はるゝの語あり。これを是といはんとすれは、異端に相爭て五等の外の人のとし

云、文才なけれは史の職もつとめす。定見なけれは理學にもあらす、德を好まされは實學ともいひかたし。武士の家に生れても武道はきらひなり。農工商に生れたる者も、人の下座にをる事をいとひ、すこしき

がどし。鏡の虛明にして一物なきが、よく万象をうつすがごとし。心中惡なきのみならず、善も又なし。小善もなく大善もなし。人に一善あれば、一枝の花の鏡にうつりたるがごとし。其美を好せずといふ事なし。本鏡中に花なき故によく花をうつす。舜の心に善を有し給はざる故に、よく人の善を受いれ給ふ。天下の善を許容して其時所位にあたれるを取て、みづからも用ひ、國家にも行ひ給へり。他より是を見れば、舜の大德にして常人の小善をも好し取用給ふは、無我にして己をすてゝ人にしたがふものゝごとし。自己に行ふべき大善あるをすてゝ、人の小善にしたがひ善をすこしきにするにはあらず。舜の御心にもと一善の有せるなければ也。もし取べき所なくて善の行ふべき時あれば、胸中より發出する也。其人にありては小善にして益すくなきも、舜の取用給へば大に成て、國家天下に益あり。たとへばとゝにみがゝざる玉を持たるがごとし。不知者は石とのみ思へり。玉人これを取てみがく時は、玉となりて寶となるがごとし。大善は天下の人の知を用るより大なるなし

一　心友問、孟子に齊宣王の善を爲《スル》にたれりといへるものは、揚氏の說を

く所を以異見を事にし、己か文才なきを以、文才ある者の産業をそしり、とば親切なれとも心實ならす。語たかけれとも心いやし。口に正道を論して行そむけり。世俗にこれを本の葉鄉愿といふ。世に愚痴の人多ければ、ある事の分をはなき事とし、なきとの分をは有事とす。三綱五常の道、天道の善に福し、悪に禍し給ふ、目の前なる有との正しき事をは信せすして、地獄極樂と云なきとをは信ししたかふ者多し。異端の徒の人をまとはす所なり。大道に志ある者は言を以たに世の非をためむとす。況や行を以たむる事なからんか、たとへ心に私なくとも異端にまきるゝの行はなすへからす

170　心友問、むかし漢に黄老の道を好て淸靜の化行はれたりと、しからは異端もまた用るに益あるか　答云、陰陽を和調する事は實に儉節にあり。孔子曰、以約失之者す

朱子も取用られたるごとく、天質朴實にして好勇好レ貨ヲ好レミ色ヲ好二世一俗之樂一ヲといへるごとき、直を以て告てかくさゞる也。心にもあらぬ大言を爲て人を欺者は、與に堯舜の道に入べからずと書せる道理至極せり。しかるに貴老これを以て道に入べからざる所とし給ふは何ぞや　云、孟子の宣王も善を爲にたれりといへるは、牛を見て羊を不見、小を以大にかふるの仁心を以てなり。崇にをいて初て宣王にまみえ、退て去べき志ありたるは、貨を好み色を好むなどいへる耻の心うすき人なるが故也。懺悔《ザンゲ》をよしとするは戎狄の風なり。戎人は仁義を不知、たゞ輪廻のみを恐れて執着なからむことを欲す。故に前惡を懺悔して後、寂滅をねがはむとするものなり。戎狄の學にしては可なり。仁義の學にをいて不可也。仁義の性明なる者は耻の心あつし。耻の心ふかき者は心に悔悟て非を改め、善にうつるものなり。欲惡の凡心をにくみていはんと欲すれどもいはれず。かくすにはあらず、耻の心あればなり。懺悔せざれども改めうつるを以てよしとす。懺悔する者はいさぎよきに似たれ共、其當意ばかりにて終に惡を改めず。善にうつらざるものなり。ことわざに鈍刀《ドンタウ》骨をきらずといへるがごとし。佛者

くなしと、愚もまた黄老の學者也。清靜にして欲すくなからんとをねかふ。本より榮利をしたはす、皆聖人の一端也　老子云、學道日損すと、道は天理なり、學は習て明にするの義也。天理にしたかひ習て人倫を明にする時は、人欲日々に損亡す。よく道を學者は大事化して小事となり、小事は無事となる。多は日々に約に歸し、奢は日々に儉に歸す。これみな日損するの義也。損し盡すの至は我心大虚と成て一物なし。是故におもふ事もなくする事もなし。思と皆文理なるをおもふとなしといふ。なす事皆禮儀なるをする事なしといふ。たゝ人欲いまたつきさるか故に、思ひは文理を失て妄念となり、わざは禮義にたかふて驕吝となる

　問、儉約の一事いかむしてか陰陽を調和するに至へきや。陰陽調和せは風雨も民の願にしたかはむか　云、儉約の本は無

235

の懺悔して惡を改め、道に入者は、輪廻といふ見解ある故也。小人の刑罰
六二
を恐れて、惡をなさゞるがごとし。幼少の子も物耻して人前へ出かね、ものいひかね、赤面がちなる子は、成人にしたがひて才徳長ず。かならず一器量あり、人おめせずよくものいひ、人前へ出ることやすき子は、人見て利發なるとほむれども、成人にしたがひて才知なし。大かた平人なるものなり。これ耻の心の厚きと薄きとなり。おさなき時物はぢせざる子は、成人の後宣王のごとくなるものなり。庶人にしては可也。士君子となるべからず。宣王は天質朴實にして直を以て告てかくすことなきといふ者にはあらず。これは又一等の人也。其位にもあらぬ大言して、人をあざむくがあしき事はいふに及ばず。欲惡ありながら蓋藏してよき者ぶりし、驕吝なる者はいかで堯舜の道に入べきや。これ又いふに不足

一　學友問、何をか治國平天下の要とせん。云、國天下の爲に人を得を要とす。孟子すでにこれをいへり。人に分つに財を以するを惠と云。世人これを仁なりとし、徳也とす。受る者大に悅べり。人に敎るに善を以するを忠と云。世人これをそねみそしり、敎らるゝ者は悅びず、甚しきはいかれ

欲なり。上無欲なれは事すくなし。無事をたのしむ者は財をたつとひす、財をたつとひされはあつむるとなし。財をのつから天下に散して民もたからとせす。たからとせされは相爭となし。井ほりて水のみ、田返して食す。五穀のみ年々に多く生して水火のことし。人に不仁の者ある事なし。戶さゝされとも盜なし。それ如此なる時は刑政用る所なし。衣裳をたれて天下治れり。これ禮樂の質なり。こゝに初て學校の政孝弟忠信の敎をなすへし。儉約の義いたれりつくせり

171 朋友曰、なにかしは學者程ありて常の武士の樣にいかつにもなし。よみかきにのみかゝりゐて、しつかなる躰也。奇特なる人にて侍り　荅云、いかつになく靜かなるは一段とよき事也。しかれともよみかきにのみかゝりゐてときく所はいかゝあらん。

り。人に金銀財用をあたふるは小惠なり。しかれ共其人悅び世のほまれ大也。人に善道を敎るは忠なれば、惠よりも大なり。しかれども敎訓せらるゝ者たからの十が一も悅びず。又世俗のそしりを得事あり。いかにしてか國天下の爲に人を得むや。人みな國の治り天下の平かなることを欲せずといふことなしといへども、其治平の根を絕ことをしらず。其本をきはめたづぬるに不仁なり。民を見こと己が赤子を保がごとくなるの慈心なき故なり。人々我子水火の中にくるしまば、これをすくはざる間はいねても席を安むぜじ。食するとも味を甘んぜじ。多くの子ども己一人の力にして水火の難をすくふことあたはざる時は、これを助くる術を得たる人ありといはゞ、年來のあだかたきなりとも、必ず往て手をつがねひざをかゞめても我子のすくひを求めん。況や賢者はあだにあらず。みづからこれをにくみていみへだてたるのみ。堯は舜を得ざるを以て己が憂とし、舜は禹と皐陶とを得ざるを以て己が憂とし給へり。一人の君子を求るは万民の苦をすくはむとなり　問、今も役人なければ何國にても人をえらびたづねとはずといふことなし　云、其同位同類にをいてたづぬる故に有がたし。天地の理物み

公家か史儒か出家なとにしてはよからん、武士を立てゐるうへは、をのつから武士のつとめあり。孔子もよみかきにのみかゝりてはおはしまさゝりき。孔子を多藝なりとて人ほめけれは、弓馬のうちにてはいつれか我し得たるそ、馬にてあらんかと仰られたり。孔子は士大夫なりし故に、文武共にかねてあそはしたり。文道にはすきて武藝に無得手なるかきらひならは、其無得手もきらひも天性の生付なれは不苦也。公家には筋なくてはかなふましけれは、文學者か右筆か、又は武家にても武藝のいらさる奉公もあれは、其中を撰ふか、扨は農工商に成ともくたるへき事也。文武をかねすして不叶、平武士の位にゐなからかつてつとめさるは、其良心にも心よからぬ事也。しかれは其業にゐて其つとめなき者をよしとはいひかたし。たゝ天性の我分ほとの所へ身

な盛衰あり。富貴は久しくつたはらず。其時代に位高く祿重き人の、子孫はすでにおとろへむとす。故に好人生れがたし。積善の家はしらず、大かたは靈明の末おとろへて、又おこらむとする時は、微賤の中に勇知の人生る。故に古は賢を求ること野にをいてせり　問、たとひ其身微賤なりとも、德すでに君子ならば、民の父母たる心あるべし。何ぞ招給はず共、進て道をおこさゞるや　云、其位其任なければ、其心おこらず。大舜はじめ庶人たりし時は、たゞ庶人の業を事とし給ふのみにして、天下の治乱に心なし。國君は一國の民の父母也。天下に及ぶ心なし。大君は天下の民の父母なり。其大臣は大君の心を以てこゝろとして、天下の民を惠べき道を盡すのみ。夫大舜の知は貴賤廣狹をえらばず。居としてあたらずといふことなく、ゆくとして行はずと云ことなし。大賢以下の人には知に大小あり。才知ひろくして天下の任にあたるべき人を、一國に用ては却てつかへとゞこほりて功ならざる者あり。又天下に用てはかなへあしをれども、小國に用ては可なる人あり。人を知て有才を用ることは君子治國平天下の先務なり。後世は才の用べき所をつまびらかにせず。人のほむる者なれば役儀

をかたつけなは可なり。我友によき人からなる人あり。いつも此人をあけて士の手本とす。勇力ありて武藝に達し、武士にしてはまれなるよき武士なり。しかるに座敷に請してみれは、納言大臣としてもそなはれる所あり。心いさきよく風けたかく上らふなり。諸士の上にをらてかなはぬ人也。道を好み德をしたひておこたるとなし。無事にしてしつかなる人なり

172 心友問、敬を不失とすれとも、何の心もなく居ると多し　曰、何心もなきは人心の常なり。敬といひ戒愼恐懼といふは主意なり。常に心にこれを持するにあらす、敬は心の德なり。須臾も離へからす。只主意の向所異なるを以て君子といひ小人といふ。外に向て人の見聞する所のみを愼み、內心に恥さるを離ると云、則凡夫なり。君子は主意とする所內にあり。天地神明を師

を命ずるあり。士の頭とし上に置てはゆたかにして、君子の風ある人も役人とする時は其事調らず。其上生付たる氣質の德までむなしくなれり。故にあたらざる事に使時は、あたらよき人をそこなふもの也。生付きず多き人といへども、一器量ある者は、其得たる事に使時はよし。不德の人も使やうにて德出來る道理なり　問、富貴に素しては富貴を行ひ、貧賤に素しては貧賤を行ふ。是大力量の人はよく處すべきか。大賢以上の人ならでは叶がたかるべきか　云、これ才のよくする所にあらず。德を知人はみなよく處すべし。それ有德の君子は富貴も淫することあたはず。貧賤も移すことあたはず。威武も屈することあたはず。かくのごとくにして後其位に素して行ひ、其外をねがはざるべし。德を知人これを行べし。才覺ありといふとも及所にあらず

236 一 或學者問て云、今の佛者は貴人の師なり。しかも出家は下をへて民の困苦をしれり。何ぞ貴人に說て佛の濟度《サイド》利生の道に叶はざるや。歲の十一月には徒杠成《コウナル》。周の十一月今の九月なり。徒杠はかちよりゆく者のわたるはしなり。十二月に輿梁成。十二月は今の十月也。輿梁は車馬を通

友として人の見聞及はさる地一念獨知の所にをいて戒懼す。是を愼獨と云、己か心に恥てひとりしる所を愼みなは、いつれの時にか不善をなし不義をなさむや。義と共に隨て好悪の欲なき時は、天理常に存す。敬これより大なるはなし。只敬は一のみ外に向ひ内に向ふの別あり。君子小人のわかるゝ所也

173 心友問、夫仁者己欲立而立人、己欲達而達人とは何といふとそや　曰、仁者は己あるとなし。凡夫の立身と云は己一人の爲にして、人の害ある事を察せす。己か欲心を遂するのみなり。己あるとのみ知て人あることをしらす。この故に幸を得ても民望を失へり。君子は萬物一体道器一貫の身を立道を達す。故に時に逢て志を得る時は兼て天下をよくす。時に不逢して志を得さる時は獨その身をよくす。然れとも人を立、

ずべきはし也。農功すでに畢《ヲハリ》て、民力を用べし。時もまさに寒沍《カンゴ》ならむとす。橋梁《ケウリヤウ》あるときは民徒渉の憂なし。今民間の道路には、水に橋なく舟なき所多し。遊民みづから舟橋を作て錢を取て人をわたす。貧なる婦女童子はわたることを得ず。たまへ民の自力にて橋をわたすといへども、かちの者さへわたるにあやうし。佛法の制にも過たる今の堂塔の十分一を損ぜば困國中天下の舟橋時になるべし。佛法は慈悲を本とすといへども、古の賢君の政道の一事にも及ばざることは何ぞや。又旱《ヒデリ》に當て雨ごひをするも、民の自力を以て多のついえをなし、其はてはせめとられぬ。如此事を貴人に申す僧だになきことは何ぞや　云、雨ごひはふるべき道理ありて、いのる時はふり、其あてゝする道理なければふらず。民は其わきまへもなく、いのりだにすればふる事と心得て、多の財用を損じていのれどもふらざること多し。まことに餘義なき事也。古は旱に雨をいのり、長雨に晴をいのる事は大君國主郡主の困の任とし給ふ所なり。しかる故に其ふるべき道を盡していのる事を命じ給へり。さればむなしく民の財をついやさずしていのれば必ずふることあり　問、今時民のわけもなき雨ごひにも時としてふるこ

人を達するの道徳は渾然として備れり。それ國天下の困窮するとは、君子先困窮して達せされは也　問、能近取譬とは如何

曰、中庸曰、子曰、道不遠人。人之爲道而遠人。不可以爲道。詩曰、伐柯伐柯。其則不遠。執柯以伐柯。睨而視之猶以爲遠。故君子以人治人。改而止。忠恕違道不遠。施諸己而不願亦勿施於人。これ能近く譬をとるなり。斧の柄をきるに、則手に持たる柄を手本とするとなれは甚近し。然れとも人作にて二物なれは猶遠し。忠恕の道は是よりも近きとあり。人を以人を治るは二人のやうなれとも、心の天理は天下一貫なり。己か好む所の義理は人も好み、悪む所の不義は人もにくむか故なり。中心を忠とす。中は天下の大本なり。天理自然の眞を中と云、如心を恕とす。天理自然の眞心の如く受用して違はさるを云。故に天理一源の眞

とあるは何ぞや　　云、其しわざは雨ふるべき道理なけれども、其憂情眞實なり。又不知して雨ふるべき所にをいてする者あればなり。是等の神理いかで今の僧尼の知所ならんや。其うへ多くは渡世のための凡僧なれば、濟度利生の慈悲心もあるべき様なし。故に貴人に近付といへども民のついえいやましに成て、下をくるしむる其一となれり。まことに論ずるにたらず

一　朋友問、もろこし日本共に天下を奪ふ者は諸侯。大名なり。あらそふ者は高家の一門なり。君を殺しないがしろにする者は大臣也。たとひ暴君ありとも乱世にはまさるべし。其君なくなりて後はよかるべし。諸侯に大身なく、又はありとも、取立の人ばかりにし、一門に高家をかす大臣に位祿なき様にせば久しかるべきか　　云、孟子ノ曰。入チハ則チ無ク法ー家拂ー士。出チハ則無ニキ敵ー國外患一者國恒ニ亡。然ノ後知下ル生ニ於憂ー患一ニ而死中スルノヲ於安ー樂上マン。法家は位祿重く作法正しく、繼体《ケイタイ》の君道に志す時は師となり、無道なる時は諌む。きかざれども其法を變せざるの大臣なり。代々の守になり國と共に存亡する也。位祿かろくして叶べからず。拂士は君正しければ助て

を推て人に及す時は、中國本朝といへ共違となし。後來の習心私欲を以て交ときは、兄弟といへ共墻に鬩くの憂あり。此ゆへに能近く譬を取て、忠恕の道を受用する時は、仁の方是より切成はなし

174 心友問、攻乎異端斯害也已。孔聖の御時いまた道家佛家の學者なし。何をか異端と被仰しや。未來をしろしめしたると云者あり。聖人の未來を御覧せらるゝは如此の事にはあらす。しかれは佛家のつけあはする説のとし　答云、六藝も又異端也。藝にあそふ時はよし。專に一藝をおさめてよりよる時は害あり。一藝といへとも道のおもかけなきとはなし。道德をおさめて藝にあそふものは君子也。大道をしらで藝によつて道を見る者はこれを至極と思へり。聖賢傳受の心法をきゝても我道の外別儀なしとおもふ也。外にむかひ空をはしりて心裡

善をなさしめ、君正しからざればいさめただすの賢士なり。敵國外患は必しも戰國の時にあらず。我をこたりあらば、其よはみついえに乘て災をなすべきものなり。さ樣の者外にあれば、作法をつゝしみ政をよくする故に、其國長久なり。彼も其善政に感じて歸服するはまことの心服なり。其政よければ心服して外のまもりとなり、あしければ氣遣にしてつゝしみとなる者は、我とりたてならぬ代々の諸侯なればなり。天下の主のためにはこれほど重寶なる者はなし。凡情は如此ものをなくなさば、心安くてよかるべしと思へども、君子の心はしからず。故に先王外に諸侯を立置給へり。秦の始皇諸侯大臣なくば、万々歳吾子孫天下の主たるべきとて、天下に諸侯一人もなくせしかども、天下を一統せし年より二世胡亥三年、三世子嬰四十六日にして漢の高祖に降りし年まで、わづかに十六年にして秦亡たり。秦の始皇は多の大敵を亡し、周の世をとりたるほどの大武勇大力量の人なりしかども、外に氣遣なる者なき樣にせしばかりにて、ほどなく亡たり。高祖は領知とては一尺の地も持せず。獨夫の卒人なりしかども、大秦の万々歳と期したる天下を亡したり。高祖は賢人君子の德もなかりしかども、

に入となし。いつれの藝も上手に至ては道の一端に合同せさると云事なけれはなり。小人の藝者にしては可也。士君子の事にしては大に害あり。文學に達して經傳の上にをひて道をみる者も亦同し。夫大道は五典十義を明かにし、心を正し身を修め、五等の人倫の外に出さるもの也。佛者は五倫を離れ、道者は五等を出たり。いつれも道のおもかけをはいへり。是故にこれを異端といふ。孔孟以後の儒者といふものも又異端也。五等の外に出たるかとし

175 心友問、君子は天をもうらみす、人をもとかめすときく。しかるに又詩はうらみつへしといへるはいかゝ　答云、天をもうらみす、人をもとかめさるものは、富貴貧賤悦樂憂患、すへて人生の順逆みな命あり。己にあらすといふ事なし。是故に其位に素して行ふ、其外を願はす。みつからか

外に諸侯を多く立置、内に大臣を備へをきて、四百年の天下を子孫に傳たり。出て敵國外患なき者は國恒に亡び、憂患ある者は生、安樂なる者は死するの格言少しもたがはず。大身なるのみならず、小身といへども此道理にはたがはざるなり。足利家の天下をとりしも、南帝[六三]おはします間はよく愼みて家次第に盛大になり、内堅固なりしが、南朝[六四]を廢してより政道におこたり驕奢生じ、一家まで心はなれて、天下の權を失ひたり。もし其時の大樹老臣知あり學あらば、南帝をば馳走して成ともたて置奉りなば、北朝の公家は德を愼み給ひ、將軍家は政道を重むじて公家も古風を不失、足利家も彌根かたくなりて權を失ひ給はじ。しかるを南朝を亡しなば氣遣なる事なく、万歳ならんと思ひ給ひしは、無學不知の故也。南帝[六五]も御和睦にて歸洛し給はゞ、なきがごとくおしこめられ給ふべき事は眼前の事なるに、同心ましく〳〵しは苦々敷事なり。

238 一　心友問、告子曰、性無善、無不善と。又先儒曰、無善無惡心の体と。此二説は其かはりなきがごとし。孟子は性善なりといへり。心の本体は無聲無臭といへる時は、性善ともいひがたかるべきか。三説の異なる所、性

へりみ獨を愼むのみなり。詩はうらみつへしとは、和光同塵の心を以て、奥よりはしへ出たるかヿとし。人は人と友なふへし。禽獸木石と友たるへからす。うらみすとかめすとて、見所をたて心をはけしくする時は、世俗のそちこちまいらすといふもの也。衆人愛敬の德によつて詩をつくり哥をよむ。うらむへきヿをうらみ、風すへきヿを風す。こゝに俗語にいへは事がましく、和をさまたくるヿあり。詩哥にのふれはいふ者罪なく、きく者戒むるにたれるの德あり。高明獨立の地位あれとも、くたつて俗に同しくす。清淨明白の心思をやはらけて、世とともに進退す。とかむれともいからす、うらむれとももとらす。おさなき子を愛しては、わらはへの言をなすかヿし。これを奥よりはしへいてゝ、詩を作り哥をよむといふ。凡人のうらみにヿなり。無心溫和の

239

善の無聲無臭に叶處の道理いかむ　　云、告子が性無善、無不善といへる主意は非なり。生これを性といふの心と同じ。氣の靈覺を見て理の靈明を不知が故なり。無善無惡心之体といへるは、又告子が旨には異なり。心の体は虚靈不昧なるものなれば、たゞ惡なきのみならず。善といふ物も亦なし。しかれども性は心の本然なり。性の感通する跡を見れば、皆善にして惡なし。惡といふものは人欲の私よりおこりて、性の感通にしたがはざるよりなるものなり。性のまゝにして人欲の害するものなければ、其事みな善也。孟子の性善といへる所なり。孟子も性の本体に善といふ物ありといへるにはあらず。無聲無臭の心の本体の無思無爲寂然不動にして、感じて天下の故に通ずる跡を見ればみな善なり。其跡の皆善にして惡なき道理をみて、性善の理を知べし

一　心友問、孟子ノ曰、爲レ政ヲ不レ難。不レ得二罪ヲ於巨-室一。巨室ノ之所レ慕一國慕レ之ヲといへり。古今國天下共に王代も武家も君をないがしろにして權威をとり、或は國を奪などする者は大家なり。君たる人知なく勇なく、うちまかせはからはする時は、大臣の心に叶べし。しかれ共君は有てなきが

至はたゝうらむるも親となるへし。作でなすにあらす。心は神明不測也。所にしたかつて變化す。自然の妙也

176 朋友問て云、江西の學者感應篇をよみ、又誦經の威儀をつとめたりときく。世人これを笑者あり。まとなるか　答て云、まとなり。細工のしならひにはけつりそこなひおほく、馬の乘ならひには度々落るかことし。聖賢傳受の心法の師なくて、中江氏初てさま〳〵に心をねりて見られたりき。心學の受用にたより有ぬへきとは、まつ取て受用してたすけとせり。兩用の事全くよしとはおもはれさりしかと、志のきとくなる所あるは誦經の威儀也。凡習の過惡をこまかに記したるものは感應篇なり。こゝを以しはらく用たり。紙よりして一日の過をむすひ、善をなしたる事もありき。皆細工初にて事はよからさりしなり。しかれとも

ごとし。終には國天下を失ふに至べし。君に知勇ありて君の位を持給はゞ今の大家は皆損するに近し。しからば大家は道ある事をにくむべし。大臣何ぞ悅服すべきや　云、德を行はずして力と才覺とを用ひなばさあるべし。古今不德の君、大臣の威勢をふるふをにくみ、力を用て俄に其位をおとさむとす。小知の小臣これをすゝむる者あり。君小臣と心をあはせて變ずる所の政、大臣の無道なるにさのみかはらず。東に滅して西に生ずるのみ。しかのみならず、本よりの役人は恨みをいだき引入、新しき役人ときめきなどす。共に凡夫なればかはることとなき中に、人のうらみを取、損をますことなり。其上人情は筋目と位の備れるとを尊ぶものなれば、同じ道なきにては世臣大家のなす事をうらみず。無理とおもふ事にも、より子の筋目出入の子孫などはしたがふものなり。さなき人も威勢にをされて口舌なし。今出頭にはむかしよりのよしみもなく備りもなし。却てそねむ人々あれば、事はよくしても心服せざるものなり。ましてかはらざる事の少よきといふばかりにては、人心もとよりそむけり。もし君に大力量達才ありて下知し給はゞ、本より主君なり。大家は傍輩なれば、おなじ事のすこしあ

志はよかりしかは悔へからす。誦經の威儀感應篇のつとめほとの事をも、今異端にするものはなし。異端は此しそこなひほとの事あらは上々なるへし。たゝ人倫にをひて如此の事あるへからす。堯舜の御代になきとなり。志は殊勝なれとも異端の流にまかふ故に我は不用也。故に三經の初に威儀ありしをもこれをけつりたり。聖賢の神を祭祀する事義あり禮あり

177 心友問、敬鬼神而遠之とは何といふことそ　答云、鬼神の德を知ときは敬禮の心厚し。身の潔齊心の純一、よくとゝのほらされは、つかふまつるとかなはす。其上神は非禮をうけ給はす。義禮を待て祭祀すへし。又正直の心眞實の情ありて後禱るへし。故に心ありて遠さくるにはあらす。鬼神の鬼神たる所を知者は誠敬の至てをのつから遠かる也。遠さかると云て一向につか

しきにては君にしたがふこともあるべし。されど君一人して主にもなり、臣にも成て、下知はならざるものなれば、かならずたすけの出來出頭あるものなり。一國此出來出頭をにくむ心より、共に君をもそむくものなり。小臣だにかくのごとし。況や大臣はいきどほりをふくめり。國のあやうき事は、大家の威をとりたるも、主君みづから下知し給ふもかはる事はなきものなり。たとひ今の權威をとり過たる大身なりとも、俄に威をおとし耻辱をあたふることなく、君六六たる人みづからの德を明にし、行を愼て大臣の耻恐るゝ樣にし、君の威をうばへるは大なるあやまりなり。臣の道を盡してこそ名をもあぐべきことなれと、仁愛ふかく敎みちびき、是非利害を明かに得心させ、我方より欲を損じ德をます樣にし給はゞ、巨室必ず心服し向べし。本よりよからぬにだに士民ともに久しくしたがひ來たる大家なれば、君の德をあふぎ、同德にて助とならば、眞に沛然としてふせぐ事なかるべし

問、君の敎にもしたがはざる無道人ならばいかゞ　云、さほどの惡人は國人ともに常にうとみはてしものなれば、これをすてゝも可なり。其上君の道正しく、仁至てしたがはざるものならば、士民みなにくむ

へさるにはあらす。凡人は鬼神の名をのみ知て徳を不知。是故にめくら蛇におちすといへるとわさのとく、身の盛服、心の潔齊もとゝのへすして、みたりになれ近付もの也　問、其鬼にあらすして祭るは諂るなりとは何といふとそ　曰、義もなくてみたりに勸請の宮祉多は皆其鬼にあらさる也。眞實正直の心より神明の徳を尊ひしたひ奉るにてはなく、かしこへ神明のとはせられたるなとゝて、欲心僞巧の者ともの取立る所へ參て、福をいのるは皆へつらへる也　問、庶人は其親ならては不祭と承るに、伊勢參宮し、其外位高き神々へ參侍るとはいかゝ　云、天をは天子ならては祭給はす。しかれとももろこしにても平人の天にいのりて、其感ありしとあり。祭とは其人ならては成かたきと也。或は徳をしたふてまいり、或は親のため君のためなとに

べし。憂るに不足　問、君は祿を與ふるだに士民服しがたし。大家は祿もあたへざるに士民したがふは何ぞや　云、君は遠くして尊し。故に親しからず。何事もかくれて過し易し。大臣は尊けれども下に近し。少の事もしられ易し。故に恐れはゞかるものなり。しかのみならず、君臣ならざれば親しき交も有。賞罰ともに大臣の取なしにかゝる所あり。故に諸人信を取て服するものなり。この故に大臣賢なれば國天下の治る事すみやか也。古の聖主といへども、賢臣を得てあまねく行はるゝ所なり

一　心友問、冉求季氏が家臣と成て、民よりとる所ます〱多しといへり。孔門の高弟なれば、後世のごとく不仁にして、せめとる事はよもあらじと思はれ侍るに、孔子其罪をならしてこれを責よとの給へり。我等ごときの淺學不德の者だに、さはあるまじき事なるを、心得がたく侍り　云、よき不審なり。後世の樣に民をしへたげてとりたるにはあらず。其はじめにすくなく出したるよりも、民はゆる〱として物成は多とりたるなり。民も悅び地頭も滿足する事なり　問、しからば孔子何とて甚しくせめ給ふや。多とりては民の爲によきことあるまじきとおもはれ侍り　云、不審

て、誠の心より禱ると云事は、祭とはちかひたることなれは誰にてもくるしからす

問、神明の罰利生と申事はたしかなる道理おはしまずや　云、たしかなる事にて侍り。しかれとも正神の罰利生と邪神の罰利生とのかはりあり。神明の徳は不測也。故に約束のごとく、目にみゆることはなし。伊勢太神宮は靈神にておはします故に、人〱の心におほゆる利生おはしますことなれは、かくのごとく諸人參侍ることなれとも、これそあらたなる事とて、やくそくの様に目にみゆることはなし。又なきにもあらされとも、正神の奇特には跡なし。天道の感應もまたかくのごとし。孔子匡といふ所にて人たかへにて殺されむとし給ひし時、大風起て取まはしたる者ともを吹たをしたりしかは、驚て念を入て見奉れは、心かくる者にてはなし。其時匡の者ともおとろきて退きたり。これ尤なり。凡夫は才知かしこけれ共、欲ふかく實のくらき所あり。其上物の筋道をしらざる故に、財用のわき出る道をしらず。多くは誰ためにもならず、費てすたるもの也。古は農兵なりし故につよきといふ分にても十にして二とりたり。民の得分八の中三ほどは中にてつかえてすたるべし。仕置をよくせば、其三のすたりなく、一を上へまし二を民にますべし。故に主人滿足し民悅なり。上下の爲によけれども、孔子の責給ふ主意は、季氏道に志あり、仁政を行はむとする者ならば、費る物を上下にあたへて、仁政の助とすること尤なり。季氏は仁義を不知、たゞ利をのみこのめり。しかるにいよ〱富しめて其利心を助け、奢を長ずるは僻事なり。其上惡を後にのこす道理あり。冉求裁判《サイバン》の間はよかるべし。奉行かはりなば上へましたる所は其まゝにて、下のついえ又むかしにかへるべし。しからば民のいたみ初に倍すべし。これ惡をのこすなり。君子は人の惡をのこさゞるものなり。故に孔子深く歎き給也

241

一心友問、孔子東山に登て魯國を小なりとし給ひ、登㆓泰山㆒天下を小きなりとし給ふ。居ところ益高きときは、其下を見こと益小きなり。見とこ

天道の助也。又陳蔡兩國の間に圍れ給ひて、七日食をたちたまひぬ。此時は米もふらす。凡人の神の神たる理をしらぬ者は、此時にも米やふらんとおもふへし。ふらさる所かまことの天道、神明の理也。佛氏なとの神通力はか樣の時にも米をふらするとき事おほし。多は僞の方便説なり。もしありとても邪神の變也。正神の常にはあらす

178　學者あり問て云、我國の同志夜な〱會をなして靜座し義論す、益を取と不可過之　答て云、君子は無欲を以靜とす。行住座臥共に靜座なり、何ぞ別に靜といふものをなさんや。心思義理を專にする時はいふと皆義論なり。何ぞ別に義論といふものを作らんや。其上夜な〱の會合には、其亭主の家内の者ともの勞するのみならす、客の家内の者も亦主人の歸を待て寢す。夏は蚊虫にくらはれ、多は寒氣にいたむ。十

ろ既大なる時は、其小きなるもの觀に不足といへり。學術かくのごとくならば、高慢となるべきか　云、高慢は心せばく、見所小きが故なり。高慢の者は必胸中くらし。道の廣大にして理の無窮なるを知ときは、自たれりと思ふことなし。日新日々新也。予むかしより國家天下のふさがり通ぜざるを聞ては、氣の毒にも笑止にもおもひて、道行はれば上安く下ゆたかなるべきものをと願ひしを、近比其非をさとりしなり。五嶋對馬の小嶋に生れそだちて、少し知見ある者は、其嶋中のよくおさまらむことを願ふべし。其者を京江戸へ出しなば、日本國中の長久を思ひて、五嶋を忘べし。大明の臣とせば大國の治乱を心にかけて、日本を忘るべし。死して陰陽の神となりては、普天率土の造化を助て、東夷南蠻《バン》西戎北狄《テキ》の一方、百年の治乱のみを心とせじ。太虚に歸せば十二万九千六百歳を一歳として、天地の壽《コトフキ》をみじかしとせん。何ぞ日本の小國に生れて、わづかに五十年の命數の間に見所を悦び憂むや。しかれども理に大小なし。一体の仁感じて惻隱の情發するは不能已。然れどもしゐて思ふは非なり。畢竟吾人の位をこえて、政道の事を思ふは勢を不忘の凡情よりおこれり。孟子ノ云、古ノ

人よれは十家の者を苦身せしむ。凡男女百人の難儀也。陰陽晝夜の動息をあやまるのみならす、晝は常の飮食あり、夜は臨時の飮食あり、人の產をやふるに至へし。人の產をやふる時はくるしむ者數をしらす。つゐには民の迷惑となりぬ。下男下女等には臨時の食をもあたへされは、學者の下人と成ては無學者の者よりもくるしむへし。佛氏の徒五倫を離れ五等を出て、學にのみかゝり居者は、非道にもせよ各別の事なり。五倫に居て五等を行ものは、をの〳〵つとめあり。晝は動て夜は休すへし。天下の敎なきこと久し。晩におとろきて道を尋れは古には准へかたし。先學について惑をわきまへ、心術を求へし。しかるとも朝飯後日中晩炊の後、或は夜ならは春夏冬は初昏まて、秋は四時までもくるしかるましきか。每日每夜といふ事はあるへからす。きける

之賢王ハ好テレ善ヲ而忘ルレ勢ヲ。古之賢士何ゾ獨不レ然。樂テ二其道一ヲ而忘ル二人之勢一ヲ。六七
故王公不ルハ二致シレ敬ヲ盡サ一レ禮ヲ。則不レ得二亟《シバ〳〵》見ルヽ一レ之ニ。見ルスラ且猶不レ得レ亟ヲ。而況ヤ得而臣トセンレ之ヲ乎。いにしへの聖王賢君は德を尊び道ヲ樂び給ふ。故にみづからの富貴をば物ともし給はず。君子の富貴はひろく衆をすくひ、敎をほどこすに重寶なるばかり也。故に善人を好ししたひ給ふに當ては、位をも忘れて禮を重くし給へり。後世德を尊の道すたれたり。時には奇特なる事の樣に思へども、根本天下ノ達尊三の中にても德は天爵なり。位は人爵なり。古は天爵を得たる人に人爵をもあたへたれば、德は位の本にして二にあらず。老を尊び養ふことも、天爵人爵かねたる賢君ありて後行はるゝことなり。しかれば三達尊も德なければ殘り二もむなし。賢王下にある賢者を見給ひては、位威勢共に忘れて、禮を重くし給ふこと必然の理なり。君王の御子などの民間におちぶれて、しられざるを見付奉りたると同じ。天爵のある人賤しき中に居給ふをおどろき給へばなり。賢德ある士の民間に居て、人の勢を忘るゝとは、天を樂び命を知ゆへなり。畎畝の中に居て堯舜の道を樂び、其位に素して行ひ、其外を不願なり。一治一乱は氣化の

所をはこれを習ひ、これを行へし。我近比會のしけくして、益なき事をおほゆる故に、文才ある人には書をよましむ。文才なき人には書簡、義論の集をあたへ惑をわきまへ、心法に本つくの便とす。其上に折々の會は益あるへし

179 學者の云、先日我友格致の心法をきく、其親切なりと、是故に來りたり　　答云、先日は愚か心法の受用格致に發したるならん。今日は吾心空々たり、いはむ所を不知

問人のたゝくに應し、我心の時により感する所異なるとあり。或は至善の語によつて發ずる時もあり。愼獨の義に發する時もあり。皆自然也。今作爲していはゝ、親切の請有へからす。記憶の學にあらされは定ていはむ所をおほえす

180 學者問て云、靜坐しても事をなしても、問思雜慮多て、溫和慈愛恭敬惺惺の本心存

盛衰あり。人事の得失あり。反覆相尋は理の常なり。富貴貧賤の上は下へうつりかはるは、寒暑の往來するがごとし。賢士これを見て何の心もなし。故に王公も敬をいたし、禮を盡さゞれば切々相見て其言を聞こと不能。上より求給ふだにも召こと不能。いはんや我より上に求むべけんや。何ぞ國天下の得失を心とせんや。吾人共に少し問學ある者の、天下國家を憂るは惻隱の心をゑぼうしに着て、凡情の主たるなり。しかのみならず、みづからの性命の分を不知。天命の勢を不知。わづかに古昔の事を聞ては今を非とし、これを以て變ぜんことを思へり。甚非なり。其愚を不知者はあやうし

一　心友問、天下國家の存亡長短治乱のかゝる所の重きものありや　　云、品々あり。一をあげていひがたし。しかれども天下國家の興起し治平して長久なる大本一あり。此本存ずるときは吉なり。此本亡ずる時は凶也。君及び執權の大臣、善を好み賢を親む時は、君子位にあり、小人野にあり。君子進み小人退かば、國家天下亡びんとを願ふとも得べからず。三皇五帝三王の代の興起し治平せし、其同じき所の大本なり。禮樂法度は時によりてかはりありといへども、君子進み小人退の治根にをいてはかはりなし。

しかたし。此妄念去とも跡より來て退治成かたし　答云、溫和慈愛恭敬惺々も亦氣象なり。發して節にあたる時は和といふへし。此八字の名付へき所もなき大本を中と云。おもふこともなく爲こともなく、寂然不動にして感して通するものなり。先學の此八字を下すことは、初學の受用すへき下手を不知者のためにしはらくいへるなり。其氣象をとめて本心とせは、かげをとめて形とする也。また伏犧氏より孔孟に至ても、靜座をいへることをきかす。君子は有事無事共に靜ならさる時なし、心無欲なるか故に常に靜なり。靜坐すべきの心なくして、時あつて坐することあり、心あり。靜坐するは自然の無爲にあらす。先學の浮氣躁念の者のために、しはらく靜坐をいへることもありしなり。主意をしらてなへて用るならは、病なき者に藥をあたへて病を發するかごとき事

これにそむくものは、治平なる國天下も亡びにおもむく事すみやかなり。德を不知人は君王大臣といへども、みづから其知を足りとして善言をこのまず。隨分我才知勇力を以て國天下をよくせんとおもひて、賢知の者を近づけず。實義の士有道の君子を遠ざくる時は、媚へつらふ者すゝみいたりてほめあぐる故に、いよ〳〵予知ありと思ふ意思長じぬ。其間に國家天下の根本くづれて、人情そむきぬる事を不知。すでに乱逆に及てはおどろくといへどもかへるべからず。孟子ノ曰。魯欲レ使ニメント樂正子ヲシテ爲一レ政ヲ。吾聞テ之ヲ喜テ而不レ寐。公孫丑ガ曰。樂正子强ナリ乎ヤ。曰。否。有ニ知慮一乎。曰。否。多ニ聞キ識一乎。曰。否。然則奚爲ソ喜テ而不レ寐。曰。其爲レ人ト也好レム善ヲ。好レマバ善ヲ足ンヤ乎。曰。好ハ善優ナリニ於天下一ニ。而ルヲ況ヤ魯國ヲヤ乎。夫レ苟モ好スハ善ヲ。則四海ノ之內皆將下ニ輕ンゾ千里ヲ而來テ告ルニレ之ヲ以上レ善ヲ。夫苟不レ好レ善。則人將《ハタ》曰。訑々トノ予既已ニ知ルレ之ヲ矣。訑々ノ之聲音顏色ハ。距ムニ人ヲ於千里之外一ニ。士止ルスハニ於千里之外一ニ。則チ讒諂《ザンテン》面諛《ユ》ノ之人至ル矣。與ニ讒諂面諛之人一居ルスハ國欲レ治ント可レン得乎ヤ。魯國に孟子の弟子樂正子をあげて政をなさしめんといふをきゝて、孟子大に悅て夜もいねられぬとなり。かならず

あらん。間思雜慮を去とは主意にありて工夫にあらす。今の學者の主をたて丶去らむとするは、其主とおもふも眞の主にあらす。氣によつて作せるなり。闇夜に狐狸をかり退けんとて、松明をとほすかとし。闇ひろけれははかりかたし。狐狸はくらきを味方とすれは追跡より來れり。間思雜慮もまたかくのとし。た丶眞の主意立ず心裡に小人の根あるか故に、飯上の蠅をおふに似たり。小人の根は間思雜慮をわかし出すの泉源なり。天理人欲ならひた丶す、忠信を主とし、天理存するの主意た丶は、小人の根去て天根かたからん。しからは間思雜慮何そ憂るにたらんや。たとへしはらく來るとも、わらはへの時のあそひをゆめみるかとし。心にと丶まらさるのかけなれは、工夫を用すしてとげす。退治せんとおもはすとも、心源をすましをるへし。たとへは太陽東に出

よき士餘多出來て民安かるべしとおもひ給へばなり。公孫丑これを不審して云、樂正子は强力にしてよく事をつとむるに退屈せざる人か。知盧〔○慮〕分別ありて事の裁判をよくすべき人か。古今人情時變の來歷くはしくき丶しる所の多き人か。政をする才は是等の備なくては叶べからず。尤大方は此才なくても政にあづかれ共、それ故よからず。樂正子は左樣の才ある者にてはなきをと、不審に思ひて問なり。孟子の答に此才なしといへり。公孫丑しからば政をなさしむるともよくは成まじきを、何ぞ悅て不寐や、とをし返して問へるなり。孟子云、樂正子は善を好者也。公孫丑善を好むばかりにて、大に國の治まらむ事はかたかるべしとおもへり。世間のよき事ずきといふものあり。世に善柔の人なり。さ樣の類と思へり。天眞異通のわきまへなく、よき事とだにいへばこのみしたがふ者あり。如此の人は政には却て害になるものなり。事はよくても時所位に叶はざれば、人情にもとりて、よき事と云も出ざるにはをとるものなり。樂正子の善を好むと云は左樣の事にはあらず。凡情の我慢なき故に我是を立ず。人の善なるを悅び好してそねまず。德性を尊て問學によるの功にて眞知明かなれば、正邪をの

給へは、狐狸かくれ失て跡なきかとし。明德は心の太陽なり。〔六九〕明德明かなる時は百戒千眞用へき所なし。たゝ天然無心の敬のみ存して暫くもはなるへからす

181 學者問て云、父なる者學術を大に嫌ひ侍り。一人の友の云、父の心にさかふはひかとなり。學問も孝弟を行はむがためなれは、父にそむきて學問すべき樣なし。心に義不義の道理たに明かならは、外問學によるとよらさるとは時の宜にしたかふへし。學友の會に出るとなかれと。又一人の友は云、親父の學術をきらふは愚痴なり。性命の父母につかふるを大孝ときく。たとへ父命にさかふとも無是非事也。其方の道を學て好人と成たるより大なる孝はあるへからす。たとへ父は勘當するとも此方に非義なきうへは、くるしからさる事也。人と生て此時節をむなしく過さむ事はあさましき事

づからよくわかれり。事の時所位に叶と不叶と、善の天眞に應ずるか、跡になづむかの分別は、鏡に美惡をうつすごとくわきまへしる也。えらぶ事は我心にあれども、仁厚溫和にして善を好み、人のいさめを悅ぶ故に、人路次の遠きをも苦勞とせず、來て善を告しらす。下々の情は上に立人のあまねくしらざることなれば、思ひよらぬ人情などを知て、政令みな其可にあたる故に、天下の人民政道にうむことなく、善をするにいさむなり。天下の人善をするに進時は、惡はをのづから亡びぬ。天理人欲並立ざる故なり。善を好の德は一國に用てもよし。大に天下に用るときはいよ〳〵よし。善を不好人の氣象は訑々として聲音顏色たかく、賢人知者をば千里の外にふせぎ、諫を拒む意思あり。善人こばまれて退きかくるゝ時は、小人時を得ていよ〳〵賢知を惡口し、うとましめ、媚諂ふ人のみ前後左右にみてり。もしいさめがましき事をいひて心をつくるも、上の心に叶べき所をはかりていへり。たゞ目の前の間をわたすばかりにて、終の治平の用には不立。上たる人に剛惡あれば位づめに亡るなり　問、しからば善を好にも道ありや　云、あり。孟子ノ曰。古ノ之賢王。好レテ善而忘レル勢ヲ。古ノ之賢士。何ゾ

也と。此両義にまとひ侍り。十か六は後の義を耳よりにおもひ侍れとも、何とやらんねさめにはこゝろよからぬ折々も侍り

答云、我は始の義にしたかひ侍らん。大舜の性命の父母につかへ給ひて、父母の心にかなひたまはぬといふとは、父母大悪人にして悪をすれはなり。今貴殿の御親父には悪人の名なし。其人から平人也。貴殿の實を見るに、學問のかさりをとりのけてみれは、實の人から平人也。其上に御親父は人情時變の知識あり。貴殿には此知識なし。貴殿は學術を以御親父にまさりたるとおもひ給ふへけれと、學術にをいても害あるとはみれとも益ある事を見す。尤小人の不作法悪事をなすにくらへては益ありともいふへきか。君子の學は心と行と二あらす。正しけれは行正し、和すれは行もやはらけり。貴殿の術は心と行と二になるかとし。學友

243

獨不ㇾ然ラ。樂テ二其道ヲ一而忘ルヽ二人ノ之勢ヲ一。故ニ王公モ不ルハ下致ㇾ敬盡サ上ㇾ禮ヲ。則不ㇾ得二亟見ㇾ之ニ一。見且猶不ㇾ得ㇾ亟スルヿヲ。而況ヤ得テ而臣トセンㇾ之ヲ乎。古の聖王賢君は聖知の人あるを聞給ひては、みづからの位も勢も忘たるがごとくへりくだりて、禮をあつくしまねき給へり。執政大臣たる人も猶しかり。これ善を好むの道なり。みづから徳を尊び道を重する故なり。善の〔〇をノ誤カ十二行本を二作ル〕好の至極なり。王公位をさしはさみ、大臣權勢にほこりて、賢知にくだらざる時は、善人義士皆野にかくれてしられず。讒諂面諛の人は利を好むばかりなれば、無禮をいとはず。いよ〳〵君臣の悪をますもの也。賢士は道徳を樂て人の勢を忘れたる者なれば、王公といへども敬をあつくし、禮を重くし給はざれば、其知力を盡さしむる事不能。賢士不悦して知力を盡さゞる時はありとてもなきがごとし。後世善を好の君臣ありといへども、勢を忘れ賢士を敬するにはいたらず。故に善も益なし

七〇

一　學友問、君子の父母を祭祀する心いかむ

云、君子は幽明人鬼くらからず。故に死生一貫にしてへだてなし。たゞ明々たる心ばかりなり。この故に孝子の心に親を死せりとせず。祭時には何の心もなし。至誠を盡す

の交には私あれとも、世間の交には和なし。古の親しきもうとくなれり。親類知音皆離れて、同志とのみ昼夜の會をなせり。わきより見て徒黨といふ共、いひわけしかたからん。其年中の所作をみれは、武士の家に生れなから武藝をもつとめす。弓馬合戰の道の心かけもなし。先以君に不忠也。一門したします、朋友信あらす。父の嫌へる所尤至極なり。貴殿には道理なく、御親父には道理ありて、勘當ならは親にも不孝也。何を以か人倫とし、何を以か聖學とせん。後の異見は佛氏の棄恩入無爲、眞實報恩者に似たり。名は聖學にして實は一寺の禪學の會をなせり。禪は人倫を離て別にたてたる法也。人道をひくしとし聖人を非としたるものなれは各別の事也。人道に居て聖學をする者の實を禪定に合するとは似て非なるもの也。聖學の罪人ならすや。一向に五

のみ

244 一　心友問、和書の前言多くけづりすて給へり。五三年過なば又けづり度思ひ給ふ章有べきか　　云、殘る章今も半は心にみたず。しかれども人により迷ひをとくべきことあればけづらず。後世のそしりは眼前に見ゆれども、今の人の迷ひをとくべき事は今日の天職なり。時文明の運當て人心の闇昧をひらくは、少し天恩に報ずるなり。是を以てよのそしりをかへりみず

倫を離れ、五等を出て出家と成たる者ならは、貴殿なとの行ひも可ならんか。五倫に居て五典十義を學ひ、武士にして五等を行はむとならは、すみやかに虚をすてゝ實をとり、父命にしたかつて會合義論をやめ、武藝をつとめて家業にうとからぬ様にし給へ。學文の名を去て作法正しくは、親類知音も皆貴殿に化し給はん。御親父も初て學術の益を見知給へし。宿にて一人書を見給ふはかりは、誰かとかむる人あらん。親類知音の交も皆問學會合の座となるへし。其後餘力のいとまを以文を學ひ、文を以友を會し給はゝ、御親父もさまたけ給はし。學友も多は武士なれは、共に武藝を學ひ、武藝の間に義論講明し給へ。武士の所作をすて、五倫の親を離れて、禪僧に髪のある様なる會をなし、年月を空しくし給はゝ可ならんや。他人はあさけり笑へし。御親父の淺か

集義和書卷第十三

義論之六

一 心友問、仁の理は孔子といへども一言にして說盡し給ふとあたはざるにや。門人の問に答給ふ所皆かはれり　云、仁は全德の名也。門人の問に答給ふは其心の位によりて德に入べき端をのたまへり。子ノ曰。如シ有ラバ王者必ズ世ニシテ而後ニ仁ナランと。是恩澤のあまねく天下に行はるゝを以て仁政とするの義也。吾心太虛天地の間にをいて不通ところあるは、未仁と云べからず　問、しからば天地万物の理、事々物々にしてこれをきはむべきか　云、さにはあらず。事々物々の理を知といふとも、吾心事々物々の上にをいて好惡する所ある時は仁にあらず。たゞ天下にをいて好惡するところなく、義と共にしたがつて無心なる時、初て仁なるべし。醫書に手足のしびれなへたるを不仁といふ、よく形容すといへり。氣不通して人のはたらきならざるところあれば也。富貴貧賤死生壽夭夷狄患難、入として

らぬ慈愛なれはこそ、勘當し給ふなるへし

182 心友問云、いとまなくして心術の受用すゝみかたし。祿を辭し官を去て、しつかに成て志をはけまさは、上達の功もしるしあるへきとおもひ侍り　答云、聖賢の學いとまありて後修るとをきかす。たとへ初いとまある身にて學たりとも、出て仕て學所を試行はむとこそ思ふへきに、官祿を去り退て受用すへきとは何事そや。遊民をねかふか。今の學者の風をきけは、會合をしけくして義論を好み、氣合の人々打寄て晝夜となくあそふを以學問の事とす。君なくて如此ならは、彌安樂ならんとおもへり。此人々ねかひをとげて一二變せは、心身ともに異端と成者あらん。或は壯年或は無病の者は事業なくして居かたし。或は老人或は病者なれは、妻子のあたりならては居かたし。近比江州に土民あり、富にして田地

自得せずといふとなし。天地の陰陽人生の順逆みな吾に備れり、何の好惡する所あらんや。わづかに好てねがひ、惡でさくる心あるは一貫ならず、義と流行せず。これ不仁なり

246 一 心友問、禮之用和爲貴と。此用は体用の用共いひ、用るところの用ともいへり。惣じて此章受用に心得がたし　云、禮の用は禮の行はるゝ所也。禮いたづがはしき時は必ず乱るといへり。和を知ざればなり。夫禮は恭儉を尊ぶ。易簡《イカン》にして時所位に應ずる時は、和ありて行ひ易《ヤス》し。天は易《イ》を以て知《チ》なり。地は簡《カン》を以て能《ノウ》なり。天地上下の位定は禮なり。易簡の善は和なり。易なる時は知やすく簡なる時はしたがひやすし。知やすき時は親み有。したがひやすき時は功あり。これ日月のかはる〳〵明かに、四時運行してやまず。天道の悠久にして無窮なる所也。禮樂の本なり。人事和に專なれば流やすし。故に禮を以て節すべし。禮節なければ和も又とげがたし。禮節過る時は煩して又乱る。故に禮樂たがひに其根をなす。陰陽動靜の理なり。先王の道天下の事大小となくこれによらずといふとなし。夫禮は上を安し下を治るの備なり。しかれども古今人情時變の異成事あり。

多し。しかるに氏筋なきとを憂て、名ある地士に名字をもらひ、村中を振舞て其由を披露せり。今までは朝夕に鋤鍬を取て田畠に出、やとにては細俵までも手がけ、色々いとまなかりしに、士に成てはかゝる賤しきわさをはせぬとなりとおもひ、座にあかり半日はかりつく〳〵としてをり。大あくひをしていひけるは、扨々成ましきものを士に成たり。朦々たん〳〵として士はあしき者なりといへり。我は今の學者の便利を好み、志をとけて後、此田夫の悔あらんとをなけく。年わかき人の用もなき奉公せんよりは、退て氣力ある間に文學をもしぬき、文武の道藝にも達せんなとおもへるは、又さもあるへき事也。古の八歳より卅歳まで、道藝にのみかゝり居たる風にもかよふへきか。佛者といへとも學問修行のなすへきわさあれは、一日も身らくにやすきとはなし。

易ニ云。黄帝堯舜垂《タレテ》二衣裳一ヲ而天-下治ル。通二其ノ變一ニ使《シム》二民ヲシテ不一ラレ倦《ウマ》。衣裳をたれて天下治るは無事の至極なり。其變に通じて人の退屈せず。禮法にくるしまず。いとふとなき様にし給ふは、よく時と人情とをつまびらかにし給へばなり。則是和を貴しとするの義なり

一　心友問、顔子仁をとへば、孔子非禮視聽言動せざれとの給ふ。少し道德の學に志すものだに、好で非禮の物を見聞言行することはし侍らず。顔子の大賢にして此受用を事とするは何ぞや　　云、其位々の非禮あり。常人分上學者分上の非禮あり。進て美人大人分上の非禮あり。聖人に至て初て非禮なし。顔子聖人に不及こと一等なり。故に聖人に至るべき所をの給へり。禮といふは天理流行してしばらくもやまざるところなり。易ニ云、天-行健ナリ。君-子以テ自《ミ》強テ不レ息といへり。天-行健なるは禮の体なり。君子用てみづからつとめてやまざるは非禮なき也。心上はいふに及ばず。視聽言動のかろきことにも須臾もはなるゝ所あるは顔子分上乃非禮也。三月仁にたがはずといへるも、四時みな三月にしてうつれり。故に三月といふは年中の事也。年中たがはざればたがふとなし。しかれどもいまだ心ありて

況や人道にをひてをや

183 朋友問、むかしはかはりたる人ありしときく。今はなき事は何ぞや　云、人も萬物も常なるものゝすくれたるはよし、かはりたるはあしゝ。今は人々何にてもかはりたるとのみ好み侍る。故に人にも萬物にもかはりたるものおほし。かはりものは天下國家の害になるはかりなり。人心は靈なるものなる故に、人心に好むとは今まてなき物も生するなり。むかしは椿もひとへの紅白二色ならてはなかりしに、人の好みもてあつかひてより、百花も出來たり。近年又五月つゝじを好は、色々の花出來ぬ。人道に德を好みなば、善人賢者餘多出來なん。貴殿のかはりものとのたまふは、古のすくれたる人の事なるへし

184 朋友問、人のにくむ者は命長く、人のおしむ者は命みしかきとは何ぞや

つとむる故に、三月の字あり。無心にいたらざれば至誠の無息にあらず。顏子は聖人に近し。一時化するときは則聖なり。これ此語を事とする所也

問、聖人にも戒愼ありや　云、あり　問、しからば無心といふべからず　云、戒愼則自然に出て時として戒愼せずといふとなし。則無心也。いまだ心あれば時として須臾の息なきとあたはず。無心に至て初て息なし。自強《ミツトムル》は克《カツ》レ己也。不ルハレ息《ヤマ》は復《フク》禮也。用て自ラ強テ不レル息マときは天ー行健に合す。吾心氣造化と一也。故に天下吾仁内にあり。春夏秋冬日月星辰寒暑風雷雨露霜雪土地山澤河海とと〲く吾身に備はらざるものなし。これ天下仁に歸するなり

248

一　心友問、軍陣には必ず備あり。かねて備なき時は敵に逢てやぶるゝことすみやか也。治國の備は何にて侍るや　云、治國の備は政也。政をば孔子既にのたまへり。足《タシ》レ食ヲ足《タシ》レ兵ヲ信アル之の三なり。食不足ときは士は貪《ムサホ》り民は盜す。爭詔《ソウセウ》やまず。刑罰たえず。上奢《ヲゴリ》下諛《ヘツライ》て風俗いやし。盜をするも彼が罪にあらず。これを罰するはたとへば雪中に庭をはらひ、粟をまきてあつまる鳥をあみするがごとし。敎へずして殺すだに不仁也。況や民

曰、よき人にはあかさる故に、長命成ものあれともしらす。たま〳〵短命なる人あれはおしく思へり。あしき者にはあく故に、短命なるものあれともしらす、たま〳〵長命なれはうとみて心にかゝる也。又好人は神氣靈なり。靈なる人は病者にも成やすく、命もみしかき理もあり。靈草名木の植かたきかヿし。悪人は神氣不靈也。不靈なるものは無病にもあり。命も長き理もあり。名もなき雜木野草はすてゝも生長しやすし。質しぶときか故也。悪をなせともいまた悪人の地位に入はまらすしてなせは、名も立やすく、身も亡やすし。悪人の地位に入きりてみつからも恥さる者は、大方の悪行ありても人しらす。公儀の大法をだにをかさゝれは、乱行のみにても一生をくるもの也。如此者には神罰もをそし。利根なる人には神罰もはやし。内虚なるものはひゝきはや

を死地にかりおとし入るをや。上に立者用たらざれば下をむさぼる。下困窮すれば上をうらむ。これ逆乱の端なり。戦陣をまたずして國やぶるべし。兵を足にいとまあらず。況や信の道をや　　問、食を足の道いかん

云、上恭儉にして威嚴ある時は大夫士むさぼらざるをたからとす。民は己が力によつて五穀を生ず。工商は粟にかへて食す。年貢をとるヿ甚すくなければ、民遊樂を好て耕作の事にをこたるものなり。甚多ければ飢寒を憂て力たらず。をこたらずうへざる時は五穀の生ずるヿ限なし。食たり士民ゆたかにして武備なき時は又乱る。故に武藝のすぐれたる上手を招きあつめて、常に弓馬をならはし、士の筋骨をつよくし、間よき馬の生ずる様にし、弓うち・矢師・矢の根かぢ・鑓刀のかぢ・とぎ屋・具足屋・鑓屋・しろがね屋・さやし・塗師屋・鞍鐙轡切付屋・はりた屋のたぐひ、すべて武具の細工人を多置て、軍用に事かけざる様にするを、兵を足といふ也。士民共に無病にして氣血すぐやかなる政教をなすヿ第一也。信之は天道は誠也。其誠を本心として生れ出たる人なれば、其元本の誠を思ひて失はず。邪なく僞なく、厚き風俗をなす教なり。此信の中に仁義禮知の性理はふくみて

くして鳴とすみやかなり。内みてる物はたゝひてもひゝかさるかとし。吉凶の應も又如此

185 心友問、隨分の悟道修行の僧といへとも、佛法をそしれは忿戾の氣あらはれ、かたの如くの心學者といへとも、儒をそしれは不平の色見え侍り。をかせともはからさるの心位は高きとにて侍り　云、何道何學といひて又其者にかたぎあり。かたぎのあるは大道にあらす。佛學のとはしらす、聖學は人道也。一人の私すへきにあらす。そしる人はみつから己をそしる也。何そ道に私して不平の氣あらむや。己が非をそしらは省察すへし。道をそしらは默すへし。默すへくして默せさるは其心の正にあらす。君子は己に益なく、人に益なきの言は發せす

186 心友問、書をよまさる者も志あらは善あり。人といへば耳目口鼻の備れるがごとし。民といふはすべて位なき者の惣名也。つかへざるの士工商尤其中にあり。庶人だにあるにまして庶人を敎へ治る人はいふに及ばず。天下國家の政道のとなれば、禮法の事をの給ふべきとなるに、信とのみのたまひて、禮儀法度に及ざると尤妙也。德のおとろふるにしたがひて禮法しげきもの也。をさへてもおこり易し。たゞ立がたきものは誠也。誠不立ときは聖人の禮儀法度全く備るとも何の益かあらん。五典十義は誠の條理也。風厚く事すくなき時は五倫よく相親む。如此してのちくはふるに禮樂を以てすべし。繪の事は素《ソ》にをくれたり、禮は後かのこゝろ也。天下國家飲食衣服備り足て、武具おほく武藝達者にて誠の道明かにしてまどひなく、君臣相和し、父子相親み、夫婦別あり。兄弟序あり。朋友相ゆづりて爭訟[七一]なくば、乱を願ふとも得べからず　問、信は本也。第一にの給はずして第三にの給ふは何ぞや　云、これ政の次第也。人生れて飲食にあらざれば長ずるとあたはず。故に寂初にの給へり。兵具にあらざれば禽獸人に交り强弱相凌て靜ならず。知を上にし愚を下にするの備なり。故に次にの給ふ赤子母の胎内を出て一聲なきはじむる所に

人までは至へしと被仰侍り。年より侍れは今より文學せん樣もなし。殘念なることにて侍り　曰、年とみなる人の善信美大聖神に志ざゝす、これにてもよしといはんは、至誠無息の天眞にあらす。年老たる人の殘多と云も亦あやまり也。人の人たる道を知て、神人死生うたかひなきは大なる幸ならすや。これをあしたに道を聞て、夕に死すとも可なりと云、すでに本ひきし給はゝ、これより後一日も進み給はむはひろひもの也。貴殿もすでに善人の數也。信美の位に至らすとも、不息の性存せは何の恨むることかあらむ

187　心友問、異端には空と云無と云、聖學はたゝ實のみか　答、空則實也。形色ある物は常なし、常なき物は眞の實にあらす。形色なきものは常也。常なるものを實といふ。異學はいまた無をきはめ得す。聖學は

則天眞存す。父母の赤子を養育するもあたらずといへども遠からざるの誠によれり。信アリ之は、此天性を人欲のためにそこなはざるのみ。故に終にの給ふ。故に此三の大事をのぞくに至ては、不得已してやむる時は、兵を去べし。信ありて衆和する時は杖を以ても堅甲利兵に勝べき理あり。又不得已して二の大事を去べき時は、食を絶てうへて死すべし。天下の人一時に死して天地やぶるゝとも可也。信なく禽獸と成て生クべき義なし。故に順にして義に害なき時の政は食を足を先とす。恒の產なくして恒の心あるものはすくなし。是も又誠を立るの備なり。又逆にして義に害ある時は誠のみのこり、持ッ人の命ある、をのづから此次第なり。食によりて成長し、兵を持して生を全くし、天下を警固す。信の道を立て人の義を行ふ。其老衰に及ては力つきて兵さり、食咽にくだらずして死す、不亡ものは誠のみあり。子貢にあらずば此問をまうくること有べからず。孔子にあらずば此答あらじ。天下の政道治乱得失たゞ此三の大事の存亡によれり。一もかけては國其國にあらず、天下其天下にあらず。易簡にして明白也　問、後世豐年ありて食足ときは士困窮し、凶年にして食不足ときは民餓、上下かは

無を盡したるもの也。上天のことは聲もなく臭もなし。至れり。是故に好人は心しつかにして色みえす。福來ても甚よろこひす、禍來ても甚憂す。呼吸の息いたゝきより踵に至れり。綿〱となかくつゞけるのみ也。泥塑人ともいふへし。槁木死灰と云とも害あらし。異學の有といふも、眞の有にあらす。無と云も眞の無にあらさるものあり。義理のみにして欲なき者は生れぬ先も同し。欲のみ知て義理をしらぬ者は禽獸也。欲と云は此形の心の生樂也。欲の義にしたかつてうこくを道と云。琵琶箏を以たとへむ。其形は有なり。其虚中は無也。糸をかけて用をなすは道也。天地萬物有無不離して道存せり。故に有形は皆無に歸す。無中の神を性命と云、性命にしたかふを道と云。有無は自然の形体也。君子はたゝに無といはす。無形無色無聲無臭とはいふへし

る〲苦て、位づめに乱世と成ものあるは何ぞや　云、此そのより來る所餘多ありといへども、其大本三あり。一には大都小都共に河海の通路よき地に都するときは、驕奢日々に長じてふせぎがたし。商人富て士貧しくなるものなり。二には粟を以て諸物にかふる事次第にうすくなり、金銀錢を用ること専なる時は諸色次第に高直に成て、天下の金銀商人の手にわたり、大身小身共に用不足するものなり。三には當然の式なき時は事しげく物多くなるもの也。士は祿米を金銀錢にかへて諸物をかふ。米粟下直にして諸物高直なる時は用足ず。其上に事しげく物多ときはます〱貧乏困窮す。士困すれば民にとると倍す。故に豐年には不足し、凶年には飢寒に及べり。士民困窮する時は工商の者粟にかふべき所を失ふ。たゞ大商のみます〱富有になれり。これ財用の權庶人の手にあればなり。夫國君世主はかりそめにも富貴。困の權を人にかすべからず。富貴。を人にかすときは、權を失ひて困。の權を商にまかする時は、諸侯と富を爭へり。後ニハ諸國の潤澤かれて國亡び天下乱る。天下乱るゝ時は商の富は身のあだなり。虎は皮に文ある故に田獵の災をいたし、商は金銀多が故に盜賊の奴となり、或は命を失へり。草木の情なきだに時ありて落葉枯槁す。物の盛衰は物の自然也。況や

188 心友問、書簡に先王の制し給ふ喪服の數は、過るをさへて立給ひし法なりと御座候所、心おちすおほえ侍り。むかし閔子三年の喪おはりて、孔子に見侍り。夫子琴をさつけ給へは、少しらへて聲をなすとあたはす。涙をおさへて申されけるは、哀情いまたつきされとも、先王の禮あれはあへてすこさす、といひてしりそけり。子張三年の喪終て、孔子に見侍り。夫子琴を授給へは、しらへて聲を發してたのしめり。哀情はやくつきたれとも、先王の禮あれはつとめて及ひたり、といひて退ぬ。かくのとくなれは、孔聖も或はすゝめ或はおさへ給ひき。おさへてとばかりは申かたからむか

　答云、愚は上古のはしまりをいひしなり。先王の天に繼て極を立給ふと、誠を本とし給ふへきか。つとめを本とし給ふへきか、自然にしたかひ給ふへきか。制作を先

己が利を專にし、衆の苦みをなす者、何ぞ久しかるべき

249 一 心友問、孔子ノ曰。其ノ身正シケレバ不レ𪜈令セ而行ハル。其ノ身不レバ正カラ雖レ𪜈令スト不レ從ガハ。又季康子が政を問に對て云、政は正也。子帥《ヒキユル》に正を以てせば孰かあへて正しからざらん、と。又の給はく、子が不欲ならばこれを賞すといふともぬすまじ、と。しかるに後世は上正しけれども下正しからざる者あり。上不欲なれ共士は欲あり。下々は盗をするとやまざる者あるは何ぞや

　云、徒善は政をするに不足といふもの也。悪なれ共君の手に權威ある時は下したがふもの也。善なれども君に權柄威嚴なき時は下したがはず。後世君たる人其身正しく不欲なれども威なきは柔善なり。しかのみならず政をするの道をしらず。この故に正しく不欲なるは善なれども、其化士にうつらず。其澤民に及ばず。これ氣質の美にして道德より出たるものならざれば也。道德に得たるものは善にして威あり。又善をほどこすの道をしれり。故に其德儀士大夫にうつり、其德化民庶に及ぶものなり。故に孔子曰、君子の德は風也。小人の德は草也。草に風をくはふれば必ず偃すと。故に君子の治世は殺を不用。君威なければ殺すといへどもしたがはず、を

にし給ふへきか。必す誠を本として自然に應し、時にしたがつてつとめをなし、制作おはしますへし。過るをおさゆるは誠を立る也。自然に應して作爲なきなり。これ法のはしめ也。後世に生れて惰うすき者、古の人はおさへてたに三年の喪ありしに、せめてつとめて成とも三年には及はてかなはぬ義なり、とおもひてくはたてなしたり。中古のうすきは今のあつきにもまされり。世中事すくなく欲うすきか故也。後世ほと多事にして心うはゝれ、多欲にして情すくなし。孔子の御時にも、平人に三年の喪をつとむる者はまれなりき。孔門にも七十二賢の外には多は有へからす。三年の喪に期を過て歌うたひし者を、子路の笑はれしを、孔子聞召て、由か人を責るとやます、三年の喪は久しと仰られたり。世の中のならはし、人情のくたりたる勢を御覽して、よき

それざるもの也。其上君に威なき時は必下に威あり。下として上の威をうばふ者は必不善なり。不善なれ共威ある所にしたがふものなり

一　朋友問、我甚不才なり。かくても學問成侍るべきや。學問し侍らば何事ぞの用にも立べきや。學によりて才知の生ずる道理あらば學びたきとなり

　云、よく學ぶ者は元來ありつる才知もかくれてなきがどし。何ぞ學問によりて才知を生ぜんや。學は己が明德を明かにせんと也。才知ありて德をそこなふ者は多し。德の助けとなる者は稀也。學は天眞のたのしみを求むとす。才知は己が心をわづらはしめ、己が身をくるしましむ。學は齊家治國平天下の道也。才知は家とゝのほらず、國おさまらず。天下平かならず。故に古人云、つたなきは吉也。たくみなるは凶なり。拙は德なり、巧なるは賊也と。不才にして拙きは德に近し、自然の幸也。才知有て巧なるは僞に近し。一の不祥なり。吾子天然の吉を得ながら變じて凶となすべきとをねがへるはまどひなり。學はかくのどきの迷ひを解て自明にせんとす。世人皆夭死をいとひていのちながからんとを思ふ。不才は命ながく才は命みぢかし。人みな勞をいとひて安を願へり。才は勞し不才は休す。才

なき所を知給へはなり。なりかたきことをつとめしむるを以聖作の初とせは、これ僞を敎るなり。何そ天に繼て極を立給ひ、忠質を本とし禮はのちなるかの主意ならんや。今の人情精力にては日本王代の服期の法可ならんか。少道おこなはれすしては立かたかるへし。今の俗にまし加へん事は、人々の氣質と學力とにあるへし。たとへ道行はるゝとも、もろこしの法のとくにはなるへからす。日本の水土によるの制有へきか

問、閔子の三年の喪終ても哀情やまさるを君子なるかなと仰られしは尤也。子張のやうやうつとめて、たのしめるをも君子成かなと仰られしことを、子路の不審し給ひけるに、孔聖の御こたへありしは、大方通し侍れとも、上下淺深の位ははるかなる樣におほえ侍り　云、閔子は氣質美にしてまた學力ふかし。つとめすしてなし給へるな

知ある者は己が身の凶をまねくのみならず、人の凶事をもあづかれり。深山の木も材あるは斧斤《フキン》の憂有。不材の木は斧斤の禍なくして其天性を全くす。民にして拙きは其農事をおさめて、他の累《ワヅラヒ》なし。才ある者は庄屋となり、肝煎と成て人の爲につかはる。武士にして拙き者は武道のたしなみをよくして、國の干城と成のみ。無事の時は文を學てみづからたのしみ、よき士と成て他の勞なく累なし。才智ある者は役儀を命ぜられて一生いそがはし。武士なれども武業をたしなむべきいとまもなし。いはんや文德をおさめんや。一生無知にして老衰の後悔益なし

問、如此の道學天下にひろまり侍らば、人みな不才をたのしまん。しからば天下國家誰か是を治めんや　云、才知かくれて人民拙き時は惡なし。不治に平か也。惡の源は才知より生ず。至治の世何ぞ才知を用むや

問、堯舜文武の代五人九人の才臣有。孔子も才かたしとの給へり。才を用たるにあらずや　云、これ天下の才知を亡して惡の源を絕の才臣也。今の才といふものにあらず。今の才は堯舜にありて用る所なし。大才は刀のどし。よくとぎてつかさやをし、晝夜身をはなたずといへども、一生用ひず。威を以て無事也。小才

り。子張は氣質平人にして學力はかりを以つとめていたれり。しからは閔子の質あらは、閔子には及とあらむ。子張の質にして子張には及かたからん。世中の人を見るに、聰明の質は篤行に不足也。篤實の質は才知に不足也。顏子閔子は二なからかねたる氣質なり。其上に聖學あれは大賢人也。知もくらく行もよからすして又學を不知者を愚不肖といふ也。此愚不肖も聖主賢君の德化をかうふれは、皆善人となるもの也。これを民をはよらしむへし、しらしむるとあたはすといふなり

集義和書卷八終

251

は刀を朝夕用るがごとし。人をそこなひ身をそこなひて無事なるいとまなし。今の才は小才也。朝夕いそがはしくて國家無事ならず。終には國やぶれ天下乱る。驥は其力を稱せずして、其德を稱す。力は驥の才也。世に驥の力ある馬ありといへ共、驥の德なければ、平馬にもをとれり。驥は力あまり有といへども、無爲にして幼童にもあつかはる。故に善馬の名あり。況や人才有て德なきは妖物なり。不才の德に近きがまされるにはしかじ

問、今家領なく田地なく、金銀なき者はつかへて才知を不用は、何をして父母妻子を養育し侍らんや　云、これ炎暑甚寒にも塩茶をあきなふ者のごし。貧きがための仕を求て已が天性によりて一役つとむべきのみ。其職事とゝのはゞ可なり

一　心友程子敬の心法を問、　答云、言論の及所にあらず。書により言によりて敬する者は、多くは敬といふもの胸中にふさがりて、心の本然を失へり。古人の心と我心と、心々相通じて自然に得ことあり。これ力を用るの功なり。我敬の心法をうるとも、吾子にかたらば、子が心の一物とならむことを恐る。所謂中ハ者天下ノ大本也。喜怒哀樂未發ノ之時。此ノ性渾

集義和書巻第九

義論之四

189 心友問て云、敬を立るの受用手に不入か故に、やゝもすれは離れやすし。敬存する時は心氣健なるかヿし。しかれとも或時は一物あるかヿく、心氣すくみたるかことし。或は頑空となり、或は間思雜慮あり。皆これを放心といふへきか。おほゆるヿをそくして歸るヿすみやかならす　答云、敬は天地人三極の要道也。天の流行してやます、日月のかはる〲明かに、寒暑來往して物を生するヿ間斷なき所は敬也。地の山澤氣を通して流水不舍、風雷雲雨を起して、物をなすヿおこたらさるものは敬なり。天地は無欲なり。故に敬やむ時なし。瞬の程なりとも、敬なくは天地も崩れつへし。

然トノ在レリ中。心有ニルヿハ散一逸一スルヿ則失三フ其ノ所二以テ爲一レル主。これ説得てよし。無物の敬を知べし　問、事々物々の上に天然の中ありといふものは何ぞや　云、器物其則《ノリ》を得たるも中なり。飲食其味を得たるも中也。中は天下の大本也といへ共、充塞《シウソク》してあらずといふところなし。其体を中といひ、其用を和といふ。人の不動を立といひ、動を行ふといふがごとし。同じく一人の人也。百尺の木根本より枝葉に至まで生氣一貫也。根の土中にあるを大本とし、枝葉を達道とし、土中にある生意を中とし枝葉に有の生意を和といふ。されどいまだ盡せりとせず。木の木たるゆへんのものを中とし、時に發するものを和といはゞ可也。土根枝葉生意へだてなし。唯中は見べからず。和の跡は春花秋紅の節に當て見べきのみ　問、中と仁といかん　云、中をいへば仁其中にあり。仁をいへば中其中に有。古の聖王を民の君師といへり。君たる所より見れば尊し。師たる所よりみれば親し。たゞ一人の聖主なるがごとし　問、仁と愛といかん　云、仁は生理也。愛は生氣也。仁は性なり。愛は情也。たとへば木の根本より枝葉まで流通する生意は氣也。春花夏緑秋紅の時色のあらはるゝは情也。みな生氣の變化

是故に敬は本然固有の德なり。外より附たるものにあらず。堯の德を稱美して欽明文思と云。欽は敬なり。易ニ云、天行健。君子以自强不息。敬の受用これより深切なるはなし。敬は心の本体にあり。性の德なり。故に聖人は無心にして敬存せり。誠より明かなるの性なり。この故に欽明と云。おもひ皆あやありて間思雜慮なし。無事の時は空々として幽深玄遠なり。昭々として神明不測なり。いぬる時は靜專なり。よくおこりたる火を灰中に埋むかとく、多の時の陽氣を地中に包み蓄るかとし。常人の寢て尸のとくなるとなし。晦きに嚮て入て宴息するなり。故に時として敬せすといふとなし。天地の大德を生と云。人の本然を仁といふ。天地に法てみつから强てやます。生々の流行に合してをくれさるは敬なり。夫孝天之經也。地之義也。人之行也。經義行なり。其變化をなすゆへんの理は仁也。唯人は此仁を得て明德そなはれり。明かにする時は已が有也。万物は明德なければ、已が物とするとあたはず。仁中に造化せらるゝのみ

252 一　心友問、先儒いへり。周子無極にして太極といへるは非也。聖人の言に無極の語なし。此無の字老佛より出來と。此説面白侍り　　云、これ文字になづめり。易に太極ありと。是聖語にあらずや。易は變易してきはまりなし。きはまりなきは無極にあらずや。周子初て無極の字をいへるといへども、無極は易の字の意なり。初ていへるにあらず。夫無の字何ぞ老佛より出むや。老佛も本は聖學にとれり。上天の載は無聲無臭といへり。佛語は本梵字とて日本のいろはの言葉のごとし。みな中國の字書をかりていへり。中國の字異學より出べき樣なし

253 一　心友問、先生は先師中江氏の言を用ひずして自《ミヅカラ》の是を立給へるは高慢也と申者あり　　云、予が先師に受てたがはざるものは實義也。學術言行の未熟なると、時所位に應ずるとは、日をかさねて熟し、時に當て變通すべし。予が後の人も又予が學の未熟を補ひ、予が言行の後の時に不叶を

は一貫也。其やまさる所の景象を敬といふ。即本体即工夫なり　　問、手を下す所はいかゝ　　云、自反愼獨、これ敬の手を下す工夫なり。常人は晦によつて敬をしらす。明かなれは自然に敬あり。深淵に臨み薄氷を履時、身の落入道理明かなる故に必す愼むなり。多欲利害の天眞をそこなひ、長生不死の眞の吾をおとしいるゝと、深淵薄氷に過たり。視聽言動思ともに天理にしたかふ時は、心廣く体胖なり。人欲に陥る時は、心いたみ身くるしめり。學而時習之。天理人欲の苦樂をよくおほへ、戒愼恐懼を以て心の生意を發出し、天遊の悦を得を明なるより誠ありと云。有事無事共に存養省察して放心せす、これを敬と云。何そ氣象に泥まん。何そ陽氣の健なるをたのまむ。間思雜慮は意必固我の欲より生し、頑空は其初物を逐の念より發て、其跡茫然たり。

ばあらたむべし。大道の實義にをいては先師と予と一毛もたがふ事あたはず。予が後の人も亦同じ。其變に通じて民人うむことなきの知もひとし。言行ノ跡の不同を見て同異を爭ふは道を知ざるなり　　問、何をか大道の實義といふ　　云、五典十義是なり。一事の不義を行ひ、一人の罪かろき者を殺して天下を得事もせざるの實義あり。不義をにくみ惡をはづるの明德を固有すれば也。此明德を養て日々に明かにし、人欲の爲に害せられざるを心法といふ。これ又心法の實義也。先師と予とたがはざるのみならず、唐日本といへ共たがふことなし。此實義をろかならば其云所みな先師の言にたがはずとも、先師の門人にあらじ。予が後の人も予が言を非とし不用とも、此實義あらん人は予が同志也。先師本より凡情を愛せず、君子の志を尊べり。未熟の言を用て先師を贔負《ヒイキ》するものを悦ぶの凡心有べからず。先師存生の時變ぜざるものは志ばかりにて、學術は日々月々に進て一所に固滯せざりき。其至善を期するの志を繼て、日々に新にするの德業を受たる人あらば、眞の門人成べし。古より民三に生ず。父母生じ君養ひ師敎ゆといへり。恩ひとしき故に共に三年の喪をつとめき。予が先師にをけるも、

存養省察の功疎にて念の起る所を不知。既に物を逐放心して後におほふ。相火燃て滅かたく、空々の本体に歸りかたし。如此ものを敬せすといふなり。敬を立むとおもはゝ、よく惑を弁へてみつから明にし、心法を委して念慮の微をさとるにあり

190 心友問て云、今時學者の論に、養子といふとはなき義なりといへり。しかれはとてみる／＼家のたえ、家内の者ともを流浪させんも不便なる事なり。これにつきても世中の人學問といふものは、難儀なるものとおもへるあり。聖人の法とはいへとも、心にをゐてしのひさるかとし　答云、大君の國郡を封し給ふも同し理なり。一人を以國郡を治しむ。國郡を以一人にあたへ、一人をたのましむるにあらす。先君の其國に養ひおきたる者は、一人として退去とあたはす。用に立も不立もをしなへて治養ふ其恩君父に同じ。子よく父の家を起し臣よく君の德をひろめ、門人よく師の學を新にせば、ともに恩を報ずる也

254 一心友問、春夏秋冬かはらず、日月星辰同じ。人の形異なることなし。仁義禮知の性備れり。しかるに古昔は道德の人多して今まれなるとは何ぞや　云、孔子ノ曰。古ノ之學者ハ爲ニシレ己ガ。今ノ之學者ハ爲ニスレ人ノ。これ今の世に道德の人まれなる所也。古ノ之士ハ者利シレ人ヲ。今ノ之士者利スレ己ヲ。をのれがためにすべき學は人の爲にし、人を利すべきの義を失て己を利す。この故に士君子多くは其德を失て小人となれり

255 一心友問、仁者ハ不レ憂ヘ。知者ハ不レ惑ハ。勇者ハ不レ懼レとある時は、三人の樣に聞へ侍り。君子の道三とあれば三ながら有て君子と云義か。仁者知者勇者いづれも君子との義か　云、君子の不憂は仁也。不惑は知也。不懼は勇也。此三ある時は共にあり。君子の道廣大也といへども、心の德に本づく時は此三にすぎずと云義也。己を成は仁也。物を成は知也。性の德也。外内を合するの道也。故三本一也。一人の人あり、子よりいへば父也。臣よりいへば君也。婦よりいへば夫と名付るがごとし。仁知勇同じく性の

は、國郡の主の任なり。國郡主なければ相亂て生をたもたさるが故也。今家も亦しかり。子孫なくしてたえたるは、誰にても其役義をつとむへき者の、兄弟多きもの丶、いまたいゑなきを撰て位祿をあたへ、其家內の男女をやしなはしむへし。諸侯と成て其國の位祿をうくれは、其國の老若を養ふかとし。其者同姓ならはすくに祭祀をつくへし。他姓ならは往々同姓を求て、我後の役者とすへし。我は我才力を以て他の役義にうつるへし。源平藤橘等の姓はひろし。上よりくはしく尋させ給はゝしれさるとあるまし。同姓のなきと云とあるへからす。同姓を養子とするは古の法也。周人の百世といへとも、婚姻不通の法も、同姓の親みをひろめて、人の後をたゝじと也。もし同姓なくは他姓と云とも可なり。人は皆天地の孫なり。同姓にあらさるはなし。しはら

德なれども、君子の天地幽明順逆死生禍福を以て一にして己にあらずと云となければ、憂るところなきにつきては、仁者と名付、君子の陰陽人鬼富貴貧賤夷狄患難入として自得せずといふとなく、心にとゞこほりなき事流水のごく、無事を行て明かなる所につきては、知者と名付。君子の浩然の氣天地にふさがり、剛強盛大にして万物の上にのびやかに、物欲にたはまされず。威武に屈せられず。惡鬼妖物猛獸もふるゝことあたはざる所につきては勇者と名付たるなり。常人の憂る所を不憂によりて、君子を知ともあるべし。凡夫のまどふところにまどはざるによりて、君子を知とも有べし。世人のおそるゝ所をおそれざるによりて、君子を知とも有べし。時により三人となして見とも害あらじ。又仁にして知勇をかねず、知にして仁勇をかねず。勇にして仁知をかねざる者あり。これは氣質に得たる者なり。氣質に得たる仁者は好て人を愛し、或は其身溫柔寛裕なるばかり也。不憂といふには及ぶべからず。不憂は知わきまへ勇たはまざるところあれば也。氣質に得たる知者は俗にいへる分別者也。しかれども万物一体の仁なければ物を成の功なし。人間世の名利得失の分別のみかしこくて、幽明死生の

く末をわかつものは、人倫を明にし、禮を尊て禽獣をさると遠からしめむとなり。其上大節を守は君子の義也。小節をとるは小人の事なり。小人は小節を取て禽獣に遠かり、君子は大節を守て小人にとなり。政は小人の人情風俗を本とす。俄にして人情を憂しむる時は大道とげす。故に聖人も三年にして成とあらん世にして仁あらむ、とのたまへり。養子入聟等は今日本の風俗と成て人情の安する所也。君子たる者は人の非をそしらすして、他の事によせ、天を以てひとり義を立へし。天下の風俗と習とは下にあるものゝ任にあらす。たとへ明君上に出給ふとも、俄に法を立給ふへからす。德化のひろまるにしたかつて、漸を以うつりかはるへし　問、子路孔子の仰によつて射を見る者を退けられし時も、人の後たるものを恥しめられし事は如何　曰、これ

256

理を知ず。この故におそるゝ所も有、不惑とはいひがたし。氣質に得たる勇者はなれしりたる所にはおそれざる也。山に行て虎狼をさけざるは獵者《リヤウシヤ》の勇也。海に入て蛇龍を恐れざるは海士《アマ》の勇也。戰陣にをいて弓矢をいとはざるは武士の勇也。大森彦七ほどの武勇者にても妖物に逢ては氣をとり失ふことあり。其上海に入ては海士に及ばず。山に入ては獵者に不及。大勇の名を得たる武士といへども不懼とはいひがたし。物によりてをそれ物によりてをそれざるは知てらさず、仁一体ならずして、物と二になる故也。道學に得たる者はさあらず。勇者は仁知をかねてをそるゝ所なく、知者は仁勇をかねててらさゞる所なく、仁者は知勇をかねて憂るところなし。故に君子の道三との給へり。一もかけては君子とはいひがたし　問、我よくするとなしとの給ふ時は、孔子だにいたり給はざるにあらずや。しからば後世の人いかでか及び侍らん　云、今も人あり、我よくつとむるとを同志のつとめざる時は、我よくつとめ得ずといひて人をすゝむ。我よくする事は人皆しれり。其人をすゝむるといふ義はいはずしてさとれり

一　朋友問、心學には碁象戯の遊びも禁制也と申侍り。まとなるか　云、

聖賢のしわさにあらし。孟子曰、仲尼は甚しき事をし給はさる人也と。今日本にてたに道理は道理にても、大場にて人に恥辱をあたふる様なる不仁なるとは、少心ある者はせす。況や孔門にをいてをや。家語には後人の附會のことあり。と〳〵く信すへからす。夫今時道たてする學者は凡情の勝心をたにまぬかれす。利欲の根たにたゝす。不仁を以力量にまかひ、古人の跡を見て變通をしらす。得かたには禮法を守り、又得かたには美風をみたる。常人の君子の大義をとらさるとをそしり、凡女にも貞女の節を守らしめむとす。羊に虎の皮をきするを以道をおこさんとす。これに遠き時はをそれ、これにちかき時はあなとる。大道の罪人也。たとへ虎の質ありとも、羊の皮をかふりてぐんをみたるへからす。たとへ光ありともやはらげて塵に同しかるへし。これ

心學の事は知ず、惣じて道德仁義に志す者は、人欲を禁制する理にて侍れども、全く格《タヾ》し去とあたはず。何のいとま有てか末の碁《ゴ》象戯《セウギ》を禁じ侍らん。道學六藝を事とする人は、日を愛してたらずとせり。碁象戯をすゝむるともせじ。文藝武藝をも心がけず。徒に月日を送る人は、碁象戯の遊びもせざるにはまされり。禁ずるに及ばず。かけ双六《スグロク》などは博奕《バクエキ》の下地とも成なむか。博奕は惡事の根ざしなれば左樣のきざしをば戒ても可也。本立ときは末のいたづらごとは禁ぜざれども、をのづからやむものなり。本不立して末を禁ずるは禁ぜざるにはをとれるとあり

一　心友問、曾子ノ曰ク。孟莊子ガ之孝ヤ也。其ノ不ㇾ改三メ父ノ之臣ト與二トヲ父ノ之政一。是ㇾ難ㇾ能シ也と。莊子が父獻子賢德ありてよく人を用たり。故に其政よし、不改と尤なり。何ぞこれをかたしとするや　　云、父の獻子賢にして子の莊子知あり、又孝心厚し。故に是をよくせり。古今父にえられし者の子の代にあはざると二あり。一には其者よけれども、子の方《カタ》ずみの者權をとり、立身せんとを欲して、父にえられし者を年々あしざまにいひなせば、よからずおもへり。其上父子好惡別也。故に父の臣を用ひず、父の政を

に遠ければ望とあり。これに近ければ恥るとあり。君子の學は忠信を主とす。文は時に中すへし

191 朋友問て云、江西の學によつて天下皆道の行はると言とをしれり。儒佛共に目を付かへたるは大なる功也　答て云、尤少は益もあるへけれとも、害もまたおほし。しかと經傳をもわきまへす、道の大意もしらて管見を是とし、異見を立て聖學といひ、愚人をみちひくもの出來ぬ。江西以前には此弊なかりしか。天下の人目をさましたりといへとも、いまた德を好の人をみす。粗學の自滿のついえは一二にあらす

192 學者問て云、或曰、有無の見の有にはあらす。道体に有無中道あり。儒は道体の有なり。今の有体ををしへ行か故也。尤自然の妙なきにはあらす。無と中道もうらとせるなり。老子は無を本として有中をうら

改る者あり。是は子不明にして孝心うすければ也。二には父にえられし者私多くよからぬ事を年々見置て、これを不用。又父の政可にあたらざると多ければ、改むるものなり。これは子知あり、不孝ともいひがたし。父の本心は善人を用ひ、善政を行ふことを欲す。しかるに是に反する者は人欲これを害すればなり。親の本心にしたがひて惡を改め善にうつり、國家の長久をなして親の先祖に不孝の罪をまぬかれしむるは大孝也。親の好惡は一身の私也。國家は代々の守なり。夫人善にして知不足なる者あり、知ありて行不足なる者あり。善人にして知不足なる者は、平生のなすところ行跡正しといへども、肝要のしまりなき故に、其よき事もおほくはあしくなるものなり。行不足なれども知慧ある者は、平生のなすところ十にして七八まで禮儀にあたらずといへども、肝要のしまりある故に、其よからぬ事も消失て、人情時勢に叶ふものあり。父善人にしてほまれありといへども、知不足なれば人を用ることあたらず。政時所位に不叶。子不賢なれども知ありて人の善惡を見しり、政時所位に叶へば、外より見ては、父よく子よからざれども、內より見る時は父の代には國家とゝのほらず。子の代にはよ

とせり。釋氏は有ととき、無ととき、中道と説、又中にもあらすと説は、畢竟中を本として無有をうらとせりと、いかむ　云、儒は尤今日形色の上にあり。しかれとも形色の主たるものは無也。頑無にはあらす。形色なきの道なり。其無は神明不測にして其大外なく、其小内なし。東西南北上下中央なし。虚靈不昧なるもの也。是道体なり。故に中と云。形色の主は無なり。無の德は中なり。物あれは則あり。形色は天性なり。惟聖人にして可踐形。或曰三千大千世界と云て、此天地の外無量の世界あり。わつかに天地人を以道を立、教をなす。狹きに似たり　云、これいまた形色の見を離れす。物の大を以目をおとろかすものなり。道に大小なし、天地の外天地の內異なる事なし。且大虚といふは三千大千世界と云よりも大なり。大虚といふも道体なり。道の外大虚

く治る者也。父不賢〔困篤實ならざ〕なれども、知ありてよく人を用ひ、政時所位に叶ふものあり。子善人〔困よきといへ〕なれ共、知なければ終には不明の所より讒言入て子の代に其功とげず。此二の者は自然の勢也。父にえられし者こそよからぬ者も有べけれ〔困と〕。其外又國に舊功の奉行役人多きを、子の代になりては、其賞のさたなくして、何の功德もなき小人共〔困も〕方《カタ》ずみとて、位祿共に分に過る者多し〔困あり〕。父子相繼の禮にあらず。この故に孟莊子がごとき孝すくなし

一心友問、伊尹は聖の任なる人也。孔子は聖の時なる人なり。と、しからば孔子も任なるべき時に當ては任じ給ふべし。列聖の中、何か任に當れるや　云、湯武是也。天下の治乱万人の安否を以て己が任とす。故に德に恥るの惡名をかへりみず。實は天下を欲するにあらず。巣許が淸あれ共、任重きによりて進て辭せず。桀を流放せり。若桀改る志ありて、湯王の教をうけて道を行はゞ必ずむかへて天下をかへし授くべし。紂若悔る心ありて武王に降り、先惡を改て善にうつらば、必ず助て仁政を行はしむべし。武王は紂をとらへて流放し置むとおぼしたるべきを、剛惡勇心ありて自害

あるにあらす

193 心友問云、君子と小人とにむかふ時、心と行と二になり、人前獨居又内外あり。これを一にせんと受用仕ゆへは、心すゝみ氣うつするかとし。又親しき友といへとも隔心をなす様なり。隔心あれは善をつくるとも入らす、此方へのいさめをも申侍らす、和して一体の思ひをなせは、此方へもいさめを申し、かれにもいへはきゝ侍り。しかれとも我心にをひて流ずるかとく、取しめなきかとし。何としたる事にて侍るや

答云、君子と小人と人前と獨居との境界を立ていふとも、時により事により、人によつて有やうあれとも、受用の端的にはあらす。その四の境界をたてす、たゝ自己一念獨知に向て愼み給ふへし。大學の愼獨の獨の字の下に知の字を付て見給へ。古は言語易簡なり。獨と云てをのつから獨知と心得

259

せり。其後紂王の子を立て大國を與へ商の祭をつがしめ給ふにて知べし。後世敵の子孫といへば、たづね求て殺とは雲泥なり。太甲無道なりしかば伊尹これををしこめをきたり。伊尹の幸にて太甲先非を悔て、伊尹の教にしたがひ給へば、むかへて位をかへしたり。若改めたまはずば、伊尹天下を有つべし。しからば簒ひたるの名あらんか。任重きが故に辞せず　問、しからば天下の民の水火の中にくるしむがごとくなるとは、聖賢皆あはれみ給ふべし。いづれも任すべきことならずや　云、天任ぜしむる時は任ず。天任ぜしめざる時に任ずるは私心なり。この故に孔孟は道を任じて天下を任ぜず。孔孟の時諸侯の强大なる者みな思へり。孔孟を助とせば天下を一統せんと。若孔孟の才ある人功名のまじはりありて、時の諸侯を助ましかば、天下を一統せしめんこと、たなごゝろの内なるべし。又まじゆるに仁を好て義を知ざるの異學を以てせば、みづから天下をとりて人民を安ぜんか。しかれども聖賢は道をまげて、天下を安ずるとはせず。兵をやめ食をやめて、天下の人餓死せしむるとも信のみ存ずべきの心なり

一　心友問、天下有道。則庶人不議といへるは、法ありて天下國家政道の

侍りき。ひとりとよめは人前の事はいふにおよはねとも、身のひとりと心得侍れは、愼みの格法に成て究屈に心は主なきかヿし。獨とよむて知のこゝろをふくむへし

194 朋友問、君と親とはいつれか重き

答、時中を重しとす。君子は主と親との輕重をいはす。たとへは君にしたかつて軍陣におもむかんに、父母妻子を敵にとらはれたりとて、日比の君臣の義を變して敵の臣とはなるへからす、命を安すへきのみ。此時は父母妻子一族よりも、君一人を重しといはんか、さにはあらす。たゝ義を重しとする也。父母の本心もまた亡るを安して生るを耻とす。父母の形は亡といへとも性命亡びす。また父たる者、不慮の難にあひてころされんとせは、たとひ子たる者重位重祿をうけて君に事ともすてゝ、父を引つれのがれかくるへし。此時は君よりも親を重

善悪をいはしめざるか。軍中にをいて辨者をして敵の美を談ぜしめざれといへると同じ事にて侍るや　云、其口を箝《トヅ》て私議せしめざるにはあらず。自然の勢をいへる也。天下有道ときは天子は天下の富貴を有て人にかさず。國君は一國の富貴を有て人にあづけず。大臣は君を助て私の權勢なし。農は耕し工は其職をよくし、商は有無を通じて其利を利とするのみ。天下國郡の財用は自然の勢ありて商はからず。何ぞ國天下の政令を議するヿをせん。天下道なき時は國君世主の驕奢なる事、有道の時に十百倍すといへども、富貴の權は下にうつるもの也。故に商人國天下の財用の本末を心に取得て、國天下の利をあみし、山澤の淺深河海の運行をたなごゝろの內にす。故に商は日々に天下の事に委しく、士は日々に万事にうとくなりぬ。たゞ庶人の私議するのみにあらず。財用の權商の手にありて、心のまゝに成ものなり。故に商日々に富て士日々に貧し、士の貧乏きはまる時は、民にとるヿ法なし。士民共に困窮する時は、天下の工商利を失て衣食を得べき便なし。よき者はわづかに富商の數十人のみ也。これを四海困窮すと云。堯曰、四海困窮セバ天祿永終ヘンと。君の祿福もながくたえて、天下やぶると也。

しといはむか、さにはあらす。仁を重とする也。たゝ君親のみしかるにあらす。五常の性といへとも仁を主として義禮智信を賓とするとあり。信を主として仁義禮智を賓とするとあり。孝經には孝を主として敎給へは、仁義も賓と成ぬ。論語には仁を主とし給へは、孝弟は賓と成ぬ。官祿をすてゝ親をたすくる時にあたつて、親を助るは君の本心よろこへり。家をかへりみすして、君に事へき時にあたつて、君に事は親の本心の悦なり。一方悦て一方うらみはこそ輕重ともいふへけれ。道にしたかふ時は双方の悦なり。まよひの君と、まよひの親は、酒氣の常の心を失ふかとし。論するにたらす。或問、たえなむとする家には善人生れ、おとろへむとする國には賢臣出ると申とあり。いかなる故にて侍るや　答云、此理あり。天道の仁なり。家のたえなんと

此時に當て彼財用を心のまゝにして、さかえを極めし富商も盜賊の奴と成て、悲哀すとも益なかるべし。聖人の言たがふとなし

260
一　心友問、人みな聖人たるべしといへり。迂濶《ウクワツ》なる樣にもきこへ、又聖人をことあさき樣に思へる者もあるなり　云、其全德をいふ時は聖人は神明不測の号なれば、平人のしらざる所なり。しかれども人の人たる實体は聖人と異なるとなし。人みな明德あり。大人は赤子の心を不失もの也といへり。學は後來の人欲を去て、元本の天理を存ずるとを學ぶもの也。此心天理に專にして人欲の私なき時は則聖人の心なり

261
一　心友問、心の内に向と、外に向との模樣はいかゞ　云、いひがたし。論語に三人行必有我師といへり。こゝに人三人あり。其一人は我也。よきを一人とし、あしきを一人とす。善人を見ては是を好し、これに與し、これを習べし。不善人を見ては或は形これをさけ、或は心これをさくべし。我身にも如此の不善ありやとかへり見るべし。是よき受用なれども、かくのごくのみ見時はよき事はよけれ共、師外にあり。心の外に向とをまぬかれず。もし師を内に求めば、善を見て好ずる心は則我身に善を行ふの師也。

するは積惡のゆへなり。末にあたりて善人の生るゝとは、道德を修て其積惡をけし、子孫を再興せしめむとの命也。しかるに善は善なれとも、惡に勝へき道德なければは、終にたゆるもの也。又衰へむとする國には、賢臣のあけらるゝ事は、運命すてにあやうききさしあり。これによりて賢をおもふの心あり。天道そのおとろへをひるかへさしめんかために、賢才をあたへ給へとも、たゝに善をえらひ、善を令したるはかりにて、天命に應すへき道德を立さる故に、終に亡ひに至ものなり。これを大學にも賢を見てもあくるとあたはす、あけても用るとあたはすといへり

195 朋友云、我國に先生の名を聞て道に志し、來てしたかひ學ひむとをねかふ者あり。數通の文を越侍り。御ゆるしをかうふらは參るへき樣に可申遣　答云、哥に云、す

不善を見て惡む心は則我身の不善を改る師也。心は無聲無臭なれば、感應の跡依て知べし。明師ありといへ共一念の微は知がたし。たゞ我にありて善惡を知の靈明を奉時する時は、師我に有て幽明のへだてなし

262 一心友問、人みな志ありといへ共、志す所たしかならず　云、志といふは道に志す也。初學の人道に志ざして、いまだ道をしらずといへども、心思のむかふ所正也。故に邪僞の惑すくなし　問、志なけれ共正き人あり。志ありといへ共、正しからざる人あるは何ぞや　云、氣質よき人は道を學びざれども正しきものなり。氣質あしきものは道に志すといへども俄に善人と成とあたはず。しかれども昨日の我にはまさるべし。一たび道に志すものは、いまだ道を見るとたしかならざれども、志善にむかへば、大なる不仁不義をばなさず。邪僞の左道などにはまどふべからず。氣質によりて正しき人は、行跡よしといへども道をしらざる故心に守なく、明なる所なければ、其身は好人の樣にみゆれども、事の邪正を知ずして不義をもなすとあり。又左道などにまよふ者あり。天の物を生ずる此德あれば此病あり。知不足なる者は行正し。行不足なるものは知明かなり。志ある者

めはまたうき世なりけりよそなからおもひしまゝの山里もかな。其人の心に、彼所に行て學問せはか様にあらむ。如此おもしろからむ。なと心にむかへておもはれん。來てすみ給はゝ其どくなる事は一もあらし。學術も心に好みおもはるゝ所、いかやうなるすちをか悦ばるゝを不知。愚か學今のどくならは、人にしられし。むかしあやまりて名を得たり。そのひがどを人は好むものあり。人道は珍しきどなし。必す來學をとゝめ給へ

196 心友問、貴老の御事知てほむる人はすくなく、不知してそしる人は多し。聖人の道を學問するは、名を求るにはあらされども令名の質ならすや。しかるにかへりてそしらるゝどは何ぞや　　答て云、人のほむるは我を勞する也。そしるは我を安するなり。我病者にして躰氣乏し。勞せんどかな

は多くは行不足にして知明かなる所あり。外よりみる時は知くらくても行正しき人まされり。たとへば草木のどし。今日養を得て明日長ずる物あり。其本をはからずして末を同じくせば、一尺の木の養を得て長ずるは二尺の木の長ぜざるには俄にはこえがたかるべし

263 〔○一脱か〕心友問フ下志シ二於道一ニ。據《ヨリ》二於德一ニ。依《ヨ》リ二於仁一ニ。遊《アソ》ブ二於藝一ニ章上ヲ　云、他岐の惑なく、人道の正きを得むと欲するは道に志すなり。德によるは有德の人により近付也。仁に依は自己天眞の正きに本づき養て得所あり、大体にしたがふもの也。藝に游は禮樂弓馬書數等の人倫日用の事にをいて正しき所にあそぶ也。六藝は至理の寓する所なり。故に專におさむる時は末の理に流て、本心の德を失ふもの也。游ぶ心を知てなす時は、其術を盡してきはむるといへ共、道德の助けと成て末藝にながれず。游ぶ心を不知して上手となる者は、道德の大なるを以て藝術のすこしきなるをなすもの也。これ其厚ふするところを薄ふすることわり也。其薄する所を厚すれば藝術身の害に成もの多し

264 一 心友問、詩に興といへども、後學の者與とあたはず。古のおこりし者

ひかたし。安することあたれり。故にそしりは我を助る也。知てほむるといふも愚に徳ありて、したしまるゝにあらす。氣象のあひかなひたる人ならん。萬々人に一人の氣合たに我を勞するを甚し。とはりもいひつくしかたし。そしりの人は我にかはりて、我病氣をとはるなり。其そしりの多人にほめられなは、今までなからへてもあらし。且德をもそこなはれんか。そしりは愚か過を格し浮氣をしつめ、身の養生をなさしむ。きくとをいとはす、ほむるは愚か過をまし浮氣を生し、氣力をへらさしむ。きかんとをねかはす　問、それはさもこそおはしまさんづれとも、貴老の名をかりて不善をなし、且貴老におふせ申とおほし。おぼしもかけぬ惡名をとり給ふ事は、道理にもそこなひあるへきか　云、尤しらぬ惡をおふせられて、名をけかさるゝは無實の難題

はいかむ　云、古の文を學びしは詩を始とす。詩は志をいへるものなり。善惡邪正共にみな人情の實事也。故にこれを學ぶ者は實學也。人倫日用の實事にをいて善心を感發し、善行を興起し、惡をこらし邪をふせぐ事をしれり。これ詩によりて志のおこるにあらずや　問、禮に立ものはいかん　云、禮は恭儉謙遜を本とす。虛中に天下の益を來す。不レ爭《アラソハ》不レ奢《ヲコラ》者、身にほどこせば、肌《キ》膚《フ》の會《クワイ》筋《キン》骸《ガイ》の束《ツガネ》をかたくす。事に用れば節ー制度數の文あり。家國天下に及ぼすときは吉凶軍賓嘉の品あり。吉は祭禮也。凶は喪禮也。軍は軍法也。賓は主客往來交會の禮儀也。嘉は婚姻の禮及び冠禮をいふ也。人恭儉なき者は心を喪ひ、身を失ふ。家國天下に至るまで恭儉謙遜の敎なき時は、驕奢日々に長じて爭逆の事發す。終に國亡び天下乱る。故に身より家國天下に至るまで禮なければ不立。故に禮を知者は敬以て心を存じ、儉以て身を修め遜順以て家をとゝのへ、謙明以て國を治め篤恭にして天下平かなるに至れり。禮に立の義明かなり　問、今管絃の樂といふものを見侍るに、樂によりて正心修身齊家治國平天下の事成就せんとも思はれ侍らず。古の樂に成し者はいかむ　云、孔子ノ曰、視《ミ》二其ノ所ヲ一レ以。

なり。たとへをとるはをそれ多けれとも、聖人をたに陽虎にまかひたり。大德の人は難も大にして、又はるゝこともすみやかなり。愚かとき不德の者は、やうやく惡名ときの難あり。本より凡人の品をまぬかれさる故に、はるゝともをそし。しかれとも我心になきことならは、いふといふともあつからす

197 心友問て云、かた〳〵ならす、かたよらす。過不及なきを中といへり。帝堯の執中の心法かくのことときのみか　答云、これ中のあとなり。則中庸の傳に中也者天下之大本也とあり。中は天地人の根本と云義也。他に求へからす。これほとなるよき中の解はなし。中をうちとよむ、うちは物の主なり。禁中をうちと申奉るも此義也。心をもうちといふ。しかれは中は心の別名なり。心といへは空にして手をくたしかたし。

觀ミ二其ノ所ヲ一レ由《ヨル》。察ニル其ノ所ヲ一レ安《スル》と。こゝに人ありて其平生のなす所は何事ぞとみるに、文學弓馬等を學びて、文武のつとめにをこたらず。其する所はよけれ共、其心のよる所德業を立むがためか。名利を求むがためかと見に、是をなし得て利祿を求むべきとも、名を得べきとも思はず。文を學では道理をわきまへ、弓馬を習ては其業をよくせんが爲なれば、よるところの心もよき也。しかれ共其人の閒暇《カンカ》無事の時、從《セウ》容《ヨウ》游《ユウ》樂《ラク》の地にをいて心を用るをみるは其安ずるところ也。爲《スル》ところ依《ヨル》ところまでよき人はあれ共、安ずる所にをいて正しき人まれなり。其故は爲ところ依ところまでは、心を起してつとむれば也。大勇力の人ありて志篤實也といへども、樂《ガク》を不知時は、安ずる所にをいて心を用るとあたはず。或は怠《タイ》惰《ダ》、或は嚴厲なるもの也。これ正しき事にあそぶ道をしらざれば也。正樂をもてあそびて後、心の安ずる所、遊びたのしむ事正して、德に入こと易し。夫樂に五聲十二律有。或は歌舞し或は絲竹をしらべ、人の性情を養て邪《ジヤ》穢《エ》を蕩滌《タウデキ》し、和順にして道德を得ものなり。故に風を移《ウツ》し俗を易《カフ》ると樂よりよきはなし。道學の樂に成就することはりは問學し、正樂を習て後初て知べし。文學して道

心の德をかゝけ出して中と名付給へり。夫中は思ふこともなくすることもなし。寂然不動にして感して天下に通するものなり。おもふことなし。故にかた〳〵ならす、かたよらす、することなし。故に過不及なし

198 心友問て云、今時の幼少の子は大方才知藝能あるかことし。むかしきかさりし秀たる様なる者多し。しかるに世間の人は次第にをとりゆく事は心得かたき事にて侍り。

答云、しかり。田にうふる稲も晩稲ほと取實おほし。今時の子ともの利根なるは稲の早稲のことし。おとなになるほと知慧の取實すくなし。其上平人の利發といふものは、大方鈍なるもの也。わらはへの爪くはへして赤面し、人前にてものいひかねぬるは、知あきらかにして、耻の心ある故也。人に存するものは恥心よりよきはなし。耻の心明かなる者は、學問しては君子の地位

理を知といへども、樂を不知者は、其風情に通ぜず。樂を學でも文學せざれば其道理に通ぜず。文學樂道かね用ひても心術をしらざれば、これを心に得て樂むことあたはず。この故に樂に成者すくなし

265 〔〇一、脱か〕心友問、仰ゲバ之彌々高ク。鑽《キレ》バ之彌々堅シ。瞻《ミル》ニ之在ルカトスレバレ前ニ忽焉ト〆在レ後ニ。此章道の得がたき事をいへるか。顏子だに得がたき道ならば、後學の者いかで及侍るべきや　云、しかるにはあらず。大山を高しといへども、かぎりあればのぼり盡すべし。天を大なりといひ、日月を遠しといへども、象形ある物は數學を以てはかりしるべし。たゞ道の高遠はきはまりなし。故に其高に付て、仰ゲバ之彌々高していたりがたし。目力見解の及ぶところにあらず。鑽レバ之彌々堅シとは、力を以て入べからず。才覺を以て得べからず。瞻ルニ之在レ前ニ。忽焉ト〆在リレ後ニとは文章言語を以てかたどるべからず。知識の及ぶべきにあらず。たゞ實義を明らかにして後、不仰して高遠に及び、德行ありて後無《ブ》窮《キウ》の門に入べし。無知の知を得て後、無方の神に至べし　問、博文約禮はいかん　云、我を博《ヒロムル》の文は致知格物を以て万物一体の身を修め、古今人情時變に達して用る時は行ひ、舍る時

にもいたり、たとへ無學にても、平生は人からよく、軍陣にては武勇のはたらきあるものなり。むかしのわらはへもに(ママ)は爪くはへする者多かりし故に、成人にしたかひて一役の用に立ものありき。今のわらはへは人おめせす、人前にても利發にものいひ、立ゐふるまひよし。この故に成人するほと用人に選ふへき人なくなし。人の親たる者、徳をしらねは耻心ある子をはしかりをとして耻心を亡し、耻心なき子をはほめ愛して、いよ〳〵ほこらしむ。賢才は日々におとろへ、驕吝は日々に長する所なり。かなしむへし

199 心友問て云、人いへるとあり。大國を治るは小魚を煮るかとし。いろはすしてにたるかよき也。ませかへせはくたけてあしゝ。何事も手をつけすしてをけは、無事にてよきを、少知の者は手をつけてなをさむは隱るゝ也。我を約するの禮は人欲きよくつきて、天理流行する也。欲スレ圧レ罷《ヤメン》ト不レル能ハものは、みる所明らかなる故也。今の人志の立がたきことを憂る者は、いまだ見所明らかならざれば也。明らかなる時はこゝろみにやめんと欲すれ共やむるとあたはず。竭《ツクス》レ才ッとは手のとり足のゆくがとし。天質の心知を用る也。顏子志學より善信美大に至れり。其才をつくしてつとめて及ところ也。如ニレ有ルガレ所レロ立ッ卓《タク》ー爾《ジ》タリ。雖レ圧欲スレト從レ之末《ナキ》レ由《ヨル》コ也已《ノミ》。とれより後大にして化せむとす。功夫つとめの及べきにあらず。聖學峻絶の地位言語の不及ところ也。此時顏子天年終むとするの前なるべし。天顏子に年をかさましかば、化して聖人となるべきと期すべからず

266 一 心友問、知者は動き仁者は靜か也と。動靜は不相似といへども、共に有德の人なるか　　云、これ二人にあらず。一氣の屈伸天の陰陽なるがとし。一動一靜互に其根をなせり。よく動く者はよくしづかなり。知者は周流して事にとゞこほらず、物にまどはず。故にたのしむ。流水を見て歎息す。左右其源に逢ふ、知の象《セウ》あればなり。仁者は万物を以て一体とす。死生禍福ともに吾有也。故に生々して不亡ものは命ながし。無欲にして靜か

とする故に、かへりて悪事出來也。うちまかするに世こそおさまれ、と云前句に、よきにのみなさむとするやあしからむと付たるを、古來名句とする也。おもしろくおもひ侍り　答云、しかり。小鮮をいろはすして煮るかとく、政刑の小きりめなる事なくて、徳をおさめて位づめに人心を正しくし、風俗を美くするは上知の事也。徳なくてよき事のみ好み行へは、人情にさかり、時所位にあはて、其善事の一倍もあしきとになるもの也。薬を不用して日をへぬれはひとりなをる病を、下手醫者にかけぬれは、大煩となすかとし。しかれとも一偏にさ様にはかりもいはれす。いろはすしておきて、國天下の治るものならは、これほとやすきとはあらし。誰も天下國はおさむへし。はやく薬を用ひ、灸をすれは直る病人に、薬を用ひたるはあしきとてうちすてをき、日を

也。山の象あり。徳性の動て楽を知といひ、靜かにして壽きを仁といふ

267 〔〇一、脱か〕心友問、仁は全徳の名なり。しかるに博《ヒロク》施《ホドコ》シ濟《スク》フ衆ヲを以て仁よりも大也との給ふは何ぞや　云、これ仁の用をいへり。仁は天地万物を以て一体とすといへども、用にをいては天地の大なるも人なをうらむる所あり。堯舜もやめるとはり也。仁者の己立むと欲する所則人を立る所なり。己達せむと欲する所、則人を達するのとなり。思ひはかりてしかするにあらず、仁者は一己の私なくして天理流行す。故に人我のへだてなし。物を利するの徳ありて、己を利するの欲なし。この故に自然にしてしかり。よく親切にたとへをとるも物と二あらず。遠は物にとり、近は身にとるなり。仁の体をいふ時は、太虚天地中國夷狄のこす物なし。子貢は其用につきていへり。故にの給へり。これ聖人天下を有ッの能事也。これによりて仁を求むべからず。形あるものは必ずかくる所あり、不相通の勢なり。鳶飛魚躍形より見れば各別なり。その飛躍する所以のものは一なり

268 一心友問、死生の道はまどはずながら、生を好み死をにくむの心はきよくつきがたきと見えて、年より白毛生じ、身体かはりゆくを見ては感慨の

へて病をもれは、死するより外のとなし。其とく國家天下も乱のきざし、悪の源を見て、はやく備をまうけ、其源をたち、其きさしを轉ずれは、眞の無事に成て長久なるもの也。夫主將は仁と威とを身におさめて德とす。故に紀綱ゆるまらす。儉と禮と時を以うごきて吝ならす、奢らす。故に人心正しくなりて風俗美なり

200 心友問、敬以直内、義以方外、とみえ侍れは、聖人も敬の工夫を用ひ給ひたるか　曰、獨を愼ときは仰て天に愧す、俯て人に怍す。これ内の直きなり。世中にをゐて好むともなく、悪むともなく、義と共に從ふは、外の方なるなり

201 心友問、䷪は上六の一陰、位なく權勢なし。九五は剛にして位あり。權勢あり。決シ去ルにをゐて何の危きとかあらむ。然に不レ利アラ即レ戎ニ利アリレ有ルニレ攸ロ往クと、まとに心おこりぬ。いかなる受用にてかかゝる凡情は變じ侍るべきや　云、これ學者不學者共に人情の通情也。くらくまどひて多きか、明にさとりてすくなきかのたがひのみ也。ともに仁ならざる事は一なり。孔子川のほとりにまし〳〵て、ゆくものはかくのごときか、晝夜をとゞめずとの給へり。これ道体也。川流の見やすきを以て道体の無聲無臭を教給へり。吾人白髪生じ、はだへなみより。かはりゆくものは、彼ゆくものと共にゆく川流の道理也。仁を知ものは何をか好み、何をかにくまん

269 一 心友問、子ノ曰、溫テレ故ヲ而知ルレ新ヲ。可シ二以テ爲ル一レ師矣とは前に學びたるとを復して、ます〳〵鍛錬《タンレン》し、いまだしらざるとを日々にたづね知といふ事か　云、溫故は古の道を學ぶ也。知新は今に行ふべき至善を知也。いにしへの道の眞を得て、其跡によらず。今の時所位に叶て、知やすく行ひやすき様に敎治るを君師といふ也。今の學者博く古の書を見といへども、心に工夫受用をせざれば、身に行ふ所をしらず。書に向て講談する時は學者のごとし。書をはなれて日用常行に交る時は、平人に異なるとなし。是を學びて思はざる時は罔しと云べし。又晝夜功夫受用して心思をくるしめ、

功利の徒のまはり遠きといふもことはりなり。徳を知者にあらすは處する事あたはし
　云、しかり、剛にして剛を用ひは、一柔の微なる決シ去ルヿ易かるへし。然共剛にして剛を用るは既に過たり。寛仁にあらす。故に決シ去て後治化大ならじ。天地位し万物育するに至らす。是故に堯舜の神武にして、天下の兵を擧て三苗を誅シ給ふは何の危きことかあらむ。剛にして剛を用ひは、決去うちほろほすことやすからむ。然るに悠々として心服を待給ひ、來服せさるがために軍をかへし、文德を脩め、却て終に格り來し給へり。兵を以し力を用て服するヿを欲し給はす。是夬の剛にして柔を決するヿ健にして説ひ決去て和く所なり。君子の小人を退去ヿ、かれを斷亡すにあらすして、和して導き、教て其非心を改めしむへし。小人の道消する時は決去すしてなきかヿし

道を行はんとする者あれども、學せばくして己が異見にまかするゆへに、己をあやまり人をあやまるものあり。これを思て學びざる時は殆といふなるべし
　問、博學とはいかほどの書を見るヿに侍るや
　云、古の博きといふは易詩書禮樂弓馬書數のみ。今の万巻の書はあるべき様なし。數多の書にわたりても、見せばき者あり。博學ならずしてひろき者あり。今吾人の己が爲に學ぶべきものは、四書を本とすべし。其餘の經傳は年と氣力とにまかすべし。其家に生れたる者の、其家職をつとむる事は常の業なり
一　心友問、貴老の書を見て、口にはあざけりそしりながら、心にはひそかに取得てみづからのまどひをもわきまへ、我心より出たるやうに人にも教る者侍り。書をあらはし侍るにも、貴老の書の筆法發明多し。しらざる者はいづれをさきともわきまへ侍らじ。貴老は秘して出し給はず、とり用る者の書は出侍れば、かへりて末や本に成侍らむ
　云、いにしへより實德ある人にはにせがたし。予不德にて言語のみなる故に、人の取ことやすき也。夫有德には親炙する人其化をかうぶれり。文明の時は有德の人なけれども、言說を以て世の惑をひらく功あり。予が言としられで世に益あらん

202 心友問、許由は帝堯の召に從ず、子陵は三公を辭す。古今これを賢なりとす。天下道なき時に隱るゝは常の事なり。帝堯は聖人なり、光武は賢君なり、何ぞ召に應せさるや。又世の賢なりとする所は、富貴を辭し山水を樂むの淸心を尊ふなり。大舜の辭せすして出給ふは何ぞや。聖賢中狂の分とのみ聞て、その理をしらす　答云、大舜の堯の召に應して出て、天祿を受給ふは易に所ㇾ謂大畜ハ不ニ家食セ吉なりの義なり。道德學術を内に積て、聖王賢君の時に逢《アイ》、禮ありて召給ふには、出て天祿を受へし。故に不家食して吉なりといへり。吉とは俗の禍福吉凶の吉にはあらす。吉善の義なり。内に積たくはふる所の學術道德を以て、時に施し、天下の艱險を救ふは、天下の吉善なり。道体はその大外なく、其小内なし。天地の大なるも道德中の一物なり。かも、人の言と成て助あらんも同じ事也。予が言はなを人の言のごく、人の言はなを予が言のどし。共に天の靈明より生ず。たとへ取用る人あしき心ありとも、聞人はまどひを辨ふべし。其言によりて吉利支丹どきの左道にまどはざる風俗とならば幸甚なり

271 一　心友問、里ハ仁ヲ爲ㇾ美トとは、孟子の仁は人の安宅也といへる意にて、人の身を安する所は古郷なり。心の安樂にして常なるは仁也、との給へる義也といへる人あり。集註の解は外ざまの事也。此説おもしろく侍り　云、しばらく學者の內に力を付るためにはよし。本解は集注の旨なるべし。此語は爲にする事ありての給へるか。本よりの古郷ならば、風俗あしゝとても立さりがたき義もあるべし。人の國には仁里ありとても、行てすむともならざる勢もあり。一篇には定めがたし。好て不仁の風俗の地に居者のために知仁ともに失へる道理を教給へるか。此章にて仁を本心の事とせずとも事闕とあらじ。所によりて解べし　問、不仁者の約に居がたく樂にも久からざる事は何ぞや　云、不仁者は物を二にす。一己の私を持して世を渡るものなり。順を好み逆をにくみ、富貴をねがひ貧賤をいとふ。故に

くのことくなる道理を人の心中にたくはふるは大畜なな（ママ）り。聖主賢相の政には、天下みな其利を利とし、其樂をたのしめり。故に利と云も利欲の利にあらす。利欲の利は己を利するに心あるがゆへに、吉と云へからす。聖賢の利は物を利するなれは天德なり。聖人の心は四海一家の如く、中國一人のとし。我身に天下を利するの道德ありて、時至り進むる人あるは、雨露のめくみによりて、生すへきものゝ開發するかとし。何の心かあらんや。許由子陵は衆人をぬけ出て、ゆたかに凡心をはなれ、清明なる所は聖人と違となし。許由子陵みつから我を見たるとき、朝に立て用らるへき才なきゆへに、庶人となりて獨道をたのしまんかために、狂見によりて辭したるものか。たとひ才知器量ありとも、狂者は大意を見て、廣大高明に過たり。堯を以代官とし、天下を

せは〳〵しきはいとひにくむ所なれば、其地に安ずる事あたはず。或はあふれ或はやぶるゝものなり。富貴を得ては大に悦び、己一人の榮耀とす。終には身の病苦をまねき、或は家を亡すものなり。ともに久しきとあたはざる所なり。周に大なるたま物ありて、善人これとめりといへり。武王天下を有給ひて、商の代につみたくはへたる財用を天下にほどこし散じ給ふ時、四民のたよりなき者にあたへて、餘あるをば善人をえらみ與へて富しめ給へり。善人は人欲の私なき者なれば、天下の財用は天下の通用なる道理にまかせて、富有に成てもみづからたからとしたのしまず、人にほどこすを以て樂びとす。君子は民の父母といへるも、父母たるものたからあれば子に分ちあたふるを以て樂びとするがとし。上より國天下に財をわかちあたへむとし給ひては、いかほど多くありてもあまねくをよばざるものなり。しかのみならず、あたへて却て害になるとあり。たゞ其利を利とする様に政をし給ふばかりなり。なをもるゝところあれば、彼善人仁者これをすくへり。私にほどこすはよく當るものなり。外より見て我にもたまふべきことゝ思ふ者なし。故に善人を富しめ給ふはもるゝところなく仁政を

平治せしめ、山水田舍の間に遊ふと、何の樂か是にしかんや。人の代官をせじと思へるか。二子の心此二の内なるへし　問、䷙天は至大なり。如何してか山中に包みたくはふるや　曰、道は天よりも大なり。人の身の中におさめかくすは又山天の象なり

203 學友問、進て賢をかくさすと聞侍れは、其心に利欲たになくは、禮備らすとも貴人に説へき事なるか　曰、咸は男下にして女上なり。男上に女下にしてこそ男女尊卑の禮儀も正しかるへきに、尊卑違て取女吉と云へるは、男の女に下るは陽の陰に先たつの義なり。親迎の道理也。君の先たつて賢にくたる時は天下治り、男先たつて夫婦和す。賢人は下にありといへとも、臣より先たつて道を以て上に得らるへき義なし。女は男に隨ふものといへとも、男の禮

あまねく及ぼさんがためなり

儀をなして求さるには、往て從ふの道なし。咸はいまた夫婦とならさるの初なり。故に男下女上なり。恒はすてに夫婦となりたり。故に男上にして女下なり。古は天子といへとも賢士を賓とす。賓の初は君先たつて禮を以これを招く。いまた臣とせさる也。その才德を見て天位を共にし給ひ、士も又共に天祿を受る時は、君臣となる也。易の卦爻五を君の位として五の上に九六を置は、賢士を賓とするの象なり。蠱の上九ニ曰ク、不レ事ヘ二王侯ニ一高‐尚ニス二其ノ事ヲ一。觀ノ六四ニ云ク、觀ル二國ノ之光ヲ一利アリレ用ルニレ賓タルニ二于王ニ一。古者賢德の人あれは人君これを賓とし敬し給ふ。ゆへに士の王朝に仕進するを賓と云といへり。如此ならされは、共になすとあるにたらす

204 心友問、遯ノ九五ニ云ク、嘉遯ス貞ニノ吉なりと。九五は君の位也。遯は君のとにあ

集義和書巻第十四

困二、

義論之七

272 一 心友問、古人あまた聖人の德を形容す。其中一人の聖人をゑがき出して親切なるはいづれぞや

云、書經に帝堯の德を記して云、欽‐明文‐思安‐々ナリ。允ニ恭ク克ク讓レリ。光‐被シ四‐表ニ一格レリ二于上下ニ一と。如レ此親‐切にして着明なるはあらじ。欽は本体固有の敬なり。無心自然にして存せり。維《コレ》天ノ之‐命於《ア、》穆《ボク》トノ不レ已《ヤマ》といふものなり。深遠にしてやまざるものは常に虛‐靈不‐昧也。故に欽明といふ。文思はあやあるおもひなり。心の官の思のみにて、閒思雜慮不常往來の妄なし。思ふべき道理ある事にのみ覺照して、不時の思《シ》索《サク》なき故に、思ふといへども自然なり。故に文思といふ。安々は應‐事接‐物起‐居動‐靜從容として天‐則にあたる、自‐然に出て無事也。篤‐恭にして天下平か也。易簡にして天地の理得たる者なり。允は信也。恭儉にしてをごりたかぶる事なきは、天地人三極の至德也。天は高遠なれども、

らす。如何　曰、大舜は天下を有てとも與らす。これ遯の至れるなり。　問、好遯ス君子ハ吉ナリ小人ハ否とは何といふとそや　云、君子は義を見て遯る、義の遯るへき時は好遯す。伯夷兄弟國を讓て海に遯れ、又君臣の義を行て首陽に飢たる類也。小人は世間むつかしきとて、便利によつて遯を好み、或は仁愛の心うすく、人を非に見、己に慢して遯を好むもあり。是を以て小人は否なり　問、道不行、天下乱世ならは、何國にか遯去へきや　云、知をくらまし、德を隱し、凡人の業をなして、市井の中に遯去あり。これも又遯尾災なきものなるへし。晉の淵明は酒に隱れたりといへり。實は酒に溺れず、只一生外見を酒のみの用にたゝずとなりて終れり。遯るゝ所なくしてのがるゝものは、多くは貧賤をかくれ家とす

其氣くだりて万物を造化す。日月は高明なれども、下土を照して清濁をえらばず。大-山高-峻なれども山澤氣を通じ、潤澤下にくだる。聖人富貴にして諸民を子とす。帝堯の恩澤天下にあまねくして、恨み憤《イキドホ》る者まれなる故に、諫皷をかけて民-庶のいきどほりを直に聞しめされしは、下《ゲ》す近きの至なり。俗にげすちかきといひて、人のほむるも、恭の一端なり。又恭には恭儉とて自然に儉の道理あり。道德仁義に富有にして、天理の眞樂ゆたかなれば、世間の願は少もなし。事物求めなければをのづから質素なり。心有ての儉約はいやしき所あり。無欲仁厚より無心にして儉なるは、殊勝に清白なる者なり。四方の物を帝土へあつめざれば、天下ゆたかにして帝土長久なるものなり。これを財散ずる時は民あつまるといふなり。克讓とは帝堯の御心虚明にして一物なければ、百官の諫言天下の善言をうけいれ給ひて、其中庸の至理に叶ひ、時變に達し、人情に近きものをえらび用ひ給へり。天下の人帝堯の聖知を忘れて善言を奉れり。故に四海の人情殘さず知給ひて、其命令よく可にあたれり。みづから聖知を以て先達たまはず、天下の人の天質の美を盡さしめらるゝは謙讓《ケンシヤウ》の至也。己を捨て人にしたが

205 心友問、古人の語に、謀コト従フトキハレ衆ニ則ス合フ二天心一ニといへり。世俗の心は、流俗の弊後來の習多し。これに従ては天心に合へしともおほえす。曰、衆の従ふ所のものは、必す至當あり、謀といふ時はわけもなき流俗の習にしたかふにあらさると明也

206 朋友問、仁者は必す勇あり。勇者は必しも仁あらすときく。寔に勇武の譽ありて不仁なる者あり。北狄の弓馬を得て死をおそれさるも人ならさる所多かとし。又仁愛にして勇なき人あり。必勇ありときく時は疑なきとあたはす　曰、驕奢なる者は仁心仁聞ありて、憶病にもなけれとも終には不仁に流れやすし。且勇をも失ふ者あり。それ日本は仁國なり。故に古より勇者多し。日本の弓矢神とあかめ奉る八幡宮は應神天皇也。此御代には天子の御身近き臣ほと武勇すくれたり。然るにその君臣の子孫

はんと思ふ心はなけれども、心虚にして一是を有せず。明にして人を知、人の才知の得たる所をのこさず。天下の事を天下の人になさしめ給へり。帝堯の天下の人の才知に主師たる所は人不知也。終に天下をも子に傳へずして、賢にゆづり給ふは遜讓《ソンジャウ》の大なるもの也。帝堯一人の奇特《キトク》にあらず、理の當然なり。しかれ共此理の當然を行ふと至德にあらざれば行ひがたし。光二被ス四表一ニとは天の覆《ヲヽフ》ところ、地の載《ノスル》ところ、日月の照す所、霜露の隊《ヲツ》る所、舟車の至るところ、人力の通ずる所、凡血氣あるものは尊親せずといふとなし。聲名中國に洋溢して施《ヒイ》て蠻貊《バンハク》に及び、數千歳の末の世に至り、日本の遠方の者までも心にしたがふとあり。格《イタル》二于上下一ニは天地の化育を助て、陰陽の氣至−和至−順なる故に、風雨民の願にしたがひ、時に雨ふり、時に風ふき枝をならさず、壤をながさず。鳥獸魚虫草木までも其澤をかうぶりて、其生をとぐるをいふ。帝堯六尺の身、方寸の神舍如レキ斯ノの廣大に至れり。神明不測の妙天下古今これにしくものあらんや

273 一　心友問、易經にをいて程子は理を主として傳をし、朱子は卜筮を主として本義をせり。陽明子云、卜筮は是理也。理も又是卜筮也。卜筮は疑を

たりし歷々も武勇衰へて、事あれは地下に仰付られぬ。故に平淸盛受領の五位より武功を以て進み、大相國に至り、終に天下の權威を取たり。如此武偏勝れたる平氏も纔に廿年の間に武勇衰て、木曾義仲源義經にたやすく亡されたり。源氏關東より起て上方の平氏を討亡してより後は、北條家にいたるまて關東武者は剛强にして、上方者は柔《ヤハラ》かなる樣に慢り輕しめたれとも、楠正成は上方の柔なる中より出て、しかも小勢なれとも關東の大勢を挫き、世人皆鬼神の樣にいへり。然れは王代武家始終人のかはりあるにあらす。東西强弱違ふにあらす。其始は質素の風ありて人民を愛しつる故に、武勇の譽あり。これ仁者は必す勇あるにあらすや。其終は奢て用たらされは、人民を愛するとあたはす。後々は習と成て民をは愛する者とも思はす。一向責せたけ、しほ

274

決し吾心を神明にするとを求るなりと。まとに發明なりといへども、いまだ心よく落着せず　云、易に無卜の卜、無筮の筮あり。卜筮を用るは末也。禮樂に玉帛鐘皷の有がごとし。故に卜筮を主としていへば卜筮にあらずといふとなし。理を主としていへば、天下の理易にもれたるとなし。初九ハ潛龍ナリ勿レ用ルヿ。君子潛龍の時に當ては、よく其才知をかくしてひとり其身をよくし、德を養ふべし。如此するときは吉なり。これに反する時は凶なり。これ卜筮を不用して占明かなり。他皆これにならふべし。無筮の筮にあらずや。理を以て占ひ考るに、たがふ事なきとは筮を用るに及ばず。たゞ事のうたがはしきと、時の變に至ては常理のいまだあらはれざる事あり。こゝにをいて卜筮を用て天に問なり。これ又理也。神明は不測なれども、神明理にたがふことなし。故に理の必然なる事には卜筮を不用

一心友問、陽明子云、目に体なし。万物の色を以て体とす。耳に体なし。万物の聲を以て体とす。鼻に体なし。万物の臭を以て体とす。口に体なし。万物の味を以て体とす。心に体なし。天地万物感應の是非を以て体とすとはいかん　云、しかり。此理明白也。唯心は空を体とす。故に天地万物

りとるものなりとおもへり。奢りやはらかになり、武勇を失て滅さるゝに至ては手間もいらす　問、義經正成軍法いつれか勝り侍るや　云、正成も義經に習といへり。是心を義經に取て、時處位に應せし人也。楠の時と今とは世中の時勢大にかはれり。正成の上手をせし跡を似せて、將の器量もなく、勝負の利もしらすは大負をすへし　問、甲州流越後流信州流なとゝ申侍るは如何　曰、三家の中にて將のすくれたるは景虎也。功者は信州甲州にありとみえたり。然れとも近代の軍法はせり合の手行也。少事を知にはよかるへし。義經正成義貞の後は實の合戰はなし。武道の衰へたるゆへ也　問、何をか今の時所位とせんや　云、將の器量ありて勝負の利をしる人、古今の時變を考へて當るへきところなり。兼ていふへからす

にをいて感應せずといふとなし。たゞ心のみならず。目耳鼻口も同じ。目に色なきは空なり。故によく五色を明らかにす。耳に聲なきは空なり。故によく五音の〔○の十二行本を二作ル〕きく。鼻に臭なきは空なり。故によく好惡をしる。口に味なきは空也。故によく五味をわかつ。これ皆心の空竅を目耳鼻口にひらくものなり。心は生々の理を以て神とす。日として生せずと云となし。困神理、是を性といふ。性は心の本然也

一　學友問、老子慈謙儉を三寶とす。其意いかむ　云、慈は仁の實也。人を愛すれば人も亦己を愛す。人の悦ぶ心をあつめて、親を敬ひ子を愛す。和氣身にみちていのちながし。善をよみして惡をにくまず。至公無我にして心ひろく体ゆるやかなり。天地万物皆己が有なり。太虚を心とすればなり。人の貧賤も己が貧賤のごとし。故に義に當て財をおしまず、人の富貴も己が富貴のごとし。故に富貴の人の德ありて士を敎へ、民を安ずるは己が子のよく家を保て、己が子を養ふがごとし。不德にして士を不敎、民を不安は、己が子の不明なるがごとし。耳に聞目に見るべし。口にそしるべからず。敎べくして敎るとあたはざるは命也。謙は虚明の德なり。心一物なき故に

207 朋友問、君子は大受すへくして小受すへからすとは何ぞや　曰、大体にしたかふものを大人とし、小體にしたかふものを小人とす。君子は大人也。天下國家道ありて德を尊時は用らるへし。國家天下道なくて事物の末による時は用らるへからす。才にも又大小あり。小目の網をくゝる小魚は盆山の水に養へし。鯉魚は出泉の池に放へし。呑舟の大魚は大海の不測に遊へし。鯉魚を盆中に入時は、躍て座中に水をこほし、魚もまた生を遂す。呑舟の魚を池に放は却て螻蟻の爲に制せらるへし。故に廣才の人には國家の大難をはらはしむへし。天下の大患を解治しむへし。廣才を小事に用る時は小人の爲に妨けられ、小才を大事に用る時は、鼎足を折のみならす、乱のはしとも成ぬへし

208 心友問、顔子に非禮視聽言動するとな

天下の益を來して爭ことなし。明らかなるが故に天下の人みな己にまされる所あるを見る。故にゆづらずといふことなし。天下の知をあつめて用をなす人のために苦をになはず、常にゆたか也。天下の谷となりて人に上たらんことを欲せず。しかれども謙は尊くして光り卑くして踰《コユ》べからず。人にくだる者をば人常に愛敬す。吉祥家門にあつまる。儉は無欲の道なり。足ことをしる者は富り。不貪をたからとするの義也。事をもとめず、物を備へず、所有に隨て心たりぬ。物すくなく事しげからずして靜なり。まことに慈仁にして五倫和睦し、虚明にしてくらからず。無欲にして求なくば、これに與ふるに天下を以てすともかへり見るべからず。いはんや國郡をや。富これより大なるはなし

276

一　心友問、貴老老佛は虚無をきはめ得ずとのたまへり。彼は虚無を其道としてくはし。聖學は虚無を學とせず。何を以てしかの給ふや　云、我心則太虚也。我心則聲臭形色なし。万物無より生ず。聖學は無心にして虚無存せり。虚無の至なり。老佛は虚無に心あり。故に眞の虚無にあらず。心を用ひて虚無をいふ。故に其學くはし。しかれども爲にする所あり。陽

かれと教給ふ。章の心大体は通し侍れとも詳に得かたし　曰、仁は人也。人の人たる本然を得るを仁と云。禮は天理也。非禮は人欲の私なり。人欲の私きよく盡て、天理流行するを非禮視聽言動せすと云

問、言と動とは己より發することなれはさも侍るへし。視聽は人よりむかふもの也。惡人の朝に不立、惡人と不言のはけしき行なくてはまぬかれかたからむか　曰、鹿を逐ものは山をみずといへり。山を見すしてはいかてか逐へきや。鹿に心の專なれは、見てみさるかことし。已が心天理に專なれは非禮を見聞といへとも不見不聞かことし。堯舜は天下を有給ひてもあつかり給はす、況や外より來るものをや

209 學友云、俗に心學といへは替りたることくおもひ侍り、常の學に非すと云ものあり。文盲なることなり。世に聞なれたる內典外

明子云、聖人といへども、仙家の虚上に一毫の實を加ふることあたはず。しかれども仙家の虚は養生の上より來れり。佛家の無上に一毫の有を加ふることあたはず。しかれども佛家の無は生死の苦海を出離するの上より來れりと。告子が不動心も又似たり。心を不動上より功夫を用る也。心の本躰は原不動なり。なす所義にかなはざる事あれば動もの也

277 一心友問、移シレ風ヲ易ルハレ俗ヲ無シレ善キニハ於樂ヨリ一。今の樂を以て民俗風化に益あらんと心得がたし　云、先民俗風化の本たる道學興起し、上に賢君立給はゞ、今のあやつりなどいふものも、孝子忠臣貞女等の故事をのべて、農工商家業の暇《イトマ》に及て、勞役を休せしめがてら、これをみることを得せしめば、風化にをいて益あるべし。他の良心を感激《カンゲキ》する事すくなからじ。糸竹の雅樂のごときは道學に志す者か、又は上臈に生付たる人ならではおもむきがたし。道の行はるゝ事數年せば、いやしき心耆の習など去て漸くおもむくべし。道德を本として禮樂行はれば、すたれたる音律歌舞の曲も漸を以て興るべし　問、有德の君出世し給ひ道學の興起するまでの事はかたかるべし。しからずとも孝子貞女忠臣義士等の故事を以て操《アヤツリ》とし、能《ノウ》として

典などいふあやまりを常とおもふとみえたり。又心學の心の字を新の字とおもへる者も有といへり。聖人の學は心學なりともいひ、新盛德ともいへは、いつれにても義理はよく侍れとも、あしくいひなし侍り

曰、學ならは學道ならは道なるへし。儒道といひ心學といひ、上に名をくはふるは病あり。道は天地神明の道也。太虛天地唐日本共に一貫にして二あらず。學は是を學ふのみなり。心を離れて學あるへきやうなけれとも、世の學者見所違て、心を外にするものあるゆへに、心の字を加へぬれは、道理なきにあらされとも、德の衰へたるが故也

210 心友問、獨を愼とは居間などにひとり休みても、人前のごとく作法正しくすることにて侍るや。一たひは張、一度は弛すは文武の道と聞侍り。人前と獨居と同しやうにて民俗の男女に見せしめば、其本心の發見をもよほし、善心をひらきみちびくべきか

云、道なくしてこれをなさば必奢べし。奢て財を費さば、其ながれ皆民間の困窮なるべし。此能あやつりのために、妻子離散し、田宅を失ふ者多からむ。心肝をいたましめてこれをきくことをいとふべし。何の風化の益かあらむ。其上始は故事をとるとも十年の前後には事かはり、風俗をそこなふやうなることに成行べし。よからんと思ふ事も、本たゞずしては皆害になるものなり。一向に善事もなさでうちをきたるにはおとる事也。あやつりなどの座の者は、凡俗の中にてもすぐれて習ひあしゝ。かやうの者の心氣風俗もかはりゆき侍らん時ならでは、故事の善も定り侍らじ

問、禮樂をしたふ者あれども、ふせぎてなさしめざる人あり。其言に云、絃などは世に人のしらざるを以て其家の規模とす。俗にひろく成ては詮なき事也と。まことに公家などは世俗のしらざる風流あるを以て、人のおもひなしもことに侍り。糸竹の樂世にひろまり侍らば、公家の御爲にはあしくや侍らん

云、樂の世にひろくなることは公家の御爲にはなを以てよき事に侍らん。樂をしらざる人の耳には、樂も能拍子《ノウハヤシ》も、つくし琴も同じこと

は、甚究屈にして遂かたかるへし　云、人前には人前の則あり。獨居には獨居の則あり。何ぞ事を一にせんや。其上獨を愼知を愼むの心也。古は文法易簡なり。一字を以て二字の心を兼たる例多し。中と云て庸その中にあり。獨と云て知その中にあり。獨しる所は人前獨居のへたてなし。人前といへとも吾心の獨思ふ事は人更にしるとなし。吾心の獨知所を愼む時は外の究屈なるとなし。思無邪、無自欺誠意、これ皆愼獨の義なり。心上に一念發すれは、善も必自知、惡も必自知は知なり。知は心の神明にして本善惡なし。故によく善惡を照す。口に五味なくしてよく五味を辨へ、目に五色なくしてよく五色を分ち、耳に五聲なくしてよく五音を聽かとし。このゆへに獨知を以て主人公としてこれを愼むは尊德性の義也。夫思は心の官なり。然れとも天理自然

におもへり。其中能ばやしつくしごとなどはおもしろし。樂は何のおもしろげもなし。少し學びてこそことなるものゝねも聞へ侍れ。たとへ世俗達者に琵琶琴をしらべ侍れども、爪音のけだかき所、公家には及び侍らず。物かきたるも手はわろけれど、公家の手跡はいやしからず。能筆にても平人の手跡はけだかき所なし。世々天のゆるせる位ありて、居は氣をうつすの道理也。しかれば樂び廣く成て、始て公家の公家たる位もしり侍ぬべし。しからざる人はたゞいらざる物ながら、そなへ物とならでは思はず。其上何程すゝめなさしむる共、ひろくは成侍らじ。至理の寓する物にてあはき聲なれば、俗とをきもの也。つくしごと、さみせん、能拍子などのおもしろきをすてゝ、思ひつかれぬ樂を好む人は百千人に一二人也。異なる志ある人ならでは好まず

278　一　心友問、いかなるをか是中和とせん　云、いひがたし。過不及を知ところ今日の中和也《困ともいへり》。。中和を致して天地位し、万物育すといふものは德の至り也

279　一　心友問、天地万物の始終十二万歳の數何を以てかこれをしるや　云、

の心より出たる思ならすして、人欲の私に依て發する思は邪也。此兩端を獨知に照して私欲の思なきを無邪と云。これ又愼獨の意也。獨知を愼て不自欺時は意誠なり。如此なる時は心廣体胖也。浩然の氣天地の間に塞る、万物皆我身に備れり。天地太虚已にあらすといふとなし

211 心友道の行はれんとを願ふ　云、吾子馬を失はんか、睽の初九ニ云ク、喪フレ馬ヲ勿フメレ逐コト自ミ復ル見テニ惡ノ人ヲ一無シレ咎と、夫そむいて道行はれさる時、下位に居る者身に道學ありても、世に學を起し道を行はんと欲する時は、遠く往むとする者の馬を失ふかとし。觀て獨其身をよくする時は害ある處なし。遠く往むと欲するの思をやむる時は、馬を逐求されとも馬みつから歸たるかとし。此時に當《アタツ》ては惡人といふとも避へからす。形同して心異なるへきのみ。小人を

一晝夜則十二万歳に配す。陽明子云、夜氣淸明の時視ことなく聞となく、思ふとなく作ことなく、淡然平懷なるは則是伏犧氏の世界なり。平旦の時神淸く氣朗にして雍々穆々たり。則是堯舜の世界也。日中以前禮儀交會氣象秩然たるは則是三代の世界也。日中以後神氣漸く昏く往來雜擾するは則是春秋戰國の世界、漸々昏夜にして万物寢息し、景象寂寥たるは則是人消し物盡る世界、學者良知を得て氣のために乱されずば、常に犧皇已上の人とならんと、晝夜の道に通じて死生をしり、死生に通じて天地の有無を知べし。有形のもの何ぞ常なるべき。我無に歸する所則天地の終也

280 一 心友問、聖賢君子は大に人に異なり。しかるを其世に人知ざるとあるは何ぞや　云、君子は富士山の如くならんとおもへるか。富士高しといへども平地にしかず。万山を載て重しとせず。河海をおさめてもらさず。廣厚の德ありといへども、平地何の見べきとかあらん。世中少し學知有者、大に衆に異なるが如くなるは庭前築山のごとし。其すこしきなるとをしるべし

281 一 心友云、人死して其神天に歸すといへり。何の精神か一物と成て天に

見しらすして心を合する時は、終に必すそむく者なり。初より異ならは何そ睽へきや。道を學ふものは心おとなしかるへし。我より人をさけは人何そ睽かさるへき。人は人と交へし。小人といふともさくへからす。又今の時道行はれす、學者と世間とそむけるとは世間の罪にあらす。世に道學の名あらはれ、道を學ふといふ人はし〳〵あれとも、世にをゐて益ある事は見えす、かへりて害ある事は見えたり。害のはしいまた多し。道學いよ〳〵世にうとまるへし。道の行はるへからさる命也。害をなす者は心のまゝに動て、害をとゝむへき者は其害をなす者の罪をかうふりて、動とあたはす。世人其本を不知。これも又時の勢也。世人の罪にあらす。世に道學の名あらはれて世に大に助ある事一あり。むかしのまゝならはあやうかるへし。しかれとも此義吾人の口より

歸すべき。魂氣游散し魄体蟬脫のごとし。空々寂々たり。たゞ此空のみ本來の常体ならずや　　云、しかり。世人形体の上より見を立るが故に、生死を以て二にす。この故に天に歸するの說あり。吾本不來、天と吾と一也。何の歸するといふとかあらむ。吾心の靈明則天地の万物を造化する主宰也。則鬼神の吉凶災祥をなす精靈也。天地鬼神の精靈主宰なくば、吾心の靈明もなからん。吾心の靈明なくば、天地鬼神の靈所もなからん。今死体の人は精靈游散す。死体の者の天地万物いづれの所にかあるや。故に君子大をかたれば天下よく載ことなく、小をかたれば天下よく破となし

一　心友問、朱子道心常に一身の主と成て、人心每に命をきくといへるを、陽明子二心也といへり。程子の人心は人欲也。道心は天理也といへるを引て云、天理人欲並立ず、何ぞ天理主と成て人欲の命をきくといふとかあらむと。程子朱子王子いづれも賢者なり。他の文義にをいてはみる所かはり有共、人心道心天理人欲の所に如此のたがひはあるまじき事ならずや　云、尤心は一也。人心の正を得ものは則道心なり、二あるにあらず。惣じて語を解と古人の意をむかへて見ずして、言語文章のみを以てする時は、

出すへからす。いふへき事なれとも、いはゝ聞にくかるへし。是又人情を知ところ也

問、これ人しらすして世に功あるは陰德なり。此陽報は後世必す道行はるへきか

云、德と害といつれか多少ならん。此後の事知へからす

問、形同しからむも異ならむも終に見もせぬ人の賢知の人をにくみそむくは何そや

云、是人情のかくなりゆく勢あり。賢知のきこえある人をにくむ者は愚にあらす。必すみつから才知あり、勇强なり、爭心あり。故に己にしたかふものを好して、まされるをにくむ心あり。睽ノ上九に云、睽テ孤ナリ。見ル二豕ノ負ルヲ一レ塗ヲ載ス二鬼ヲ一車ニ一。先ニハ張リ二之カ弧ヲ一。後ニハ説ス二之カ弧ヲ一。非ス レ寇ニ婚媾ス。往テ遇テレ雨ニ則吉ナリ。曰上九ハ睽の時に當て上に立り。强剛にしてみつからよしとす。賢知の助なきはそむいてひとり也。我知に自滿して賢に降らさ

古人の苦心かくれて見えざる故に、非をあぐるとあり。今愚朱子の意をむかへて見に、人心道心二ありとするにはあらず。道心一身の主と成て人心命をきくといへるものは、しばらくたとへをとれるなり。故に云、心の虚靈知覺は一のみと。性命の正に本づきて天理の上より知覺する時はこれを道心と云。形氣の末によりて知覺する時はこれを人心と云。尤人心を人欲と見も所によりての文勢也。堯舜傳受の人心道心は天理人欲をさしての給ふにあらず。人欲なれば危といふまでもなく惡也。危といへるものは今あしきにはあらざれども、あしくなるべき勢をいふなり。人心は此形の有間、形につきて知覺運動するものをさして云なり。寒暑をしり飲食男女を知所（困類）、也。これを人欲と見は異學に似たり。人欲にはあらず。義理の上より知覺して寒をふせぐべき理に叶てふせぎ、暑をさくべき理に隨てすゞしくし、飲食すべき理ある物を飲食し、男女も禮あり理ありて相親む。これみな道也。何ぞ人心を人欲とせん。寒暑其分にこえて温凉を求め、飲食己に得ざる物を飲食し、男女禮をまたず、理に不叶して相交は人欲の私なり。此形ある間は形に付たる生欲あり。此生欲の好む所は實にして虛ならず。求め

るのみならす、才徳のきこえある者あれは、己をそしるものなり。志たがふとのみおもひて忌悪むと、豕のけからはしきかしかも泥を身に蒙りたるを見るとく、阻て嫌る也。上に立人賢知をにくむとしる時は、小人これに力を得て様々虚説をいひ讒をいるゝもの也。鬼を一車に載るとは無とを有とする也。悪む心よりは人の無ことをいふをもあるとゝおもへる也。然共本善人なれは實の敵にもあらす。正しき人なれは悪むへきともなし。先には弓を張て射むと思ふほと怒しかとも、後には弓を弛してやはらくなり。陰陽交て和する時は雨となる、婚媾の理なり。物極れはかならす變するは常の理也。君子たそむくと極れは反て和する時あり。君子たる人一旦の災難によらすして、正理を守て時を待へしと也。又悪まるゝ人かならすしも君子に非す。悪む人必しも小人にあらさ

283

に應ずる物も又形色あり。物あれば則あり。故に此生欲の節に中るべき精靈の照しは微妙にして聲色なし。精一の工夫をろそかなれば存じがたし。精といふは心を神明にして相火たかぶらず。氣にごらず。清淨の眞樂存ず。故に形氣の欲にながれず。一は一團の天理のみにして形をふむもの也。二心なく二道なし。陽明子當世の學者の心理を二にして、外に向ヒ去ルの病を格《タヾ》すに急なれば、朱子の苦心を察し意をむかへて解にいとまなく、時の弊によりていへる成べし。又程子の人心を人欲といへるは生欲の心なるべし。かろく見て可也

一　心友問、陽明子云、唐虞以上の治は後世復すべからず。三代以下の治は後世法とるべからず。惟三代の治可行。しかれども世の三代をいふ者、其本を明にせずして、其末を事とす。又復すべからずと。三代の法令の時に叶侍るや　云、万世師とすべく、他方法るべきは堯舜の治也。禮いまだ備らずといへども、渾然として存ぜり。篤恭にして天下平なり。易簡の善至德に配し、中和を致して天地位し、万物育するの至也。子思云、仲尼堯舜を祖述し、文武を憲章す。孟子云、堯舜を師としてあやまてる者はあ

れとも、情のそむく所よりはなれもてゆきて、そむくものゝ所にはそむく者の言聚る者なり。虚説造言共になき事を以てあることゝいふ也。鬼は形なけれは車にのすへからす。しかるをのすると云かことし。昔物語又は今もよそのことには實說のことくにて、人をまとはす虚説讒言を信すましきことをも、人ことにさとれとも、身の上に取ては辨かたきものなり。孔門の曾子は大賢也。又國中に同名の者ありて人を殺せり。名の同しきか爲にあやまりて、曾參人を殺せりと告るものあり。賢子曾參の母、杼を織けるか、少も不驚してはたををると常のことし。又來て告る人あれとも信せす。又來て告るものあり。其時母杼をなけ捨て走れり。夫曾子の賢と、其母の信とを以てたに、三たびに及時はかくのことし。聖賢の知にあらされは讒を信せすといふことなし。しからしと、唐虞三代共に其本を明かにする時は一也。其末を事とする時はみな復すべからず。三代以下は道行れざればいふにたらず。世の三代をいふもの多くは周の博文の末を事とせり。夏商をまじへ、時に應ずるをとれる者すくなし。孔子ノ云、夏《カ》の時を行へ、殷《イン》の輅《ロ》にのれ。周の冕を服せよ、樂《ガク》は則韶舞《セウブ》をせよ。これ孔子の堯舜三代の法の其時に行ふべきものを取給ふ意なり。聖人の法は春夏秋冬の時によりて、衣服飲食動作の異なるがごとし。久ければ弊《ツイエ》あり。故に時に因て損益すべし。又曰、麻冕《マベン》は禮也。今純《イト》は儉せり。吾は衆に從と。緇布冠《シフクワン》は三十升《ヨミ》の布を用ると禮の法也といへども、今の人の手になりがたし。故に世人これを省約す。孔子もしたがひ給ふ也。三代の禮といへども、今の世の人情時勢氣力に叶がたきものは用べからず。万々歳といへ共日本の他方といふとも、祖述して師とすべきは唐虞の治也。孔子ノ云、無爲にして治るものは其舜か。黄帝堯舜衣裳を垂て天下治

問、陽明子云、行ふに太古の俗を以てせんと欲するは老佛の學術也と。まことに反《カヘリ》レ朴《ハク》ニ還《カエル》レ淳《ジユン》ニことは万事を放下せずば叶べからず。專ラ無爲を事とするは三王の時に因て治を致が如なると不能

云、無爲にも

るに聖賢は讒の入へき事を恐れ給ひて、讒者を近付たまはす。凡人は吾知に自慢して讒なとはきゝ入まし。何事をもかたらせて廣く聞たるかよきなとゝいひて、讒者を近付ぬれはつゐに善悪をあやまりて、後世のそしりをいたせり。況やそむく所にそむくとの聚るをや

212 心友問、箕子周に臣たらしとて、又洪範を武王に傳るとは何そや　曰、洪範は天の禹王にあたへ給へる也。殷の紂罪究て獨夫となるゆへに、天又天下を以て武王にあたふ。洪範は聖主の天下を治る大法也。天の天下をあたふる人に傳へし、何そ私の遺恨を以てこれを廢せんや。平氏三種の神器を抱きて海に入しときの無道をよしといはんか。天下古今のいたむ所也。箕子周に臣たらすして朝鮮にいたるとは、周を非とするにあらす。殷の世臣なれは、其身一人

又眞あり。跡あり。時に因て治を致して近者いとはざるは則無爲なり。俄に太古淳朴の跡をかへし行はむと欲すとも得べからず。勢ある人しゐてなさば大に害あるべし。天下の大乱は虚文勝て實行衰るによるといへども、事を以て儉約朴素にかへさんとするは、たゞ其まゝの虚文不實にして、すてをくにはをとりて、乱いよ／＼すすむべし。事の多少博約にかゝはらず、唯心の誠を立て、天下誠を尊びば太古無爲淳朴の眞ならむ。風俗は漸《ゼン》を以て復して害あるべからず

284 一心友問、下學上達は下《モ》人事を學て上《ミ》天理に達すといへりいかむ　云、しかり。陽明子云、敎へて學べく、功夫を用べき者は皆下學也。上達は下學の裏にありと。耳目の聰明說解の精微心思の功夫は人事也。此人事の中より耳目言說心思の人力に及べからずして、自然に得者あり。これ則上達の天理なり。下學のつとめの誠あるによつて至べき所なり

285 一心友問、知行合一といへども、知て不行者多し。知とは易く行とは難し。されは知行合一とはいひがたからんか　云、王子云、知は行の始なり。行は知の成也と。此說易簡にして得たり。知といへども行はざるは始

の義を立るなり　問、王訪于箕子とある時は、武王みつから屈して、箕子に就てたつね給ふなり。箕子を召とも箕子志を屈して至らさらんヿを知給へは也。朝鮮に封して賓とし給ふも、臣たらしの志を遂しめ給ふ也。これ實に忠恕の道なるか　曰、しかり。武王箕子の志に隨て違給はさるも、みつから其道を伸るなり。屈するにあらす。平人よりいはゝみつから高ふるの私心を屈して、賢を尊ふの天理を伸るとやいはん。箕子も獨夫の奴となりて天子に臣たらす、天子を來すも天理を伸るなり。武王も天子となりて獨夫のとらはれ人に禮を厚くし給ふも、みつからの天理をたのしむなり。其實は一なり

集義和書卷第九終

あらずといふヿなし。よく終あるヿすくなしといへるものなり。知ヿ實ならざるが故に成ヿなき也

286 一　心友問、周子靜を主とすといへり。心を存すればおのづから靜かなり。自然に未發の中立がごとし。いかむ　云、靜によりて靜を求るは氣の靜也。今の人氣を定得て存心とおもへるは未發の中にあらず。古人靜を主とするの功夫は、平生義にうつり、理にしたがつて私なきを無欲とす。無欲なれば心自然に靜にして未發の中存ず。此未發の中は動靜を以て損益なし。靜を好むは動をいとふ心あり。理にしたがふヿ專ならず。物にさへらるゝは眞の靜にあらず。程子定《テイ》性を云、定《テイ》は心の本体也。動靜は遇ところの時也。王子云、精神道德言動大方收《シウ》歛《レン》を主とす。發散は是不レ得レ已也。天地万物みな然り。此說主靜の功に益あり。人常に不得已して應ずるときはあやまちすくなし。心無欲にして行無事也

287 一　心友問、俗樂眞樂の分いかむ　云、憂苦を去て悅樂を求るは俗樂也。天地の理陽のみにして陰なきヿあたはず。人生の境苦樂たがひにいたれり。苦をいとへども去ヿあたはず。樂を求れども得ヿあたはず。たま〳〵樂を

集義和書巻第十

義論之五

213 心友問、同姓不娶の法、いまた日本にをいて掟なきヿなれは、いとこよりは俗に随て不苦とゆるし給へとも、近年同姓をいむの義を聞傳て、其禮を守るもの少々出來侍り。これほとまての禮義をしるヿも又大儀也。漸く知たる知覺をむなしくして、不苦とゆるし給はむヿはほいなきヿ也。且いとこをゆるさば叔母姪にもをよひなん。それより後は禽獸に近くなるへし。只此勢に随ひ、儒法として堅く同姓をいみ、禮義の則を廣く教たきヿに侍り　曰、まヿにねかふ所也。然とも此禮を云ものは、貴殿なとしたしみ給ふ人十人廿人には過へからす。扨は京家の格法の學者廿人卅人にこゆ

得ても樂中に苦を生ず。況や患難の來ること多の寒氣のいたるがごとくにして、ふせぐべからず。故に俗樂は佛家にいへる水の泡の如く、電《イナビカリ》の影のごとく、幻《マボロシ》のごとくにして其有無を定がたし。眞樂は悦樂憂患を以て二にせず。憂べくして憂といへども、憂心中人欲のまじはりなければ、其樂を改めず。悦ぶべくして悦ぶといへども、其喜心中人欲のまじはりなければ樂で淫せず。怒るべくしていかるといへ共、火氣の動なければ心-体廓《クワク》-然太-公にして本体の正を不失。たとへば外人の相-爭《ヒ》相-鬪《タヽカフ》者を見がごとし。其非道なるは我心にも怒る。いかるといへども我にあづからざれば心不動がごとし。病苦といへ共、病のために心体をくるしめず、常に快-活《クワイクワツ》の本-然を不レ失。此心の不動ところ則樂《タノシミ》也。ひとり死生の理にをいて聖學の徒大体まどひなし。晝夜の道とひとしき理はさとれり。しかれ共其心死にあたりては日くれていぬると同じくおもふとかたし。こゝにいたりて毫髮もいさぎよからざる所あるは、全体にをいていまだ融《ユウ》-釋《エキ》せざる所ある故也。さればいまだ至樂にいたることあたはず。世間死をよくする者多しといへども、或は名により、或は學見により心を起して、強て安ずるなり。晝夜の

へからす。此人ことはかり語て、天下の數しらぬ世俗の人情をしらす時勢をかんかへす。纔に相交る人を以て天下の多にあてゝ、時至り勢よしとおもへるは不知也。今天下の人皆聖人と同性同德なれとも、いまた聖人の學を不聞。貴賤共に衰世の俗に習ふこと百千歲也。何ぞ禮義をならふにいとまあらんや。古の聖人伏羲氏よりこのかた相繼て起り給ふ。其間近きあり遠きあり。伏羲より神農に至まて一萬七千七百八十七年、神農より黃帝まて五百十九年、黃帝有熊氏在位百年なり。是まてを三皇と号す。少昊金天氏在位八十四年、黃帝の子なり。顓頊高陽氏在位七十八年、黃帝の孫なり。帝嚳高辛氏少昊の孫なり。在位七十年にして崩す。子摯位をついて不德なり。九年にして廢せらる。天下帝摯の弟放勳を尊て帝とす。此帝堯なり。帝堯陶唐氏在位一百歲

288

道に通じて知者すくなし

一　心友問、世の學者の云、人死して精神なし。父母先祖を祭といへ共、其祭を受べき者なし。たゞ孝子の心の死に事ると生に事る如くするのみ也と。誠に我人共に死しては何かあるべき

云、如此見て悟道せばまことに易き事也。たゞ人心のみを見て此見あり。人心は形氣の心也。此形なければ此心なし。吾人の本心は理也。理は無レ始無レ終。生生して不レ息。則性則心也。君子は此理明らかにして存ず。死生を以て二にせず。人心も天理を以て動ときは形色共に天性にして、形をふむ者也。亡びざる者は常に存じ、亡るものは今よりなし。生死を以て有無をいふ者は道を不知なり

289

一　舊友問、貴老いにしへ仕官の時、罪人あれども吟味もし給はず、殺すべき者をもたすけ給へり。和に過たると申者あり

云、野拙はむかし風にて當世の風にはあひ侍らず。むかしの武士は人を大切におもひて、理屈をやはらげ侍れば、罪科に行ふべき者をも、又よき所あるものなればおしみてかくし置、我と悔さとりて改めんとを欲せし也。世上の理屈を以ては殺すべき者なれども、其身に成て見ればことはりもありながら、命をおしむ

なり。帝舜有虞氏在位四十八年なり。是までを五帝と號す。合せて三百八十九年なり。禹湯武を三王と號す。禹より湯に至るまで四百三十九年なり。湯より武王に至まて六百四十四年也。伏羲氏の初て起り給ひしヿ學ありていまた禮義法度なし。神農氏繼作り給へとも、耕作醫術の民を養ふへきヿ多し。黃帝の時、禮樂の器あらはれ文章略見えたりといへとも、いまた期數の定なし。五帝の時禮義法度大槩ありといへとも、易簡にして行ひ易し。人民の情にさかはす。德化により善に勸て人の欲するに隨て制法出來ぬ。夏商を歷て周に及ひ、文明の運極り器物飲食大に足、無事至りてなすへきヿなし。こゝにをいて人情を溢れしめさらむかために、禮義の坊多く出來數期こまやかにかたし。皆時所位に隨て行ふもの也。今の時器物多く人奢れるヿは周の盛世

樣なるゆへに、默してことはりをもいはざる者有、其心を察して助け侍り。今は世間無事なる故に、理屈專にして人を愛せず。罪過をもとめ出し、理屈を以て穿鑿せば、直なる人は多くは侍らじ。世間さはがしく國家あやうき時は、用にも立べき者をば、何事をも見ゆるし、言葉をやはらげて賴むもの也、といへり。儀にひきかへてはみぐるしかるべき事をおもへば、かねて有事無事一ならんヿをねがひ侍り

一　心友問、間思雜慮の妄念はらへ共跡より生じて克去ヿ成がたし。いかなる工夫にてか此心魔《マ》を降伏《ガウフク》すべきや　云、吾子何のために此妄念をいとへるや　云、悟道を得て惑なく、心樂を得て苦なからんヿを欲す　云、何ぞや吾子が悟道と云は、闇夜の明たるがごとく惡夢のさめたるが如くならんと思へるか　云、しかり　云、何ぞや吾子が願へる心樂といふは、世間諸の苦痛去て、心常に快樂ならんと思へるか　云、しかり　云、それ諸の惑、諸の苦は皆私欲より生ず、吾子凡根の私欲を秘藏して、私欲より出るものを去《サル》とも終身功なけん。佛者の今生やすからざるが爲に後生を願がごとし。其心則地獄なるヿを知ざる也。貪欲を本として願へば

のゆたかなるにもこえつへし。然とも人民の心の禮義に習はさるとは伏羲の時のとし。伏羲の民は禮義を不習といへとも質朴純厚にして情欲うすく利害なし。今の人情欲厚く利害深きと其習十百年にあらす、根固く染深し。俄に世俗の人情を押へ、急に利害を妨げは、道行るへからす。今の世の民を教るとは、幼少の者を導かとし。童蒙は養て神知の開くるを待へし。世俗は學を先にして禮義を欲するを待へし。三四五歳の童は義の端すこしあらはれてもの耻かしき心あり。知の端すこしひらけて美惡をわかつ心あり。然ともいまた義不義を弁へず。善惡是非をしるには及はす。六七八歳に及て辭讓の心生す。故に聖人八歳に至るを待て小學に入給ふ。しゆるとなくて、其固有と時とに從ふ也。五六百歳このかたの世俗は五六歳の童の時のとし。先學校の政を以

にや、後生を願者は欲ふかく惡行なる者也といへり。世間惑を行て才知有とし、苦を聚て利とする者は終に道學をきかざるの人也。吾子苦惑をさとれるとは平人に異なるが如くなれども、凡心の私欲利害を帶たるとは同じ。夫欲と惑とは一病兩痛にして、間思雜慮の源也。此源を不絶して此間雜を克治せむとす。凡心を以て俄に聖人の無思無爲寂然不動感じて通ずるの位を望めり。是義を以て襲てとるといふもの也。身を終るまで得べからず。吾子恒の產なけれ共、恒の心あり。盗をせざるの事にをいては精義入レル神ニ。故に盗をすべき間思慮なし。盗をしたる夢もなし。これ何の工夫何の學に得たるや。此一事には欲惑の病なければ也。故に一分心を盡せば一分の明悟安樂あり。明悟安樂ともに性の妙用也。性を盡に從て生ず。明悟安樂を求めんがために學ぶ者は私欲なり。私欲を以て道を得べきとかたし。心はこれ活潑々地生々不息の理也。是故に心の官は思といへり。私欲の累《ワヅラヒ》除て天理流行する時は思慮皆其官を得。これを一致百慮ともいふ。淸水濁水同く一河の流なるがごとし。思慮はたとへば水のごとし。間雜は濁のごとし。濁をいとひて水をふさがむとするとも、源ある泉なればとゞむべ

て是非善悪を辨ふる知をひらきて耻をしるの義を勸むへし。數十年數百歳を歷て後の君子を俟て禮義を起さしむへき也。伏羲神農の德の周公孔子に劣れるにあらす。周公孔子の知の伏羲神農に優れるにあらす、時を共に行ふ也。只時に中せさるをとれりとし、時に中するをまされりとすへし。三皇五帝三王周公孔子共に時を知て時に中するの知は同しかるへし。德は三皇五帝をまされりといふへし。天地開け人道あらはれて、即時に行へき禮ならは、何そ三皇五帝同姓をめとらさるの法を立すして、何そ周を待へきや。今の學者時にあらさるの禮をしい、つとめて人情時勢に戻り、たま〳〵道の起るへきめぐみあるに、實をつとめすして末をとり、ついに本末ともに失ひなば、後世必す時をしらさるの笑ひあらむか。よく幼童を養育するものは、我童蒙に求るに

からず。間雜を忌て思慮をやめんと欲すとも、心の活潑流行なれば絶べからず。源泉ながれて不ㇾ息ときは、まじはりたる濁は一旦の事にて、根なきものなれば、終には本源の水ばかりに成て淸也。學者も又期する所なくして實をつとめてやまざる時は、間雜の妄は一旦の迷なれば、次第にのぞき去て、心の本然を得べし。天理人欲並不立といへり。吾子私欲を心源として、其心源より出るものを去むとするは惑也。天理を心源とせば制せず共間雜除べし。陽明子云、養生は淸心寡欲を要とす。養生の一字自‐私ㇱ自‐利ㇲ。此病‐根東に滅して西に生ぜん。淸心寡欲終に得べからず。又云、寧靜を求むと欲して念生ずるとなからむと欲す。これ自私自利する意必の病也。是以て念いよ〳〵生じて、いよ〳〵寧靜ならずと。今吾子念をはらひ去て、無念なる所を本体と思へるは不可也。これ却て私念死体也。維天之命於穆《アボク》ㇳㇱ不ㇾ已ㇳといへり。天機活潑しばらくもやむべからず。故に人念なき時なし、たゞ正しからんとを欲するのみ。思無邪の三字心法を盡せり。言近して旨遠し。故に學者ゆるがせにして無窮の味をしらず。戒愼恐懼して獨を愼むも則念也。君子は無欲を以て靜とし、好悪なきを以て無念とす

あらす。童蒙我に求む。今十五以下の童子百餘人を聚め教るものあらん。其中の秀才一二人知覺はやくひらけたるありて、成人の法を立むヿを望むとも、師たる者知あらば、一二人のために大勢のあたはさるヿをなすへからす。知覺はやきものにはいよ〳〵内に省み、實を勉むるヿを示すへし。衆童の才長し、知ひらけて、求め催す志をむかへて、大人の道を習すへし。しからは秀才の者も才にひかれす、識に滯らすして、實の德をなすへし。衆童はなを以明なるより誠あるへし。若秀才を好して、衆童のあたはさるヿをしいば、秀才は已か人に優れるにほこり、才にはせ知識にひかれて、ついに不詳人とならん。衆童は學に倦、道を厭て、學校の政のやみなんヿをねかふへし。其君師さり、其時過なば、跡かたなくならんか。今我同志の人々と京家の格法者は、

291 一 心友問、故人のかきをきたる書を見れば博文にして約禮を説、人情時變に達して甚睿《ハナハダエイ》明也。其世にありて直談せし人のいへるは、書にて見たる樣にはなくて、あやしきがごとくなる人なり。厚勤篤實の君子にあらずと也。疑ひなきヿあたはず　云、尤さあるべし。天の物を生ずる二ながら全きヿなし。厚勤篤實にして人の見て尊信美稱する人には睿明の才すくなし。睿明廣才の者には厚勤篤實の質有がたし。人見てあやしといへる所、則睿明の天質につきたる疵也。小兵美男の人に大勇あるがごとし。大勇のきこえありて其人をみればあやしきがごとし。我心を以てむかへて人を見る故なり。神靈ある名珠に疵あるがごとし。石にはなべて此疵あれ共疵とせず。玉なるが故に瑕《キツ》とす。睿明の人其疵をおほはず。君子の風をつくらざるところ、則君子なる事をしらず。平生しられずとも歲寒して松の紅葉にをくるゝことあるべし。この故に人をみるヿ古よりかたし。たゞ聖人にして篤實睿明備るべし。それだに十一人の列聖同坐し給はゞ、其氣象同じかるべからず。況や大賢以下の人は恭敬篤實にして、うちみるより君子とおもはるゝ氣象の人には、天下百千歲の習惑をひきかへすほどの睿明廣才は

天下の秀才也。此輩の聖人の法を行はんとを望むとは九牛か一毛也。天下の世俗貴賤いまた聖學の道理をたにも不聞。況や法を行はむとは思ひもよらす。縱ひ其中すこし法に心あるものありとも、彼百人の童蒙の中の一二人にもしかじ。縱ひ世俗より學者にしゆるとも、學者知あらは許容すへからす。況や世俗の中より願ふものなきをや。しかのみならす、世俗の人いまた學を不聞、いまた法を不行といへとも、學者の道を任するとおもふものよりも人からよきあり。天性の德すくれたるあり。今の學者は物知たるはかりにて、彼好人には及へからす。學者世俗のいまたしらざる道學を學ひ、いまた行はさる禮を行とありといへとも、數代の習の汚をも洗はす、利害をたにも免れさるあり。意氣甚高くして世俗を見下すといへとも、實は平人にも劣れるとあり。毀

なきもの也。それほどのすぐれたる英才は必ず恭敬篤實の所不足也。しかれども心の無欲清淨なる事はかはりなし

292

一　學友問、天は其理万事に應じて無心也。聖人は其心万事に順にして無情也。無心無情はよきにとれり。しかるに歌によむ時心あるといふはよく、心なしといふはあしきはいかゞ　云、歌に心あるといふは、なさけ有といふたぐひにて仁愛あり。物に心得て平人ならざるをいふ成べし。心なきといふは何をもしらぬ賤男賤女に同じき者にて、なさけなき人といふ義成べし。聖人に無情といへるも情なきにはあらず。天地の四時の色のごとく、理に和して氣のうごきなきをいふなり。無心と云も至公にして私心なきの義なり

293

一　或問、本体は空々寂々たり、感あるべからず。わづかに感ずるは是氣也。惻隱の心も赤子の井に入などを見て發す。物の感ずるとあれば應ずる也。感應は陰陽なり。理といふべからず。仁義禮知共に氣の靈覺也。本然は陰陽感應をはなれたるものにはあらずや　云、本体の理は應ぜざれども、時ありて感ず。太虛無一物の時何者か來て感應すべきや、本理の無聲

嚳利害根深ければ格すへきとあれとも至情を告かたし。世俗みな良知良能あれは、學者の非をみるとこまやか也。心に竊に慢り輕しめらる。しかのみならす、時所位にあはさる法を持來て行はむとす、天下千百年のならはしにあらす。神道王法の敎にあらす。只唐風の學者の一流として、彼一派の者のとゝするのみ也。槇雄の僧は戒を持禪宗は坐禪するかとし。世俗と二になりて孤獨の道となりぬ。異端と相爭はむのみ也。何の時にか道を行はむや。それ慈父は幼童と共に戯れ、不知不識善を導き、知覺のひらくるに隨て共におとなしくなるかことし。聖人は俗と共にあそふ。魯人獵較すれは孔子も又獵較す。衆と共に行ふを以て大道とす。善なるへき時は衆と共に善也。時至らさる時は衆と共に愚也。故に學者俗を離れす。道衆を離れす。德至り化及ひ、行はる

294

無臭は寂感也。ひとり感ぜずば天地も何によりてかひらくべきや。感の聞べく云べきは氣也。本体の感は見べからず、聞べからず。その跡によつていふのみ。わづかに感應をいへば本体にあらず。天下の故に通ずる所に付て、其本を知のみ。故に感と云。氣にわたりたる所を以ていへるはあやまり也。又本体に感なきと見も、本体を不知也。至神は神ならず

一心友問、操《トル》ときは存ずといへり。とるといふ時は一物有がどし、いかゞ

云、古人の云、欲すべき物は是形色の上にあり。留藏《リウザウ》すべき物は氣象の上にあり。欲すべからず、留藏すべからざる所にをいて、操といひ存ずといふ。惻隱羞惡辭讓是非の四端の發見し著る[七三]ゝ事多くば操存のしるし也。忿《フン》｜懥《チ》｜憂｜患好｜惡恐｜懼の情日々に滋長するは放舍亡失のしるし也

問、四端も亦情ならずや。本心の無｜思無｜爲寂然不動の常体にあらず。自然の感はさもあるべし。しげきを以てよしとするは何ぞや

云、天理人欲並不立、心天理を主とする時は人欲亡失す。是を操存と云。心人欲を主とする時は天理亡失す。是を放舍と云。天理存する時は日夜天理の感應のみ。故に万物一体の理感じては惻隱の情發す。義の理感じては羞惡の情發す。

へき時は天下とともに行はる。衆勸て悖るものなし。昔堯舜の民はいまた三百の禮儀を見す。三千の威儀を行はすといへとも、渾然として禮義の本全し。比屋可封の善人也。純厚朴素眞實無妄の風俗也。周の禮義備りし時の士民よく及ふとあたはす。周何そ上古の治をねかはさらんや。時文明に德衰へたれはやむとを得さるの義也。堯舜周公ともに大聖人なり。皆時なり。然とも今の人堯舜を學て不及とも、誠に近き風俗ならん。周を學て不及は輕薄無實の人となるへし。孟子曰、堯舜を師としてあやまてるものはあらし。そのうへ今の學者周の同姓を忌の法を行といへとも、全く周の法にも叶はす。如何となれは、尊氏の代十代の末より織田家豐臣家に及て二百餘歳このかた、天下の武士の姓氏紛れてしられす。たまく系圖をなすといへとも、證據なく傳

禮知も又しかり。是皆眞實無妄の天理也。これを天理流行と云。則無思無爲寂然不動の常体也。思無邪を無思と云、私己の動なきは無爲と云、天理の寂然不動は有事無事を以て二にせず。陽明子云、鐘未ダレ扣《タヽカ》時原《モト》一是驚カシレ天ヲ動スレ地ヲ。既ニ扣ク時也只一是寂《セキシ》レ天ヲ寞《バクス》レ地ヲ　問、天理を主とし人欲を主とす。心の外に天理人欲と云物あるがごし。いかん　云、此心の外に天理なし。人欲も亦外ならず。たとへば目のごし。喜悦する時の眼色と、忿怒する時の眼色と眼色各別也といへども、同じ目なるがごし。たゞ心のおもむきを以て天理人欲をわかつのみ也。心裏《ウチ》に向ひ、性命の本源を不失ときは、天理を主とすと云、心表《ホカ》に向ひ、末にしたがふ時は人欲を主とすと云なり　問、心内外なし、何ぞ裏に向ふといふや　云、本より心に内外なし。内外に出入するをいふにあらず、たゞ心のおもむきを云なり　問、七情は聖人といへどもなきとあたはじ。放舍のしるしとは心得がたし　云、たゞ聖人のみならず、天地といへ共七情あり。凡夫といへども又四端あり。凡人の四端は百姓日々に用て不知と云もの也。聖人の七情は形色は天性なり、ひとり聖人にして後よく形を踐《フム》べしと云ものなり

なくして、文字に依て彼は此ならんといへるはかり也。戰國久しかりしより今に至て數代の間に、大形系圖を失へり。又姓氏なきものは心々の氏を名のり、姓氏あるものも我好ましき氏にかへぬれは、同氏とても同姓にあらす。天下氏系傳て慥なるは、千人の内纔に十人なるへし。それたに中間娘の孫を養子とし、妹の子を跡に立れは、いつのほとにか他姓となりぬ。十人の中にも七八人は慥ならす。公家は昔より動き給はて慥なるやうなれとも、これも藤氏の家に源氏を養子にし給ふとくなれは、又慥ならす。目のあたりしられたる同氏の中を以て同姓と名付て、忌とをすれとも、周以前の五服の忌にも及はす。今の勢にては立がたし。立さるを以て百か一二を用て、同姓めとらすと過言す。實は如何ともするとなくして時所に隨ふ也。迹も全く用られすし

295 一 同志の人々の書を讀こと、心を用て書を讀か、書を以て心を讀か。多くは書を本として心を末とし、書の文義を解せんとを求て心をわする丶ならん。陽明子是を食にたとふ。食は此身を養ふもの也。食しをはりては消化すべし。若食積て消せざれば病をなす。後世博文多識胸中に滯留者は食傷の病也といへり。故によく書を見者はかたはしより解せんとせず、文義にくるしまず。只書によつて自己の心を說得て悅ぶところを樂む也。知得れば本知べきことなし。さとり得れば本さとるべきとなし。知覺は知覺なき所に至らんが爲也。しかれ共不知ときは淪埋す　問、先言往行を識して德をたくはふるといへるはいかむ　云、本立ときは知識たすけと成べし。末によるときは知識累をなす也。此身を養を以て主意とする時は、飲食みな助けとなり、味を好むにながる丶時は病を生ずるがごとし

296 〔○一、脫カ〕舊友問、今の世にかまひといひて、一代奉公をさへて先々をふせぎて困窮せしむることは、或は死罪流罪の罪につぐ者なれば、尤とはりとは思ひ侍れ共、君子を諸侯にしては如何はからひ給ふべきや　云、此習久しくて深ければ論じがたし。しかれ共君子までもなく、ちかき世に或

て、時所にしたかはんとならは、何そ時處位の中を擇はさるや。何そ全からさるの法を以て、衆に悖り、大同の道の行はれんとするめくみを妨くるや。それ禮法は漸を以て起るもの也。其間しゆるものあれは必す大道を害す。伏義神農黄帝の大聖忌給はさりしヿを忌てなさしめす。三皇の神聖いまた行給はさりしヿを行ひ、これより後は此法に背を以て不義無禮とすといへは、先聖を非とするかヿし。謹まさるへけんや。然とも人情時變によつて時のしからしむるなれは、古に違ふにあらす。今の時人情進ます、時變いまた至らす。何を以てか伏義神農黄帝堯舜禹を非として、周を是とせんや。先にいふヿく周法を行はむと欲とも迚も行はれさる所あり。是より後賢君相繼て出世し給はゝ、姓を賜り、族を別ち給ふへし。數代を歴て時至らは、五服の忌を定め

國主の仁厚寛裕なるありしが、他家ならば切腹もさすべき罪あるものにても、我彼者になりかはりて見ば、必ずいひわけあるべし。されど主君に對していひわけは成がたきもの也。又死をおしむにも似たれば、默して切腹すると見えたりとて、ゆるして扶持をはなし給へり。又不届成事にて立退たる者をも先々をばふせぎ給はず。他家に扶持せらるゝ時、其主人より子細なき者かと尋來るヿあれば、不届なりし者にても、重寶なる者なり、目をかけ給ふべしと返答ありし也。あしきヿは身におぼへあることとなれば、感涙をながし悦びに思ひ、それよりは古主の言葉の相違なき様にとたしなみ、みなよき奉公人に成ぬれば、其害もむなしからずと人のかたり侍りし。人皆父母妻子あり。一家を助立るのみならず、不善人を善人とし給へり。それ人の善悪を記すは其役人にあらざれば無用の事也。されど如此の善人ばかりはその姓名を聞て記しをきたき事也。九州の郡主にて十万石ばかりの人とおぼへ侍り。まヿに有がたき好人也。罪の輕重を論じて、理屈を以ていはゞ、誰かものいふ人あらん。善悪賞罰の理にしたがはんよりは、如斯の大德こそあらまほしく侍れ。天地の間に生れ出て、數十年のつとめをな

服のかゝる分を娶さるやうになるへし。これ則周以前の列聖の古法也。それたに漸を以てしかり。初よりしかるにあらす。天地ひらけ氣化によりて生れし人は、天地を父母として兄弟也。男女ありて後父子あり、兄弟あり。此時の人兄弟夫婦となるかとし。然るに萬物は明徳なく、人は明德あり。父子親あり。君臣義あり。夫婦別あり。故に父子麀を共にせす、相交らす。鳥獸と異るの條理を本として、野處穴居の內、男女別あるへき道理をしれり。上古の聖人此明覺の知に本つきて、兄弟夫婦となるへからさるの禮法出來ぬ。天下兄弟相耻るの知明に禮普くして後伯父姪叔母猶子も快からさる萠あり。其次の聖人此靈明を本として、伯父姪叔母猶子夫婦となるへからさるの禮法を立給へり。兄弟伯父甥は天倫の親近く、長幼の禮深してかくのとし。從昆〔○昆〕し、一家を養育すべき者をかま〔○十二行よ二讀〕ひて、世のすたり者となすとは不便の事ならずや。なを孟子につまびらかなり。士に本よりの高下なし。上下は一旦の命也。唐日本ともに同じ

297

一　舊友問、平の淸盛常盤が色に迷ひて敵の子を助けをき、子孫の憂となれり。其外如此のためし多し。よくたづね求て殺すべき事なるか　云、凡人より見時はしかり。天命を知人よりみればしからず。色にまよはずして人の根をたつべきよりは、色にまよひてなりとも助たるはまされり。義朝の子を不殘殺したりとも、淸盛が惡虐平家の奢にては、外より敵おこりてほろぼさるべし。平氏天命にそむきてみづから敵を生ずるなれば、誰といふとはあるまじ。迷ひてなりとも助置て人の後をたゝざる故に、平家のほろぶるにも子孫こゝかしこに落とまりて今にたえざる也

298

一　心友問、書簡中主ニ忠信ヲは本体工夫也。誠意は工夫本体也とゆは、陽明子の學術異學の病あるに似たり如何　云、予も此語意不中和と思へり。然れども義にをいて害なきが故に改めず。忠信は人の人たる根本の德也。誠は天の道也。則本体也。誠を思ふは人の道なり。則工夫也。主忠信は誠

弟は他人の始のとし。長幼の禮も朋友歯し相讓かことし。故に上古には忌なし。後世の聖人五服を叙て、君子小人の澤五世にして盡る所を見給へは、父方は再從昆弟まてに服あり。いよ〳〵一本の親を厚し、男女有別の禮を明にせんかために、服のあるまては婚姻不通の禮を立給へり。母方はいとこの近きといへとも、服なけれは本のとく婚姻をなせり。姉妹の子は同姓ならすといへとも親近けれは服あり。故に忌あり。再從昆弟の外は同姓たりといへとも服なけれは婚姻の忌なし。是禮也。上古よりはこまやかにして義備れり。末世よりは易簡にして禮缺す。日本にをいて後世聖主賢君起り給はゝ、此禮を以て至極とし給ふへきか。今の時にをひては、聖賢の君起り給ふとも、いまた此禮をもなし給はし。同姓をゆるさは親きに及はむかとの遠慮は、けにさもあ

を思ふの義なり。誠意の誠は意を誠にするなれば工夫也。然れども意終に誠に歸するときは、誠は本体也。故に工夫本体といふなり

299 一　心友問、怒テハ思レフ難ヲと利害をはかるに似たり。いかむ　云、怒の火氣の中には言を過し行をあやまり後悔の難あるものなり。甚しきはあだを得に及べり。君子は懐《オモフ》レ刑ヲ小人は懐レフ惠ヲの類なり。惠をおもふは利害の心也。刑をおもふは君子孝子の愼み也。怒て難を思ふは深淵に臨ては落入むことを愼の道理也。小人は甚難を恐れさくるといへども、愚にして火氣にをかされ、其難を前に辨へず。君子は義に當ては難をさけずといへ共、自まねく禍をば愼みさくるなり。火氣うすき故に心明にして後の難を前に知也。故にいかれ共難あらず。樂て不レ淫《イン》セ哀て不レル傷《ヤブラ》に同じ

300 一　心友問、舜の怨慕は註に非怨父母といへり。孝子のうらみありと聞ときはいかん　云、則孝子の怨なり。常人の父母をうらむる心にてはなしといへども、父母を怨にあらずとはいひがたし。二三歳の幼子の母にうたれてなきながら、又母をしたひて跡につき行こゝろ也

301 一　心友問、神代の三種の神器は知仁勇の徳の象とうけ給はりぬ。內侍所

るへくきこゆれとも、往古よりの次第を見れはしからす。日本神代のむかしは兄弟も夫婦となり給ひき。其後世の中文明なるに随て、誰法を立るにもあらされとも、鳥獸に遠さかる道理をしりて、兄弟を忌、伯父姪叔母甥をいみ來れり。今利心深きもの、家財を他人にわたさむヿを惜みて、弟を聟とするものあるをは、人間の作法にあらす、禽獸也といみにくめり。法なく教なけれとも人心の靈にて、文明の時至れは漸々久して、かくのヿし。先にもいふヿく、いとこは他人の交のヿし。法いまたをかれされは、父方母方同しく相忌ず。世の中の風俗たるヿ數十歳也。義にをいて害あらす。上古の聖神たにも時ありては忌給はす。法に泥みて時をしらす、大道をしらさるものは、太古の兄弟伯父姪夫婦たりしを甚た非なりしとおもはむか。其時の聖神をは信せさらん

302

を第一とし給ふが如し。知を重ずるとは何ぞや　云、人君の國を治め四海をたもち給ふ事、知を以て主本とす。知明かなればとりしめありて事可にあたる故に、太平の時は無事にして治り、事ある時は士民皆主君の下知を信ず。生付仁愛勇强にして一旦人にほめらるゝ人有といへ共、知明かならざれば命令可に不當。故に法令數多に成て事しげし。人あまねくしたがひがたし。しゐて立むとすれば人をそこなひ、乱をなす。立るヿあたはざれば法令出てもなきがごとし。人皆上の下知を不レ信ハ困終には衰ふる時ありて國やぶれ天下乱るゝもの也。夫神の代人代の其むかしは治体に通じ給ひし故に、鏡璽《カヾミタマ》劒《ケン》を以て知仁勇の象とし、知を主とし給ひし也。知の實は人を知これ也。

人を知事は帝堯を以て師とすべし

一　心友問、紂王が亡しことは自の大惡虐を以て也。商の天下をたもてること六百年なれば、天下皆代々の臣也。宗族外戚かぎりなし。紂亡びて悪人だになくば、四方皆商の子孫を君とすべき人情あり、何ぞ同輩の周を君とせん。しかるに武王紂を亡し給ひて其子を立置、大國を與へ給ふとは凡知の及べき所にあらず。天命を知給へば也。敵の子をたづね求て殺すは子

か。百世といへとも同姓娶らさるの周人を是として其時の聖賢を信せんか。先聖の後聖に劣れるにあらす。太古の民の末世の民より愚なるにあらす。後聖の先聖に優れるにあらす。末世の民の太古の民より知あるにあらす。それ法は時を以て義ありて起れり。法をかれて後に背くは不義也。日本神代王代武家の代つゐに同姓を忌の法なし。法なければいとこをめとりて不義と云へきやうなし。後世法をかれは再從昆弟を娶るも不義ならん。法なけれ共いとこより近きは天理人情共に忌出來るは無法の法也。文明の時の人心に通してしからしむる也。上代は德厚して文いまた開けす。末代は德おとろへて文明也。此病あれはこの德ある也。上古の人は僞なく利害なし。君子たる人は至誠純厚也。小人たるものは質直朴素也。後世の人の疑ふ所は法いまたなかりしはか

孫のため害を除くはかりどなれ共、これによりて却て天命をそむく理をしらず。敵の子を立をくは心もとなき様なれど、これによりて天命にかなへば、却て長久也。まことに天命の歸するところは人力の及ぶべきにあらず

武王は聖知にてよく命を知給ふ故なるか　云、尤この理武王の心に明白也といへども、是を事とし給ふにはあらず。如此の天命をわきまへて道を行ふは吾人の心術也。武王は天命をかうぶり伐べくして伐のみ。時の勝負を必とせず、後の利をはからず、害をさけず。故に悪人亡て後は紂が子は商の孫子なれば、立て退き給ふのみ。天下これを主君とせばともに仕給ふべし。天下武王を主君とするは天の命ずるところ也。又辞せず

り也。其代の非にあらす、其民の罪にあらす。今の學者利害深く僞をたにもまぬかれす。古の常人にも及へからす。末代の君子たる人は驕奢利欲也。小人たる者は姦しくして相凌き相誂て相僞れり。いまた法を立るにいとまあらす。況や法は道より出るといへとも、道にあらさるをや。今の時に當て大道をおこさむものは、學校の政を先にして、人々固有の道德をしらしめ、道理を弁へしむへし。法は望む人ありとも、抑ていまた出すへからす。誠に專にして無欲に至らしむへし。禮文法度は起りやすきもの也。抑るとも後世必す備るへし。立かたきものは誠也。至りかたきものは無欲なり。縱ひ周法大方行はるゝといふとも、驕吝相交て欲あり。多事博文にして誠なくは、周公孔子何そこれに與し給はむや

集義和書卷十終

303

集義和書卷第十五　困三

義論之八

一　心友問、篤恭ニシテ而天−下平ナリ。修レテ己ヲ以テ敬ス。以テ安ニス百−姓ヲ一といへり。恭敬のみにして天下國家を平治するの功をなすべきとは迂遠《ウエン》ならずや

云、これたゞ誠のみ也。誠なる人は其容体自然にうや〳〵し。上たる人誠の德篤して下にのぞみ給ふ時は、天下の人天性の誠を皷舞せられて、不知不識禮儀あつき風俗となりて、愼みうや〳〵し。刑法をたてゝおそれしむる者は、まぬがれんとして恥る心なし。心ありて戒愼する者は忘るゝ時多し。道德によらずしてつとむる者は終なし。才知を用て令する者は、一旦利ありといへ共、人民もまた知謀を起して僞生ず。君子は明知にして無爲を以て無事也

問、大人は天地と其德を合せ、日月と其明を合せ、鬼神と其吉凶を合すといへり。これ恭敬の德にかなふべきか

云、上下恭敬に一なる時は氣和せずといふとなし。天地をのづから位し、万物をのづか

集義和書巻第十一

義論之六

214 心友問、孟子は大賢なり。徳いまた聖人に不及處ありといへとも、學は已に至處にいたりぬ。故に道徳仁義をいへる事は万歳の師たり。聖人またおこり給ふともかへさる處なり。しかるに貴老孟子の言にしたかひ給はさる處あるかとし。伯夷は隘なり。柳下恵は不參なり。隘と不參と君子は不由といへり。貴老はやゝもすれは伯夷を師とし、柳下恵を學ひ給へり。孔子の聖の時なるをは師とし鑑とし給はさるは何そや

云、孟子は天下万歳の師なり。故に中道をかゝけ出して人に的をしめし給へり。淸といひ和といふ、其人にありては可なり。師としよる時はつゐゑあり。故に君子は不由

ら育す。人民春風和氣の中に遊で其利を利とし、其樂をたのしめり。天尊地卑して乾坤定、四時行はれ万物生ず。無爲にして成。これ篤恭にして天下平なるの至極也。天地と其徳を合する也。日月の道は貞明也。至誠なるものは常久にして不息、これ貞也。誠なる時は必明也。則日月と其明を合する也。鬼神は福善禍淫に誠也。故に不怒して威あり。君子善を好に誠ありて、悪をにくむに實也。其信人民の心に感通す。故に天下悪をする事を恐れて邪僞を忘れ、徳に習て善を常とす。これ鬼神と其吉凶を合する也。古今邪僞凶乱のおこる事皆不愼よりなれり。故に敬は百邪に勝ともいへり。況や有徳の君子上に在して、無心の恭敬行はるゝ時は、人心の万悪消し、山川の衆邪滅す。知謀勇力ある者は其才を禮樂弓馬書數に用て天下益文明に武威彌盛なり。故に云、古之强ニノ有レル力ラ者ハ。將ニ以テ行ント一レ禮ヲ。今ノ之强ニノ有レル力者。將ニ以テ爲ト一レ乱ヲ

304 一 心友問、よく近くたとへをとると云ことはいかゞ　　云、これ事にあらず。心にあり。人耳目口鼻四肢を取てたとへとせば甚近しとせん。其已に有するがため也。それ仁者は天地を一身とし、天地の間の万物を四肢百

といへり。予も中道の的をしらさるにはあらす、願はさるにはあらす。是は終に歸着すへき處の地なり。しかれとも予いまたかつて凡情をたにもまぬかれすして、學のみ至極をいふは耻しき事ならすや。我心におゐて不忍。予又後世の師たるへき者にあらす。一日も凡情をまぬかれて、君子の心を得は終身の悦なり。君子の心地に進まん事は予か實にうらやみしたふ人を師とし友とせんにはしかし。予か實にしたいしたふて其心を心とせまほしきは伯夷也。故に常に心の師とす。人は人と交へし。木石禽獸とおるへからす。故にひろく衆と遊て包荒なるへきは柳下惠を學にしくはなし。孟子は後世の爲に中行不易の則をいへり。予は自已の德をなさんか爲に益を取のみ。古人も方は汝の身にありといへり。心をみかゝんか爲に、師をとる事は、已か位によつてみ

体とす。今の人の一身を見がどし。外より取來てたとへとするにあらず。この故に万物を取てたとへとすれども、世人の一身の中にたとへをとるよりも、親切にして人の心に通ず。夫人已が四肢百体を見て爪皮にいたるまで愛せずといふとなし。疾痛快樂その心に切なり。たゞ手足しびれなへたる人のみうちつみても其心をわづらはさず。手足我に有て疾痛あづかりしらざれば、是を不仁の病といふ。人の物我のまよひありて、他人の困苦に其心をうごかさゞるたとへとす。聖人は至神也。故に天地を父母とし人民を兄弟とす。不仁の人は父母兄弟の困苦だに已が四肢のどくならず。この故に恩を不知者あり　問、今の時天下困苦の人多し。これを以て一々其心を累さば、快樂のいとまなからむか　云、義は仁の時なり。天下の主は天下の困苦を以て其心をいたましむ。故に困苦なきの仁政あり。國主郡主皆しかり。士庶人は其一家の困苦にあづかるべし。是其分によりて仁のほどこし異なるは義也。仁を好て義を不知者は、國郡の主として天下をすくはんとを願ひ、士庶人として國にをよぼさん事を欲す。却て倫をみだり仁の累をなす者あり。これ不知なり

つからえらふへき處なり。先覺は醫師のとし。己か病を治するに便ある人を求るのみ。いまた時と淸和とを思ふにいとまあらす

215 心友問、子路は曾子もおそれし人なり。又万歳の師なりといへり。然るに衛の難に死す、死せるは可也。事へたるは不可なり。孔門の賢者には不足なるかことし　云、子路の過ある時に、これを告しらする人あれは、中心より實によろこべり。自己の非を知て、これを改むる事をたのしめり。これ万歳の師たる處なり。人情の大にかたき處なり。予を始て仁義の學に志あり、一人の不辜を殺して天下を得ともせしと思えることは實なり。義に當ては一命をもかろんせんと思えとも、自己の過を聞ことを願ふと、病て藥を求るかとくなるの心なし。過を告しらする人あれは、過分なりと禮をはいへとも、中心より發る悦に非す。故に人も告

305 一 心友問、古人云、忿ー慾忍ト與ㇾ不ㇾ忍。便チ見ニル有リㇾ徳無ニヲㇾ徳と。これ小徳の者の事なるか　云、有徳は見所大なる故に、世事かろくして心にかゝらず。故にいかりなし。心に眞樂あり、故に世間の願ひなし。凡人は心せばくしていかりあり。道徳の樂を不知して欲ある者を以て見時は、忿怒の堪忍しがたきをよくしのびすぐすと見べし

306 一 吾人徳をなさむ事を思はゞ、日々に善をせむのみ。一善益ときは一惡損ず。日々に善をなさば日々に惡退くべし。これ陽長ずる時は陰消するの理なり。久してをこたらずば、善人とならざらんや。名は實の聲也。又善人の名あるべし。實あり名あるこれを德といはざらんや。人利に入者は義をなみす。義を尊ぶ者は利をいやしむ。天理人欲ならびたゝざるが故なり

307 一 いにしへ王者の天下をたもち給へる時は、王城といへども池堀なく要害せず。是民を保《ヤスン》じて王たり。德治の遺風を見べし。武家の代となりては力を以て天下をとれり。故に力を以て有てり。城池をかたくして一家を守のみ也。民を外にして不ㇾ保ㇾ。是故に力衰る時は亡。圏ふとい へり

308 圏外書ニ入 一 朋友問、關東には年貢十一よりもかろき所あり。然れども民盗をする

るとをたのします。多は不知のみ。天下の通病なり。甚敷者は過をいふを聞てはいかり、あたとし、或はかされり。德を好と色を好かとくならさるのせうこなり。子路は賢を賢として色にかへたる人なり。後世道學に名を得たる人多しといへとも、子路の過を聞て喜へる心には及かたかるへし。衞につかへたるときの過はかろき事なり。つかへさるほとの事は、予かとき者もつとめ行へし。其難を見てのかるゝ心なく、大なる武勇のほまれありて後、死を安くせし事は又かたし。後世の勇者といへとも、義をかねさる者は及へからす。子路の行ひし事はみなかたき事なり。過といへるは少きなり

216 心友問、大舜は善與人同、舍己從人といへり。大舜は神聖なり。人は平人多し。賢なりとも舜の德には十か一にも及へから

者多きは何ぞや　　云、是も徒善《トゼン》は政をするに不足といふものなり。日本もむかしは農兵なりし故に、皆十一の貢《カウ》をとれり。十一よりかろきは其後開きましたるものなるべし。飢寒に及て盜をするは凡人の常也。民のどきはにくからず。上より盜をなさしむるがどし。困又。政なく敎なければ、いたづらにくらす者多し。この故に貢かろく地ひろしといへ共、末々の子弟は盜をするにいたる者也。知行を取人の子弟だに强盜を好む者あり、況や民をや。此俗長ずる時は乱世の端をひらくもの也

309 一 學友問、間思雜慮はらへども生じて制しがたし　　云、間雜の二字を妄とす。思慮は絕べからず、たゞ邪なからんのみ。程子云、人は活物《クワツブツ》也。動作あるべし。思慮有べし。邪を閉《困ふせ》ぐ時は誠をのづから存ず。則忠信を主とすといへり。誠は無欲也。思ともなく、爲ともなし。寂然不動にして感じて天下の故に通ず。今の人は一己の人欲身の主たり。故に思と天理ならず、動と義理ならず。思爲共に皆妄也。妄の主をかへずして其末をふせぐとも制し得べからず。間雜をはらふの念又心上の累《ワヅラヒ》をますべきなり。しかじ有念無念ともに忘れて誠を思はんには

す。善も又舜の善は大ならん。人の善は小きなるへし。大徳小徳にくたり、大善をすてて小善をとるものは何そや[七三]　云、大舜の心は空々如たり。天の蒼々昭々たるかことし。鏡の虚明にして一物なきかよく万象をうつすかことし。心中悪なきのみならす、善も又なし。小善もなく大善をもなし。人に一善あれは一枝の花の開たるか鏡にうつりたるかことし。其美を好せすといふ事なし。本鏡中に花なき故によく花をうつす。舜の心に善を有し給はさる故に、よく人の善を受いれ給ふ。天下の善を許容して、其時處位にあたれるを取て、みつからも用ひ、國家にも行ひ給へり。わきより是をみれは、舜の大徳にして、常人の小善をも好し取用給ふは無我にして、已を舍て人にしたかふもののことし。自己に大善の行へきあるをすてゝ、人の小善にしたかひ、善をすこしきに

310 一　心友問、居レテ易《イ》ニ俟《マツ》レ命ヲの義いかゝ　云、富貴貧賤安靜患難死生壽夭みな命也。俟は客をあへしらふ意也。心惑なく願なく安易の地に居て、天命の客をあへしらふがごとし。死生も則客也。故に朝に道を聞て夕に死すとも可なるもの也。正叔ノ云ク。吾日ニ履《フ》ム二安ー地一ヲ。何ヲカ勞シ何ヲカ苦マン。他ー人ハ日ニ踐《フ》ム二危ー地一ヲ。此レ乃チ勞ー苦ス。凡人は苦を以てたのしびとす。これを惑といふ。日々にさかしき所を行て幸を求む。命のいたる事を不知。柔弱の者はさし當りて憂哀し、勇強の者はせまりては是非なしとして亡ぶ。ともに心のくらき事は一なり

311 一　仁ー者ハ其ノ言也訒《シノブ》。言て不行は虚也。君子の耻る所なり。仁は實理也。故に仁者は言行相かへりみて虚なし。其言の出る事を難ずる所也。好人は言すくなし。其行ふことのかたきをしれば也。故にいへり。肫《ジュン》々たるは其仁也と。厚をいふ也。剛《カウ》ー毅《キ》木《ボク》ー訥《トツ》の仁に近きも、質ー朴遲《チ》ー鈍《ドン》にして物に屈せず、終にやまずして發する所あれば也

312 一　君子ノ之ー道ハ費《ヒ》ニシテ隱《イン》ナリ。費はたからとせざる也。たからとせざるはおさめかくさゞる意也。君子の道はあまねく教てかくす事なし。しかれ共言

するにはあらず。舜の御心にもと一善の有せるなければ也。もし取へき處なくて、善の行ふへき時あれは、胸中よりわき出來る也。其人にありては小善にして益すくなきも、舜の取用給へは大になりて、國家天下に益あり。たとへはこゝにみがゝさる玉を持たるかとし。不知者は石とのみ思えり。玉人これを見て玉なりといひてみかく時は、寶となるかとし。大善は天下の人の知を用より大なるはなし

217　心友問、孟子に齊宣王の善を爲に足るといへる者は、楊氏の說を朱子も取用ひられたるとく、天資朴實にして好勇好貨好色好世俗之樂といへるとき、直を以告てかくすとなき也。心の位にもあらぬ大言を爲て、人を欺者は與に堯舜の道に入へからすと書せる、道理至極せり。しかるに貴老これを以て道に入へからさる處とし給ふは何ぞや語にのべがたき所あるは隱也。君子かくさゞれ共かくれて發せず、只入德の人默して知べし

313　一　鳶飛《ビ》魚躍《ル》。鳶魚は無知也。故に天機にうごく。人は知ある故に、私心天機をふさぐ。程子《ノ》云《ク》。必《ズ》有《リ》事勿《レ》正《スルヿ》の意也と。必有事とは、人は人の性命あり。性命にしたがふは必有《レ》事也。勿《レ》正《スルヿ》とは私心あるべからざる也。人性知あり。故に深く天機に通ず。活潑々地なり

314　一　心友問、佛氏は死を說て生を不說。孔子は生を言て死を不言。儒佛のたがふ所こゝにあるべきか　云、死生一貫也。孔子何ぞ生を言て死をのこし給はんや。人の死を問は本をすてゝ末による惑あるによりて、其本に達する時は末をのづから知べき理を敎給ふ也。聖人の心に生死なき事、常人の心に晝夜なきがごとし。晝夜死生一貫にして二あらずといへ共、常人は晝夜を知て生死をしらず。これ晝夜も亦不知也。しかれ共。困晝夜ニ。疑ひなき者は古今不惑の常によるのみ。堯舜の民は生死も亦かくのごとし。佛氏は生死の理にまよひて、生死ををそるゝが故に、生死を說とやまず。聖學には生死の惑なければをそれなし。故に死生を不說。和漢ともに三千年來生死に恐

云、孟子の宣王も善を爲に足れりといへるは、牛を見て羊を不見、小を以大にかふるの仁心也。祟におゐて初て宣王に見てもはや退て去へき志ありたるは、貨を好み色を好むといへるときの耻の心うすき人なる故也。さむげをよしとするは戎狄の風なり。戎人は仁義を不知、たゝ輪廻のみを恐れて執着なからん事を欲す。故に前悪をさんげして、此以後寂滅をねかはんと志すもの也。戎狄の學にしては可也。仁義の學にをゐては不可也。仁義の性明なる者は耻の心あつし。耻の心ふかき者は、心に悔悟て非を改め、善にうつる者也。欲悪の凡心をにくみて、いわんと欲すれ共いわれす。かくすには非す、耻の心あれは也。さんげせされとも改めうつるを以よしとす。さんけする者はいさきよきに似たれ共、其當座はかりにて終に悪を改めす。善にうつらさる

315

動せられて、生死の夢を見てさめたる者まれなり。異學は惑に居て惑を解むとす。夢中に夢を見がごとし。聖人の道は日月の明かなるがごとし。まよふべきとなく、さとるべき事なし。故に孔子ノ云。予レ欲スレ無ランレ言。天何ヲカ言ハ哉。四‐時行レ焉百‐物生ス焉。顏子默識して辨論なく愚なるがごくなるもの是なり

一　理をいへば氣をのこし、氣をいへば理をのこす。理氣ははなれざれども言にのこす所あり、たゞ道といふ時はのこすとなし。理氣一体の名也。其大に付ては空虛といひ、其小に付ては隱微といひ、其妙用に付ては鬼神といふ。天地位し日月明かに、四時行はれ万物生ず、みな道よりなせり。其眞は寂然不動無聲無臭也。これを未發の中といふ、天下の大本たり。道は自然にして窮なしといへ共、陰陽の度日月の寒暑晝夜の變常あるは無極にして太極の理也。中庸の名ありて心法の受用すべき所也。しばらく形ある物に付て見べし。不發不動者は物の根と成、体となれり。木の根土中にかくれて花實青紅の變をなす。其根土中より出る時は其化やむ。人の背不動にして四肢作用の体たり。万事皆しかり。道は寂然として不動隱微にし

もの也。ことわさに鈍刀骨をきらすといへるかことし。佛者のさんげして悪を改め、道に入ものは、輪廻といふまよひある故也。小人の刑罰を恐れて、悪をなさゝるかことし。幼少の子も物耻し、爪くはへして、人中へ出かね物いひかね、赤面かちなる子は、成人にしたかつて才德長す。必す一器量あり。人おめせす、よく物いひ、人中へ出るとやすき子は、人利發とほむれとも、成人にしたかつて才知なし。大かた平人なる者也。これ耻の心の厚きと、うすきと也。おさなき時物はつかしかりせさる子は、成人の後宣王のことくなるもの也。庶人にしては可也。士君子となるへからす。宣王は天質朴實にして直を以告てかくすことなきといふにはあらす。これ又一等の人なり。其位にもあらぬ大言をいひて、人をあさむくかあしき事はいふに不及。欲悪ありなから蓋藏て不發。この故に天下の根本也。物に体してのこすべからず。道の不動は形の不動のごとくならず、至神至動なりといへ共、無欲にしてあらはれざるをいふなり

316

一　心法は心の向ところを愼むべし。向所實なる者は自然にいたるものなり。孟子性善をいへり。善は内より出るもの也。故に邪をふせぐ時は誠をのづから存す、善といひ誠といふ皆性の德也。一体異名也。誠は則善也。善は則誠也。今の人心の好み向ふところ、利と欲とにあり。必しも利欲を主とせんと思はざれども、自然に利におもむき、欲に住す。工夫力を費さずしてよくする者は向所實なれば也。誠は天を以て根たり、固有の德也といへ共、志の向ところ實にこゝにあらざれば、思ふ時は存し、忘るゝ時は亡するがごとし。工夫を用ひ力を付るといへ共、存養しがたし。若心實に德を好み、邪をふせがば、誠自然に立て善行はるべし。是を忠信を主とすといふ。忠信外より求め來て主とするにあらず、本より主也。今は人欲主となるが故に、忠信は心を起して存す。客來のごとし。故に程子云、不《ヌ》レ之《ユカ》レ東ニ不レ之レ西ニ是中也と。東西にゆかざるを中といふにあらず。東にゆくを

してよき者ふりし、驕吝なる者は、いかで堯舜の道に入へきや。これ又いふに不足

218 心友問、夏后氏は五十にして貢すといへり。一夫五十畝を受て、五畝をかそへて年貢にさゝけたる也。殷人は七十にして助すといへり。始て井田の制あり。六百三十畝の地を畫して九區とする時は一區七十畝なり。中を公田とす。其外八家各一區七十畝を受たり。其力を借て公田を助耕して、其私田に税せす。故にこれを助法と云。周人はこれをかね用ゆ。百畝にして徹す。郷遂は貢法を用ひ、都鄙は助法を用ゆ。耕す時は八家力を同して作り、收る時は畝を計て分つ。故にこれを徹と云。其實は皆什一なり。貢法は十分一を以常の數とす。助法徹法は九一なりといへとも、廬舍を公田の中より取、商人は十四畝をとり、周人は二十畝をとる。故に商民は七畝を公納とし、

必とせず、西にゆくを必とせず。義とともにしたがふときは中也

317 一 學友問、一陰一陽謂二フ之ヲ道一ト。繼《ツグ》之者ハ善也。成《ナス》之者ハ性也　云、太極時に動て陽生じ、時に靜にして陰生ず。動靜は時也。陰陽たがひに其根をなす。太極の時にたがはず。太極もと無極也。故に是を道といふ。一陰一陽生々してやまざるを繼といふ。やまざる時は四時行はれ、日月明か也。善これより大なるはなし。造化の流行を見れば善なり。山下の出泉其始にごれるものなし。いまだ清濁をいふべからず。中間にごりをなすものあれば本源の水色を失ふ。こゝにをいて清濁の名出來ぬ。源出にたがはず、繼つけるものを清といはむがごとし。造物者人を成《ナシ》て人の性あり。万物を成て万物の性あり。人は天地の心なるゆへに、一陰一陽の理全して、明徳備れり。其性にしたがつて動ときは仁義禮智の性《困名》ありて善也。性の徳を失ふ時は不仁不智不禮不義。《の名ありて》にして惡。《となる》也。水の中間清濁の異あるがごとし。天は無心無欲也。故に理氣はなるゝ事なくして、四時あやまたず。人は有心有欲なるが故に、心法なきものはあやまちあり。聖人以下の人過なきとあたはず。よくあらたむるを善とす。心法は天命の德《性》にしたがふ受用

周民は十畝を公納とす。或は井をなし、或は井をなさすといへとも、什一には過す。日本にては貢助徹の中、いつれか用らるへきや　云、王代はいふに不及、武家の代となりても貢法を用られたり。いにしへの制の殘たる所まれに有を聞に、皆十一の貢には過す。日本の土地には井田の法は用かたし。中國にても日本の土地の樣なる所にては皆貢法を用たり　問、今の制は四分六分なり。四分百姓とり六分地頭とれり。又麥の多出來る田か、扨は外に助となる事ある所は、田に出來る米の分は不殘地頭へ取て、やう〳〵跡に麥を作て、百姓の食とするもあり。今日本にて十一の法を用は、大身小身共に武士は一月も立まし。却て乱の端となるへし。いにしへとても日本には行はるへしとも思はれ侍らす　云、今の世の勢にて十一の法は思ひもよらぬ事也。

318

なり。人心天理にしたがふを道と云、則一陰一陽を道といふと一致也。人幼より善なる者あり、幼より惡なる者あるは氣稟の自然也。幼より惡なりといへ共、仁義禮智の性なきとあたはず。故に耻る所有、はゞかるところあり。この故に成長して人となれり。たえてなき者は一日も生《イク》べからず。水にごるといへども、ひきゝにつきてくだるは水の性善也。にごるは水の本然にあらずといへども、水にあらずといふべからず。人の性は善也といへども、惡も又性にあらずとはいひがたし。赤子の時いまだ善惡の名なし。後來にごる事の多少万品なり。終ににごらざるものは聖人也。少くにごりてはやくすめるは賢人也。多くにごれども、力を用る事勇にして敏なるは、數年ならずしてすみ、ゆるきはをそくすめり。人生れて靜なる以上は說べからず。わづかに性をとけば性にあらずといへり

一　心友問、樂める君子は民の父母也。たのしまざれば君子とするにたらずといへり。君子のたのしむ所は何事ぞや　云、程子ノ云、樂《タノシミ》は理にしたがふを樂《ミ》とすと。此意味學びざれば不知。たとへば音樂《ヲンガク》を學ぶがごとし。淫聲はしらざれども聞ておもしろし。正樂《セイガク》はしらざる人聞ておもしろから

日本も今とむかしとは大にかはりあり。昔は農と兵と一にしてわかれす。軍役みな民間より出たり。武士みな今の作士といふ者のヿくなりき。今のヿく城下へ出て屋形をならへ居ヿはなかりし也。士と民と別れすして十か一を出したり。別に士をふちする知行とてはらさる也。恭儉質素にして驕奢なけれはついゑなし。十一にしてみちたれり。今は士と民とわかれて、士を上よりふちする故に、知行といひふち切米といひ、多いる也。十一の事はさておき、十か二三とりても不足。農に兵なき故に、民奴僕となりてとるヿつよく、いやしく成たり。君も士も民もはなれ〳〵に成て、はてはては惣つまりになりて、乱世となる也　間、むかしのヿく農兵にかへし度事也。農兵はつよきものと承及侍り。常ゆたかに戦陣つよくは、これほとよき事は侍らし。しかれと

ず、學び得て後面白き所あり。學びて理を照す事明かなれば、自然に理にしたがふ事をたのしむもの也。音律耳に入レば自然に雅樂《ガガク》を好むがごとし。凡人は欲にしたがふを樂とおもひて、理にしたがふをつとめと思へり。道をしらざるが故也。君子より見れば欲にしたがふは皆苦なり。しかるをたのしみと思ふはまどへるなり。雅樂の神氣を養てあかぬ所あるをしらずして、淫聲の神氣を害するものを好がごとし

319 一心友問、惟《タヾ》聖人ニシテ然ノ後チ踐レム形ヲとは人道を盡し得也といへるはいかゞ　云、人は五行の秀氣神明の舍、天地の徳也といへり。これによくかなふを人道を盡し得といふべし。聖人あらはれて人の天地の徳たることをしれり。是形を踐也

320 一心友問、孟子ノ云、民ヲ爲レス貴シト。社稷次レク之ニ。君ヲ爲レス輕シト。此言甚抑揚《ヨクヤウ》あるに似たり。一國の爲に一人の君を置て治しむる道理をしらで、君一人をたのしましめて、一國の人民をくるしむる事の天道にそむける義を明さんが爲なるべし　云、しかり。又先天の理也。天地ひらけて人あり、人の多を民といふ。山川國土の神民の爲に財物を生ず、是神といへ共民に

も今の武士たる者同心いたすましきか　云、急にはなるまし、道行はれ學明になりたらは、自然にはなるへき事あり。人君たる人の爲にもよく、諸士の爲にもよき事あり。當分は民少同心すまし。しかれとも民の爲にもよき事なれは、一二郡も其法行はれ、民ゆたかになりたるを見は、いつれも同心すへし。君子は業をはしめ、統をたれてつかしむへき事をすといへり。世をへて後むかしにかへり、貴賤上下共にゆたかに治世久しき事はなすへし　問、代々賢君出給はゝこそ左樣にも成へく候。一代の間に成功なき事はおほつかなし　云、誠の心ありて道時に叶へは、相繼て功をとくる人出來もの也。學授の敵たによけれは繼君は次第によき人あり。大夫士共に子孫はます〳〵よくなるものなり　問、其法はいかゝ　云、日本の今の時處位あり、より處

321

次の理也。民は其本を報じてこれを祭れり。人民の多きこれを治るものたければ乱る。故に君を立っ。是又國君といへ共民に次もの也。孟子先天の理によりていへり。後天よりいふ時は君は上に位して威重あり、民は君にしたがふ者也。君民の爲に社稷をたてゝこれを祭れり。是後天用をなすの時也

一　心友問、いにしへ聖主賢君史官を置て、主君の言行を初めとして天下の善惡を記せしむ。おもねりてほむると不能、いかりてそしると不能、のとさずかさねず、たゞありのまゝなり。後世惡逆の主、無道の君の時に威權つよく、其惡を後世に傳へん事を恐れてこれを記す事をふせげり。とゞむべき事やすき勢也。しかれ共とゞむる事あたはず。本よりの惡名の上に又惡聲をかさぬ。人力こゝに及ばざるは何ぞや　云、鬼神は福善禍淫なり。いにしへの聖主賢君は天工にかはりて史官を立給へり。是造化を助くるの道也。人道に史官を立ざる時は天命の史官ありて、善惡を記せり

問、天命の史官其心に知ところありや　云、其心には知となし。たゞ天然と其才其時の善惡をしり、或は時を過て生るれども前代の事に達せる

ありといへとも、跡によるにあらす。時に當てはなすへし。かねていひかたし

219 學友問、何をか治國平天下の要とせん　云、國天下の爲に人を得るを要とす。孟子すてにこれをいへり。人に分つに財を以するを惠と云、世人これを仁なりとし德なりとす。受る者大に悅ひぬ。人に敎るに善を以するを忠と云。世人これをそねみそしり、敎らるゝ者は悅ひす。甚しきはいかれり。人に金銀財用を與ふるは小惠なり。しかれとも其人悅ひ、世のほまれ大なり。人に善道を敎るは忠なれは惠よりも大なり。しかれ共敎訓せらるゝ者たからの十か一も悅ひす。また世俗のそしりを得事あり、いかんしてか國天下の爲に人を得んや。人皆國の治り天下の平かなるヿを欲せすといふ事なしといへとも、其治平の根を絕ヿを不知。其本をきはめたつぬるに不仁なり。民

ものあり。皆天道鬼神の福善禍淫也。天下の主といへども鬼神に勝ヿあたはず。故に人力を以てふせぐべからず。みづから惡をなす者は其心くらき故に此理をしらず。若此理をしらばつとめて善をせんのみ。善をするヿの、惡名を亡すの道なるヿを不知はまどへる也

322 一心友問、自逝《ジセイ》は有べき事か　云、自逝する者は生死に心あり。或は名を好めるが故也。近しては晝夜、遠しては生死也。夜に入ていぬる者何の心あり何の名ありて自逝すべきや。死生は天地の常理也。道理にしたがひて始終する者は無心也。むかし程伊川病で死なんとす、郭忠孝と云者往て見に、伊川目をとぢて默然たり。忠孝云、夫子平生の學ぶ所此時に用べし。伊川云、道ニ着スレバ用一便チ不一是と。忠孝いまだ寢門を出ざるに伊川卒す

問、遺言《ユイゲン》といふ事は有べきか　云、死去人のいひ置べき事は生殘る人々の心にあり。時所にしたがひ子孫の位に應じ、義に害なき事は勢にまかすべきのみ。死者何をかいはん。但し遠方へゆく人の、留守居の及まじき事をいひをくどき事あるまじきにもあらず。子弟に敎るの言は平日の言なり。遺言に非ず

をみると己か赤子を保かとくなるの慈心なきゆへなり。人々我子水火の中にくるしまは、これをすくはさる間は、いねても席を安んせし。食するとも味を甘んせし。多の子とも已一人の力にして、水火の難をすくふ事あたはさる時は、これを助くる術を得たる人ありといはゝ、年來のあたかたきなりとも、必す往て手をつきひさをかゝめても、我子のすくいを求ん。いわんや賢者はあたにあらす。みつからこれをにくんて、いみへたてたるのみ。堯は舜を得さるを以己か憂とし、舜は禹と皐陶とを得さるを以己か憂とし給へり。一人の君子を求るは、万民の苦をすくはむとなり　　問。今も役人なけれは何國にても人をゑらひたつねとはすといふ事なし　　云、同位同類にをゐてたつぬる故にありかたし。天地の理物皆盛衰あり。富貴は久しくつたはらす。其時

323 一　心友問、より親に與し主君にそむきて出るは何の義ぞ　　云、非禮の禮、非義の義、大人はせざるの類也。今の俗此非義の義を義とす。あやまりてもせめて義と思ひてなさば可也。たゞ其中間の名利の情にまとはれてせんかたなき故也。盜賊は本より不義の者なれば、義理を思ふ者にあらざれども、其中間の難を去とあたはず。これ其情にまとはるれば也　　問、より親義を行て去ば與すべきか　　云、より親義を行はゞ自己一人義を行て去べし、何ぞ人をひきゐて其家を危くし、其國をみださんや。故に君子はより親とする人をはじめよりえらぶ事なり

324 一　心友問、程子云、誠あらず、財をおしむ者は善をすると不能と。財はおしまざれども誠なき者あらんや　　云、名を好て財をほどこす者はおしまざれ共誠なき也　　問、不仁なる者しはき者も堂寺の佛事には金銀をおしまざるは何ぞや　　云、しはきも不仁も心くらき故也。後生の僞《ギ》妄《マウ》を信ずるも、心のくらき也。くらき故にくらき所へ用ると知べし

325 一　心友問、易《イ》簡《カン》と略儀と相近がごとし　　云、大に異なり。聖人の教は易簡の善ありて略儀を示さず、人に略儀を教る時は禮儀亡ぶ、禮儀亡る

代に位尊、祿重人の子孫はすてにおとろえんとす。故に好人生れかたし。積善の家はしらす、大かたは靈明の末おとろへて、又おこらんとする時は、微賤の中に勇知の人生る。故にいにしへは賢を求ると野におゐてせり　問、たとひ其身微賤なりとも、德すてに君子ならは、民の父母たる心あるへし。何そめさすとも進て道をおこさゝるや　云、其位其任なけれは其心おこらす。大舜はしめ庶人たりし時は、たゝ庶人の業を事とし給ふ心のみにして、天下の治乱に心なし。國君は一國の民の父母なり。天下に及心なし。大君は天下の民の父母なり。其大臣は大君の心を以こゝろとして、天下の民を惠へき道を盡すのみ。夫大舜の知は貴賤廣狭をゑらはす。居として當らすといふ事なく、ゆくとして行はすといふ事なし。大賢以下の人々は知に大小あり、才知ひろ

時は驕奢生ず、驕奢なる時は物文《ブン》花にして事しげし。事しげき時は僞生ず、物文花なる時は略儀いよ〳〵行はる。夫烏帽子《ボウシ》直垂《ヒタヽレ》ちいさ刀は無位無官の士の禮服也。此禮服文色定れば數を用る事なし。たゞ一くだりありて禮儀達しぬ。下着《シタギ》ひとつふたつは時の寒暑にかなふのみ。數を用ひ美を盡すべき様なし。ちいさがたなたゞ一腰なれば、大中小の脇指刀のさしかへ用べき所なし。平生はちいさがたなひとつにて内外ともに事たれり。軍陣に太刀を帶《ハキ》そゆる者也。これ禮儀備り人道うるはしくして易簡なり。善なるに非ずや。いつのほどにかゑぼうし下地のまゝにかみををりわげ、ひたゝれはかまを略して上下とす。一旦は易簡に似たれ共、略儀にて禮儀なければ小袖上下數を盡していろ〳〵あり。其ついえかぎりなし。ちいさがたなを脇指とし、太刀を刀として二腰さしたるは、かい〴〵しき様なれども、國《コク》容《ヤウ》軍《クン》容《ヤウ》まじはりて治道長久ならず、戰陣威かろし。しかのみならず、大わきざし、中脇指、小脇指、刀のさしかへに至まで、其ついえかぎりなし。これ略によりて奢にながれ、人の禮儀亡びて物多く事しげきに非ずや。事しげき時は人の精力及がたし。正直律儀なる人といへ共、僞なき事あたは

くして天下の任に當るへき人を、一國に用ては却てつかへとゝこほりて、功ならさる者あり。又天下に用ては、かなへあしをおれとも、小國に用ては可なる人あり。人を知て有才を用るとは、君子治國平天下の先務なり。今の時才の用へき處をつまひらかにせす。人のほむる者なれは役儀を命す。士の頭とし上に置ては、ゆたかにして君子の風ある人も、役人とする時は其事不調、生付たる氣質の德まてむなしくなれり。故に不當事に使時は、あたらよき人をそこなふもの也。生付きづ多人といへとも、一きりやうある者は、其得たる事に使時はよし不德の人も使やうにて德出來る道理也

問、富貴に素しては富貴を行ひ、貧賤に素しては貧賤を行ふ。是大力量の人はよく處すへきか。大賢以上の人ならては叶かたかるへきか　云、これ才のよくする處にあ

326

ず。この故に聖人は易簡の善に配《ハイ》して人道の禮儀を制し、略を戒て多事をふせぎ、偽の生ずる源をふさぎて誠を立るものなり

一心友問、聖ニシテ而不ルレ可ラレ知ル。之ヲ謂フレ神ト。先學皆いへり。聖人の上に別に神人あるに非ずと、いかゞ　云、聖人には神明の德あり。此德ある事聖人みづから不知給也。空中よりなき物を生ずるは、鬼神の造化なり。天地ひらけていまだなき物をはじむるは聖人の神德也。八卦を畫《クワク》して六十四卦とし、天地人三極《キヨク》の道をあらはし、万事万物の理を盡し、醫藥灸針の事を作し、律呂管絃を興しなど、皆神明の德なくてはならざる事也。律呂たしかにのこりてだに、ふりの絶たる樂《ガク》は再興することなりがたし。舜はじめて五絃の琴を作て南風をうたひ給へり。琴の曲たえて後其器ありといへ共、賢君良相もこれをおこす事あたはず、跡ありてだになりがたし。況や跡なき事を初て作するは人力に非ず。鬼神は人の作用はならず、人も鬼神の妙用をばなすとあたはず、幽明人鬼の異なる也。聖人は人にして神の妙用あり、鬼神にもまされる所也。しかれ共聖人は人道をつとめて神妙に心なし、これ聖にしてみづから知べからざるの神也。又聖人の上に神人の位

らす。德を知人はみなよく處すへし。それ有德の君子は富貴も淫すると不能、貧賤も移すと不能、威武も屈すると不能。かくのごとくにして後、其位に素して行ひ、其外をねかはさるへし。德を知人これを行へし。才覺ありといふとも及處にあらす

220 學者あり問て云、今の佛者は貴人の師なり。しかも出家は下をへて民の困苦をしれり。何そ貴人に說て佛の濟度利生の道に叶はさるや。歲の十一月には徒杠成る。周の十一月は今の九月也。徒杠はかちよりゆく者のわたるはし也。十二月に輿梁成る。十二月は夏の十月なり。輿梁は車馬を通へきはし也。農功すてに畢て民力を用へし、時もまさに寒沍ならんとす。橋梁ある時は民徒涉の憂なし。今民間の道路には水に橋なく、舟なき處多し。遊民みつから舟橋を作て錢を取て人を渡す。貧なる婦女童子はわ

なきにしもあらず。伏犧神農黃帝堯舜これ也。禹王文王周公孔子神にあらずといふべからず

327 一 學者ありて云、孟子以後の諸君子皆言の失ありといへり。師とはしがたからんか　答て云、皆師とすべし。其志の賢なる所は後世の學者の及べき所に非ず。言の失をあげて先人の非をいふ事は易し。其德を取て身に行ふ事はかたし。予が言のごときも今の人の惑に當り、今日の受用に益あり共、時去て後人の議論に及ばゞ大半非ならむ。たゞ實儀あれば人の良心を感發す。善心興起する時は聖賢を師とすべし。其中間の奏者也。世に博學篤行の師多しといへ共、人の良心を開とあたはず。師弟共に先學の非をあげ、當世の學者を相そしれり。先人の德を好し、今の人の善をあぐる事あたはず。其議論可也といへ共、かへりて人の善をそこなふ者也

328 一 賢不肖生付といふべからず、治乱命といふべからず。君相志を立て賢を求め、職々其任にあたるかあたらざるか、つとむるかつとめざるかを明に知時は、國をのづから治るべし。天下小人を以てみづから安ぜざるは人心の靈なり。君相志をはげまして君子の心術躬行をなす時は、士民これに

たる事を得す。たま〳〵民の自力にて橋をわたすといへとも、あやうくしてかちの者たにやう〳〵わたれり。佛法の制にも過たる今の堂塔の十分一を損せは、天下の橋舟時になるへし。佛法は慈悲を本とすといへとも、いにしへの賢君の政道の一事にも不及とは何そや。又旱に當て雨こいをするも、民の自力を以て大分のついゑをなせり。かくて大方に出來時は、せめとられぬ。如此事を貴人に申す僧たになき事は何そや

云、雨こいはふるへき道理あるにいのれはふり、其あてゝする道理なけれはふらす。民はそのわきまへもなくいのれはふる事と心得て、多の財用を損していのれともふらさる事多し。まとによぎもなき事也。いにしへは旱に雨をいのり、長雨に晴をいのる事は大君國主郡主の任とし給ふ處なり。故にそのふるへき道を盡していのるとを命ししたがふ。心はいまだ化せずといへ共、其用は君子の事也。この故に人材を成とはかたし。變化するとは易しといへり。いまだ王者の德に及ばざれ共、志立時は變ずべし。大に變ずれば大に益あり。すこしき變ずればすこしき益ありといへり。婦女の知識なき、赤子の物いはざるだに、誠あれば其欲に應ず、あたらざれ共遠からず。況男子の知識才能あり、民人のよくものいふは、慈仁の誠あらば保と易かるべし

329 一 時にしたがつて變易して道に從ふは君子の中庸也。時に隨て變易して利に隨ふは小人の中庸也。其知の明は一也。只主とする所異なり

330 一 心友問、孟子言を知といへり。道學にをいて重きとは何ぞや　云、予は予が言を知のみ、心定る時は其言重して舒かなり。不定時は其言輕して疾　問、事の急なる時はいかゞ　云、心定る時は急なりといへども變ぜず、只其言すみやかなり。重舒變じて分明なる者也。無事の時に疾は心いそがはしき故也。急なる時すみやかならざるも心とゞこほれば也

331 一 心友問、聖人の言をそるゝの意いかゞ　云、聖人は万歲の師也。其言は我に敎る也。我必ずこれを受用せんとす。故に畏る。天より命じて師

給へり。故に空く民の財をついやさすしていのれは必すふるとあり　問、今時民のむさとしたる雨こいにも、時としてふる事あるは何そや　云、其事は雨ふるへき道理なけれとも、其憂情眞實なり。又不知して雨ふるへき處におゐてする者あれは也。これ等の神理いかて今の僧尼の知處ならんや。其上多は身すきの凡僧なれは、濟度利生の慈悲心もあるへきやうなし。故に貴人に近付といへとも、民のついゐいやましになりて、下をくるしむる其一となれり。まことに論するにたらす

221 朋友問、もろこし日本共に天下を奪ふ者は諸侯大名なり。あらそふ者は高家の一門なり。君を殺しないかしろにする者は大臣なり。たとひ暴君ありとも亂世にはまさるへし。其君なく成て後はよかるへし。諸侯に大身なく、又はありとも取立の人はか

とす、今日の君命のごとし　問、大人ををそると、大人は在位の人か。在位の人不德にて我道あらば何をか恐れんや　云、天命じて貴人とし上に立しむ。故にをそる。畢竟天命を畏るゝ也　問、天何ぞ不德の人を命じて有道の人の上に立しむるや　云、勢の自然也。自然の勢は天命也。故に君子は自然にしたがひ、小人は力を以て自然にもとり、災をまねく者也。故に云、小を以て大につかふるは天ををそるゝ者也と。小はまことに大に敵すべからず、是自然の天命なれば也。大を以て小につかふるは天をたのしむ者也と。大はまことに小をしたがへ易し。しかれども恭敬してつかふる者は義理あるを以て也。心につかふべき義理をしれば、其義理をたのしびて、外の勢を忘るゝ也。将軍家の禁中につかへ給ふがごとし。将軍家は天下を我物として大といふにも及ばず。しかれ共天照太神の皇統にて三種の神器おはしまし、天威のをされざる所あり。故に代々の将軍家をろそかにし奉り給ふ事あたはず。足利家の盛世の時は、本より将軍家にまかせられたる公家なれば、ないがしろにしたりとて眉目にもならざるに、天を樂の道理をしらで勢にまかせ、日々に公家の威をけづりたる天罸にや、足利家の威

りにし、一門に高家をおかす。大臣に位祿なき樣にせは久しかるへきか　云、孟子曰、入則無法家拂士。出則無敵國外患者國恒亡。然〔○後脫〕知生於憂患而死於安樂。法家は位祿重く、作法正く、繼躰の君道に志す時は師となり、無道なる時はいさむ。きかされとも其法を變せさるの大臣也。代々の守になり、國と共に存亡する者也。位祿かろくして叶へからす。拂士は君正しけれは助て善をなさしめ、君不正はいさめたゞすの賢士なり。敵國外患は必しも戰國の時にあらす。外に氣遣なる者あり。手前あしくは其よはみ、ついゑにのりて、災をなすへきもの也。凡情はかくのとき者をはらいなくせは、心安くてよかるへしと思へとも、君子の心はしからす。左樣の氣遣なる者あれは、作法を愼み、政をよくする故に、長久なり。彼も其善政に感して歸服するもほどなくをとろへて、四五代は公方といふ名斗にて、公家のごくなりて亡びたり。武家の强大を以て公家の微弱なるを尊敬し給ひてこそ、後世のほまれ共成べき事なれ。强大の人微弱の人をしつけて、眉目とおもへるはくらき事也。其非禮を武家の例とする人あるはあやまり也

332 一 學友問、先學云、人心は人欲也と、先生の解は異也　云、古語を解こと人々の見立あり。古人の主意に叶と不叶とありといへ共、叶たるを以て必賢也とせず。不叶を以て不賢とせず。予思ふに人心は人欲に非ず。大舜の給はく人心惟危と。すでに人欲なれば危といふまでもなく惡也。人心は形氣の心なり。此形あれば此心あり。聖凡共に同じ。飲食衣服男女等の心これ也。既に形氣あれば欲有、欲あれば則あり、則は禮儀也。人心欲ありといへども、禮儀の天則にしたがふ時は道也。則にしたがはざる時は人欲となりて惡也。天則は微妙にして聲もなく臭もなし、自反愼獨常に存養せざれば失ひ易し。君子の及べからざるはそれたゞ人の見ざる所かといへり

333 一 心友問、程子註に朝ニ聞レテ道ヲ夕ニ死トモ可ナリ矣とは死得レル是ヲ也といへるは

は、眞の心服なり。手前よければ心服して、外の守になり、あしければ氣遣なる者は、吾取立ならぬ代々の諸侯なり。天下の主の爲にはこれほど重寶なる者はなし。故に先王外に諸侯を立置給へり。秦の始皇貴殿の間のごとく、諸侯大臣なくは万々歳吾子孫天下の主たるへきとて、天下に大名一人もなくせしかとも、天下を一統せし年より、二世皇帝の子嬰漢の高祖に降りし年まてわつか十六年にして秦亡たり。秦の始皇は多の大敵を亡し、周の世をとりたるほとの大武勇大力量の人なりしか共、外に氣遣なる者なき様にせしはかりにて、ほとなく亡たり。高祖は知行とては一尺の地も持せす、獨夫の浪人なりしかとも、大秦の万々歳と期したる天下を亡したり。高祖は賢人君子の德もなかりしか共、外に諸侯を多立置、内に大臣を備置て、四百年の天下を子孫に傳たり。

何ぞや　云、是字意をふくめり。君子天年の數を盡して無事に終るもあり、義に當りて戰死するもあり、生も一事也。死も一事也。君子は事として正を出す。正に心ありて死に心なし。是死得是なり

一　學友問、孔子曰、生をしらずば死をしらじと、生をしらば死をのづからしらるべきか　云、生を知は人の人たる所を知なり。人の本を知は則天を知也。天を知ときは人-鬼幽-明死-生眼前に明白也。人と生れても人たる所を不知ゆへに人-鬼幽-明二にす。故に目のみる所のみ知て見ざる所を疑ふゆへにさとりの學あり。聖學には一事の疑ひはあれ共、一生の疑ひなし。佛氏は天下國家の用なし。故に一事の疑ひを不知、幽明輪廻のまよひあり、これ終身のうたがひ也。富貴貧賤は天命の常、造化の自然なり。此不同なければ人事を行ひて造化を助くるとあたはず。故に富貴にして驕且吝なり。貧賤にして憂かつ安ぜざる時は、天地鬼神の妖怪《クワイ》とする者也。共に終をたもつ事あたはず。故に富貴の道は禮をこのみ人を愛す。貧賤の道は外をねがはずしてよくつとむるにあり。これを天地人の三才とす

一　心友云、もろこし上代の詩よりも後世の上手の詩面白[七四]し。この故に人

出て敵國外患なき者は國恒に亡ひ、憂患ある者は生き、安樂なる者は死するの格言少もたかはす。大身なる者のみならす、小身といへとも此道理にはもれさるなり

222 心友問、告子曰、性無善無不善と、又先儒曰、無善無悪心の体と、此二説はかはりなきかとし。孟子は性善なりといへり。心の本体は無聲無臭といへる時は、性善ともいひかたかるへきか。三說の異なる處、性善の無聲無臭に叶處の道理いかん

云、告子か性無善無不善といへる主意は非なり。生これを生といふの心と同し。氣の靈覺を見て理の靈明を不知かゆへなり。無善無悪心之体といへるは、又告子か旨には異なり。心の体は虚靈不昧なるものなれは、たゝ悪なきのみならす、善といふ物も又なきなり。しかれとも性は心の本然なり。性の感通する跡を見れは、皆善にして

のもてあそぶも皆後世の詩人の詩のみ也　云、尤詩は名を得たる詩人上手也。然れども上古の詩の様に優柔ならず　問、しからば後世といふとも賢人の詩は優なるべきか　云、賢者といへども後世の詩はたゞ其言葉の正しきのみにて優柔の風はすくなし。賢者は心の正しきのみ。其風は其代の神氣の化する所あればなり。上代の人は玉冠《ギヨククワン》を着せり。後世は賢者といへども常に着するとあたはず。是神氣のうつりかはれるが故也。日本上代の人道徳の學はしらざれども、今のしりたらん人の及ばざる所あり。世中ゆるやかにして神氣あつき故也。今の道學ある人道理をしるとは古人よりもくはしといへども、世中のせはしきに習て神氣うすし。故に風は古人に及がたき所あり。其跡の見べきものは詩哥也。中古の哥人學ひろく名を得しも、上古のしらずよみによみたる大方の人の哥ニも風体は及ばざるがごとし。上代の哥は優柔也。中古以來の哥は上手といへども迫切《ハクセツ》にして優柔ならず。これ自然に人心の感ずる所也。人心は政教風化のしからしむる也。其世中に習たる人の心氣哥の本なれば、をのづから言にあらはるゝもの也。たまさかに優柔に似たるもあれども、それをよしとして作たるも

悪なし。悪といふものは人欲の私よりおこりて、性の感通にしたかはさるよりなるもの也。性のまゝにして人欲の害するものなけれは、其事皆善なり。孟子の性善といへる處なり。孟子も性の本体に善といふ物ありといへるには非す。無聲無臭の心の本体の無思無爲寂然不動にして、感して天下の故に通する跡をみれは皆善也。其跡の皆善にして悪なき道理を見て性善の理を知へし

223 心友問、孟子曰、爲政不難。不得罪於巨室。巨室之所慕一國慕之といへり。古今國天下ともに王代も武家も君をないかしろにして權威をとり、或は國を奪なとする者は大家なり。君たる人知なく勇なく、うちまかせはからるゝ時は、大臣の心に叶へし。しかれとも君は有てなきかことし。終には國天下を失ふに至へし。君に知勇ありて君

のなれば自然の風に非ず。いにしへは日本の國遠してひろく、近來は近してせばきがごとし。政道ゆたかなる時はひろくて、せはしき時はせばき也。しかるにせばきを以て一面によく治りたると思ふはあやまり也。いにしへは人心上に服せしかば、人質といふ事もなく、凶事なければ早使早馬といふこともなく、禮式定りてしげき往來もなし。この故に諸國のをとづれも遠く、人の歩行もいそがずゆるやかなりしかば、日本ひろく東西遠かりし也。其代の風哥にあらはれてしらるゝ也。もろこしにては國郡村里の婦女の小歌をとりて、其政其俗をしれりと云り

336 一　心友問、艮《トヾマル》ニ其ノ背《セナカ》ニとは如何　云、せなかは不動無欲の所也。人の身中目の見、耳の聞、口の味、鼻の臭、腹の飲食、手の取、足の行、みな欲あり、動あり。たゞ背のみ欲なく動なし。故に一身の本たり。一身は背の不動につきて用をなす者なり。これ我身によりてたとへをとれり。心無欲にして身の主たるべし。欲ある時は一身に主たることあたはず。況家國天下をや。欲は好み悪むなり。好ては得むとを欲し、悪むでは去むとを欲す。其好悪にもとる時は心うごきさはぐ。或はいかり或は恐れて心くらくなれ

の位を持給はゝ、今の大家は皆損するに近し。しからは大家は道ある事をにくむへし。大臣は何そ悦服すへきや　云、德を行はすして力と才覺とを用ひはしからん。古今不德の君、大臣の威勢を持をにくみ、力を用て俄におとさんとす。小知の小臣これをすゝむる者あり。君小臣といひあはせて變する處の政、大臣の無道なるにさのみかはらす。東に滅して西に生するのみ。しかのみならす、本よりの役人はうらみをいたき引入、新敷役人ときめきなとす。共に凡夫なれはかはる事なき中に、人のうらみを取、損をます計也。其上人情は筋目と位の備とを尊ふものなれは、同し道なきにては世臣大家のする事をはうらみす。無理と思ふ事あるも、より子の筋目出入の子孫なとはしたかふもの也。さなきも威勢におされて口說なし。今出頭にはむかしよりのよしみも

り。心は靈明を以て身の主たり。靈明の眞を失ふ時は主の用なし。これを放《ハウ》心といふなり

337
一　學友問、雷は天のいかりと云說あり　云、よろこびといふべし。雷雨のうごくみちみてり。草木生意をまし、人氣すゞしく心地よろこばし。先王以て樂《ガク》を作り給へり。風雷共に造化の常はよろこばし。常にこゆるはいかりとも云べし。周公の德をあらはさんがために大風おこり、北野の天神の忠臣の怨を感じて甚雷ありしたぐひ也

338
一　人先實あり、これをかざるに文を以てして禮あり。實すくなくして文過るは《困僞の端、》奢也。實ありて文の不足を儉と云。古の人は實あまり有て文みたず。故に禮の本とす。今の儉を用る者は禮を廢《ハイ》して儉と思へるは誤り也

339
一　心友問、和漢大勇の者あり、勇にをいては君子の勇にひとしからんか　云、氣質に得たる大勇も死をかろむじ、物に勝とはまことに君子の勇に似たり。しかれども心地光明ならず。若勇者道に志ありて蓋藏《ガイザウ》なくかたらしめば、必ず恐るゝ所あらん。心にまどひある者は恐なき事あたはず。君子は惑なし。知仁勇は心の一德也。故に君子は恐るゝところなき也。小人

なし、備りもなし。けつくそねみの心は人々あるなれは、事はよくても心服せぬものなり。ましてかはらぬ事の少よきといふ計にては、人心もとりそむけり。たとひ同し事の少あしきにても、君に大力量達才ありて、一人下知し給はゝ、もとより主君なり。大家ははうはいなれは、君にしたかふ事もあるへし。君一人して主にもなり、臣にもなりて、下知はならぬものなれは、必すたすけの出來出頭有もの也。一國この出來出頭をにくむ心より、あわせて君をもそむくもの也。下々たにかくのとし。いはむや大臣はいきとをりをふくみぬ。國のあやうき事は大家にまかれたるも、主君の威をとりたるもかはる事はなきもの也。たとひ今の權威を持過たる大臣なりとも、俄にとりおとして耻辱を與ふる様になく、君たる人みつからの德を明にし、行を愼て、大臣の耻

の勇は氣に得たる故に氣にいさむ。されば死すまじき所にても死し、又死すべき義に死せざるともあり。君子は義にいさめば、死すべき義を見ては此身をすつると、やぶれたるわらぐつの如し

囷一二之奥ニ入ル
一　心友問、世間に義理順義といへるは皆利也。さし當る公界の音信往來振舞等をいへり。是をなさでは忽世間の名利を失て身に害あり。これをつとむるを以て義理をかゝずと思へるはあやまれり。是はなさで不叶公役のごときか　云、しかり。順儀とはいふ共義理とはいひがたし。義理といふは時を失て微賤に居者にても、筋目のあるをばすてず、親類の末々なればいやしといへ共見はなたず、知音の由緒《ユイショ》までもわすれず、家頼の功ありし者の子孫を取立など、たのもしきところあるを義理といふ也。是等はさしあたる世間の利にはならず、當分身には損ありて、益はなき事なれば、今の義理順儀の人、大方此實をば捨てかへり見ず、却て外聞あしきなど思へり。善人の名となり、利となる所は異なり。心の仁義に本づきて不忍の本心よりなせる義理なれば、人にたのもしと思はれ、仁者のほまれあるはくちせぬ名なり。眼前の利にはあらざれど、天道の冥加に叶ひ、末のさか

恐るゝやうにし、仁愛ふかく敎みちひき、是非利害を明にいひきかせて、得心させ、今まて君の威をうはいたる樣なるは、大なる辱めなり。臣の道を盡してこそ名をもあくへきもの也、と思ひ入、我方より欲を損し德をます樣にし給はゝ、亘室必す心服し向へし。本よりよからぬにたに士民共に久しくしたかひ來たる大家なれは、君の德をあふき、同心同德にて助とならは、眞に沛然としてふせく事なかるへし　問、君の敎にもしたかはさる無道人ならはいかん　云、それほとの惡人なれは國人ともに常々見かきりおるもの也。これをすてゝも可也。其上君の道正しく仁至てしたかはさる者ならは、士民皆にくむへし。憂るに不足　問、君は祿を與ふるたに士民服しかたし。大家は祿もあたへさるに、士民したかふは何そや　云、君は遠くして尊し。故

へ久しきは義を和するの利也。不善人の名利は小人と共に時めきて、飲食衣服器物家屋等の上にをいていやしき名を悅び、時にあはせて利ありと思へり。欲心と驕奢にひまなければ、財用も乏しくなり、少し心には思ひ出ても、實の義理をばすることあたはず。親類知音の筋目ある人、家賴などには見おとされ、たのもしからぬ者といはるゝ實の惡名をばかへり見ず、終には家の亡びたゆべき利を失ふをばしらず、畢竟くらき故也。心身家國天下共に幸福は仁義にしくはなし。とりわき人に君たる人義理の實なければ衆の心そむき離れ、利を好むの小人のみ近付て、國家のほろぶる事日をかぞへて待べし

341 困一二之奥ニ入

一　朋友問、佛者は生死といふ、儒者死生といへり。意ありや。生死は言順にて、死生は逆なるがごとし　云、別に心はなかるべし。しかれ共死生と云て言順也。語默は晝夜のごとく、死生は古今のごとしといへり。語は晝うごくの理也。默するは夜息するの理也。祖の死は父の古也。父の生は今也。父の死は子の古也。子の生は今也。天地の造化はおりはたのたてのごとし。人の死生はよこぬきのごとし。死生常の理にして二あらず。故に古今

に親しからす。何事もかくれて過し易し。大臣は尊けれとも下に近し。少の事もしられ易し。故に恐れはゝかるもの也。しかのみならす、君臣ならねは親き交も有、賞罸ともに大臣の取成にかゝる處あり。故に諸人信を取て服するもの也。この故に大臣賢なれは國天下の治る事すみやかなり。いにしへの聖主といへとも賢臣を得てあまねく行はるゝ處なり

224 心友問、冉求季氏か家臣となりて、民より取所の物前よります／＼多かりしとなり。孔門に遊ふ人なれは、後世のやうに不仁にして、責取とはよもあるましと思はれ侍り。然とも孔子其罪を鳴してこれを責よとの給ふ。我等ときの淺學不德の者たに、左樣の事はなすまし。心得かたく侍り　云、よき不審に候。後世の樣に民をせめしへたけて、しほりとりたるにはあらす。前

といふのみ

342 一 人已を不知は大憂也。已を不知して人をしらんとし、外事を知とをつとむるは惑也。已を知て後天下の事疑ひなきは樂なり

343 一 心友問、漆器《シツキ》は美なる物也。舜何ぞ如此の美器を始給ふや　云、是凡人の知ところに非ず。數千歳の後をはかり給へば也。上古飲食の器物は多くはやき物也。朝夕用る物なれば、くだけやすく損じ易し。人も次第に多くなりて天下に是を用る事かぎりなし。帝舜の時より五百歳千歳の間には目に見えぬ事なれ共、數千歳へて後は、山林あれて人民の難儀、天下の凶乱の根となるべき勢ひあり。天下のひろきといへ共、つくるに至りては俄にすべき樣なし。故に山林ふかき時にをいてうるしをとり、木地をぬり、飲食の器を始め給へり　問、世人貴賤となく我一代をはかるのみ、子の代をおもふ事だにふかゝらず。他人の代万歳の後を憂給ふ事、何ぞ如此いたれるや　云、父母の子を愛するは愛の至り也。しかれ共子不孝なれば其愛心うすくなる事あり。聖人の民を見給ふと凶人惡人といへ共にくみ給はず。刑罸に落入時は政敎のいたらざる事をなげきて、其罪人をいかり給

にすくなく出したるよりも、民はゆる〳〵として物成は多とりたる也。民も悦ひ地頭も満足しての事なり　問、しからは孔子何ぞ甚せめ給ふや。多とりて民の爲にもよき事はあるましきと思ひ侍り　云、不審尤なり。凡夫は欲ふかく、才知かしこけれとも實のくらき處あり。其上物の筋道をしらさる故に、財用のわき出る道をしらす。多は誰ためにもならす、ついゑてなくなるものなり。いにしへは農兵なりし故に、つよきといふ分にても、十にして二とりたり。民の得分八の中三ほとは中にてついゑてすたるへし。仕置をよくせは其三のすたりなく、一を上へまし二を民にますへし。故に主人満足し、民悦なり。上下の爲よけれとも、孔子の責給ふ主意は、季氏か道に志あり、仁政を行はんとする者ならは、ついゆる物を上下にあたへて、仁政の助とする事

はず、悪をにくむべきは當然の理也。一人を捨て万人を助くべきが爲也。天下のひろきも一家のごとく、万古の遠きも一日のごとし。仁愛の誠やむ時なし。是則天地生々の心なり

344

圏一二之奥ニ入ル

一　心友問、費の字を解してたからとせざる也。との給ふは何ぞや　云、上古には貝を以てたからとす。費の字弗貝の二字を合す、如心を恕とするの類也。財散ずる時は民あつまるといへり。散ずるはたからとせざるの義也。用の廣といへると意相近し。財の字も貝にしたがふ、いにしへ貝をたからとせし故也。いにしへのたからの貝はいづれの貝といふことをしらず。後世金銀錢を以てこれにかへたり。堯の時天下洪水にて五穀不足ゆへに、錢を作て交易の助けとなし給へり。廣く天下に用るのみ、いまだ君の藏にたからとし納たるとなし。賢君のたくはへは民のためのたくはへ也。故に王城にあつめずして在々所々に五穀をつみ置て水旱饑饉の備とし給ふ。民みな己が用と思ひて君の物とせず。君の私のたくはへなければ也。これたからとせずして用の廣き也。道は天下の道にして君子の私すべき理にあらず。然れども其大本は未發に存して聲もなく臭もなし。聖人といへ共あら

尤なり。季氏は仁義を不知、たゞ利のみこのめり。しかるにいよ〳〵富しめて、其利心を助け奢を長するはあしき也。其上悪を後にのこす道理有。冉求載判の間はよかるへし。奉行かはりなは上へましたる處は其まゝにて、下のつゐゑ又むかしにかへるへし。しからは民のいたみ初に倍すへし。これ悪をのこす也。君子は人の悪をのこさゝるもの也。故に孔子ふかくなけき給ふ也

問、善戦者は重き罪人なりといへり。然は今の軍法者は非なるか　云、是又いふに不足。いにしへの軍者は法にくはしきのみならす、大将の器量ありて勝負の利をしり、たゝかへは必勝、人を殺すの害多かりし故に、上刑に服へき者なりといへり。戦に勝國を合するといへとも、天罰にて終には其主人も亡ひ、其身も絶たり。終に天下を取事は合戦の勝負にはよらす。よからねとも

はすとあたはず。これを無といはんとすれば神明不測也。これを有といはんとすれば形色聲臭なし。無欲なるがゆへによるところなし。好悪なきが故に過不及なし。しばらく名をかりて中といへり。昔も今も末世も終にあらはれざる物也。故に造化の根たり。寂空虚無もこれが名とすれば病あり、たゞ隠といひて無にながれず、有をのこさず、かくるゝと云につきて其神を知、聖人の言妙なり

圏二之奥ニ入ル
一　舊友問、予が母方に微少の親類多く侍り。うと〳〵しければ恨み、ねんごろにすることは餘多の者なれば成がたく侍り。予が宗領によめをむかへば親類すくなき者をえらぶべしと思ひ侍り　云、是心を立るの過也。むつかしきと思ひいとふ心を以てむかふる故に苦勞なり。むかし大舜の君雞鳴ておきてつとめて善をなし給ひしは何事ぞや、人倫の交に道ある也。貴老微少の親類多きは善をする事の多き也。悦ぶべく共うれふべからず。若貴老微少にて親類富貴ならば貴老のをとづれをいとはん事、貴老の微少のゆかりをいとへるごとくなるべし。しからば遠慮してひかへんより外の事あらじ。何を以てか善をなし給ふと廣からん。幸に親類微少にて貴老のを

其時世の中にては、大やうなる寛仁に近き人にかたつくもの也。唐日本ともに古今のためし明かなり。今の軍者は將の器なし。勝負の利を知へき樣子ならす。時代無事なる故にしられさる也。戰國になりなは軍法者は大方すたるへし。大將の器量ある主君をとりあわせたらは、その勝負の利にひかれて、少は用に立事も有へし。ひとり功を立へき者は不知、唐の軍者は大方將の器ありて、將軍の任を得たり。日本にてはなきもよし、あらは害いよ〳〵大なるへし

問、山本勘介は軍者なれとも信玄家にをゐて功を立たり　云、勘介は勝負の利に器用なりし者なり。其上信玄といふ大將の器量ある人を主君に持たる故に、其得たる處あらわれたり。他の主人につかへたらはしられまし。然とも軍者にて道を不聞者なれは、軍は上手にても不仁なる主をとりたる

とづれを悦ぶ者なれば、貴老是をしたしみて、善をする事を樂み給へ。貴老富有の人にあらずといへ共、又貧賤ならず。志次第にてゆかりの人々の貴老の志を悦ぶ程の事はなるべき事也。衣服米麥菓子肴等もしは金銀も少しづゝ、おりにふれ有にまかせて、かはる〴〵あたへ、物なき時は見廻使傳言の音信も可也。己を盡して後あきたらずしてうらむる者あらば彼が非也。とがむべからず。人皆惡名をにくみて令名を好めり。小善をつみてつもらざれば令名あらはれず。小人は人の目に立べき大善ならばせんと思ひて、小善をば目にもかけず。君子は日々になすべき小善を一もすてず。大善も應ずればこれを行ふ。求てなすにあらず。夫大善はまれにして小善は日々に多し。大善は名に近く小善は德に近し。大善は人あらそひてなさんとす、名を好むが故也。名によつてなす時は大も小となる。君子は小善を積て德をなすもの也。眞の大善は德より大なるはなし。德は善の淵源也。德ある時は無心にして善かぎりなし。貴老小親類の多きによりて懇情の善を行ひ、德をつみ給はんは幸に非ずや。求めずして令名きこゆべし、善をするの媒と思ひ給はゞいとふ心生ずべからず。かへりて其つとめ心の樂となるべし。

故に、君臣共に終には絶亡たり　問、聖人の道を學ひて國をよく治め、士民を安んしたりとも、軍法をしらては戰國の時信玄ときの功者にあひなはまけをとるへきか
云、軍法は本聖人の始め給ふもの也。六藝の中の禮にこもれり。吉凶軍賓賀とて、禮に五の品あり。軍法は其一品なり。戰陣にては一入作法正くとゝのはされはならす。いにしへの軍禮者は事をよく知て備たるもの也。時に勝負の利を知て勝を取事は將の任なり。今もいにしへの事をよく覺たる軍者は、重寶にても有へし。信玄ほとのとしりの功者よき大將にても、君子の陣に敵する事はなるまし。景虎も信玄もやう〱小せり合の功者なり。合戰をたにも得もたぬ大將なれは恐るゝに不足。况や今は此人々を祖としたる軍法者なれは、何ほとの事か有へきや　　問、或は唐の諸葛孔明

346

其上人の悦心をあつめば、和氣家にみつべし。日々に無聲の樂《ガク》をきくならん。人心服従する時は号令行はれ禮儀立もの也。和して且禮あらば子孫必多福を受べし。易ニ云、積善ノ之家ニハ必ズ有ニリ餘慶一

困一二之奥ニ入
一心友問、いかなるをか士といふべき　　云、義理を知なり。五典十義其中にあり　　問、いかなるをか君といふべき　　云、義理を立る也。君の義理に專なるは臣の忠を進むる道也。人をすゝむべきためにするにあらず。みづから義理を尊ぶ也。臣下は其義に感じて心服す。服すれば忠あり

問、道を學ぶは義理を知にあらずや。しかるに今の問學する人義理を不知は何ぞや　　云、たゞに經傳の上に義理を論辨し、或は身に行ふと思へる人も、眞を欣《ヨロコン》で法に落などすれば、眞の義理には遠し。故に氣質の美なる人の義理を知たるにはしかざる學者多し。生付義理を知べき人も學によりて其知ふさがり、おもむきあしくなりたるもあり。いにしへの人は文學なけれども、貴賤共に義理を知たる人多し。君たる人一人を賞して衆人悦ぶは、義理を以て賞すれば也。又一人を賞して衆人そねむは、義理の賞にあらざれば也。源の義經次信が志に感じて、又たぐひなかりし名馬を、

流、日本の義經楠正成流なとと申ゆはいかゝ　云、孔明流とて立たる軍法はなし。名をかりたる計也。ありとても跡のみなり。今の時處位には不合。義經流正成流と云は、猶以名將の上手をせし其跡をいふのみ也。今の人の位には不叶。なま兵法大抵の本と成へきのみ。君子の學には軍法をは事とせす。しかれとも聖賢君子の道德には文武をかね備たる者也。天に陰陽あり、人に文武あり、心に知仁勇あり。君子の位に至ぬれは、大將の器量はをのつから備る也。知明かにして時のよろしきをはかり、心ろこかすして敵を恐れす。勇にして死をにくます。仁にして士民の父母たり。衆の下知につく事、子の父にしたかふかとし。しかれとも戰をはこのます。不得已して戰ときは必勝ぬ。正成ときの天質よき人は皆したかつて子弟となるへし。何の敵するとかあ

合戰の寂中に、事かくべきをもかへりみず、引馬にあたへられしは義理の賞也。しかる故に人々給はりたる樣に思へり。利心の分別あらば、大將の不慮の死をすべきも馬也。十死に入て一生を得べきも馬なり。二なき名馬を死人にひきてすてんよりは、此大事に臨てみづからはなたず乘給ふか、若たまはらば生て用に立べき者に給ふべき事と云は利也。利を以てあたへば衆の恨あるべし。軍士の心そむかばよき馬に乘給ふとも、何のかひかあるべき。故に名將は功有し者の子孫を取立、親の代に忠ありしをわすれず、筋目を尋てほど〳〵にめぐみ養ふ時は、衆みなたのもしき主君と思ひて、己が身のみならず、子孫のためにも忠をはげますものなり。されば賞を得ざる者も得たるがごとくおもへり。義理を行て私なければ也。孔子の春秋一經の奧旨一の義理を立給ふなり。義を不知は夷狄禽獸也。大學の理も上仁を好むときは下義を好といへり。しかるに上仁を好て下義におこらざる者あるは、其仁眞ならずして義なければ也。仁義は本一德也。故に君子の仁は必義あり　問、今時筋目ある者を取立、善人をあげても衆そねむ事あるは何ぞや　云、利心のみにして辨へなき者は、一旦さある事有、少

らんや。もし虎狼の姦勇にて君子をも見しらぬ程の者ならは、つよしといふともうち亡すにをゐては何事かあるへきや。此後乱世となりなは、唐の諸侯を連ね合せ戰しむるやうなる者出來て、庭鳥をあはするやうに、方々にて大名をいさめ、手引人を殺すを以事とする者あるへし。久しく亂て治るへからす。今の軍法者はその先兆か。なけかしき事也　問、人を殺すを以業とするか罪重き事は、眞に今のする物きりに千万倍する事をさとりぬ。新田畠をおこす者それに次て罪重き事は何そや　云、これ又不仁の君を富しめて勢をつよくするなれは、悪逆の根をます也。其上新田畠は多は古地の害になるもの也。となりの害になるもあり。國には不毛の野山多は牛馬を養ふにたよりよく、薪をとるに足者也。新田又これらの害となるものあり。大方後の悪を

347

し義理をもわきまへ、心ある者はしからず。ゆく〳〵聞傳て服するもの也。又にくゝそねましく思し者の子孫にて、上よりは恩賞なくて不叶筋目あり、忠功あれども、其さたなくおちぶれ居を見ては、かくあるまじき事とは思ひながら、凡情の習にて何ともいはざれ共、人々本心あればそこ意には君のたのもしからぬ事を知もの也。忠義の亡る所也。この故に明君は德を賞するに位を以し、功を賞するに祿を以し、才を賞するに職を以す。晝夜の奉公には小祿あり、當座の奉公には其品の褒美あるべし[困]事也

[困]一二ノ奥ニ入

一　心友問、軍法に敵のつかれにのぞみ、ついえにのると云とは君子もなすべきか　云、國君の死して其子幼少なる、或は敵將の病疾の時、もしは水旱にて不作しなど難儀したる所へ、取かけて利を得るたぐひは、一戰に國を取といふとも君子はせじ。人の憂を以て己が利とするは甚不仁なる事也。君子の敵のついえに乘ずると云は、[困]無不備不意ごときの彼が不德を討と有べし。己有德にして彼不德なり。己義ありて彼不義也。故に討とあり。人の憂を見て悦は己先不德不義なり、何を以てか討事をせん。賊相討なれば君子の軍にはあらず

のこすものなれは、軍者に次ての悪逆なり。堯舜の代ならは重き罪人となり、堯舜の代にはか様の者はおのつからなけれは、罪すへきやうもなし。まうけていへる也

225 心友問、孔子東山に登て魯國を小なりとしたまひ、登太山天下を小きなりとしたまふ。處ところ益高きときは其下を視と益小きなり。見ところ既大なる時は、其小きなるもの觀に不足といへり。學術かくのとくならは高慢とや可申ゆ　云、高慢は心せはく見處小き故也。高慢の者は必胸中くらし。道の廣大にして理の無窮なるを知ときは、自足れりと思ふとなし。日新日々新なり。予むかしより國家天下のふさかり通せさるを聞ては、氣の毒にも笑止にも思へり。道行はれは上安く下ゆたかなるへきものをと願へり。近比其非をさとれり。五嶋對馬の小嶋に生れそたちて、少知見ある者

348 一心友問、治体の言あれ共、いまだ其体をしらず。治國平天下の根本なれば其事にあづからずといへども、其理を知は窮理の學也。治体は何ぞや

云、治体は知也。人君知明かならざればたとひ君子の行ありて、万事正しといへ共、たゞ一のしまりなき故によきも皆あしくなるもの也。故に人君は學を好て理をきはめ、心をみがき古今の人情時變に達するもの也。神代より人皇に傳て三種の神器を人君の御たからとし給ふ。中にも内侍所本体なり。中庸にも知仁勇と云て、知を先とす。知神明なれば仁勇其中にあり。學を好といへども文學のみもてあそび、跡になづみ法によれば、かへりて其知をふさぐもの也。人君の天職あり、人を愛するを以て心とす。國主は一國の父母なり。天下の主は天下の父母也。故に樂める君子は民の父母也といへり。父母の心寛厚にして子の成人をたのしめり。怒といへ共愛する也。人の親たるもの、子を大切に思ふ餘りに、子の心行あしき事あれば、腹立の顔色をなす。其實はにくむにあらず、愛の厚也。君子の人民にをける事如此し。伯夷叔齊みづからためにする所は淸に專なれ共、人にをいては寛也。怨こゝを以て希也。其仁をしるべし

は、其嶋中のよくおさまらん事を願ふへし。其者を京江戸へ出しなは、天下の長久を思ふて五嶋を忘へし。大明の臣とせは、大國の治乱を心にかけて、日本を忘るへし。死して陰陽の神とならは、普天率土の造化を助て東夷南蠻西戎北狄の一方百年の治乱のみを心とせし。太虚に歸せは、十二万九千六百歳を昼夜として、天地の壽をみしかしとせん。何そ日本の小國に生れて、わつかに五十年の命數の間に見る處を悅ひ憂んや。しかれ共理に大小なし。一体の仁感して惻隱の情發するは不能已、しゐて思ふは非なり。ひつけう吾人の位をこえて、政道の事を思ふは、勢を不忘の凡情よりおこれり。孟子云、古之賢王。好善而忘勢。古之賢士。何獨不然。樂其道而忘人之勢。故王公不致敬盡禮。則不得亟見之。見且猶不得亟。而況得而臣之乎。いにしへの聖王賢君は德を尊

349 囫外書ニ入〔〇一、脫カ〕心友問、いにしへ上國ときこえし國も中となり、中といひしは下國となり、國郡山澤あれ侍るとは、國主郡主のよからざる故也。しかれば王代の一任四ケ年の法よき道理あるべきか　云、古の時勢をば不知、今の時節には行ひがたかるべし。昔といへども仁政を行ひ給はんがためならばよかるべし。帝舜の象《セウ》を有庳《ユウヒ》に封じたまひ、代官をつかはして其國を治しめ、象は其國の貢物をおさめ、諸侯の富貴をたのしめる計にて、象が不仁の仕置の民にをよばざる樣にし給へり。日本のいにしへも國々の貢物を給はりて、諸侯にひとしき人都にありしもありと見えたり。扨國政は守介の下知なれば、帝舜の遺法に近し。仁政を行はざる時は秦の制法にて、侯をやめ守令を置たる法なればよろしからず。其守令あしきものならば、四ケ年を待べからず。あしからざれ共さして功もなく、守令の任なき者ならば、四ケ年にてかはるべき事尤なり。若其守令仁者にて國政よろしくは四ケ年にてかへんとは益なかるべし。初ていたる一二年は國の民情もくわしく知がたし。敎令も熟せじ。やう〳〵仁政もほどこし行はれ、風俗善にうつらんとする比には、任はてゝかはり來る。守令前の守令の善政に習て

ひ、道を樂ひ給ふ故に、みつからの富貴をは物ともし給はす。君子の富貴はひろく衆をすくひ、敎をほとこすに重寶なる計也。故に善人を好ししたひ給ふに當ては、位をも忘れて禮を重くしたまへり。後世德を尊の道すたれたる時にこそ、きとくなる事のやうに思へとも、根本天下の達尊三の中にても德は天爵なり。位は人爵なり。いにしへは天爵を得たる人に、人爵をもあたへたれは、德は位の本にして二にあらす。老を尊ひ養ふとも、天爵人爵かねたる賢君ありて後行はるゝとなり。しかれは三達尊も德なけれは、殘り二もむなし。賢王の下にある賢者を見給ひては、位威勢ともに忘れて、禮を重くし給ふ事必然の理なり。君王の御子なとの民間に落ふれてしられさるを見付奉りたると同し道理也。天爵のある人賤き中に居給ふをおとろき給へは也。賢德ある相繼者は有がたかるべし。甚しき者は己を立むがために悉くけづりすて、もしはけづらず共用ひざらんには、其德功むなしくなるべし。大方時の間を渡して過る者中人ならん。中人に耻をあたへずしてかはらしめ、よきをば年をかさねて在國せしめんための法ならば、四ケ年の大法しかるべきかなるとの樣に聞え侍るはいかゞ

困一二之奥ニ入

一　心友問、孔子酒の困《タシナメ》をなさずとの給へり。是凡人体の事也。あまり

云、聖人の道は天のごとし。高して且遠し。人常に及ばざらん事を恐る。及ばずとせばおこたるに近し。故に聖人の敎は常に俯《フ》してこれに就《ツカ》しめ給ふ。しかりといへ共いやしむ所を以て人に敎るのたぐひには非ず。困。大人の幼童に太刀をつかわしむるが如し。腰をかゞめ勢をひきくしてうち太刀するは是を愛してなり。聖人の人にをしへ玉ふ事是に似たり。。平人は酒をひかへて乱に及ばず。よきほどに飲と思へり。この故に常に過ることを不知也、聖人はよきほどに飲たまへ共なをも中に過たるかと思ひ給へり。乱と云は酒狂にはあらず。其身の中に過て氣血をみだるをいふ也。心みだれて酒狂にいたる者は乱の後也。聖人の此言平人をして俯して就しむるのみにあらず。才氣高く志高遠なる者をもさへて等をこえすゝましめざる也。聖人の禮を立給ふことと飲食男女に

士の民間に居て、人の勢を忘るゝとは、天を樂ひ命を知ゆへ也。畎畝の中に居て堯舜の道を樂ひ、其位に素して行ひ、其外を不願也。一治一亂は氣化の盛衰あり。人事の得失あり。反覆相尋は理の常也。富貴貧賤の上を下へうつりかはるは、寒暑の往來するかことし。賢士これを見て何の心もなし。故に王公も敬をいたし、禮を盡さされは切々相見て、其言を聞と不能。上より求給ふたにも召と不能。いはんや我より上に求へけんや。何そ國天下の得失を心とし持へきや。吾人共に少問學ある者の、天下國家を憂るは惻隱の心をゝほしに着て、凡情の主たる也。しかのみならすみつからの性命の分を不知。天命の勢を不知。わつかに古昔の事を聞ては今を非とし、これを以て變せんことを思へり。甚た非なり。其愚を不知者はあやうし

はじまる。心術も是より實にふみ行ふべし。これを以て淺近のことゝし、去て高明の理にしたがふ者は虚見にはせて實學をなさず。是を等をこゆると云也。實なきの高明は眞の高明にあらず。終に物をなすべからず。唐虞の事業は古今和漢共に及べからずとす。異學の徒といへどもそしる事あたはず。然れども堯舜より見給ひては、一點の浮雲の太虚を過るがごとし。これを以てかたしとし給はず、心を用ひ給ふ所は、人倫日用の中にあり。この故に唐虞ノ揖-讓三-盃ノ酒湯武ノ征-誅一-局碁といへり。堯舜湯武の心をしれり

一　曾子簀《ユカ》を易《カフ》るの心たゞこれ天地生々の理也。死生一貫にして晝夜のごとし。病煩を以てうつされず、唯今死するを以て心をうごかさず、平生かりそめにすぢかひたるものを直にをきなをすがごとし。一貫の唯こゝにあらはれたり。程子云、一人の罪なきを殺し一事の不義を行て天下を得事もせずといふものと心を同じくすと。予がごとき者も道に志あれば一事の不義をなし、一人の罪なきを殺して天下を得ともせざる事はなすべし。簀を易るの心には及ぶべからず。大義を行ふ事は力なり。又名根力量を以て死

226心友問、天下國家の存亡長短治亂のかゝる處の重ものありや　　云、品々あり、一をあけていひかたし。しかれとも天下國家の興起し、治平して長久なる大本一あり。此本存する時は吉なり。此本亡する時は凶なり。君幷に執權の大臣善を好み賢を親む時は君子位にあり、小人野にあり。君子進み小人退かは、國家天下亡ひんとを願ふとも得へからす。三皇五帝三王の代の興起し治平せし其同しき處の大本也。禮樂法度は時によりてかはり有といへとも、君子進み小人退の治根にをゐてはかはりなし。これにそむくものは治平なる國天下も亡ひにおもむく事すみやかなり。德を不知人は、君王大臣といへともみつから其知を足りとして善言をこのます。おそらくは我才知勇力以て國天下をよくせんと思ひて、賢知の者を近付ず。實義の士有道の君子を遠さくるをよくする者もあり。平かなる心にて贊を易るの正は日用の養ふ所至れるもの也

352一學友問、學士當下一念といへり。然れ共孔子は遠き慮なければ、必ず近き憂有との給へり　　云、當下一念の語は異學に似たり。しかれどもとり用ひやうあるべし。董子云、仁人は其義を正して其利をはからず。其道を明かにして其功をはからずと先學皆稱美せり。當下一念といふ共可也。又孔子の遠き慮との給へるは則當下に思ひはかるべきの遠慮也。民の耕作の業も遠き慮也。皆時に先だちてたくはへあり事あり。これにをこたれば父母妻子饑寒に及べり。是近き憂也。士大夫より國君にいたるまで入とをはかりて出すとをするも遠慮也。天下の主も三年のたくはへ十年のたくはへなければ凶年饑饉に逢て人民をすくふべき道なし。これより兵乱おこり天下乱るゝことも有。これ近き憂にあらずや。子を養育するも其心のをもむき習の美惡をかんがへざれば必人があしくなるもの也。これ大なる憂也。万事遠き慮りなければ憂あらずといふ事なし。俗に遠慮《エンリヨ》といふも又通ぜり。たとひ凶乱の事なく共、民の父母として父母たるの道を失ふは、上

時は、こひへつらふ者進みいたりてほめあくれは、いよ〱予知ありと思ふ意思ましぬ。其間に國家天下の根本くつれて、人情そむきぬる事を不知。すてに乱逆及て、おとろくといへともかへるへからす。　孟子ニ云、魯欲使樂正子爲政。吾聞之喜而不寐。公孫丑曰。樂正子强乎。曰。否。有知慮乎。曰。否。多聞識乎。曰。否。然則奚爲喜而不寐。曰。其爲人也好善。好善足乎。曰。好善優於天下。而况魯國乎。夫苟好善。則四海之內。皆將輕千里。而來告之以善。夫苟不好善。則人將曰。訑々。予既已知之矣。訑々之聲音顏色。距人於千里之外。士止於千里之外。則讒諂面諛之人至矣。與讒諂面諛之人居。國欲治可得乎。

魯國に孟子の弟子樂正子をあけて、政をなさしめんといふを聞て、孟子大に悦て、夜もいねられぬとなり。必すよき士餘多出來

たる人は德をそこなひ、其次は名をおとすべし

353
一心友問、貴老堯舜を以て聖人の盛なるもの也との給ふとは何ぞや
云、三皇は德神明にして行不測也。後世及がたし。禹湯文武周公孔子皆聖人也といへ共、をのづから盛衰あり。堯舜は聖人の盛に當り給へり。故に後世作者ありといへ共、虞帝には及べからずといへり。作者とは聖人の事也。程子云、天地盛衰あり、一時の盛衰あり、一人の盛衰あり、一木一草の榮枯陰陽消長の理也。天地聖人をのづから此理にもるゝとあたはず
問、しからば孔門の諸賢生民ありてより此かた、孔子のごくなるはあらじといへるは何ぞや　云、是又實語也。万事名と聞とは實に過る者也。見ては聞たるやうにはなきもの也。唯聖人の德のみ言語文筆の形容に及がたし。故にいにしへの聖人の德を傳たるはおもかげばかり也。孔子をば見て知たるものなれば、先聖にまさると思へる理也。列聖心にをいてはかはりなし、唯聖にして知べからざるの神德時と共に盛衰あり

354
困一二ノ奥ニ入
一程子云、惡は其微なる時に止べし。盛にして後禁ずる時は勞してしかもやぶれあり。君の惡既に甚しき時は聖人をしてすくはしむるといへ共、

て民安かるへしと思ひ給へは也。公孫丑これを不審して云、樂正子は强力にしてよく事をつとむるにたいくつせぬ人か。知慮分別ありて事の載判をよくすへき人か。古今人情時變の來曆くはしくきゝしる處の多人か。政をする才は是等の備なくては叶へからす。尤大方は此才なくても政にあつかれともそれ故よからす。樂正子は左樣の才ある者にてはなきをと不審に思ひて問也。孟子の答に此才なしといへり。公孫丑しからは政をなさしむる共よくはなるまし。何そ悦て不寐や、とおし返して問へる也。孟子云、樂正子は善を好者也。公孫丑善を好斗にて大に國を治ん事はかたかるへしと思えり。世間のよき事すきの善と思へる故也。世に善柔の人あり。根本の天眞異道のわきまゑなくよき事とさへいへは、このみしたかふ者あり。か樣の人は政《マツリコト》には却て害にたがひもとる事をまぬかれず。民の惡すでに甚しき時は、聖人是を治めしむるとも刑罸をまぬがれじと。己が惡をやむるも又しかり。一念の微にをいて正し去べし。念をかさね言行に發して後は禁ぜんとすれ共、心くらくなりて去がたし。大臣の惡も驕すこしきなる時に戒めざれば、侵し奪ふに至るもの也。あらはれておさゆる時は恨をふくみそむく者也。妻のほしいまゝなるも嫁の始より用心すべし。既に權をとりて夫をないがしろにし、父母に不孝なる時に至りて禁ずればやぶれとなれり。子も成人にしたがひて敎有べし。俗にもまぐべき時に曲ざれば、こはく成て制しがたしといひ、古人もおごれる子の用べからざるがごしといへり。妻子のみにあらず、士大夫より民に至るまで皆しかり。火の火うちより出て物につきたるはじめは、指をしてもけしやすし。大になりて家屋につき大山をやく時は、むかひ近付べからず。國家の凶乱も治世の中にすくはずして、乱世に至りては善者ありといへどもいかむともするとなし

355 一 心友問、程子云、人の不善を我かたはらにするを我不見、人の善事を我かたはらに云を我聞ものは敬也。心一を主とすれば也と。少し違せざる

なる者なり。事はよくても時處位に不叶は人情にもとりてよき事といふも出さるにはおとる者也。樂正子の善を好むといふは左樣の事にはあらす。凡情の我慢なき故に、我是を立す。人の善なるを悦ひ好してそねます。德性を尊て問學によるの功にて、眞知明かなれは、正邪をのつからよくわかれり。事の時處位に叶と不叶と、善の天眞に應するか跡になつむかの分別は、鏡に美惡をうつすとくわきまゑしる也。えらふ事は我心にあれとも、仁厚溫和にして、善を好み人のいさめを悦ふ故に、人路次の遠をも苦勞とせす。來て善を告しらす。下々の情は上に立人のあまねくしらさる事なれは、思ひよらぬ人情なとを知て、政令みな其可に當故に 天下の人民政道にうむ事なく、善をするにいさむ也。天下の人善をするに進時は、惡はひとり亡ひ失す。天理人欲并立

所あり　云、これ目の見ざるにはあらず、見れどもとがめず、化せざるは見ざる也。凡人は人の不善を見て、己がせざる事なればとがめにくめり。しからざればその不善に化するものあり。善事をいふを聞者は是を好する也。耳のきくのみにあらず　問、一と〔○とハをノ誤字ナラン十二行本を二作レリ〕主とするとは心のうちに專なるにや。內に專ならば不善不見不聞ことあらんか　云、心內外なし。一といひ中と云は天理の別名也。精神內に專也とはいふべし。心內に專也といへば少しついえあり。一を主とするは天理に專なるの心なり。故に不善の中に有といへども目みるべく耳きくべし。心はうつらずとがめざる也。とがむといふも不善の人に近き所あればなり

困二二之奧ニ入
一心友問、目を閉て靜坐するは何の益ぞ　云、精神の勞せる時其つかれをやしなはんとならば可也。動をいとひ靜を好み、思慮をやめむとせば不可なり。動靜は時也。なすべき事は皆人事也。いとふべからず。思は心の官也。正しからんとを欲するのみ。精神はその氣色顏目に發す。耳のきく所目のみる所かぎりあり。是精神はかぎりあり。故に動すぐれば勞す。勞すれば息す、呼吸の數のごとし。動靜は晝夜の道なり。死生は古今の理也。

さる故也。善を好の德は大に用るほといよ〱よし。一國に用てもよかるへし。天下に用る時は大に平かなり。善を不好人の氣象は訑々として聲音顏色たかく、賢人知者をは千里の外にふせき、いさめをこはむ意思あり。善人こはまれて退きかくるゝ時は、小人時を得ていよ〱賢知を惡口しうとましめ、こひへつらふ人のみ前後左右にみちみてり。もし心付かましくいさめかましき事をいふも、上の心に叶へき處をはかりていふなり。たゝ目前の間をわたす計にて、終の治平の用には不立。上たる人に惡あれは、速に亡ひ、惡なけれは位つめに亡る也

　問、しからは善を好にも道ありや

云、あり。孟子曰、古之賢王。好善而忘勢。古之賢士。何獨不然。樂其道而忘人之勢。故王公不致敬盡禮。則不得亟見之。見且猶不得亟。而況得而臣之乎

たゞ心は遠近なくきはまりなく內外なし。精神はかぎりあれば養ふ時は、內に守てついえず。養の本は欲をすくなくする也

357

困一二ノ奥二八

一　心友問、士は何を以か天職とせん　云、人を愛する也。民は五穀を作りて人を養ふ。婦女はきぬをおりて人に著せしむ。士はすることなし。人を愛せずば濟《スク》ふところなし　問、何をか人を愛するの事業とせん　云、問學して心を正し身を修め、上は賢君のおこり給ふを待。下は凡夫のまどひをさとし、武事をよくして凶賊をふせき、天下を警固す。是を文武二道の士といふ。人を愛するの事也。君子時を得れば小人皆やしなはれて其樂をたのしび、其利を利とす。小人時を得れば君子をかししのぎ、はづかしめくるしめんとす。君子自反敬謹して德益進む。他山の石はあらきが故に、よく玉をみがくといへり。君子の德を大にするものは小人也

358

一　朋友問、貴老先年池堤をなして當然の飢饉をすくひ、後の日損をとゞめ、水損をふせぎ、民今に至て其功を稱すといへり。何として鍜煉し給ひしや　云、予左樣のこと見たる功もなく習たる事もなし。若かねて功者ならば自分の才覺を發して人の才知をふさぐべければ、功をなすことあるべか

いにしへの聖王賢君は賢知の人あるを開給ひては、みつからの位も勢も忘たるとくへりくたりて、禮をあつくしまねき給へり。執政大臣たる人も猶しかり。これ善を好むの道なり。みつから德を尊ひ、道を重する故也。善を好の至極なり。王公位をさしはさみ、大臣權勢にほこりて、賢知にくたらさる時は、善人義士皆野にかくれてしられす。讒諂面諛の人は利を好計なれは、無禮にかまはす。いよ〳〵君臣の惡をます者也。賢士は道德を樂て人の勢を忘れおれは、王公といへとも敬をあつくし、禮を重くしたまはされは、其知力を盡さしむる事不能。賢士不悅して知力を盡さゝる時はありとてもなきかとし。後世善を好の君臣ありといへとも、勢を忘れ、賢士を敬するにはいたらす。故に善も益なし

227 心友問、治國平天下の條目ありや。云、

らず。不知故によくなす者になさしめたり。予は人々のなすとをゆるしたるのみ。後には人にとひたづね見習をしへられて少し功もありし也。世に事を取行人のあやまちを見に、多くは問たづねざるよりおこれり。京の事は京そだちの者にたづね、山の事は山賤にたづね、川の流、洪水の勢は河邊の者にたづねて談合し、堤をつき水よけをすれば後悔すくなし。事の大小たとへがたきとなれども、堯の時にあたりて、天下洪水の難あり。是を治め平ぐべき人なし。朝廷の諸臣より下民人に至るまでみな鯀《コン》をさして其人とす。帝堯ひとり其才はあれども其功をとげざらん事を知給へり。しかれ共其時は舜いまだしられ給はず、禹は若年也。天下鯀の右に出べき人なし。其器量は此難を任すべき人也。貴賤共にすゝむるによりて不得已して命じ給へり。はじめの程は才知すぐれたれば其功なきに非ず。終に成就せざる事は己を立て人にくだらざる故也。夫治乱となく大任に當る者は其心至公にして、己をすてゝ人にしたがひ、天下の才知を用ひ衆のはかりごとを盡さゞれば、其功をなすとあたはず。鯀はみづからの才知に自滿し、はじめ功ありしにほこり、いよ〳〵己知ありとして、みづから任ずる事ます〳〵

孟子四、諸侯之寶三土地人民政事寶珠玉者殃必及身傳云寶得其寶者安寶失其寶者危といへり。後世の人君臣共にあしからさる時代ありといへとも、道を不學故に大法を不知。まれに文學を好人ありといへとも、經書の上にのみ過去て、今日の人事に用る事を不知。道の行はれ天下の平治するとかたし。其器量ありいへとも、大法を不知者は行と不能。細工に器用なる者ありといへとも、規矩繩墨を得さる時は、屋を作り方圓を製すると不能かとし。學て大法を知といへとも其器量なけれは行と不能。拙工に繩墨を與たるかとし。其器あり大法を知といへとも、人情時變に達せされは、ひろくほとこす事不能。つかへとゝこほりて不通者也。其器あり大法を知、人情時變に達といへとも、時を得されは行こと不能。鎡基ありといへとも時を待にはしかす。智慧あり強なり。この故に善を告るものなく、助なく、人心はなれて大功不成。是帝堯のはじめより終あらじと知給ひし所也。世人は鯀の才知のすぐれたるを見てすゝめ、堯は其心のみづからみてるを以て功あるまじき事をしろしめしたり

359 困二二之奥ニ入ル

一　舊友の幼少の子の土あそびするを見て、あしき事するとていましめけるに告て云、これあしき事に非ず、彼が今のしはざ也。其うへ土なぶりは脾胃《ヒイ》をも養ふべし。今より第一に戒むべき事あれ共、かへりてつけますと見えたり。舊友いかにと問　云、奴僕をうて、たゝけなどいふたはぶれあり。おさなき子の手なればいたみもせず、腹も立ず。奴僕もたはぶれて、いたきぞ、かなしきぞなどいへば、其子いよ／＼勝にのりぬ。これ人のいたみをいたむの本心をそこなへり。此心習性と成て、成人の後氣隨になり、妻子をいかりのゝしり、下人をうちはしらかしなどする惡行の根と成、朋友には相勝相爭の慢心となりぬ。世上の人を見るに、慢心勝心のつよき者は朋友の交に和すくなし。とわざにも顏にて人をきるといへるがごとし。左樣の人家內の者にはかへりてやはらかなるあり、我にしたがふ者なる故也。

といへとも勢に乗にはしかすといへり。後世の人政事の寶たる事を不知にや。法度を出す事かろ〳〵しくあさはか也。三の寶一もかけては國其國にあらす。土地ありても人民なけれは居と不能。人民ありても土地なけれは養ふと不能。土地人民ありても政事よからされは長久ならす。政事はよけれは寶となり、よからされは害となれり。君と大臣との心にあり。愼むへき事の第一なり

　問、後世器量も常人にすくれ給ひ、文學ある者をめして道をもきゝ給ひ、又下の事をしろしめさんか爲に、方々へよこめを廻し、大橋說まてもきかせ、又いやしき者の入道したるなとを、朝夕の御相伴に置給ひて、四方山の物かたりせさせて聞給ひたるあり。しかれとも政道よからさるは何そや

　云、むかしより學者餘多ありといへとも、道學と仕置とは別になりてあり。

又朋友にはよけれ共、家人にあしき者あり。是は氣隨よりおこれり。內外共にあしくては氣遣のみにてやすからねば、一方にはゆるがせなりと見えたり。甚しき者は內外共に和なきもあり。是は一向怒氣のために胸中ふすぼりて、苦樂のさかひもしらぬ成べし。これ皆幼少の時より父母奴僕の教へならはせる所に出たり。終には父母にも不孝になり、家人のあだとなる事を不知

360
困一二ノ奥ニ入
一心友問、入德の功いづれの所よりはじまるべきや

　云、精神の困を收《シュ》斂《レン》するよりはじむべし。精神を收斂する事は言を愼よりはじまれり。是口は好みをなし、兵をおこすといへり。誠に吉凶のかゝる所也。惡口妄言世俗の卑辞は、少し心ある人はいはず。言の發し易き事は吾人の通病也。或は道學善事を悅ぶによりて、愼むべきとを忘れて多言なる者あり。或は人をほむるによりて、そねむ者そしる者、是を聞て害になる事あり。或は心やすき朋友一類などゝおもひて、人の密事をもらすとあり。聞人君子ならば悅ぶべからず。いはざるを以てへだてと思ふべからず。いはずして不叶義もなきに、人の密事をいはゞ父子の親と云とも、父君子ならば其子を悅ぶ

一致になすへき者いまたなし。器量ある人は知惠ある故に、唐の法の行ひかたき勢を知て用ひ給はず。されともすてかたく貴き道なれはきゝはし給ふなり。知惠なき人はいにしへの跡と法との今に行はれさる事をわきまへず。よき事なれは行度思へり。しかれとも器量なきか故に、行と不能。下に居者は勢なけれは、行ふと不能、これ又幸也。又下に居者は下の情を知へきとなれとも、かむようの事は不知もの也。學力あり、道徳に志ある人の下に居者ならては、政の本とする人情は不知者也。たとへは民間にそたちたる地士をあけて、郡代郡奉行代官などにせはよかるへき事なれとも、道に志なき者は、民間にそたちなから、民を治る事もしらぬ者也。大橋説少の益はありとも、大なる益にはならさる事也。いやしき者の入道なとは、とに人情にうとき者也。市井

べからず。況や其外をや。或は人秘すといへ共、善事なればくるしからずと思ひていふとあり。善事はたれも人にしられたきものなれども、秘するは故あるべしと知ていふべからず。すべて言はいひて人の益とならず、已いふべき義なくば默するにしかず。行のあしきは悔改めて後は善也。言の失は物に及で害あれば悔といへ共かへらず。故に君子は是をはじめに愼むなり

361

困一二ノ奥ニ入

一　舊友問、士之義何をか先立べきや　云、律儀を立べし。一言の約誓ー紙誓ー言なく共、人の見ざる所にをいて人のいひしにたがふべからず。少し問學ある者得がたに道理を付て不信なるとあり。たとへば人の秘する書物をかる時に、先の人うつすべからず、見とのみゆるすといへるは、其人を信じての事也。しかるにかりたる人是は善事なれば、かくしうつしてもくるしからずと思ひて、うつしとむるは、かくして惡をなしたるやうにはなけれ共、心に律儀の立ざる事は、惡をなしたる人に同じ。左様の堅固ならぬ心根あれば、其事なくても人たしかに思はざる也。人にうたがはれざる律儀の心を立定むべし。此所なきは人にあらず

の者は我得かたの事ならてはいはす。上たる人心ありて聞給ふとしれは、後には害になる事多し。きかさるにはおとれり。赤子をたもつかとくの深愛なく、眞の道をしらては何事もあさはかに成もて行て、是に似たるの非となり、善なれともあしくなる者多し

寛文十二壬子年初秋吉辰
二條通二王門町
長尾平兵衛開刊

集義和書巻十一終

一　朋友問、我等召仕者悪事をなすと數度也。常々つよく法度を立て油斷なく申付侍り。しかるにかやうなるは不足所侍るならん　云、貴方法度きびしく下知つよきによりて、此悪事あり。しかるにたらざると思ひて、ます〳〵念を入給はゞ、悪事いよ〳〵かさなるべし。後には妻子までも困窮して家亡ぶべし。貴方の法度下知は常に過たり。この故によき者は居がたし。世間の人情を見聞侍るに、人づかひよき主人の所へはよき者あつまり、きびしき主人の所へはあしき者あつまれり。其故はよき者をば人々かゝへたく思へば、よき家をえらびて居なり。横道者あしきくせある者、よき人にきらはれ無是非きびしき家へ奉公する也。きびしきにはり合よく、忍て悪事をなし、主人のきびしきを何とも思はざる横道者あつまると聞え侍り。この故に悪事出來る也。又きびしき主人によき者つかはれざるのみならず、中人ありてふと奉公に出ても、たしなみうすきもの也。主人よければ何とぞして此家に久敷居べく思へば、たしなみも出來て、中人も能者になるとあり。とげて居べき家とも思はざれば、主人によく思はるべきとも思はず。友あしければ其方にいざなはれて中も下にくだるもの也

363
一　心友問、野拙が舊友予に問侍り。座の者のむかしより出入する者あり、三線《サミセン》尺八などの類を以て子弟の相手となさば害あるべし。歌連哥文學などをしへて子弟の相手となすべきか。彼も左様の事に器用にて願ふとの事也。いかゞよろしかるべきや　　云、左様の者はわかき人の相手と成てはあしき事多し。大体の出入ばかりにて近付るとは無用なるべきか。淫聲といひてもろこしの様に上手ならざれば、日本の俗樂《ゾクガク》は淫聲《インセイ》の格といふばかりにて、人の心をとらかすほどの害はなし。みづからなしても一旦の事にて後はあくもの也。まして人のいふを聞は、こうた三線といへ共一時の興にて跡にのこるそこなひはさのみなし。よき事をきく様にはなけれども、其害淺し。彼者に歌學文學せさせて子弟に近付給はゞ、文學のゑぼうし、哥道の衣服きて、同學同輩の如くなるべし。あしくせば師ともなるべし。本より世間をわたる乞食心やむべからず。いやしき習ひさるべからず。此あしき事子弟にうつりしまんと、水中に木を浸《ヒタ》したるがどくならん。小うた三線の害には百倍すべし。左様のものには其身の所作のみさせて士君子の事を敎ざるもの也。いやしき者はよき事をうらやみ、よき人にまじはりて

風俗をみだることを好むもの也

364
一　學而時習之。不亦說乎。學は孝弟忠信の道也。君につかへては學ぶ所の忠を習ひ、親につかへては學ぶ所の孝を習ひ、兄長には弟順を習ひ、夫婦は別ありて和する事を習ひ、朋友には眞實を習ひ、臣には仁を習ひ、子には慈を習ひ、弟には愛を習ふ。人五倫をはなれて時なし。故に時としてならはずといふ事なし。五典十義みな心をみがくの受用也。自得すれば逌遙たり。理義の心をよろこばしむること、美味の口をよろこばしむるがどし。故に亦よろこばざらんやとの給へり。悅は自己の生意也。十一月一陽來復すれば、寒氣いよいよ甚し。唯梅のみ雪中に春意を得たり

365
一　有朋自遠方來。不亦樂乎。すでに三陽生ずる時は、天地交《カウ》泰《タイ》す、天下の春也。自己の生意達せり。遠方の人來る時は、近き者知べし。見龍在レ田ニ。天下文明也。君子のたのしむ所也。しかれ共是とせられずしていきどをらず、時と共に進退す。自己の悅を得ればなり。如此は君子ならざらんや。君子なりといへり

366
一　鳶《トヒ》飛テ戾《イタル》レ天ニは上其道を得也。困ト云へり鳶の天にいたるは少しも力を不用、氣

にのりて翅《ツバサ》をのぶるのみ。逍遙として自然に乘《ゼウ》じ、手の舞足のふむとを不知の意也。君子の時に逢て道を行とかくのごとし。天運に乘じて少しも心なし。其道を天下に達するのみ也。故に君子は私の福なし。人民安く國富有なるを以て福とする也。魚躍《ヲドル》ニ于淵一は下其宜を得なり。困と云へり。魚淵水に逍-遙自躍《ジテキ》してしかるゆへをしらざるがごとく、有道の代の民は其樂をたのしび、其利を利とし、日々に善にうつりて其化するゆへをしらず。君子は上にたのしび、小人は下にたのしむ。或は知、或は不知といへども、道体をはなれず、鳶の飛魚の躍がごとし

集義和書巻第十六 冊四

義論之九

367 一 心友問、北風の詩は危乱のきざしを見て去の意と見え侍り。然れば君子危を見ては命を授るの義に異なり。此間に處すべきといかゞ　答、北ー風之詩ニ云、北ー風其レ涼タリ。雨ー雪其レ雱《ハウタリ》。惠アリテ而好セバレ我ヲ。攜《タヅサヘテ》レ手ヲ同ク行《サラン》。其レ虚《ユルク》其ー邪《シツカニ》センヤ。既ニ亟《スミヤカ》ナル只ー且《カクバカリ》ナリ。北風はさむき風なり。涼は寒氣なり。夫春は東風氷をとき物を生ず。夏は南風物を養ひ、秋は西風物をなす。冬は北風物を殺《カラ》す。北風の物を害するを以て虐《ギャク》ー政にたとへたり。北風さむき時はやがて雪さかむにふりなん事をしり、國政あしき時はやがて凶乱おこりて亡びんとをしる。親き者志同じき者、めぐみありて我をわすれずば、手をとりあひて他國へゆかんとなり。ゆるくゆるやかに思ふべからず。既に乱逆の事出來ては見すてゝゆかれざる儀もあるべしとなり。北ー風其レ喈《カイタリ》。雨ー雪其レ霏《ヒタリ》。惠アッテ而好セバレ我ヲ。攜テレ手ヲ同ク歸ラン。其ー虚《ユルク》其ー邪センヤ。既ニ亟カナル只ー且《カリ》ナリ。喈は殺ー風の聲疾《トキ》なり。涼よりもはげしく霏は雱よりもつよし。初めは寒氣のさむきばかりなりしが、はや寒風のするどなる聲あり。雨雪分散して密ならんとす。亡國のきざしいよ／＼急なるにたとふ。仕官をやめて古郷に歸らんと也。ゆるく思ひて難にあひなば、士君子の義其難に死すべし。無事なる時に祿を辭し、役儀をかへしてかへるべしとなり。莫シニ赤トノ匪ト云ー レ狐ニ。莫シニ黒トノ匪ト云ー レ烏ニ。惠アリテ而好セバレ我ヲ。攜テレ手ヲ同センレ車ヲ。

其虚ク其ー邪センヤ。既ニ亟ナルヿ只ー且《カクハカリ》ナリ。狐は惡獸なり。烏は惡鳥也。共に不祥の物也。これを以て小人の多きにたとへたり。小人は國家を亡すものなれば、其不祥狐烏に過たり。又君子をあだとす。よき人はむつかしければ去事を悦ぶもの也。故に何となく事をよせていとまをこひ、馬車にてゆる〳〵と行也。烏は食をむさぼりて害をなす鳥也。春は靈鳥の巣をこぼち、其子をとり、夏はなはしろをやぶり、秋は木の實をそこなひ、すべてあしき事のみするもの也。これ小人の愚痴にして欲ふかく、利をむさぼりて類を損じ、物を害し、上をへつらひ下をくるしむるに似たり。狐は邪知ありてわざはひをなすもの也。小人の中にても才ありて事をとり、上の氣に入べき事をいひ、主人の心をたぶらかし、人をまどはし、亡國の本をなすは狐に似たり。少才ありて事を取者と見ゆるは皆狐のごし。故に赤しとして狐にあらずといふ事なしといへり。赤とは少し知もある樣なるはといふ意也。愚痴不肖と見ゆるは皆烏の食をむさぼるがごとくなれば、黑しとして烏にあらずと云事なしといへり。如此にして亡びざるはなし。君子の目には亡國ちかく見ゆれども、小人の心には何とも思はず、をごり居なり。事急にはあらねどもみづからなせる禍なればのがるべからず。亡國にきはまりたれば君子機を見て去なり。又君子の危を見て命を授といふは、外より來る禍なり。人の難に逢たるを見ては必ず救ふの義あり。其時は命をおしまざる也。孟子齊の宣王を見て共にするとあらん人とは思はれざれども、其比天下の諸侯齊の强をにくみ、會してうたむとせしかば、宣王難儀に思はれたり。孟子を客として馳走あり。行かゝりたる事なれば其難を聞ては歸られざる事なる故に、思はず久しく居給ひし類ひなり問丘中有麻の詩、程朱の說かはれり。いづれか是ならん　云、程子の說まさりたり。其ノ詩ニ云、丘中ニ有リレ麻《アサ》。彼レ留ナラン二子嗟一ヲ。彼レ留氏二子嗟一ヲ。將クハ其來テ施《シ》々タランヿヲ。丘中ニ有リレ麥《ムギ》。彼レ留ナラン二子國一ヲ。彼レ留氏二子國一ヲ。將クハ其レ來リ食セヨ。丘中ニ有リレ李《スモヽ》。彼レ留ナラン二之ノ子一ヲ。彼レ留氏二之ノ子一ヲ。貽《ヲクレ》二我ニ佩《ハイ》玖《キウ》一ヲ。丘中は麻麥を植て人を養ふべき所也。王宮國都には賢者あつまりて人民ゆたかなるべき政教あらむにたとふ。子嗟子國は其時朝にあるの小人なり。朝に小人を愛しとゞめて君子は野にかくれたり。故に人民君子の朝に來らんヿを願ふ也。來食とは家食せずして朝祿をうけん事を思ふなり。之子は子嗟子國同事の小人ばかり時めくとなり。李はたゞに人の口に甘きのみにて終に人を養ふべきものにあらず。麥ありて食し麻ありて衣にし、其間の菓子には李あるもよし。朝に君子賢者有て政敎行はれ、其下に使には小人もくるしからじ。小人ばかりより合ては一旦李の口に甘き樣にても衣食なくて、人生とぐべからざるがごとし。廣さ丘中に麻麥を去て李ばかりを植たるがごとし。民を養ふべからず。玖は眞の玉にあらず。佩は外のかざりなり。我に貽《ヲクレ》は人に及ぼす也。人民に及ぼす所實なく理に叶はざれば終に平治なるまじきとなり。晨風は集註まさりたり。賢者の事としては見がたし。其詩ニ云、鴥《イツタル》彼晨風《シンピン》。鬱《ウツタル》彼ノ北林ニアリ。未レ見二君子一ヲ。憂心欽《キン》々タリ。如何ゾ如何ゾ忘ルヽヿレ我實ニ多キ。鴥は疾飛《トクトブ》也。晨風はたか也。鬱はしげりさかんなる林の体也。此疾飛たかだにも、しげれる北林に歸て安ずる所とす。夫は妻をすみかといひて、公用外事をつとめては歸安ずる所とするもの也。しかるに夫外に久して我を問事なし。この故に憂る心切にしてわするゝ時なし。我はかく思ふに、夫は何として忘れたるぞと恨みたる詩也。公用に勞して歸るとあたはずば、かへりていたはり思ふべし。恨は有べからず。

是は心のすさみにまかせてわくるかたありしと見えたり。然るをそむきいからずして、一人を恨み思ふは貞女の心なるべし。墓門は程子の說まさりたり。其ノ詩ニ云、墓-門ニ有レ棘。斧《ヲノ》以テ斯《サ》クレ之。夫也不レ良ラ。國-人知レ之。知而不レ止。誰-昔《ムカシヨリ》然リ矣。墓門は墓道也。いばら生じて人をふせぐ事門の如し。夫墓所は以來田畠と成べからず、鄕里と成べからず。城地と成まじき無用の地をえらびて安ずるもの也。良木なき凶僻の地には荊-棘《ケイキョク》生じやすし。人心道なく敎なき時は、邪惡生ずる事道路はらはずして荊-棘生ずるがごとし。是を以てたとへとす。いばらあらばをのを以てひらきさくべし。人不善あらば賢師良友を得て道義を助けたゞすべし。今此夫よからず、衆みなしりてそしれども改めず。是幼少より賢師をたのまず、良友をえらばずして、其惡をなす事をとがむるなり。墓-門ニ有レ梅。有レ鴞萃《アツマレリ》-止。夫也《カノヒト》不レ良カラ。歌-以テ訊《ツグ》レ之ヲ。訊レ𪜈而不レ顧ミ。顚《テン》-倒《トウ》メ思ハルレ予ヲ。鴞《クウ》はふくろう也。惡聲の鳥なり。梅は靈木なれども墓-門凶《クウ》-僻《ヘキ》の地に植れば惡鳥のやどりとなれり。人の性は善にして生付よしといへ共、不善人と居ときは惡に習て凶人となる者也。詩作て諷諫し、深くこれをせむれども我言をかへり見ず、必ず禍災來りて後思ひ當るべし。悔といふ共甲斐有べからずと也

368 一 心友問、井田は九一といへども、公田より二十畝《ホ》をとれば、貢の十一よりもかろし。此輕重ある事はいかゞ

云、上古のゆたかなりし代、すこしの輕重に心は有べからず。山野は地廣くして舍《シャ》をとると安し。舍は今のこなし屋といふもの也。國中は田地の外空地まれ也。故に公田の中より舍をあたへ給ふ。たゞ舍を與ふるに心ありて、貢よりかろきに心はなし。此舍には深き意あり。空地なき所にて田地にこなし屋を作る事は、民迷惑に思ひてつく

らざるもの也。しかれ共こなし屋といふものなくては、いねをかり入べき所なし。今は民間に此舎を持たる者は、百人の中にもあるかなきかなり。この故に田に直にいねをほし、屋の前につみなどすれば、雨にぬれては米あしくなるのみに非ず、わらもくさり性あしくなり、すたる費多く、民の憂すくなからず。長雨に日をかぞへ、はれを待うちに、思ひの外にぬらせば《困れて》、もみ又めぐみはえ出て用にたゝず。わらの民の用を達するとあげてかぞへがたし。たはら・縄《ナワ》・こも・むしろ・草履《ザウリ》・藁鞋《ワランヅ》・馬のくつ・牛馬のはみ、薪の不自由なる所にては、朝夕のたき木とす。かやの手遠き所にては屋のふき草とす。城下に持出て賣て用をもかなへり。米といひわらといひ、此舎なき故のついえ、天下を合てはおびたゞしき事也。しかれども民は地なく、舎作るべき竹木なく、力なければ《困くて》是非なし。民の力には成がたき事を知給へば、上より給はる也。これは田畠にさし次て重き事也。天下の本なれば公家武家の文庫武庫米蔵よりも先にすべき事也。生れながら榮耀《エヨウ》にて、民の艱苦《カンク》をしらざる人は、心もつかず《困ざる也》。今は山野といへ共地せばく成て、舎をとるべき所なし。宗領を立るの法なきゆへに、子弟に田地をわけ〳〵して、後々は作り取にしても家内の衣食にたらざる体也。山野に行て薪をとり賣てうへを助むとすれ共、山林次第にあれて勞するのみ。牛馬の食にかはらざる物を食して、其一日をくるばかりなれば、地ありとても舎作るべき様なし。この故に凶年には餓死多し。餓死と云とは奉行代官をはゞかるとて、病死といへども、食あしき故に、腹中損じて死するは皆餓死也。是皆仁政の法みだれてかく成來ると久し。在々舎なきの費をおさめば、凶年の飢をばすくふにたりぬべし

問、唯今仁政を行ひ給はゞ、此舎を先し給ふべきか　云、是より急なる事あり。舎を命ずるにいとまなし。國天

下の多き大君諸侯といへども、俄にはなしがたき勢也。其上山林あれて今の民用だにつぐのひがたし。此上に天下在々の舍を作らば材木薪ともに盡て、民いよ〳〵困窮し、士大夫も難儀に及ぶべし。先仁政を急にせば數十年の後仁君つぎおこり給ひて、自然に出來ぬべし。夫農は民の力をうばふべからず、勞する事は彼が秋の収めに利ある事に勞し、使事は彼がゆく〳〵休息すべき事に使時は、民勞すといへ共恨みず。是を佚《イツ》道を以て民を使と云也。その本は仁君良相の心に民を子とするの愛を立て、用を節し民に取事すくなきにあり。如此なれば民の心君上に歸服し、天道順にして天下長久なり。是を財散する時は民あつまると云也

問、貢法の十一豐年凶歳其わかつといかむ

云、たとへば一反の田にいね百束あれば、十束を貢とす。いにしへは五家として共に田かへし共にうへ共にかりて、秋の取實《トリ》いね五千束あれば、五百束を貢とし、四千五百束を五家の有とす。これを五人組ともいへり。軍法の五々もこれより出たる也。いにしへは農兵にて軍役民間より出たり。今も九州には農兵の遺風殘れる所ありといへり。この故にむかしは毛見といふとなし。毛見の費又舍なきの費にひとし

問、今の勢にては毛見といふ事なくても叶まじきか。十一にてこそなくとも束をかぞへて分つ法も行はるべきか

云、今は毛見なくて不叶勢もあり。しかれ共毛見の仕樣あり。四五万石もしは七八万石にても、郡奉行心得よく功者なれば、一人して毛見する樣あり。民の中にて心得よき者をえらび、一万石ばかりの毛見をつかさどらしめ、當村の庄屋肝煎に近里の者をかね二三人づゝ指加へ、下毛見させ、帳を作りて、郡奉行とゝかしこ順見のついでに、其下毛見の帳と、我見分とくらぶれば、功者はたゞ一目にしるべし。日數もかゝらず、かりおさめも時を過さず、麥のまき時もをくれず、上下共によき也

問、とわざに相圖兵法自身の取合といふ様に、百姓に毛見させては私曲あらんか　云、此毛見は何の手間もいらざれば、心見に此毛見の內帳をかくし、世間なみの毛見を入て見給へ、百姓毛見に五物成あらば、世間なみの公儀毛見には四六七分ならでは有べからず。三四分ほどは地頭の損あり。民の痛みは其上に四五分にも過べきなり。彼此一物成の費は有べし。其故は世間の毛見を見に、國大名の下なれば、五六万石の郡へは二三百石取の士十人も毛見に出るなり。供の者七八人ならしにして七八十人也。馬をかけて百人には當るべし。百の人數一郡へ入こみて廿日も卅日もかゝるべし。此荷物宿おくりに百姓をつかひ。藁鞋《困。くつ。野菜》。薪米つき水くみ朝夕に人多く勞するのみならず、農のつとめもせず、用なき者も立さはぎ、免のわびど訴《ソ》詔《セウ》に日をくらし、夜をあかせば、此入用又費なり。ずいぶん直に清くするとも、免の外に毛見の出し米五六分は有べし。其上によからずして《困あしくすれば》庄屋肝煎《困の》私欲あれ《り》ば、無用の費一物成は有べし。扨かなたこなたする間に、風吹雨ふりて、いねのかり時過ぬれば、民の心に四にはうくべしと思へるも三七八分にもうけがたくなる事有、米すくなく成のみにあらず、わらもあしくなりて民迷惑す。とかくすれば麥の蒔どき卅日もをくれて、來夏の取實すくなし。此損又三四五分にも當るべし。万事手をくれとなれば、十二月卅日迄もいそがはしく安き心なし。妻子の女事も成がたく、こゝかしこにて困窮す。其上にたらざればかりて利を出しぬ。其外如此の費あげてかぞへがたし。地頭も損し、百姓はつかれてあしき事のあつまりは毛見なり。百姓に此道理をいひきかせてまかすれば、公儀毛見に出合ては大に損ある事を得心して、奉行代官の目よりは免つよく取付て、毛見のいらぬ様にするもの也。今の世の勢には是にまさるゝ仕様はなきなり。無事の時は定免よし。定免なれば大かたの不足は堪忍して出すもの也。毛見をうくれば免のさがりはしれてあれ共、右にいふごとく、其さがりよりは一倍も損あるによりて《困事をしれば》なり。故に豊凶によらず年々の見とりといふ事大にあしき事也。此道理を不知して《困毛見》。する者あり。又しれども私欲のために代官手代など《毛見》。是を好もあり。代官は仁愛有て清直なるを上とす。私欲にして不直なるを中とす。不仁にして清直なるを下とす　問、私欲不直は下にあらずや　云、聞たる所は不仁にても清直なるはまされり。然れ《困るやうなれ》ども、今君のため國のため民のためには、私欲不直の者にをとれり。私欲の代官には民まいなひて免をさぐればとかくつゞきて居なり。私欲よりまいなひをうけて免をゆるすは不直なれども、民大に困窮せず。凶事おこらずしてゆがみなりにも無事なるは、乱世にはまされり。これ君のため國の爲ならずや。彼不仁にして清直の代官をば、世間これを上とす。しかるに下といふものは、已がまいなひをとらざるを以て清とし、直として、世間になき様に自滿し、身にくもりなきまゝに、おそるゝ所なく上への奉公ぶりに、免をたかくあげ、米をつよくとれり。口事ざたなども依怙なくすみやかに決斷すれば、世間にほまれ有て、立身するとあり。右の私欲不直の者よりも大欲なる所あり。終には村里あれ、民困窮して乱逆の本となれば、是を下といふ也。いにしへの上とせし仁愛清直の代官は、今是を下とす。其身は清く直なれども仁愛あり。民のなづくを以て下にゆるす所多かるべき事を疑ふ也。今の世の勢にては仁心ありといへ共、人にかはりて民にゆるすとはなりがたし。民も國用のせまる所をしれば、世なみには出す也。仁愛清直の奉行には[十五]民和する故に、無用の費なきを以て、所もあれず、民も甚困窮せず。其跡を見たる時は用捨多きに似たり。不仁清直の者は一旦多くとるといへ共、所あれ民かじけて數年の後は免も大にさがるもの也。此善悪のしるしまでもまたず、清直にしてつよくとるを以てよき代官と思ふなり。

清直不仁の仕置によりて村里の亡所となる條目をいふべし

369 一 剛直の代官四分六分を目當とす。百姓迷惑して高免なりといへば歩がりして六歩を年貢、四分を百姓とす。然れ共しいさし・をれなどいふ物をこめての事なれば、此四分六分さへ全からず。藏納は米の吟味つよければ、百姓の四分をもうちこみて、やう〳〵六分の米をおさむる故に、百姓の得米はなし。年貢米のくづ米をあつめて食とすといへども、農具諸色の代には何をうりてとゝのふべきや。一向無理なり

370 一 山林ある村里は山林を目當にして田になき高免を置あり。この故に山林日々にあれて、後々はたよるべき物なし。家屋をこぼち、田畠をうりて、村の体昔のかげもなく、かじけてとるべき様なければ、無是非免をさぐるなり

371 一 水を入れば田となり、水ををとせば畠となり、麥を田に作て百姓の食とする所有。かやうの所は四分六分ほどの高免を出してもとかく取つゞくものなり。然れども麥のあしき年とて田免のゆるしなければ借物出來ぬ。さあらでも用たらざるに、借物の利をおしぬれば、毎年借物かさみて出すべき様なければ、田地をしちに入て他領へとられ、田十反持たる者わづか二三反になり、村の家居民の衣食乞食のごとくに成ぬ。其間に先代官死しなどして、前代の非をいひ、外聞あしく成ぬれば、俄におどろきて免をさぐれども、田畠うりて後なれば、一寸二寸さげても昔の二三分のさがりにもあたらず。作取にさせても本の様にはならざるなり。奉行代官心ありて、其始に少づゝの用捨すれば、如此亡所にもならず。免もさがらざるものなり

372　一　水田濕地にて麥まかれず、山林のたよりなく、田より外にはよすがなき所あり。さやうの村は今とても十にして二三を年貢に出し、七八を得ざれば民立がたし。此差別をしらで、なべて四分六分と心得て毛見すれば、やがて亡所となるもの也

373　一　田地に米の有無をもはからず、しきりに催促《サイソク》して取たつれば、春はなくて叶ざる牛馬をも先うりて出し、やがて作の助となるべき子をも年切とて奉公に出しおさなき男子女子は永代人にあたへなどすれば、夫婦共になげきかなしみて、まめしげもなく心氣かじけて、力つかれ耕作に精も出されねば、田畠いよ〳〵出來あしゝ、牛馬を冬は下直にうり、春高直にかい求め、万事前後して借銀ます〳〵かさなり、田畠屋敷富人にとられて、民間にいへる絶人となり、其跡の田地は村中のわりといふものになり、家の百軒も有し村に、二十三十殘るやうなれば、田畠あらす事御法度とあれども、作るべき力なし。うへ付まき付たるばかりなれば、毛見してもむかしの免の半分もなし。如此なりぬれば、多くのすくひ米を出し取立むとしても、砂にて淵を埋むといへるとはざの如し。昔に歸りがたきもの也

374　一　毎年毛見を入あらだてゝつよく取人の領内を見れば、百姓屋敷の本屋の跡は石ばかりにてかたはらに乞食の小屋のごくにして居者をとへば、其屋敷主にて高作の百姓也。何として其田畠を作り、年貢米を仕立るぞと思はるゝあり。左樣になりてはむかし二石ありし田に、今は一石もあるかなきかなり。しかも米あしきもの也。貪欲の地頭といへ共、多くとるべき樣なし。かやうのたぐひ一々いひ盡しがたし。如此なりて國郡を不失はなし。近年思ひの

外なる凶事出來て、身代うしなひたる人に、民の困窮せざるはなし。民は是國の本也といへり。天命のかゝる所也

問、如此民間の事をの給ふは野卑《ヤヒ》也と人申侍らん　云、國の本は民也。民の本は食也。民食の事くはしくしらでは、國郡を治る事あたはず。予かれを治るものにあらずといへ共、治國は事の大なるものにして、窮理の學とれをしらざるとあたはず。予がごき者だに窮理によりては少し知事あり。況や大君諸侯は其任にして天の責《セメ》あり。しり給はでは天に應じ給ふべからず。故に云、人君は億兆《ヲクテウ》によつて尊し。是を撫《ナデ》是を治るの道、至誠を盡すべし。人の至誠を盡す所子に過たるはなし。人君は民の父母也。親の子にをける何をか先とする。養をかへり見るを第一とせずや。養道備りて後敎べし。故に仁君は稼穡《カショク》の艱難《カンナン》をしれり。周公旦の詩ニ云、七月流火アリ。九月授《サヅク》レ衣ヲ。一ノ之日觱《ヒツ》發《ハツ》タリ。二ノ之日栗《リツ》烈《レツ》タリ。無クレ衣無ンバレ褐《カツ》何ヲ以テカ卒《ヲヘン》レ歲ヲ。三ノ之日于《ユイテ》耜《スキトル》。四ノ之日擧《アク》レ趾《アシ》ヲ。同ク二我カ婦子ト一。饁《カレイヲクル》二彼ノ南畝ニ一。田畯《テンシユン》至テ喜フ。七月は夏《カ》の代の七月也。斗《ト》柄《ヘイ》申《サル》に建《サス》の月なれば、今の七月也。流火は星也。大火心星也。此星六月の昏《ユフベ》に地の正南に見ゆ。七月の昏に至て下りて西に流る、故に流火といへり。堯の時は此星仲夏五月の昏に南に中せり。周公旦の時までは一千二百四十年餘なれば、歲差といふものにて、十六七度退く。故に此大火星六月の昏に中して、七月の昏には地の末の位に在なり。七月はいまだ殘暑甚しといへ共、大火星の西に行を見て、八月を越て九月霜降べし。この故にいまだ暑氣の中に冬の用意有なり。何事も時に先達てなさゞれば行當りてせはしく、人痛み煩ひて功なりがたきもの也。九月の初て寒く衣を用べき事を、七月流火を見て心に感ずる事妙なり。故に人に衣をあたへて寒をふせがしむる事あまねし。一之日は今の十一月也。斗《ト》柄《ヘイ》子に建《サス》。一陽の月な

れば一之日といへり。この故に周の代となりては此月を以て正月とし用ひたり。觱ー發《ヒツパツ》は風の寒き也。二之日は今の十二月也。斗柄丑に建す。二陽の月なり。栗烈《リツレツ》は氣寒き也。風吹て寒きはいまだ至極にあらず。風なくても寒きは寒きの至なり。衣はきぬの衣服なり。褐は毛をり也。衣服の用意なくては此寒氣をしのぎて歳を越がたしとなり。三之日は今の正月也。斗ー柄寅に建の月也。于ー耜《ユイテスキトル》とは農具を取出し、其用を利する也。四之日は今の二月也。斗柄卯に建の月也。擧レ趾《アゲルアシヲ》は田をかへすなり。すきにて土をかへすは足をあげ、すきを土中にふみ入、土をはね發すなり。易に上ミ入ツ下モ動クとあり。耜《スキ》は農具の初也。今日本にては牛にからすきをかけて耕す所もあり。馬にまぐはといふものをかけてすく所もあり。すきにて人のかへす所もあり。いにしへは上田は毎年作り、中田は一年やすめて作り、下田は二年やすめて三年め〳〵にめぐりて作しなり。この故にこやしといふものさのみ用ひずといへり。今は中田下田共に毎年間なく作る故に、こやし多くいれば、一年中こやしをとるにいそがはしき所もあり。又むかしなれば田畑にはせざる地をも今は田とすれば、人力にてははかゆかざる所あり。次第に世間せはしくいそがはしければ、人ばかりにてはならざる所もあり。此故に牛馬の力をかるなり。今も上田の地ところよくこやしもいらぬ所にては、牛馬なく人力ばかりにて耕すもあり。同ニク我ガ婦子ート饁《カレイヲクル》ニ彼ノ南ー畝ニとは若き者達者なる者は皆田に行て勞する故に、家の老夫よめ子をひきゐて食物を作り田にをくる也。田ー畯《デンシユン》は田長《タサヲ》といひて農事をつかさどる官なり。今の郡代郡奉行のごとし。時に先達てよく農事をつとむる事を悦なり。今の郡代郡奉行代官の民間をありくは民の煩ひになる事多し。庄屋肝煎近村の者まで出てをくりむかへし、宿所へ見廻宿をくりとて人足多くつかはれ、さま〴〵

農事のさまたげに成事多し。この故に功者なる地頭は民間へ奉公人の往來せぬ様にするなり。いにしへの田長は民間へ入事しげきを民よろこべり。農をさまたぐる事少しもなく、助くる事のみ多かりしゆへなり。七月流火アリ。九月授レクル衣ヲ。春ノ日載《ハジメテアタヽカ》陽ナリ。有リ二鳴ケル倉《サウ》庚《カウ》一。女執テ二懿《イ》筐《キヤウ》一ヲ。遵カフ二彼ノ微行一ニ。爰ニ求ム二柔桑一ヲ。春ノ日遅《チ》々タリ。采《トル》レ蘩《ハン》ヲ祁《キ》々タリ。女ノ心傷ミ悲ム。殆ンド及《ト》二公子一同ク歸ラン。春の日初てあたゝかにして倉庚のうぐひすなくを聞て、去年七月の流火九月の授《シユ》衣《エ》、きのふけふの様なりしが、はや春になりて日のどかに、うぐひすもなくと心に感ずるなり。懿《イ》筐《キヤウ》は内ふかくうつくしきかご也。花がたみなどのどし。微《ビ》行《カウ》は細《ホソ》き道也。柔《ジウ》桑《サウ》はわかき桑のやはらかなる也。桑《クハ》とりに行道は常に人の往來する道にあらざれば、ほそ道をつたひてゆき、やはらかなる桑を求て蚕《カヒコ》の初て出てちいさきにはましむる也。遅《チ》々は日のうらゝかに長き也。日のゆく事はいつもかはらねども、春はながきゆへにをそき様也。蘩《ハン》はしろよもぎ也。かひこ初て生れていまだおひとゝのほらざれば、桑を食するとなりがたきゆへに、白蒿《シロヨモギ》をはましむといへり。祁《キ》々は徐《ジヨ》也とあれば、ゆるやかなる心也。春の日ながくしてゆるやかなれば、天人一体の心にて、女の心もいそがはしからず。こがひの女事にのみ心を入るなり。女ノ心傷ミ悲ムは、春は女悲ミ秋は男悲ムといへり。天地の物化に感ずる也。公子は國君の子弟也。同ク歸ルとは春は婚《コン》姻《イン》の時なれば、公子國中に來てかねて緣邊を約せし女をむかふる也。親《シン》迎《ゲイ》の禮也。女は父母に遠ざからむ事を思ひてなげくなり。是いにしへ公子貴家の質《シツ》素《ソ》にして驕奢なき風俗を見べし。國中の女の賢なるを求て妻とし、みづから稼《カ》穡《シヨク》蚕《サン》桑《サウ》の事をつとめしかば、家事富有にて民にむさぼらず。この故に争乱の憂なし。七月流火アリ。八月萑《クハン》葦《イ》アリ。蠶《サン》月條《エダ》ナガラトルレ桑ヲ。

取彼斧斨《フシヤウ》。以伐《キル》遠揚《トヲクアガル》。倚《イタル》彼女桑。七月鳴鵙《モズ》。八月載績《オウム》。載玄載黄。我朱《アケ》孔陽《アキラカ》。爲公子裳。萑葦はあしなり。八月に成てかるべし。こがひの時分このあしを以て作たる器を用ゆ。こがひは來春三月よりの事なれ共、あしは今年八月になるものなれば、來歳のためにかりてたくはへ置也。七月流火を見て來月はあしをかるべき事を思ふ也。蚕《サン》月はこがひの時分をいふなり。條桑《エダナガラクハトル》はこがひの盛なる時は葉ばかりつみてはたらざる故に、枝ながら折來りてはましむ。斧斨《フシヤウ》はをのまさかりの類也。伐《キル》遠揚《アカレルヲ》は桑に大木あり、婦女の手にかなはず、木ずゑの葉をつむ事はならざる故に、遠き上の枝をばきりおとして、下にて葉をとるなり。倚《イ》は葉ばかりつみて枝をたすくるなり。女桑はわかき小木の桑なれば、ひきたはめ葉ばかりとる也。きりては桑もいたむ故也。去秋流火を見、あしをかりしが、はや春ふかく夏もきて、こがひの最中となりたり。こがひの事やう〱終りぬれば、七月きて鳴鵙《モズ》あり。もずは其時節に鳴鳥なれば、且おどろかされ且感ずる也。八月は其痲をうみ、くろくし黄にし、中にてよきをば朱にそめて明かにあざやかなれば公子の禮服にたてまつるなり。赤きは婦人の服に近けれ共、禮服となりては花やかなるも却て正し。今日本にても衣冠束帯になりては下がさねに紅を著し、太刀のつかざや赤地の錦にてつゝみて花やかなれども少しも見にくからず。かへりて文明に見ゆ。禮儀の尊き所也。夫天地の物を生ずる冬用るものは春夏出來、夏用べき物は秋出來て、來夏の用となる。こがひのわざは來冬の用なれば、春夏に出生す。痲は夏の服なれば七八月の陰氣になれり。此故にこがひの時は陽に來るうぐひすに感じ、痲の時は陰になく鵙に感ず。故に君子は天に則《ノッ》とりて何事も時に先達て助なさしむ。暑

囨。武士の太刀のつかざや赤地の錦にてつゝみたるも同じ

氣に當りて俄にかたびらの用意し、さむきにのぞみて小袖のしたくすればせはしくて事たらず。万事手をくれになりて世中ゆるやかならず、政道ゆたかなれば万事時に先達、くるしめば時にをくるゝもの也。四月秀《シウ》葽《ヨウ》アリ五月鳴ク蜩《セミ》アリ。八月其レ穫《ワセカル》。十月隕擇ス。一ノ之日于《ユイテムシナカル》貉。取テ彼ノ狐狸ヲ爲ル公子ノ裘ニ。二ノ之日其レ同ジ。載メテ纘《ツグ》武功ヲ。言ニ私ニシ其ノ縦ヲ。獻ツル豜ヲ于公ニ。秀は花さかずして實のるをいふ。葽は草の名なり。今の遠志也といへり。四月は純陽の月にて陽氣上に極る故に微陰已に胎《タイ》を下に受《ウク》、葽草これに感じてはやく秀つ。蜩は蟬也。五月は一陰下に生ず。故にせみ陰氣に感じて先鳴なり。秀葽は物成の初め也。鳴蟬は秋の漸也。穫はわさいねをかる也。隕擇は草木の葉の落るなり。十月は諸木の葉おつる故に風をも木枯といへり。貉はまみともむじなともいへり。狐狸はきつねたぬきなり。裘は皮衣なり。公子の裘といふものは皆公子のためにするにあらず。初てとる者をまづ公子の裘に作る也。國君の子弟山野をめぐり、民のために勞すれば、民其功德を感じてかくの如し。二之日同とは十二月は國中とゞくおこりて山澤を取廻し大にかりする也。十一月は面々に少づゝ小がりし、十二月國君みづから國中の兵をひきゐて大にかりし給ふ。必しも獸を多くとらんとに非ず、軍法をならはさんと也。故に纘《ツグ》武功ヲといへり。武事をならはす也。先人の武威を以て國天下を平治し夷狄をしたがへし其武功に繼《ツギ》て習す也。十一月は農事終といへども民なを冬の用意などすれば、はやく仕廻たる者は私に小牧にかりする也。十二月は民事ことゞく仕廻て民力用べし。故に大にかりして戰陣の法をならはす也。敎へざる民を以て戰かはしむるは人をすつる道理也といへり。人よく軍法にならへば疵をかうぶる事死する事各別すくなし。万事なれたる人のする事は人ずくなにても功あり。人多なればよくまはる者也。豵は一歳豕豜は三歳豕也。其小を私にし大をおほやけにたてまつる。とかくしかるにあらず。かりの初めゑりそめたる時の事也。いにしへは農兵なり。其上かりの得物を君所にあつむる事なし。かりば近き所共くみ〳〵にあつめ、數ばかりを書付て、君の御目にかけ、其組にての得物のよきを俗に初尾といへるごく、君にたてまつる也。多くは皆命じて民間の用となさしめ給ふなり。君の民を見給ふと子のごし。故に私欲を忘れて何事にもまづ君を思ふ也。四月は暑さへいまだいたらざれば秀蔓を見て陰氣の初めてきざす所を知。五月なく蟬を聞て一陰下に生ずる事を感ず。これより八月の四陰をへて十月の純陰に至り、大寒至れり。君子は善惡共にきざしの時に知て其備をまうくる也。此章冬の末民のいとまにかりして武事をならはし、裘を作り寒をふせぐ事詩の主意也。しかるに四月の秀蔓五月の鳴蟬をいひて辞を起し給ふ。其意其体優なる事聖人にあらずして誰か如此ならん。道德の事なくして道德の盛善言外に明なり。天道の造化人倫の正道文武の美とかく備はれり。五月斯《シ》螽《シウ》動ス股ヲ。六月莎《サ》雞《ケイ》振レフ羽ヲ。七月在レ野ニ。八月在レ宇《ノキ》ニ。九月在レ戸ニ。十月蟋蟀《シツシユツ》入ル二我ガ床ノ下一ニ。穹窒《ヒマフサギ》熏レフ鼠ヲ。塞テレ向墐《キタマトヲヌル》レ戸ヲ。嗟《アヽ》我ガ婦子。曰為《セン》レ改レ歳ヲ。入テ二此ノ室ニ一處《オラン》。斯螽莎雞みなむしの名也。斯螽はいなごとよめり。されど今俗にいへるいなごにはあらず。虫は詩歌ともに秋の物とすれ共、斯螽は五月ニ鳴、莎雞は六月になく。莎雞ははたをりとよめり。斯螽は五月一陰生ずるに感じてなき、莎雞は六月二陰生ずるに感じてなく。皆陰類なれば陰に感じて鳴故に夏よりなくといへども、虫は秋の物とす。其上秋は盛になく虫多し。動《ス》レ股《モヽ》ヲとは初めておどりても〻を以て鳴なり。斯螽は兩の股を以て相切てなく也。振《フルフ》レ羽ヲとはよく飛でつばさを以て鳴なり。松虫なども羽をふるひて鳴なり。蟋蟀はきり〴〵すとよめり。今俗にきり〴〵すと云虫にはあらず。斯螽莎雞蟋蟀は一物時にしたがひて變化して名となりといへり。斯螽は五月の中よりなき、莎雞は六月の中より鳴。七月は此むし野にあり、八月は屋ののき下に來り、九月は戸のうちかべなどにあり。十月はゆかの下に入なり。暑氣の時は野にあり、寒氣には人に近付もの也。哥にもきり〴〵すなくや霜夜とよめり。此きり〴〵すを今俗にいとゞと云也。穹窒《ヒマフサギ》は家の中のすきま〳〵風の入べき所をふさぐなり。鼠をふすぶるは屋の中に穴し害をなさゞるやうにふすべ出すと見えたり。向は北に出たるまどなり。夏はあけて風を通し冬はこれをふさぐなり。墐《ヌル》レ戸ヲは竹のあみ戸などにて、夏は風を通し冬はぬりて風をふせぐなるべし。家の老父よめ子に告て云、天さむくして事も亦やみぬ、屋の冬用意も成ぬ。歳もほどなくあらたまらんとす。此室に入て寒をふせぎ春を待べしと也。是老者の愛也。此詩冬をふせぐを主とす。しかるに五月斯螽の鳴を聞て一陰下に生ずべききざしを知、いまだ暑の初めにをいて嚴寒の事を思ふ。治世に乱を忘れず、天應をむなしくせざるの義也。九-月築ニ場圃《キツクヂウホ》一ヲ。十-月納《イル》ニ禾《クハ》-稼《カ》一ヲ。黍-稷重-穋。禾麻菽麥。嗟《アヽ》我ガ農-夫。我-稼既ニ同《アツマル》。上-入テ執ニ宮-功一ヲ。晝ハ爾チ于テ茅《チカレ》。宵《ヨル》ハ爾チ索《ナヘ》レ綯《ナハ》。亟《カ》ニ其レ乘レ屋ニ。其レ始テ播《ホドコサン》ニ百-穀一ヲ。場はには也。圃はそのなり。春夏より七八月まで物生ずるの時は土をおこしかへして菜物をうへ、九十月菜終り、いねかり入るときはつきかためてこなし場とする也。十月納《イル》ニ禾稼一ヲは田より場におさめ入なり。禾《クハ》は穀の皮をとらざる惣名といへり。もみの事也。食とする時、當座にすりうすにて皮をとる也。常にはもみにておさめ置なり。米の虫になりてすたる費なし。其上當座にすりて皮をとりたるは風味各別にして、人の元氣を養ふものなり。稼は禾の秀て實のりて田野にあるをいふ也。さきへうへて後に熟するを重《テウ》といひ、後にうへてまづ熟するを穋《リク》といふ。禾麻菽麥《クハバシユクバク》とはあさまめむぎ此冬より來歲春夏をへて五穀のいでくるまでたくはへ備れりとなり。又禾をいふものは、禾は五穀の惣名なり。五穀みなたくはへありとなり。嗟我農夫とは我等農人といへるどし。一家のみならず、隣家みなをしなべての意也。既同とは田野のたなつものみなとり入て一所にあつめたるなり。上入は公へ奉るべき貢物を君の藏に入なり。執ル宮功ヲとは農事終て初めて公儀の役をつとむる也。いにしへは民の力を用ると一年に三日也。それだに農事に指合てはつかはず。農事終ても民の遊ぶいとまはなし。やねをふきかへ、むねをつゝみなをし、垣をゆひなどすれば、晝は山野に行てかやをかり、夜はなはをなひ、むしろを織、こもをあみ、又は晝は薪をとり木をきり、春の耕作前に春夏秋冬までの用意をする也。播《ホドコス》百穀ヲは春はいろ〳〵の物をまきうゆるを云也。膳中の一飯も一粒〳〵民の辛苦より出たり。いにしへの人は食するどに其功を思へり。天下は相助相報ゆる道理なり。故に善をなさゞる者は天地の賊なり。況や驕て民をくるしめ人の害になるものをや。士の文を學び、禮儀を愼み、弓馬に遊び武勇をたしなむは、民の耕作の業に同じ。士は天下を警固して民を安からしめ、君上の干城となり、武威を以て世のしつかならんとを欲す。是道德をしるが故に少し民の勞に報むと思ふもの也。國郡の主は士の文武をすゝめ、人の善惡を知、民の艱苦をわすれずして人民の君師たり、何ぞ下の情を知をいやしとせん。みづから飲食をたしむを心とするを飲食の人といひて、これをいやしむは古今の通義也。夫諸侯大夫士の會合は遊ぶに弓馬を以し和するに禮樂を以す。詩を作り哥をよみ造化の功用を吟詠して、道德仁義を思ふもの也。しかるに其人々の言語の飲食衣服家屋器物米穀金銀

の事のみ及びぬるは其心の道にあらずして欲にある事をいやしとするなり

375 一 心友問、候人の詩は賢者の時を失たるものか　云、しかり。其ノ詩ニ云、彼ノ候人兮。何《ニナフ》戈ト與《トヲ》祋。彼其ノ之子。三百赤芾アリ。候人は賓客をくりむかふるの官といへり。君に先達て隣國の君の客たるをくり迎る者なれば、卿大夫の事なり。戈祋はみな武器なり。これをもたするは今の鑓長刀もたせたるがごとし。赤芾は大夫以上の命服といへり。三百とは人多くつれたる也。維鵜《テイ》在梁《ヤナ》。不濡《ウルヲ》サ其ノ翼《ツバサ》ヲ。彼其ノ之子不稱《カナ》ハ其ノ服。鵜は鳥の名也。羽もぬらさず何の苦勞もなくして梁の魚をとりて食する也。これを以てたとへとす。前章にいふ人德もなく功もなくて富貴なるがごとし。其服に不叶とは大夫の服はきたれども、大夫の器量はなきとなり。卿大夫の職は其君を道德にみちびき、士を文武にならはし、民を敎へ安ずるものなり。其德功一もなくよき衣服着て人多くつれたるばかりなるは鵜の梁の魚をぬすみ食がごとしと也。維鵜在梁。不濡サ其ノ咮。彼其之子不遂其ノ媾《イツクシミ》ヲ。咮はくちばし也。媾は寵なり。出頭し諸役にたづさはり時めくもの也。前章の意なり。皆小人なれば其寵にかなはずと也。何の勞功もなくよき事はなき者なれ共時めくと也。薈《イ》タリ兮蔚兮。南山ニ朝ニ隮《ノボ》ル。婉《エン》タリ兮孌《レン》タリ兮。季女斯ニ飢《ウヘ》タリ。薈蔚は草木の盛に多きをいふ也。朝ニ隮ルは雲氣ののぼるなり。南山は君朝にたとふ。小人時を得て雲氣のぼるごとく、草木のさかむなるが如しと也。婉孌はわかくかたちよきなり。少し人にこえたる女は時を得て人に寵愛せらるゝに、此婉孌のかたちよき女うへたり。何として左様なるぞと思へば、貞正の心ありて、みだりに人にしたがはず、賢夫の禮にあらざればおもむかず。時に賢夫なく禮なし。故に困窮せり。これを以てたとへとす。小人は富貴をきはめ、賢者は貧賤困窮に居てうへに及ぶとなり。たとひ十分賢ならでも道なき代には少もよき者はおちぶるゝものなり。無欲をたて義を行ひて祿位などを辞すれば、其分に成て主人にも傍輩にも奇特ともおもはれず。又むさぼり取付てかゝはり居ればいつともなく其欲心不義の者よく備り、彼清人のするは勢を失て却て不清人の下に付、いふかひなき体になるものなり。初めは無欲にして義理を行を奇特と思ひし者も、其なりくだりたる末の体を見ては、今の時代義理清白はあしゝ。無用の禮儀忠節だてをしておちぶれたりと思へば、それにこりて禮儀によらず、子孫たる者も賢人君子は世にまれなれば、親の時にあはざる道だてをいひて、我等かくなりたり。親の時は下に居たる者上にをれり。世間にしたがひ給はゞ、人の下にはたゝざるものを、いふがひなきありさまかなと思ひうらむるなり。彼欲ふかく辞すべき職祿をも辞退せずして過したる者を、初めはきたなしと思ひし者も自然によく備りて、其体よきを見ては、かしこき者なり、今の時代を見しりたりとてよきになるなり。終には欲心利害習性となりて、貴賤ともに高知行を取を美目とし、上座へあがるを第一として、本の義不義をしらざれば、親子兄弟の中も欲に逢ては目の見えぬ風俗となりて凶乱いたるものなり。此きざしを見て賢者はひきこもりて奉公せず、艱苦をしのぐといへども、父母妻子凶乱をばまぬがるゝなり。彼季女はじめはうへたれども、終には賢夫の禮を得てやしなはる。不貞の女の富貴につきたるは容色さかんなる間こそ愛せらるれ、本より不仁の夫なれば、おとろへて、老後にはあさましきありさまになるものあり。道なき時は賢夫貞女共に一旦は困窮するものなり。こゝの賢夫は道統の賢人にはあらず。禮義を守るの賢夫なり。心法を受用する者には世間の禍福窮通はなき者也。通達して幸福を得る時は人をよくし、窮塞して禍難にあふ時は其身をよくす。小人の犯ししのぎて患難來るは君子の徳をみがく也。たとへば良醫には毒藥なし、用ひやうによりて病を治するがごとし

集義和書 初版本 二版本 對照表

本對照表は二版本をもとゝして初版本の同じ條項を探索するに便せん爲に作つた表である。然し初版本より二版本を作る時に削除せられた箇條がかなり有るが、其は一ヶ條を除きすべて集義外書に收錄せられてゐるから、其も知り得るやうに作つたのが七頁の表である。表の見方は說明はせぬでも明かであると思うたから略した

二版本ノ番號	全集本ノ頁數	初版本ノ番號	全集本ノ頁數	全集本外書頁
1	(1)	1	(1)	
2	(2)	2	(3)	
3	(4)	3	(5)	
4	(4)	5	(8)	
5	(8)	6	(14)	
6	(10)	7	(16)	
7	(12)	8	(20)	
8	(13)	9	(20)	
9	(14)	10	(22)	
10	(15)	11	(23)	
11	(16)	12	(25)	
12	(17)	13	(26)	
13	(18)	14	(27)	
14	(20)	15	(29)	
15	(20)	16	(30)	
16	(21)	17	(31)	
17	(21)	18	(32)	
18	(23)	19	(33)	
19	(25)	20	(37)	
20	(27)	119	(184)	
21	(27)	120	(185)	
22	(29)	21	(40)	
23	(31)	22	(42)	
24	(32)	23	(44)	
25	(34)	24	(47)	
26	(35)	25	(48)	
27	(35)	26	(48)	
28	(36)	27	(50)	
29	(37)	28	(51)	
30	(38)	29	(53)	
31	(40)	30	(56)	
32	(41)	31	(59)	
33	(42)	32	(60)	
34	(43)	33	(61)	
35	(44)	34	(63)	
36	(46)	35	(66)	
37	(48)	37	(73)	

二版本ノ番號	全集本ノ頁數	初版本ノ番號	全集本ノ頁數	全集本外書頁
38	(48)	41	(80)	
39	(51)	42	(83)	
40	(53)	44	(90)	
41	(54)	45	(91)	
42	(56)	53	(102)	
43	(56)	54	(103)	
44	(57)	55	(103)	
45	(57)	56	(104)	
46	(57)	57	(104)	
47	(58)	58	(106)	
48	(59)	59	(107)	
49	(60)	60	(108)	
50	(60)	61	(108)	
51	(61)	63	(111)	
52	(62)	64	(112)	
53	(63)	66	(117)	
54	(64)	67	(118)	
55	(65)	68	(120)	
56	(66)	69	(121)	
57	(68)	70	(124)	
58	(70)	73	(130)	
59	(74)	74	(135)	
60	(75)	75	(138)	
61	(76)	76	(139)	
62	(77)	77	(140)	
63	(77)	78	(141)	
64	(78)	79	(142)	
65	(79)	80	(142)	
66	(80)	81	(144)	
67	(81)			
68	(81)			
69	(82)			
70	(83)			
71	(84)			
72	(84)			
73	(84)			
74	(84)			
75	(85)			
76	(85)			
77	(85)			
78	(85)			
79	(86)			
80	(87)	82	(146)	
81	(88)	86	(155)	
82	(89)	87	(156)	
83	(89)	88	(156)	
84	(90)	89	(157)	
85	(90)	90	(157)	
86	(90)	91	(157)	
87	(90)	92	(157)	
88	(91)	93	(158)	
89	(91)	94	(158)	
90	(91)	95	(158)	
91	(91)	96	(159)	
92	(92)	97	(159)	
93	(92)	98	(159)	
94	(92)	99	(159)	
95	(92)	100	(160)	
96	(92)	101	(160)	
97	(92)	102	(160)	
98	(92)	103	(160)	
99	(92)	104	(161)	
100	(93)	105	(161)	
101	(93)	106	(161)	
102	(93)	107	(162)	
103	(93)	108	(162)	
104	(94)	110	(165)	
105	(95)	111	(166)	
106	(96)	112	(168)	
107	(97)	113	(169)	
108	(100)	117	(181)	
109	(101)	121	(186)	
110	(101)	122	(187)	
111	(104)	123	(190)	

二版本ノ番號	全集本ノ頁數	初版本ノ番號	全集本ノ頁數	全集本外書頁
112	(106)	124	(193)	
113	(108)	126	(197)	
114	(108)	127	(198)	
115	(109)	128	(199)	
116	(110)	129	(200)	
117	(112)	130	(203)	
118	(113)	131	(204)	
119	(114)	133	(206)	
120	(114)			
121	(115)			
122	(115)			
123	(116)			
124	(118)			
125	(118)			
126	(119)			
127	(120)	213	(379)	
128	(132)	134	(207)	
129	(148)			
130	(149)			
131	(150)			
132	(156)			
133	(157)			
134	(164)			
135	(166)			
136	(167)			
137	(170)			
138	(171)			
139	(177)			
140	(179)	135	(225)	
141	(179)	136	(225)	
142	(180)	137	(227)	
143	(183)	138	(230)	
144	(186)	139	(235)	(外 142)
145	(189)	140	(239)	
146	(191)	141	(242)	
147	(197)	142	(252)	
148	(199)			

二版本ノ番號	全集本ノ頁數	初版本ノ番號	全集本ノ頁數	全集本外書頁
149	(209)	143	(256)	
150	(211)	144	(258)	
151	(211)	145	(259)	
152	(212)	146	(260)	
153	(213)	148	(266)	
154	(215)	150	(272)	
155	(216)	152	(277)	
156	(218)	153	(279)	
157	(218)	155	(283)	
158	(219)	156	(283)	
159	(221)	157	(286)	
160	(222)	158	(288)	
161	(223)	160	(290)	
162	(223)	165	(296)	
163	(225)	154	(280)	
164	(227)	166	(299)	
165	(228)	161	(291)	
166	(229)	149	(269)	
167	(232)			
168	(234)			
169	(235)			
170	(238)			
171	(238)			
172	(239)			
173	(240)	167	(301)	
174	(240)	168	(301)	
175	(241)	170	(305)	
176	(242)	171	(307)	
177	(244)	172	(309)	
178	(244)	173	(310)	
179	(246)	174	(312)	
180	(246)	175	(313)	
181	(248)	176	(315)	
182	(248)	177	(316)	
183	(250)	178	(319)	
184	(252)	179	(321)	
185	(252)	180	(321)	

二版本ノ番號	全集本ノ頁數	初版本ノ番號	全集本ノ頁數	全集本外書頁
186	(254)	181	(324)	
187	(256)	182	(328)	
188	(258)	183	(330)	
189	(258)	184	(330)	
190	(259)	185	(332)	
191	(260)	186	(332)	
192	(260)	187	(333)	
193	(261)	188	(335)	
194	(265)	189	(339)	
195	(267)	190	(342)	(外 140)
196	(270)	191	(346)	(外 142)
197	(270)	192	(346)	
198	(271)	193	(348)	
199	(272)	194	(349)	
200	(273)			
201	(274)	195	(351)	
202	(274)	196	(352)	(外 144)
203	(275)	197	(354)	
204	(276)	198	(355)	
205	(277)	199	(356)	
206	(278)	200	(358)	
207	(279)	201	(358)	
208	(279)	202	(360)	
209	(281)	203	(362)	
210	(282)	204	(363)	
211	(283)	205	(365)	
212	(283)	206	(365)	
213	(285)	207	(368)	
214	(286)	208	(368)	
215	(286)	209	(369)	
216	(287)	210	(370)	
217	(288)	212	(377)	
218	(289)			
219	(289)			
220	(290)			
221	(290)			
222	(291)			
223	(291)			
224	(291)			
225	(292)			
226	(293)			
227	(294)			(外 145)
228	(295)			(外 146)
229	(297)			(外 147)
230	(299)			
231	(301)	214	(395)	
232	(302)	215	(397)	
233	(303)	216	(398)	
234	(304)	217	(400)	
235	(306)	219	(407)	
236	(309)	220	(411)	
237	(311)	221	(413)	
238	(313)	222	(416)	
239	(314)	223	(417)	
240	(317)	224	(421)	(中一部 外 154)
241	(318)	225	(428)	
242	(321)	226	(432)	
243	(325)			
244	(326)			
245	(327)			
246	(328)			
247	(329)			
248	(330)			
249	(335)			
250	(336)			
251	(338)			
252	(340)			
253	(340)			
254	(342)			
255	(342)			
256	(344)			
257	(345)			
258	(347)			
259	(348)			

二版本ノ番號	全集本ノ頁數	初版本ノ番號	全集本ノ頁數	全集本外書頁
260	(350)			
261	(350)			
262	(351)			
263	(352)			
264	(352)			
265	(355)			
266	(356)			
267	(357)			
268	(357)			
269	(358)			
270	(359)			
271	(360)			
272	(363)			
273	(365)			
274	(366)			
275	(367)			
276	(368)			
277	(369)			
278	(371)			
279	(371)			
280	(372)			
281	(372)			
282	(373)			
283	(375)			
284	(377)			
285	(377)			
286	(378)			
287	(378)			
288	(380)			
289	(380)			
290	(381)			
291	(384)			
292	(385)			
293	(385)			
294	(386)			
295	(388)			
296	(388)			
297	(390)			
298	(390)			
299	(391)			
300	(391)			
301	(391)			
302	(392)			
303	(394)			
304	(395)			
305	(397)			
306	(397)			
307	(397)			
308	(397)			
309	(398)			
310	(399)			
311	(399)			
312	(399)			
313	(400)			
314	(400)			
315	(401)			
316	(402)			
317	(403)			
318	(404)			
319	(405)			
320	(405)			
321	(406)			
322	(407)			
323	(408)			
324	(408)			
325	(408)			
326	(410)			
327	(411)			
328	(411)			
329	(412)			
330	(412)			
331	(412)			
332	(414)			
333	(414)			

二版本ノ番號	全集本ノ頁數	初版本ノ番號	全集本ノ頁數	全集本外書頁
334	(415)			
335	(415)			
336	(417)			
337	(418)			
338	(418)			
339	(418)			
340	(419)			
341	(420)			
342	(421)			
343	(421)			
344	(422)			
345	(423)			
346	(425)			
347	(427)			
348	(428)			
349	(429)			
350	(430)			
351	(431)			
352	(432)			
353	(433)			
354	(433)			
355	(434)			
356	(435)			
357	(436)			
358	(436)			
359	(438)			
360	(439)			
361	(440)			
362	(441)			
363	(442)			
364	(443)			
365	(443)			
366	(443)			
367	(445)			
368	(448)			
369	(453)			
370	(453)			

二版本ノ番號	全集本ノ頁數	初版本ノ番號	全集本ノ頁數	全集本外書頁
371	(453)			
372	(454)			
373	(454)			
374	(454)			
375	(463)			

全集本ノ頁數	初版本ノ番號	全集本外書頁
(5)	**4**	(外 50)
(68)	**36**	(外 51)
(74)	**38**	(外 53)
(76)	**39**	(外 55)
(78)	**40**	(外 55)
(87)	**43**	(外 56)
(94)	**46**	(外 12)
(95)	**47**	(外 12)
(95)	**48**	(外 22)
(96)	**49**	(外 13)
(99)	**50**	(外 22)
(100)	**51**	(外 58)
(101)	**52**	(外 58)
(110)	**62**	(外ニ無シ)
(114)	**65**	(外 59)
(126)	**71**	(外 60)
(130)	**72**	(外 62)
(148)	**83**	(外 14)
(152)	**84**	(外 15)
(154)	**85**	(外 17)
(163)	**109**	(外 62)
(174)	**114**	(外 63)
(177)	**115**	(外 65)
(179)	**116**	(外 66)
(182)	**118**	(外 66)
(195)	**125**	(外 67)
(205)	**132**	(外 68)
(261)	**147**	(外 138)
(274)	**151**	(外 88)
(289)	**159**	(外 150)
(292)	**162**	(外 151)
(293)	**163**	(外 151)
(295)	**164**	(外 152)
(303)	**169**	(外 152)
(372)	**211**	(外 89)
(403)	**218**	(外 95)
(437)	**227**	(外 156)

集義和書顯非解題

西川季格が著で元祿十年の出版である。上下二冊になつてゐる。序には元祿四年とあるから其の著なりて年經て版になつたのであらう。稀な本である。內容は我々としては問題でないと思ふが、とにかく集義和書を批評した本であるから附錄として添へて置いた。藤樹門人の蕃山先生に對して心よからず思ふ一方の現はれであらう。蕃山先生が師の說をあながちに守らない處から、同門の人々が、心よからず思つた事は集義和書に既に自ら云つてゐられる。二五三番（三四〇頁）に

一心友問、先生は先師中江氏の言を用ひずして自の是を立給へるは高慢也と申者あり。云、予が先師に受てたがはざるものは實義也。學術言行の未熟なると、時所位に應ずるとは、日をかさねて熟し、時に當て變通すべし。予が後の人も又予が學の未熟を補ひ、予が言行の後の時に不叶をばあらたむべし。大道の實義にをいては先師と予と一毛もたがふ事あたはず。予が後の人も亦同じ。其變に通じて民人うむとなきの知もひとし。言行ノ跡の不同を見て同異を争ふは道を知ざるなり云々

是で問答は盡てゐる。在天の師藤樹も其れでよい、わしの心もさうだと云はれるであらう。顯非を讀んで見ると西川季格は藤樹門下であつても、師の精神はのみこめなかつた人と思はれる

西川季格の傳は藤樹先生全集第五に（通二八六頁）

西川季格は伊豫大洲加藤侯の臣なり。初め清水季格と稱す。（また清水十に作り（原田氏本雜記に清水十兵衞に作る）或は清水士に作れるものあり。是れ恐らくは季格の事なるべくその十を士といふは蓋し傳寫の誤なるべし）寛永二十年小川村に來りて藤樹先生に師事す。或は云ふ、初め先生の大洲を去るや季格思慕して止まず。乃ち侯に告げて祿を致して來り從ふと。未だ孰れか是なるを知らず。文集に正保二年書二清水子卷一の文あり。書簡集に正保三年の書通と慶安元年の書通とあり。參照すべし。季格嘗て蕃山の著集義和書を讀んでその說くところ先師に對して不遜なりとなして集義和書顯非二卷を著はして之を駁せり。………死歿年月日詳かならず。門人詩集中に此の人の作かと思はるゝ「人生七十有幾年云々」の句あり。參考すべし。川田雄琴の止善書院記追加に季格が先生に受くるところの家藏の聖像あり。その姪三重生重種より止善書院に納めたることを擧げたり。その他末裔の消息明かならず。

と云つてゐられる。私は是れ以外別に少しも知る處は無い。此顯非は兩三度目錄等で見かけたが、今に私の手に入らない。其れで井上通泰先生の藏書を借覽してこゝに收めた。一言しるして其厚意を謝す

附録

集義和書顕非

序

夫レ近歳在ル世ニ集義和書ノ書ハ中江氏藤樹先生ノ門人熊澤次郎八ト云者ノ作リタル書ナリ。彼其後姓名ヲ改メ茂山了芥ト云者ノノ事ナリ。我少《ワカヽリシ》時與《ト》渠《カレ》江西ニテ同門ニ學ビ切磋《セツサ》ノ友ナリ。渠《カレ》江州ヘ來リシ時ハイマダ大學ノ文義講釋モ不ル通ゼホドノ初學ナリ。江州ニテ中江氏ニ親炙《シヤ》シ、致良知ノ至教ヲ聞テ少シク明ヲ開キ、其ヨリ漸ク知開ケテ集義和書等ノ書ヲ説述ルホドニナリタリ。皆先師中江氏ノ恩影ナリ。然ルニ和書ノ中ニ師ノ道ヲ不用シテ己ガ是ヲ立テ、或ハ師ヲ後トシ己ヲ先《サキ》ニスルノ論説多シ。又師ノ學脉ニ背キ己レ別ニ道ノ大意不圖心ニ浮ビ悟リ得タルト書シタル所モアリ。又王陽明ノ語ヲ折《クヂ》キタル所モ所々ニアリ。是皆高満ノ邪火、良知ヲ蔽塞《ヘイソク》シテ己レガ分量ヲ不ル知モノナリ。蓋シ先師中江氏ノ學ハ、王陽明ノ致良知ノ説ヲ聞テ、孔門一貫《クワン》ノ道ヲ覺得シ、弟子ニモ示シメサレタリ。此學脉ヲ聞、則チ初學トイヘ𪜈心印慥《タシカ》ニシテ、孔門一貫ノ道脉タル事疑ヒナキガ如シ。唐土日本ノ遠キ遙《ハル》カナル我ガ國ヘ如此ノ聖學ノ的傳相傳フル事、寔《マコト》ニ扶桑《フサウ》ノ大幸大慶此ニ如クモノアランヤ。然ルニ渠此學脉ヲ乱シテ己獨リ虚譽《キヨヨ》ヲ取ラントス。大罰ナル矣哉。我甚老衰シ、萬事默シテ死ヲ待而已トイヘ𪜈、於テ此事ニハ道ノ興廢忍默《ニンモク》シガタキ所アリ。故ニ不得已ムコトヲシテ集義和書ノ中、師ノ學脉ニ背タル論説、又師ヲ後ニシ己ヲ先ニシタル論説、又王陽明ノ語ヲ折《クヂ》キタル説、又四書ノ語ヲ解クニ、古人ノ本註理ノ明白ナルモノヲ改テ、己レガ自知ヨリ云ヒ出ス新語等ヲ拾《ヒロヒ》舉テ、其非ヲ論辨シ小書二巻ヲ作テ号ス集義和書顯非ト。顯非トハ其非ヲ顯ストナリ。是後學ノ士、藤樹先生ノ學脉ハ孔曾思孟周程王陽明ヨリノ聖學一貫ノ的傳血脉タル事ヲ知テ此ニ心ヲ寄セ、渠ガ論説大率《オホムネ》高満名ヲ好ムノ心ヨリ出テ、聖學ノ本理ニ背キタル事多キ事ヲ知ラバ予ガ本望也。元祿四年辛未春三月中旬、中江氏藤樹先生之門人清水氏後改西川氏季格序ス

集義和書顯非卷之上

○集義和書初卷之二ケ條ニ
一來書ニ今ノ世ニ學問スル人ハ、天下國家ノ政道ニ預リ度思フ者多ク候。學者ニ仕置ヲサセ候ハヾ國安ク世靜カナルベク候ハンヤ
返書ノ中ニ、學問シテ其マヽ仕置ノナルヿナラバ、古ノ聖代ニハ五人九人ナド、云ヿハアルマジキ事ナリ
此說不レ然ラ。學問ハ修身ヨリ家國天下ヲ可キレ治ムタメノ道ナリ。然ルニ如レ此云テハ學問大形シテモ政ハ不レ成ヤウニ聞ルナリ。是一偏ノ私論ニメ不レ通ゼ。夫レ同才ノ者有ルレ學人ト無レ學人トニ政ヿヲサセバ有學ノ人ノ政宜シカルベシ。縱《タト》ヒ才知アリテモ無學ノ人ハ政ノ道ヲシラジ。又同答ノ中ニ、人情ノ免ス所アル人ノ中ノ凶《クヮウ》德ナキ者ニ可レシ任ト。是レ又私論ナリ。人情ノ免ス所アル人トテモ、無學ナラバ政ノ道ヲ不レ知《シ》。又同ジ答ノ中ニ、其位イ備リタル人ニ可レ任ト。是モ亦私論ナリ。其位イ備リタル人ハ勢《イキヲ》ヒ衆ヲ服スル所アルベケレ𪜈、無學ナラバ政ノ道ヲシラジ。學《マナン》デ道ヲ知タル人ハ、無學ノ者ノトハ各別ナリ。然ルニ有學ノ者ト無學ノ者ヲ均《ヒトシ》ク論ズ不可ナリ

○同初卷ノ四ケ條ニ
來書ニ楠正成ハ知仁勇アリシ大將ト云リ。ニタノマレ奉リタルハ智トハ申ガタクヤ候ハン。武家ノ世ト成テ此カタヨキ人誰カ候ツルヤ
返書ニ、不レ知メ天ヨリアルヲ氣質《シツ》ト云、知テ我ガ物トスルヲ德ト云。正成ハ氣質ニ知仁勇ノ備リタル人ト聞ヘ候
此說不ニ分明ー。知仁勇ハ性ノ德ニメ性ニ備リタルモノナリ。然ルニ氣質ニ備リタルト云不可ナリ。正成ハ聖學ハ不レ知𪜈氣質ノ淸キヲ禀《ウケ》テ明德ノ光明衆人ヨリ明ニメ、知仁勇ノ發見君子ニ近キモノ多シトハ云ベシ

○同初卷之六ケ條ニ
一來書ニ、聖人ノ書ヲ說ヿハ朱子ニシクハナシ。是ヲ以テ朱學ハ則チ聖學ナリト云リ。小學近思錄等ノ諸書ヲ學テカタノゴトク勉《ツト》メ行ヒ候ヘ𪜈、心ノ微ハ本ノ凡情ニ候。又心學トテ內ヨリ勤メ行フト云モ面白ク候。陽明子ハ文武

兼備リタル名將ナリト云リ。サレ𪜈近年心學ヲ受用スルト云人ヲ見ルニ、悟リノヤウニテ氣質變化ノ學トモ覺ヘズ候

返書ノ中ニ、一ノ不義ヲ行ヒ、一ノ不辜《コ》《ツミ》ヲ殺シテ天下ヲ得ル事モセマジキ所ハ朱子王子カワリナク候。拙者世俗ノ習ヒマタマヌカレズトイヘ𪜈、此一事ハ天地神明ニ正《タヾ》メモ古人ニ恥《ハツ》ベカラズ

此說高滿ナリ。此ノ孟子ノ語ハ大賢三人ノ心德ノ位ヲ孟子祭《サツ》シタマヒ、孔子ト均《ヒトシ》キ所アルヿヲ論ジタマヒタルナリ。甚ダ高上ナリ。是レ三賢自《ミ》ラノタマフニ非ズ。然ルニ彼レ自《ミ》ラ天地神明ニ正《タヾ》メモ一ノ不義ヲ行ヒ、一ノ不辜ヲ殺シテ天下ヲ得ンヿハセマジキト云。殊ニ朱子王子ト并ベ云。高滿至極ナリ。高滿甚キ故ニ我ガ分量ヲ不レ知可レ恥ノ至ナリ

○同初卷之十二ケ條ニ

一來書ノ問ノ中ニ、道學ハイヅレノ流カヨク候ヤ。今時朱學・格法・王學・陸學・心學ナド、テ色々ニ分レテ申候。皆古ノ儒道ニテ候ヤ

返書ニ、學問ノ手筋ノ義イヅレヲ吉トモ惡シトモ申ガタク候

此答不レ是ナラ。學問ノ手筋ハ別テ善惡ノアルヿナリ。文學詩學ノ俗學マデニテハ一生道ヲ得ヿカタシ。ヨキ學筋ハ强《シヰ》テ敎テモ知セタキ事ナリ。然ルニ學筋ニ善惡ナキト云不可ナリ。又俗儒ニ經義ヲ聞テヨシト云。是又不可ナリ。學筋アシキ俗儒ハ經義ヲ說モ理淺ク或理違フ。各別ノ事ナリ

○同初卷之十三ケ條ニ

一來書ニ、物讀ニ經義ヲ聞候𪜈心民ハ如何受用可レ仕候ヤ。委細ニ承度候

返書ニ、聖經賢傳理正ク候ヘバ誰レ讀テモ同ジ事ニ候

此答不レ然カラ。萬事皆是非差別アリ。如レ此云トキハ無二差別一。夫道ヲ知タル學者、又學筋ヨキ學者ノ聖經賢傳ヲ講明スルハ理深ク理徹《テツ》ス。道ヲ不レ知ル學者又學筋惡キ學者ノ講明ハ理淺ク理不レ徹セ。大ナル違ヒアリ。然ルニ同事ト云ハ皆自知ノ私論ナリ。又去リ二人欲一ヲテ天理ヲ存ルノ工夫ハ、善ヲスルヨリ大ナルハナク候。善ト云ハ別ニ事ヲ作テナスニ非ズ、人倫日用ノナスベキヿハ皆善ナリト。此說モ亦不可ナリ。去二ル人欲一ヲハ克レツ己ニノ謂ヒナリ。存二ル天理一ヲハ復レ禮ニテ不レ失二其ノ本心一ヲ萬事ニ應ズルノ謂ヒナリ。然ルニ善ヲスルヨリ大ナルハナ

シ、善ハ人倫日用ノナスベキヿハ皆善ナリト云。是レ善ヲ事ニス。不可ナリ。夫レ善ハ是レ至善則性則《ス》天理ナリ。孟子ニ孜《シ》々ト〆爲レ善ヲ者ハ舜之徒也トアルハ、朝ヨリ善心ニ從テ萬事ニ應ズルノ謂ヒナリ。又心法ノ書ハ大學中庸論語ト云テ、第一肝要ノ孝經ヲ殘ス不可ナリ。孟子ヲ殘スモ不可ナリ

○同初卷之十四ケ條ニ

一來書ニ、武王・太公望・伯夷・叔齊ノ是非ヲ論ズルモノ古今多候ヘドモ、其ノ精義心得ガタク候

返書ニ、古ノ事ハ不レ存候。只今武王・太公望・伯夷・叔齊御座候ハヾ拙者ハ伯夷ニ從ヒ首陽山ニ入申ベシ

此説偏ニ〆不レ正。武王ノ行ヒタマフ所ハ事變ノ上ノ權道ナリ。伯夷ノ行ヒ〆サル、所ハ正道ナリ。論語ニモ未レタ可レ權トアレバ、權道ハ正道ヨリ一等高上活法歟《カ》。然ルニ聖人ニ不レ從〆伯夷ニ從テ首陽山ニ入ランヿ如何。孟子モ伯夷ハ隘ナリトノ玉フ。是又聖人ニ少キ下ナル所

○同初卷之十八ケ條ニ

一來書ニ、拙者文學ハ少シ仕候ヘ𪜈、才德ナクテ儒者トイハレ、且ツ祿ヲ受候コト耻カシキ事ニテ候

返書ノ末ニ、五等ノ人倫ノ外ニ道者アルヲ以テ異端トスレバ、儒者・佛者𪜈ニ異端ナリ

此説不レ是ナラ。儒者ト云名ハ定テ中古ヨリ有ベシ。上古ハ名ノ不レ定コト多キト見ヘタリ。孔子曰、汝ハ爲ニヨ君子之儒一ヲ、勿レトレ爲ニ小人之儒一ヲ。是ヲ以テ見レバ聖人ノ道ヲ學テ其理ヲ心ニ得、身ニ行フハ君子ノ儒ナリ。其人祿仕スル時ニ及テ、朋友學ヲ望ムトキハ是ヲ敎導スルモ五等ノ人倫ノ中ノ君子ノ儒ナリ。天子公卿大夫ヘ敎導スルモ同ク君子ノ儒ナリ。又其人不レ爲ニ祿仕一、處士ノ時ニ及テ他人學ヲ望ムトキニ敎ニ導スル之一モ亦五等ノ人倫ノ中ノ君子ノ儒ナリ。孔曾思孟皆其人ナリ。異端トハ難レ言。異端トハ聖人ノ道ノ外ニ似テ似ヌ道ヲ發シ出シ、他人ヘモ敎ヘ示スヲ異端ト云。然ルニ儒者ヲ異端ト云ハ新語ナリ。縦《タト》ヒ聖人ノ敎ヲ心ニ守リ身ニ行ヿ不レ成、文字ノ學詩聯句ノ學而已ニテイツモ凡夫ヲ安ンズル學者トテモ、小人ノ儒又ハ俗儒トハ云ベシ。異端トハ云ベカラズ

又同ジ答ノ中ニ、大樹・諸侯・卿大夫・士・庶人ノ五等ノ人コソ道者ニテ候ヘ、儒者ハ一人ノ藝者ナリ

此説モ亦新語ナリ。大樹諸侯卿大夫庶人𪜈ニ聖人ノ道

ヲ學ビ、心ニ得《エテ》身ニ行フ人ハ五等ノ人倫ノ中ノ道者ナリ。聖人ノ學ヲ不レ聞、聖道ヲ得心セザル人ヲ道者ト云ベキ理アランヤ。孔子モ君子ノ儒、小人ノ儒トノ玉フ。然ルニ儒者ヲ一人ノ藝者ト云ヒ、又異端ト云ハ何ゾヤ。是皆高滿ヨリ出ル言詞ニメ理モナキヿニ多言シ、無學ノ人ヲ惑スハ彼ガ言ナリ

○集義和書二卷之六ケ條ニ

一來書ニ、拙者在所ニ氣逸物ナル者アリ。知行二百石ノ身上ナリシガ、死期ニ望ミテ其子ニ云ヤウハ、天下ハマワリ持ナリ、油斷スナ。トテ死シ去リ候。天下ノ武士タル者、此心ナキハフガイナキヤウニ申者アリ。然ラバ無學ノ人ハ臣ニメモ賴ミガタク候。勢ヒ及バヌ故ニコソ從ヒ仕ヘ候ヘ。取リハズシテハ皆主人ヲモ失ヒ可レ申ヤ。

返書ニ、天下ノ武士ノ心ハ不レ知候。摠ジテ天下ハ父祖ヨリ受來リシナラバ是非ニ及バズ。好テ望マシキヿニ非ズ。國郡モ又同ジ。野拙ハヲソレナガラ大樹君ヲ代官トシ奉マツリ、治世ニユルユルト住ミ侍ルト存候ヘバカヤウノ有ガタキヿナク候

　此ノ說甚ダ過言。名ヲ好ム滿心ヨリ云出シタルモノナリ。不實ノ言詞ナリ。又大樹君ヲ代官トシ奉リ、治世ニユルユルト住ミ侍ル。此言甚無レ憚ノ言辭ナリ。高滿良知ヲ蔽塞《ヘイソク》シテ狼疾《ロウシツ》ノ人ノゴトシ。不レ忍々々

○集義和書三卷之一ケ條ニ

一來書ニ、性心氣如何ガ見侍ルベキヤ

返書ノ中ニ、吾人ノ一身ニ取テ云ヘバ、流行スルモノハ氣ナリ。氣ノ靈明ナル所ヲ心ト云。靈明ノ中ニ仁義禮智ノ德アルヲ性ト云

　此說一氣ノ本ヨリ云トキハ其理如レシ不ルレガ違トイヘ𪜈、性心氣ヲ說トキハ倒《サカシマ》ニ取リナシテ不可ナリ。中庸ニ天ノ命スル謂フ二之ヲ性ト一トアルトキハ、天命則チ我ガ性ナリ。天命ハ理ナリ、神ナリ、氣トハ云ヒガタシ。性心ハ一物ナリ。一身ノ主宰《サイ》タル所ヨリイヘバ心ト云ヒ、均《ヒトシ》ク稟《ウク》ル處ヨリ云ハ性ト云。流行スルモノハ氣ナリ。氣ニハ靈明知覺ナシ。理氣ハ合一ナリトイヘ𪜈、性心氣ヲ分テ云トキハ少ク差《シヤ》別アリ。蓋シ天命我ガ性ト成トキハ、性ニ仁義禮智ノ德備リテ知覺靈明ナルヿ不レ言シテ明カナリ

○同三卷之三ケ條ニ

一來書ニ、身死テ後此心ハイカヾ成候ヤ

返書ニ、冬ニ至テハ夏ノ帷子ヲ思フ心ナシ。此形アル

ガ故ニ形ノ心アリ。此身死スレバ此形ノ心ナシ

再書ノ問ニ、然ラバ顔子《ガン》ノ死後モ盗跖《セキ》ガ死後モ同ジキカ

返書ニ、此ノ性此ノ形ヲ生ジテ形ノ爲メニ生ゼラレズ。又形ノ死スルガ爲ニ死セズ。惡人ノ心ニハ今ヨリシテ性理ヲ不レ知。死後ヲ待ベカラズ。君子ノ心ハ今ヨリシテ形色ニ役《エキ》セラレズ。死生ヲ以テ二ツニセズ。又死後ヲマタズ

此返書ノ說大略聞ヘタルガ如クナレ𪜈、受用ノ爲ニ不レ委《カラ》。全ク不レ備ト云モノナリ。生ノ時聖學ヲ學テ道ヲ知得スルトキハ惑ヒ醒《サメ》テ萬苦サル。故ニ常ニ明々悠《ユウ》々タリ。死テ天地鬼神ニ歸スル𛄢分明ナリ。聖學ヲ不ルレ聞モノハ性理ヲ不レ知。常ニ識心ノ人欲ニ引レテ、晝夜茫々蕩々《ボウ〳〵タウ〳〵》トシテ性理ヲ亡《ホロボ》ス。死後識心ト倶ニ流テ天地鬼神ニ歸スル𛄢不レ能。故ニ孔子ノ曰朝ニ聞テレ道ヲ而死𪜈レタニ可也ト。是レ道ヲ不レ聞シテ死スルモノヲ哀テナリ。聞トハ徒ニ聞ニ非ズ。聞テ知得スルノ謂ヒナリ

○同三卷之十ケ條ニ

一來書ニ、無學ニシテ政ヲ執リ行ハ、無レ燈シテ夜ル行ガ如シト云リ。然ルニ貴老學者ノ政ハ心得ガタシトノタマヒ、又其筋目アル人カ、其備リアル人ヨシトノタマフハ心得ガタク候

返書ノ中ニ、才知ナクシテ學アル人ノ政ヲスルハ盲者《マウ》ノ晝アリクガ如シ。聞タルマヽニ脚《アリ》キ候ヘ𪜈不二分明一候。時所位ノ至善可レ量ヤウナク候

此說自知ノ私論ナリ。學アル人ト云トキハ、學テ道ヲ知得セザル人ハ學アル人ト云ベカラズ。學アル人ナラバ善ヲ好ムベシ。善ヲ好ム人政ヲセバ、天下ニアマネカラン。然モイワンヤ國ヲヤ。才《イ》ナキモノハ道ヲ知得スル𛄢ナラズ。道ヲ知得スルトキハ才ト知其ノ中ニアリ。孟子樂正子ヲ論ジ給《タマ》ヒタル所ニ此理クワシ

○同三卷之三十六ケ條ニ

一來書ニ古今鬼神有無ノ說キワマリガタク候

返書ニ、聖人神明不測《シキ》トノタマヒ候。明白ナル道理ニテ候ヘドモ、不測ノ理ニ不ルレ達セニヤ。愚者ハ有トシ知者ハ無トス。言論ノ及ブ所ニ非ズ。能知ルモノハ默識心通スベシ

此說不二分明一。實理ノ妙用ヲ神ト云。陰陽ト分レテハ陰陽ノ妙用鬼神ナリ。二氣ノ良能造化ノ跡其中ニアリ。夫人ハ理氣ノ聚リテ成モノナリ。人死テ其神ヲ鬼神ト云モ理《コトハ》リナリ。言論ノ及所ニ非ズト云テハ初學ノ惑《マヨ》フ所アリ

○集義和書四卷之四十四ケ條ニ

一勿レ正《アテ、スルヿ》トハ驗ヲ急ガザルナリ。勿レ忘トハヲコタラザルナリ。勿レ助ケ長スルヿトハ、才覺ヲ用ユベカラリ〔〇ザノ誤〕ルナリ

此說モ理的《テキ》當セズ。本理ニ背《ソム》ケリ。讀モ惡シ。勿レ正《アテ、スルヿ》アテ、スルヿナカレトヨムハ理不通。勿レ正《スルヿ》セイスルヿナカレト讀《ヨミ》テ可ナリ。强制ノ意ナリ。勿レ正《スル》レ心ニトハ强《シヰ》テ守ルヿナカレトノ謂《イヽ》ナリ。驗《シルシ》ヲ急ガザルノ謂ニハアラズ。勿レ助ケ長スルヿトハ效シヲ急グヿナカレトノ儀ナリ。才覺ヲ用ユベカラザルノ謂ニハアラズ。此ノ孟子ノ敎ハ存養ノ工夫ノ第一ナリ。强テ守ルトキハ終ニ力屈《クツシ》テ退クモノナリ。空ニ向テ射《ユミイル》ガ如シ。弓力盡ルトキハ矢則落ツ。シルシヲ急グトキハ、氣屈シ身損ズ。宋人ノ苗《ナヘ》ヲ拔《ヌク》ガ如シ。故ニ只勿レ忘ヿノ工夫肝要ナリ。放心ヲ收《ヲサム》ル工夫强テ守ラズ、驗シヲイソガズ忘レ怠ラズ、放心シテハ其マヽ幾度モ引返々々イツトナク年月ヲ以テ放心ナキヤウニ收《ヲサ》ムベキトナリ。放心セザル時ハ良知明ニシテ義不義邪正ヲ知ルヿ明鏡ノ物ヲ照スガ如シ。是學者道ニ至ル工夫ノ眼目ナリ。又孟子曰、先立ニルすハ其大ヒナル者ノヲ一、則其少キナル者ノ不レ能レ奪フヿ焉ト、是前ノ勿レ忘ヿノ工夫ト同意ナリ。心ニハ天地萬物ノ理備リタレバ高大ナルモノナリ。天下ノ大本ナリ。故ニ心ヲ指テ大ナルモノト云リ。立ルトハ不ルレ放心セヿナリ。不ルレ放心セ時ハ良知明ニシテ人欲萠《キザス》トイヘ𪜈、其マヽ克チ治テ引ル、ヿナシ。此ヲ少ナル者不レ能レ奪フヿト云、是等皆學者道ニ至ル工夫ノ要領《レイ》ヲ示シタマフナリ

○集義和書五卷之一ケ條ニ

一同姓ヲ不レ娶《メトラ》問ノ返書、道理大方キコヘタレ𪜈、一偏ノ論ニシテ不ルレ通所アリ。其文ノ中ニ聖人ハ俗ト𪜈ニ遊ブ。魯人獵較《レフカウ》スレバ孔子モ亦獵較ス。衆ト𪜈ニ行フヿヲ以テ大道トス

此說不レ是。聖人何ノ理モナク俗ト𪜈ニ遊ビタマフニアラズ。孔子魯人ト𪜈ニ獵較シタマフハ勢ヒ已ムコトヲ不レ得シテ、暫ク獵較シタマフナリ。終ニハ獵較ノ俗事自然ニ止ムヤウニ爲《シ》タマハントナリ。故ニ先ニシレ簿ヲ制ニシ祭器ヲ一タマフ。然ルニ俗ト𪜈ニ遊ブヲ以テ大道トスト云非ナリ。且又同姓ヲ不レ娶《メトラ》ノ法立《タ》テガタキノ說ハ宜《ムベ》ナリ。天下ニ道不レズ行ハレ。殊ニ數百年系圖乱レ姓氏紛《ミダ》レタレバ、此法俄ニ立テガタキヿ。然レ𪜈婚姻《コンイン》ノ道父方ノ從兄弟マデヲ免シタルハ不義ナリ。世間ニ處女

ハ多キモノナリ。事カキタル所爲《シワザ》ナリ。何ノ故モナク父方ノ從兄弟マデヲ娶《メト》ルヿヲ免サバ、婚姻ノ禮壞《クツ》レ終ニハ姪《メイ》叔母《ヲバ》ニ及ビ禽獸道ニ至リナン。セメテ父方ノ從兄弟マデハ婚姻セザルノ法ヲ立テ可ナラン。是孔子ノ禮ヲ愛《ヲシ》ミタマフ心ナランカ

○集義和書六卷之心法圖解ニ

一人道ノ心法ノ圖解ニ喜怒哀樂《キドアイラク》ハ氣ノ靈覺ナリ故ニ◯ニ書ス

此說不ㇾ是ナラ。喜怒哀樂ハ性ヨリ發メ情ナリ。氣ノ靈覺ニ非ズ。發メ氣ト共ニ發見スルノミ。惻隱《ソクイン》・羞《シウ》惡・辭讓《シジヤウ》・是非《シヒ》此四端猶以性ヨリ發メ情ナリ。發スルトキ氣ト共ニ發見ス。是理氣ハ不ㇾ離ㇾ故ナリ。聲色ニアラワル、モ共故ナリ。本來性ヨリ發ス。然ルニ氣ノ靈覺ト云、不可ナリ。靈覺ハ性ニ云。氣ニ不ㇾ云

○同心法之圖ニ

一中ヲ□ノ內ニ書シ神明ヲ□ト◯トノ間ニ書ス

此圖不ㇾ是。中ハ神明ナリ、神明ハ中ノ本體ナリ。然ルニ居位ヲ別ニス、何ゾヤ。有無ノ間ニ神ノ顯レタルヲ機ト云。故ニ有無ノ間ハ機ノ居位ニメ神ノ居位ニ非ズ。又愼獨ヲヒトリヲ愼ムト讀トキハ、獨居ノ時ノミヲ愼ム事ノ樣ニ聞ヘテ惡シ。愼‐獨トヨミテ可ナリ。獨トハ獨‐知トテ是非ヲ知ル良知ノ事ナリ。機ト獨ト良知トハ一物ニシテ名ノ異ナルモノナリ

○同凡心之圖ニ

一□ノ中ニ頑空《グワンクウ》ヲ書ス

是同クハ放心ト書ベキ事ナリ。頑空ハ放心ノウカレテ念ナキモノヲ云ナリ

○同悟道之圖ノ解ニ

一曰ク□ノ中ニ見性ヲ書スルモノハ異端トイヘドモ寂然不動無欲無爲ノ性ヲ見タルヿハ一ナリ

此說不ㇾ是ナラ。ヨク見性シタルモノハ、ヨク天理ニ從フ。異端ハ天理ニ不ㇾ從。是眞ニ見性シタルモノニ有ンヤ。又□ハ無ノ至極ナリト。是又不可ナリ。無極ニメ太極ト云テ可ナリ。天理ハ寂ニメ而感、感ニメ而寂ナルモノナリ。無ノ至極ト云トキハ異端ノ槁木死灰《シクワイ》ニ似タリ。又實ニ天理ヲ見得セズシテ寂然不動無欲無爲ニ至ルモノアルベケンヤ

○同禽獸之圖之解ノ末ニ

一或問ノ答ニ、理ノ靈覺ハ至テスミヤカナリ。故ニ知覺トハ云ガタシ

此說不ㇾ分明ナラ。靈覺知覺皆性ノ光照ヲ云、靈妙ナル所ヨリ靈覺トイヒ、ヨク知ル所ヨリ知覺ト云。二アルニ非ズ。又氣ノ靈覺ト云不可ナリ。氣ニハ知覺ナシ

○集義和書八卷之一ケ條ニ

一論語ノ教大學ノ教ヲ問フ、答ニ、論語ハ聖人在《イマシ》テ直ニ教タマフ。故ニ仁ヲ主トシタマフ。大學ハ聖人既ニ去タマヒ、後聖世ニ出タマフ亊有ガタカルベキ前知アルニ依テ、知ヲ主トシタマヘリ

此說不ㇾ是ナラ。論語ノ教大學ノ教トモニ孔聖御在世ノ教ニシテ、殊ニ大學ハ初學聖人ノ道ニ至ル學術《ジュツ》ヲ前後クワシク口說ナサレ教ヘ示シタマフナリ。朱子之所謂經一章是ナリ。曾子モ亦此經一章ヲ繼述《ケイジュツ》〆教タマフ。思子ニ至テ後世此傳ヲ失ン亊ヲ憂テ則《ス》傳ヲ作リ附會〆大學一卷ノ書トナシテ後世ニ殘シタマフ。然ルニ後聖世ニ出タマフ亊有ガタカルベキ前知アルニヨツテ、知ヲ主トシタマヘリト云。是皆自知ノ私巧ノ說ナリ。蓋論語ニ仁ヲ以テ教タマフハ、大學ノ教ヲ閲タル學者知仁一德ナル亊ヲ知テ、仁ヲ以テ道ヲ問。故《カルガユヘ》ニ仁ヲ以テ答タマフ。外ニ心アルニ非ズ。仁ヲ說ケバ知其中チニアリ。知ヲ說ケバ仁其中ニアリ。殊ニ大學ハ聖學ノ學術ノ首尾委細ニ說キ示シタマヒタル書ナレバ、聖學ノ徒肝要トスルノ書ナリ。論語ハ大學ノ道ヲ栽培《サイバイ》スルノ書歟

○同八卷之二ケ條ニ

一心友ノ問ノ答ノ中ニ孝經ハ句ゴトニ心ヲ止ムベカラズ

此言不ㇾ然ラ。孝經ハ孔聖晩年ニ作シタマフ書ニテ大事ノ書ナリ。一字モ忽ニスル書ニ非ズ。詞バ穩《ヲダヤカ》ナレドモ意味深長ナリ。然ルニ句ゴトニ心ヲ止ムベカラズト云不可ナリ

○同八卷之三ケ條ニ

一心友問ニ孝之心法ヲ答ノ中ニ、臣ニヲイテハ愛敬ナラビ伏クシテ威嚴備リ仁政行ル

此說不ㇾ然。臣ヲ治ルニ愛敬隱伏シテ威嚴バカリニテハヨク悅服スル亊アラジ。是故ニ臣ヲ治ルニモ愛敬ナクテハナラザル亊ナリ。臣ヲ疎《ヲロソカ》ニセザルハ愛スルト云モノナリ。臣ヲ不ㇾ慢ルハ敬スルト云モノナリ。五倫ノ交リ何レニ交ルトシテカ愛敬ヲ失フノ理アランヤ。愛敬ヲ失フハ孝經ノ本意ニアラズ

○同八卷之五ケ條ニ

一學友格物致知ノ發明ヲ問。答ニ、思子又孔曾ノ傳ノ心ヲ述テ經一章トシタマフ時格物致知ト云リ

此說不ㇾ然。大學ノ書ヲ王陽明ハ孔子ノ御作ニテ一篇ノ書トノタマヒ、朱子ハ經傳ヲ分テ說タマヘリ。經傳ヲ分テモ經ハ孔聖ノ御作ナリト云ヿナリ。格物致知モ經語ナリ。然ルニ格物致知ノ語ハ思子始テノタマヒ出セルト云ハ何ゾヤ。格物致知ハ聖學ノ眼ノ語ナリ。然ルニ聖人ニ不ㇾ出ノ思子ニ出ンヤ。大ヒニ不ㇾ是々々

又同章ノ中ノ問ヒニ、先生ノ論ハ陽明子ノ傳ニ似タリ。朱子王子格物ニヲイテハ黑白ノチガヒアルヿハイカヾ

答ニ、愚ハ朱子ニモ不ㇾ取。陽明ニモ不ㇾ取。只古ノ聖人ニ取テ用ヒ侍ルナリ

此答不實ノ至リナリ。彼ㇾ中年中江氏藤樹先生ノ門人ト成テ敎ヲ聞ク。則《ス》良知ノ至敎ヲ受テ少ク明ヲ開クヿアリ。其ㇾヨリ知略《ホヾ》開ケテ如ㇾ此ノ和書等ヲモ說述タルナリ。是ㇾ皆師ノ恩ナリ。藤樹先生ハ王陽明ノ書ニ依テ良知ノ說ヲ聞。孔門一貫ノ道ヲ知得シテ門人ニ敎示セリ。若微《ナカツセハ》ニ王陽明藤樹先生一此學術ヲ聞ヿアタハジ。然ルニ高恩ノ師且王陽明ヲ外ニシテ、愚ハ只古ノ聖人ニ取テ用ヒ侍ルナリト云ハ何ゾヤ。只我一人虛譽《キヨヨ》ヲ取ント欲スルナラン。苟《マコト》ニ不實高滿ノ極此ニシクモノアランヤ

○同八卷之七ケ條ニ

一心友問二孝經之大綱ヲ一。答ノ中ニ天ノ人ヲ生ズルヿ物アレバ則《ノリ》アリ。天子ノ富貴ニハヲノヅカラ天子ノ則アリ。公侯伯子男各則アリ

此說不二分明一。取二民之彝《ツネヲ》一好二此ノ懿《イ》德ヲ一トアルトキハ、人々ヲノヅカラ良知良能ノ則備リタルヿヲ云ヘリ。故ニ彝ヲ取懿《イ》德ヲ好ムトノヿナリ。天子ニハ天子ノ則アリ、諸侯ニハ諸侯ノ則アルト云ニハ非ズ

又同章ノ末ニ、孔子時ヲ得タマハズシテ天下ヲ周流シタマフモ古ニナキ風ナリ。又孔子ハ方々ニテ小官ヲモ不ㇾ辭セシテ役儀ヲ勉メタマヒキ。孟子ニ至テハ既ニハヤ師トアガメラレテ方々ノ馳走アリ。官祿ナク產業《ゲフ》ナシ。德ノヲトロヘタルナリ

此言辭皆ナ高滿ノ伏藏ヨリ出タリ。聖賢ヲ慢ルト云モノナリ。不ㇾ忍々々。蓋孔子ノ天下ヲ周流シタマフハ、其時天下ノ人民道ヲ不ㇾ知、惡虐無道極リ弑《シイ》ㇾ父ヲ弑ㇾ君ヲノ禽獸道ニ至ル。是故ニ孔聖嘆《ナゲ》カシク痛マシク思召。國郡ノ主一人ニナリ𪜈道ヲ知セタキトテ周流シタマフナリ。是萬物一體ノ心明カナル故ナリ。上古ノ聖人地ヲ替タマハヾ皆然ラン。又孔子ハ方々ニテ小官ヲ不ㇾ辭セ

役儀ヲ勉メタマフ、ト此事曾テ未レ聞。孔子若《ワカ》カツシ時貧ノタメノ仕ヘニ委吏《イリ》乘田ヲ勉《ツト》メタマフ而已。然ルニ方々ニテ小官ヲ辞シタマハズト云ハ虚言ナリ。又孟子ノ時ハ孔子ノ時ヨリ百有餘歳後ニシテ彌々天下禽獸ニ入リ父子君臣兄弟皆戰テ以テ利ヲ爭《アラソ》フ。孟子此ノ時ニ當テ天下ニ只一人卓然《タクゼン》獨立シテ孔子ノ道ヲ任ジ傳ヘ天下ノ惑ヲ救《スク》ハント欲シタマヒ、諸國ヲ遊說シタマフナリ。是孔子ノ周流シタマフト同意ニシテ、聖賢世ヲ痛ム不忍心ノ行ヒ則仁ノ術ナリ。又孟子ハ官祿ナク産業ナシ。德ノ衰《オトロ》ヘタルナリト云、是レ何ノ說ゾヤ。惡言ノ甚キモノナリ。聖賢ヲ慢《アナド》ルノ罪天道恐シ。夫レ學士ノ牢《ロウ》人シタル時、或ハ卿《ケイ》大夫ノ牢人ナラバ五等ノ人倫ノ中ノ卿大夫ノ牢人ナリ。或ハ士ノ牢人ナラバ五等ノ人倫ノ中ノ士ノ牢人ナリ。何ゾ五等ノ人倫ヲ離レンヤ。且學士ノ牢人ノ時ハ身ニ孝弟忠信ノ道ヲ行ヒ、弟子從フトキハ弟子ニモ孝弟忠信ノ道ヲ敎ユ。務《ツトメ》ヲ爲素《ナシソ》湌《ソン》セザルヿ是ヨリ大ナルモノアランヤ。師弟ノ道ハ古今常ナリ。然ルニ却テ學士ノ牢人スルト其マヽ、田ヲ作リ工商《シヤウ》ヲ爲テ生業ヲ立ルヿヲ善トスルノ理アランヤ。是皆心ノ偏所ヨリ良知ヲ昧マシ云出ス言詞ナリ

○集義和書九卷之六ケ條ニ

一學友問。阮嗣《ゲンシ》宗《ソウ》ハ口ニ人ノ過失ヲ論ゼズト云リ。誠ニ好人ナリ。大舜ハ是ヨリ大ナルヿアリ。善ヲ人ト共ニス。人ノ惡ヲ藏《カク》シテ善ヲ擧タマヘバ、惡ハヲノヅカラキヘウセ、善ハ大ニナリヌ。人ノ善ヲユルシタマヘバナリ。然ルニ孟子ハ能ク言《モノイツ》テ楊墨《ヤウボク》ヲ防《フセグ》モノハ聖人ノ徒ナリト云リ。凡人ヲダニ惡ヲ藏シテ善ヲ揚《アゲ》タマフニ楊墨少シ見所ニ過不及アリトイヘ𪜈凡人ヲ脱《ヌキ》出テタル人ナリ。何ゾ其善ヲ好ンデ其惡ヲカクサヾルヤ

答ニ、性ハ聖凡一體ナレ𪜈命ニ分量アリ。ヨク己ガ分量ヲ知テ命ニ從フモノハ聖人ノ徒ナリ。天命ニ天吏《リ》ノ任ナキモノハヨク默シヨク拙クシテ阮嗣宗ガ人ノ過失ヲイワザルヲ師トスベシ

此說不レ通ゼ。學者天命ノ任ナキトテ、口ヲ閉テ敎ヘズンバ無學ノ人一人モ知ヲ開クヿアタハズシテ愚昧不知禽獸ニ近カラン。故ニ周茂叔モ闇者ハ求メテ明ヲ而師道立ツトノタマヘリ。又古今俗語ニモ一文ハ無文ノ師ト云リ。此諺《ケン》理ナキニアラズ。師弟ノ道ハ古今常ナリ。然ルニ只一向ニ默《モク》スルノミ道ナランヤ

○同九卷之十ケ條ニ

一心友問。孔子絕二四勿一ヲ意トアリ。然ルニ誠意ト云ハ何ゾヤ

答ニ、勿意ト云ハ聖人ノ事ナリ。意ハ不常往來ノ念ナリ。間思雜慮トモ云。聖人ニハ初ヨリナシ。又曰、心本意ナシ。徒ニ其本來ノ如クナリトセンハ非ナリ。誠ニスルハ意ヲナクスルノ工夫ナリ。誠ニスル時ハヲノヅカラ毋意ニ至ルナリ

此說不レ是。大學ノ書ニ誠意ト有テ絕意トナシ。然ルトキハ意ハ本來在モノナリ。聖人ハ誠意ノミ、王陽明ノ曰、意ハ心ノ發本ト善有テ惡ナシ、特リ私欲ニ動テ後惡アリト。是ヲ以テ見レバ、心ノ發メ事物ニ應ジ涉《ワタ》ル所ヲ意ト云。凡夫ハ形氣ノ欲習心ノ惑アリ。其ノ欲其ノ惑意トモニ交リ發ス。是ヲ私意ト云。私意ニハ善惡アルナリ。蓋シ心ノ發ニ二種アリ。形氣ノ欲ノ交リナク、直ニ發スルモノハ情ナリ。七情四端是ナリ。形氣ノ欲習心ノ惑ヒ交リ發スルモノハ皆私意ナリ。聖人ニハ形氣ノ欲習心ノ惑ヒナシ。故ニ誠意ナリ。又意ノ註ニ、意ハ心ノ寄ル所萬惡ノ本ト云トキハ、一念物ニ寄所ハ意ナリ。或ハ色ヲ見テハ色ニ寄リ寶ヲ見テハ寶ニ寄ル。其ノ外萬事ニ寄リ滯《トゞコヲ》ル是レ私意ナリ。色或ハ寶ニ寄リ滯リ終ニ不義ノ色、不義ノ寶ヲ求ルトキハ、意ハ萬惡ノ本ニ非ズヤ。又意ノ註ニ意ハ好惡ノ心ト云トキハ好ムマジキヿヲ好ミ、惡ムマジキヿヲ惡ミ、凡テ物ニ應ジテ念ヲ起ス。是皆形氣ノ欲、習心ノ惑ヨリ出ル念ニシテ私意意念ナリ。不常往來ノ念モ形氣ノ欲、習心ノ惑ノ影ニシテ是モ意ナリ。然ルニ渠《カレ》意ヲ不常往來ノ念トノミ云、何ノ說ゾヤ。委シカラザルノ至ナリ。又論語ノ毋意ハ孔子門弟子へ示シ玉フ語ナリ。宋ノ楊簡カ曰、孔子每々戒二學者一ヲ勿レ意絕二其ノ昏亂ノ之萌一ヲ也。此見親切ナリ無字ヲ不レ用シテ毋字ヲ下スヲ見レバ、楊簡ノ所レ見ノ理分明ナリ

又同章ニ窮理ノ功不レ至シテ精義入レ神ニノ實地ナケレバナリ。士タルモノ、盜ヲナサヾルヿハ窮理ノ至リテ精義神ニ入タレバナリ。如レ此タグヒ人々ノ上ニモ有ベシ

此說モ又不レ是ナラ。易ノ窮理ハ道理ヲ深ク究《キワ》メ盡スヲ云。精義神ニ入トハ、義ヲ深ク究メ至極ニ至リ入タルヲ云。然ルニ爰ニ事物ノ理ヲ究ルヿニ取ル非ナリ。且ツ士タルモノ、盜ヲセザルヿハ學問ニテ道理ヲ究メ、ソレユヘ盜ヲセザルニ非ズ。士タルモノ、盜ヲセザルハ士風ノ習ヒナリ。幼少ノ時ヨリ士タルモノハ盜ヲセザ

ルモノナリ。盜ヲスルハ大ナル耻ナリト父母ノ云ヲ聞、又友ノ云ヲ聞テ、自然ト信ジ得《エ》、盜ヲスル心ナキナリ。習ヒハ性ト成ルノ義ナリ。學問シ道理ヲ究メ精義神ニ入タルト云ニハアラズ

又同章ノ中ノ問ニ、致知ハ愼獨ノ工夫ニ非ズヤ

答ニ愼獨ノ工夫ハ誠意ナリ

此問モ答モ不可ナリ。致知モ愼獨モ皆誠意ノ工夫ナリ。然ルニ倒マニ云謬《アヤマ》リタリ

又同章ノ中ニ大意ヲ見モ學知ノ精義神ニ入タルナリ。入德ノ功厚カラデハ聖學ノ至善ニ非ズ

此說モ不レ是ナラ。至善ハ心ノ本體ナリ。然ルニ事ノ上ニ云ヒ、工夫ノ上ニ云、皆非ナリ

○同九卷之十一ケ條ニ

一心友問、一旦豁《クワツ》然貫《クワン》通《トウ》ノ語ハ異學悟道ノ習ヒアルニ似タリ、如何

答ニ、大形ニ見レバ悟道ノ見ニ似タレ𪜈、意ヲ以テ迎テ已ガ受用ノ至ルニ對應ノ見レバサモナシ。予天下ノ事物ノ理ヲ究《キワ》メントモ心ガケズ、修身ノアマリノ暇ヲ以テ文ヲ學ビ、心ノ通ゼザル所マドヒアルヿヲ辨《ワキマ》ヘヌル間《マ》ニ、道ノ大意心ニ浮ビヌ。ソレヨリ後天下ノ理ニヲイテ疑ヒナシ

此說不レ分明ナラ。聖學一貫ノ道脉ハ孔曾思孟ノ敎導ニテ易簡明白ナリ。其ノ後戰國年久ク聖道長ク滅ビタリ。然レ𪜈宋朝ニ至テ周程此ヲ引返シタマヒ、又世ニ明カナリ。其ノ後天下ノ學者道ヲ外ニ求メ、或ハ文學而已ヲ學トシ、或ハ萬物ノ理ヲ究ルヲ以テ學トシ、聖學一貫《クワン》ノ血脉乱《ミダ》ル、ヿ又久シ。漸ク大明《ミン》ノ世ニ至テ、王陽明先生古本大學ノ致知格物ノ說、又孟子良知ノ說ニ依テ、孔門一貫ノ道ヲ覺得シタマヒ、天下ニ示シタマフ。其ヨリ聖學一貫ノ血脉粲《サン》然トシテ又世ニ明カナリ。我ガ朝ニテハ中江氏藤樹先生、王陽明ノ致良知ノ說ニ依テ、聖門一貫ノ道ヲ知得シ弟子ニ敎示ス。故ニ於レテ今ニ傳ル者ノアッテ、一貫ノ血脉未レ滅ビ。實ニ道德ニ志アル者ノ此致良知ノ說ヲ聞クトキハ、則《ス》一貫ノ聖學當下ニ知得シ、心印慥ニシテ覇《ハ》柄《ヘイ》手ニアリ。故ニ俗學ヲ事トセズ、異端ニ不レ惑ハ。日ニ進修ノ益アリ。其德ニ至ルノ高下ハ、或ハ氣質ノ淸濁、或ハ習ノ淺深、或ハ功ヲ用ルノ多少ニアル而已。然ルニ渠レ師ノ學脉ニ背キ、自己ヲ立テ曰。文ヲ學ビ心ノ不レル通ゼ所惑ヒアル事ヲ辨ヘヌル間《ヒマ》ニ、道ノ大意心ニ浮ビヌ。其ヨリ後天下ノ理ニヲキテ疑ヒナシト云。是何ノ說ゾヤ。異學頓悟《トンゴ》ノ見ニ似タリ。

又一旦豁然《クワツゼン》貫通《クワントウ》ノ旨ニ近シ。夫レ爲ル方圓ヲ者ノハ以スレ規矩《キク》ヲ。正レス五音ヲ者ノハ以レス六律ヲ。然ルニ聖人ノ道ヲ學テ聖學ノ規矩ヲ用ヒズンバ能ク成ルモノアランヤ。渠レ只空々ニ文ヲ學ブ間ニ、道ノ大意心ニ浮ブト云トキハ、眞ノ聖學ト云ガタシ

○集義和書十卷之五ケ條ニ

心友問レ敬ヲ不レ失トスレ𪜈、何ノ心モナク居ルコト多シ

答ニ、何心モナキハ人心ノ常ナリ。敬ト云ヒ戒懼ト云ハ主意ナリ。常ニ心ニ此ヲ持スルニアラズ

此說不レ委。初學ノ時敬ヲ不レ持シテハイツモ放心ノミニテ年ヲ重テ學ドモ益アルベカラズ。初學ノ時ハ間モナク心ニ省リミ守ラデハカナワヌヿナリ。受用年ヲ重テ手ニ入時ハ、不レ守シテヲノヅカラ守リ有テ、放心スルヿナシ。然ルニ常ニ敬ヲ持スルニアラズト云ハ何ゾヤ

○同十卷之七ケ條ニ

一心友問、攻ムルハ乎異端ヲ斯害ナラク也已《ノミ》ト。孔聖ノ時イマダ道家佛家ノ學者ナシ。何レヲカ異端トノタマヘルヤ

答ニ、六藝モ亦異端ナリ

此說六藝モ異端ナリト云ハ又新語ナリ。蓋藝ハ義ナリ。聖人ノ道ノ一端ニシテ五等ノ人倫ノ位ニヨツテ勉《ツト》メ爲《ナス》ベキヿナリ。其一藝ニ長ジタル人ノ自滿シテ、聖人ノ道トテモ此理ノ外ニ替ルヿ有マジキト思ハ無學ユヘナリ。井ノ中ノ蛙《カワヅ》大海ヲ不レ見ト云モノナリ。是ヲ異端トハ云ガタシ。異端ハ孔子ノ時ニモ多クアリキ。長沮《ソ》桀《ケツ》溺《テキ》・荷レフ蕢《アジカ》ヲ丈人、又ハ愿讓《ゲンジヤウシ》・子桑戸《サウコ》等凡テ老子ノ道ヲ是トスルモノ、皆其時ノ異端ナリト云ベシ

○同十卷之十一ケ條ニ

一學者アリ問テ曰。我ガ國ノ同志夜ナ々會ヲナシテ靜坐シ義論ス。益ヲ得ルヿ不レ可レ過レ之ニ

答ニ、君子ハ無欲ヲ以テ靜トス。行住坐臥𪜈ニ靜坐ナリ。何ゾ別ニ靜ト云モノヲナサンヤ。心思義理ヲ專《モツハラ》ニスルトキハ云ヿ皆義論ナリ。何ゾ別ニ義論ト云モノヲ作ランヤ

此答一偏《ヘン》ノ論ニシテ不レ委。王陽明ノ曰。心紛擾《フンジヤウ》《ミダレミダル》セバ靜《セイ》坐ヲセヨト。是レ初學ノ時ハ受用親切ナリトイヘ𪜈、時トシテ心紛擾セズト云ヿナシ。或ハ怒《ド》《イカル》ニ動キ或ハ物ニ與《アツカ》リ、或ハ事多ニ屈シ、是等ノ類皆意氣發揚《ハツヤウ》シ、又ハ欝結シテ紛擾スルモノナリ。此時靜坐シテ放心ヲ治ルニ益速カナリ。是故ニ靜坐ハ初學放心ヲ收ル第一ノ工夫ナリ。夫レ靜坐スルトハ先ツ靜ニ坐シ、默シテ氣ヲ治メ心ヲ存シ、呼吸《コキフ》ノ息ヲ調ルナリ。然ルトキハ放心收

リ良知照明ナリ。是初學ハ靜坐ノ工夫ナクテハナラザルヿナリ。彼ノ異學ノ紙衾ヲカブリ、膝ヲクミ舌ヲクヒ出シ、眼半バヒラキテ空ヲ念ズルノ類ニハアラズ。且又聖賢ハ心紛擾スルヿナシ。故ニ事ナキ時ハ只靜ニ居タマフノミ。又義論スルヿモナクテハナラザルヿナリ。初學ノ時ハ猶ヲ以テナリ。道理ノ上ニテモ書ノ上ニテモ事ノ上ニテモ、理ノ不レ通ゼルトコロヲ友ト義論シテ、通ズルハ大ナル益ナリ。又夜咄夜食ヲ禁ズルヿ其理ナキニアラズ。然レ𪜈一偏ノ論ニシテ失スレ和ヲ。折々朋友ト夜咄スルモ人情ノ一ツノ樂ミナリ。殊ニ老人ハ古キヿヲ語リ、遠所ノ人ハ遠所ノヿヲ語リ、家業ニカシコキ人ハ家業ノヿヲ語リ、何レニ小益ナキニモ非ズ。强《シヰ》テ禁ズルハ非ナリ。只徒《イタヅラ》ニ夜半過マデ長咄スルヿヲ禁ジ、又驕《オゴリ》タル夜食大酒ヲ禁ジテ可ナランカ。僻《カタムキ》ニ夜咄夜食ヲ禁ズルハ自知ノ私論ニシテ、聖賢ノ公道ニアラズ

○集義和書十卷之十八ケ條ニ

一心友問、書ヲヨマザル者モ志アラバ善人マデニハ至ルベキヿト承ハレリ。年ヨリ侍レバ今ヨリ文學スベキヤウモナシ、殘念成ルヿナリ

答ニ、壯《サウ》年ナル人ノ善信美大聖神ニ志ザス是ニテ足《タレ》リトセンハ、至誠無息ノ天眞ニアラズ。年老タル人ノ殘多ト云モ亦アヤマリナリ。人ノ人タル道ヲ聞テ、神人死生疑ヒナキハ大ナル悅ナラズヤ。是ヲ朝《アシタ》ニ道ヲ聞テタニ死トモ可也ト云リ。是ヨリ後一日モ進ミタマハンハ幸ナリ。貴殿モ既ニ善人ノ數ナリ。信美ノ位ニ至ラズトモ、不息ノ性存セバ何ノ恨ルヿカ有ラン

此答ノ中理不ル分明ナラ所ロ多シ。朝タニ道ヲ聞テタニ死トモ可也也トハ、只道ノ物語ヲ聞ノミヲ云ニ非ズ。聞テ悟リ得ルノ謂《イヽ》ナリ。然ルニ輕ク云非ナリ。又同答ノ末ニ、貴殿モ既ニ善人ノ數ナリ。此ノ說又不可ナリ。善人トハ學問ノ功積ミ道ヲ見ルヿ透徹《トウテツ》シ、凡心ヲ超脫《テウダツ》シテ向後不善一事モ不ル爲ニ至テ善人ト免ス。初テ君子ノ地位ニ入ル者ナリ。然ルニ輕ク云非ナリ。無學ノ人何ゾ善人ノ位ニ入ルヿアランヤ。平人ニ勝レタル人ナラバ好人トハ云ベシ。善人トハ免スベカラズ。久學ノ人トテモ善人ノ位ニ至ル者ノ今ノ世ニ一人モアルベケンヤ。若《モシ》アルヿモアランヤ

○同十卷之十九ケ條ニ

一心友問、異端ニハ空ト云ヒ無ト云、聖學ハ只實而已カ

答ニ、空則チ實ナリ。形色アルモノハ常ナシ。常ナキモノハ眞ノ實ニアラズ。形色ナキモノハ常ナリ。常ナルモノヲ實ト云。異學ハイマダ無ヲ究メヱズ、聖學ハ無ヲ盡シタルモノナリ

此ノ說不レ是。異端ト紛《マギ》レタリ。空無ハ本ト佛語ナリ。何ゾ此ヲ爭《アラソ》ハン。儒ニハ無極ニシテ大極ト云ヒ、又虛靈虛明ト云。是無極ノ中ニ太極アリ、虛ノ中ニ神アリ。然ルトキハ有無ハ離ヌモノナリ。專ラニ空無ヲ云ベカラズ。識心ノ有無ヲ離レテ、本躰ノ有無存スト云テ可ナランカ。專ラニ空無ヲ云トキハ、槁木死灰《クワイ》ナリ泥愬《テイソ》人《シン》ナリ

集義和書顯非卷之上終

集義和書顯非卷之下

○集義和書十一卷之三ケ條ニ

一朋友問テ云、江西ノ學ニ依テ天下皆道行ハル、ト云コヲ知レリ。儒佛共ニ目ヲ付ケ替タルハ大ナル功ナリ

答テ曰、尤モ少ハ益《エキ》モ有ベケレ共害《ガイ》モ亦多シ。然《シカ》ト經傳ヲモ辨ヘズ、道ノ大意ヲシラデ、管《クワン》《クダ》見ヲ是トシ異《イ》見ヲ立テ、聖學ト云ヒ愚人ヲ導《ミチビ》ク者出來ヌ。江西以前ニハ此弊《ツイエ》ナカリシナリ。天下ノ人目ヲ醒《サマ》シタリトイヘ共、イマダ德ヲ好ムノ人ヲ不レ見。略《ホヾ》學ノ自滿ノツイヘハ一二ニアラズ

此答高滿ノ惡心ヨリ師ヲ壓《ヲ》シ己ヲ立ント欲スルノ言詞ナリ。師ノ道ヲ乱ルノミナラズ、惑レシ民ヲ充《ジウ》ニ塞《ソク》スル仁義一ヲノ至リ天罰恐ロシ。夫レ扶《フ》桑《サウ》ノ聖學藤樹先生ニ初テ開ク。其ノ先キ雖レ有ニリト學者一、略《ホヾ》書ニ渉《ワタ》リ文字ヲ知ル而已ヲ學トシテ、修身正心ノ聖學ヲ不レ知。故ニ年ヲ重ネ學ヲ爲トイヘ共、イツモ元トノ凡俗ナリ。然ルニ先師藤樹先生出デタマヒ、王陽明ノ致良知ノ說ニ依テ、孔門一貫ノ道ノ端的《テキ》ヲ知得セリ。其日用・行住・坐臥ノ體ヲ見ルニ、苟《マコト》ニ平人ノ及ベキモノニ非ズ。其德容尊テ親マズト云者ナシ。是實ニ扶桑古今一君子ナリ。渠レ焉《イヅクンゾ》及ベケンヤ。其門人ノ學ノ未熟ハ先師早死セル故ナリ。又ハ氣質ノ惡キユヘナリ。何ゾ師ノ道ノ咎《トガ》ナランヤ。然ルニ咎ヲ歸セントス。渠レガ學ノ未熟ニシテ高滿ノ邪火ノ甚キ事苟ニ可レ哀哉。夫先師ノ德ハ江漢以テ洗レ之、秋陽以テ暠レ之、皜々乎ノ不レ可レ加也ト云ル如キモノナリ。如レ此ノ學德アルニ依テ、天下儒佛共ニ目ヲ醒シ、自《ヲノヅカラ》聖學ノ宗トス。渠嗽《カレスハブキ》モ似スルコナランヤ。彼レ少シク此和書等ヲ云述ルモ皆先師ノ德化ナリ。先師ニ不レバ學バ一言モ述ルコナランヤ。嗚《ア》呼集義和書ノ中、集義ニ非ズシテ背《ハイ》義タルコ不レ少

○同十一卷之二十一ケ條ニ

一二ノ問ニ、言ト動トハ已ヨリ發スルコナレバサモ侍ルベシ、視《シ》聽《テイ》ハ人ヨリ向モノナリ。惡人ノ朝ニ不レ立惡人ト不レ言ノ厲《ハゲ》シキ行ヒナクテハ免レガタカランカ

答ニ、鹿ヲ逐フ者ハ山ヲ見ズト云リ。鹿ニ心ノ專ラナレバ、山ヲ見テモ不レル見ガ如シ。已ガ心天理ニ專ラナレバ、

非禮ヲ見聞ヵトイヘ𪜈不レ見不レ聞ガ如シ
此答理違ヘリ。非レ禮ニ勿二視聽言動一スルㇳトハ、禮ハ理ナリ、心ノ本體ナリ。心ノ本體ヲ離レテ視聽言動スルㇳナカレ。本體ノ上ヨリ視聽言動セヨトノ義ナリ。外ヨリ向フ非禮ヲ視聽言動セザレトノ謂ニハアラズ

○同十一卷之二十二ケ條ニ

一問、俗ニ心學ト云ハ替リタルㇳニテ常ノ學ニ非ズト思ヘリ。又心學ノ心之字ヲ新ノ字ト思ヘルモアリ。聖人ノ學ハ心學ナリトモ云ヒ、日新盛德トモイヘバ、何レニテモ義理ハヨク通ズルニアシク云ナシ侍リ

答ニ、學ナラバ學、道ナラバ道ナルベシ。儒道トイヒ、心學トイヒ、上ニ名ヲ加レバ病アリ

此答無二差別一、佛道アリ道家アリ。其ノ外色々異端ノ道アリ。只道トバカリ云テハ紛《マギ》レルニ依テ、聖人ノ道ヲ儒道ト云分ヶタルナリ。又俗學トテ外ニ求ル學アリ。故ニ聖人ノ學ハ心ニ求ル心學ナリト云分タリ。心學ハ儒學ノㇳナリ。儒道ト云ヒ心學ト云ヒ何ノ妨カアラン

○同十一卷之二十三ケ條ニ

一愼獨ノ問ノ答ノ中ニ、思ヒ無レ邪無二自《ミ》欺一ㇰ、誠ニレス意ヲ是皆愼獨ノ義ナリ

此答愼獨ヲ本體ニ云違ヘリ。愼獨毋自欺ハ、誠意ノ工夫ナリ。大學ノ傳ニ分明ナリ

○同十一卷之二十六ケ條ニ

一問ヮ昔ヨリ名ヲ得タル博《ハク》學ノ儒者アリトイヘ𪜈、道ヲ興《オコ》スニ不レ足ラ。藤樹先生ハ博學ノ聞ヘナケレ𪜈、聖學ノ端《ハシ》ヲ開ケルハ何ゾヤ

答ニ、萬里ノ海ハ一夫ニ飲《ノマ》シムルㇳ能《アタハ》ズ、三尺ノ泉ハ三軍ノ渴ヲ止《ヤム》ルニ足トイヘルモノナリ

此答不二正直一ナラ。藤樹先生ハ博學モ諸人ニ勝《スグレ》タル人ナリ。氣質聰明《シツソウメイ》ニシテ無レキ師ニ文開ケタリ。先生十三歲ノ時禪寺ヘ手習ニ上ラレタリ。其時禪僧ニ四書ノ素讀《ソヨミ》ヲ習ヘリ。禪僧ノㇳナレバ然《シカ》ト不レ知、アラマシ習《ナラハ》レタリ。其後再ビ師ニ就ズ、儒書字書ヲ聚《ツ》メ獨學セラレタリ。十七八歲ノ時文開ケ理通ジ、二十四五歲ノ時マデニ十三經ハ云ニ不レ及、諸子百家ノ書、又ハ軍書醫書マデ悉ク見盡シ、一字一理ノ疑ヒナキが如シ。如レ此ノ聰《ソウ》明ノ氣質ノ人ユヘ、聖人一貫ノ學脉ヲ學得シ、日本聖學ノ開基トナレリ。勿論藤樹ノ學ハ博學ヲ事トセザレ𪜈、弟子トシテ師ノ才能ヲ倣ヒ、輕ク三尺ノ泉ニ譬《タト》フㇳ如何

○同十一卷之二十七ケ條ニ

一朋友外聞ヲ問フ答ノ中ニ、先祖ノ積善ノ餘慶ニテ富貴ニナルヿナリ

如レ此云テハ、富貴ニナルハ先祖ノ積善而已ニテナルヤウニ聞ユ。佛道ノ因果ノ說ニ紛テ惡シ。富貴貧賤トモニ皆自然ニ天命ノ致ス所ニシテ、其上ニ先祖ノ積善積惡、又自身ノ善惡ニ從テ報應ノ理アリ。佛者一偏ニ因果ノ說ヲナシテ、天ノ開ルモ人ノ生ルモ皆因果ナリト云如キノ理ニハアラズ

○集義和書十二卷之二ケ條ニ

一心友子路衞ニ死スルヿヲ問フ。答ノ中ニ、予ヲ始テ仁義ノ學ニ志アリ、一人ノ不辜《コ》《ツミ》ヲ殺シテ天下ヲ得ンヿハセジト思ヘルヿハ實ナリ

此言辭度々出テカシマシ。縱《タトヒ》心ニサヤウ思フトモ言ニハ出シトモナキヿナリ。重キヿヲ輕《カロク》云、不實ニ近シ

又同シ答ノ末ニ、子路衞《エイ》ニ仕ヘラレタル如キノ過チハ輕キヿナリ

此說モ不レ委カラ。子路衞ニ仕ヘラレタルハ大ナル過チナリ。有レ德古人モノタマヘリ。摠ジテ古人ノ事ハ善ハ善、惡ハ惡ト正直ニ論ノ可ナリ。私論ヲナシテハ後學ヲ謬《アヤマ》リ不レ宜ラ。子路ハ善ニ志スヿ實ニシテ過ヲ聞ヿヲ喜ベリ。是萬世ノ師タル所、然レトモ血氣ノ勇ニ偏ニシテ理昏キ所アリタルト見ヘタリ。孔子ヘモ折折難問ヲカケラレタルモ其ノ故ナランカ。衞ニ仕ヘラレタルモ理ノ昏キ所ヨリノ過ナルベシ

○同十二卷之七ケ條ニ

一朋友問フ。其答ノ末ニ憂患《ユウクワン》アル者ハ生キ、安樂ナル者ノハ死スルノ格言少モタガハズ

此孟子ノ語ヲ身ノ存亡而已ニ取ルハ意味淺シ。心ノ上ヘ取テ深シ。人憂患アルトキハ心感動シ省《カヘリミ》アツテ先非ヲ悔《ク》ヒ道ヲ求ルノ心生ズ。安樂ナルモノハ常ニ俗樂而已ニ引レ道義ノ心死亡スルトノヿナリ

○集義和書十三卷之一ケ條ニ

一心友問フ。其答ノ末ニ、天下ニ於テ好惡スル所ナク、義トトモニ從テ無心ナル時初テ仁ナルベシ

無心ノ二字去リタキ字ナリ。好惡スル所ナク義トトモニ從フニテ聞ヘタリ。無心其ノ中ニアリ。無心ハ本ト佛語ナリ。無心ニ心アレバ無心ニ住シテ不二變通一セ、心ノ本體ニ非ズ。程子曰、人不レ可レ曰二無心一ト、可シレ曰レ無二ト私心一

〇同十三卷之三ケ條ニ

一心友問、顔子仁ヲ問ヘバ孔子非禮視聽言動セザレトノタマフ。少シ道德ニ志ス者ダニ好テ非禮ノ物ヲ見聞言行スルヿハセズ。顔子ノ大賢ニシテ此受用ヲ事トスルハ何ゾヤ

答ニ、其位々ノ非禮アリ。常人分上學者分上ノ非禮アリ

此答不レ是ナラ。克テレ己ニ復ルレ禮ニ格シテレ物ヲ致スレ知ヲ是一致ノ工夫ニシテ、初學ヨリ善信ニ至ルマデノ工夫ナリ。是顔子初學ノ問ナラン。然ルニ高上ニ取ナシ云違ヘリ。又禮ヲ容貌《ヨウホウ》上ノ禮トス非ナリ。禮ハ理ナリ、心ノ本體ナリ。視聽言動皆心ノ本體ニ至テ、本體ノ上ヨリセヨトノ示シナリ。此ノ克己ノ示ニテ顔子初學ノ時ノ問ナルヿ分明ナリ

〇同十三卷之六ケ條ニ

一朋友問フ、我甚不才ナリ、カクテモ學問ナルベキヤ。此答ノ中ニ、不才ニシテ拙キハ德ニ近シ。自然ノ幸ナリ。才知有テ巧ナルハ僞ニ近シ。一ノ不祥ナリ。吾子天然ノ吉ヲ得ナガラ變ジテ凶ニナスベキヿヲ願フハ惑ヒナリ

此答甚タ偏ナリ。不才ニシテ拙キハ酒嚢《ノウ》飯袋《タイ》ノ役ニタヽズト云モノナリ。然ルニ自然ノ幸ナリト云ハ何ゾヤ。夫レ人ノ才知アルハ氣質明カナル故ナリ。自然ノ幸ナリ。天下ノ官職才ナクテハ任シガタシ。故ニ德アル人ニ才アラバ天下國家ノ寶タラン。自知ノ才而已ニテハ人欲ヲ交ヘテ害アリ

〇同十三卷之七ケ條ニ

一心友程子敬ノ心法ヲ問フ。答ニ曰ク、言論ノ及所ニ非ズ。言ニ寄テ敬スルモノハ多クハ敬ト云モノ胸中ニ塞《フサガ》リテ、心ノ本然ヲ失ヘリ。古人ノ心ト我心ト相通ジテ自然ニ得ルヿアリ

如レ此敬ヲ高遠ニ云トキハ、初學下レス手ヲヿヲ失シテ不可ナリ。夫レ敬何ゾ知リガタカラン、常ニ敬ニ至リ居ヿハ難シトイヘ𪜈、敬ヲ知ルヿハカタキニ非ズ。孟子ノ曰、學問ノ之道無レシ他、求ルニ其ノ放心ヲ一而已、以ニ此語ヲ一敬可レ知也。放心セザル時ハ敬ヲ存シタルト云モノナリ。放心シタル時ハ敬ヲ失ヒタルト云モノナリ。本ツクレ此ニトキハ敬頓ニシレリ

又同章ノ中ニ問フ。仁ト愛ト如何

答ニ仁ハ生理ナリ。愛ハ生氣ナリ

此答モ不レ委。愛ハ情ナリ。氣ト云ベカラズ。發スル時氣ト𪜈ニ發シテ聲色ニ露ルトイヘ𪜈、本ト性ヨリ發シテ情ナリ。氣ト情ト小異アリ、一致ニ云ベカラズ

○同十三卷之八ケ條ニ

一心友問フ、先儒イヘリ。無極ニシテ大極ト云ルハ非ナリ。聖人ノ言ニ無極ノ語ナシ。此無ノ字老佛ヨリ出來ルト。此ノ說面白ク侍リ

答ニ是文字ニ泥《ナツ》メリ。易ニ大極アリト。是レ聖語ニアラズヤ。易ハ變易シテ究《キワマ》リナシ。究リナキハ無極ニアラズヤ。周子初テ無極ノ字ヲ云ルトイヘ𪜈、無極ハ易ノ字ノ意ナリ

此說巧ナリ。周子無極ニシテ大極ト云ルハ、老佛天道ノ根元ヲ無極ト云ニヨツテ周子曰ク。不レ然虛中ニ神アリ、此ノ神天地萬有ノ元トタル故ニ、無極ニシテ大極ナリト。是レ老佛ノ道ト大イニ違《チガ》ヒ有ルヿヲ示シタマフ。又易ノ字ヲ無極ノ字ニ牽《ヒキ》合《ケンカフ》ス、略《ホヾ》理アルガ如シトイヘ𪜈、巧ニシテ本理ニアラズ

○同十三卷之九ケ條ニ

一心友問フ、先生ハ先師中江氏ノ言ヲ不レ用シテ自ノ是ヲ立タマヘルハ高滿ナリト云者アリ

此答ノ中ニ、師ノ學術言行ノ未熟《ミジユク》ノ所ト云ヒ、又己レト師ト并ベ云、皆高滿至極ノ言詞ナリ。如レ此ノ不レ忍ノ言ヲ出シテ省《カヘリミ》ナキハ苟ニ所謂狼《ロウ》疾ノ人ト云モノナリ。

論語ニ曰ク、是レヲモ可キニヤレ忍ブ也孰レヲカ不レ可シレ忍ラ也

○同十三卷之十七ケ條ニ

一心友問、心ノ內ニ向ト外ニ向トノ模樣ハイカガ。此答ノ末ニ、心ハ無聲無臭ナレバ感應ノ跡ニ依テ知ルベシ

此答不二分明一ナラ。心ハ如二明鏡一シ、常ニ應ノ常ニ寂ナリ。鏡ノ常ニ照シ、常ニ寂ニシテ無レ聲モ無レ臭モガ如シ。心內ニ向フトハ放心セズシテ內ニ省ミアル時ヲ云、外ニ向フトハ放心シテ內ヲ離レ、外ニ馳《ハ》スル時ヲ云ナリ。然ルニ感應ノ跡ニ依テ知レト云何ゾヤ

○同十三卷之二十ケ條ニ

一心友ノ問ノ中、第三番ノ問ヒニ、今管絃ノ樂ト云モノヲ見侍ルニ、樂ニ依テ正心修身齊家治國平天下ノ事成就セントモ思ハレ侍ラズ。古ノ樂ニ成シモノハ如何

答ニ、孔子曰、視二其ノ所一レ以テスル、觀二其ノ所一レ由ル、察二其ノ所一レ安ズルト

此答不レ審ナラ也。此論語ノ語ハ見レ人ヲ見レ己ルノ方チナリ。然ルニ爰ニ牽合《ケンカフ》ス、理不レ潔《イサギヨカラ》也。蓋シ樂ハ聖作ノ音樂ノ事ナリ。其樂ヲ聞キ其理ヲ知得スルトキハ、人欲ノ穢レ凊ク盡キ凡風忽チ變メ君子ノ美風ト成ルノ益アリ。是樂ニ成ルノ義ナリ。然𪜈此ノ樂日本ニハナシ。夫レ樂

ハ和ナリ。中和ニ致ルトキハ樂ニ成ルナリ

○同十三卷之二十七ケ條ニ

一心友問フ、里ハ仁ナルヲ爲レ美シト擇テ而不レハ居レラ仁ニ焉ンゾ得レン知トスルヿヲ。

此問ノ答ノ中ニ、本解ハ集註ノ如クナルベシ。此語ハ爲ニスル事アリテノタマヘルカ

此説ネヂケタリ。王陽明曰、非レス擇レニ里ヲト。夫レ身ノ居住スル所ハ仁厚ノ風俗ノ里宜シ。然レトモ人々不レル成勢ヒナリ。處レク心ヲ所ハ居《ヰテ》レ仁ニ而宜シ。心ノ中仁不仁ヲ擇テ仁ニ居ベキヿナリ。是レ學者工夫ヲ用テ成ル所ナリ。然ルニ放心廢弛《ハイチ》メ常ニ人欲ノ上ニ心ヲ處《ヲク》者ノハ知アリトスルヿヲ得ンヤ。此意ニテ聞ヘタリ。渠《カレ》師ヲ後トシ已レヲ先トセン心アルヨリ、王陽明ノ説モ折《クヂ》カントス。高滿可レキ哀哉

○集義和書十四卷之五ケ條ニ

一心友問フ、貴老老佛ハ虛無ヲ究メ得ズトノタマヘリ。彼レハ虛無ヲ其道トシテ委シ、聖學ハ虛無ヲ學トセズ。何ヲ以テカ然カノタマフヤ

答ニ、我ガ心太虛ナリ。我ガ心則聲臭形色ナシ。萬物無ヨリ生ズ、聖學ハ無心ニシテ虛無存セリ。虛無ノ至リナリ。老佛ハ虛無ニ心アリ。故ニ眞ノ虛無ニアラズ

此答ノ無心虛無ノ語ハ異端ノ言ニシテ聖學ノ言ニアラズ。聖學ヨリ云トキハ、虛靈ト云ヒ虛明ト云ヒ、又虛ニシテ神ナリト云。夫レ萬物無ヨリ生ズトイヘトモ生ズルモノハ虛中ノ神ナリ。故ニ虛ニシテ神ナリ。徒《タヾ》ニ虛ト不レ可レ云也。徒ニ虛無ト云トキハ槁《カウ》木死灰《クワイ》異端ノ事ナリ。聖門ノ學者異端ト爭テ虛無ノ二字ヲ不レ可レ用也

○同十四卷之九ケ條ニ

一心友云、人死シテ其ノ神天ニ歸スト云リ。何ノ精神カ一物ト成テ天ニ歸スベキ。魂氣游散シ魄體蟬脫ノ如シ、空々寂々タリ。只此空ノミ本來ノ常體ナラズヤ

答テ云、然リ。世人形體ノ上ヨリ見ヲ立ルガ故ニ生死ヲ以テ二ツニス。此故ニ天ニ歸スルノ說アリ。吾ガ本不來天ト吾ト一ナリ。何ノ歸スルト云ヿカアラン。吾ガ心ノ靈明則天地ノ萬物ヲ造化スル主宰《シュサイ》ナリ。則鬼神ノ吉凶災祥ヲナス精靈ナリ。天地鬼神ノ精靈主宰ナクバ吾ガ心ノ靈明モナカラン。今死《シ》體ノ人ハ精靈遊散ス、死體ノ者ノ天地萬物何レノ所ニカアルヤ

此問答死ニ不レ委カラ、如レ此云テハ道ヲ知タル者ノノ死ト、道ヲ不レ知凡夫ノ死ト一致《チ》ニ落テ差別ナシ。夫道ヲ

知タル者ノ死スルハ、精靈遊散シテ天ニ歸ス。元來是レ天ト一體ナレバナリ。道ヲ不レ知者ハ存生ノ時ヨリ精靈ヲ放失シテ、識心人欲而已ノ身トナレバ、死シテモ識心人欲ノ心而已ナリ。何ゾ天ニ歸スルヿアランヤ。故ニ孔聖道ヲ不レ知モノヽ死スルヲ哀テ曰、朝ニ聞レ道ヲ而死トモレ夕ニ可也

○同十四卷之十ケ條ニ

一心友問フ、朱子道心常ニ一身ノ主ト成テ、人心每《ツネ》ニ命ヲ聞トイヘルヲ陽明子二心ナリト云リ。程子ノ人心ハ人欲ナリ。道心ハ天理ナリト云ルヲ引テ曰、天理人欲並立ズ。何ゾ天理主ト成テ人欲ノ命ヲ聞クト云フヿカアラント。程子朱子王子イヅレモ賢者ナリ。他ノ文義ニ於テハ見所替リアルトモ、人心道心天理人欲ノ所ニ如此ノ違ハ有マジキ事ナラズヤ

答曰、尤心ハ一ナリ。人心正ヲ得ルモノハ則道心ナリ。二アルニ非ズ

此答不レ是ナラ。人心正ヲ得ルモノハ道心ト云是違ヘリ。道心ヲ以テ人心ノ非ヲ正《タヾ》ス時ハ、人心惡クニ走ラザルノミ。道心トハ各別ナリ。道心ハ自然ニ天ヨリ稟《ウケ》タル人ノ本心ニシテ義理ヲ知ル心ナリ。人心ハ形ノ上ヨリ發

スル心ニシテ義理ヲ不レ知。故ニ識心人心トモニ義理ニ不レ發メ邪ノ本タリ。程子ノ人心ハ人欲ナリトノタマフモ尤ナリ。又道心ニ從テ行フトキハ人心ハ退キ隱ル。人心ニ從テ行フトキハ道心ハ退キ隱ル。是天理人欲並ビ不ルレ立ノ理ナリ。然ルニ朱子道心常ニ一身ノ主ト成テ、人心每ニ命ヲ聞トノタマフトキハ、道心人心胸《ケウ》中ニ二アリ、王陽明ノ二心ナリ。不是トノタマフモ又尤ナリ

又同ジ答ノ中ニ云フハ、摠ジテ語ヲ解スルヿ古人ノ意ヲ迎テ見ズシテ言語文章而已《ノミ》ヲ以スルトキハ、古人ノ苦心隱テ見ヘザル故ニ非ヲアグルヿアリ。今愚朱子ノ意ヲ迎テ見ルニ、人心道心二ツアリトスルニハ非ズ。道心一身ノ主ト成テ人心命ヲ聞ト云ルモノハ暫ク譬《タトヘ》ヲトレルナリ

此言辭大ニ非ナリ。王陽明ハ心德アラク古人ノ語ヲ解タマフヿ意ヲ迎テ見タマハズシテ、言語文章ノミニ攣《ヒコヅ》リテ見ラル、ユヘニ、古人ノ苦心カクレテ見ヘズ非ヲアゲラレタリ。我ハ心德煉《ネ》レテ朱子ノ心ヲ迎テ見ルニ、人心道心二ツアリトスルニハアラズ、此通ニ聞ヘタリ。高滿至極ナリ。王陽明ホドノ德高キ人、古人ノ語ヲ解シタマフニ、意ヲ迎テ見タマフマジキヤ。言語道斷、實ニ粮《ロウ》疾ノ人ナリ。凡テ此ノ章自知ノ論說多シ

○同十四卷之十一ケ條ニ
一心友問フ、陽明子曰、唐虞以上ノ治ハ後世復スベカラズ。三代以下ノ治ハ後世法《ノツト》ルベカラズ。唯三代ノ治可レ行。然レ𪜈世ノ三代ヲ云モノ其本ヲ明カニセズシテ其末ヲ事トス。又復スベカラズト。三代ノ法今ノ時ニ叶ヒ侍ルヤ
答ニ、萬世師トスベク他方法ルベキハ堯舜ノ治ナリ。禮イマダ不レ備ラトイヘ𪜈、渾然《コンゼン》トシテ存セリ。篤恭《トクキヨウ》ニシテ天下平ナリ。易簡ノ善至德ニ配シ、中和ヲ致シテ天地位シ、萬物育《イク》スルノ至ナリ。子思曰。仲尼堯舜ヲ祖述《ソジユツ》シ文武ヲ憲《ケン》章ス。孟子曰、堯舜ヲ師トシテ謬《アヤマ》ルモノハアラジト
此答不レ是。陽明子ヲ歷テ我ガ知ヲ先ダテントス、高滿至極ナリ。蓋シ唐虞以上ハ上古ナリ、時ノ人ノ氣質淳厚《ジユンカウ》朴《ボク》實ナリ。堯舜ノ君神人ノ德アリ。故ニ其ノ德速カニ天下ニ感化メ人善ニ移ルヿハ不レ及レ言ニ、天地ノ氣マデ化メ風雨モ和ギタリ。末世如レ此ノ治復スベケンヤ。王陽明ハ此理ヲノタマフナリ。渠《カレ》ガ云所ヲ知リタマフマジキヤ。又孟子ノ堯舜ヲ師トシテ謬《アヤマ》ルモノハアラジトノタマフハ、中和無欲人ヲ知ノ道、是ヲ師トシテ誤ルモノハアラジトノヿナリ。堯舜ノ治ヲ復スベシトノタマフニハアラズ

○同十四卷之二十二ケ條ニ
一心友問、操トキハ存スト云ヘリ。操ト云トキハ一物アルガ如シ如何
此答ノ三段メノ答ニ曰。此心ノ外ニ天理ナシ。人欲モ外ナラズ。譬バ目ノ如シ。喜悅スル時ノ眼色ト、忿怒《フンド》スル時ノ眼色ト各別ナリトイヘ𪜈、同ジ目ナルガ如シ。只心ノ赴《ヲモムキ》ヲ以テ天理人欲ヲ分ツノミナリ。心裏チニ向ヒ、性命ノ本源ヲ不レル失時ハ、天理ヲ主トスト云、心表《ホカ》ニ向ヒ末ニ從フ時ハ人欲ヲ主トスト云ナリ
此說不レ是ナラ。人欲モ不レ外ト云トキハ、佛者善惡不二ノ說ニ同ジ。孟子ノ性善ノ說ト大ニ違《タガ》ヘリ。蓋シ人欲ハ形チ生ジテ後出來ル心ナリ。識心人欲同ジ類ナリ。本心ハ天ニ本ヅク則天理ナリ。天理ニ人欲ノ交リ有ノ理アランヤ。然ルニ人欲モ天理ノ外ナラズト云ヒ、又趣キヲ以テ天理人欲ヲ分ツト云、是何ノ說ゾヤ。夫試ニ見ヨ、人欲起ル時良知ハ是ヲ惡クト知テ不レ從。是天理人欲各別ナルヿ可レ知也。良知ハ則天理ナリ
○同十四卷之二十六ケ條ニ
一心友問、書簡ノ中、主忠信ハ本體工夫ナリ。誠ニスル意ニハ

工夫本體ナリトイヘルハ、陽明子ノ學術異學ノ病アルニ似リ如何

答曰、予モ此語意不中和ナラト思ヘリ。然レ𪜈義ニ於テ害ナキ故ニ改メズ

此問答トモニ不是ナラ。蓋シ忠信ノ二字本體ヲ以テ說ク所アリ。工夫ヲ以テ說ク所アリ。論語ニ主ニトセヨ忠信ヲトアルハ本體ヲ以テ說タマフナリ。則本體工夫ナリ。主ニ忠信ヲノ教、本體ヲ主トスルニテナキトキハ何ヲカ主トセンヤ。又意ヲ誠ニスルハ工夫ナリ。誠意ハ本體ノ作用ナリ。是工夫本體ニアラズヤ。然ルニ異學ノ病アルニ似リトイヒ、又予モ此ノ語意不中和ナラト思ヘリト云、是何ノ言ゾヤ

○集義和書十五卷之九ケ條ニ

一君子之道ハ賁ニシテ隱ナリ。賁《ヒ》ハタカラトセザルナリ。寳トセザルハヲサメカクサヾル意ナリ

此ノ說巧ニシテ惡シ。集註ノ通ニ用ノ廣キト見テ能クキコヘタリ。鳶《トビ》飛ビ魚躍《ヲドル》ノ詩ヲ引タマフモ用ノ廣キヲ示シタマフナルベシ

○同十五卷之十四ケ條ニ

一學友問、一陰一陽謂フ之ヲ道ト

此答ノ中ニ、人ノ性善ナリトイヘドモ、惡モ亦性ニアラズト云ガタシ

此說善惡渾《コン》ズノ說ニ近シ。性善ノ說ニ背キ大ニ不是ナラ

○同十五卷之三十一ケ條ニ

一學友問フ、孔子曰、不シハ知生ヲ不可知死ヲ也ト、生ヲ知ラバ死ヲノヅカラ知ラルベキヤ

答ニ、生ヲ知ルハ人ノ人タル所ヲ知ルナリ。人ノ本ヲ知ハ則天ヲ知ナリ。天ヲ知ルトキハ人鬼幽明死生眼前ニ明白ナリ

此說大略キコヘタレ𪜈不委カラ。生ヲ知トハ人ノ人タル心ヲ知ナリ。人ノ人タル心ヲ知トキハ、天ヲ知リ且ツ未發《ミハツ》ノ中ヲ知ル。シルトハ徒ニ知ルニアラズ、ヨク知得シテ我有トスルナリ。存生中其ノ心ニ止テ一息ノ間モ不ル放失セトキハ、則其ノ心死後ノ心ニシテ、死後ノ心外ニアルニアラズ。是人鬼幽明死生一貫ノ理知ベシ

○同十五卷之五十二ケ條ニ

一曾子簀ヲ易ルノ說ノ末ニ予ガゴトキ者ノモ道ニ志アレバ、一ツノ不義ヲ爲《ナシ》、一人ノ罪ナキヲ殺シテ天下ヲ得ルヿモセザルヿハナスベシ

此言詞數々出ス是大義ナリ。小義ニアラズ。然ルニ輕

ク云不可ナリ。外ヨリ免サバ可ナリ。己ヨリ云ハ人モ免サヌ高言ト云モノナリ。君子ノ可レ耻所ナリ。所レ言ノ二事ヲ以テ天下ヲ辭シテ名ノ爲ニセザルモノハ聖人ニアラズンバアタハジ。然ルニ輕ク數々云フ薄ナルカ哉

○同十五卷之六十五ケ條ニ

一學テ而ノ時ニ習レフ之ヲ不《ザランヤ》ニ亦說ヒ一乎　學ハ孝弟忠信ノ道ナリ。君子仕テハ學ブ所ノ忠ヲ習ヒ、親ニツカヘテハ學ブ所ノ孝ヲ習

如レ此說テハ五倫ノ上ニテ習フノミニ聞ヘタリ。　本解ニ非ズ。學ハ道ヲ學ブナリ。習ハ學ビ得タル道理ヲ心ニ省リミ工夫受用シ熟《ジユク》スルヿナリ。時トハ時ニアラズト云ヿナシ。一息ノ無ク二間斷一工夫受用スルヿナリ。如レ此學ブ時ハ道理益々融通《ユウツウ》シ心ニ自謙《コヽロヨ》シ。是悅ビナリ。大學ノ自謙《コヽロヨシ》ト、論語ノ不レ悅乎ト同意ナリ。若シ如レ此不レ學シテ文字事物ノ上ノミヲ事トスルモノハ俗學ナリ。故ニ學而ノ篇ヲ論語ノ發端ニ出シテ、聖學ノ本意ヲ示シタリ。王陽明曰、樂ミハ心ノ本體ナリ。故ニ學テ樂ミニ不レル至ハ爲《スル》レ學トニ不レ足ト、此語可レ味也

集義和書顯非卷之下終

元祿十龍集丁丑年林鐘辛酉日

日東帝畿書林

藤田庄右衞門
中村五兵衞　藏
井上忠兵衞　版

訂正一覧

一、（　）内のはじめの数字は頁数を、上は本文上段の初版本を、下は下段の二版本を示し、次の数字は行数を示す。

例一（四―下一〇）伏字→徳もなき天子にたのまれ奉り

右は、四頁下段（二版本）一〇行目の旧版の伏字を、本文中で訂正したことを示す。

一、訂正にあたっては、底本（本書解題参照）及び左記の資料を参照した。

日本思想大系30『熊沢蕃山』（岩波書店、昭和四十六年）

一、漢字の音読記号―等の表記は、原本では必ずしも厳密でないが、そのままとした。

一、本書第一巻の訂正は、神原邦男が担当した。

頁 段 行

一（四-下一〇）　伏字→徳もなき天子にたのまれ奉り

二（四-下一一）　○→知

三（四-下一五）　伏字→天子にもたのまれ

四（五-下一三）　伏字→天皇道をしろしめさず

五（八-上一八）　伏字→徳もなき天子にたのまれ奉り

六（九-上一）　○→知

七（九-上一七）　伏字→天子にもたのまれ

八（一〇-上一四）　伏字→天下の主は

九（一〇-上一五）　伏字→後白河院より天下をたまはりて

一〇（一一-上三）　つれともま、さしき→つれとも、まさしき

一一（一三-下一四）　給は→給ふ

一二（一四-下一〇）　末代至て→末代に至て

一三（二二-上一一）　未代→末代

一四（五〇-上三）　いて→いひて

一五（七六-下二）　さとは→ことは

一六（九〇-下七）　なみ→みな

一七（一〇四-下一五）　飯《ハン》→飲《イン》

一八（一一九-上一七）　太→大

一九（一六〇-下一三）　伏字→内裏ヲ作ラレタルハ大ナルアヤマリナリ。王威ノヲトロエタル

二〇（一八二-下三）　めらため→あらため

二一（一九四-下一〇）　伏字→王代

二二（一九四-下一一）　伏字→考へられず、此禮を行れざりし故に、天下を失ひ給ひしなり。

二三（二〇〇-下八）　伏字→帝王の天下の何として武家には

二四（二〇〇-下九）　伏字→謙徳を失ひ給ひし故に、天下の権威を失ひ

二五（二〇〇-下一一）　伏字→王徳をとろへ

二六（二〇〇-下一五）　伏字→王城を

二七（二〇〇-下一五）　伏字→王臣

二八（二〇一-下二）　伏字→王者の武臣に威をうばゝれ

二九（二〇一-下四）　伏字→武家の天下と成てよりこのかた

三〇（二〇一-下六）　伏字→も謙徳を失ひ

三一（二〇一-下一四）　伏字→公家は

三二（二〇一-下一五）　伏字→公家の

三三（二〇二-下二）　伏字→位ばかりにて持たる公家にて

三四（二〇二-下三）　伏字→公家は絶

三五（二〇二-下五）　伏字→公家の天下に

三六(二一〇二-下六)　伏字→此方よりあたへたまふ共末つゞ
き申まじく候。
三七(二一〇二-下一三)　伏字→大君
三八(二一〇三-下一二)　伏字→威も力もなき人を日本の
三九(二一〇五-下七)　伏字→天下のかへるまじき
四〇(二一〇五-下八)　伏字→日本
四一(二一〇五-下八)　伏字→かへりぬべき
四二(二一〇五-下一三)　伏字→王
四三(二一〇五-下一五)　伏字→かへし奉られても末つゞき申ま
じきと
四四(二一〇五-下一五)　伏字→後醍醐の
四五(二一〇六-下一)　伏字→帝の
四六(二一〇六-下一)　伏字→公家は日本の人情時變うとく成
給ひて、かへりたる天下を失
四七(二一〇六-下三)　伏字→帝位に上り給はんと、王の天下
をとり給
四八(二一〇六-下一三)　伏字→却ては公家のをとろふべきはし
をはじめ給ひ候。今天下の御政道
あづかり給はず。宮殿の結構
四九(二一〇七-下六)　伏字→知行
五〇(二一〇七-下七)　伏字→公家の立給ふほどの領を付
五一(二一〇七-下八)　伏字→公家
五二(二一〇七-下一一)　伏字→公家亡衰の
五三(二一〇七-下一四)　伏字→帝王へも
五四(二一〇八-下一)　伏字→神統
五五(二一〇八-下二)　〇→帝
五六(二一〇八-下三)　伏字→日本の國も
五七(二一〇八-下三)　伏字→神統絶給はゞ、神國
五八(二一一四-上四)　文王・→文王一・
五九(二一二九-下七)　捧《テヽケ》持《モテ》→捧《サヽケ》持《モテ》
六〇(二一四七-上一〇)　伏字→考へられす、此禮を行はれさり
し故に、天下を失ひ給日し也。
六一(二一五四-下一)　大陽→太陽
六二(二三〇六-下二)　と恐れて→を恐れて
六三(三一一三-下四)　伏字→南帝
六四(三一一三-下五)　伏字→南朝を廢してより
六五(三一一三-下一〇)　伏字→南帝も御和睦にて歸洛し給はゞ、
なきがごとくおしこめられ給ふべ

き事は眼前の事なるに、同心まし
〱しは苦々敷事なり。

六六(三一六-下七)　君かる人→君たる人
六七(三二〇-下一)　而忘ル一→而忘ル二
六八(三二三-上一八)　大陽→太陽
六九(三二四-上三)　大陽→太陽
七〇(三二五-下一)　致敬→致レ敬
七一(三三二-下一二)　爭詔→爭訟
七二(三八六-下九)　着る、→著る、
七三(三九九-上四)　倉々昭々→蒼々昭々
七四(四一五-下一五)　面目し→面白し
七五(四五二-一四)　氏和する→民和する
七六(附録二-一二)　於チ二此事ニ一→於テ二此事ニ一

新装版　増訂　蕃山全集　第1冊　〈全7冊〉

2019年5月20日　新装版　第1刷

編　者　　正宗　敦夫

監修者　　谷口　澄夫・宮崎　道生

発行所　　株式会社　名著出版

〒571-0002　大阪府門真市岸和田2-21-8　電話072-887-4551

発行者　　平井　誠司

印刷・製本　株式会社　デジタル・パブリッシング・サービス

ISBN978-4-626-01860-1　　C3321